Ketteler-Eising/Meschke/Tigges
Ärztliche Kooperationen

Zusätzliche digitale Inhalte für Sie!

Dieses Buch bietet Ihnen mehr als nur eine gedruckte Version! Nutzen Sie die folgenden Möglichkeiten, die Ihnen für dieses Produkt in der NWB Datenbank zur Verfügung stehen.

@ Online-Version

Sie haben das gedruckte Exemplar Ihres Buches nicht zur Hand oder möchten etwas schnell recherchieren? Dann nutzen Sie die Online-Version Ihres Buches. Diese steht Ihnen nach Eingabe des folgenden Freischaltcodes direkt zur Verfügung.

Schalten Sie sich das Buch inklusive Mehrwert direkt frei.

Scannen Sie den QR-Code **oder** rufen Sie die Seite www.nwb.de auf.
Geben Sie den Freischaltcode ein und folgen Sie dem Anmeldedialog. Fertig!

Ihr Freischaltcode

LRPD-JAMJ-YVZQ-SBQF-YPWD-V

www.nwb.de

Ärztliche Kooperationen

Rechtliche und steuerliche Beratung

Von
Steuerberater, Dipl.-Betriebswirt Thomas Ketteler-Eising,
Rechtsanwalt, Fachanwalt für Medizinrecht
Dr. Andreas Meschke und
Rechtsanwalt, Fachanwalt für Medizinrecht Gerrit Tigges

6., aktualisierte Auflage

nwb

Es haben bearbeitet:
Ketteler-Eising:
Kapitel B. II. 4, 5; III. 2; IV. 2; V. 2; VI. 2; VII. 2; VIII. 2
Kapitel C. I. 2; II. 2; III. 2; IV. 2; V. 2; VI. 2; VII. 2
Kapitel D. II.
Kapitel E. I. 2; II. 2
Kapitel F. II.
Kapitel G. II.
Möller/Meschke:
Kapitel A
Kapitel B. I.; II. 1, 2, 3; III. 1; IV. 1; V. 1; VI. 1; VII. 1
Kapitel C. IV. 1
Kapitel G. I
Möller/Tigges:
Kapitel B. VIII. 1
Kapitel C. I. 1; II. 1; III. 1; V. 1; VI. 1; VII. 1
Kapitel D. I.
Kapitel E. I. 1; II. 1
Kapitel F. I.

ISBN 978-3-482-**57316**-3
6., aktualisierte Auflage 2025

NWB Verlag GmbH & Co. KG
Eschstr. 22
44629 Herne
www.nwb.de

Satz: PMGi Agentur für intelligente Medien GmbH, Hamm
Druck: Elanders Waiblingen GmbH, Waiblingen

Um eine gute Lesbarkeit zu gewährleisten, verwenden wir in Fachtexten in der Regel geschlechtsspezifische Personenbezeichnungen. Selbstverständlich sind damit alle Menschen gleichermaßen gemeint.

VORWORT

Bedeutung und Komplexität ärztlicher Kooperationen nehmen nicht ab. Die Anzahl der in kooperativen Strukturen tätigen Leistungserbringer wächst von Jahr zu Jahr; die bestehenden Kooperationen als solche werden stetig größer. Mit einer Änderung dieser Situation ist in den nächsten Jahren nicht zu rechnen.

Insbesondere mit der Anerkennung von überörtlichen Berufsausübungsgemeinschaften, Teil-Berufsausübungsgemeinschaften, Filialpraxen und den vereinfachten Möglichkeiten zur Gründung von Medizinischen Versorgungszentren ergeben sich viele Gestaltungsoptionen. Sie haben die erwähnte Zunahme von Kooperationen und deren Wachstum zu Gebilden mit zum Teil mehreren hundert Mitarbeitern an zahlreichen Standorten erst ermöglicht. Diese Prozesse – aber auch die Fälle, in denen Trennungen von (Groß-)Kooperationen unvermeidbar sind – müssen im Rahmen einer professionellen Beratung begleitet werden.

Zudem können Ärztinnen und Ärzte – auch fachgebietsübergreifend – unter erleichterten Bedingungen angestellt werden. Teilweise werden Anstellungsverhältnisse aus strategischen Überlegungen gebildet, manchmal etwa, um die Voraussetzungen einer „Rückumwandlung" in eine Vertragsarztzulassung zu schaffen. Anstellungsverhältnisse in Arztpraxen, die nicht davon geprägt sind, von dem oder den Praxisinhabern überwacht zu werden, befinden sich im Fokus der steuerlichen Betriebsprüfungen.

Krankenhäuser und Niedergelassene entschließen sich zu unterschiedlich geprägten Kooperationen, die den Krankenhäusern teilweise ein Standbein im ambulanten Bereich ermöglichen oder zumindest Behandlungspfade erschließen sollen.

Die rechtlichen Rahmenbedingungen, unter denen ärztliche Kooperationen stattfinden, haben nach Jahren zunehmender Regulation noch keine wirklich durchgreifenden (Re-)Liberalisierungen erfahren. Zwar sind auf der einen Seite in den vergangenen Jahren Möglichkeiten geschaffen worden, ein finanzielles Engagement von Investoren im ambulanten Bereich vor allem durch die Gründung von MVZ-Ketten zu fördern. Andererseits ist das ärztliche Berufs- und das vertragsärztliche Zulassungsrecht weiterhin von Planwirtschaft und Formalismus geprägt. Die Rechtsprechung zeigt keine Anzeichen, Bemühungen von Ärzten um Flexibilität in der Strukturierung ihrer Kooperationen „milde" und eher offen als streng zu betrachten.

Rechtsanwälte und Steuerberater haben die Ärzteschaft längst als Geschäftsfeld entdeckt. Die Vielschichtigkeit möglicher Kooperationsformen macht die Beratung durch diese Berufsgruppen aber auch quasi von Gesetzes wegen zwingend erforderlich.

In diesem Buch werden die rechtlichen und steuerrechtlichen Rahmenbedingungen ärztlicher Kooperationen unter Berücksichtigung aktueller Entwicklungen in der Gesetzgebung, der Rechtsprechung sowie der Gestaltungspraxis aufgezeigt. Die relevanten Problemstellungen werden in kurzer und prägnanter Form dargestellt, Lösungsansätze aufgezeigt und vielfältige Praxishinweise gegeben. Das Buch soll sowohl dem „Anfänger" bei der Beratung von medizinischen Einrichtungen einen ersten Einstieg in die Thematik vermitteln und ihm einen Überblick über die Rahmenbedingungen geben als auch dem Spezialisten auf der Suche nach Sonderfragen geeignete und schnell umsetzbare Lösungen anbieten.

Nachdem schon 2021 Herr Steuerberater Dr. Rolf Michels als Mitbegründer dieses Werks und langjähriger Ideengeber altersbedingt aus dem Autorenteam ausgeschieden ist, hat diesen Weg sein von Anfang an gleichartig wirkender Mitautor, Herr Rechtsanwalt und Fachanwalt für Medizinrecht Prof. Dr. Karl-Heinz Möller, nun ebenfalls gewählt. Neu im Team an seiner Stelle sind die Rechtsanwälte und Fachanwälte für Medizinrecht Dr. Andreas Meschke und Gerrit Tigges. Beide greifen bei den nun von ihnen verantworteten Texten auf die jahrelang äußerst fundierte Vorarbeit von Herrn Prof. Möller zurück, so dass es mehr als gerechtfertigt ist, dass dieser in dieser Auflage in der Autorenkennzeichnung jedes juristischen Kapitels noch mitgenannt wird. Alle Autoren danken Herrn Prof. Möller für die jahrelange Prägung des Buches sowie die menschlich angenehme und fachlich befruchtende Zusammenarbeit mit ihm.

Alle Autoren freuen sich über jegliche Hinweise und Anregungen aus dem Kreis der Leserschaft, zu denen hiermit ausdrücklich aufgefordert wird.

Köln und Düsseldorf, im Oktober 2024

Thomas Ketteler-Eising
Dr. Andreas Meschke
Gerrit Tigges

INHALTSVERZEICHNIS

LITERATURVERZEICHNIS

A

AG Medizinrecht im DAV/IMR (Hrsg.), Aktuelle Entwicklungen im Medizinstrafrecht – 3. Düsseldorfer Medizinstrafrechtstag, Baden-Baden 2013

AG Medizinrecht im DAV/IMR (Hrsg.), Aktuelle Entwicklungen im Medizinstrafrecht – 9. Düsseldorfer Medizinstrafrechtstag, Baden-Baden 2019

AG Medizinrecht im DAV (Hrsg.), Schriftenreihe der Arbeitsgemeinschaft Medizinrecht im DAV, Bd. 2, Köln 2000

Ahrens/Bar u. a. (Hrsg.), Festschrift für Erwin Deutsch zum 80. Geburtstag, Berlin 2009

Altmeppen, GmbHG, 11. Aufl., München 2023

B

Bäune/Meschke/Rothfuß, Kommentar zur Zulassungsverordnung für Vertragsärzte und Vertragszahnärzte (Ärzte-ZV, Zahnärzte-ZV), Berlin 2008

Baums/Wertenbruch (Hrsg.), Festschrift für Ulrich Huber zum siebzigsten Geburtstag, Tübingen 2006

Baur, Chefarzt- und Belegarztvertrag, 2. Aufl., Köln 2010

Becker/Kingreen (Hrsg.), **SGB V –** Gesetzliche Krankenversicherung, 8. Aufl., München 2022

Beck'scher Bilanzkommentar, 13. Aufl., München 2022

Beck'sches Handbuch der Personengesellschaften, 5. Aufl., München 2020

Bergmann/Pauge/Steinmeyer (Hrsg.), Gesamtes Medizinrecht, 4. Aufl., Baden-Baden 2023

Birkenfeld/Wäger, Das große Umsatzsteuer-Handbuch, Köln, Loseblattsammlung

Blümich, EStG, KStG, GewStG, München

Bordewin/Brandt, Einkommensteuergesetz, Heidelberg, Loseblattsammlung

Brandis/Heuermann, Ertragssteuerrecht, München, Loseblattsammlung

Braun/Günther, Das Steuer-Handbuch, Köln, Loseblattsammlung

Bunjes, Umsatzsteuergesetz: UStG, 23. Auf., München 2024

C

Clausen/Schroeder-Printzen (Hrsg.), Münchener Anwaltshandbuch Medizinrecht, 3. Aufl., München 2020

D

Dahm/Möller/Ratzel, Rechtshandbuch Medizinische Versorgungszentren, Berlin 2005

Deutsche Krankenhausgesellschaft (Hrsg.), Hinweise zur Gründung Medizinischer Versorgungszentren nach § 95 SGB V, 3. Aufl., Düsseldorf 2007

Dieners (Hrsg.), Compliance im Gesundheitswesen, 4. Aufl., München 2022

Dötsch/Alber/Sell/Zenthöfer, Körperschaftsteuer, 19. Aufl., Stuttgart 2020

Dötsch/Pung/Möhlenbrock, Die Körperschaftsteuer, , Stuttgart, Loseblattsammlung

E

Ebeling/Geck, Handbuch der Erbengemeinschaft, Köln, Loseblattsammlung

Ehlers (Hrsg.), Fortführung von Arztpraxen, 3. Aufl., München 2009

Eisenberg, Ärztliche Kooperations- und Organisationsformen, Frankfurt a. M. 2002

Eisgruber, Umwandlungssteuergesetz Kommentar, 3. Aufl., Herne 2023

G

Gollasch, Die fachübergreifende Gemeinschaftspraxis, Baden-Baden 2003

Grüneberg u. a., Bürgerliches Gesetzbuch, Kommentar, 83. Aufl., München 2024

Gummert/Schäfer (Hrsg.), Münchener Handbuch des Gesellschaftsrechts, Bd. 1, 6. Aufl., München 2024

H

Hachmeister/Kahle/Mock/Schüppen, Bilanzrecht Kommentar, 3. Auf., Köln 2022

Halbe (Hrsg.), Handbuch Kooperationen im Gesundheitswesen, Heidelberg, Loseblattsammlung

Haritz/Menner/Bilitewski, Umwandlungssteuergesetz: UmwStG, 6. Aufl., München 2024

Hartmann/Metzenmacher, Umsatzsteuergesetz, Berlin, Loseblattsammlung

Henssler, Partnerschaftsgesellschaft, Kommentar, 3. Aufl., München 2018

Herrmann/Heuer/Raupach, Einkommensteuer- und Körperschaftsteuergesetz, Köln, Loseblattsammlung

Huster/Kaltenborn (Hrsg.), Krankenhausrecht, 2. Aufl., München 2017

J

Jacobs u. a. (Hrsg.), Festschrift für Hermann Plagemann Weiterdenken: Recht an der Schnittstelle zur Medizin, München 2020

von Jhering, Die Wirkung von Schiedsvereinbarungen, Schiedsklauseln und Schiedssprüchen im Gesellschaftsrecht, Frankfurt a. M. 2013

K

Katzenmeier/Ratzel (Hrsg.), Festschrift für Franz-Josef Dahm, Glück auf! Medizinrecht gestalten, Heidelberg 2017

Kaya, Rechtsfragen medizinischer Versorgungszentren auf Gründungs- und Zulassungsebene, Baden-Baden 2012

Kirchhof/Kulosa/Ratschow, BeckOK EStG, München

Kirchhoff/Seer, Einkommensteuergesetz (EStG), 23. Aufl., Köln 2024

Kleinke/Eickmann, Der niedergelassene Arzt als Arbeitgeber, Köln 2009

Köbler, Die Beteiligung Berufsfremder an Arztpraxen, Apotheken und anderen Heilberufsunternehmen, Berlin 2011

Kremer/Wittmann, Vertragsärztliche Zulassungsverfahren, 4. Aufl., Heidelberg 2021

L

Laas, Die überörtliche Gemeinschaftspraxis, Marburg 2006

Ladurner, Ärzte-ZV, Zahnärzte-ZV, München 2016

Laufs/Kern/Rehborn (Hrsg.), Handbuch des Arztrechts, 5. Aufl., München 2019

Lenski/Steinberg, Kommentar zum Gewerbesteuergesetz, Köln, Loseblattsammlung

Lindenau, Das Medizinische Versorgungszentrum, Heidelberg 2008

Lippross/Seibel, Basiskommentar Steuerrecht, Köln, Loseblattsammlung

Luxenburger/Beeretz u. a. (Hrsg.), Festschrift 10 Jahre AG Medizinrecht im DAV, Bonn 2008

M

Makoski, Ambulante Spezialfachärztliche Versorgung (ASV), 2. Aufl., Stuttgart 2018

Mössner/Oellerich/Valta (Hrsg.), Körperschaftsteuergesetz Kommentar, 6. Aufl., Herne 2024

N

Nahmmacher/Clausen, Der Chefarztvertrag, 2. Aufl., Heidelberg 2013

Nentwig/Bonvie/Hennings/Pfisterer, Das Partnerschaftsgesellschaftsgesetz: Die berufliche Zusammenarbeit von Medizinern, 2. Aufl., Mainz 2003

O

Orlowski/Halbe/Karch, Vertragsarztrechtsänderungsgesetz (VÄndG), 2. Aufl., Heidelberg 2008

P

Peres/Senft (Hrsg.), Sozietätsrecht, 3. Aufl., München 2015

Porten, Handbuch Honorararztrecht, Berlin 2014

Preißler/Sozietät Dr. Rehborn, Ärztliche Gemeinschaftspraxis versus Scheingesellschaft, Köln 2002

D. Prütting (Hrsg.), Formularbuch Medizinrecht, 3. Aufl., München 2023

D. Prütting (Hrsg.), Medizinrecht, 6. Aufl., Köln 2022

Q

Quaas/Zuck/Clemens, Medizinrecht, 4. Aufl., München 2018

R

Ratzel u. a. (Hrsg.), Festschrift 20 Jahre AG Medizinrecht im DAV, Bonn 2018

Ratzel/Lippert/Prütting, Kommentar zur Musterberufsordnung deutscher Ärzte (MBO), 8. Aufl., Berlin 2023

Ratzel/Luxenburger (Hrsg.), Handbuch Medizinrecht, 4. Aufl., Heidelberg 2021

Rau/Dürrwächter, Kommentar zum Umsatzsteuergesetz, Köln, Loseblattsammlung

Rieger, Verträge zwischen Ärzten in freier Praxis, 8. Aufl., Frankfurt a. M. 2009

Rieger/Dahm/Katzenmeier/Stellpflug/Ziegler (Hrsg.), Heidelberger Kommentar Arztrecht Krankenhausrecht Medizinrecht (HK-AKM), Heidelberg, Loseblattsammlung

Rödder/Herlinghaus/van Lishaut, Umwandlungssteuergesetz: UmwStG, 3. Aufl., Köln 2019

Rompf/Schröder/Willaschek, Kommentar zum Bundesmantelvertrag Ärzte, Köln, Loseblattsammlung

S

Schäfer, Gesellschaft bürgerlichen Rechts und Partnerschaftsgesellschaft, 9. Aufl., München 2023

Schallen (Begr.), Zulassungsverordnung für Vertragsärzte, Vertragszahnärzte, Medizinische Versorgungszentren, Psychotherapeuten, 10. Aufl., Heidelberg 2024

Schallen/Kleinheidt/Schäfer, Verträge für angestellte Ärzte, Zahnärzte, 2. Aufl., Heidelberg 2013

Schiller (Hrsg.), Bundesmantelvertrag Ärzte, 2. Aufl., Heidelberg 2020

Schiller/Tsambikakis (Hrsg.), Festschrift für Gernot Steinhilper, Kriminologie und Medizinrecht, Heidelberg 2013

Schirmer, Vertragsarztrecht kompakt, Köln 2005

Schlegel/Voelzke (Hrsg.), juris PraxisKommentar SGB V, 4. Aufl., 2020

Schmidbauer u. a., Besteuerung der Ärzte, Zahnärzte und sonstiger Heilberufe, 11. Aufl., Herne 2022

Schmidt, EStG – Einkommensteuergesetz Kommentar, 43. Aufl., München 2024

Schmitt/Hörtnagl, Umwandlungsgesetz, Umwandlungssteuergesetz: UmwG, UmwStG, 10. Aufl., München 2024

Schmitz/Binz/Oerter, Der Praxiskaufvertrag für die Arzt- und Zahnarztpraxis, 2. Aufl., Heidelberg 2013

Schnapp/Wigge, Handbuch des Vertragsarztrechts, 3. Aufl., München 2017

Scholz/Treptow (Hrsg.), Beck'sches Formularbuch Medizin- und Gesundheitsrecht, 2. Aufl., München 2022

Schröder/Muuss, Handbuch der steuerlichen Betriebsprüfung, Berlin, Loseblattsammlung

Schulz/Reinhart/Sahan (Hrsg.), Festschrift für Imme Roxin, Heidelberg 2012

Sodan (Hrsg.), Handbuch des Krankenversicherungsrechts, 3. Aufl., München 2018

Sölch/Ringleb, Umsatzsteuergesetz: UStG, München, Loseblattsammlung

Spickhoff (Hrsg.), Medizinrecht, 4. Aufl., München 2022

Stellpflug u. a., Gesundheitsrecht, Heidelberg, Loseblattsammlung

T

Tipke/Kruse, Abgabenordnung/Finanzgerichtsordnung, Köln, Loseblattsammlung

Tipke/Lang, Steuerrecht, 24. Aufl., Köln 2020

Treptow, Die Mitgliedschaft in der als Medizinisches Versorgungszentrum zugelassenen Ärzte-GmbH, Baden-Baden 2011

W

Wäger, Umsatzsteuergesetz: UStG, 3. Aufl., Köln 2024

Wenner, Vertragsarztrecht nach der Gesundheitsreform, München 2008

Wenzel (Hrsg.), Handbuch des Fachanwalts Medizinrecht, 4. Aufl., Köln 2019

Widmann/Mayer, Umwandlungsrecht, Bonn, Loseblattsammlung

von Wulffen/Krasney (Hrsg.), Festschrift 50 Jahre Bundessozialgericht, Köln 2004

Z

Zwingel/Preißler, Ärzte-Kooperationen und Medizinische Versorgungszentren, 2. Aufl., Köln 2008

ABKÜRZUNGSVERZEICHNIS

	A
a. A.	anderer Ansicht
a. a. O.	an anderem Ort
Abs.	Absatz
AEAO	Anwendungserlass zur Abgabenordnung
AEKV	Arzt-Ersatzkassen-Vertrag
AEUmwStG 2006	Schreiben zur Anwendung des Umwandlungssteuergesetzes i. d. F. des SEStEG, BMF v. 11.11.2011 - IV C 2 – S 1978- b/08/10001, BStBl 2011 I S. 1314
a. F.	alte Fassung
AG	Aktiengesellschaft/Amtsgericht
Anm.	Anmerkung
AO	Abgabenordnung
AOP-Vertrag	Vertrag über Ambulantes Operieren im Krankenhaus
Art.	Artikel
Ärzte-ZV	Zulassungsverordnung für Vertragsärzte
ArztR	ArztRecht (Zs.)
ASiG	Gesetz über Betriebsärzte, Sicherheitsingenieure und andere Fachkräfte für Arbeitssicherheit
AÜG	Arbeitnehmerüberlassungsgesetz
Aufl.	Auflage
AuR	Arbeitnehmer und Recht (Zs.)

	B
BAG	Berufsausübungsgemeinschaft, Bundesarbeitsgericht
BÄK	Bundesärztekammer
BÄO	Bundesärzteordnung
BedarfsplRL	Bedarfsplanrichtlinie
BetrVG	Betriebsverfassungsgesetz
BFH	Bundesfinanzhof
BGB	Bürgerliches Gesetzbuch
BGBl	Bundesgesetzblatt
BGH	Bundesgerichtshof
BMF	Bundesministerium für Finanzen
BMV-Ä	Bundesmantelvertrag Ärzte
BMV-Z	Bundesmantelvertrag Zahnärzte
BO	Berufsordnung
BPflV	Bundespflegesatzverordnung
BSG	Bundessozialgericht
BStBl	Bundessteuerblatt
BT-Drucks.	Bundestagsdrucksache
Buchst.	Buchstabe

BVerfG	Bundesverfassungsgericht
BVerwG	Bundesverwaltungsgericht
bzw.	beziehungsweise

C

Cardio-MRT	Cardio-Magnet-Resonanz-Therapie

D

DÄBl.	Deutsches Ärzteblatt (Zs.)
DAV	Deutscher Anwaltsverein e.V.
DB	Der Betrieb (Zs.)
d. h.	das heißt
DokID	Dokumentenidentifikation (NWB-online)
DStR	Deutsches Steuerrecht (Zs.)
DStZ	Deutsche Steuer-Zeitung (Zs.)

E

EBM	Einheitlicher Bewertungsmaßstab
EGBGB	Einführungsgesetz zum Bürgerlichen Gesetzbuch
eGbR	eingetragene Gesellschaft bürgerlichen Rechts
EGInsO	Einführungsgesetz zur Insolvenzordnung
EKV	Ersatzkassenvertrag
EStG	Einkommensteuergesetz
EStH	Einkommensteuer-Hinweise
EStR	Einkommensteuer-Richtlinien
etc.	et cetera
EuGH	Europäischer Gerichtshof
eV	eingetragener Verein

F

f.	folgende
FA	Finanzamt
ff.	fortfolgende
FG	Finanzgericht
FGO	Finanzgerichtsordnung
Fn.	Fußnote
FR	Finanz-Rundschau (Zs.)
FS	Festschrift

G

GbR	Gesellschaft bürgerlichen Rechts
gem.	gemäß
GenG	Gesetz betreffend die Erwerbs- und Wirtschaftsgenossenschaften
GesR	GesundheitsRecht (Zs.)
Gew	Gewerbesteuer
GewStG	Gewerbesteuergesetz

ggf.	gegebenfalls
GKV	Gesetzliche Krankenversicherung
GKV-OrgWG	Organisationsstrukturen der Gesetzlichen Krankenkasse
GKV-VStG	GKV-Versorgungsstrukturgesetz
GmbH	Gesellschaft mit beschränkter Haftung
GmbHR	GmbH-Rundschau (Zs.)
GOÄ	Gebührenordnung für Ärzte
GSG	Gesundheitsstrukturgesetz
GuP	Gesundheit und Pflege (Zs.)
gW	gemeiner Wert
GWR	Gesellschafts- und Wirtschaftsrecht (Zs.)

H

H	Hinweis
HFR	Humboldt Forum Recht (Zs.)
HGB	Handelsgesetzbuch
HHR	Herrmann/Heuer/Raupach (Kommentar)
Hrsg.	Herausgeber
HVM	Honorarverteilungsmaßstab
HVV	Honorarverteilungsvertrag

I

i. d. F.	in der Fassung
i. d. R.	in der Regel
i. H.	in Höhe
i. H. v.	in Höhe von
IGeL	Individuelle Gesundheitsleistungen
InsO	Insolvenzordnung
InvZulG	Investitionszulagengesetz
i. S.	im Sinne
i.V. m.	in Verbindung mit

K

KBV	Kassenärztliche Bundesvereinigung
KGaA	Kommanditgesellschaft auf Aktien
KH	Das Krankenhaus (Zs.)
KHEntgG	Krankenhausentgeltgesetz
KHGG NRW	Krankenhausgestaltungsgesetz des Landes Nordrhein-Westfalen
KÖSDI	Kölner Steuerdialog (Zs.)
KStG	Körperschaftsteuergesetz
KV, KVen	Kassenärztliche Vereinigung(en)
KVNO	Kassenärztliche Vereinigung Nordrhein
KZV	Kassenzahnärztliche Vereinigung

L

LG	Landgericht
LSG	Landessozialgericht
LStDV	Lohnsteuerdurchführungsverordnung
LStH	Lohnsteuer-Hinweise

M

MB/KK	Musterbedingungen Krankheitskosten und Krankenhaustagegeldversicherung
MBO	Muster-Berufsordnung
MBO-Ä	Musterberufsordnung für Ärztinnen und Ärzte
MBO-Z	Musterberufsordnung für Zahnärzte
MedR	Medizinrecht (Zs.)
Medstra	Zeitschrift für Medizinstrafrecht
MoMiG	Gesetz zur Modernisierung des GmbH-Rechts und zur Bekämpfung von Missbräuchen
MoPeG	Gesetz zur Modernisierung des Personengesellschaftsrechts
MVZ	Medizinisches Versorgungszentrum
m. w. N.	mit weiteren Nachweisen
MwStSystRL	Mehrwertsteuersystem-Richtlinie

N

n. F.	neue Fassung
NJW	Neue Juristische Wochenschrift (Zs.)
NJW-RR	NJW-Rechhtsprechungs-Report (Zs.)
Nr.	Nummer
n.v.	nicht veröffentlicht
NWB	Neue Wirtschafts-Briefe (Zs.)
NZG	Neue Zeitschrift für Gesellschaftsrecht (Zs)
NZS	Neue Zeitschrift für Sozialrecht

O

OFD	Oberfinanzdirektion
OHG	Offene Handelsgesellschaft
OLG	Oberlandesgericht

P

PartG	Partnerschaftsgesellschaft
PartGG	Gesetz über Partnergesellschaften Angehöriger Freier Berufe
PFB	Praxis Freiberufler-Beratung (Zs.)
PKV	Private Krankenversicherung
Pkw	Personenkraftwagen

R

R	Richtlinie

rd.	rund
Respr.	Rechtsprechung
RLV	Regelleistungsvolumen
Rn.	Randnummer
Rz.	Randziffer

S

S.	Satz, Seite
SEStEG	Gesetz über steuerliche Begleitmaßnahmen zur Einführung der Europäischen Gesellschaft
SG	Sozialgericht
SGB	Sozialgesetzbuch
SGG	Sozialgerichtsgesetz
sog.	sogenannt
StÄndG	Steueränderungsgesetz
StEK	Steuer-Erlasse in Karteiform

T

Teil-BAG	Teilberufsausübungsgemeinschaft
TEV	Teileinkünfteverfahren
Tw	Teilwert
Tz.	Textziffer

U

u. a.	unter anderem
üBAG	überörtliche Berufsausübungsgemeinschaft
UmwStG	Umwandlungssteuergesetz
UR	Umsatzsteuer-Rundschau (Zs.)
USt	Umsatzsteuer
UStAE	Umsatzsteuer-Anwendungserlass
UStB	Der Umsatz-Steuer-Berater (Zs.)
UWG	Gesetz gegen den unlauteren Wettbewerb

V

v.	vom
VÄndG	Vertragsarztrechtsänderungsgesetz
vgl.	vergleiche

Z

Zahnärzte-ZV	Zulassungsverordnung für Vertragszahnärzte
z. B.	zum Beispiel
ZIP	Zeitschrift für Wirtschaftsrecht
ZMGR	Zeitschrift für das gesamte Medizin- und Gesundheitsrecht
Zs.	Zeitschrift
zzgl.	zuzüglich

A. Einleitung

I. Wirtschaftliche Rahmenbedingungen

1. Marktumfeld

Das Marktumfeld der Ärzte[1] verändert sich seit Jahren laufend.

Ausweislich der bis einschließlich 2022 ausgewerteten KBV-Gesundheitsdaten hat die Anzahl der Vertrags-Arztpraxen in der Zeit von 2013 bis 2022 leicht um insgesamt 2,4 % abgenommen. Einzelpraxen sind nach wie vor die am meisten vertretene Praxisform. Jedoch ist bei hausärztlichen Einzelpraxen ein Rückgang um 17,5 % und bei fachärztlichen Einzelpraxen ein solcher von 13,1 % zu verzeichnen. Die Anzahl fachgleicher fachärztlicher BAGen sank um 7,2 %. Hingegen nahm die Anzahl der in BAGen tätigen Ärzte insgesamt zu. MVZ machten im Jahr 2022 mehr als 4,0 % der Praxen/Einrichtungen aus. Die seit zwei Jahrzehnten festzustellende Konzentration zu immer größer werdenden Einheiten hält demgemäß an.

Im Einzelfall ist es oftmals eine Frage der Persönlichkeit des Arztes, ob er seinen Beruf eher als Einzelkämpfer, in einer kleinen Einheit oder in einer Großpraxis ausüben möchte. Ärzte, die in der Vergangenheit schlechte Erfahrungen mit Partnern gemacht haben, scheuen es häufig, erneut eine Partnerschaft einzugehen und hierbei wiederum zumindest teilweise ihre Autonomie aufzugeben. Und schließlich kann der manchmal „schlanke Kostenapparat" einer kleinen Praxis auch Vorteile bieten.

War es in der Vergangenheit so, dass sich bestehende Arztpraxen an ihrem Standort vergrößerten, so ist in den letzten Jahren ein Trend nicht nur zu größeren, sondern auch zu überregional tätigen Einheiten festzustellen. Ermöglicht wird dies durch die Zulässigkeit von Zweigpraxen (Filialen), insbesondere aber durch die Gründung überörtlicher Berufsausübungsgemeinschaften und komplexer MVZ-Strukturen mit Einheiten an unterschiedlichen Standorten.

Weiterhin stoßen Investoren in den Markt vor. Wirtschaftlich interessante Praxen verschiedenster Fachrichtungen, insbesondere Labor, Radiologie, Nephrologie sowie operativ tätige Augenarzt- und orthopädische Praxen werden zu Preisen, die weit über einer Bewertung nach der ansonsten für Arztpraxen üblichen modifizierten Ertragswertmethode liegen, aufgekauft. So entstehen Einheiten mit mehreren hundert Mitarbeitern und mittelständischen Unternehmensstrukturen. Die bisher selbständigen Ärzte sind danach häufig als Angestellte in ihrer bisherigen Praxis tätig.

1 Die in diesem Werk verwendeten Personen- und Berufsbezeichnungen beziehen sich auf alle Geschlechter.

Überhaupt steigt die Zahl der angestellten Ärzte aus unterschiedlichen Gründen ständig an. Im Jahr 2023 waren fast 28 % der Ärzte und Psychotherapeuten im Rahmen einer Anstellung vertragsärztlich tätig. In manchen stark spezialisierten Fachgebieten übersteigt die Anzahl der Angestellten die der Vertragsärzte deutlich. Immer mehr junge Ärzte scheuen das Investitionsrisiko bzw. haben Vorstellungen über eine Work-Life-Balance, die in der Freiberuflichkeit angeblich nicht zu realisieren sei.

Seit einigen Jahren ist der Trend festzustellen, dass der Anteil der Ärztinnen jährlich um etwa 1 % wächst. In manchen Fachgebieten überwiegt der Anteil der Ärztinnen. Nicht selten wird ein Teilzeit-Anstellungsverhältnis praktiziert, um den familiären Belangen flexibler Rechnung tragen zu können. Vorteilhaft ist, dass auf dieser Basis geprüft werden kann, ob eine dauerhafte Einbindung als zukünftiger Gesellschafter eine tragfähige Grundlage hat.

Bei den **Zahnärzten** ergibt sich folgende Situation: Zwar nimmt die Anzahl der in einer Einzelpraxis tätigen Zahnärzte ab, gleichwohl sind noch knapp 80 % der Zahnärzte in dieser Praxisform tätig. Auch hier wird der hohe Grad der Entscheidungsfreiheit als maßgebliches Motiv angeführt. Sofern sich Zahnärzte für eine BAG entscheiden, besteht diese weit überwiegend aus lediglich zwei Zahnärzten. Ebenfalls im zahnärztlichen Bereich hat sich die Quote angestellter Zahnärzte kontinuierlich erhöht. Im vertragszahnärztlichen Bereich darf jeder Vertragszahnarzt seit Anfang 2019 drei Zahnärzte in Vollzeit beschäftigen. Es bleibt abzuwarten, wie sich dies auf die Praxisstrukturen auswirken wird. Festzustellen ist, dass sich seit der im Jahr 2015 erfolgten Einführung der Ein-Fachgebiets-MVZ die Anzahl zahnärztlicher MVZ nahezu explosionsartig entwickelt hat.

Die rechtlichen Rahmenbedingungen ärztlicher Kooperationen werden zunehmend komplexer. Auf der einen Seite gab es vor Jahren erhebliche Liberalisierungen, die die Gründung von Kooperationen deutlich erleichtert und ein finanzielles Engagement von Investoren gefördert haben; bekannte MVZ-Ketten sind entstanden. Sowohl im ärztlichen als auch im zahnärztlichen Bereich führt das Engagement von Investoren zu erheblichen berufs- und versorgungspolitischen Diskussionen.

Auf der anderen Seite ist das vertragsärztliche Zulassungsrecht angesichts der in nahezu sämtlichen ärztlichen Fachgebieten bundesweit bestehenden Zulassungssperren planwirtschaftlich geprägt. Die Rechtsprechung ist immer wieder mit durchaus restriktiven Entscheidungen Tendenzen eines Konzessionshandels entgegengetreten, was viele Kooperationsvorhaben erschwert oder sogar verhindert. In manchen Fällen versteht man kaum, dass den Ärzten keine weiteren Liberalisierungen zugestanden werden und die Lesart für Ärzte geltender Vorgaben wenig offen und mit geringem Gespür für ungewollte gesetzgeberische Lücken, die man ärztefreundlich schließen könnte, angegangen wird.

Mitte 2016 hat der Gesetzgeber – zu Recht - mit Einführung der §§ 299a, 299b StGB die schon immer berufsrechtlich verbotene Zuführung von Patienten unter bestimmten Voraussetzungen unter Strafe gestellt, was eine Fülle neuer Fragen zu den Zulässigkeitsgrenzen von Kooperationen aufgeworfen hat. Zudem ist die Finanzverwaltung in den letzten Jahren im Hinblick auf gewerbe- und umsatzsteuerliche Problemfelder deutlich erfahrener und sensibler geworden.

2. Einkommenssituation

Wie sieht heute die Einkommenssituation niedergelassener Ärzte aus?

Für die Führung einer Arztpraxis reicht medizinische Kompetenz alleine schon seit langem nicht mehr aus; der erfolgreiche Arzt von heute ist als Unternehmer gefragt.

Der niedergelassene Arzt sieht sich einer Vielzahl unterschiedlicher Rahmenbedingungen ausgesetzt, mit denen er sich zur Sicherung seines wirtschaftlichen Erfolges auseinandersetzen muss. Im GKV-Bereich sind die an alle Vertragsärzte auszukehrenden Mittel nach wie vor gedeckelt mit der Folge, dass eine Einzelleistungsvergütung nach festen Preisen nicht stattfindet. Ein wesentlicher Teil der Einnahmen wird in zahlreichen Fachrichtungen immer noch durch die ab dem 1.1.2009 eingeführten Regelleistungsvolumina gesteuert und begrenzt.

Einzelne Praxen können wirtschaftlich nur durch ihren Privatpatientenanteil überleben. Die Versuche, durch das Anbieten von individuellen Gesundheitsleistungen (IGeL-Leistungen) zusätzliche Honorare zu generieren, gelingen nur zum Teil. Zum einen bieten immer mehr Ärzte diese Leistungen an, zum anderen ist eine Tendenz festzustellen, diese Leistungen gesundheitspolitisch kritisch zu hinterfragen.

Im privatärztlichen Bereich ist eine Steigerung der Honorare nach wie vor nicht zu erwarten. Anstehende Neuregelungen im Gesundheitswesen, die schon seit Jahren diskutiert werden, lassen früher oder später für manche Berufsgruppen Honorareinbußen befürchten.

Neben diesen Begrenzungen auf der Einnahmenseite sind Steigerungen auf der Kostenseite unvermeidlich, nicht zuletzt veranlasst durch immer neuere Technologien und immer teurere Geräte. Auch klagen die niedergelassenen Ärzte über eine zunehmende Bürokratisierung ihres Berufes.

Hinzu kommt die sich ständig verschärfende Konkurrenzsituation durch zum Teil regional marktbeherrschende Großpraxen.

Letztlich werden die Patienten auch immer kritischer.

In einer Zeit sich wandelnder Märkte sind dies die Rahmenbedingungen, denen sich Ärzte ausgesetzt sehen.

3. Kooperationsanlässe

Welche Zielsetzungen verfolgen Mediziner, die sich mit dem Thema Kooperation beschäftigen?

Wachstumsstrategie

Aus unterschiedlichsten Gründen verfolgen Praxen Wachstumsstrategien.

Kooperationen eröffnen neue Geschäftsfelder und generieren neue Leistungen. Die Kooperation ermöglicht es den beteiligten Praxen, Leistungen anzubieten, die sie alleine nicht erbringen könnten. So kann beispielsweise in manchen Konstellationen eine Leistung am Kardio-MRT weder vom Radiologen (dieser versteht etwas von der Radiologie, aber nicht von der Kardiologie) noch vom Kardiologen (dieser versteht etwas von der Kardiologie, nicht aber von der Radiologie) allein erbracht werden, wohl aber in Kooperation, beispielsweise über die Gründung einer gemeinsamen Teilberufsausübungsgemeinschaft.

Stark operativ tätige Praxen nutzen Kooperationen, um Zuweiser an sich zu binden. So werden z. B. im augenärztlichen Bereich überörtliche Berufsausübungsgemeinschaften mit konservativ tätigen kleineren Praxen gegründet, um über die Satellitenpraxen Patienten für den operativen Bereich der Kernpraxis zu gewinnen.

Synergiestrategie

Neue Technologien, immer teurere Geräte, die durch einen Arzt allein nicht finanziert oder durch ihn allein nicht voll ausgenutzt werden können, lassen Kooperationen sachdienlich erscheinen. Erst die gemeinsame Anschaffung und Nutzung solcher Investitionen durch mehrere Praxen oder in Kooperation mit Krankenhäusern machen die Anschaffung wirtschaftlich. Möglich wird dies beispielsweise über eine Apparategemeinschaft.

Überlebensstrategie

Praxen, die sich einem Umfeld ständig größer werdender Konkurrenzeinheiten gegenübersehen, sind letztlich selbst gezwungen zu wachsen, um nicht zum „Übernahmekandidaten" zu werden. Dieses Wachstum kann sowohl in der bestehenden Praxis als auch durch Änderung der Struktur durch Zusammenschluss mit anderen Praxen stattfinden. Durch zunehmende eigene Größe und dadurch oft möglich werdende Erweiterung des Leistungsangebotes kann die zukünftige weitere Existenz gesichert werden.

Strategische Kooperation

Vielfältige Möglichkeiten bietet die Kooperation mit einem Krankenhaus. Aus strategischen Gründen erfolgt sie oft, um die Präsenz eines Konkurrenten an diesem Standort zu verhindern oder um sich die Mitversorgung der Krankenhauspatienten zu sichern.

Aus ersten kleinen Kooperationsversuchen – beispielsweise der Anschaffung eines gemeinsamen Gerätes – entwickeln sich im Laufe der Jahre oft große Kooperationen – etwa die komplette radiologische Versorgung der Krankenhauspatienten.

Standortsicherung

Eine ähnliche Strategie verfolgt die Kooperation zur Standortsicherung. Hier geht es um die Festigung der räumlichen Position und die Abgrenzung von anderen. Durch Kooperation mit anderen Praxen, beispielsweise durch die Gründung einer überörtlichen BAG, wird das eigene Terrain vergrößert und gesichert. Aus Konkurrenzpraxen werden Verbündete. Häufig werden hierdurch auch Kooperationen mit Krankenhäusern möglich, da die Praxis nun als ernstzunehmender Partner wahrgenommen wird.

Praxisabgabe

Der Arzt, der dem Ende seines aktiven Berufslebens entgegensieht, hat zunehmend Probleme, seine Praxis zu veräußern. Finden sich bei den meisten Facharztgruppen in attraktiven Städten nach wie vor Interessenten, so ist bei den Hausärzten und insgesamt in ländlichen Regionen ein Mangel an potenziellen Übernehmern festzustellen. Praxen sind teilweise nicht mehr oder nur schwer verkäuflich. Der Abgeber, der rechtzeitig eine Kooperation mit Kollegen eingeht, sichert durch Einbringung seiner Praxis in einen Verbund seinen Praxiswert. Gleichzeitig stellt er so sein Einkommen für die noch verbleibenden Jahre seiner Berufstätigkeit sicher. Neben der Kooperation mit niedergelassenen Kollegen werden solche Praxen nach wie vor häufig in ein MVZ eingebracht.

Verkaufsstrategie

Auf der anderen Seite sind Investoren unterwegs, die gerade an großen Einheiten Interesse haben und dafür einen überdurchschnittlich hohen Preis zu zahlen bereit sind. Durch Wachstum und Kooperation kann der einzelne Arzt seine Praxis in eine Größe bringen, die sie für solche Investoren interessant(er) machen.

Sanierung

Der Inhaber einer sanierungsbedürftigen Praxis sieht in der Kooperation oft die Chance zur Genesung. Dies funktioniert jedoch nur dann, wenn er dem neuen Verbund Beiträge bringt, die für die anderen von Nutzen sind. Die Kooperationspartner werden die Probleme des Sanierungsbedürftigen ohne Gegenleistung nicht lösen können und wollen.

4. Chancen und Risiken

Dieses sich immer wieder verändernde Umfeld kann man alleine aus dem Blickwinkel des Risikos betrachten. Es bietet aber dem unternehmerisch engagierten Arzt auch Chancen.

Es ist ein zunehmender Fachärztemangel festzustellen, während gleichzeitig eine Verlagerung von Leistungen aus dem Krankenhaus zu Fachärzten stattfindet. Andererseits drängen Krankenhäuser in die ambulante Versorgung und bedürfen dabei häufig eines Kooperationspartners.

Der zunehmende Wettbewerb unter den Ärzten fördert deren Initiativkraft. Der Arzt sieht sich zunehmend als Unternehmer. Es findet immer noch ein Umbau von der kleinen Praxis zur Großpraxis statt. Diese sich verändernden Bedingungen und der zunehmende Wettbewerbsdruck zwingen die Praxisinhaber zu neuen, innovativen Konzepten und einer betriebswirtschaftlichen Unternehmensführung.

Ärztliches Berufsrecht, Vertragsarztrecht, Gesellschaftsrecht und Steuerrecht sind nicht aufeinander abgestimmt. Gestaltungen, die berufsrechtlich möglich, ja vom Gesetzgeber gewollt sind, werden durch steuerrechtliche Vorschriften zu Risiken (z. B. drohende gewerbesteuerliche Infektionen der gesamten Praxiseinkünfte, ungewollte Aufdeckung und damit Versteuerung stiller Reserven bei Kooperationsbeendigungen u. a.). Diese Gemengelage der einzelnen Rechtsgebiete stellt die Berater vor enorme Herausforderungen.

Die Aufgabe des Rechtsanwalts und des Steuerberaters ist es, den Arzt bei diesen Vorhaben gemeinsam und abgestimmt miteinander zu unterstützen. Hilfreich ist insbesondere eine Sensibilisierung der einen Rechtsgruppe für die Probleme in der anderen Berufsgruppe.

II. Wichtige Neuerungen durch Gesetzgebung und Rechtsprechung

Während der vergangenen 20 Jahre haben sich die Rahmenbedingungen für ärztliche Kooperationen erheblich verändert.

Zu erwähnen ist an erster Stelle das Gesetz zur Änderung des Personengesellschaftsrechts (MoPeG) vom 10.8.2021 (BGBl 2021 I S. 3436), welches am 1.1.2024 in Kraft getreten ist.

Eine Vielzahl sozialrechtlich geprägter Gesetze zielte auf die Liberalisierung der vertragsärztlichen Tätigkeit ab und erweiterte so das mögliche Spektrum der Zusammenarbeit von Ärzten untereinander oder von Ärzten und Krankenhausträgern. Einzelne gesetzliche Neuerungen – z. B. die erweiterte Möglichkeit zur „Einziehung von Vertragsarztsitzen“ – führten zu erheblichen Verunsicherungen potenzieller Praxisabgeber.

Anzuführen sind ferner einige für die Beratungspraxis relevante Entscheidungen des für das Vertragsarztrecht zuständigen 6. Senats des Bundessozialgerichts (BSG), der insbesondere einer Kommerzialisierung der Vertragsarztzulassung entgegengetreten ist und grundlegende Entscheidungen insbesondere zu MVZ und zum Nachbesetzungsverfahren getroffen hat.

Die nachfolgende Kurzdarstellung beschränkt sich auf in der Praxis besonders wichtige rechtliche Eckpunkte.

1. Gesetz zur Änderung des Personengesellschaftsrechts (MoPeG)

Ziel des Gesetzes ist es, das überwiegend noch aus dem 19. Jahrhundert stammende Personengesellschaftsrecht an die Bedürfnisse des modernen Wirtschaftslebens sowie die aktuelle Rechtsprechung anzupassen. Diese Modifizierung war überfällig. Die Verfasser des BGB hatten noch die aus wenigen Gesellschaftern bestehende Gelegenheitsgesellschaft vor Augen und konnten sich deshalb auf rudimentäre Regelungen beschränken. Die Rechtsprechung und die Praxis der Vertragsgestaltung haben in den vergangenen Jahrzehnten das Personengesellschaftsrecht fortentwickelt. Es ist augenfällig, dass sich die Gesellschaftsverträge insbesondere größerer BAGen in vielen Regelungen von der gesetzlichen Vorgabe entfernt haben.

a) Überblick über die wesentlichen gesetzlichen Änderungen

Auch nach der Novellierung bleibt die GbR die Grundform der Personengesellschaften. Der individuellen Ausgestaltung des BAG-Gesellschaftsvertrags kommt nach wie vor größte Bedeutung zu. § 708 BGB stellt nunmehr als Leitbild die Vertragsfreiheit in den Vordergrund, die es den Gesellschaftern ermöglichen soll, das Gesellschaftsverhältnis „in Selbstbestimmung und Selbstverantwortung zu gestalten“ (Reg-E, BT-Drucks. 19/27635 S. 103). Flankierend treten jetzt als Neuerungen hinzu:

- Die am Rechtsverkehr teilnehmende GbR ist rechtsfähig (§ 705 Abs. 2 Halbsatz 1 BGB), aber keine juristische Person.
- Für GbRs wird ein Gesellschaftsregister eingeführt. Die Eintragung ist freiwillig (§ 707 Abs. 1 BGB). Auch die nicht in das Register eingetragene Gesellschaft ist rechtsfähig. Für BAGen ist die Eintragung primär relevant, wenn sie Grundbesitz erwerben wollen. Mit der Eintragung ist die Gesellschaft verpflichtet, als Namenszusatz die Bezeichnung „eingetragene Gesellschaft bürgerlichen Rechts“ oder „eGbR“ zu führen (§ 707a Abs. 2 BGB). Die eingetragene GbR kann sich nicht aus dem Register austragen lassen.

- Aus § 708 BGB ergibt sich, dass gesellschaftsvertraglich von den Vorschriften der §§ 709 bis 718 BGB abgewichen werden kann, sofern sich aus dem Gesetz nichts anderes ergibt. Nicht eingeschränkt werden dürfen insbesondere die persönliche Haftung der Gesellschafter im Außenverhältnis (§§ 721 Satz 2, 721a Satz 2 BGB), die Vertretungsbefugnis im Außenverhältnis (§ 720 Abs. 3 Satz 2 BGB), das Recht auf Notgeschäftsführung (§ 715a Satz 2 BGB) und das Informationsrecht (§ 717 Satz 2 BGB).
- Die Abstimmung erfolgt nicht mehr nach dem Kopfprinzip, sondern – wie auch die Ergebnisbeteiligung – vorrangig nach den vereinbarten Beteiligungsverhältnissen (§ 709 Abs. 3 BGB).
- § 711 Abs. 1 BGB bestimmt, dass die Übertragung von Gesellschaftsanteilen der Zustimmung der anderen Gesellschafter bedarf und dass die Gesellschaft keine eigenen Gesellschaftsanteile erwerben kann.
- Gemäß § 714 BGB bedürfen Gesellschafterbeschlüsse der Zustimmung aller stimmberechtigten Gesellschafter. Es empfiehlt sich eine Überprüfung der gesellschaftsvertraglichen Regelungen zu Beschlussmängelstreitigkeiten; insbesondere kann hier eine Übernahme der §§ 110 bis 115 HGB angezeigt sein.
- Liefen bisher Geschäftsführungsbefugnis und Vertretungsmacht einer GbR parallel, findet sich nun eine Differenzierung zwischen Geschäftsführungsbefugnis (§ 715 BGB) und Vertretungsbefugnis (§ 720 BGB). Letztere kann gem. § 720 Abs. 3 Satz 2 und 3 BGB im Außenverhältnis nicht mehr beschränkt werden, insbesondere auch nicht dahingehend, dass sich die Vertretung nur auf bestimmte Geschäfte oder Arten von Geschäften erstreckt oder dass sie nur unter gewissen Umständen oder für eine gewisse Zeit oder an einzelnen Orten stattfinden soll.
- Die Gesellschafter haften (inhaltlich unverändert) für Gesellschaftsverbindlichkeiten gegenüber den Gläubigern als Gesamtschuldner mit ihrem Privatvermögen (nunmehr ausdrücklich in § 721 Satz 1 BGB festgehalten). Wer einer schon bestehenden Gesellschaft beitritt, haftet für bestehende Gesellschaftsverbindlichkeiten mit seinem Privatvermögen (§ 721 Satz 1 BGB). Dies gilt nicht, wenn die Gesellschaft durch den Zusammenschluss erst entsteht (§ 721a BGB – hierzu ausführlich BT-Drucks. 19/27635 S. 165 f.).
- Hinsichtlich der Haftung im Innenverhältnis entfällt der bisherige Haftungsmaßstab des § 708 BGB a. F., der „diligentia quam in suis" vorsah. Demnach haften die Gesellschafter im Innenverhältnis nicht mehr nur gemäß der „Sorgfalt, wie sie in eigenen Angelegenheiten angewendet wird" gem. § 277 BGB. Vielmehr gilt nunmehr der allgemeine Haftungsmaßstab des § 276 Abs. 1 BGB.
- Praxisrelevant ist § 723 BGB: Vormalige Auflösungsgründe wie z. B. Tod, Kündigung, Eröffnung des Insolvenzverfahrens über das Vermögen eines Gesellschafters sind

nunmehr als Ausscheidensgründe gestaltet. Handlungsbedarf kann sich im Hinblick auf die geänderten Rechtsfolgen bei Ausscheiden eines Gesellschafters aus der Gesellschaft ergeben; sein Anteil an der Gesellschaft wächst den übrigen Gesellschaftern im Zweifel im Verhältnis ihrer Anteile zu.

- Die Kündigung eines Gesellschafters kann, sofern gesellschaftsvertraglich nichts Abweichendes geregelt wird, mit einer Frist von drei Monaten zum Ablauf des Kalenderjahres erklärt werden. Kündigungsadressat ist die Gesellschaft (§ 725 BGB). Eine Kündigung aus wichtigem Grund bleibt zulässig (§ 731 BGB).
- Die Auflösung der Gesellschaft ist nunmehr in §§ 729 ff. BGB geregelt. Ihr Beschluss bedarf nach neuem Recht einer Dreiviertelmehrheit (§ 732 BGB), ebenso wie ein Fortsetzungsbeschluss nach § 734 BGB. Regelungen zur Liquidation der Gesellschaft enthalten die §§ 735 ff. BGB.
- § 107 Abs. 1 Satz 2 HGB eröffnet freiberuflichen BAGen, zumindest aus Sicht des Gesellschaftsrechts, die Möglichkeit, sich ins Handelsregister eintragen zu lassen. Die offene Handelsgesellschaft (OHG) als Rechtssubjekt entsteht erst mit der Eintragung. Aufgrund der Verweisung in § 161 Abs. 2 HGB kommt auch die Errichtung einer Kommanditgesellschaft (KG) in Betracht. Auch ist der Weg in die GmbH & Co. KG eröffnet.

Da die Begründung des Regierungsentwurfs (BT-Drucks. 19/27635 S. 223) für die Definition der Freien Berufe auf § 1 Abs. 2 PartGG verweist, fallen Ärzte unzweifelhaft in die Gruppe der Berechtigten. Allerdings enthält § 107 Abs. 1 Satz 2 HGB den Vorbehalt, dass das jeweilige Berufsrecht die Rechtsform der OHG und mithin auch der KG erlauben muss. Derzeit werden beide Rechtsformen wegen ihres Zuschnitts auf Vollkaufleute als unzulässig zur Gründung einer ärztlichen BAG angesehen (Spickhoff/Scholz, § 18 MBO Rz. 8, m. w. N.) Für MVZ untersagt § 95 Abs. 1a Satz 3 SGB V die Rechtsform einer Personenhandelsgesellschaft. Ob die berufs- und vertragsarztrechtlichen Vorgaben an die durch das MoPeG vorgenommene Liberalisierung angepasst werden, bleibt abzuwarten. Dahingehende Bestrebungen sind bislang nicht bekannt geworden.

b) Übergangsregelung

Die neuen BGB-Vorschriften gelten seit ihrem Inkrafttreten am 1.1.2024. Sie entfalten auch Wirkung für Altgesellschaften und deren Gesellschaftsverträge. Eine besondere Übergangsvorschrift enthält Art. 229 § 61 EGBGB, der bestimmt:

„Die §§ 723 bis 728 des Bürgerlichen Gesetzbuchs in der vor dem 1. Januar 2024 geltenden Fassung sind mangels anderweitiger vertraglicher Vereinbarung weiter anzuwenden, wenn ein Gesellschafter bis zum 31. Dezember 2024 die Anwendung dieser Vorschriften gegenüber der Gesellschaft schriftlich verlangt, bevor innerhalb dieser Frist ein zur Auf-

lösung der Gesellschaft oder zum Ausscheiden eines Gesellschafters führender Grund eintritt. Das Verlangen kann durch einen Gesellschafterbeschluss zurückgewiesen werden."

Diese Übergangsvorschrift betrifft die neuen Ausscheidensgründe des § 723 BGB (n. F.), die bislang Auflösungsgründe darstellten (§§ 723 bis 728 BGB a. F.). Sofern für die individuelle gesellschaftsvertragliche Situation relevant, können Gesellschafter mithin (stillschweigend) zur neuen Regelung optieren oder aber binnen einer Frist das Verlangen nach Art. 229 § 61 Satz 1 EGBGB schriftlich erklären (ausführlich Schäfer/Harf, MedR 2024 S. 160, 164 f.).

Zudem stellt sich die Frage, wie mit Vertragsklauseln zu verfahren ist, die auf das BGB verweisen. Hier wäre ggf. durch Auslegung zu ermitteln, ob diese Verweisung dynamisch oder statisch zu verstehen ist (vgl. Ziegler, GuP 2024 S. 1, 2). Um kein ungewünschtes Auslegungsergebnis zu riskieren, ist daher eine rechtzeitige Anpassung des Gesellschaftsvertrags oder Klarstellung anhand einer Zusatzvereinbarung zu empfehlen.

Im Hinblick auf die Auswirkungen des neuen Rechts auf alte Gesellschaftsverträge ist wie folgt zu differenzieren:

- ► Von **zwingendem** neuen Recht (z. B. § 720 Abs. 3 Satz 2 BGB) darf gesellschaftsvertraglich nunmehr nicht mehr abgewichen werden. Erfolgt keine Anpassung hiervon betroffener Klauseln, kann dies zur Teilnichtigkeit des Gesellschaftsvertrags führen (vgl. Ziegler, a. a. O., S. 1 f.)
- ► Auch bei **dispositivem** Recht kann die Frage aufkommen, ob die Gesellschafter in Kenntnis der neuen gesetzlichen Regelungen eine anderweitige Vereinbarung getroffen hätten.

FALLBEISPIEL: Dres. A, B und C sind Gesellschafter einer ärztlichen BAG. Bei der Gründung im Jahr 2014 hatten sie ihre bisherigen Einzelpraxen in die neu entstehende Gemeinschaftspraxis eingebracht und gesellschaftsvertraglich folgende Verteilung der Gesellschaftsanteile entsprechend dem Wert ihres eingebrachten Praxisinventars vereinbart: Dr. A – 55 %; Dr. B – 30 %; Dr. C –15 %. Alle Gesellschafter haben jeweils eine volle Vertragsarztzulassung und behandeln vergleichbar viele Patienten pro Quartal. Bislang hatten sie den Gewinn am Ende eines jeden Geschäftsjahres gedrittelt. Der Gesellschaftsvertrag enthält dazu die Klausel „Die Gewinnverteilung richtet sich nach den Bestimmungen des Bürgerlichen Gesetzbuches."

Am Ende des Geschäftsjahres 2024 beansprucht jedoch Dr. A nunmehr 55 % des Gewinns für sich. Dres. B und C sind empört, sie hätten schließlich mindestens genauso viel gearbeitet wie er und überhaupt habe man es doch immer so gehandhabt, den Gewinn durch drei zu teilen.

Dr. A meint, er berufe sich auf § 709 Abs. 3 Satz 1 BGB in der seit dem 1.1.2024 geltenden Fassung, wonach ihm 55 % des Gewinns zustünden.

Dieses Fallbeispiel verdeutlicht, dass auch bestehende Gesellschaftsverträge auf etwaige Lücken und Änderungen durch die neue Rechtslage überprüft werden sollten, um unliebsame streitige Auseinandersetzungen zu vermeiden.

2. Vertragsarztrechtlicher Status

a) Aufhebung der Zugangsaltersgrenze

Auf Initiative des Bundesrats wurde mit dem VÄndG die Zugangsaltersgrenze von 55 Jahren aufgehoben (§ 98 Abs. 2 Nr. 12 SGB V, § 25 Ärzte-ZV). Hierdurch sollte es auch älteren Ärzten ermöglicht werden, sich als Vertragsarzt freiberuflich zu betätigen. Weiterhin war es Motivation des Gesetzgebers, die Unterversorgung zu lindern.

b) Aufhebung der Beendigungsaltersgrenze

Die Beendigungsaltersgrenze von 68 Jahren (§ 95 Abs. 7 SGB V), die der Gesetzgeber noch mit dem VÄndG grundsätzlich bestätigt hatte, wurde durch das GKV-OrgWG mit Wirkung zum 1.1.2009 beseitigt. Nunmehr kann ein Arzt so lange privatärztlich und/oder vertragsärztlich tätig sein, wie er über eine Approbation bzw. über eine Vertragsarztzulassung verfügt.

c) Teilzulassung

§ 19a Abs. 2 Ärzte-ZV i. d. F. des TSVG ermöglicht die Beschränkung auf einen halben Versorgungsauftrag oder einen Dreiviertel-Versorgungsauftrag („Teilzulassung"). Gesetzgeberisches Motiv war es auch hier, die Flexibilisierung der vertragsärztlichen Tätigkeit zu vergrößern, wobei insbesondere daran gedacht wurde, die Kompatibilität von Beruf und Familie zu verbessern.

Die Teilzulassung kann bereits im Rahmen der Erstzulassung beantragt werden. Es ist aber auch möglich, eine Vollzulassung nachträglich zu beschränken. Erforderlich ist ein entsprechender Antrag an den Zulassungsausschuss. Auf die Reduzierung besteht ein Rechtsanspruch.

PRAXISHINWEIS:

Bei einem in einer Einzelpraxis ausgeübten hälftigen Versorgungsauftrag dürfen Sprechstunden nicht lediglich an einzelnen Werktagen angeboten werden (BSG, Urteil v. 11.2.2015 - B 6 KA 11/14 R, NWB SAAAE-93568, GesR 2015 S. 472, Rz. 44).

Die Gesetzesänderung hat dazu geführt, dass ein Vertragsarzt über zwei Teilzulassungen verfügen kann, wobei diese durchaus unterschiedliche Kassenärztliche Vereinigungen betreffen können (ausführlich BSG, Urteil v. 11.2.2015 - B 6 KA 11/14 R, NWB SAAAE-93568, GesR 2015 S. 472 ff., Rz. 18 ff.).

PRAXISHINWEIS:

Allerdings wird es als unzulässig angesehen, einen (vollen) Versorgungsauftrag in zwei hälftige Versorgungsaufträge im Sinne zweier Zulassungen mit zwei Praxissitzen aufzuspalten (Pawlita in Schlegel/Voelzke, jurisPK-SGB V, 4. Aufl., § 95 Rz. 728 (Stand: 17.7.2024)).

PRAXISHINWEIS:

Eine volle Vertragsarztzulassung kann halbiert oder auf drei Viertel beschränkt, nicht aber geviertelt werden. Demgegenüber kann eine (Angestellten-)Arztstelle geviertelt werden.

Aus § 19a Abs. 3 Ärzte-ZV ist abzuleiten, dass die Teilzulassung durch schriftlichen Antrag des Vertragsarztes durch den Zulassungsausschuss in eine „Vollzulassung" umgewandelt werden kann. Allerdings dürfen für das entsprechende Fachgebiet im Zeitpunkt der Antragstellung keine Zulassungsbeschränkungen angeordnet sein!

Denkbar ist auch die Beschränkung eines vollen Versorgungauftrags in der Weise, dass ein hälftiger Versorgungsauftrag ausgeschrieben wird und der insofern auf eine halbe Vertragsarztzulassung verzichtende Arzt sich hierauf mit einem anzustellenden Arzt bewirbt (§ 103 Abs. 3a Satz 2 i. V. m. § 103 Abs. 4b Satz 4 SGB V).

d) Verpflichtung zur vollzeitigen Tätigkeit

§ 19a Abs. 1 Ärzte-ZV verpflichtet den Vertragsarzt, die vertragsärztliche Tätigkeit vollzeitig auszuüben. § 19a Abs. 1 Satz 2 Ärzte-ZV, insofern konkretisiert durch § 17 Abs. 1a Satz 1 BMV-Ä, gibt dem Vertragsarzt auf, „im Rahmen seiner vollzeitigen vertragsärztlichen Tätigkeit **mindestens 25 Stunden wöchentlich in Form von Sprechstunden für gesetzlich Versicherte zur Verfügung zu stehen**". Bei einem reduzierten Versorgungsauftrag sind die anteiligen Sprechstundenzeiten anzubieten (§ 19a Abs. 1 Satz 4 Ärzte-ZV, § 17 Abs. 1a Satz 4 BMV-Ä).

Als Sprechstunden gelten dabei die Zeiten, in denen der Vertragsarzt für die Versorgung der Versicherten unmittelbar zur Verfügung steht (§ 17 Abs. 1a Satz 2 BMV-Ä). Tätigkeiten außerhalb des Vertragsarztsitzes – z. B. in einer Zweigpraxis – sollen bei der Berechnung nicht mitzählen.

Nicht erforderlich ist, dass der Vertragsarzt seine gesamte Arbeitskraft für die Tätigkeit in der vertragsärztlichen Versorgung einsetzt. Auch ist er nicht verpflichtet, eine spezielle Sprechstunde für GKV-Patienten einzurichten. Weder der Parlamentsgesetzgeber noch die Parteien des Bundesmantelvertrags haben indes ausdrücklich bestimmt, ob in dem vorgegebenen Zeitkontinent Privatpatienten behandelt werden dürfen oder ob es sich um **„GKV-Netto-Sprechstundenzeiten"** handelt mit der Folge, dass sich der zeitliche Umfang von 25 Sprechstunden um die für die Behandlung von Privatpatienten aufgewandte Zeit erhöht. Viel spricht dafür, in der gesetzlichen Regelung, wonach der Vertragsarzt im vorgegebenen Umfang für gesetzlich Versicherte zur Verfügung stehen muss, eine **Mindestsprechstundenvorgabe** für die Behandlung von GKV-Patienten zu sehen (ausführlich Möller, GesR 2020 S. 286, 287).

Nach der Rechtsprechung des BSG ist zu den Mindestsprechstundenzeiten noch ein **Zeitkontingent für Begleitleistungen** (Verwaltung, Abrechnung, Erstellung von Arztbriefen und Gutachten etc.) zu addieren, welches das BSG im Wege einer Typisierung, ohne insofern auf statistische Erhebungen aus der Praxis zurückgegriffen zu haben, mit 30 % bis 50 % bestimmt hat. Abhängig vom jeweiligen Organisationsgrad der Praxis dürfte der tatsächliche Zeitaufwand für Begleitleistungen deutlich geringer ausfallen. In vielen Praxen werden Verwaltungsaufgaben, wozu oftmals auch zumindest die Vorbereitung der Abrechnung zählt, auf nichtärztliches Personal delegiert. Gerade größere Einrichtungen stellen hierfür speziell ausgebildete Mitarbeiter an. Auch die Erstellung von Arztbriefen nimmt bei Nutzung entsprechender Programme deutlich weniger Zeit in Anspruch als früher. Nicht jeder Vertragsarzt erstellt Gutachten.

Bei einer BAG trifft die Pflicht zur Abhaltung von Sprechstunden diese und nicht die einzelnen Vertragsärzte. Dabei sind die Mindestsprechstundenzeiten nicht praxis-, sondern unter Berücksichtigung des jeweiligen Versorgungsauftrags arztbezogen zu erfüllen. Es obliegt der BAG, sicherzustellen, dass mindestens Sprechstunden in einem Umfang – ggf. parallel oder überlappend – angeboten werden, der sich aus der **Addition der den einzelnen Versorgungsaufträgen** zugeordneten Zeitkontingente ergibt. Dieser Befund ändert indes nichts daran, dass der einzelne Vertragsarzt bei Verletzung seiner individuellen Präsenzpflichten Adressat der Sanktionen gem. § 19a Abs. 4 Ärzte-ZV ist.

e) Erschwernis der Sitzverlegung

Mit Wirkung zum 1.1.2012 wurde § 24 Abs. 7 Ärzte-ZV durch das GKV-VStG strenger gefasst. Der Zulassungsausschuss darf den Antrag auf Verlegung eines Vertragsarztsitzes nur genehmigen, **wenn Gründe der vertragsärztlichen Versorgung nicht entgegenstehen**. Entsprechende Vorschriften finden sich im Zusammenhang mit der Umwandlung einer Vertragsarztzulassung in eine Arztstelle in § 103 Abs. 4a, 4b SGB V. In der Praxis ist festzustellen, dass die Realisierung einer Vielzahl von Vorhaben an dieser Restriktion gescheitert ist. Das BSG hat mit Urteil vom 3.8.2016 (B 6 KA 31/15 R, NWB OAAAF-88255, MedR 2017 S. 412) betont, dass bei dem Tatbestandsmerkmal der „Gründe der vertragsärztlichen Versorgung" allein planerische, die Sicherstellung der Patientenversorgung betreffende Umstände zu prüfen seien. Ziel der Bedarfsplanung sei die Herstellung einer möglichst gleichmäßigen, durch gute Erreichbarkeit gekennzeichneten Versorgung selbst in großen Planungsbereichen. Es sei zu beurteilen, wie sich die Verlegung auf die Versorgungssituation am bisherigen und am geplanten Sitz auswirke. In der Regel sei eine Verlegung an einen besser versorgten Standort nicht genehmigungsfähig. Bejahe der Zulassungsausschuss „entgegenstehende Gründe", seien in einem zweiten Schritt die Gründe des Arztes für den Verlegungswunsch zu prüfen. Nur wenn diese schwerwiegend seien (z. B. schwere Erkrankung, prekäre Raumsituation), könnten die Versorgungsgesichtspunkte ausnahmsweise zurücktreten.

PRAXISHINWEIS:

Manche Zulassungsausschüsse lassen Verlegungen ohne individuelle Überprüfung der Versorgungssituation innerhalb desselben Postleitzahl-Bezirks, andere innerhalb eines festgelegten Umkreises zu. In der konkreten Situation ist die Verwaltungspraxis zu erfragen. Eine verbindliche Auskunft des Zulassungsausschusses schafft Planungssicherheit.

3. Anstellung von Ärzten

a) Zuordnung von Arztstellen zur BAG

Das BSG hat mit Urteil vom 4.5.2016 (B 6 KA 24/15 R, NWB IAAAF-81284, MedR 2017 S. 168, 169) klargestellt, dass auch – wie bei MVZ – die Zuordnung der Anstellungsgenehmigung zur BAG und nicht zu einem Gesellschafter der BAG erfolgt. Dies gilt auch bei einer ÜBAG.

Hierzu ausführlicher S. 401 f.

b) Anstellung auch fachgebietsfremder Ärzte durch Vertragsärzte

§ 32b Ärzte-ZV bietet Vertragsärzten die Möglichkeit, Ärzte anderer Fachgebiete in Vollzeit oder Teilzeit anzustellen. Die unbeschränkte Anstellungsmöglichkeit setzt voraus, dass für das entsprechende Fachgebiet keine Zulassungsbeschränkungen bestehen. Das ehemals in § 14a Abs. 2 BMV-Ä geregelte Verbot, fachgebietsfremde Ärzte anzustellen, wenn diese einer Fachgebietsgruppe angehören, die nur auf Überweisung in Anspruch genommen werden darf (z. B. Laborärzte, Radiologen), wurde zum 1.10.2013 aufgehoben.

Ungeklärt ist die Frage, ob die Anstellung eines fachfremden Arztes für den vertragsärztlichen Bereich zulässig ist, wenn die für den Arzt maßgebliche Berufsordnung einen gemeinsamen Versorgungsauftrag verlangt (hierzu Steinhilper in Schiller, Bundesmantelvertrag Ärzte, 2014, § 14a Rz. 17).

c) Rückumwandlung

Eine halbe und eine volle Arztstelle können seit dem 1.1.2013 gem. § 95 Abs. 9b SGB V, § 32b Abs. 5 Ärzte-ZV in einen hälftigen bzw. vollen Versorgungsauftrag rückumgewandelt werden. Das TSVG hat die Rückumwandlung auf einen Drei-Viertel-Versorgungsauftrag erweitert. Die Rückumwandlungsmöglichkeit betrifft gleichermaßen die Anstellung bei Vertragsärzten und bei MVZ.

PRAXISHINWEIS:

Zu beachten ist, dass das Umwandlungsrecht bei einer länger als sechs Monate dauernden Vakanz erlöschen kann (ausführlich Ladurner, § 32b Ärzte-ZV Rz. 50 f.).

Zu den vielfältigen Problemen vgl. S. 407 f.

4. Nachbesetzung von Angestellten-Arztstellen

a) Befristete Nachbesetzung von Arztstellen

In seinem Grundsatzurteil vom 19.10.2011 (B 6 KA 23/11 R, NWB PAAAE-00664, MedR 2012 S. 830) hat das BSG entschieden, dass das Recht auf Nachbesetzung einer vollen oder halben Arztstelle grundsätzlich **nach sechs Monaten erlischt.** Die Frist kann in besonderen Fällen um höchstens sechs Monate verlängert werden. Bei einer 1/4-Stelle gilt ein etwas großzügigerer Maßstab von ca. einem Jahr (BSG, Urteil v. 4.5.2016 - B 6 KA 28/15 R, NWB UAAAF-82693, GesR 2016 S. 775, 779, Rz. 26).

Ausführlicher S. 406 f.

b) Erschwernis der Nachbesetzung von Arztstellen bei Zulassungsverzicht – das „Drei-Jahres-Urteil" des BSG

Mit seinem in der Praxis vieldiskutierten Urteil vom 4.5.2016 (B 6 KA 21/15 R, NWB IAAAF-82619, GesR 2016 S. 771, Rz. 24 f.) hat das BSG die Nachbesetzung einer Arztstelle nur dann für zulässig erklärt, wenn der auf seine Vertragsarztzulassung zugunsten einer Anstellung verzichtende Vertragsarzt die **Absicht hat, für die Dauer von drei Jahren im Anstellungsverhältnis tätig zu sein**. Dabei hat das BSG es zugelassen, dass der angestellte Arzt den zeitlichen Umfang seiner Tätigkeit stufenweise reduziert. Während des ersten Jahres der Tätigkeit muss der ehemalige Vertragsarzt in dem zeitlichen Umfang tätig sein, in welchem er vertragsärztlich tätig war, bei einem vollen Versorgungsauftrag mithin auf einer vollen Arztstelle, bei einem hälftigen Versorgungsauftrag auf einer halben Arztstelle. In den beiden folgenden Jahren darf er seinen Tätigkeitsumfang jeweils um den bedarfsplanungsrechtlichen Anrechnungsfaktor von (etwa) einem Viertel reduzieren (hierzu Pflugmacher, KrV 2017 S. 107, 110).

Ausführlicher zu dem Urteil S. 410 f.

5. Berufsausübungsgemeinschaften, Filialisierung

a) Überörtliche Berufsausübungsgemeinschaft

Von vielen Ärzten wurde die nunmehr auch vertragsarztrechtlich zulässige überörtliche Berufsausübungsgemeinschaft (§ 33 Abs. 2 und 3 Ärzte-ZV) als Kernstück des VÄndG angesehen. Wesentlich ist, dass bei der überörtlichen Berufsausübungsgemeinschaft mindestens zwei unterschiedliche Vertragsarztsitze existieren. Berufsausübungsgemeinschaften können, und zwar unabhängig vom Fachgebiet, sogar KV-übergreifend gebildet werden. Jeder Vertragsarzt darf an den anderen Vertragsarztsitzen der überörtlichen Berufsausübungsgemeinschaft tätig sein, ohne dass dies einer gesonderten Genehmigung bedarf. Die Mindestsprechstundenzeiten des § 17 Abs. 1a BMV-Ä müssen jeweils an dem eigenen Vertragsarztsitz geleistet werden. Soweit berufsrechtliche Beschränkungen der Anzahl der Tätigkeitsorte bestehen (§ 17 Abs. 2 MBO-Ä), sind diese zu beachten.

Den Ärzten steht ein Wahlrecht zu, welche KV sie als „Stamm-KV" wählen. An die Ausübung des Wahlrechts sind sie für die Dauer von zwei Jahren gebunden (§ 33 Abs. 3 Satz 4 Ärzte-ZV).

Details zu überörtlichen Berufsausübungsgemeinschaften finden sich auf S. 205 ff.

b) Teilberufsausübungsgemeinschaft

Das VÄndG übernahm aus der MBO-Ä das Institut der sog. Teilberufsausübungsgemeinschaft (§ 33 Abs. 2 Satz 3 Ärzte-ZV). Dem Gesetzgeber ist nicht verborgen geblieben, dass Teilberufsausübungsgemeinschaften im privatärztlichen Bereich gebildet werden, um auf vermeintlich legalem Weg am Honorar Dritter zu partizipieren. Im vertragsärztlichen Bereich wird die Zulässigkeit der Teilberufsausübungsgemeinschaft unter den Vorbehalt gestellt, dass diese nicht zur Umgehung des Verbots der Zuweisung gegen Entgelt dient.

Die ausführliche Darstellung der Teilberufsausübungsgemeinschaft erfolgt auf S. 186 ff.

c) Tätigkeit außerhalb des Vertragsarztsitzes („Filialisierung")

§ 24 Abs. 3 Ärzte-ZV lässt die Errichtung von Zweigpraxen zu. Voraussetzung ist, dass die Versorgung der Versicherten an dem Ort der Zweigpraxis verbessert und die ordnungsgemäße Versorgung der Versicherten am Vertragsarztsitz zumindest nicht wesentlich beeinträchtigt wird. Die Tätigkeit in der Zweigpraxis ist im vertragsärztlichen Bereich – anders als für die privatärztliche Tätigkeit – genehmigungsbedürftig. Der Betrieb einer Zweigpraxis ausschließlich durch angestellte Ärzte kann zur gewerbesteuerlichen Infizierung führen.

Einzelheiten hierzu auf S. 213 ff.

6. Medizinische Versorgungszentren

Die Einführung von MVZ im Jahr 2004 hat die Struktur der vertragsärztlichen Versorgung maßgeblich verändert. Es besteht eine Vielzahl privilegierter Gestaltungsmöglichkeiten.

Zwar hat das GKV-VStG mit Wirkung zum 1.1.2012 den Kreis der gründungsberechtigten Personen in erheblicher Weise eingeschränkt und bestimmt, dass MVZ-Trägergesellschaften nicht mehr als Aktiengesellschaft organisiert werden dürfen. Diese Beschränkung hat jedoch nichts daran geändert, dass Investoren Krankenhausträger erwerben, auf diese Weise eine Gründungsberechtigung herbeiführen und Praxen zu teilweise strategisch hohen Preisen erwerben.

Durch das GKV-VSG vom 16.7.2015 wurde das Einfachgebiets-MVZ eingeführt, was zu einem Gründungsschub insbesondere bei zahnärztlichen MVZ geführt hat. Auch kann nunmehr der unter Verzicht auf seine Vertragsarztzulassung in ein MVZ-Anstellungsverhältnis wechselnde Gesellschafter für die Dauer dieses Anstellungsverhältnisses noch Gesellschafter der MVZ-Trägergesellschaft bleiben. Das am 11.5.2019 in Kraft getretene TSVG hat auch angestellten Ärzten die Möglichkeit eingeräumt, unter bestimmten Voraussetzungen die Beteiligung an der Trägergesellschaft zu erwerben.

In vielen Zulassungsbezirken hatte es sich eingebürgert, Ärzten die Kombination aus einer eigenen MVZ-Gesellschaft (GbR oder GmbH) und Anstellungen der eigenen Person durch Umwandlung der Zulassungen in Angestellten-Arztstellen auf Basis von § 103 Abs. 4a SGB V *ohne Weiteres* zu ermöglichen. Besonders gerne nahmen Großgerätepraxen mit einer Mehrzahl an Gesellschaftern dies in Anspruch, da damit die feste Bindung der Zulassungen an die Gesellschaft bewirkt war, so dass kein Gesellschafter seine Zulassung bei Ausscheiden „mitnehmen" konnte. Dies hat das BSG mit seinem Urteil vom 26.1.2022 (B 6 KA 2/21 R, NWB DAAAJ-15457, ZMGR 2022 S. 164 ff.) unterbunden: MVZ-Gesellschafter müssen sich beim Anstellungswunsch der allgemeinen sozialrechtlichen Prüfung unterziehen, ob ihr Angestelltenstatus mit dem Gesellschafterstatus vereinbar ist; bei einer 2-Mitglieder-GbR (oder GmbH) als MVZ-Gesellschaft, in der beide Gesellschafter mit 50 % an der Beschlussfassung mitwirken, ist dies jedenfalls nicht der Fall.

Zu MVZ detaillierter ab S. 312 ff.

7. Lebenslange Arztnummer, Betriebsstättennummer

Von erheblicher praktischer Bedeutung ist die zum 1.7.2008 eingeführte Vergabe von lebenslangen Arztnummern und von Betriebsstättennummern. Die Arztnummer ermöglicht die Zuordnung der erbrachten und abgerechneten vertragsärztlichen Leistungen zur Person des Leistungserbringers (z. B. Vertragsarzt, Job-Sharer, angestellter Arzt). Die aus neun Ziffern bestehende Arztnummer wird von der KV vergeben, in deren Bereich der Arzt – unberührt von seinem Status – erstmals im Rahmen der vertragsärztlichen Versorgung tätig wird. Bei einer Änderung des Versorgungsbereichs, der Fachgruppe oder des Schwerpunkts werden die Ziffern acht und neun neu vergeben.

Daneben erhalten jede Betriebsstätte und jede Nebenbetriebsstätte eine ebenfalls neunstellige Kennzeichnungsnummer. Hierdurch wird eine Zuordnung der ärztlichen Leistungen zum Ort der Leistungserbringung ermöglicht.

Der Vertragsarzt ist verpflichtet, in den vorgesehenen Fällen, seine Arztnummer sowie die Betriebsstätten-/Nebenbetriebsstättennummer anzugeben (§ 37a BMV-Ä). Vereinbart wird die Angabe in den Honorarverteilungsverträgen (HVV) der einzelnen KVen. Folge dieser mit Transparenz begründeten Neuerung ist die „gläserne Arztpraxis". Es kann genauestens nachverfolgt werden, wer wann an welcher Betriebsstätte welche Leistungen erbracht hat. Wer die Abläufe in Praxen kennt, weiß, dass Fehleingaben ebenso vorprogrammiert sind wie die damit verbundenen Konsequenzen!

8. Die (neue) Bedarfsplanung ab dem 1.1.2013

Durch die Neufassung der Bedarfsplanungs-Richtlinie (BedarfsplRL) des Gemeinsamen Bundesausschusses vom 20.12.2012 (BAnz AT v. 31.12.2012 B7; äußerst detailliert zur Bedarfsplanung *Frehse* in Rieger/Dahm/Katzenmeier/Steinhilper/Stellpflug/Ziegler (Hrsg.), Heidelberger Kommentar Arztrecht Krankenhausrecht Medizinrecht, August 2020, 720 – Bedarfsplanung) wurde die Bedarfsplanung erheblich umgestellt.

Es wird nunmehr unterschieden zwischen:

- der hausärztlichen Versorgung,
- der allgemeinen fachärztlichen Versorgung,
- der spezialisierten fachärztlichen Versorgung und
- der gesonderten fachärztlichen Versorgung.

Der Einteilung kommt Bedeutung zu insbesondere beim Zuschnitt der Planungsbereiche.

Im **hausärztlichen Bereich** erfolgte die Bedarfsplanung bis zu der Änderung auf der Ebene der Landkreise oder der kreisfreien Städte. Zumindest im Bereich der hausärztlichen Versorgung wurde die Anzahl der Planungsbereiche in den Landkreisen erhöht und die Planungsbereiche wurden teilweise verkleinert, was der Verlegung von Vertragsarztsitzen entgegenstehen kann. Die kreisfreien Städte (z. B. Düsseldorf) sind nach wie vor ein Planungsbereich, so dass auch bei den Hausärzten die Planung weiterhin für ein Stadtgebiet erfolgt. Die angedachte kleinteilige Planung auf der Basis von Stadtbezirken o. Ä. wurde nicht eingeführt.

Zur **allgemeinen fachärztlichen Versorgung** zählen z. B. die Augenärzte, Chirurgen und Orthopäden als einheitliche Gruppe, Frauenärzte, Hautärzte, HNO-Ärzte, Nervenärzte, Psychotherapeuten, Urologen und auch die Kinderärzte. Schwerpunktbezeichnungen ändern an der Zuordnung nichts. Die Planungsbereiche für die allgemeine fachärztliche Versorgung sind die kreisfreien Städte (z. B. Düsseldorf, Köln), die Landkreise (z. B. Kreis Mettmann, Rhein-Kreis-Neuss) oder die Kreisregionen (z. B. Schwerin/Wismar/Nordwestmecklenburg). Im Einzelnen sind die Planungsbereiche in Anlage 3.2 der Bedarfspl-RL aufgezählt.

Zur **spezialisierten fachärztlichen Versorgung** gehören die Anästhesisten, die fachärztlich tätigen Internisten, Kinder- und Jugendpsychiater sowie Radiologen. Planungsbereich für die spezialisierte fachärztliche Versorgung ist die sog. „Raumordnungsregion" in der Zuordnung des Bundesinstituts für Bau-, Stadt- und Raumforschung (BBSR), wie sie auch in Anlage 3.3 der Bedarfspl-RL enthalten ist. Die Raumordnungsregion ist erheblich größer als die bisherigen Bereiche und entspricht teilweise den Versorgungsgebieten im Krankenhausplan. So umfasst z. B. die **Raumordnungsregion Düsseldorf** das Gebiet der Städte Mönchengladbach, Krefeld, Düsseldorf, Solingen, Wuppertal und Remscheid sowie der Kreise Viersen, Neuss und Mettmann.

Es besteht somit erstmals grundsätzlich die Möglichkeit, Sitze in Raumordnungsregionen über Stadt- oder Kreisgrenzen hinaus zu verlegen.

PRAXISHINWEIS:

Da die Gruppe der Fachinternisten einheitlich beplant wurde, nahm die Anzahl insbesondere kardiologischer Vertragsarztsitze zu. Mit Beschluss vom 16.5.2020 führte der Gemeinsame Bundesausschuss durch § 13 Abs. 6 BPL-RL Höchstquoten u. a. für die Bereiche Kardiologie und Gastroenterologie ein. Praxisrelevant ist, dass auch die von Höchstquoten betroffenen Vertragsarztzulassungen und Arztstellen nachbesetzungsfähig sind.

Der **gesonderten fachärztlichen Versorgung** sind die Arztgruppen der Humangenetiker, Laborärzte, Neurochirurgen, Nuklearmediziner, Pathologen, Physikalischen und Rehabilitations-Mediziner, Strahlentherapeuten und Transfusionsmediziner zugeordnet. Für diese entspricht der Planungsbereich grundsätzlich dem KV-Bezirk (= Zulassungsbezirk), wobei KV-übergreifende Planungen zulässig sind.

PRAXISHINWEIS:

Zur Beurteilung der Erfolgsaussicht von Verlegungsanträgen oder geplanten Verzichtserklärungen zugunsten einer Anstellung (vgl. auch die nachstehenden Ausführungen) ist es nunmehr notwendig, sich eingehend mit der jeweiligen Raumordnungsstruktur zu beschäftigen. Reichte es früher aus, Kreise und kreisfreie Städte zu berücksichtigen, muss nunmehr – je nach Fachgruppe – eine andere, differenziertere geografische Zuordnung vorgenommen werden.

9. Neuerungen zum Nachbesetzungsverfahren von Vertragsarztzulassungen und Arztstellen

Die Grundzüge des Nachbesetzungsverfahrens werden dargestellt in Kapitel G, S. 428 ff.

10. Kooperationen mit Krankenhausträgern

a) Aufweichung der Inkompatibilitätsvorschrift in § 20 Abs. 2 Ärzte-ZV

§ 20 Abs. 2 Satz 2 Ärzte-ZV in der ab dem 1.1.2007 geltenden Fassung bestimmt, dass die Tätigkeit eines Vertragsarztes *„in oder die Zusammenarbeit mit einem zugelassenen Krankenhaus nach § 108 SGB V oder einer Vorsorge- oder Rehabilitationseinrichtung nach § 111 SGB V mit der Tätigkeit des Vertragsarztes vereinbar“* ist. Durch diese „Klarstellung“ hat der Gesetzgeber primär Krankenhausträger beim Betrieb von in ihrer Trägerschaft stehenden MVZ unterstützen wollen. Ein Krankenhausarzt darf nunmehr – selbstverständlich unter Beachtung etwaig bestehender Zulassungsbeschränkungen – teilzeitig in einem MVZ tätig werden, selbst wenn dieses von seinem Krankenhausträger betrieben wird. Der Regelung kommt Bedeutung auch insofern zu, als hiervon Berufsausübungsgemeinschaften betroffen sind, die eng mit Krankenhäusern kooperieren. Zu denken ist etwa an die radiologische Praxis, die ihren Sitz auf dem Krankenhausgelände hat und deren Gesellschafter die Abteilung für Radiologie führen. Insofern ist es durchaus denkbar, dass ein oder mehrere Gesellschafter der Berufsausübungsgemeinschaft im Rahmen einer Teilzeitzulassung die Funktion des Leitenden Abteilungsarztes (Chefarztes) übernimmt/übernehmen.

§ 20 Abs. 1 Satz 1 Ärzte-ZV untersagt eine anderweitige Beschäftigung, *„wenn der Arzt unter Berücksichtigung der Dauer und zeitlichen Lage der anderweitigen Tätigkeit den Versicherten nicht in dem seinem Versorgungsauftrag entsprechenden Umfang persönlich zur Verfügung steht und insbesondere nicht in der Lage ist, Sprechstunden zu den vertragsärztlich üblichen Zeiten anzubieten“.*

Zu beachten ist, dass das BSG mit Urteil vom 16.12.2015 (B 6 KA 19/15 R, NWB KAAAF-68410, ZMGR 2016 S. 115 f.) seine **frühere Rechtsprechung aufgegeben** hat, wonach bei einem vollen Versorgungsauftrag eine anderweitige Tätigkeit im Umfang von 13 Stunden wöchentlich und bei einem hälftigen Versorgungsauftrag eine solche von 26 Stunden wöchentlich zulassungsunschädlich war. In demselben Urteil hat das BSG aber nochmals betont, dass eine vollzeitige hauptberufliche oder nicht ehrenamtliche Tätigkeit selbst einem hälftigen Versorgungsauftrag entgegenstehe. Erforderlich sei eine Reduzierung des zeitlichen Umfangs der Vollzeittätigkeit. Das Maß der Reduzierung im Sinne einer starren Grenze hat das BSG offengelassen und der Einzelfallentscheidung vorbehalten. Es hat jedoch die Richtung dahin gewiesen, dass die Zulassung umso eher zu erteilen sei, desto deutlicher sich die gleichzeitig ausgeübte Beschäftigung oder nicht ehrenamtliche Tätigkeit von einer Vollzeittätigkeit entferne.

b) Erbringung von allgemeinen Krankenhausleistungen durch nicht fest angestellte Ärztinnen und Ärzte

Der Gesetzgeber hat mit Wirkung zum 1.1.2013 § 2 Abs. 1 Satz 1 KHEntgG dahin ergänzt, dass die Erbringung allgemeiner Krankenhausleistungen *„auch durch nicht fest angestellte Ärztinnen und Ärzte"* erfolgen kann. Damit ist der Einsatz von Honorarärzten, sofern auch die sonstigen krankenhausrechtlichen Vorgaben erfüllt sind, vom Grundsatz her zulässig.

Zunehmend treten jedoch arbeits- und insbesondere sozialversicherungsrechtliche Fragen in den Vordergrund. Auch spielt im Zusammenhang mit der gezahlten Vergütung die Frage einer möglichen Strafbarkeit gem. §§ 299a, 299b StGB eine wichtige Rolle.

Ausführlicher zum Honorararzt S. 381 ff.

11. §§ 299a, 299b StGB – Strafrechtliches Verbot der Zuführung von Patienten

Weiterführende Literatur speziell zu §§ 299a, 299b StGB findet sich unter E.I. S. 379.

Kooperationen zwischen Ärzten einerseits und zwischen Ärzten und Krankenhausträgern anderseits sind durch das **Gesetz zur Bekämpfung von Korruption im Gesundheitswesen vom 30.5.2016 (BGBl 2016 I S. 1254)** in den Fokus des Strafrechts gerückt.

Gemäß § 299a Var. 3 StGB wird mit Freiheitsstrafe bis zu drei Jahren oder mit Geldstrafe bestraft, wer z. B. als Arzt im Zusammenhang mit der Berufsausübung einen Vorteil für sich oder einen Dritten als Gegenleistung dafür fordert, sich versprechen lässt oder annimmt, dass er bei der **Zuführung von Patienten oder Untersuchungsmaterial** einen anderen im inländischen oder ausländischen Wettbewerb in unlauterer Weise bevorzuge. Spiegelbildlich wird der den korruptiven Vorteil Anbietende, Versprechende oder Gewährende gem. § 299b StGB ebenfalls mit Freiheitsstrafe bis zu drei Jahren oder mit Geldstrafe bestraft. § 300 StGB sieht Strafverschärfungen für besonders schwere Fälle vor, die im ärztlichen Bereich relativ häufig vorliegen dürften.

Auf dem Gebiet von gesellschaftsrechtlichen Zusammenschlüssen von Ärzten ist die Ergebnisverteilung Gegenstand von Diskussionen, so insbesondere bei der Teilberufsausübungsgemeinschaft (hierzu S. 194 f.). Aber auch bei Organisationsgemeinschaften kann die unter Zuweisungsaspekten gestaltete Kostenverteilung nunmehr strafrechtlich relevant sein (vgl. zur Praxisgemeinschaft S. 284 ff.).

Besonders intensiv wird die Zulässigkeit von Verträgen diskutiert, bei denen der niedergelassene (Vertrags-)Arzt zu den Einweisern des Krankenhauses zählt und zugleich Leistungen im stationären Bereich erbringt (zum „verkappten Konsiliararzt" oder Honorararzt siehe S. 381 ff.). Unstreitig ist der Abschluss eines entgeltlichen Vertrags – sei es ein Anstellungsvertrag oder ein Honorararztvertrag – als Vorteil i. S. des § 299a StGB anzusehen. Fraglich ist jedoch in jedem Einzelfall, ob der geleisteten Vergütung eine **Unrechtsvereinbarung** zugrunde liegt, ob das Entgelt mithin gerade für die ärztliche Leistung oder aber für die Zuführung von Patienten gezahlt wird.

Welche Vergütungshöhe angemessen ist, zählt. Insofern wird es maßgeblich auf die Umstände des Einzelfalls ankommen. Bis zu einer abschließenden Klärung durch die Rechtsprechung werden einige Jahre vergehen.

B. Berufsausübungsgemeinschaften

I. Numerus clausus der Organisationsformen

Die gemeinsame Tätigkeit von Ärzten kann in verschiedenen Organisationsformen erfolgen. Allerdings ist die Gestaltungsfreiheit begrenzt.

1. Der berufsrechtliche Rahmen

Das Berufsrecht kennt die **Berufsausübungsgemeinschaft** (BAG), die **Organisationsgemeinschaft** (Praxis-, Apparate-, Laborgemeinschaft) sowie den **Praxisverbund**. Im Mai 2004 hat der 107. Deutsche Ärztetag grundlegende Änderungen der MBO-Ä im Hinblick auf diese Kooperationsmodelle beschlossen, die in den meisten Landesärztekammerbereichen, soweit die Heilberufe-Kammergesetze dies zuließen, umgesetzt wurden. Als Begründung wurde angegeben, das Berufsrecht müsse im Hinblick auf die kurz vorher eingeführten vertragsarztrechtlichen Vorgaben so „liberalisiert" werden, dass Ärzte hinsichtlich der neuen Versorgungsformen ihre Wettbewerbsfähigkeit wahren könnten. Ausgangsvorschrift für Ärztekooperationen ist § 18 MBO-Ä. Der Grundsatz, dass ein Arzt prinzipiell nur *einer* BAG angehören darf, wurde aufgehoben. Nach § 18 Abs. 1 Satz 2 MBO-Ä kann sich eine BAG auf Teile der gemeinsamen Berufsausübung beschränken, die sog. Teilberufsausübungsgemeinschaft. Schließlich steht die überörtliche Berufsausübungsgemeinschaft (ÜBAG) allen Arztgruppen offen, also nicht nur wie früher denjenigen Arztgruppen, die nicht unmittelbar patientenbezogen tätig waren wie z. B. Pathologen oder Laborärzten. Organisationsgemeinschaften dürfen gegenüber Patienten angekündigt werden (§ 18a Abs. 3 Satz 1 MBO-Ä n. F.), wodurch allerdings der Unterschied zwischen beiden Kooperationsformen für den Patienten/Verbraucher völlig unkenntlich wird – eine haftungsrechtlich gefährliche, noch dazu in der Praxis unnötige Regelung; sie wird tatsächlich in letzter Konsequenz kaum genutzt.

2. Vertragsarztrechtliche Regelungen

Das Vertragsarztrecht unterscheidet zwischen der gemeinsamen Nutzung von Praxisräumen und Praxiseinrichtung durch mehrere Ärzte (§ 33 Abs. 1 Satz 1 Ärzte-ZV) und der gemeinschaftlichen Ausübung vertragsärztlicher Tätigkeit (§ 33 Abs. 2 Ärzte-ZV). Während im ersten Fall der Praxisgemeinschaft die zuständige Kassenärztliche Vereinigung nur zu unterrichten ist, bedarf die BAG der Genehmigung durch den Zulassungsausschuss (§ 33 Abs. 3 Ärzte-ZV).

Im Vertragsarztrecht haben die „neuen Freiheiten" noch keinen umfassenden Niederschlag gefunden – so ist die Ärzte-GmbH noch nicht zulassungsfähig. Andererseits hat das VÄndG Liberalisierungen eingeführt, die über die Vorgaben in der MBO-Ä hinausgehen.

Das Medizinische Versorgungszentrum (§ 95 Abs. 1 Satz 1 Var. 2 SGB V) stellt einen besonderen Typus dar. Es dient der Erbringung vertragsärztlicher Leistungen. Die Gesellschaft mit beschränkter Haftung ist bei MVZ ausdrücklich als Organisationsform anerkannt.

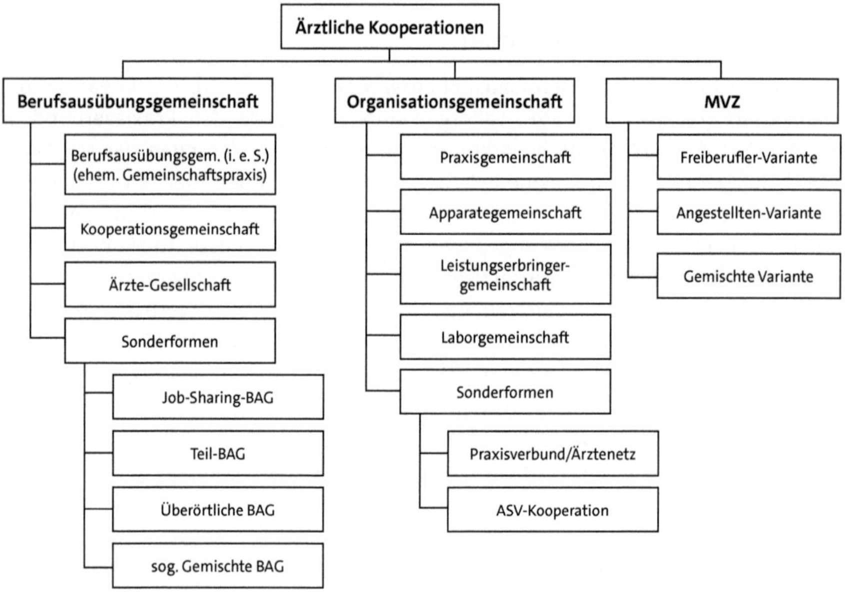

II. Berufsausübungsgemeinschaft

1. Rechtliche Aspekte – Allgemeines

Literatur: *Dahm*, Ärztliche Kooperationsgemeinschaften und Beteiligungsmodelle, MedR 1998 S. 70 ff.; *Möller*, Rechtliche Probleme von „Nullbeteiligungsgesellschaften" – wie viel wirtschaftliches Risiko muss sein?, MedR 1999 S. 493 ff.; *Dahm*, Die „fehlerhafte" Gesellschaft der Gemeinschaftspraxis, in: Schriftenreihe der Arbeitsgemeinschaft Medizinrecht im DAV, Bd. 2, 2000, S. 39 ff.; *Eisenberg*, Ärztliche Kooperations- und Organisationsformen, 2002; *Goette*, Mindestanforderungen an die Gesellschafterstellung in der BGB-Gesellschaft, MedR 2002 S. 1 ff.; *Großbölting/Jacklin*, Formen ärztlicher Tätigkeit im Vertragsarztrecht, Zulassung und Konkurrentenstreit, NZS 2002 S. 130 ff.; *Preißler/Sozietät Dr. Rehborn*, Ärztliche Gemeinschaftspraxis versus Scheingesellschaft, 2002; *Gollasch*, Die fachübergreifende Gemeinschaftspraxis, 2003; *Schmidt, K.*, Die Gesellschafterhaftung bei der Gesellschaft bürgerlichen Rechts als gesetzliches

Schuldverhältnis, NJW 2003 S. 1897; *Ulmer*, Die Haftungsverfassung der BGB-Gesellschaft, ZIP 2003 S. 1113; *Cramer*, Praxisgemeinschaft versus Gemeinschaftspraxis – Auf den Gesellschaftszweck kommt es an, MedR 2004 S. 552 ff.; *Engelmann*, Die Gemeinschaftspraxis im Vertragsarztrecht, ZMGR 2004 S. 3 ff.; *Engelmann*, Kooperative Berufsausübung von Ärzten und Vertragsärzten, Festschrift 50 Jahre Bundessozialgericht, 2004, S. 429 ff.; *Möller*, Beitritt zur Gemeinschaftspraxis – persönliche Haftung für Altverbindlichkeiten, MedR 2004 S. 69 ff.; *Ratzel/Lippert*, Das Berufsrecht der Ärzte nach den Beschlüssen des 107. Deutschen Ärztetags in Bremen, MedR 2004 S. 525 ff.; *Trautmann*, Die vertragsarztrechtlichen Voraussetzungen der gemeinschaftlichen Berufsausübung von Ärzten nach § 33 Abs. 2 Ärzte-ZV, NZS 2004 S. 238 ff.; *Benecke*, Inhaltskontrolle im Gesellschaftsrecht oder: „Hinauskündigung" und das Anstandsgefühl aller billig und gerecht Denkenden, ZIP 2005 S. 1437; *Braun/Richter*, Vertragsärztliche Gemeinschaftspraxis: zivil-, steuer- und sozialrechtliche Aspekte der Nachfolge von Todes wegen, MedR 2005 S. 446 ff.; *Gehrlein*, Neue Tendenzen zum Verbot der freien Hinauskündigung eines Gesellschafters, NJW 2005 S. 1969 ff.; *Koch*, Niederlassung und berufliche Kooperation – Neue Möglichkeiten nach der novellierten (Muster-)Berufsordnung für Ärzte, GesR 2005 S. 241 ff.; *Reiter*, Ärztliche Berufsausübungsgemeinschaften vs. Organisationsgemeinschaft – Ist die wirtschaftliche Beteiligung Dritter an einer Arztpraxis statthaft?, GesR 2005 S. 6 ff.; *Dahm/Ratzel*, Liberalisierung der Tätigkeitsvoraussetzungen des Vertragsarztes und Vertragsarztrechtsänderungsgesetz, MedR 2006 S. 555 ff.; *Goette*, Zur jüngeren Rechtsprechung des II. Zivilsenats zum Gesellschaftsrecht, DStR 2006 S. 139 ff.; *Möller*, Aktuelle Probleme bei Gründung und Betrieb von Gemeinschaftspraxen, MedR 2006 S. 621 ff.; *Pestalozza*, Kompetentielle Fragen des Entwurfs eines Vertragsarztrechtsänderungsgesetzes, GesR 2006 S. 389 ff.; *Steinhilper/Weimer*, Zur Anpassung des Vertragsarztrechts an die Musterberufsordnung – Stand März 2006, GesR 2006 S. 200 ff.; *Steffen*, Formen der Arzthaftung in interdisziplinär tätigen Gesundheitseinrichtungen, MedR 2006 S. 75; *Wessing/Dann*, Scheinselbständigkeit als Strafbarkeitsrisiko für Vertragsärzte – zugleich Anmerkung zu LG Lübeck, Beschluss v. 25.8.2005 – 6 KLs 22/04, GesR 2006 S. 150; *Gummert/Meier*, Nullbeteiligungsgesellschaften, MedR 2007 S. 1; *Gummert/Meier*, Beteiligung Dritter an den wirtschaftlichen Ergebnissen ärztlicher Tätigkeit, MedR 2007 S. 75; *Gummert/Meier*, Zulässigkeit von Vereinbarungen der Gesellschafter einer Gemeinschaftspraxis zur Nachbesetzung und zur Hinauskündigung, MedR 2007 S. 400; *Bäune*, Die Haftung in ärztlichen Kooperationsformen in zivil- und vertragsarztrechtlicher Sicht, in Luxenburger, Beeretz u. a. (Hrsg.), Festschrift 10 Jahre AG Medizinrecht im DAV, 2008, S. 139 ff.; *Bonvie*, Bindung des Vertragsarztsitzes an das Unternehmen „Arztpraxis", GesR 2008 S. 505; *Cramer*, Abfindungsregelungen und Praxiswertermittlungen in Berufsausübungsgemeinschaften, in Luxenburger, Beeretz u. a. (Hrsg.), Festschrift 10 Jahre AG Medizinrecht im DAV, 2008, S. 689; *Deckenbrock*, Sozietät und Bürogemeinschaft – berufsrechtlich gebotene Gleichbehandlung, NJW 2008 S. 3529 ff.; *Krafczyk* in Luxenburger, Beeretz u. a. (Hrsg.), Festschrift 10 Jahre AG Medizinrecht im DAV, Beendigung von Berufsausübungsgemeinschaften im Spannungsverhältnis von Gesellschaftsrecht und Vertragsarztrecht, 2008, S. 769 ff.; *Morawietz*, Nachvertragliche Wettbewerbsverbote beim Ausscheiden aus einer ärztlichen Gemeinschaftspraxis, ArztR 2008 S. 116 ff.; *Pfisterer*, Gesellschaftsvertragliche Vereinbarungen über vertragsärztliche Zulassungen, in Luxenburger, Beeretz u. a. (Hrsg.), Festschrift 10 Jahre AG Medizinrecht im DAV, 2008, S. 785 ff.; *Rüping/Mittelstaedt*, Abgabe, Kauf und Bewertung psychotherapeutischer Praxen, 2008; *Dahm*, Besondere Probleme bei Schieds-Gerichtsverfahren, ZMGR 2009 S. 198 ff.; *Volb*, Gründungen von Personengesellschaften und Wechsel im Gesellschafterbestand, 2009; *Wertenbruch*, Festlaufzeiten und Kündigungsausschluss in Freiberufler-Gesellschaftsverträgen, DB 2009 S. 1222 ff.; *Wolff*, Die Auseinandersetzung von Freiberuflergesellschaften und ihre prozessuale Bewältigung, NJW 2009 S. 1302 ff.; *Boos*, Die Bewertung einer Arzt- oder Zahnarztpraxis, ArztR 2011 S. 228 ff.; *Gummert*, Vertragliche Gestaltung von Berufsausübungsgemeinschaften nach der Entscheidung des BSG vom 23.6.2010, ZMGR 2011 S. 335 ff.; *Gummert/Klimke*, Neues zur Nullbeteiligungsgesellschaft, MedR 2011 S. 615 ff., 685 ff.; *Kogel*, Meilenstein und Wendepunkt in der güterrechtlichen Bewertungspraxis, NJW 2011 S. 3337 ff.; *Leuner*, Steht die Ärztekammermethode (erneut) juristisch vor dem Aus?, NJW 2011 S. 191 ff.; *Schuster/Rothfuß*, Die gesellschaftsrechtliche Pflicht zur Zurücklassung der Vertragsarztzulassung in der ärztlichen Berufsausübungsgemeinschaft, ZMGR 2011 S. 343 ff.; *Axer*, Kooperationen nach dem GKV-Versorgungstrukturgesetz aus verfassungsrechtlicher Sicht, GesR 2012 S. 714 ff.; *Goette*, Gesellschaftsrechtliche Schiedsverfahren: Erfolg zu Lasten der Gerichte?, AnwBl 2012 S. 33 ff.; *Greve*, Die Auswahlkriterien im Nachbesetzungsverfahren nach den Änderungen durch das Versorgungsstrukturgesetz, ZMGR 2012 S. 95 ff.; *Krafczyk/Beulshausen/Lietz*, Die Einlage zur Nutzung in Freiberuflergesellschaften. Gestaltungshinweise für den Gesellschaftsvertrag, ZMGR 2012 S. 162; *von Jhering*, Die Wirksamkeit von Schiedsvereinbarungen, Schiedsklauseln und Schiedssprüchen im Gesellschaftsrecht, 2013; *Paßmann*, Die Bildung von Berufsausübungsgemeinschaften zum Zwecke der Einflussnahme im Nachbesetzungsverfahren, ZMGR 2013 S. 155 ff.; *Schäfer-Gölz*, Abfindung – Realteilung in der Freiberuflersozietät. Die Entscheidung des BGH vom 18.9.2012 - II ZR 94/10, ZMGR 2013 S. 33 ff.; *Heckschen/Bachmann*, Mehrheitsklauseln bei Personengesellschaften, NZG 2015 S. 531 ff.; *Paßmann*, Das Ende der quotalen Gewinnverteilung in Berufsausübungsgemeinschaften?, ZMGR 2015 S. 316 ff.; *Peres/Senft* (Hrsg.), Sozietätsrecht, 3. Aufl. 2015; *Rompf*, Vertragsärztliche Kooperationen im Lichte des ärztlichen Berufsrechts, MedR 2015 S. 570 f.; *Bäune/Dahm/Flasbarth*, GKV-Versorgungstärkungsgesetz (GKV-VStG), MedR 2016 S. 4 ff.; *Goette/Goette*, Mehrheitsklauseln im Personengesellschaftsrecht, DStR 2016 S. 74 ff.; *Hölscher*, Güterstandsklauseln und Unternehmerverträge auf dem Prüfstand, NJW 2016 S. 3057 ff.; *Reiter*, Die Einziehung von Vertragsarztsitzen nach § 103 Abs. 3a SGB V und die Aufwertung der Praxisnachfolge durch die BSG-Rechtsprechung, ZMGR 2016 S. 340 ff.; *Roesener*, Alles beim Alten? Aktualisierung und Konsolidierung von Gesellschaftsverträgen, NJW 2016 S. 2214 ff.; *Sackmann*, Anforderungen an Schiedsvereinbarungen für Beschlussmängelstreitigkeiten im Personengesellschaftsrecht, NZG 2016 S. 1041 ff.; *Borris*, Die „Schiedsfähigkeit" von Beschlussmängelstreitigkeiten in der Personengesellschaft. Zum Beschluss des BGH vom 6.4.2017 („Schiedsfähigkeit III"), NZG 2017 S. 761 ff.; ausführlich *Halbe/Rothfuß* in Halbe (Hrsg.), Handbuch Kooperationen im Gesundheitswesen, September 2017, A 1100 – Berufsausübungsgemeinschaft; *Ladurner*, Ärzte-ZV, Zahnärzte-ZV, 2017; *Kremer/Wittmann* in Rieger/Dahm/Katzenmeier/Stellpflug/Ziegler (Hrsg.), Heidelberger Kommentar Arztrecht Krankenhausrecht Medizinrecht, September 2018, S. 840 – Berufsausübungsgemeinschaft; *Meschke*, Selbstständige freiberufliche Tätigkeit und Kooperationen in Berufsausübungsgemeinschaften, MedR 2018 S. 655; *Möller*, Aktuelles zum ärztlichen Gesellschaftsrecht, in Ratzel u. a. (Hrsg.), FS 20 Jahre AG Medizinrecht im DAV, 2018, S. 355 ff.; *Schäfer-Gölz*, Anstellung von Ärztinnen und Ärzten in der vertragsärztlichen Berufsausübungsgemeinschaft (BAG) – Zum obiter dictum im Urteil des BSG vom 4.5.2016 – B 6 KA 24/15 R, in Ratzel u. a. (Hrsg.), FS 20 Jahre AG Medizinrecht im DAV, 2018, S. 343 ff.; *Ziegler*, Freiberufliche Tätigkeit im Lichte der Rechtsprechung der verschiedenen Gerichtszweige, MedR 2018 S. 645 ff.; *Ziegler*, Zur Reichweite vertraglicher Wettbewerbsverbote bei Einwirkungshandlungen von außerhalb der Verbotszone, GesR 2018 S. 749, 751 f.; *Hirtz*, Neue Juristengeneration: Anpassungsbedarf für Sozietätsverträge, Anwaltsblatt 2020 S. 600 f.; *Maus* in Clausen/Schroeder-Printzen (Hrsg.), Münchener Anwaltshandbuch Medizinrecht, 3. Aufl. 2020, § 7 – Werbung im Gesundheitswesen Rz. 29 ff.; *Möller*, Von der Fremdbeteiligung bis zum nachvertraglichen Wettbewerbsverbot, GesR 2020 S. 286 ff.; *Röhrig/Lindow/Zahn*, Vermeidung unerwünschter

Steuerfolgen beim Durchgangserwerb von Mitunternehmeranteilen, EStB 2020 S. 180 ff., 219 ff.; *Ziegler*, Rechtsfragen und Umsetzung der Liquidation der ärztlichen Berufsausübungsgemeinschaft, GesR 2020 S. 137 ff.; *Möller/Ruppel* in Ratzel/Luxenburger (Hrsg.), Handbuch Medizinrecht, 4. Aufl. 2021, Kap. 17 – Ärztliche Kooperationen S. 1099 ff.; *Kremer/Wittmann*, Vertragsärztliche Zulassungsverfahren, 4. Aufl. 2021; *Deckenbrock* in D. Prütting (Hrsg.), Medizinrecht, 6. Aufl. 2022, §§ 705 ff. BGB; *Scholz/Treptow* (Hrsg.), Beck'sches Formularbuch Medizin- und Gesundheitsrecht, 2. Aufl. 2022; *Lippert* in Ratzel/Lippert/Prütting, Musterberufsordnung Ärzte, 8. Aufl. 2023, §§ 18, 18a; *D. Prütting* (Hrsg.), Formularbuch Medizinrecht, 3. Aufl. 2023; *Schäfer*, Gesellschaft bürgerlichen Rechts und Partnerschaftsgesellschaft, 9. Aufl. 2023; *Gummert/Kaya* in Gummert/Schäfer (Hrsg.), Münchener Handbuch des Gesellschaftsrechts, Band 1, 6. Aufl. 2024, 10. Kapitel § 51 Ärztliche Kooperationsformen.

Literatur speziell zum MoPeG:

Claußen/Pieronczyk, Das Beschlussmängelrecht in der eingetragenen Gesellschaft bürgerlichen Rechts, NZG 2021 S. 620 ff.; *Heckschen*, Nächster Schritt zur Reform des Personengesellschaftsrechts genommen – Referentenentwurf zum MoPeG vorgestellt, GWR 2021 S. 1 ff.; *Lieder*, Modernisierung des Personengesellschaftsrechts, ZRP 2021 S. 34 ff.; *Noack*, Der Regierungsentwurf eines Gesetzes zur Modernisierung des Personengesellschaftsrechts (MoPeG). Ausgewählte Aspekte im rechtsgebietsübergreifenden Überblick, BB 2021 S. 643 ff.; *Karsten Schmidt*, Ein neues Zuhause für das Recht der Personengesellschaften, ZHR 185 (2021) S. 16 ff.; *Schulteis*, Das Recht der Gesellschaft bürgerlichen Rechts nach dem Regierungsentwurf zum Personengesellschaftsrechtsmodernisierungsgesetz – MoPeG, GWR 2021 S. 112 ff.; *Hansen*, Ärztliche Kooperationen im Lichte des MoPeG, MedR 2022 S. 198 ff.; *Ratzel*, Das Gesetz zur Modernisierung des Personengesellschaftsrechts (MoPeG) und dessen Auswirkungen auf ärztliche Kooperationen – eine erste Einschätzung aus medizinrechtlicher Sicht, GesR 2022 S. 525 ff; *Ring*, Konsequenzen der Reform des Personengesellschaftsrechts (MoPeG) für ärztliche Gesellschaften; *Rubner/Leuering*, Das neue GbR-Recht nach MoPeG, NJW-Spezial 2023 S. 15 f.; *Schäfer/Harf*, Die ärztliche Berufsausübungsgemeinschaft nach dem MoPeG, MedR 2024 S. 160 ff; *Ziegler*, Das MoPeG ist in Kraft – Anforderungen an die Gestaltung von Gesellschaftsverträgen einer ärztlichen Berufsausübungsgemeinschaft, GuP 2024 S. 1 ff.

a) Definition

Das VÄndG hat sowohl im SGB V als auch in der Ärzte-Zulassungsverordnung den jahrzehntelang für die gemeinschaftliche Berufsausübung exklusiv verwendeten Begriff „Gemeinschaftspraxis" durch „Berufsausübungsgemeinschaft" ersetzt. Pate gestanden hatte die MBO-Ä, die bereits seit längerem schon davor berücksichtigte, dass die gemeinschaftliche Berufsausübung auch in einer Partnerschaftsgesellschaft erfolgen kann. Bis einschließlich der dritten Auflage dieses Werks wurde der Zusammenschluss mehrerer Ärzte zur gemeinsamen Berufsausübung in der Rechtsform der GbR als **Gemeinschaftspraxis** bezeichnet. Dies erschien sachgerecht, da der Oberbegriff „Berufsausübungsgemeinschaft" berufsrechtlich die GbR, die Partnerschaftsgesellschaft sowie die Kooperationsgemeinschaft umfasste (zur Unerheblichkeit der Begriffswahl Deckenbrock in D. Prütting (Hrsg.), § 705 BGB Rz. 6). Das BSG verwendete die Termini „Gemeinschaftspraxis" und „Berufsausübungsgemeinschaft" früher synonym (vgl. Beschluss v. 28.9.2016 - B 6 KA 14/16 B, NWB VAAAH-26389, GesR 2016 S. 779, 781), und bis heute wird der ältere Begriff auch isoliert gebraucht (vgl. BSG, Beschluss v. 1.3.2023 - B 6 KA 10/22 B, NWB YAAAJ-49529, Rz. 26), wenngleich die „Berufsausübungsgemeinschaft" jetzt dominiert (vgl. BSG, Beschluss v. 1.3.2023 - B 6 KA 22/22 B, Rz. 5, 7, 13).

2005 definierte der BGH die Gemeinschaftspraxis (Berufsausübungsgemeinschaft) noch als *„gemeinsame Ausübung ärztlicher Tätigkeit durch mehrere Ärzte der gleichen oder verwandter Fachgebiete in gemeinsamen Räumen mit gemeinschaftlichen Einrichtungen und mit einer gemeinsamen Büroorganisation und Abrechnung, wobei die Leistungen für den Patienten während der Behandlung von dem einem wie von dem anderen Partner erbracht werden können"* (Urteil v. 8.11.2005 - VI ZR 319/04, NWB OAAAC-02931, MedR 2006 S. 290). Es ist offensichtlich, dass diese die gemeinsame Nutzung der Ressourcen und die Verwandtschaft der beteiligten Fachgebiete betonende Begriffsbestimmung vor dem Hintergrund der Bildung standort- und fachgebietsübergreifender BAGen der Realität nicht (mehr) gerecht wird.

Im Rahmen der 2011 erfolgten MBO-Novellierung hat die Bundesärztekammer in § 18 Abs. 2a MBO-Ä eine Definition der BAG vorgenommen:

„Eine Berufsausübungsgemeinschaft ist ein Zusammenschluss von Ärztinnen und Ärzten untereinander, mit Ärztegesellschaften oder mit ärztlich geleiteten Medizinischen Versorgungszentren, die den Vorgaben des § 23a Absatz 1, Buchstabe a, b und d entsprechen, oder dieser untereinander zur gemeinsamen Berufsausübung. Eine gemeinsame Berufsausübung setzt die auf Dauer angelegte berufliche Zusammenarbeit selbständiger, freiberuflich tätiger Gesellschafter voraus. Erforderlich ist, dass sich die Gesellschafter in einem schriftlichen Gesellschaftsvertrag gegenseitig verpflichten, die Erreichung eines gemeinsamen Zweckes in der durch den Vertrag bestimmten Weise zu fördern und insbesondere die vereinbarten Beiträge zu leisten. Erforderlich ist weiterhin regelmäßig eine Teilnahme aller Gesellschafter der Berufsausübungsgemeinschaft an deren unternehmerischen Risiko, an unternehmerischen Entscheidungen und an dem gemeinschaftlich erwirtschafteten Gewinn."

Vertragsarztrechtlich findet sich eine Begriffsbestimmung in § 1a Nr. 12 BMV-Ä.

„Berufsausübungsgemeinschaft: Rechtlich verbindliche Zusammenschlüsse von Vertragsärzten oder/und Vertragspsychotherapeuten oder Vertragsärzten/Vertragspsychotherapeuten und Medizinischen Versorgungszentren oder Medizinischen Versorgungszentren untereinander zur gemeinsamen Ausübung der Tätigkeit."

Darüber hinaus definiert § 1a Nr. 12a BMV-Ä negativ:

„Berufsausübungsgemeinschaften sind nicht Praxisgemeinschaften, Apparategemeinschaften oder Laborgemeinschaften oder andere Organisationsgemeinschaften."

Die Verwendung des Begriffs „Berufsausübungsgemeinschaft" einerseits im Berufsrecht und andererseits im Vertragsarztrecht ist nicht identisch. Im Vertragsarztrecht kann eine MVZ-GmbH Gesellschafterin einer BAG werden, selbst wenn sie die Vorgaben des § 23a Abs. 1 Buchst. a, b und d MBO-Ä nicht erfüllt. Der Begriff ist mithin weiter, was zu einer Kollision des Berufsrechts mit dem Vertragsarztrecht führen kann. Große praktische Bedeutung hat dies bisher jedoch nicht erlangt. Die Ärztekammern sind regelmäßig in derartige Konstruktionen nicht eingebunden; und wenn doch, wollen sie dem vertragsarztrechtlich Möglichen – mit wenigen Ausnahmen – nicht im Wege stehen.

Folgende Kriterien sprechen für eine BAG:

- Abschluss der Behandlungsverträge (§ 630a Abs. 1 BGB) durch die Gesellschaft,
- gemeinsame Patientenkartei,
- einheitlicher Außenauftritt,
- gemeinsame Abrechnung,
- einheitliche Ergebnisermittlung und -verteilung.

Fest steht jedenfalls, dass es sich bei BAGen teilweise um **hochkomplexe Gebilde** mit einer Vielzahl von Gesellschaftern und vertretenen Fachgebieten handelt. Größere BAGen ähneln von ihrer Struktur her mittelständischen Unternehmen und bedürfen einer kaufmännisch ausgerichteten Leitung. Gleichwohl sind diese Einrichtungen an die Vorgaben des Berufs- und Vertragsarztrechts gebunden, was sie und ihre Berater vor oftmals erhebliche Schwierigkeiten stellt.

b) Motive

Die Gründe für die Errichtung einer BAG sind **vielfältig**. Einige seien aufgeführt:

- breiteres medizinisches Angebot,
- umfassendere Sprechstundenzeiten,
- Spezialisierungsmöglichkeit,
- kollegialer Gedankenaustausch,
- Flexibilisierung des zeitlichen Einsatzes,
- Stabilität: Vertretung bei Urlaub und Krankheit,
- wirtschaftlichere Nutzung der Ressourcen,
- Einbindung des Nachfolgers („Übergangsberufsausübungsgemeinschaft"),

- Systemvorteile (z. B. Mitwirkungsrecht bei der Auswahl eines Nachfolgers gem. § 103 Abs. 6 SGB V, hierzu BSG, Urteil v. 11.12.2013 - B 6 KA 49/12 R, NWB QAAAE-60252, GesR 2014 S. 290),
- ggf. Abrechnungsvorteile im vertragsärztlichen Bereich.

c) Rechtsnatur der Berufsausübungsgemeinschaft

Mit seinem Grundsatzurteil vom 29.1.2001 (II ZR 331/00, NWB UAAAB-98014, BGHZ 146 S. 341) hat der BGH entschieden, dass die im Rechtsverkehr als Außengesellschaft auftretende GbR selbst **Trägerin von eigenen Rechten und Pflichten** sein kann. § 705 Abs. 2 Halbsatz 1 BGB hat nunmehr im Zuge des MoPeG die Vorgabe der Rechtsprechung übernommen und bestimmt, dass die am Rechtsverkehr teilnehmende GbR rechtsfähig ist.

Es unterliegt keinem Zweifel, dass die in der Rechtsform der GbR betriebene BAG eine **Außengesellschaft** ist und die vom BGH aufgestellten Kriterien erfüllt und ihr demgemäß – bereits ohne die durch den Gesetzgeber vorgenommene Klarstellung – **Rechtsfähigkeit** zukommt. Dies hat zur Folge, dass die BAG gesetzliche und vertragliche Rechte und Pflichten erwerben kann. Sie kann Gesellschafterin einer anderen Gesellschaft werden. Von besonderer Bedeutung ist, dass der Behandlungsvertrag gem. § 630a Abs. 1 BGB nicht mit dem einzelnen Arzt, sondern mit der BAG zustande kommt. Dies gilt auch für Sonderformen wie z. B. die fachgebietsübergreifende BAG.

Konsequenz der Rechtsfähigkeit der BAG ist, dass sie **aktiv und passiv prozessfähig ist** (§ 50 ZPO). Schon länger war die Grundbuchfähigkeit der GbR anerkannt. Voraussetzung für den Erwerb oder die Veräußerung eines Grundstücksrecht ist nunmehr auf Basis des MoPeG die Eintragung ins Gesellschaftsregister (§§ 707 ff. BGB).

Die BAG kann – auch im Sozialrecht – als Gesellschaft klagen und verklagt werden, obwohl sie über keine eigene Vertragsarztzulassung verfügt. Im Verhältnis zur Kassenärztlichen Vereinigung ist die genehmigte BAG, Adressat von Verwaltungsakten – z. B. den Honorarbescheiden. Im Falle des Passivprozesses kann sich die Klage bei Zahlungsverpflichtungen sowohl gegen die Gesellschaft als auch gegen deren akzessorisch haftende Gesellschafter richten. Im Vertragsarztrecht wird die BAG – selbst nach ihrer Liquidation – als fortbestehend angesehen, solange sie noch Pflichten aus ihrem Status zu erfüllen hat oder ihr hieraus noch Rechte zustehen (BSG, Urteil v. 7.2.2007 - B 6 KA 6/06 R, NWB JAAAC-49033, MedR 2007 S. 669).

Ein Wechsel der Gesellschafter berührt nicht die Identität der Gesellschaft. Dies gilt selbst beim Wechsel sämtlicher Gesellschafter. Da sich die Rechtspersönlichkeit des Betriebsinhabers nicht ändert, liegt kein Betriebsübergang i. S. des § 613a BGB vor (BAG, Urteil v. 14.8.2007 - 8 AZR 803/06, NWB LAAAC-63754, NJW 2008 S. 314).

d) Vertragsschluss – Beschränkte Vertragsfreiheit

Die BGB-Gesellschaft entsteht durch **schuldrechtlichen Vertrag**. Auf ihn sind – mit gewissen Modifizierungen – die §§ 145 f. BGB anzuwenden. Bei Abschluss des Gesellschaftsvertrages bestehen wechselseitige Informationspflichten. So sind die möglichen zukünftigen Gesellschafter auf das Vorliegen einer Erkrankung hinzuweisen, die zu vorzeitiger Berufsunfähigkeit führen kann (OLG Frankfurt a. M., Urteil v. 10.6.2005 - 2 U 208/03, NJW-RR 2005 S. 1437).

Im Bereich des BGB-Gesellschaftsrechts herrscht auf Basis von § 708 BGB **weitgehende Vertragsfreiheit**. Die Gesellschafter unterliegen bei der Gestaltung der Binnenstruktur der BAG nur wenigen Einschränkungen. Als zwingendes Innenrecht sind z. B. die Informationsrechte und -pflichten nach § 717 BGB anzusehen, die den von der Geschäftsführung ausgeschlossenen Gesellschaftern unverzichtbare Kontrollrechte einräumen (zur Neufassung durch das MoPeG s. Reg-E, BT-Drucks. 19/27635 S. 158 ff.). Gleichermaßen kann das sog. Mehrbelastungsverbot nach § 710 BGB nicht abbedungen werden.

Unabhängig davon sind selbstverständlich die allgemeinen zwingenden gesetzlichen Vorschriften zu beachten. So darf der Vertragsinhalt nicht gegen ein gesetzliches Verbot (§ 134 BGB) oder die guten Sitten (§ 138 BGB) verstoßen. Bei der BAG ergeben sich Beschränkungen für die Gestaltung der Binnenstruktur aus Vorgaben insbesondere des Berufsrechts sowie des Vertragsarztrechts. Allgemein gilt, dass Vertragsklauseln nicht die **ordnungsgemäße Berufsausübung** gefährden dürfen.

§ 18 Abs. 2a Satz 3 MBO-Ä verknüpft die Definition der BAG mit dem Abschluss eines schriftlichen Gesellschaftsvertrages. Wird kein schriftlicher Vertrag geschlossen, ist die Aufnahme der gemeinschaftlichen Tätigkeit als konkludenter Vertragsschluss anzusehen (vgl. OLG Oldenburg, Urteil v. 16.12.2014 - 9 U 22/10, GesR 2015 S. 120). § 719 Abs. 1 BGB stellt nunmehr ausdrücklich klar, dass die Gesellschaft im Verhältnis zu Dritten mit dem Zeitpunkt entsteht, zu welchem sie mit Zustimmung sämtlicher Gesellschafter am Rechtsverkehr teilnimmt.

Allerdings versteht es sich von selbst, dass gerade bei komplizierteren Gesellschaftsverhältnissen ein schriftlicher, möglichst professionell begleiteter Vertrag unabdingbar ist. Steht die gesellschaftsvertragliche Regelung im Zusammenhang mit einem Grundstückskaufvertrag, bedarf auch der Abschluss des Gesellschaftsvertrages der notariellen Beurkundung (§ 311b Abs. 1 BGB). Gleiches gilt, wenn der Gesellschaftsvertrag Bestimmungen z. B. zur Abtretung von Geschäftsanteilen an einer GmbH enthält (§ 15 Abs. 4 GmbHG).

Eine **Registerpflichtigkeit** existiert bei der GbR nicht. Allerdings wurde durch das MoPeG ein Gesellschaftsregister eingeführt, wobei die Eintragung **freiwillig** ist (§ 707 Abs. 1 BGB) und für die Existenz einer Außen-GbR keinesfalls konstitutiv. Die Eintragung ist Voraussetzung für den Erwerb z. B. von Grundstücken, von Geschäftsanteilen an einer GmbH, die Gesellschafterstellung in einer eGbR, einer OHG oder einer KG.

Mit der Eintragung in das Gesellschaftsregister ist die Gesellschaft gem. § 707a Abs. 2 Satz 1 BGB gesetzlich verpflichtet, als Namenszusatz die Bezeichnungen „eingetragene Gesellschaft bürgerlichen Rechts“ oder „eGbR“ zu führen. Der Namenszusatz „eGbR“ kann dem Gesellschaftsnamen entweder vor- oder nachgestellt werden (vgl. OLG Hamburg, Beschluss v. 22.4.2024 - 11 W 19/24, ZIP 2024 S. 1664) oder sogar in der Mitte stehen (vgl. OLG Köln, Beschluss v. 22.4.2024 - 4 Wx 4/24, NWB LAAAJ-67939, RNotZ 2024 S. 400).

Die praktische Relevanz des Gesellschaftsregisters für ärztliche BAGen bleibt abzuwarten.

Gemäß § 24 MBO-Ä sollen die Verträge der Ärztekammer vorgelegt werden, damit diese prüfen kann, ob die beruflichen Belange gewahrt sind. In einzelnen Landesärztekammern besteht allerdings eine Vorlagepflicht (z. B. § 24 BO Niedersachsen); deren Verletzung ist zivilrechtlich unerheblich.

Die Bundesärztekammer erwähnt in ihren Hinweisen zur Vertragsgestaltung bei Kooperationen (Stand: 28.3.2008, DÄBl. 2008 S. A-1019, 1021) zu Recht, dass die schriftliche Fixierung des Willens der gemeinsamen Berufsausübung nicht allein über die Rechtmäßigkeit des Zusammenschlusses entscheide. Maßgeblich sei stets die **praktische Handhabung**. Insofern ist es anerkannt, dass Gesellschaftsverträge durch eine abweichende Übung geändert werden können, sofern sich aus den Umständen ergibt, dass die Gesellschafter einvernehmlich und dauerhaft von den Vorgaben im Gesellschaftsvertrag abgewichen sind. Die Schriftformklausel steht der konkludent praktizierten Vertragsänderung im Übrigen nicht entgegen!

e) Schriftformerfordernis im Vertragsarztrecht

Im Vertragsarztrecht sind die formalen Anforderungen strenger. § 33 Abs. 3 Ärzte-ZV bestimmt, dass die gemeinsame vertragsärztliche Tätigkeit der **vorherigen Genehmigung** durch den Zulassungsausschuss bedarf. Bei Vorliegen der Voraussetzungen besteht auf die Erteilung der Genehmigung ein Rechtsanspruch. Die Genehmigung ist statusbegründend. Vor ihrer Erteilung darf die BAG keine Leistungen im vertragsärztlichen System erbringen.

PRAXISHINWEIS:

Die Entscheidungen des Zulassungsausschusses entfalten Drittbindungswirkung mit der Folge, dass Gerichte und Behörden an diese Entscheidung ohne Rücksicht auf ihren Inhalt gebunden sind.

Aber: Ist allein das Rechtsverhältnis zwischen der KV und ihrem Mitglied, z. B. einem Vertragsarzt, betroffen, gilt eine Ausnahme von dem Grundsatz der Drittbindungswirkung. So kann etwa in

Verfahren der sachlich-rechnerischen Richtigstellung erneut geprüft werden, ob die Kriterien für eine BAG tatsächlich erfüllt wurden (zuletzt BSG, Beschluss v. 13.5.2020 - B 6 KA 27/19 B, NWB QAAAH-51868, juris).

Mit Wirkung zum 1.1.2007 hat der Verordnungsgeber die Prüfungskompetenz der Zulassungsgremien maßgeblich beschränkt. Die bis dahin in § 33 Abs. 2 Satz 4 Ärzte-ZV enthaltene Vorgabe, dass die Zulassung zu versagen sei, wenn landesrechtliche Vorschriften über die Berufsausübung der Genehmigung entgegenstünden, wurde ersatzlos gestrichen.

Seit dem grundlegenden Urteil des BSG vom 16.7.2003 (B 6 KA 34/02 R, NWB MAAAC-14036, MedR 2004 S. 118 ff., bestätigt durch das Urteil v. 23.6.2010 - B 6 KA 7/09 R, NWB EAAAD-53841, MedR 2011 S. 298), kann eine BAG nur auf der Grundlage eines **schriftlichen Vertrages** genehmigt werden. Für den vertragszahnärztlichen Bereich enthält § 10 Abs. 2 Satz 2 BMV-Z eine ausdrückliche Pflicht zur Vorlage des Gesellschaftsvertrages beim Zulassungsausschuss. Die meisten Zulassungsausschüsse halten sich an diese Vorgabe.

Die Zulassungsgremien prüfen insoweit regelmäßig, ob die Rechtsstellung der Gesellschafter von Selbstständigkeit geprägt ist oder tatsächlich ein „verkapptes Anstellungsverhältnis“ vorliegt (grundlegend BSG, Urteil v. 23.6.2010 - B 6 KA 7/09 R, NWB EAAAD-53841, MedR 2011 S. 297 ff.). Ihnen steht aber keine umfassende zivilrechtliche Prüfungskompetenz hinsichtlich der gesellschaftsrechtlichen Binnenstruktur (z. B. zur Wirksamkeit von Kündigungsbestimmungen oder Wettbewerbsabreden) zu. Hiergegen wird in der Zulassungspraxis häufig verstoßen. Zeitdruck und – teilweise – mangelnde Konfliktbereitschaft der Ärzte sind die Ursache für fehlende korrigierende gerichtliche Entscheidungen. Die Mitglieder der Zulassungsgremien sind nicht an Weisungen der sie entsendenden Körperschaft gebunden (§ 96 Abs. 2 Satz 4 SGB V). Für schuldhaft fehlerhafte Entscheidungen der Zulassungsgremien kommt eine Haftung nach Amtshaftungsgrundsätzen in Betracht (ausführlich m. w. N. OLG Hamm, Urteil v. 3.7.2009 - I-11 U 25/09, GesR 2009 S. 596 ff.; BSG, Urteil v. 11.12.2013 - B 6 KA 49/12 R, NWB QAAAE-60252, GesR 2014 S. 290 ff.).

PRAXISHINWEIS:

Keinesfalls dürfen separate, ausschließlich zur Vorlage bei den Zulassungsgremien bestimmte Verträge und daneben die Wirklichkeit abbildende „Schubladenverträge“ gefertigt werden. Wer so handelt, riskiert nicht nur Honorarrückforderungen in ggf. beträchtlicher Höhe, sondern sogar die Entziehung seiner Vertragsarztzulassung. Darüber hinaus kann eine Bestrafung wegen Betruges in Betracht kommen. Das LG Bad Kreuznach hat mit Urteil vom 7.1.2008 (1043 Js 11880/01, ZMGR 2008 S. 219) drei Vertragsärzte, die wegen Abrechnungsvorteilen im Außenverhältnis eine Praxisgemeinschaft und im Innenverhältnis eine BAG betrieben hatten, wegen gemeinschaftlichen gewerbsmäßigen Bandenbetrugs verurteilt.

2. Praxisrelevante Konstellationen

Im Zusammenhang mit der rechtlichen/steuerlichen Beratung ärztlicher BAGen sind – mit unterschiedlichen Varianten – folgende Fallgestaltungen von Bedeutung:

- Gründung der Gesellschaft,
- Beitritt zu einer bestehenden Gesellschaft,
- Gesellschafterwechsel,
- Ausscheiden aus einer Gesellschaft bei Fortführung als Einzelpraxis,
- Ausscheiden aus einer fortgeführten Gesellschaft,
- Sonderkonstellation: Ausscheiden durch Tod,
- Sonderkonstellation: Gesellschafterinsolvenz,
- Liquidation der Gesellschaft.

a) „Eintritt" in eine Einzelpraxis

Nicht selten ist Grundlage der Kooperation die Tatsache, dass ein Arzt bereits eine Praxis betreibt und gemeinsam mit einem Kollegen beschließt, die ärztliche Tätigkeit zukünftig gemeinschaftlich auszuüben. Regelmäßig erfolgt die Gründung einer BAG, in welche der „Seniorgesellschafter" die bisherige Praxis mit ihren materiellen und immateriellen Werten einbringt. Ob der „Juniorgesellschafter" sich „einkauft" (Kaufpreis oder Bareinlage) oder zunächst keine Beteiligung zumindest am materiellen Vermögen erwirbt, bleibt bei Einhaltung des Gestaltungsrahmens der individuellen Entscheidung der Beteiligten vorbehalten. Ein derartiges Modell erfährt in der Praxis großen Zuspruch im Rahmen einer **sog. Übergangs-BAG**, bei der die Dauer der Zusammenarbeit zeitlich befristet ist und zugleich vereinbart wird, dass der „Juniorgesellschafter" nach dem Ausscheiden des „Seniorgesellschafters" die Praxis allein oder mit einem anderen Arzt fortführt. Da die Bedingungen des Ausstiegs bereits zu einem frühen Zeitpunkt festgelegt werden und das ordentliche Kündigungsrecht für den „Juniorgesellschafter" ausgeschlossen wird, ergibt sich für den „Seniorgesellschafter" im Hinblick auf seine berufliche Zukunft und die Verwertungsmöglichkeit der Praxis eine große **Planungssicherheit**.

In seinem Grundsatzurteil vom 23.6.2010 (B 6 KA 7/09 R, NWB EAAAD-53841, MedR 2011 S. 297, 303) hat das BSG eine Gestaltung für zulässig angesehen, in welcher ein junger Arzt mit einem „Alt-Arzt" eine BAG bildet und die Praxisausstattung zunächst allein dem „Alt-Arzt" gehört und erst zu einem späteren Zeitpunkt auf den „Jung-Arzt" übertragen wird. Ob eine Beteiligung am immateriellen Wert für eine gewisse Dauer ausgeschlossen werden kann, hat das BSG für den Fall, dass alle anderen Kriterien für eine Gesellschafterstellung gegeben sind, angedeutet, im Ergebnis jedoch offengelassen.

b) Zusammenschluss mehrerer Praxen

Seit geraumer Zeit ist festzustellen, dass manche Ärzte mit der Organisationsstruktur in einer Einzelpraxis unzufrieden sind. Ein Zusammenschluss mit weiteren Ärzten wird angestrebt. Die bisherigen Praxen werden regelmäßig in die **neu gegründete Gesellschaft eingebracht**. Die Beteiligungsverhältnisse an der BAG bilden häufig den Wert der bisherigen Einzelpraxen ab.

Großer Beliebtheit erfreut sich dieses Vorgehen bei Ärzten, die vor der Abgabe ihrer Praxis stehen. Häufig sind andere Praxen in besonderem Maße an der Zulassung des zukünftigen Praxisabgebers interessiert. Durch Bildung einer BAG werden die aus § 103 Abs. 6 Satz 2 SGB V resultierenden Vorteile der **Einflussnahme** der Mitgesellschafter auf die Auswahlentscheidung des Zulassungsausschusses genutzt. Hierzu hat das BSG mit Urteil vom 11.12.2013 (B 6 KA 49/12 R, NWB QAAAE-60252, GesR 2014 S. 290 ff.) ausgeführt: Je deutlicher sich der Eindruck aufdränge, die BAG sei vorrangig gegründet worden, um über die erwähnte Vorschrift auf die Nachbesetzung Einfluss nehmen zu können, je kürzer die Gesellschaft tatsächlich bestanden habe und je weniger – z. B. bei einer ÜBAG – die Praxen der beteiligten Ärzte tatsächlich über einen längeren Zeitraum verflochten gewesen seien, desto geringer seien die Interessen der verbleibenden Ärzte zu gewichten. Das gehe jedoch nicht so weit, dass die Interessen der Mitgesellschafter unter Hinweis auf die Missbräuchlichkeit der Gründung der BAG vollständig unberücksichtigt bleiben könnten.

Zum Nachbesetzungsverfahren ausführlicher S. 428 ff.

c) Beitritt zu einer bestehenden Berufsausübungsgemeinschaft

Praxisrelevant sind ferner Konstellationen, bei denen ein Arzt einer **bestehenden BAG** beitritt (vgl. §§ 712 Abs. 2, 721a BGB).

Der Eintritt erfolgt durch einen Beitrittsvertrag, der zwischen dem Eintretenden und **allen bisherigen Gesellschaftern** – nicht der Gesellschaft (sofern der Gesellschaftsvertrag nichts anderes vorsieht) – geschlossen wird. Für den Beitrittsvertrag gibt es per se keine Formvorschriften. Sieht der Gesellschaftsvertrag Schriftform vor, ist diese auch hinsichtlich des Beitrittsvertrages einzuhalten.

Das Verpflichtungsgeschäft für die Aufnahme und die (dingliche) Abtretung der Gesellschaftsanteile liegt bei Übertragung von Gesellschaftsanteilen gegen Kaufpreis regelmäßig in einem **Kaufvertrag**; die Alternative ist der Beitritt mit **Sach- oder Bareinlage gegen Gewährung eines Gesellschaftsanteils**, so dass dieser (dinglich) durch die Erweiterung des Gesellschaftsvermögens generiert und dem Beitretenden zugewiesen wird.

Durch den Beitritt eines weiteren Gesellschafters ändert sich keinesfalls die **Identität der Gesellschaft**. Da die Außen-GbR Vertragspartnerin ist, bedarf es insofern keiner Änderung der mit Dritten geschlossenen Verträge.

d) Ausscheiden – Gesellschafterwechsel

Es ist anerkannt, dass die Gesellschafterstellung unmittelbar von einem ausscheidenden Gesellschafter auf einen Neugesellschafter übertragen werden kann (§ 413 BGB). Grundlage des Verpflichtungsgeschäfts ist regelmäßig ein Kaufvertrag, in welchem die Einzelheiten des (dinglichen) Übergangs geregelt werden. Neben der Kaufpreisbestimmung gehören hierzu typischerweise Regelungen zur Rechnungsabgrenzung und Freistellung.

Der Verkauf eines Gesellschaftsanteils an einer BAG ist Rechtskauf i. S. des § 453 BGB. Kaufgegenstand ist nicht das Praxisinventar als Summe der Einzelgegenstände sowie der anteilige Goodwill (asset deal), sondern der Gesellschaftsanteil (share deal). Ein zur Haftung des Veräußerers führender Rechtsmangel liegt demgemäß nicht vor, wenn der Wert des Gesellschaftsanteils nicht den Vorstellungen des Erwerbers entspricht oder ein medizinisches Gerät defekt ist (Diese Erkenntnis ist häufig die Grundlage für ein eigenständiges Garantieregime unter Bezugnahme z. B. auf eine Liste von [als intakt zugesichertem] materiellem Gesellschaftsvermögen.).

Da die Mitgliedschaft als Ganzes übertragen wird, stehen dem Ausscheidenden für seine Gesellschaftsbeteiligung keine Abfindungsansprüche gegen die Gesellschaft zu, da § 728 BGB das Erlöschen der Mitgliedschaft voraussetzt. Mit Vollzug der Übertragung wird der Erwerber Vollmitglied der GbR, und zwar mit allen Rechten und Pflichten, die der übertragende Gesellschafter aufgrund des Gesellschaftsvertrages besaß. Zur Vermeidung mindestens von Missverständnissen ist dabei hinsichtlich entstandener und fälliger sowie auf den Übertragungszeitpunkt noch zu ermittelnder Gewinnansprüche des veräußernden Gesellschafters klar zu regeln, ob diese (u. a. in Form des variablen Kapitalkontos) mitübertragen werden oder nicht.

Die übrigen Gesellschafter müssen der Anteilsübertragung zustimmen (§ 711 Abs. 1 Satz 1 BGB), sind jedoch nicht per se Vertragspartei. Eine besondere Form ist gesetzlich nicht bestimmt (vgl. Reg-E, BT-Drucks. 19/27635 S. 144). Sieht der Gesellschaftsvertrag Schriftform vor, gilt diese auch für den Übernahmevertrag.

PRAXISHINWEIS:

Besonders praxisrelevant ist die Frage, ob der Erwerber das – ggf. negative – variable Kapitalkonto des Veräußerers übernimmt. Findet sich im Übertragungsvertrag keine Regelung, gilt der Grundsatz, dass *sämtliche* Rechte und Pflichten aus der Mitgliedschaft übergehen. Vor diesem Hintergrund empfiehlt sich eine Klarstellung, wonach das variable Kapitalkonto durch den Ausscheidenden auszugleichen ist oder im Falle eines negativen variablen Kapitalkontos eine Kaufpreisreduzierung in entsprechender Höhe erfolgt. Dabei sollte geprüft und bei Bedarf geregelt werden, wie mit infolge von Anschaffungen aus dem Cashflow der Gesellschaft wertmäßig noch auf dem variablen Kapitalkonto vorhandenen anteiligen Buchwerten umgegangen werden soll. Nur in Ausnahmefällen werden – je nach Anspruch und Übung des Steuerberaters der Gesellschaft – für jeden Gesellschafter weitere Buchungskonten (z. B. Kapitalkonto I und/oder Rücklagenkonto) geführt werden. Der Umgang mit ihnen bei Ausscheiden eines Gesellschafters ist zwingend Regelungsgegenstand.

PRAXISHINWEIS:

Gerade bei vertragsärztlich tätigen BAGen kommt es häufig vor, dass z. B. die zuständige Kassenärztliche Vereinigung Honorarrückforderungsansprüche geltend macht, die den Zeitraum vor dem Beitrittsdatum betreffen. Auch ist es nicht ausgeschlossen, dass Widerspruchsverfahren erst später entschieden werden und zu Nachzahlungen führen. Findet sich im Gesellschaftsvertrag keine Vorgabe und ist der Wille auch nicht durch Auslegung zu ermitteln, wird regelmäßig der Erwerber berechtigt bzw. verpflichtet sein.

e) Ausscheiden aus der Zwei-Personen-Berufsausübungsgemeinschaft

Besteht eine BAG aus lediglich zwei Gesellschaftern oder würde bei einer Mehrpersonen-GbR nur noch ein Gesellschafter verbleiben, führt das Ausscheiden des vorletzten Gesellschafters automatisch zum **Erlöschen der Gesellschaft ohne Liquidation** (§ 712a Satz 1 BGB). Auch ohne Fortsetzungsklausel geht das Gesellschaftsvermögen kraft Gesetzes und ohne die Notwendigkeit einer rechtsgeschäftlichen Übertragung im Wege der Gesamtrechtsnachfolge auf den verbleibenden Gesellschafter über (§ 712a Satz 2 BGB). Es entsteht eine Einzelpraxis („Einzelunternehmen"). Konsequenz der Gesamtrechtsnachfolge ist, dass der allein verbleibende Gesellschafter die zuvor von der Gesellschaft geschlossenen Verträge fortführt. Gesonderter rechtsgeschäftlicher Vereinbarungen bedarf es nicht.

Die Rechtsposition des Ausscheidenden – insbesondere dessen Abfindungsanspruch – ergibt sich aus den gesellschaftsvertraglichen Bestimmungen. Fehlen diese, finden die gesetzlichen Bestimmungen (insb. § 712 Abs. 1 BGB) Anwendung. Der Abfindungsanspruch des ausscheidenden Gesellschafters ist in § 728 BGB geregelt.

PRAXISHINWEIS:

Aus der Begründung des Regierungsentwurfs ergibt sich, dass die Auflösung und die Vollbeendigung der GbR zusammenfallen (BT-Drucks. 19/27635 S. 146) Der Grund für das Ausscheiden des vorletzten Gesellschafters ist unerheblich. Die Übernahmeverpflichtung kann schon gesellschaftsvertraglich geregelt werden.

f) Ausscheiden aus der Mehrpersonen-Berufsausübungsgemeinschaft

§ 723 Abs. 1 BGB gestaltet die früheren gesetzlichen *Auflösungs*gründe wie z. B. Tod, Kündigung, Ausschließung in *Ausscheidens*gründe um, so dass der Bestand der Gesellschaft durch Fortführung durch die anderen Gesellschafter gesichert ist. Allerdings kann der Gesellschaftsvertrag hiervon abweichend regeln, dass die Gesellschaft aufgelöst wird.

Regelmäßig enthält der Gesellschaftsvertrag Regelungen für die Folgen des Ausscheidens (Modalitäten zur Berechnung und Fälligkeit der Abfindung, Verpflichtung zur Ausschreibung des Vertragsarztsitzes, Wettbewerbsverbot etc.). Fehlen Bestimmungen über das Schicksal des Gesellschaftsanteils, gelten die §§ 738 f. BGB. Der Gesellschaftsanteil des Ausscheidenden wächst den verbleibenden Gesellschaftern an, die ihrerseits abfindungspflichtig sind (nunmehr § 728 BGB, der in Absatz 2 bestimmt, dass der Wert des Gesellschaftsanteils, wenn erforderlich, durch Schätzung zu ermitteln ist).

g) Sonderkonstellation: Ausscheiden durch Tod

Zivilrecht

Der Tod eines Gesellschafters stellt nach § 723 Abs. 1 Nr. 1 BGB nunmehr per se keinen Auflösungsgrund mehr dar. Die Gesellschaft wird stattdessen grundsätzlich durch die verbleibenden Gesellschafter fortgesetzt. Die Aufnahme einer spezifischen Fortsetzungsklausel im Gesellschaftsvertrag ist hierfür nicht erforderlich. Auch in der zweigliedrigen BAG bleibt es wegen § 712a BGB bei dem Grundsatz der Fortführung (siehe zuvor, S. 37).

Die Gesellschafter können gleichwohl Abweichendes vereinbaren. Sieht der Gesellschaftsvertrag vor, dass die Gesellschaft durch den Tod eines Gesellschafters aufgelöst wird, gilt § 730 Abs. 1 BGB.

Theoretisch kommt für den Todesfall eine gesellschaftsvertragliche Nachfolgeklausel in Betracht, die gem. § 711 Abs. 2 BGB dafür sorgt, dass der Anteil auf den oder die Erben übergeht. Sind mehrere Erben vorhanden, fällt der Gesellschaftsanteil dann kraft Gesetzes jedem Erben entsprechend der Erbquote zu, § 711 Abs. 2 Satz 2 BGB. Die Vorschriften über die Erbengemeinschaft finden gem. Satz 3 insoweit keine Anwendung. Treten die Erben in die Gesellschafterstellung des durch Tod ausgeschiedenen Gesellschafters ein, geht dessen Haftungsverpflichtung in vollem Umfang auf sie über. Möglichkeiten der Haftungsbeschränkung bedürfen gesonderter Prüfung. § 724 BGB schafft eine neue Rechtsgrundlage zur Beschränkung der Erbenhaftung bei Gesellschaften, die die Voraussetzungen des § 107 Abs. 1 HGB erfüllen, um in das Handelsregister eingetragen werden zu können. Für ärztliche BAGen scheidet diese Möglichkeit bis zur berufsrechtlichen Anerkennung der Personenhandelsgesellschaften aber aus. Enthält der Gesellschaftsvertrag **keine besondere Eintrittsklausel** für die Erben, wächst der Anteil des Verstorbenen am Gesellschaftsvermögen den oder dem verbleibenden Gesellschafter(n) kraft Gesetzes an (§ 712 Abs. 1 BGB).

Problematisch ist, dass die Erben eines Ärzte-Gesellschafters regelmäßig dessen Stellung in der BAG nicht übernehmen können, weil sie die erforderlichen subjektiven Voraussetzungen nicht erfüllen. Bis auf ganz wenige Ausnahmen ist mithin keine Erbeneintrittsklausel in BAG-Gesellschaftsverträgen vorzusehen bzw. unbedingt zu vermeiden.

Berufsrecht

§ 20 Abs. 2 MBO-Ä sieht eine befristete Durchbrechung des Fremdbesitzverbots an ärztlichen (Einzel-)Praxen vor. Hiernach darf die Praxis eines verstorbenen Arztes zugunsten seiner Witwe oder seines Partners nach dem Gesetz über eingetragene Lebenspartnerschaften oder eines unterhaltsberechtigten Angehörigen i. d. R. bis zur Dauer von sechs Monaten nach dem Ende des Quartals, in dem der Tod eingetreten ist, durch einen anderen Arzt fortgeführt werden. Eine Fortführung zugunsten sonstiger Erben scheidet aus mit der Konsequenz, dass eine Kollision zwischen berufs- und erbrechtlicher Berechtigung eintreten kann. Auch wenn der Wortlaut des § 20 Abs. 2 MBO-Ä sich auf eine Praxis bezieht, sind nach Sinn und Zweck auch BAG-Anteile erfasst.

PRAXISHINWEIS:

Ein ausschließlich zeitlich befristet als Vertreter tätiger Arzt (Befristungszeitraum im konkreten Fall: 1.10. bis 31.12.2015), der einbestellte Patienten behandelt und in die bereitgestellte Praxis-Infrastruktur organisatorisch, personell und sachlich vollständig eingebunden ist sowie nach Stunden bezahlt wird, unterliegt als Beschäftigter der Sozialversicherungspflicht (BSG, Urteil v. 19.10.2021 - B 12 R 1/21 R, NWB DAAAI-58086, NZS 2022 S. 542 f., und bereits LSG Berlin-Brandenburg, Beschluss v. 17.2.2020 - L 9 BA 92/18, GesR 2020 S. 465 f.).

Vertragsarztrecht

Für den vertragsärztlichen Bereich regelt § 4 Abs. 3 Satz 1 BMV-Ä, dass die Kassenärztliche Vereinigung „die Weiterführung der Praxis eines verstorbenen Vertragsarztes durch einen anderen Arzt bis zur Dauer von zwei Quartalen genehmigen“ kann. Besondere Anforderungen an die Person des Weiterführenden sind nicht geregelt. Ungeklärt ist, ob eine Sonderform der Vertretung vorliegt oder der vertretende Arzt zusätzlich eine (bedarfsunabhängige) Ermächtigung des Zulassungsausschusses benötigt. Die Verwaltungspraxis in den Bezirken der einzelnen Kassenärztlichen Vereinigungen ist uneinheitlich.

PRAXISHINWEIS:

Die bundesmantelvertraglich bestimmte Sechs-Monats-Frist ist nicht verlängerbar (SG Düsseldorf, Beschluss v. 15.6.2007 - S 2 KA 65/07 ER). Während dieser Zeit wird oftmals keine bestandskräftige Einbindung eines Nachfolgers im Rahmen eines Nachbesetzungsverfahrens durchführbar sein.

Nach Ablauf der Ausnahmefrist sind die verbleibenden Gesellschafter berechtigt und verpflichtet, die Erben aus der Gesellschaft auszuschließen, sofern diese den Gesellschaftsanteil nicht freiwillig auf die verbleibenden Gesellschafter übertragen (§ 712 Abs. 1 BGB). Die Übertragung auf einen Dritten setzt voraus, dass dieser zur vertragsärztlichen Versorgung zugelassen und sein Beitritt zur BAG genehmigt wurde.

Treuhandmodell

Immer wieder diskutiert – und gerichtlich jedenfalls weiterhin ungeklärt – wird die Frage, ob die nach dem todesbedingten Ausscheiden eines Gesellschafters verbleibenden Gesellschafter dessen Gesellschaftsanteil zwecks Vermeidung eines steuerschädlichen Durchgangserwerbs als Sondervermögen treuhänderisch für die Erben in einer Treuhand-GbR halten dürfen. Diese Treuhand-GbR veräußert den Gesellschaftsanteil innerhalb einer Frist von sechs Monaten an einen Neugesellschafter und ist gegenüber den Erben abfindungspflichtig (ausführlich mit Gestaltungshinweisen und Formulierungsvorschlägen Röhrig/Lindow/Zahn, EStB 2020 S. 180 ff., 219 ff.).

PRAXISHINWEIS:

Dieses Modell ist allerdings wegen der unabdingbaren Anwachsung des Gesellschaftsanteils nicht bei der aus zwei Personen bestehenden BAG möglich, da die Gesellschaft mit dem Tod eines Gesellschafters erlischt und eine Ein-Personen-GbR von der Rechtsordnung nicht anerkannt wird.

Auch wenn Treuhandverhältnisse dem ärztlichen Berufs- und Vertragsarztrecht fremd sind, sprechen durchaus gute teleologische Argumente für deren Zulässigkeit, sofern Treuhänder ausschließlich die verbleibenden Gesellschafter sind und das Treuhandverhältnis entsprechend den Gnadenquartalsregelungen befristet ist.

PRAXISHINWEIS

Der Gestaltungaufwand durch Gründung der Treuhand-Gesellschaften ist erheblich. Weiterhin nachteilig ist, dass die Erben mit der BAG eine Haftungsschuldnerin für den Abfindungsanspruch verlieren. Zudem ist zu bedenken, dass der Verkauf nebst Anteilsübertragung wegen des in den meisten Fällen notwendigerweise durchzuführenden Nachbesetzungsverfahrens häufig nicht innerhalb von sechs Monaten durchgeführt werden kann.

Ungeklärt ist darüber hinaus, ob

- die Finanzverwaltung ein derartiges Modell als Umgehung i. S. von § 42 AO wertet und
- die Kassenärztlichen Vereinigungen und Zulassungsgremien die Konstruktion akzeptieren.

Kritisch zu diesem Modell Ketteler-Eising, Gestaltung bei Tod eines Gesellschafters einer (freiberuflichen) Mitunternehmerschaft, insbesondere ärztlicher BAGen, NWB 2021 S. 2297 und die steuerlichen Ausführungen auf S. 131 ff.

h) Sonderkonstellation: Insolvenz

§ 729 Abs. 1 Nr. 2 BGB in der nun geltenden Fassung sieht vor, dass mit Eröffnung des Insolvenzverfahrens über das Vermögen der GbR die GbR aufgelöst wird. Die Eröffnung des Insolvenzverfahrens über das Vermögen eines einzelnen Gesellschafters stellt indes keinen Auflösungsgrund mehr dar, sondern führt gem. § 723 Abs. 1 Nr. 3 BGB nunmehr kraft Gesetzes zum Ausscheiden dieses Gesellschafters aus der GbR. Die übrigen Gesellschafter können die Gesellschaft ohne den von der Insolvenz betroffenen Gesellschafter ohne Weiteres fortsetzen. Der Gesellschaftsvertrag kann, sofern gewünscht, auch die Auflösung der Gesellschaft für diese Fälle vorsehen.

Nach herrschender Meinung liegt ein Auflösungs- oder Ausscheidensgrund nicht vor, wenn der Insolvenzantrag mangels Masse abgelehnt wird (§ 26 InsO). Im Gesellschaftsvertrag kann Abweichendes bestimmt werden.

i) Auseinandersetzung der Gesellschaft

Bestimmungen zur Auflösung und Liquidation der GbR finden sich in den §§ 729 bis 739 BGB. Nach der Vorstellung des Gesetzgebers ist das Ziel der Auseinandersetzung die **vermögensrechtliche Abwicklung der Gesellschaft**. Insofern bestimmt § 737 BGB, dass aus dem Gesellschaftsvermögen zunächst die Gesellschaftsverbindlichkeiten zu berichtigen und Beiträge der Gesellschafter rückzuerstatten sind. Reicht das Gesellschaftsvermögen dafür nicht aus, haben die Gesellschafter der Gesellschaft für den Fehlbetrag nach dem Verhältnis ihrer Anteile am Gewinn und Verlust aufzukommen. Kann von einem Gesellschafter der auf ihn entfallende Betrag nicht erlangt werden, haben die anderen Gesellschafter den Ausfall nach dem gleichen Verhältnis zu tragen.

Grundlage der vermögensmäßigen Auseinandersetzung ist die Erstellung einer **Auseinandersetzungsbilanz**. Dabei stellt sich stets die Frage, ob die Zerschlagung der unternehmerischen Einheit als wirtschaftliche Art der Verwertung anzusehen ist. Im Einzelfall kann die Gesamtveräußerung zu einem besseren Verwertungsergebnis führen.

Die Gesellschafter sind frei, das Auseinandersetzungsverfahren zu regeln. Sie können z. B. vereinbaren, dass ein Gesellschafter oder mehrere Gesellschafter gegen Zahlung einer Abfindung das **Gesellschaftsvermögen übernehmen**. Im Grunde handelt es sich dann um dieselben Rechtsfolgen wie bei dem Ausscheiden eines Gesellschafters aus der ohne ihn fortgesetzten Gesellschaft. Denkbar ist eine Einigung der Gesellschafter dahingehend, eine Realteilung des materiellen und immateriellen Praxisvermögens vorzunehmen, indem die Gegenstände aufgeteilt werden und jeder Gesellschafter berechtigt ist, seine berufliche Tätigkeit fortzuführen.

Die **Umwandlung** einer BAG in eine Praxisgemeinschaft stellt regelmäßig keine Auseinandersetzung dar. Der Gesellschaftszweck der gemeinsamen Berufsausübung wird lediglich dahingehend modifiziert, dass Ressourcen gemeinschaftlich vorgehalten werden. In den meisten Fällen wird dieselbe Gesellschaft fortgeführt werden, indem – von dem immateriellen Vermögen abgesehen – das materielle Vermögen der Gesellschaft nach wie vor gemeinschaftlich genutzt wird.

Nach den Vorstellungen des Gesetzgebers sind sämtliche Gesellschafter als sog. Liquidatoren die „geborenen Abwickler" (vgl. § 736 Abs. 1 BGB). Demgemäß endet, sofern nichts anderes vereinbart ist, gem. § 736b Abs. 1 BGB die Geschäftsführungsbefugnis einzelner Gesellschafter und wird durch die **Gesamtgeschäftsführungsbefugnis** ersetzt.

PRAXISHINWEIS:

Bei ärztlichen BAGen wurde zum Teil verlangt, dass der Liquidator Arzt ist (so Ziegler, GesR 2020 S. 137, 139). Gerade angesichts der Neuregelungen vor allem der Liquidation durch das MoPeG mit den §§ 735 ff. BGB, in denen sich kein besonderer Berufsrechtsvorbehalt findet, wird man das mit der Folge eines Zwangs nicht aufrechterhalten können. Zumindest in Fällen, in denen keine ärztlichen Behandlungen durch die Liquidationsgesellschaft durchgeführt werden, muss der Arztvorbehalt auch teleologisch nicht zum Tragen kommen.

Mit der Auflösung ändert sich der Gesellschaftszweck mit dem Ziel der Abwicklung, ohne dass die Identität und rechtliche Selbständigkeit der Gesellschaft beeinträchtigt werden.

Während der Auseinandersetzung gilt – vergleichbar mit dem Ausscheiden eines Gesellschafters gegen Abfindung – der Grundsatz der **Durchsetzungssperre**. Insofern soll ein Hin- und Herzahlen vermieden werden. Einzelansprüche stellen unselbständige Rechnungsposten in der Auseinandersetzungsbilanz dar. Die Durchsetzungssperre betrifft sämtliche Ansprüche, die eine Schlussabrechnung voraussetzen.

Nutzen einzelne Gesellschafter die Ressourcen der Abwicklungsgesellschaft im Rahmen ihrer zukünftigen Berufsausübung, müssen sie mit der Geltendmachung von **Unterlassungsansprüchen** rechnen (kritisch hierzu Ziegler, GesR 2020 S. 137, 142).

3. Binnenstruktur, Vertragsgestaltung

PRAXISHINWEIS:

Praxistaugliche Formulierungsbeispiele für die Gestaltung eines BAG-Vertrages finden sich bei

- Scholz/Treptow in Scholz/Treptow (Hrsg.), Beck'sches Formularbuch Medizin- und Gesundheitsrecht, 2. Aufl. 2022, S. 674 ff.,
- Tigges in D. Prütting (Hrsg.), Formularbuch Medizinrecht, 3. Aufl. 2023, S. 847 ff.

Vertragsmuster sind Ideengeber, mehr nicht. Gerade bei komplexen Kooperationen ersetzen sie nicht die rechtliche und steuerrechtliche Beratung.

Da sich die Gesellschafter in ihrer jeweiligen individuellen Persönlichkeit und auch die Situation der Gesellschaft ändern können, sind im Gesellschaftsvertrag Öffnungsklauseln vorzusehen. In regelmäßigen Abständen sollten die Gesellschafter überprüfen, ob die vertraglichen Regelungen noch aktuell sind, und sie ggf. anpassen (so zutreffend für die vergleichbare Situation von Rechtsanwaltssozietäten Hirtz, AnwBl 2020 S. 600, 601).

a) Beginn

Die GbR entsteht mit dem **Abschluss des Gesellschaftsvertrages** oder mit dem im Vertrag bestimmten Zeitpunkt. § 719 Abs. 1 BGB bestimmt, dass die Gesellschaft im Verhältnis zu Dritten mit dem Zeitpunkt entsteht, zu welchem sie mit Zustimmung sämtlicher Gesellschafter am Rechtsverkehr teilnimmt, spätestens aber mit ihrer Eintragung in das Gesellschaftsregister.

Da die vertragsärztlich tätige BAG der Genehmigung durch den Zulassungsausschuss bedarf (§ 33 Abs. 3 Ärzte-ZV), wird der Zeitpunkt der Entstehung der Gesellschaft regelmäßig von der Genehmigung der BAG oder sogar vom Eintritt der Bestandskraft des Genehmigungsbescheides abhängig gemacht. Die BAG kann ihre vertragsärztliche Tätigkeit bereits nach der mündlich mitgeteilten Genehmigung aufnehmen. Die Existenzabhängigkeit der als BAG gewollten GbR von der Genehmigung durch den Zulassungsausschuss muss aber nicht immer richtig und passend sein. Bereits vor der Genehmigung durch den Zulassungsausschuss haben etwa BAGen, die eine Praxisneugründung anstreben (z. B. mangels Zulassungsbeschränkungen), die Notwendigkeit von Vertragsabschlüssen mit Vermietern, Arbeitnehmern, Banken, Leasinggesellschaften usw.

Die Gesellschaft kann im Außenverhältnis **nicht rückwirkend** gegründet werden. Die Gesellschafter können den Zeitpunkt der Entstehung lediglich bezogen auf das Innenverhältnis vor- oder zurückverlegen. Sie sind dann verpflichtet, einander wirtschaftlich so zu stellen, als sei die Gesellschaft zu dem im **Innenverhältnis** vereinbarten Zeitpunkt entstanden.

b) Sitz

Als Sitz der BAG wird regelmäßig deren postalische Anschrift bestimmt. Diese ist meist identisch mit dem Ort der Niederlassung (§ 17 Abs. 1 MBO-Ä) oder dem Vertragsarztsitz (§ 24 Abs. 1 Ärzte-ZV) ihrer Gesellschafter. Klagen gegen die BAG sind an deren Sitz zu erheben (§ 17 Abs. 1 Satz 1 ZPO).

Hat die BAG mehrere Betriebsstätten (vgl. § 18 Abs. 3 Satz 3 MBO-Ä, § 33 Abs. 2 Satz 2 Ärzte-ZV), muss ein Hauptsitz bestimmt werden. Gehören der üBAG Mitglieder in mehreren KV-Bezirken an, so haben die Gesellschafter für die Dauer von mindestens zwei Jahren die KV zu wählen, die zuständig ist für Genehmigungsentscheidungen sowie die auf die gesamte Leistungserbringung anzuwendenden ortsgebundenen Regelungen, § 33 Abs. 3 Satz 3 und 4 Ärzte-ZV.

§ 706 Satz 1 BGB definiert den Verwaltungssitz der Gesellschaft als den Ort, an dem deren Geschäfte tatsächlich geführt werden. Bei in das Gesellschaftsregister eingetragenen Gesellschaften können die Gesellschafter gem. § 706 Satz 2 BGB einen Vertragssitz vereinbaren. Es ist nicht ersichtlich, dass diesen Regelungen bei BAGen eine größere Bedeutung zukommen wird.

c) Gemeinsamer Zweck, Förderpflicht, Beiträge, Einlagen

Von zentraler Bedeutung für jede BAG ist § 705 Abs. 1 BGB:

„Die Gesellschaft wird durch den Abschluss des Gesellschaftsvertrages errichtet, in dem sich die Gesellschafter verpflichten, die Erreichung eines gemeinsamen Zwecks in der durch den Vertrag bestimmten Weise zu fördern.“

Zweck einer BAG ist naturgemäß, dass deren Gesellschafter sich verpflichten, durch ihre Tätigkeit den auf **gemeinsame Berufsausübung** ausgerichteten Gesellschaftszweck zu unterstützen.

Die Bundesärztekammer hat im März 2006 Hinweise und Erläuterungen zu Niederlassungen und für berufliche Kooperationen (DÄBl. 2006 S. A-801) veröffentlicht und diese im März 2008 aktualisiert (DÄBl. 2008 S. A-1019). Diese Hinweise und Erläuterungen sind deutlich detaillierter als die Vorgaben des § 18 Abs. 2a MBO-Ä. Unter der Rubrik *„Kriterien der gemeinsamen Berufsausübung“* findet sich als erster Punkt der Hinweis, dass die Gesellschafter den **Willen zur gemeinsamen Berufungsausübung in einer auf Dauer angelegten systematischen Kooperation** haben müssen. Es wird als **unzureichend** angesehen, lediglich **Ressourcen** gemeinsam zu nutzen. Von einer gemeinsamen Berufsausübung könne ebenfalls nicht gesprochen werden, wenn sich die Zusammenarbeit z. B. auf die Bildung von Qualitätszirkeln zu Fortbildungszwecken, einen gemeinsamen Vertretungs- oder Notdienstplan oder reine Managementtätigkeit beschränkt. Ein reines Gewinnpooling genüge gleichfalls nicht den Anforderungen, die an eine gemeinsame Tätigkeit zu stellen seien.

d) Förderpflicht, Beitragsleistung

aa) Allgemeines

Zu den wesentlichen Pflichten eines Gesellschafters gehört es u. a., **Beiträge** an die Gesellschaft zu leisten (§§ 709, 708 BGB).

§ 709 Abs. 1 BGB definiert den Beitrag wie folgt:

„Der Beitrag eines Gesellschafters kann in jeder Förderung des gemeinsamen Zwecks, auch in der Leistung von Diensten, bestehen.“

§ 709 Abs. 2 BGB geht davon aus, dass die Gesellschafter, sofern sie nicht etwas anderes vereinbaren, zu gleichen Beiträgen verpflichtet sind.

Den Gesellschaftern steht es frei, gesellschaftsvertraglich festzulegen, welche Art von Beiträgen geschuldet wird. Beiträge können in den **unterschiedlichsten Leistungen** bestehen. Im Einzelnen:

bb) Arbeitsleistung

Bei einer freiberuflich geprägten BAG kommt der qualifizierten individuellen ärztlichen Tätigkeit der Gesellschafter eine besondere Bedeutung zu, da nicht zuletzt hierdurch die Basis für den Erfolg des Unternehmens Arztpraxis geschaffen wird. Die Verpflichtung zur Erbringung ärztlicher Leistungen beruht auf dem Gesellschaftsvertrag, so dass **kein separater Dienstvertrag** abzuschließen ist. Folgerichtig ist der Gesellschafter nicht Arbeitnehmer mit der Konsequenz, dass er am Gewinn der Gesellschaft beteiligt ist und weder der Lohnsteuer- noch der Sozialversicherungspflicht unterliegt. Eine besondere Beitragsleistung kann in der Übernahme der Geschäftsführungstätigkeit liegen.

Berufsrechtlich ist es zulässig, an mehreren Stellen (§ 17 Abs. 2 MBO-Ä) ärztlich tätig zu sein und mehreren BAGen (§ 18 Abs. 3 MBO-Ä) anzugehören. Gerade hoch spezialisierte Ärzte sind oftmals daran interessiert, Leistungen außerhalb der „Stammpraxis" erbringen zu können. Vor diesem Hintergrund empfiehlt sich eine Klarstellung im Gesellschaftsvertrag, ob die Gesellschafter der Gesellschaft ihre gesamte Arbeitskraft schulden und welche Tätigkeiten zulässigerweise anderweitig – z. B. allein auf eigene Rechnung oder in einer anderen BAG – ausgeübt werden dürfen.

PRAXISHINWEIS:

Die Zulassung als Vertragsarzt mit einem vollen Versorgungsauftrag begründet die Verpflichtung, die vertragsärztliche Tätigkeit vollzeitig auszuüben (§ 19a Abs. 1 Satz 1 Ärzte-ZV).

§ 19 Abs. 1 Satz 2 Ärzte-ZV verlangt für die vollzeitige Tätigkeit einen Sprechstundenumfang von 25 Wochenstunden.

Der Gesellschaftsvertrag darf keine unzutreffenden Angaben enthalten, wonach eine vollzeitige Tätigkeit in den Vertrag aufgenommen wird, jedoch im Innenverhältnis feststeht, dass nur eine Teilzeittätigkeit ausgeübt wird.

Ausführlicher zur vertragsärztlichen Sprechstundenverpflichtung S. 12 f.

Enthält der Gesellschaftsvertrag keine Regelungen, ist aus der gesellschaftsrechtlichen Treuepflicht abzuleiten, dass **während der Zugehörigkeit** zur BAG deren Interessen nicht durch eine konkurrierende Tätigkeit beeinträchtigt werden dürfen.

PRAXISHINWEISE:

Eine Anpassungsklausel sollte regeln, wie zu verfahren ist, wenn ein Gesellschafter seine Verpflichtung zur Förderung des Gesellschaftszwecks nicht oder nur unvollständig erfüllt. Praxisrelevant sind Konstellationen, in denen z. B. der Seniorgesellschafter in den letzten Jahren seiner Gesellschaftszugehörigkeit den zeitlichen Umfang seiner Tätigkeit einschränkt. Nicht selten stellt eine mit der Gewinnverteilung korrespondierende Regelung angemessene Reaktionsmöglichkeiten zur Verfügung. Zu regeln ist dann nach Möglichkeit, ab welcher Schwelle und in welchem

Umfang die Anpassungspflicht besteht. Gegebenenfalls ist die Einschaltung eines neutralen Dritten als Schiedsgutachter (§ 317 BGB) für die Durchführung der Anpassung vorzusehen.

Es ist anzuraten, die Einhaltung der in § 95d SGB V geregelten Fortbildungsverpflichtung als Gesellschafterpflicht in den Vertrag aufzunehmen und zu bestimmen, dass deren Verletzung eine Schadensersatzpflicht begründet und ggf. Grund für einen Ausschluss sein kann.

Die sog. interne Vertretung, in welcher ein Mitgesellschafter für den abwesenden Gesellschafter tätig wird, unterfällt nicht der Regelung des § 32 Abs. 1 Ärzte-ZV. Die Abrechnung erfolgt vielmehr über die LANR und BSNR des einspringenden Mit-Gesellschafters (BSG, Urteil v. 14.12.2011 - B 6 KA 31/10 R, NWB KAAAE-06671, MedR 2012 S. 826).

cc) Sacheinlagen

Als Beitrag in Betracht kommen ferner **Sacheinlagen.** Insbesondere in den Fällen, in denen eine (neue) Gesellschaft gegründet wird, sei es, dass ein Arzt „in eine Einzelpraxis eintritt“ oder aber mehrere Praxen in eine neue Gesellschaft überführt werden, wird oftmals die Einbringung von Sachgesamtheiten als Sacheinlage vereinbart.

Es sind folgende Konstellationen zu unterscheiden:

Zum einen kann die Übertragung zu Eigentum vereinbart werden (**quoad dominium**). Dabei wird das Eigentum an die Gesellschaft nach Maßgabe der allgemeinen sachenrechtlichen Grundsätze übertragen. Die Einbringung kann im Gesellschaftsvertrag oder aber in einem separaten Einbringungsvertrag geregelt werden. Da selbst nach der Schuldrechtsreform Uneinigkeit über die Rechtsfolgen von Leistungsstörungen besteht, sollten die Folgen von Störungen bei der Abwicklung vertraglich geregelt werden. Das sachenrechtliche Bestimmtheitsgebot ist zu beachten. Gegenstand der Einbringung kann neben den materiellen Werten auch der Goodwill einer Praxis sein. Meist übersteigt der Wert des Goodwills den des materiellen Vermögens.

PRAXISHINWEISE:

§ 20 Abs. 1 Ärzte-ZV ermöglicht eine teilzeitige Doppeltätigkeit z. B. im ambulanten und stationären Bereich, weshalb klare Regelungen zur Arbeitsleistung unverzichtbar sind. Sofern eine Tätigkeit außerhalb der BAG in deren Interesse ausgeübt wird, ist zu klären, ob die erzielte Vergütung (wirtschaftlich, vor allem über Anrechnungsregelungen im Rahmen der Gewinnverteilung) der Gesellschaft oder allein dem die Tätigkeit ausübenden Arzt zusteht.

Weiterhin ist es unabdingbar klarzustellen, ob Forderungen und Verbindlichkeiten (besonders wichtig für Verpflichtungen gegenüber der Kassenärztlichen Vereinigung und den Prüfgremien!) ebenfalls eingebracht werden. Regelmäßig sollen bis zum Zeitpunkt der Einbringung erwirtschaftete ärztliche Honorare dem einbringenden Arzt zustehen, der die den Zeitraum vor Einbringung betreffenden Verbindlichkeiten zu tragen hat.

Für Leistungen, die vor dem Einbringungszeitpunkt erbracht wurden, jedoch auch die Zeit nach der Einbringung erfassen, ist eine zeitanteilige Aufteilung vorzunehmen.

Theoretisch in Betracht kommt eine Sacheinlage dem Werte nach (**quoad sortem**). Diese Konstellation ist bei Arztpraxen fast inexistent.

Praxisrelevant ist die Einbringung zur Gebrauchsüberlassung (**quoad usum**). Bei dieser Variante gehen der einzelne Gegenstand oder die Sachgesamtheit (Praxis) nicht in das Vermögen der Gesellschaft über. Überlassen wird nur das Nutzungsrecht als sog. **Sonderbetriebsvermögen** (= steuerrechtlicher Begriff). Die Überlassung hat mietähnlichen Charakter, obwohl der Rechtsgrund für die Überlassung gesellschaftsrechtlicher Natur ist (ausführlich zur Vertragsgestaltung Krafczyk/Beulshausen/Lietz, ZMGR 2012 S. 162). Demgemäß hat der überlassende Gesellschafter keinen Anspruch auf Mietzahlung. Tunlichst wird ein solcher zwecks Vermeidung von Umsatzsteuer auch nicht ausgewiesen. Die Überlassung ist vielmehr **mit dem Gewinnanteil – ggf. mit einem speziellen Vorabgewinnanteil – abgegolten**.

PRAXISHINWEIS:

Gesellschaftsvertraglich ist zu bestimmen, wer die Unterhaltungskosten (Wartung, Reparaturen, Versicherung etc.) zu tragen hat. Auch die eventuelle Verpflichtung zur Tätigung von Ersatzbeschaffungen sollte vertraglich konkretisiert werden. Im Falle seines Ausscheidens aus der Gesellschaft kann der Eigentümer die Rückgabe der bis dato zur Nutzung überlassenen Sache verlangen. Eine Kündigung der Überlassung während der Dauer der Mitgliedschaft des Eigentümers in der Gesellschaft wird regelmäßig zu verneinen sein, sofern vertraglich nichts anderes bestimmt ist. Eine vertragliche Klarstellung empfiehlt sich gleichwohl, damit auch eventuelle Rechtsnachfolger nicht vorzeitig kündigen können. Möglicherweise kann sich für den Fall des Ausscheidens die Vereinbarung eines Erwerbsrechts der verbleibenden Gesellschafter anbieten.

In ärztlichen Kooperationsverträgen erfreut sich die Gebrauchsüberlassung einer außerordentlich großen Beliebtheit. In der Vertragssprache wird häufig allein die erwähnte steuerrechtliche Terminologie des Sonderbetriebsvermögens verwendet. Die Ursache für die große Akzeptanz ist darin zu sehen, dass für einen Fall der Trennung Vorsorge getroffen werden kann. Häufig behält sich der Seniorpartner das Recht vor, den Mietvertrag im eigenen Namen – als Beitragsleistung! – zugunsten der BAG fortzuführen. Bei Fallgestaltungen, in denen ein Sonderkündigungsrecht z. B. wegen Überschreitens der zulässigen Erprobungsdauer unzulässig wäre, führt die Kündigung des Seniorpartners dazu, dass die Gesellschaft beendet und der kündigende Gesellschafter weiterhin über die Ressourcen der Praxis verfügen kann. Faktisch handelt es sich hierbei um eine Hinauskündigung!

Ein weiterer Grund, diese Gestaltung zu wählen, liegt darin, dass viele Zulassungsgremien eine **Vermögensbeteiligung sämtlicher Gesellschafter** verlangen. Diese wird dann auf zukünftige Anschaffungen und den zukünftig entstehenden Goodwill beschränkt, so dass den Anforderungen der Zulassungsgremien formal Folge geleistet wird.

dd) Geldeinlagen

Die Beitragspflicht kann ferner in der Leistung einer Geldeinlage in das Gesellschaftsvermögen bestehen. Bei der entgeltlichen Aufnahme eines Gesellschafters in eine bestehende Gesellschaft ist genauestens auf die Abgrenzung zur Abtretung von Gesellschaftsanteilen gegen Kaufpreiszahlung zu achten und der Unterschied mit den Gesellschaftern zu besprechen.

e) Firmierung, Außenauftritt

Zivilrechtlich ist die GbR nicht zur Führung eines Namens verpflichtet. Der Gesetzgeber ist davon ausgegangen, dass die Gesellschaft unter dem Namen sämtlicher Gesellschafter am Rechtsverkehr teilnimmt. Die Gesellschafter können der Gesellschaft im Gesellschaftsvertrag oder durch Beschluss einen Namen geben.

Die Vorgaben der MBO-Ä zum zulässigen Außenauftritt einer Arztpraxis – und damit auch zur Firmierung – sind nach wie vor asketisch (s. Maus in Clausen/Schroeder-Printzen (Hrsg.), § 7 Rz. 29 f.). Für jeden niedergelassenen Arzt besteht die Verpflichtung, seine Tätigkeit durch ein **Praxisschild** zu dokumentieren. Gemäß § 17 Abs. 4 MBO-Ä muss das Praxisschild den Namen, die (Fach-)Arztbezeichnung, die Sprechstundenzeiten sowie ggf. die Zugehörigkeit zu einer BAG angeben. Angaben zur Rechtsform erfolgen meist nicht.

Praxisbezeichnungen mit dem Wortbestandteil „Zentrum“ – z. B. Orthopädisches Behandlungszentrum – oder die Ankündigung als „Institut“ wurden im ärztlichen Bereich lange Zeit wegen des Anscheins der damit verbundenen Größe und Bedeutung als unzulässig angesehen. § 21 Abs. 5 MBO-Zahnärzte verbietet es dem in Einzelpraxis oder BAG niedergelassenen Zahnarzt, die Praxis als Akademie, Institut, Poliklinik, Ärztehaus oder als ein Unternehmen mit Bezug zu einem gewerblichen Betrieb zu bezeichnen. Das ehemals enthaltene Verbot, den Begriff „Zentrum“ zu verwenden, wurde Ende 2016 aufgehoben. Insofern wurde der Tatsache Rechnung getragen, dass die Bezeichnung „Zentrum“ durch die Einführung Medizinischer Versorgungszentren gem. § 95 Abs. 1 SGB V eine Aufweichung erfahren hat. So darf eine aus zwei Hausärzten bestehende Praxis die Bezeichnung „Hausarzt-Zentrum“ führen (Landesberufsgericht für Heilberufe Münster, Beschluss v. 3.9.2008 - 6t E 429/08.T, GesR 2009 S. 49; mittlerweile für eine BAG von zwei plastischen Chirurgen auch OLG Frankfurt, Urteil v. 11.5.2023 - 6 U 4/23, MDR 2023 S. 1129 f.). Das BVerfG hat mit Beschluss vom 7.3.2012 (1 BvR 1209/11, NWB BAAAE-10905, MedR 2012 S. 516) festgestellt, dass für die Bezeichnung als „Zentrum“ keine besondere Größe, Bedeutung oder gar Mittelpunktfunktion der Einrichtung erforderlich sei. Nach Einführung des Einfachgebiets-MVZ kann ein MVZ mit zwei halben Zulassungen/Arztstellen gegründet werden. Dass eine solche Mini-Einrichtung den Begriff „Zentrum“ nutzen darf, wird als vom „Gesetzgeber gebilligte Verbrauchertäuschung" angeprangert (Bäune/Dahm/Flasbarth, MedR 2016 S. 4, 7). Was MVZ erlaubt ist, kann indes vergleichbaren anderen Einrichtungen nicht untersagt werden.

Zwischenzeitlich ist es möglich, die Firmierung bei Beachtung wettbewerbsrechtlicher Vorgaben – insbesondere dem Alleinstellungsverbot – durchaus **flexibel gestaltet** werden. Denkbar sind die Einbeziehung einer Ortsangabe – z. B. „Berufsausübungsgemeinschaft für Radiologie Stadt-Ortsteil" –, eines Straßennamens – z. B. „Berufsausübungsgemeinschaft Brunnenallee" – oder einer örtlichen Gegebenheit – z. B. „Berufsausübungsgemeinschaft im Stadttor", „Berufsausübungsgemeinschaft für Kardiologie am Marienkrankenhaus". Erforderlich ist aber, dass – zusätzlich – die Namen der Berufsträger genannt werden, damit im Rechtsverkehr erkennbar ist, wer Vertragspartner wird.

Sofern bei der Bezeichnung § 18a Abs. 1 Satz 1 MBO-Ä Rechnung getragen wird und sämtliche Ärzte namentlich aufgeführt werden, müsste auch eine Bezeichnung zulässig sein wie „Dr. X und Kollegen – Fachärzte für …" oder „Dr. X et al. – Fachärzte für …".

Allerdings gilt es zu beachten, dass § 18a Abs. 1 Satz 3 MBO-Ä – verfassungsrechtlich bedenklich – die **Fortführung des Namens** eines nicht mehr berufstätigen ausgeschiedenen oder verstorbenen Partners für unzulässig erklärt (bestätigt durch OVG NRW, Beschlüsse v. 29.8.2006 - 13 A 3968/04, 13 A 3969/04 und 13 A 3970/04, MedR 2007 S. 188; zu Recht kritisch Rehborn in D. Prütting, § 17 MBO-Ä Rz. 14). Eine namensbezogene Marke mit dauerhafter Wirkung kann so nicht gebildet werden.

Die Verwendung des Begriffs „**Klinik**" für eine ärztliche Einrichtung setzt voraus, dass diese Einrichtung in der Lage ist, Patienten stationär aufzunehmen. Ist dies nicht der Fall, liegt eine Irreführung nach §§ 3, 5 Abs. 1, Abs. 2 Nr. 3, 8 Abs. 1 UWG vor. Bei der Verwendung des Begriffs „**Praxisklinik**" oder „**Tagesklinik**" muss grds. eine Betreuung „rund um die Uhr" möglich sein, weiterhin sind spezielle Ausstattungsvoraussetzungen – z. B. Vorhandensein von Kranken(pflege-)betten – zu erfüllen (OLG Hamm, Urteil v. 27.2.2018 - I-4 U 161/17, juris; OLG Hamburg, Beschluss v. 2.9.2020 - 3 U 205/19, juris, „Deutsche Stimmklinik"). Die Verwendung eines **Logos** dürfte heute nicht mehr zu beanstanden sein. Hilfreich ist es, wenn das Logo einen grafischen Bezug zum Tätigkeitsbereich der BAG aufweist.

§ 19 Abs. 4 MBO-Ä enthält die Verpflichtung, dass die Patienten über die in der Praxis tätigen **angestellten Ärzte** informiert werden müssen. Hieraus folgt, dass ein entsprechender Hinweis auf das Praxisschild aufgenommen werden kann. Allerdings ist aus haftungsrechtlichen Gründen unbedingt der Rechtsschein zu vermeiden, der angestellte Arzt sei Gesellschafter der BAG.

Hinweise auf eine Haftungsbeschränkung im Namen der BAG – z. B. „GbR mbH" – werden von der Rechtsprechung nicht akzeptiert.

f) Gesellschafterbeschlüsse

aa) Rechtsnatur des Beschlusses

Das Gesetz schweigt zu der Frage, auf welche Weise die BGB-Gesellschafter ihre Kollektiventscheidungen treffen. § 714 BGB geht indes davon aus, dass die Gesellschafterbeschlüsse der Zustimmung aller stimmberechtigten Gesellschafter bedürfen.

Insbesondere bei aus mehreren Gesellschaftern bestehenden BAGen sollte eine detaillierte Regelung zur Beschlussfassung nicht fehlen.

Der **Beschluss** wird als mehrseitiges Rechtsgeschäft sui generis qualifiziert. Hat ein Beschluss die Änderung des Gesellschaftsvertrages zum Inhalt, kommt ihm die **Rechtsnatur eines Vertrages** zu. Ein Beschluss kommt dadurch zustande, dass zu einem Antrag die nach Gesetz oder Vertrag erforderliche Anzahl von Zustimmungen (positive Stimmabgabe) erklärt wird. Die einzelne Stimmabgabe ist eine Willenserklärung. Daraus folgt, dass die §§ 104 ff. BGB sowie die §§ 164 bis 166 BGB Anwendung finden.

bb) Durchführung der Beschlussfassung

Der Gesetzgeber stellt die Modalitäten zur Durchführung des Beschlussverfahrens in die Entscheidungsfreiheit der Gesellschafter. Vor diesem Hintergrund ist grds. jede Form der Abstimmung zulässig. Allerdings ist in wesentlichen Fragen der Gesellschaft und bei grundlegenden Angelegenheiten der Gesellschafter ein Verfahren durchzuführen, das eine ausreichende Information und Absprache über die zu entscheidenden Sachfragen gewährleistet. Hieraus folgt, dass bei Beschlussgegenständen von erheblicher Bedeutung ein Anspruch auf **Entscheidung in Gesellschafterversammlungen** besteht. Auch insoweit gilt das Prinzip des rechtlichen Gehörs.

cc) Ablauf von Gesellschafterversammlungen

Der Ablauf der Gesellschafterversammlungen sollte ausdrücklich geregelt werden. Hierzu zählt, wer zur Einladung berechtigt ist und welche Formen und Fristen einzuhalten sind.

PRAXISHINWEIS:

Aufgrund der in der Corona-Pandemie gewonnenen Erfahrung und der wachsenden Akzeptanz von Video-Meetings erscheint es sachgerecht, auch diese Form der (virtuellen) Zusammenkunft für Gesellschafterversammlungen vorzusehen.

Zu beachten ist insbesondere die Rechtsprechung des BGH, wonach die Einberufung der Gesellschafterversammlung durch einen Unbefugten zur Nichtigkeit aller auf der Gesellschafterversammlung gefassten Beschlüsse führt (zuletzt noch BGH, Urteil v. 16.7.2024 - II ZR 100/23, NWB ZAAAJ-73833, Rz. 9 ff., m. w. N. aus der gefestigten Rspr.).

Wird bestimmt, dass die Einladung zur Gesellschafterversammlung durch Einschreiben zu erfolgen hat, genügt ein Einwurf-Einschreiben (BGH, Urteil v. 27.9.2016 - II ZR 299/15, NWB BAAAF-87231, NJW 2017 S. 68). Auch ist zu konkretisieren, an welchem **Ort** die Gesellschafterversammlungen stattfinden und wer die Versammlung leitet. Unabdingbar ist eine Regelung zur **Beschlussfähigkeit**. Insofern ist zu bestimmen, bei Vertretung wie vieler Stimmen Beschlüsse gefasst werden können (sog. **Teilnahmequorum**). Fehlt eine solche Regelung, kann ein Gesellschafter eventuell durch seine Nichtteilnahme jede Beschlussfassung unterlaufen.

Jedem Gesellschafter sollte das Recht zugestanden werden, sich durch einen anderen Gesellschafter oder durch einen von Berufs wegen zur Verschwiegenheit verpflichteten Angehörigen der steuer- oder rechtsberatenden Berufe begleiten zu lassen. Auch kommt bei sachlichem, mindestens aber einem wichtigen Grund, bei dem die persönliche Wahrnehmung nachweisbar verhindert ist, die Vertretung durch einen Mitgesellschafter oder einen der o. g. Berater in Betracht. Insofern ist indes zu überlegen, ob die Anzahl der Vertretungen beschränkt wird.

dd) Stimmrechte

§ 714 BGB geht vom **Einstimmigkeitsprinzip** aus. Stimmenthaltungen gelten als Ablehnung.

Gerade bei mitgliederstarken BAGen kann ein konsequentes Einstimmigkeitsprinzip zur Handlungsunfähigkeit der Gesellschaft führen. Insofern ist zu berücksichtigen, dass die Gesellschafter grds. nicht zur Zustimmung verpflichtet sind. Etwas anderes gilt nur dann, wenn die Durchführung der zur Abstimmung gestellten Maßnahme im Interesse der Gesellschaft dringend geboten ist, da die Gesellschaft andernfalls existentiell gefährdet wäre. Bei Selbstbetroffenheit kann ein Stimmrechtsausschluss des jeweiligen Gesellschafters bestehen („kein Richten in eigener Sache"); das MoPeG hat diesen Grundsatz weiterhin für Personengesellschaften nicht ausdrücklich formuliert, er findet jedoch in diversen gesellschaftsrechtlichen Regelungen seine Grundlage (vgl. §§ 712 Abs. 1, 715, 737 Satz 2 BGB, § 34 BGB, § 47 Abs. 4 Satz 1 Fall 1 Satz 2, Fall 2 GmbHG, § 43 Abs. 6 GenG und § 136 Abs. 1 Satz 1 AktG) und ist in der Rechtsprechung seit langem unstreitig (s. nur BGH, Urteil v. 17.1.2023 - II ZR 76/21, NWB RAAAJ-34227, NJW 2023 S. 1513).

PRAXISHINWEIS:

Aus dem Berufsrecht und dem Vertragsarztrecht ergibt sich nicht, dass sämtlichen Gesellschaftern ein gleiches Stimmrecht zustehen muss.

Für die Stimmkraft sieht § 709 Abs. 3 BGB als Grundsatz vor, dass diese sich – wie auch der Anteil an Gewinn und Verlust – vorrangig nach den vereinbarten Beteiligungsverhältnissen richtet. Sind keine Beteiligungsverhältnisse vereinbart worden, richtet die Stimmkraft sich nach dem Verhältnis der vereinbarten Werte der Beiträge. Sind auch Werte der Beiträge nicht vereinbart worden, hat jeder Gesellschafter ohne Rücksicht auf den Wert seines Beitrags die gleiche Stimmkraft. Dabei muss es aber nicht bleiben. Das Vorstehende ist dispositiv, so dass der Gesellschaftsvertrag ein ganz eigenes Stimmkraftregime schaffen kann.

PRAXISHINWEIS:

Bei Festlegung des Abstimmungsquorums sollte vorgegeben werden, ob sich dieses auf

- sämtliche insgesamt vorhandenen,
- sämtliche in der Gesellschafterversammlung vertretenen oder
- lediglich die abgegebenen Stimmen

bezieht.

ee) Mehrheiten

§ 709 Abs. 3 BGB lässt Mehrheitsentscheidungen zu. Mehrheitsklauseln reduzieren das Mitverwaltungsrecht derjenigen Gesellschafter, die mit dem jeweiligen Beschlussantrag nicht einverstanden sind, auf das Teilnahmerecht an der Beschlussfassung und auf die Möglichkeit, die übrigen Gesellschafter von ihrer abweichenden Meinung zu überzeugen. Die Möglichkeit, in Beschlüssen überstimmt zu werden, widerspricht weder Vorgaben des ärztlichen Berufsrechts noch des Vertragsarztrechts.

Mit der Anerkennung von Mehrheitsbeschlüssen wird die Gefahr akzeptiert, dass Minderheiten dominiert und deren Privatautonomie aufgehoben wird. Für die Minderheit können gegen deren Willen in erheblichem Umfang haftungsauslösende oder sonstige nachteilige Konsequenzen entstehen. Von daher drängt sich die Frage nach den Grenzen der Mehrheitsmacht und der Wirksamkeit minderheitsschützender Kontrollmechanismen geradezu auf.

Nach der Rechtsprechung (vgl. grundlegend und als Ausgang für eine Vielzahl von Judikaten die sog. OTTO-Entscheidung des BGH, Urteil v. 15.1.2007 - II ZR 245/05, NWB PAAAC-39376, NJW 2007 S. 1685; siehe ferner das in der jüngeren Entwicklung viel diskutierte Urteil des BGH v. 21.10.2014 - II ZR 84/13, NWB SAAAE-78794, NJW 2015 S. 859) ist eine zweistufige Überprüfung vorzunehmen. Zunächst ist festzustellen, ob sich aus dem Gesellschaftsvertrag – sei es auch durch Auslegung – eindeutig ergibt, dass der infrage stehende Beschlussgegenstand einer Mehrheitsentscheidung unterworfen sein soll. Der BGH verlangt ausdrücklich keine detaillierte Aufzählung der Gegenstände der Beschlussfassung!

Auf der zweiten Stufe nimmt der BGH eine inhaltliche Wirksamkeitsprüfung vor. Er überprüft, ob trotz Zulassung der betreffenden Mehrheitsentscheidung im Gesellschaftsvertrag ein unzulässiger Eingriff in schlechthin unverzichtbare oder in „relativ unentziehbare", d. h. nur mit (ggf. antizipierter) Zustimmung des einzelnen Gesellschafters oder aus wichtigem Grund entziehbare Mitgliedschaftsrechte vorliegt. Bei der zweiten Fallgestaltung kommt es darauf an, ob die Gesellschaftermehrheit die inhaltlichen Grenzen der ihr erteilten Ermächtigung eingehalten und sie sich nicht etwa treuwidrig über beachtenswerte Belange der Minderheit hinweggesetzt hat. Letzteres wäre von der überstimmten Minderheit nachzuweisen (ausführlich zur Aufgabe des Bestimmtheitsgrundsatzes und der Kernbereichslehre sowie zum zweistufigen Prüfungsverfahren Goette/Goette, DStR 2016 S. 74; ferner Heckschen/Bachmann, NZG 2015 S. 531).

Schlechthin unverzichtbar dürften z. B. das gesellschaftsrechtliche Informations- und Einsichtsrecht, das Stimmrecht sowie das Recht auf Teilhabe am Gesellschaftsergebnis sein. Grundsätzlich wird man auch die Zustimmung zur Aufnahme neuer Gesellschafter bei einer BAG als personenbezogener Arbeits- und Haftungsgemeinschaft hierzu zählen müssen. Allerdings kann die im Wege der einzelfallorientierten Wertung vorzunehmende Abgrenzung z. B. bei einer großen überörtlichen BAG anders ausfallen, wenn ein relativ hohes Quorum vorausgesetzt wird und sich die Tätigkeitsbereiche des widersprechenden und des aufzunehmenden Gesellschafters ggf. nur in geringem Maße überschneiden.

PRAXISHINWEIS:

Obwohl der BGH keinen Katalog für bestimmte Mehrheitsentscheidungen verlangt, kann es sachgerecht sein, eine umfassende, gleichwohl auch als abschließend auszuweisende Liste der Gegenstände der einstimmigen und/oder ein bestimmtes Mehrheitsquorum erfordernden Beschlussfassung in den Gesellschaftsvertrag aufzunehmen und die evtl. unterschiedlichen Quoren der Bedeutung der Angelegenheiten anzupassen. Auf diese Weise erhalten die Gesellschafter einen Eindruck über Entscheidungen, bei denen sie ggf. überstimmt werden könnten.

ff) Beschlussmängel

Fehler der Beschlussfassung können das Zustandekommen und/oder den Inhalt eines Beschlusses betreffen. Im Regelfall ist von der Nichtigkeit eines fehlerhaft gefassten Beschlusses auszugehen. Zu überlegen ist, ob man das Beschlussmängelrecht der §§ 110 ff. HGB durch ausdrückliche Inbezugnahme angewendet wissen will.

Die Heilung eines fehlerhaften Beschlusses durch **Neuvornahme oder konkludente Bestätigung** ist möglich. Eine über einen längeren Zeitraum unterbliebene Geltendmachung der Nichtigkeit eines bekannten Mangels kann ebenfalls zu dessen Heilung führen, sofern nicht ein Verstoß gegen §§ 134 oder 138 BGB vorliegt.

PRAXISHINWEIS:

Um im Falle einer Auseinandersetzung um die Wirksamkeit eines Gesellschafterbeschlusses zeitnah Rechtssicherheit zu erhalten, sollte gesellschaftsvertraglich bestimmt werden, innerhalb welcher Fristen Widerspruch erhoben und ggf. eine gerichtliche Überprüfung eingeleitet werden muss. Die Bestimmung in einer GmbH-Satzung, wonach die Anfechtung eines Gesellschafterbeschlusses binnen – lediglich – eines Monats nach Absendung des Beschlussprotokolls zu erfolgen hat, ist unwirksam. Entsprechendes dürfte für eine BAG gelten.

Von Bedeutung ist ferner, wer Adressat des Widerspruchs und/oder der Klage ist. Relevant wird diese Frage bei Einleitung eines Schiedsgerichtsverfahrens auf der Grundlage einer vertraglichen Schiedsgerichtsklausel. Um die Problematik eines **Mehrparteienschiedsgerichts** zu vermeiden, bietet es sich an, gesellschaftsvertraglich zu vereinbaren, dass Beschlussmängelstreitigkeiten mit der Gesellschaft zu führen sind, mithin die Gesellschaft im Falle der Anfechtung eines Gesellschafterbeschlusses zu verklagen ist (so auch § 113 Abs. 2 HGB n. F. für die OHG).

PRAXISHINWEIS:

Die Deutsche Institution für Schiedsgerichtsbarkeit e.V., Köln, hat sachgerechte Musterklauseln für gesellschaftsrechtliche Streitigkeiten veröffentlicht (www.disarb.org/schiedsgerichtsbarkeit/schiedsverfahren). Die Musterschiedsklauseln für Beschlussmängelstreitigkeiten eignen sich insbesondere bei gesellschaftsvertraglichen Regelungen, die eine Klage gegen die Gesellschaft vorsehen (Sackmann, NZG 2016 S. 1041). Selbst wenn das Schiedsverfahren an sich nicht nach der DIS-Schiedsgerichtsvereinbarung geführt wird, bieten die Klauseln wertvolle Hilfestellung bei der Vertragsgestaltung.

Zu Schiedsgerichtsverfahren vgl. unten S. 87 ff.

g) Geschäftsführung

Die §§ 715 f. BGB enthalten allgemeine Regelungen zur Geschäftsführung. Unter Geschäftsführung versteht man heute alle Vorgänge, die für die Gesellschaft zur Förderung des Gesellschaftszwecks wahrgenommen werden und nicht die Grundlagen der Gesellschaft betreffen (so ausdrücklich Reg-E, BT-Drucks. 19/27635 S. 149). Die Geschäftsführung umfasst sowohl die tatsächliche **interne Organisation** (z. B. Personalplanung und -überwachung, Buchführung, Rechnungslegung) wie auch **rechtsgeschäftliche Maßnahmen mit und ohne Außenwirkung** (z. B. Widerspruchsverfahren gegenüber der Kassenärztlichen Vereinigung, Abschluss von Beschaffungsverträgen etc.).

Das Gesetz geht davon aus, dass sämtliche Gesellschafter **gemeinschaftlich geschäftsführungsbefugt** sind (§ 715 Abs. 1 BGB). Die gesetzlichen Bestimmungen können durch vertragliche Absprachen modifiziert werden, indem die Geschäftsführung insgesamt oder bestimmte Bereiche **einem oder mehreren Gesellschaftern** zur eigenverantwortlichen Ausführung übertragen werden. Insbesondere bei größeren BAGen wird häufig ein **Geschäftsführungsgremium** installiert, welches in allen Fragen, die nicht der Zuständigkeit der Gesellschafterversammlung vorbehalten sind, entscheidet. Im Einzelfall sind klare vertragliche Abgrenzungen erforderlich, um die Befugnisse der Geschäftsführung deutlich von derjenigen der Gesellschafterversammlung abzugrenzen.

Bei ärztlichen BAGen konkretisieren berufsrechtliche Vorgaben die Grenzen einer an Selbstverantwortlichkeit und Weisungsunabhängigkeit orientierten selbständigen Freiberuflertätigkeit. Bei der Patientenbehandlung muss der Arzt zumindest **im Kern weisungsunabhängig** sein. Die Gesellschafterversammlung ist zwar berechtigt, bestimmte Standards und praxisübliche Schemata festzulegen, vermag jedoch nicht, den Einzelnen im Kernbereich der Berufsausübung zu einem mit dessen Gewissen nicht zu vereinbarenden Verhalten zu zwingen.

Die **Vertretung** – nunmehr in § 720 BGB abgegrenzt von der Geschäftsführungsbefugnis geregelt – bezieht sich auf das Rechtsverhältnis zu Dritten. Sie ist ein Teilaspekt solcher Geschäftsführungshandlungen, denen eine rechtsgeschäftliche Außenwirkung zukommt.

Im BGB-Gesellschaftsrecht gilt der **Grundsatz der Selbstorganschaft**, wonach die Geschäftsführung und organschaftliche Vertretung grundsätzlich den Gesellschaftern obliegt. Selbstverständlich kann die Gesellschafterversammlung Dritten auf der Grundlage eines separaten Vertrages beschränkt oder umfassend Geschäftsführungsaufgaben zur selbständigen Erledigung übertragen. Diese Dritten können ggf. sogar mit einer **weitreichenden Generalvollmacht** ausgestattet werden.

Die Geschäftsführung resultiert aus der **Gesellschafterstellung**. Es bedarf keines gesonderten Vertrages zur Bestellung. Von daher ist gesetzlich eine gesonderte Vergütung für die Durchführung von Geschäftsführungsaufgaben nicht vorgesehen. Die Geschäftsführungstätigkeit ist Beitragspflicht und mit dem Gewinnanteil abgegolten. Sieht der Gesellschaftsvertrag gleichwohl eine separate Vergütung für die Geschäftsführertätigkeit vor, handelt es sich regelmäßig um einen **Gewinnvorab**, der Bestandteil des Jahresgewinns des Geschäftsführer-Gesellschafters ist und z. B. vor der allgemeinen Gewinnverteilung nach Köpfen oder Anteilen vorgenommen werden kann und insoweit unproblematisch ist (solange er keine Garantievergütung auch bei geringerem Gesamtgewinn darstellt).

Wegen des dispositiven Charakters der gesetzlichen Geschäftsführungsregelungen ist es durchaus zulässig, einem Gesellschafter Einzelgeschäftsführungsbefugnis einzuräumen und die übrigen Gesellschafter von der Geschäftsführung auszuschließen, soweit sich dies nicht auf den Abschluss der Behandlungsverträge im Namen der Gesellschaft bezieht. Gerade bei größeren BAGen ist es üblich, die Geschäftsführung nach Bereichen aufzuteilen. Hier sind stets Befristungen und nach deren Ablauf „Neuwahlen“ anzudenken. Notgeschäftsführungsbefugnisse bei Verhinderung der ansonsten geschäftsführungsbefugten Gesellschafter und der Notwendigkeit, Gefahr von der Gesellschaft abzuwenden, bestehen gem. § 715a BGB ohnehin.

Den von der Geschäftsführung ausgeschlossenen Gesellschaftern steht ein im Kern **unentziehbares Kontrollrecht** zu (vgl. § 717 Abs. 1 Satz 3 BGB), welches die **Einsichtnahme** in Geschäftsunterlagen umfasst und sich ggf. auf das Recht erstreckt, sich auf eigene Kosten Kopien zu fertigen. Neben dem Einsichtsrecht steht das **Recht auf Auskunftserteilung**.

§ 715 Abs. 5 BGB bildet die Rechtsgrundlage für die **Entziehung** der durch Gesellschaftsvertrag oder Gesellschafterbeschluss übertragenen Geschäftsführungsbefugnis. Für die Entziehung muss ein wichtiger Grund vorliegen. Als einen solchen nennt das Gesetz – beispielhaft – die **grobe Pflichtverletzung** oder die **Unfähigkeit zur ordnungsgemäßen Geschäftsführung**. Die Pflichtverletzung muss schuldhaft sein. Der Beschluss bedarf – sofern der Gesellschaftsvertrag nichts anderes bestimmt – der Einstimmigkeit, wobei der betroffene Gesellschafter nicht stimmberechtigt ist. In der Zweipersonengesellschaft wird der Beschluss durch die einseitige Erklärung des Mitgesellschafters ersetzt.

Der geschäftsführende Gesellschafter haftet für die Nicht- oder Schlechterfüllung. Das Verhalten von Erfüllungsgehilfen wird ihm zugerechnet (§ 278 BGB). Er haftet in vollem Umfang für angestellte Ärzte oder sonstige Mitarbeiter, die in Erfüllung des Behandlungsvertrages eingesetzt werden. Als Haftungsmaßstab gilt nach dem MoPeG nicht mehr die Sondervorschrift gem. § 708 BGB a. F. (leichte Privilegierung mit der Sorgfalt in eigenen Angelegenheiten), sondern der allgemeine Haftungsmaßstab des § 276 Abs. 1 BGB. Es kann im Einzelfall geboten sein, hiervon für das Innenverhältnis der Gesellschafter zu deren Gunsten abzuweichen, also Haftungsprivilegierungen einzuführen.

PRAXISHINWEIS:

Haben die Gesellschafter einer BAG die Durchführung der Abrechnung einem ihrer Gesellschafter übertragen, enthebt sie dies nicht von der grds. Verantwortung für die gewissenhafte, peinlich genaue Leistungsabrechnung. Selbst bei einem persönlichen Näheverhältnis gilt für die Überprüfungspflicht kein geringerer Maßstab (BSG, Beschluss v. 28.9.2016 - B 6 KA 14/16 B, NWB VAAAH-26839, GesR 2016 S. 779, 781).

§ 715 BGB bestimmt nunmehr:

„(1) Zur Führung der Geschäfte der Gesellschaft sind alle Gesellschafter berechtigt und verpflichtet.

(2) Die Befugnis zur Geschäftsführung erstreckt sich auf alle Geschäfte, die die Teilnahme der Gesellschaft am Rechtsverkehr gewöhnlich mit sich bringt. Zur Vornahme von Geschäften, die darüber hinausgehen, ist ein Beschluss aller Gesellschafter erforderlich.

(3) Die Geschäftsführung steht vorbehaltlich des Absatzes 4 allen Gesellschaftern in der Art zu, dass sie nur gemeinsam zu handeln berechtigt sind. Das gilt im Zweifel entsprechend, wenn nach dem Gesellschaftsvertrag die Geschäftsführung mehreren Gesellschaftern zusteht. Für jedes Geschäft ist die Zustimmung aller geschäftsführungsbefugten Gesellschafter erforderlich, es sei denn, dass mit dem Aufschub Gefahr für die Gesellschaft oder das Gesellschaftsvermögen verbunden ist.

(4) Steht nach dem Gesellschaftsvertrag die Geschäftsführung allen oder mehreren Gesellschaftern in der Art zu, dass jeder allein zu handeln berechtigt ist, kann jeder andere geschäftsführungsbefugte Gesellschafter der Vornahme des Geschäfts widersprechen. Im Fall des Widerspruchs muss das Geschäft unterbleiben.

(5) Die Befugnis zur Geschäftsführung kann einem Gesellschafter durch Beschluss der anderen Gesellschafter ganz oder teilweise entzogen werden, wenn ein wichtiger Grund vorliegt. Ein wichtiger Grund ist insbesondere eine grobe Pflichtverletzung des Gesellschafters oder die Unfähigkeit des Gesellschafters zur ordnungsgemäßen Geschäftsführung.

(6) Der Gesellschafter kann seinerseits die Geschäftsführung ganz oder teilweise kündigen, wenn ein wichtiger Grund vorliegt. § 671 Absatz 2 und 3 ist entsprechend anzuwenden.“

Mit § 715a BGB wird die bereits erwähnte gesetzliche Notgeschäftsführungsbefugnis eines jeden Gesellschafters eingeführt, die gesellschaftsvertraglich nicht ausgeschlossen werden darf (zu möglichen Problemen speziell in Bezug auf Erklärungen, die gegenüber Gremien der Selbstverwaltung, insbesondere einer Kassenärztlichen Vereinigung abzugeben sind vgl. weiterführend Ziegler, GuP 2024 S. 1, 3).

h) Vertretung der Gesellschaft

Die BGB-Gesellschaft besitzt eigene Rechtsfähigkeit. Sie wird von den geschäftsführenden Gesellschaftern vertreten. Die Vertretungsmacht ist nicht rechtsgeschäftlicher, sondern organschaftlicher Natur.

Nach dem neuen System gem. MoPeG ist die Vertretungsmacht (§ 720 BGB) gesetzlich differenziert von der Geschäftsführungsbefugnis. Sind sämtliche Gesellschafter gesamtvertretungsbefugt (gesetzlicher Normalfall gem. § 720 Abs. 1 BGB), bedarf es zur Vertretung grds. gemeinschaftlichen Handelns aller Gesellschafter. Die Gesellschafter können Abweichendes vereinbaren. Der Gesellschaftsvertrag kann die **Vertretungsmacht konkretisieren**. Geschäftsführungsbefugnis und Vertretungsmacht können unterschiedlich geregelt werden. Die BGB-Gesellschaft muss sich gem. § 166 Abs. 1 BGB Motive und Wissen ihrer Vertreter zurechnen lassen. Bei Gesamtvertretungsbefugnis genügt das Wissen eines Vertreters. Dies gilt auch für die Entgegennahme empfangsbedürftiger Willenserklärungen.

Verstößt ein Gesellschafter gegen die ihm im Innenverhältnis eingeräumte Vertretungsmacht, ändert dies regelmäßig nichts an der Verpflichtung der BGB-Gesellschaft im Außenverhältnis, die jedoch bei dem Gesellschafter Regress nehmen kann.

PRAXISHINWEIS:

Rechtsgeschäftliche Erklärungen sollten grds. von sämtlichen Gesellschaftern gemeinschaftlich abgegeben werden. Unterzeichnet nur einer von mehreren Gesellschaftern einer BGB-Gesellschaft die Kündigung eines Arbeitsverhältnisses, so muss das Vertretungsverhältnis in der Urkunde deutlich zum Ausdruck kommen. Fehlt es hieran, ist die Kündigung formunwirksam, §§ 623, 125 Satz 1 BGB (LAG Niedersachsen, Urteil v. 11.12.2009 - 10 Sa 594/09, GesR 2010 S. 189).

Gemäß § 720 Abs. 2 BGB können die Gesellschafter einzelne von ihnen mit einer umfassenderen Vertretungsmacht ausstatten. Von erheblicher Bedeutung ist, dass der Umfang der Vertretungsmacht gegenüber Dritten nicht beschränkt werden kann (§ 720 Abs. 3 BGB). Der Grundsatz, dass vertretungsberechtigte Gesellschafter zur Entgegennahme einer an die Gesellschaft adressierten Willenserklärung befugt sind, wurde in das Gesetz aufgenommen (§ 720 Abs. 5 BGB).

i) Vermögensbeteiligung

§ 713 BGB definiert nunmehr das Gesellschaftsvermögen unter Aufhebung des Gesamthandsprinzips wie folgt:

„Die Beiträge der Gesellschafter sowie die für oder durch die Gesellschaft erworbenen Rechte und die gegen sie begründeten Verbindlichkeiten sind Vermögen der Gesellschaft."

§ 18 Abs. 2a Satz 4 MBO-Ä i. d. F. des 114. Deutschen Ärztetages 2011 formuliert (in Anknüpfung an das u. g. Urteil des BSG v. 23.6.2010) zudem für ärztliche BAGen:

„Erforderlich ist weiterhin regelmäßig eine Teilnahme aller Gesellschafter der Berufsausübungsgemeinschaft an deren unternehmerischen Risiko, an unternehmerischen Entscheidungen und an dem gemeinschaftlich erwirtschafteten Gewinn."

Über mehrere Jahre hatte insoweit die Frage der Zulässigkeit des sog. **Nullbeteiligungs-Gesellschafters** die Sozial- und Strafgerichte, das BVerfG, die Bundesärztekammer, die Kassenärztliche Bundesvereinigung, insbesondere aber die medizinrechtliche Literatur intensiv beschäftigt. Hervorzuheben ist, dass der SGB V-Gesetz- und Ärzte-ZV-Verordnungsgeber sowie auch die Parteien der Bundesmantelverträge noch nie konkrete Vorgaben zu dieser Thematik gemacht haben.

Nach Auffassung der Kassenärztlichen Bundesvereinigung (Stellungnahme v. 15.1.2003) war es nicht erforderlich, dass sämtliche Gesellschafter am Vermögen der Gesellschaft beteiligt waren. Die nicht am Vermögen beteiligten Gesellschafter brachten hiernach ausschließlich ihre **Arbeitsleistung** in die Gesellschaft ein. In ihrer Ausarbeitung zur Niederlassung und beruflichen Kooperationen kam die Bundesärztekammer (DÄBl. 2006 S. A-801; 2008 S. A-1019) allerdings – und insoweit im Widerspruch zur Kassenärztlichen Bundesvereinigung – zu dem Ergebnis, dass eine vermögensrechtliche Nullbeteiligung zwar nicht auf Dauer, jedoch zumindest für eine „Kennenlernphase" zulässig sei, wobei maßgeblich *„vor allem eine Beteiligung am immateriellen Wert und weniger am materiellen Wert"* sei.

Mit seinem grundlegenden Urteil vom 23.6.2010 (B 6 KA 7/09 R, NWB EAAAD-53841, MedR 2011 S. 298 ff.; zuletzt noch wieder aufgegriffen durch BSG, Urteil v. 20.1.2022 - B 6 KA 2/21, NWB DAAAJ-15457, NZS 2023 S. 22 ff.) hat dann das BSG herausgearbeitet, unter welchen Voraussetzungen ein in einer BAG tätiger Vertragsarzt gem. § 32 Abs. 1 Satz 1 Ärzte-ZV als „in freier Praxis" niedergelassen anzusehen ist. Das Gericht führt aus, dass insofern mehr erforderlich sei als für eine Stellung als Gesellschafter nach den §§ 705 ff. BGB. Insbesondere dürfe faktisch kein verdecktes Anstellungsverhältnis vorliegen. Zur erforderlichen eigenverantwortlichen Gestaltung ärztlicher Tätigkeit gehöre es, dass der Arzt ein wirtschaftliches Risiko trage mit der Folge, dass es primär von seiner Arbeitskraft abhängen müsse, in welchem Umfang seine freiberufliche Tätigkeit Einkünfte erbringe.

Das BSG signalisiert, dass eine Beteiligung am **materiellen Vermögen** nicht unbedingt erforderlich sei:

„Wenn ein Arzt sowohl am wirtschaftlichen Gewinn wie auch an einem etwaigen Verlust beteiligt ist, also das Einkommens-Risiko trägt, muss er nicht auch noch zwingend das weitere (Vermögens)Risiko tragen."

Von größerer Bedeutung ist nach Auffassung des BSG die Beteiligung am **immateriellen Vermögen:**

„Für die Annahme einer gemeinschaftlichen Berufsausübung im Rahmen einer Berufsausübungsgemeinschaft ist – unabhängig von der Frage einer Beteiligung der Partner an den Investitionen und Kosten der Praxis – grundsätzlich eine Beteiligung am immateriellen Wert der Praxis (dem sogenannten „Goodwill") erforderlich, da dies Ausfluss der mit einer Tätigkeit in „freier Praxis" verbundenen Chancen ist. Dabei kann die Ausgestaltung im Einzelfall unterschiedlich sein (BSGE 96, 99 = SozR 4-5520 § 33 Nr 6, RdNr 14)."

Das BSG lässt offen, ob es zulässig ist, die Goodwill-Beteiligung für die Dauer einer Probezeit (Anlaufphase) vertraglich auszuschließen. Auch vermitteln die Ausführungen des BSG den Eindruck, als müsse sich die Beteiligung primär auf den von dem Vertragsarzt individuell geschaffenen immateriellen Wert erstrecken. Eine derartige Bewertung dürfte in der Praxis indes häufig nur schwer feststellbar sein (ausführlich auch zur praktischen Umsetzung sowie zu Konsequenzen des Urteils Gummert, ZMGR 2011 S. 335, 342; Gummert/Klimke, MedR 2011 S. 685, 688 f.).

Eine Option auf eine paritätische Vermögensbeteiligung muss gesellschaftsvertraglich nicht eingeräumt werden (LG Düsseldorf, Urteil v. 30.3.2011 - 5 O 724/06, MedR 2012 S. 132).

PRAXISHINWEIS:

Zu berücksichtigen ist ferner Folgendes: Der Gesetzgeber hat die Nachbesetzung eines Vertragsarztsitzes bei bestehenden Zulassungsbeschränkungen (§ 103 Abs. 3a bis 6 SGB V) aus Gründen der verfassungsrechtlich abgesicherten Eigentumsgarantie ermöglicht. Bei fehlender Vermögensbeteiligung besteht die Gefahr, dass die Durchführung des Nachbesetzungsverfahrens wegen fehlenden Vermögenssubstrats abgelehnt wird.

Nach der o. g. Leitentscheidung des BSG v. 23.6.2010 ist die KV berechtigt, das von einem „verkappten Angestellten" erwirtschaftete Honorar im Wege der Schätzung zu ermitteln und im Rahmen der sachlich-rechnerischen Berichtigung der Honorarbescheide zurückzufordern. Angesichts der rein formalen Betrachtung wird der Arzt nicht mit dem Argument gehört, die ärztlichen Leistungen seien medizinisch indiziert gewesen und im Übrigen ordnungsgemäß erbracht worden. Nicht ausgeschlossen sind zusätzlich disziplinarische Maßnahmen, die Entziehung der Vertragsarztzulassung sowie strafrechtliche Sanktionen wegen Abrechnungsbetrugs, auf welche eventuell sogar der Entzug der Approbation folgen kann (vgl. dazu auch LSG Berlin-Brandenburg, Urteil v. 21.9.2022 - L 7 KA 4/20, NWB JAAAJ-33155).

j) Buchführung, Überschussrechnung, Bilanzierung

Freiberuflern steht ein **Wahlrecht** zwischen der Gewinnermittlung durch Einnahmen-Überschussrechnung (§ 4 Abs. 3 EStG) oder durch Betriebsvermögensvergleich (Bilanzierung – § 4 Abs. 1 EStG) zu. Welcher Methode der Vorzug gegeben wird, ist im Gesellschaftsvertrag zu regeln. Die meisten ärztlichen BAGen ermitteln den Gewinn im Rahmen einer Einnahmen-Überschussrechnung gem. § 4 Abs. 3 EStG. Dies gilt insbesondere bei weniger mitgliederstarken Gesellschaften.

In Abstimmung mit dem Steuerberater der Gesellschaft sollte die Frist zur Aufstellung des Jahresabschlusses bestimmt werden. Regelmäßig wird vereinbart, dass der Jahresabschluss bis zum 30.6. oder 30.9. des Folgejahres aufzustellen ist.

Besondere Bedeutung kommt der Feststellung des Jahresabschlusses zu. Durch ihn wird das Jahresergebnis und die hieraus resultierende individuelle Gewinn- und Verlustverteilung verbindlich festgelegt. Man spricht demgemäß auch von einem kausalen Schuldanerkenntnis.

Sofern der Gesellschaftsvertrag keine anderen Regelungen enthält, bedarf die Feststellung des Rechnungsabschlusses der Einstimmigkeit. Für die Feststellung ist keine besondere Form vorgesehen; sie kann auch konkludent erklärt werden.

Der Gesetzgeber hat durch das MoPeG mit § 718 BGB nunmehr Regelungen zum Rechnungsabschluss eingeführt. Sofern nichts anderes vereinbart wird, erfolgt der Rechnungsabschluss zum Schluss jedes Kalenderjahres. Die Begründung zum Regierungsentwurf stellt klar, dass der Anspruch auf Rechnungslegung nicht gegen den oder die geschäftsführenden Gesellschafter, sondern gegen die Gesellschaft geltend zu machen ist (BT-Drucks. 19/27635 S. 160).

k) Ergebnisverteilung

Die gerechte Ergebnisverteilung (Gewinn oder Verlust) stellt einen der schwierigsten Aspekte bei der Abfassung des Gesellschaftsvertrages dar. Im Zeitpunkt der Verhandlung der Gesellschaftsgründung oder des Beitritts können die Beteiligten oftmals die wirtschaftliche Entwicklung der BAG insgesamt oder die Bedeutung der individuellen Gesellschafterbeiträge nicht voraussehen. Dies mag manchmal an der Fehleinschätzung der persönlichen Leistungsfähigkeit liegen. Andererseits ist das vertragsärztliche Vergütungssystem generell nicht geeignet, Planungssicherheit zu garantieren. Politisch wegen der Steuerungswirkung gewollt, werden bestimmte Leistungen auf- oder abgewertet oder bestimmte Sachverhalte durch Zuschläge prämiert.

§ 18 Abs. 2a Satz 4 MBO-Ä verlangt eine Teilnahme sämtlicher Gesellschafter am gemeinschaftlich erwirtschafteten Gewinn oder Verlust.

§ 722 BGB a. F. hatte eine **Gewinnverteilung nach Köpfen** vorgesehen, die in der Praxis häufig modifiziert wurde. § 709 Abs. 3 BGB ersetzt nunmehr das Kopfprinzip durch einen auf den Beteiligungsverhältnissen beruhenden Maßstab.

Nach der Vorstellung der Bundesärztekammer (DÄBl. 2006 S. A-801; 2008 S. A-1019) richtet sich die typische Ergebnisverteilung einer BAG nach einem **prozentualen Verteilungsschlüssel**. Diese Annahme entspricht sicherlich der Angemessenheit bei vielen BAGen. Es ist jedoch festzustellen, dass eine statische Verteilungsregelung häufig durch eine Vielzahl anderer – oftmals mehr oder weniger leistungsbezogener – Faktoren wie z. B.

- individuell erwirtschafteten Umsatz,
- zeitlichen Einsatz,
- Übernahme von Geschäftsführungsaufgaben,
- besondere Qualifikationen,
- Dauer der Gesellschaftszugehörigkeit

ergänzt oder ersetzt wird.

Nicht selten wird das Gesamtergebnis gequotelt („unterschiedliche Gewinntöpfe") mit der Maßgabe, dass einzelne Quoten den Gesellschaftern **nach unterschiedlichen Krite-**

rien zugerechnet werden. So kommt es vor, dass die Gesellschafter einen Gewinnanteil als Tätigkeitsvergütung erhalten und der verbleibende Gewinn den Gesellschaftern im Verhältnis ihrer Gesellschaftsbeteiligung zugewiesen wird.

Weiterhin kann es im Rahmen der Ergebnisverteilung der BAG selbstverständlich berücksichtigt werden, wenn ein Gesellschafter der Gesellschaft bestimmte Ressourcen zur Verfügung stellt. Oftmals wird die Ressourcenüberlassung durch Gewährung eines **Vorabgewinns** erfasst (s. o.), so dass lediglich der bereinigte Gewinn nach Maßgabe des vereinbarten Schlüssels zur Verteilung gelangt.

Die Vereinbarung eines festen Gewinnbetrages (Fixums) wurde überwiegend als grds. zulässig angesehen (vgl. nur Scholz, ZMGR 2010 S. 143, 150), sofern die Gesamtbewertung sämtlicher Umstände nicht zur Annahme eines „verkappten Anstellungsverhältnisses" führt. Seit dem grundlegenden Urteil des BSG vom 23.6.2010 (B 6 KA 7/09 R, NWB EAAAD-53841, MedR 2011 S. 298) werden von den Zulassungsgremien strengere Anforderungen gestellt. Das BSG führt aus, dass nur dann eine Tätigkeit in „freier Praxis" – und kein verdecktes Anstellungsverhältnis – vorliege, wenn der Vertragsarzt nicht wie ein Angestellter nur ein Festgehalt erhalte. Vielmehr müsse ihm maßgeblich der Ertrag seiner vertragsärztlichen Tätigkeit zugutekommen, ebenso wie ein eventueller Verlust zu seinen Lasten gehen.

PRAXISHINWEIS:

Nach Auffassung des BSG muss die Ergebnisbeteiligung von Anbeginn der vertragsärztlichen Tätigkeit an bestehen und kann nicht für die Dauer einer „Probezeit" suspendiert werden.

Sonderproblem: Gewinnverteilung bei „interner Überweisung"

In der Praxis sind vielfach Konstellationen anzutreffen, in denen ein Gesellschafter der BAG hoch vergütete Leistungen seines Mitgesellschafters veranlasst und im Rahmen der Gewinnverteilung hiervon profitiert. Beispielhaft sei auf den konventionellen Augenarzt verwiesen, der eine BAG mit einem operativ tätigen Augenarzt betreibt. Durch die Empfehlung und die anschließende Durchführung eines hoch vergüteten Eingriffs in der BAG partizipiert der konservativ tätige Augenarzt über die Gewinnverteilung von der von ihm ausgesprochenen OP-Empfehlung.

Nach Inkrafttreten der §§ 299a, 299b StGB Mitte 2016 wird vermehrt diskutiert, ob eine derartige Partizipation an der Leistung eines anderen Arztes im Rahmen der Gewinnverteilung nicht nur als korruptiv, sondern sogar als strafbar zu beurteilen sei. Nach zutreffender Ansicht liegt im Rahmen von ansonsten „echt" und vollständig betriebenen BAGen kein Verstoß gegen §§ 299a, 299b StGB vor. § 299a Nr. 3 StGB untersagt die Zuführung von Patienten gegen Gewährung eines Vorteils. Bei der BAG wird ein Behandlungsvertrag gem. § 630a Abs. 1 BGB indes nicht jeweils separat mit dem konventionellen und dem operativen Augenarzt geschlossen. Vertragspartner wird vielmehr die Gesellschaft. Der Patient sucht diese auf, um ggf. diagnostische und operative Leistungen von einem Vertragspartner zu erhalten. Eine Zuführung von Patienten liegt gerade nicht vor. Zudem ist zu berücksichtigen, dass die Notwendigkeit einer Gewinnverteilung nach Leistungsbeiträgen ausschließlich für die Teil-BAG geregelt ist (vgl. § 18 Abs. 1 Satz 2 bis 4 MBO-Ä, § 33 Abs. 2 Satz 3 bis 5 Ärzte-ZV). Es ist nicht sachgerecht, diesen Grundsatz auf sämtliche BAGen zu übertragen (Möller, GesR 2020 S. 286, 290; Stellungnahme der KV Bayerns, Erlaubte Kooperationen versus Korruption, Stand 14.12.2017; ebenso Paßmann, ZMGR 2015 S. 316; Ladurner, § 33 Ärzte-ZV Rz. 57).

PRAXISHINWEIS:

Allerdings hat das BSG mit Urteil vom 25.3.2015 (B 6 KA 24/14 R, NWB VAAAF-00082, GesR 2015 S. 617, 620, Rz. 30) betont, dass „für den Fall einer Teil-BAG zwischen Zuweisern und Operateuren – aber auch darüber hinaus“, mithin „ausdrücklich für jede konservativ und operativ tätige BAG“, gelte, dass „sichergestellt sein muss, dass die nichtoperativ tätigen Ärzte am Gesamtergebnis (nur) in dem Verhältnis beteiligt werden, in welchem der Wert der von ihnen erbrachten Leistungen zum Wert der Gesamtleistungen steht.“

l) Haftung/Beitrittshaftung/Nachhaftung

aa) Grundsätze der Haftung

Seit der Entscheidung des BGH vom 29.1.2001 (II ZR 331/00, NWB UAAAB-98014, BGHZ 146 S. 341) ist es anerkannt, dass die Außen-GbR **Trägerin von Rechten und Pflichten** sein kann. Haftungssubjekt ist die Gesellschaft; diese ist zu verklagen. Haftungsobjekt ist das Gesellschaftsvermögen. Die Gesellschafter haften nach § 721 BGB für Gesellschaftsverbindlichkeiten **gesamtschuldnerisch in unbeschränktem Umfang mit ihrem Privatvermögen**. Dies gilt auch für Abfindungsansprüche ausgeschiedener Gesellschafter. Abweichende Absprachen der Gesellschafter untereinander betreffen ausschließlich das Innenverhältnis und können – lediglich – Freistellungsansprüche begründen. Hinweise im Außenauftritt, wonach eine Haftung nur mit dem Gesellschaftsvermögen erfolgt („GbR mbH“), erkennt die Rechtsprechung nicht an. Die Ausgleichspflicht der Gesellschafter im Innenverhältnis richtet sich grds. nach den §§ 420 f. BGB.

bb) Beitrittshaftung

In haftungsrechtlicher Sicht grundlegend war das Urteil des BGH vom 7.4.2003 (II ZR 56/02, NWB LAAAB-98163, MedR 2003 S. 634), durch welches klargestellt wurde, dass der einer **bestehenden** Freiberuflersozietät beitretende Gesellschafter (damals noch in entsprechender Anwendung des § 130 HGB) für die vor seinem Eintritt begründeten Verbindlichkeiten der Gesellschaft grds. **auch persönlich und als Gesamtschuldner gemeinsam mit den Altgesellschaftern** haftet. Hatte der BGH in seiner Entscheidung vom 7.4.2003 aus Vertrauensschutzgründen noch betont, die Haftung solle sich nur auf zukünftige Beitrittsfälle erstrecken, stellte er mit Urteil vom 12.12.2005 (II ZR 283/03, NWB UAAAB-76912, MedR 2006 S. 427) fest, dass Neugesellschafter für Altverbindlichkeiten schon dann **vollumfänglich mit ihrem Privatvermögen haften**, wenn sie diese bei Eintritt in die Gesellschaft kannten oder deren Vorhandensein bei auch nur geringer Aufmerksamkeit hätten erkennen können.

§ 721a BGB lässt den in eine bestehende Gesellschaft eintretenden Gesellschafter nunmehr *„gleich den anderen Gesellschaftern nach Maßgabe der §§ 721 bis 721b für die vor seinem Eintritt begründeten Verbindlichkeiten der Gesellschaft“* haften.

Die Beitrittshaftung umfasst Ansprüche aus Vertrags- und Deliktsrecht (für Ärzte relevant: Behandlungsfehler – vom BGH aber ausdrücklich offengelassen!), Bereicherungsrecht, Produkt- oder Gefährdungshaftung, Steuerverbindlichkeiten etc. Die Haftung erstreckt sich auch auf Abfindungsansprüche bereits ausgeschiedener Gesellschafter!

Regressansprüche der Prüfgremien oder Honorarrückforderungen der Kassenärztlichen Vereinigung zählen indes aufgrund der Besonderheiten des vertragsärztlichen Zulassungssystems nicht zu den von der Beitrittshaftung umfassten Verbindlichkeiten (strittig). Wenner (§ 20 Rz. 54, S. 219) und Ladurner (§ 33 Ärzte-ZV Rz. 36) halten den zu einer BAG beitretenden Arzt im Hinblick auf Regressverbindlichkeiten allerdings nicht für besonders schutzbedürftig.

Der Grundsatz der Beitrittshaftung findet nach derzeit herrschender Meinung **keine** Anwendung, wenn die Gesellschaft erst gegründet wird, indem z. B. ein Arzt in die Einzelpraxis eines anderen Arztes „eintritt“ oder durch mehrere Ärzte eine (neue) BAG gegründet wird (BSG, Urteil v. 7.2.2007 - B 6 KA 6/06 R, NWB JAAAC-49033, ZMGR 2007 S. 92 f.; so ausdrücklich auch die Begründung im Regierungsentwurf zu § 721a BGB, BT-Drucks. 19/27635 S. 165: Keine entsprechende Anwendung von § 128 HGB i. V. m. § 28 Abs. 1 Satz 1 HGB).

Die Beitrittshaftung kann wirksam nur durch **individuelle Vereinbarungen** mit den Gläubigern ganz oder teilweise beschränkt werden – das ist aber wenig realistisch. Daher sind einerseits Freistellungen im Innenverhältnis als unerlässliche Hilfsmaßnahmen zu wählen. Und dem Beitritt sollte andererseits eine ausführliche **due-diligence-Überprüfung** vorausgehen. Der – möglichst fachkundig beratene – Beitrittswillige sollte sich hierdurch einen genauen Überblick über die wirtschaftliche und rechtliche Situation der Gesellschaft verschaffen und seinen Beitrittsentschluss von einem positiven Prüfungsergebnis abhängig machen.

Der folgende Fragenkatalog (vgl. Möller, MedR 2004 S. 69) versucht, eine möglichst umfassende Grundlage für die Beurteilung der BAG zu bieten.

Informationen zum Bestand der Gesellschaft

- lückenlose Erfassung sämtlicher gesellschaftsrechtlicher Absprachen (Verträge, Nebenabreden, Gesellschafterbeschlüsse etc.),
- zu übertragende Gesellschaftsanteile bestehen, unterliegen keinen Belastungen, Unterbeteiligungen, Verfügungsbeschränkungen usw.,
- Einlagen sind voll eingezahlt und nicht zurückgewährt,
- Sacheinlagen sind vollwertig erbracht,
- kein Investitionsrückstau,
- keine Ansprüche ehemaliger Gesellschafter gegen die Gesellschaft,
- Mitgliedschaft in Apparategemeinschaften, Laborgemeinschaften,
- Angaben zur wirtschaftlichen Situation,
- Steuerbescheide,
- betriebswirtschaftliche Auswertungen,
- Finanzstatus (Gesellschaft nicht überschuldet, nicht zahlungsunfähig),
- Geschäfts- und Finanzplanung.

Fragen der Beziehungen zu Dritten

Auflistung der bestehenden Dauerschuldverhältnisse, insbesondere:

- Raummietverträge (Restlaufzeit, Verlängerungsoption, Rückbauverpflichtung),
- Miet- und Leasingverträge über bewegliche Gegenstände,
- Arbeitsverträge (evtl. Pensionszusagen, Erziehungszeiten),
- Wartungsverträge,
- Verbindlichkeiten, insbesondere gegenüber Banken,
- Steuerschulden, Steuerrisiken (insbesondere Umsatzsteuer, Gewerbesteuer),
- offene Mahn- oder Klageverfahren auf Aktiv- und Passivseite,
- Behandlungsfehlerverfahren (beendete, anhängige, drohende),
- Sicherungsabtretungen von Honoraransprüchen an wen und wegen welcher Forderungen,
- Sicherungsübereignungen an wen und wegen welcher Forderungen,
- Eigentumsvorbehalt von Lieferanten,
- Versicherungsverträge (Berufshaftpflicht-Deckungssumme).

Gefährdung des Status

- Verfahren auf Widerruf der Approbation als Arzt gem. § 5 Abs. 2 BÄO (beendete, anhängige, drohende),
- berufsrechtliche Maßnahmen (beendete, anhängige, drohende).

Vertragsärztliche Sondersituation

- Verfahren auf Entziehung der Vertragsarztzulassung gem. § 27 Ärzte-ZV (beendete, anhängige, drohende),
- gesicherter Bestand besonderer Abrechnungsgenehmigungen,
- Disziplinarverfahren (beendete, anhängige, drohende),
- Honorarberichtigungsverfahren (beendete, anhängige, drohende),
- Regressverfahren (beendete, anhängige, drohende),
- Planungssicherheit bei Abrechnungsgrundlagen.

Gesellschaftsrelevante Verhältnisse der Partner

- Gesundheitszustand,
- güterrechtliche Vereinbarungen,
- Mitgesellschafter nicht zahlungsunfähig.

PRAXISHINWEIS:

Aus der Sicht des Beitrittskandidaten wäre es wünschenswert, die Garantie seiner potenziellen Vertragspartner zu erhalten, dass die Angaben zutreffend sind. Der beitrittswillige Kandidat sollte sich das Recht einräumen lassen, den Steuerberater und ggf. den Rechtsanwalt der Gemeinschaft befragen zu dürfen, um sich von diesen schriftlich bestätigen zu lassen, dass die nach Maßgabe der Checkliste zusammengetragenen Daten/Informationen vollständig und zutreffend sind.

Eine umfassende Analyse der tatsächlichen und rechtlichen Verhältnisse einer BAG ist mit erheblichem zeitlichen und finanziellen Aufwand verbunden. Gerade für in wirtschaftlichen Angelegenheiten noch unerfahrene Berufsanfänger wird es oftmals schwierig sein, sich den erforderlichen Beraterstab zu leisten, um die Verhandlungen „auf Augenhöhe" führen zu können. Nicht selten sieht der BAG-Vertrag eine Kennenlern- oder Erprobungsphase vor, während der der „Juniorgesellschafter" auch ohne Vorliegen eines wichtigen Grundes aus der Gesellschaft herausgekündigt werden kann. Oder aber der „Juniorgesellschafter" geht – aus welchen Gründen auch immer – selbst nicht von seiner dauerhaften Gesellschaftszugehörigkeit aus. In diesen Fällen wird der beitrittswillige Arzt häufig geneigt sein, den Prüfungsaufwand möglichst gering zu halten.

Probleme ergeben sich aber auch aus der Sicht der „Seniorgesellschafter". Diese müssen eine „wirtschaftliche Nabelschau" erdulden, ohne sich sicher zu sein, dass der Beitritt zustande kommt. Einen Teil der im Rahmen der due-diligence-Prüfung gestellten Fragen werden sie möglicherweise als Zumutung empfinden und befürchten, der Beitrittswillige werde sein „inquisitorisches Verhalten" als Mitgesellschafter fortsetzen.

cc) Nachhaftung bei Ausscheiden

Die Nachhaftung im Falle des Ausscheidens eines Gesellschafters richtet sich nach § 728b BGB. Er normiert eine Ausschlussfrist von fünf Jahren. Bei der eingetragenen GbR ist für den Fristbeginn auf die Eintragung des Ausscheidens in das Gesellschaftsregister abzustellen. Bei der nicht eingetragenen GbR kommt es auf den Zeitpunkt an, zu welchem der Gläubiger Kenntnis von dem Ausscheiden erlangt hat (ausführlich BT-Drucks. 19/27635 S. 176). Ausgeschiedene Gesellschafter haften seit Inkrafttreten des MoPeG nur noch für während der Zeit ihrer Gesellschaftszugehörigkeit entstandene Verbindlichkeiten.

Das Ausscheiden aus der Gesellschaft hat grds. keine rechtlichen Auswirkungen auf die zwischen der Gesellschaft und Dritten abgeschlossenen Verträge. Der Ausgeschiedene haftet nach seinem Ausscheiden akzessorisch für die **vor seinem Ausscheiden** begründeten, aber nach seinem Ausscheiden fällig werdenden Gesellschaftsverbindlichkeiten. Der Anspruch gegen ihn **verjährt** nach **fünf Jahren** (§ 160 Abs. 1 HGB). Für den Beginn der Verjährung kommt es darauf an, wann der Gläubiger von dem Ausscheiden **Kenntnis** erlangt oder das Ausscheiden des Gesellschafters im Gesellschaftsregister eingetragen worden ist.

Für nach seinem Ausscheiden begründete Verbindlichkeiten kann der Ausgeschiedene haften, wenn ein entsprechender Rechtsschein gesetzt wurde (z. B. Fortführung des Namens auf dem Geschäftspapier).

Im Fall der Anteilsübertragung haftet der Erwerber unbeschränkt sowohl für die alten als auch für neu begründete Verbindlichkeiten. Für den ausscheidenden Veräußerer verbleibt es bei der fünfjährigen Nachhaftung.

m) Kündigungsregelungen

aa) Vereinbarung von Festlaufzeiten

BAGen als Erwerbsgesellschaften grenzen sich in erheblichem Umfang von losen Personenverbindungen ab, wie sie den Vätern des BGB teilweise vorschwebten. In dem Maße, in welchem sich die Organisationsstrukturen verfestigen, nimmt – mit zunehmender Anzahl der Gesellschafter – die Bedeutung des individuellen Freiraums ab. Gerade wenn es Ziel der Gesellschaft ist, gegebenenfalls im Wettbewerb mit anderen Arztkooperationen zu bestehen und den Bekanntheitsgrad der Praxis zu fördern, wird dieses Ziel nicht auf der Grundlage eines lockeren Verbundes erreicht werden können, sondern bedarf einer gewissen **Kontinuität** – eine Sichtweise, der sich das MoPeG etwa verpflichtet fühlte. Die Umsetzung der früheren gesetzgeberischen Vorstellung einer jederzeit möglichen Kündigung mit der Folge der Auseinandersetzung der Gesellschaft hätte im Fall vieler BAGen häufig existenzvernichtende Folgen.

Die Interessen eines oder sämtlicher Gesellschafter, die ordentliche Kündbarkeit des Gesellschaftsverhältnisses für eine **bestimmte Dauer auszuschließen**, kann vielfältiger Natur sein. Häufig gilt es, Investitionen gemeinsam zu tätigen oder bestimmte Kooperationsvorhaben – z. B. Erbringung von Leistungen für einen Krankenhausträger – durchzuführen, weshalb eine Mindestanzahl von Gesellschaftern erforderlich ist oder die besondere Qualifikation eines Gesellschafters benötigt wird.

Denkbar ist auch die Situation, dass der Seniorgesellschafter durch die Festlaufzeit des Vertrages sein Ausscheiden aus der Gesellschaft sowie die Realisierung des Abfindungsanspruchs absichern möchte. Schutzwürdig gegen eine Kündigung ist insbesondere der Job-Sharing-Partner, der nach zehnjähriger Gesellschaftszugehörigkeit einen Anspruch auf eine „Vollzulassung" hat (§ 101 Abs. 1 Nr. 4 SGB V).

Soweit ersichtlich, hat sich die Rechtsprechung bisher mit der festen Laufzeit ärztlicher BAGen nicht bzw. mit festen Laufzeiten bei Freiberufler-Sozietäten kaum befasst. Zu nennen sind die Urteile des OLG Hamm v. 4.2.2016 (I-17 U 64/14, GesR 2016 S. 227, 229: Ausschluss der Kündigung für über zwölf Jahre bei einem Kooperationsvertrag zwischen Ärzten und einer Betreiber-GmbH zur Führung einer Dialyseeinrichtung ist zulässig), des OLG Düsseldorf v. 26.5.2004 (BRAK-Mitt. 1/2005 S. 40 ff.: 30-jährige Bindungsdauer in einem Sozietätsvertrag von Rechtsanwälten ist sittenwidrig) sowie des OLG Düsseldorf v. 30.6.1998 (NJW-WettbR 1999 S. 41: 13-jährige Bindungsdauer in Sozietätsvertrag ist sittenwidrig; Reduzierung auf vier Jahre ist geboten).

Es erscheint jedenfalls nicht sachgerecht, Höchstfristen anderer Kündigungsregelungen zu Dauerschuldverhältnissen (vgl. § 624 Satz 1 BGB: fünf Jahre) entsprechend anzuwenden. Richtig ist es vielmehr, eine auf die **konkreten gesellschaftsvertraglichen Verhältnisse** abstellende Betrachtung vorzunehmen, indem die **wechselseitigen Interessen der Gesellschafter** gegeneinander abgewogen werden. Die Freiheitsinteressen des ausscheidenswilligen Gesellschafters sind den schutzwürdigen Belangen der Gesellschaft und der Mitgesellschafter gegenüberzustellen (praktische Konkordanz). Die Interessenlagen sollten im Vertrag Erwähnung finden.

Eine feste Vertragslaufzeit von **fünf Jahren** dürfte vor diesem Hintergrund regelmäßig nicht zu beanstanden und bei Vorliegen sachlicher Gründe eine Bindung von bis zu zehn Jahren durchaus zulässig sein. Dabei müssen die Kündigungsfristen – bei Vorliegen eines sachlichen Grundes – nicht bei allen Gesellschaftern gleich lang **sein** (vgl. zu dieser Problematik OLG Hamm, a. a. O.).

Eine überlange Zeitbestimmung ist regelmäßig als unzulässige kündigungsbeschränkende Klausel wegen Verstoßes gegen §§ 725 Abs. 6, 731 Abs. 2 BGB nichtig. An die Stelle der nichtigen Vereinbarung tritt im Wege der **ergänzenden Vertragsauslegung** oder der geltungserhaltenden Reduktion eine den Vorstellungen der Gesellschafter möglichst nahekommende Befristungsregelung oder auch die Möglichkeit der vorzeitigen Kündigung (vgl. BGH, Urteil v. 18.9.2006 - II ZR 137/04, NWB SAAAC-32016, NJW 2007 S. 295, mit Anm. Römermann zu § 723 Abs. 3 BGB a. F.).

§ 725 Abs. 1 BGB regelt für die auf unbestimmte Zeit eingegangene GbR, dass ein Gesellschafter seine Mitgliedschaft unter Einhaltung einer Frist von drei Monaten zum Ablauf des Kalenderjahres kündigen kann, sofern sich aus dem Gesellschaftsvertrag oder aus dem Zweck der Gesellschaft nichts anderes ergibt.

Exkurs: Vertragsarztrecht

Die Beendigung der BAG bedarf – anders als deren Errichtung – nicht der Genehmigung des Zulassungsausschusses. Die Erklärung eines Gesellschafters, er scheide zu einem bestimmten Zeitpunkt aus der BAG aus, ist sozialrechtlich trotz ggf. zivilrechtlich entgegenstehender Rechtslage wirksam. Der Zulassungsausschuss stellt dann die Beendigung „dieser“ BAG durch Verwaltungsakt fest (BSG, Urteil v. 19.8.1992 - 6 RKa 35/90, MedR 1993 S. 279).

bb) Anschlusskündigung/Nachkündigung

Gesellschaftsvertraglich kann geregelt werden, dass ein Gesellschafter sich innerhalb einer bestimmten Frist der Kündigung des anderen Gesellschafters anschließen kann. In diesem Fall werden die Kündigungen zum selben Zeitpunkt wirksam. Bei der Zwei-Personengesellschaft hat dies auch in Ansehung des Fortsetzungsgrundsatzes gem. § 712 Abs. 1 BGB die Beendigung (Liquidation) der Gesellschaft zur Folge. Verfügt ein Gesellschafter zivilrechtlich alleine über die bis zur Auflösung quoad usum zur Verfügung der Gesellschaft gestellten Ressourcen der Praxis, kann er seine berufliche Tätigkeit möglicherweise fortsetzen, ohne den Abfindungsanspruch des anderen Gesellschafters erfüllen zu müssen. Ob dies in jedem Fall als treuwidrig anzusehen ist, erscheint zweifelhaft.

Auch ohne ausdrückliches Nachkündigungsrecht steht es jedem Gesellschafter, dem eine Kündigung zugegangen ist, frei, seinerseits zu kündigen, sofern die Kündigungsfrist eingehalten wird. Will man dieses Recht beschränken, muss der Gesellschaftsvertrag bestimmen, dass mit Zugang der Erstkündigung die Verpflichtung zur Übernahme des Gesellschaftsanteils des Erstkündigenden besteht.

cc) Hinauskündigung (Ausschließung ohne wichtigen Grund)

Gesellschaftsvertragliche Regelungen, die einem oder mehreren Gesellschaftern das Recht einräumen, einen oder mehrere Mitgesellschafter **nach freiem Ermessen**, also ohne Vorliegen eines wichtigen Grundes (vgl. § 727 BGB), aus der Gesellschaft auszuschließen, verstoßen grds. gegen § 138 BGB und sind deshalb nichtig. Nach der Rechtsprechung ist der von der Ausschließung oder Kündigung bedrohte Gesellschafter zu schützen. Das freie Kündigungsrecht der anderen Gesellschafter könnte von ihm als **Disziplinierungsmittel** empfunden werden („Damoklesschwert") und ihn veranlassen, ihm zustehende Gesellschafterrechte nicht oder nur in beschränktem Umfang auszuüben.

Mit Urteil vom 8.3.2004 (II ZR 165/02, NWB JAAAB-97773, MedR 2004 S. 563, mit Anm. Dahm) hatte der BGH der besonderen Situation von BAGen Rechnung getragen und es für einen Ausschluss ohne wichtigen Grund als ausreichend angesehen, dass die Altgesellschafter den hinzukommenden Gesellschafter kennenlernen müssen. Fraglich ist, ob das Recht zum Kennenlernen das alleinige anzuerkennende Motiv für ein Hinauskündigungsrecht ohne Vorliegen eines wichtigen Grundes ist. In der Literatur wird zu Recht auch eine **wirtschaftliche Erprobungsphase** dahingehend anerkannt, dass für einen bestimmten Zeitraum abgewartet wird, ob die Gesellschaft eine ausreichende wirtschaftliche Grundlage erarbeitet, um auch dem eintretenden Gesellschafter einen auskömmlichen Gewinnanteil zu ermöglichen. Die Ausnahmen von dem Grundsatz, dass der kündigende Gesellschafter aus der BAG ausscheidet, lassen sich angesichts der Komplexität der Lebenssachverhalte nicht auf enumerative Fallgruppen beschränken.

Der BGH hat in der zitierten Entscheidung allerdings die zeitlichen Grenzen für ein derartiges Hinauskündigungsrecht offengelassen, einen Zeitraum von zehn Jahren jedoch zu Recht als bei weitem zu lang angesehen. Das OLG Frankfurt a. M. (Urteil v. 20.10.2005 - 16 U 3/05, NJW-RR 2006 S. 405) beschränkt die Dauer der Kennenlern- oder Erprobungsphase nach Auswertung der medizinrechtlichen Literatur im Sinne einer geltungserhaltenden Reduktion auf **drei Jahre**. Der BGH hat dies bestätigt (Urteil v. 7.5.2007 - II ZR 281/05, NWB IAAAC-52499, MedR 2007 S. 595). Dies erscheint grds. sachgerecht. In der Literatur wird ein Zeitraum von zwei bis drei Jahren als ausreichend angesehen, um festzustellen, ob eine dauerhafte gesellschaftsrechtliche Zusammenarbeit möglich ist. War der Gesellschafter bereits als angestellter Arzt in der Praxis tätig, ist die angemessene Dauer der Kennenlernphase nicht zwingend aus besonderem Grund zu reduzieren. Denn Angestelltentätigkeiten und die selbständige Unternehmerrolle unterscheiden sich doch formal und inhaltlich deutlich voneinander. Insoweit geht es bei der Frist zum Ausschluss ohne wichtigen Grund nicht um das menschliche, sondern das unternehmerische Kennenlernen.

PRAXISHINWEIS:

Im Interesse einer fairen Vertragsgestaltung sollte der während der Erprobungsphase ohne Vorliegen eines wichtigen Grundes aus der Gesellschaft hinausgekündigte „Juniorgesellschafter", sofern er am Gesellschaftsvermögen beteiligt ist, zumindest seine Abfindung für den Gesellschaftsanteil zeitgleich oder zumindest zeitnah mit dem Ausscheiden erhalten und von den Gesellschaftsverbindlichkeiten freigestellt werden.

dd) Ausschließung wegen Berufsunfähigkeit

Sieht der Gesellschaftsvertrag keine Auflösung bei Ausscheiden eines Gesellschafters vor und liegt in der Person eines Gesellschafters ein wichtiger Grund vor, können die anderen Gesellschafter ihn aus der Gesellschaft ausschließen (§ 727 i.V.m. § 723 Abs. 1 Nr. 5 BGB). Ein wichtiger Grund ist u. a. gegeben, wenn einem Gesellschafter die Erfüllung einer ihm kraft Gesetzes oder nach dem Gesellschaftsvertrag obliegenden wesentlichen Pflicht unmöglich wird. Ist ein Gesellschafter persönlich nicht in der Lage oder nicht willens, die vertragsarztrechtlich geschuldeten Mindestsprechstundenzeiten (ggf. erhöht um ein Zeitkontingent für Begleitleistungen) zu erbringen, verliert er seine Vertragsarztzulassung ganz oder teilweise (§ 19a Abs. 4 Satz 6 Ärzte-ZV), ohne dass es darauf ankommt, ob Berufsunfähigkeit vorliegt oder nicht.

Für einen Sachverständigen dürfte es auch regelmäßig einfacher sein festzustellen, ob es der Gesundheitszustand eines Arztes ermöglicht, eine meist mit Hektik und Stress verbundene vertragsärztliche Tätigkeit von mindestens 25 Stunden wöchentlich zu erbringen, als einen bestimmten Prozentsatz einer Berufsunfähigkeit festzustellen (Möller, GesR 2020 S. 286, 288).

PRAXISHINWEIS:

Mit Beschluss vom 13.2.2019 (B 6 KA 14/18 B, NWB QAAAH-12135, juris, Rz. 12) hat das BSG hervorgehoben, dass es für den Verlust der Vertragsarztzulassung nicht auf einen bestimmten Schweregrad oder ein bestimmtes Stadium einer Erkrankung ankommt. Maßgeblich sei, ob die Tätigkeit des Vertragsarztes insgesamt, vor allem unter Aspekten des Patientenschutzes, dem Standard entspricht.

Gesellschaftsvertraglich kann vereinbart werden, dass bereits das materielle Vorliegen der Voraussetzungen zum Ausschluss berechtigt.

PRAXISHINWEIS:

Für den Fall, dass ein Gesellschafter noch in der Lage ist, teilzeitig tätig zu sein, kann der Gesellschaftsvertrag die Möglichkeit zu einer den Interessen der Gesellschaft und sämtlicher Gesellschafter gerecht werdenden einvernehmlichen Lösung eröffnen. In Betracht kommen etwa die Reduzierung der Gesellschaftsbeteiligung, eine Anpassung der Ergebnisbeteiligung oder der Wechsel in eine Teilzeitanstellung.

n) Vereinbarungen zum Vertragsarztsitz

Die Zulassung als Vertragsarzt stellt ein höchstpersönliches öffentliches Recht dar. Dieser **öffentlich-rechtliche Status** („Zulassung, Vertragsarztsitz“) unterliegt nicht der Verfügungsberechtigung des Rechtsinhabers und kann demgemäß nicht Gegenstand eines Kaufvertrages sein. Der Gesetzgeber hat diesem Umstand Rechnung getragen, indem über eine Nachfolgezulassung der zuständige Zulassungsausschuss nach Maßgabe gesetzlicher Vorgaben zu entscheiden hat (§ 103 Abs. 3a bis 6 SGB V). Die Feststellung, wonach es sich bei der Vertragsarztzulassung um ein **höchstpersönliches unveräußerliches Recht** handelt, darf aber nicht den Blick dafür verstellen, dass zwar die Verfügungsbefugnis des Vertragsarztes über seine Vertragsarztzulassung beschränkt ist, nicht jedoch die zivilrechtliche Befugnis zur Disposition über seinen Gesellschaftsanteil. Diese geht einher mit der Begründung von Verpflichtungen im Zusammenhang mit der Mitwirkung an der Nachbesetzung des Vertragsarztsitzes – ggf. einschließlich der Erklärung des Verzichts auf die Vertragsarztzulassung.

Bedenkt man, dass die Zulassungsbeschränkungen durch das Gesundheitsstrukturgesetz zum 1.1.1993 eingeführt wurden, verwundert es, dass die Frage, in welchem Umfang Vereinbarungen darüber zulässig sind, dass der aus einer BAG ausscheidende Gesellschafter verpflichtet ist, an der Nachbesetzung seines Vertragsarztsitzes mitzuwirken, noch keiner abschließenden gerichtlichen Klärung zugeführt wurde. Dabei ist das wirtschaftliche Bedürfnis einer BAG evident, nach dem Ausscheiden eines Gesellschafters dessen Vertragsarztzulassung in der BAG zu behalten und durch eine Ärztin/einen Arzt nachbesetzen zu lassen. Häufig wurden gemeinsame Investitionen getätigt, die auf eine bestimmte Anzahl von Ärzten und deren Qualifikationen zugeschnitten sind. Hinzu kommt die Besonderheit des vertragsärztlichen Abrechnungssystems, wonach sich die Abrechnungsgrundlage nach der Anzahl der zugelassenen Leistungserbringer richten kann.

Aber auch der ausscheidende Gesellschafter wird vielfach einwenden, der Verlust der Vertragsarztzulassung sei für ihn und ggf. seine Familie existenzgefährdend oder -vernichtend. Dies mag etwa dann gelten, wenn in dem konkreten Planungsbereich oder in angrenzenden Planungsbereichen auf längere Sicht keine entsprechenden Praxen zu akzeptablen Konditionen angeboten werden.

In Gesellschaftsverträgen, insbesondere von kapitalintensiven Großgerätepraxen, finden sich regelmäßig Klauseln, wonach der – egal aus welchem Grunde – aus der BAG ausscheidende Gesellschafter verpflichtet ist, auf seine Vertragsarztzulassung zu verzichten und an allen erforderlichen Maßnahmen mitzuwirken, damit sein Vertragsarztsitz durch eine Ärztin/einen Arzt nachbesetzt werden kann.

Die Instanzgerichte haben sich mit unterschiedlichen Fallkonstellationen befasst, in denen aus der BAG ausscheidende Vertragsärzte vertraglich zur Nachbesetzung ihrer Vertragsarztsitze verpflichtet wurden. Sie sind dabei zu diametral entgegengesetzten Ergebnissen gelangt. Der BGH hat mit zwei Urteilen vom 22.7.2002 (II ZR 265/00, NWB FAAAB-97919, MedR 2002 S. 647; II ZR 90/01, NWB BAAAB-98204, NJW 2002 S. 3536) zumindest für etwas Erhellung gesorgt. Die Entscheidungen können als Grundsatzaussage dahingehend verstanden werden, dass Vereinbarungen zur Nachbesetzung des Vertragsarztsitzes nicht generell unzulässig sind. Bei relativ kurzer Dauer der Gesellschaftszugehörigkeit (im Verfahren II ZR 90/01 betrug die Dauer der Gesellschaftszugehörigkeit sechs Monate, im Verfahren II ZR 265/00 waren es 21 Monate) geht der BGH von einer fehlenden Möglichkeit aus, die Praxis maßgeblich geprägt zu haben. Für den BGH ist erheblich, dass die ausscheidenden Ärzte ihre Vertragsarztzulassung jeweils nicht „mitgebracht" hatten, sondern **in bestehende BAGen eintraten**, indem sie dort vorhandene Zulassungen erhielten – im einen Fall entgeltlich, im anderen Fall unentgeltlich. In beiden Fällen ließen sich die ausscheidenden Gesellschafter im Planungsbereich der ehemaligen BAG nieder. Der BGH sah die vertragliche Verpflichtung zur Nachbesetzung in beiden Fällen als wirksam an.

Der BGH hat allerdings zu erkennen gegeben, dass seine Wertung dann anders ausfallen könne, wenn das Ausscheiden auf Gründen beruhe, die der aufnehmende Arzt zu verantworten habe und der **Verbleib in der BAG für den Aufgenommenen unzumutbar** sei. In diesem Zusammenhang drängt sich die Frage auf, ob die Hinauskündigung während einer rechtmäßig vereinbarten Kennenlernphase zum Verlust der Vertragsarztzulassung für die Praxis führt. Richtigerweise wird man die Verpflichtung zur Durchführung des Nachbesetzungsverfahrens im Falle einer Hinauskündigung während der Kennenlernphase als zulässig ansehen müssen, sofern der ausscheidende Gesellschafter die Vertragsarztzulassung von einem Vorgänger aus der Praxis übernommen hat. Eine derartige Vereinbarung ist weder sittenwidrig noch verletzt sie den Ausscheidenden in seinem Grundrecht aus Art. 12 Abs. 1 GG. Häufig kennen sich die Gesellschafter vor dem Zusammenschluss nicht oder nur unzureichend. Dem Bestand der Praxis ist dabei im Interesse einer **unternehmenserhaltenden Bewertung** eindeutig der Vorzug vor den Interessen des Hinausgekündigten zu geben.

In Fällen, in denen der Ausscheidende von seiner Vertragsarztzulassung keinen Gebrauch machen kann – z. B. Eintritt von Berufsunfähigkeit, Tod, Wegzug aus dem Planungsbereich –, bestehen gegen die Wirksamkeit von Mitwirkungsklauseln an der Nachbesetzung keine Bedenken, wonach das Ausschreibungsrecht jedenfalls dem/den verbleibenden Gesellschafter(n) zusteht.

Letztlich hängt die Beantwortung vieler Fragen davon ab, ob man die Interessen des einzelnen Vertragsarztes an seiner Berufsausübungsfreiheit höher einstuft als diejenigen der BAG und deren Gesellschafter. Insoweit sollte nicht unberücksichtigt bleiben, dass der beitretende Gesellschafter die gesellschaftsvertragliche Verpflichtung zur Durchführung des Nachbesetzungsverfahrens im Falle des Ausscheidens bei Vertragsabschluss akzeptiert hat. Er hat damit – teilweise – auf seine individuelle Rechtsposition zugunsten der BAG verzichtet. Zudem ist darauf hinzuweisen, dass der Gesetzgeber zwischenzeitlich den Verzicht auf die Vertragsarztzulassung zugunsten der Bildung einer Arztstelle in einer Praxis oder einem MVZ vorgesehen hat (§ 103 Abs. 4a, 4b SGB V), wodurch die Vertragsarztzulassung faktisch eine gewisse Verkehrsfähigkeit erfahren hat.

Dass die vorzunehmende Wertung im Einzelfall aufgrund besonderer Umstände zu dem Ergebnis führen kann, die Verpflichtung zur Mitwirkung an der Nachbesetzung sei unbillig (§ 242 BGB), bedarf keiner besonderen Hervorhebung. Insofern ist insbesondere an Situationen zu denken, in denen der Ausscheidende seine eigene Vertragsarztzulassung „mitgebracht" hat.

Das OLG Hamm hat in seinem Urteil vom 11.4.2011 (I-8 U 100/10, MedR 2011 S. 725) den Hinweis des BGH aufgenommen und unter Aufgabe seiner früheren, die Belange der Gesellschaft vorzugsweise berücksichtigenden Rechtsprechung eine umfassende Interessenabwägung vorgenommen. Das Gericht hielt letztlich die gesellschaftsvertragliche Verpflichtung einer Radiologin, an der Umwandlung ihrer Vertragsarztzulassung in eine Arztstelle mitzuwirken, für zulässig.

Weiter erwähnenswerte Entscheidungen sind:

OLG Zweibrücken, Urteil v. 25.5.2005 - 4 U 73/04, GesR 2005 S. 423: Die dem freiwillig Ausscheidenden auferlegte Pflicht, einen Antrag auf Ausschreibung zu Gunsten der BAG zu stellen, verstößt nicht gegen § 138 Abs. 1 BGB i.V. m. Art. 12 GG, wenn die Verpflichtung für alle Ärzte gleichermaßen gilt.

LG Dortmund, Urteil v. 27.9.2007 - 3 O 391/07, ZMGR 2008 S. 52: *„... kann eine im Gesellschaftsvertrag vorgesehen Verpflichtung zum Zulassungsverzicht keine Rechtsposition eines aufgenommenen Gesellschafters aus Art. 12 GG einschränken. Es geht von vornherein allein um das Interesse, eine ... als Nachfolger eines Gesellschafters erhaltene Zulassung nach Kündigung der Mitgliedschaft im selben Zulassungsbezirk zu nutzen ..."*

LG Weiden, Urteil v. 24.4.2015 - 11 O 127/14, ZMGR 2015 S. 432: *„Hat das ausscheidende Mitglied einer überörtlich agierenden ärztlichen BAG (hier: von Urologen) diese durch seine 4,5 Jahre dauernde Mitgliedschaft tatsächlich entscheidend mitgeprägt, so besteht kein überwiegendes Interesse der Gemeinschaftspraxis am Verbleib der von ihm eingebrachten Vertragsarztstelle in der Gemeinschaftspraxis. ... Eine gesellschaftsvertragliche Verpflichtung des Ausscheidenden zum Verzicht auf die kassenärztliche Zulassung verstößt vor diesem Hintergrund gegen die Berufsausübungsfreiheit und ist nichtig."*

PRAXISHINWEISE:

Erwähnenswert ist ferner ein ausführlich begründeter Schiedsspruch eines Schiedsgerichts vom 20.9.2012 (MedR 2012 S. 190 f., mit lesenswerter kritischer Anm. von Dahm), der die Verpflichtung zur Durchführung des Nachbesetzungsverfahrens wegen der ca. achtjährigen Gesellschaftszugehörigkeit ablehnte, weil angesichts dieser Zeitdauer das Interesse des ausgeschiedenen Gesellschafters am Erhalt seiner Vertragsarztzulassung deutlich überwiege.

Bei Gestaltung des Gesellschaftsvertrages empfiehlt es sich, die Verpflichtung zur Mitwirkung an der Nachbesetzung mit einer Vertragsstrafe zu unterlegen.

o) Regelungen zu Anstellungsgenehmigungen

Bis zum Urteil des BSG vom 4.5.2016 (B 6 KA 24/15 R, NWB IAAAF-81284, GesR 2016 S. 646) wurden Anstellungsgenehmigungen gem. § 32b Ärzte-ZV arzt- und *nicht* gesellschaftsbezogen erteilt. Die Änderung der Rechtsprechung führt dazu, dass die Arztstellen nunmehr – wie bei MVZ – der BAG zugeordnet sind mit der Folge, dass der einzelne Vertragsarzt die Arztstelle im Falle seines Ausscheidens nicht „mitnehmen" kann. Dies ist oftmals in den Fällen sachgerecht, in denen die Gesellschaft z. B. die Aufwendungen für den Erwerb einer Praxis getragen hat.

Andererseits kann die Interessenlage der Gesellschaft genau in die andere Richtung gehen, dass ein Gesellschafter im Falle seines Ausscheidens zur „Mitnahme" der Arztstelle verpflichtet wird. Soll das Anstellungsverhältnis durch den ausgeschiedenen Gesellschafter fortgeführt werden, müsste die Gesellschaft gem. § 95 Abs. 9b SGB V die Umwandlung der Arztstelle in die Wege leiten, indem sie die Ausschreibung des Vertragsarztsitzes beantragt und der ausscheidende Gesellschafter sich mit dem anzustellenden Arzt bewirbt. Bei diesem Vorgehen besteht zwar nicht die Gefahr der Einziehung des Vertragsarztsitzes, jedoch können Mitbewerber die Durchführung des Vorhabens erschweren. Zudem ist zu berücksichtigen, dass die maßgeblichen Entscheidungen nicht ohne Einbindung des angestellten Arztes getroffen werden können.

Änderungen auf der Ebene der Gesellschafter und/oder der Gesellschaft können erhebliche Auswirkungen auf das Schicksal der Arztstellen haben. Dies ist bei der Gestaltung des Gesellschaftsvertrages und ggf. auch der Arbeitsverträge zu bedenken. Dabei kann das Recht oder die Pflicht zur Fortführung der Arztstelle mit im Zeitpunkt der Vertragsgestaltung noch nicht absehbaren Vor- oder Nachteilen verbunden sein. Ausführlich zum Gestaltungsbedarf Schäfer-Gölz, FS 20 Jahre AG Medizinrecht im DAV, 2018, S. 343, 350 ff.

p) Vereinbarungen zum Regelleistungsvolumen (RLV)

Ab dem 1.1.2009 erfolgt die Vergütung im KV-System auf der Grundlage von RLV. Da viele Praxen in erheblichem Umfang gesetzlich versicherte Patienten betreuen, ist die Anzahl sowie die Höhe der RLV von elementarer Bedeutung für das wirtschaftliche Ergebnis der Praxis.

Scheidet ein Gesellschafter aus der ohne ihn fortgeführten BAG aus mit dem Ziel, sich anderweitig niederzulassen, stellt sich die Frage, ob er „sein" RLV zwangsläufig „mitnimmt" oder ob individualvertraglich Abweichendes bestimmt werden kann. Häufig ist ein sachliches Bedürfnis für individuelle Regelungen aufgrund unterschiedlicher Leistungsbeiträge der Gesellschafter anzuerkennen. Die Zuordnung des Behandlungsfalls ausschließlich zu dem die Untersuchung/Behandlung durchführenden Arzt ist z. B. dann sachwidrig, wenn ein Partner etwa aufgrund längerer Erkrankung intern durch einen seiner Mitgesellschafter vertreten wurde oder sich ein Partner mehr um die organisatorischen und wirtschaftlichen Praxisbelange gekümmert hat. Vor diesem Hintergrund kann es sachgerecht sein, Regelungen zur Aufteilung der RLV in den Gesellschaftsvertrag aufzunehmen, sofern der anzuwendende Honorarverteilungsmaßstab eine derartige individuelle Absprache zulässt.

PRAXISHINWEIS:

Fehlt für eine Aufteilungsmöglichkeit des RLV die vertragsarztrechtliche Rechtsgrundlage, kann daran gedacht werden, über finanzielle Regelungen einen Ausgleich zu schaffen.

q) Nachvertragliches Wettbewerbsverbot

Nachverträgliche Wettbewerbsverbote unter Ärzten sind **prinzipiell zulässig** (ausführlich Möller/Ruppel in Ratzel/Luxenburger, Kap. 17 Rz. 303 f.). Die BAG kann ein erhebliches Interesse daran haben zu verhindern, dass Patienten, die die Grundlage des wirtschaftlichen Erfolgs bilden, abgezogen werden und damit die Existenzgrundlage der Gesellschaft beeinträchtigt wird.

Nachvertragliche Wettbewerbsverbote erfordern grds. eine ausdrückliche Vereinbarung. Wegen ihrer einschneidenden Auswirkungen auf die grundrechtlich gewährleistete Berufsfreiheit können sie nach § 138 BGB i.V.m. Art. 12 Abs. 1 GG unwirksam sein, wenn sie nicht durch ein schutzwürdiges Interesse des Berechtigten gerechtfertigt sind und das erforderliche Maß in **gegenständlicher**, **örtlicher** und **zeitlicher Hinsicht** überschreiten (vgl. BGH, Urteil v. 18.7.2005 - II ZR 159/03, NWB UAAAB-97765, NJW 2005 S. 3061, m.w.N.).

Während bei Rechtsanwälten und Steuerberatern **Mandantenschutzklauseln** anerkannt sind, dürften entsprechende Klauseln im ärztlichen Bereich – insbesondere bezogen auf gesetzlich versicherte Patienten wegen der insofern gem. § 13 Abs. 7 Satz 3 BMV-Ä grds. bestehenden Behandlungspflicht – nichtig sein. Das Wettbewerbsverbot darf allerdings nicht dazu eingesetzt werden, den früheren Mitgesellschafter als Wettbewerber auszuschalten. Der Wunsch, den ausgeschlossenen Gesellschafter einer **besonderen Sanktion** zu unterwerfen, rechtfertigt es nicht, die räumlichen, gegenständlichen und zeitlichen Grenzen eines nachvertraglichen Wettbewerbsverbotes auszuweiten.

aa) Gegenständliche (sachliche) Grenzen

Bei Bestimmung der gegenständlichen Grenzen ist das Interesse des Berechtigten an Unterbindung der Konkurrenztätigkeit in besonderem Maße zu überprüfen. Es darf nur der tatsächlich gegebenen Gefahr von Wettbewerb begegnet werden. Unzulässig ist z. B. eine Klausel, die einem aus einer ausschließlich im ambulanten Bereich tätigen

BAG ausscheidenden Gesellschafter eine Tätigkeit im stationären Bereich (Krankenhaus) verbieten würde. Verfügt ein Gesellschafter über mehrere Facharztbezeichnungen, darf das Wettbewerbsverbot nur den Bereich der ärztlichen Tätigkeit umfassen, mit welchem der Gesellschafter in der Gesellschaft tätig ist.

Eine unzulässige gegenständliche Überschreitung führt zur Nichtigkeit des gesamten Wettbewerbsverbots; eine **geltungserhaltende Reduktion** findet nicht statt. Andernfalls würde das Gericht rechtsgestaltend in eine häufig komplexe Vertragsstruktur eingreifen. Allerdings ist die Tendenz festzustellen, dass eine geltungserhaltende Reduktion für solche Fallkonstellationen als zulässig angesehen wird, in denen eine **Klausel teilbar** ist und nach Wegstreichen des unwirksamen Teils eine aus sich heraus verständliche Regelung verbleibt (vgl. OLG Saarbrücken, Beschluss v. 17.8.2011 - 1 U 184/11 - 52, 1 U 184/11).

bb) Zeitliche Grenze

Die zulässige Dauer eines Wettbewerbsverbots lässt sich nicht mit starren Grenzen festlegen. Zu berücksichtigen ist u. a., wie lange die Gesellschafter zusammengearbeitet haben. Der BGH hat die zeitliche Obergrenze allerdings auf **zwei Jahre** festgelegt (Urteil v. 29.9.2003 - II ZR 59/02, NWB AAAAB-92212, NJW 2004 S. 66).

Ein lediglich in zeitlicher Hinsicht übermäßiges Verbot wird von der Rechtsprechung **geltungserhaltend reduziert**.

cc) Örtliche Grenzen

Die räumlichen Grenzen eines rechtmäßigen Wettbewerbsverbots hängen von dem jeweiligen **Einzugsbereich** der Praxis ab. Dieser ist bei einer großstädtischen Allgemeinarztpraxis geringer und regelmäßig auf den betreffenden Stadtteil begrenzt. Der Einzugsbereich einer Facharztpraxis im ländlichen Bereich wird regelmäßig deutlich größer sein. Bei Laborärzten und Pathologen, die mittels ihres Botendienstes einen überörtlichen Einzugsbereich abdecken, kann die Verbotszone deutlich umfassender sein.

Kilometerangaben in der Wettbewerbsklausel werden als Luftlinie ausgelegt. Verstößt ein Wettbewerbsverbot gegen die zulässigen räumlichen Grenzen, erfolgt **keine geltungserhaltende Reduktion**. Das gesamte Wettbewerbsverbot ist dann **unwirksam**.

dd) Ausnahmen

Unter **Verhältnismäßigkeitsaspekten** sollten Ausnahmen von der strikten Unterlassungsverpflichtung etwa für eine zeitlich beschränkte Vertreterzeit vorgesehen werden.

ee) Auswirkungen auf den Abfindungsanspruch

Wettbewerbsverbote ohne Karenzentschädigung i. S. des § 74 Abs. 2 HGB sind zulässig. Ein Wettbewerbsverbot ohne Zahlung einer Abfindung ist problematisch (vgl. LG Heidelberg, Urteil v. 30.9.2013 - 5 O 104/13, GesR 2014 S. 308 ff.).

Andererseits ist die Abfindung für den immateriellen Wert ein Ausgleich für den zu unterlassenden Wettbewerb. Auch wenn ein ausdrückliches Wettbewerbsverbot nicht vereinbart wurde, kann die inhaltliche Ausgestaltung der Abfindungsregelung die Pflicht zur Unterlassung von Konkurrenztätigkeit begründen. Die Aufnahme von Wettbewerb führt dann zum teilweisen oder vollständigen **Verlust des Abfindungsanspruchs** für den immateriellen Wert. Gesellschaftsvertraglich kann allerdings eine Begünstigung des Ausgeschiedenen vereinbart werden, dass dieser eine Abfindung für den anteiligen immateriellen Wert erhält und – zusätzlich – den Zugriff auf den Patientenstamm behält, sich mithin im Einzugsbereich der Praxis niederlassen darf. Ob und ggf. mit welchen Folgen für die Abfindung der Ausscheidende Patienten der BAG über seine neue Praxis informieren darf, ist ungeklärt (hierzu Möller/Ruppel in Ratzel/Luxenburger, Kap. 17 Rz. 324).

PRAXISHINWEIS:

Vorsorglich sollte eine Regelung in den Gesellschaftsvertrag aufgenommen werden, wonach die Vertragsstrafe und zusätzlich Unterlassung oder Schadensersatz wegen Nichterfüllung (teilweise pauschaliert) verlangt werden können. Im Einzelfall kann die Gesamtwürdigung der vereinbarten Rechtsfolgen allerdings zu dem Ergebnis gelangen, dass ein Verstoß gegen §§ 242, 138 BGB vorliegt.

ff) Abwerbeverbot

Bei der Vertragsgestaltung ist daran zu denken, ein ausdrückliches Verbot aufzunehmen, wonach es dem Ausscheidenden untersagt ist, für einen bestimmten Zeitraum Personal der bisherigen Praxis abzuwerben.

gg) Vertragsstrafe

Ein Wettbewerbsverbot ohne Vertragsstrafe ist ein schwaches Instrument. Die Vertragsstrafe muss angemessen sein, da sie ansonsten durch ein Gericht herabgesetzt werden kann (§ 343 BGB).

§ 340 Abs. 1 Satz 1 BGB gibt dem Gläubiger ein Wahlrecht, ob er die Vertragsstrafe verlangt oder den Unterlassungsanspruch geltend macht. Vertragsstrafe neben Unterlassung kann nach der Vorstellung des Gesetzgebers mithin nicht verlangt werden! Allerdings ist die Vorschrift dispositiv. Und: der maßgebliche Zeitraum für die Vertragsstrafe ist relevant, denn wenn sie monatsweise verwirkt wird, kann bei einem fortgesetzten Verstoß im nächsten Monat erneut gewählt werden.

PRAXISHINWEIS:

Höchstrichterlich ungeklärt ist die Frage, ob der einem nachvertraglichen Wettbewerbsverbot unterliegende Gesellschafter die Patienten der BAG insgesamt oder zumindest die von ihm persönlich behandelten Patienten über seinen neuen Tätigkeitsort informieren darf. Die Schaltung von Anzeigen in Printmedien dürfte uneingeschränkt zulässig, die direkte Kontaktaufnahme zu Patienten demgegenüber vertragswidrig sein (ausführlicher Möller, GesR 2020 S. 286, 291, m. w. N.). Eine detaillierte vertragliche Regelung hilft, Streit zu vermeiden (vgl. den Formulierungsvorschlag von Ziegler, GesR 2018 S. 749, 751). Noch nicht wirklich aufgearbeitet ist in diesem Zusammenhang der Einfluss des Datenschutzrechts; einen Verstoß gegen Art. 6 DSGVO nahmen z. B. spanische Behörden an, als ein ehemaliger Praxisinhaber einer verkauften Zahnarztpraxis seine ehemaligen Patienten darüber informierte, dass er zukünftig in einer anderen Praxis aufgesucht werden könne. Eine Berechtigung für die damit einhergehende Verarbeitung der Kontaktdaten der Patienten habe nicht vorgelegen (abrufbar über www.dsgvo-portal.de/dsgvo-bussgeld-datenbank/).

r) Abfindungsanspruch

Die Rechtsfolgen des Ausscheidens aus der BGB-Gesellschaft ergeben sich aus den §§ 728 ff. BGB, sofern ein Ausscheiden mit Anwachsungsfolge bei dem oder den verbleibenden Gesellschaftern vorliegt. Bei fehlender anderslautender Regelung findet die Anwachsung im Verhältnis der bestehenden Gesellschaftsbeteiligung statt. Erfolgt das Ausscheiden auf der Grundlage einer vereinbarten Anteilsübertragung, finden §§ 728 ff. BGB keine Anwendung.

Schon seit Anerkennung der Rechtsfähigkeit der GbR war es überwiegend anerkannt, dass **Schuldnerin des Abfindungsanspruchs die Gesellschaft** ist (BGH, Urteil v. 17.5.2011 – II ZR 285/09, NWB NAAAD-86984, NJW 2011 S. 2355; Urteil v. 12.7.2016 - II ZR 74/14, NWB MAAAF-80396, NJW 2016 S. 3597); ausdrücklich ist dies nun in § 728 Abs. 1 Satz 1 BGB vorgesehen. Die Gesellschafter haften gesamtschuldnerisch für die Erfüllung des Abfindungsanspruchs. Die §§ 728 ff. BGB enthalten aber weitestgehend dispositives Recht. Grenzen für die Beschränkung des Abfindungsanspruchs ergeben sich aus § 138 BGB sowie aus § 725 Abs. 6 BGB, wonach die Abfindungsmodalitäten nicht die Wirkung einer **kündigungsbeschränkenden Klausel** haben dürfen. Bei BAGen ist festzustellen, dass – zumal in zulassungsbeschränkten Fachgebieten – der ideelle Praxiswert meist deutlich höher ist als der materielle. Um insofern zu praktikablen Ansätzen für die Bewertung des materiellen Vermögens zu gelangen, werden nicht selten die um einen bestimmten Prozentsatz erhöhten Buchwerte zugrunde gelegt. Hinsichtlich der Bewertung des immateriellen Praxiswerts (Goodwill) wird häufig ein bestimmter Prozentsatz des gewichteten Gewinns oder Umsatzes in Ansatz gebracht. Derartige statische Berechnungsmethoden haben den Vorteil der Planungssicherheit, vermögen indes aufgrund ihrer Vergangenheitsbezogenheit zukünftige Entwicklungen kaum zu berücksichtigen.

Alternativ kommt die **Bewertung durch Sachverständige** in Betracht. Angesichts der beschränkten Anzahl von öffentlich bestellten und vereidigten Sachverständigen für die Bewertung von Arztpraxen ist nicht selten mit einer mehrmonatigen Bearbeitungsdauer zu rechnen.

Gesellschaftsvertraglich wird häufig eine **Realteilung hinsichtlich des ideellen Praxiswerts** vorgenommen. Lässt sich der ausscheidende Gesellschafter im Einzugsbereich der Praxis nieder, wird fingiert, dass er seine ehemaligen Patienten auch zukünftig betreuen wird und hierdurch seinen anteiligen Goodwill im Wege der Realteilung realisiert. Enthält der Gesellschaftsvertrag kein Wettbewerbsverbot und lässt sich der ausscheidende Gesellschafter im Einzugsbereich der Praxis nieder, **erlischt der Anspruch auf Abfindung für den anteiligen immateriellen Wert** (BGH, Urteil v. 8.5.2000 - II ZR 308/98, NJW 2000 S. 2584). Bestimmt der Gesellschaftsvertrag, dass der Abfindungsanspruch für den anteiligen immateriellen Wert entfällt, wenn sich der ausscheidende Gesellschafter innerhalb der vereinbarten Wettbewerbszone niederlässt, sind die verbleibenden Gesellschafter nicht berechtigt, die Abfindung für den anteiligen immateriellen Praxiswert zu kürzen, wenn die Niederlassung knapp außerhalb der vertraglich vereinbarten Wettbewerbszone erfolgt.

Der BGH (Beschluss v. 18.9.2012 - II ZR 94/10, ZMGR 2013 S. 51; hierzu Schäfer-Gölz, ZMGR 2013 S. 333) hat wiederholt betont, dass die Teilung der Sachwerte und die Einräumung der rechtlich nicht begrenzten Möglichkeit, um die bisherigen Mandanten zu werben, die sachlich naheliegende und angemessene Art der Auseinandersetzung einer Freiberuflersozietät sei. Dies schließe einen Abfindungsanspruch für den Goodwill regelmäßig aus. In diesem Zusammenhang häufig zitiert wird Goette (ehemals Vorsitzender des für Gesellschaftsrecht zuständigen BGH-Senats), MedR 2002 S. 5, zur Wechselbeziehung zwischen Abfindungsanspruch und Wettbewerbsverbot. Der Ausgeschiedene könne nicht eine Abfindung beanspruchen und darüber hinaus seine Patienten „mitnehmen". Man könne den Kuchen nicht essen und zugleich behalten wollen.

Diese Grundsätze sind auf das Ausscheiden aus einer fortgeführten BAG zu übertragen. Der BGH nimmt eine Ausnahme von dem Grundsatz des Abfindungsausschlusses für die Fälle an, in denen die atypische Gestaltung der Gesellschaft den Gesellschaftern in gravierendem Maße ungleiche Chancen bei der Mandantenbindung zuweist. In die Kategorie der unmöglichen oder erschwerten Realisierung des Goodwills sind auch das Ausscheiden wegen Berufsunfähigkeit, aus Altersgründen oder wegen Todes einzuordnen, da der Ausscheidende durch den faktischen Abfindungsausschluss unbillig benachteiligt werden kann. Dabei kommt es jedoch stets auf die konkreten Umstände des Einzelfalls an.

Nicht selten ist der Abfindungsanspruch daran geknüpft, dass der ausscheidende Gesellschafter das Nachbesetzungsverfahren gem. § 103 Abs. 3a, 4 SGB V durchführt.

Scheitert die Einbindung des Nachfolgers in die BAG aus Gründen, die der Ausgeschiedene nicht zu vertreten hat, erlischt sein Anspruch nicht (OLG Frankfurt a. M., Urteil v. 14.1.2010 - 22 U 91/08, GesR 2010 S. 491).

PRAXISHINWEIS:

Bei der Vertragsgestaltung sollte daran gedacht werden, dass der Zulassungsausschuss die Durchführung des Nachbesetzungsverfahrens gem. § 103 Abs. 3a SGB V ablehnt, wenn und weil eine Nachbesetzung aus Versorgungsgründen nicht erforderlich ist. Inhaber des Entschädigungsanspruchs ist der Arzt, nicht die BAG. Es dürfte sachgerecht sein, den Abfindungsanspruch um die Entschädigung zu kürzen. Ausführlich Möller, FS 20 Jahre AG Medizinrecht im DAV, S. 355, 358 ff.

s) Ausscheidensbilanz

Die Feststellung des Abfindungsanspruchs ist häufig mit tatsächlichen und rechtlichen Komplikationen verbunden. Für den Ausscheidenden regelmäßig nachteilig ist der **Grundsatz der Gesamtabrechnung**. Die Forderungen der Gesellschaft gegen den Ausgeschiedenen sowie dessen Forderungen gegen die Gesellschaft werden unselbständige Rechnungspositionen in der Bilanz und können grds. nicht selbständig geltend gemacht werden (**Durchsetzungssperre**). Etwas anderes gilt etwa dann, wenn feststeht, dass ein Gesellschafter einen Anspruch auf einen bestimmten Betrag hat (zu den Ausnahmen Schäfer, § 735 BGB Rz. 37 ff., m. w. N.).

PRAXISHINWEIS:

Wird unter Verkennung der Rechtslage Leistungsklage erhoben, muss das Gericht den Antrag dahin umdeuten, dass Feststellung beantragt wird, die Forderung in die Schlussabrechnung einzustellen (BGH, Urteil v. 22.5.2012 - II ZR 3/11, NWB ZAAAE-15952, NZG 2012 S. 1107, Rz. 36).

Sämtliche Gesellschafter – einschließlich des Ausgeschiedenen – haben das Recht, an der **Erstellung der Ausscheidensbilanz (Abschichtungsbilanz)** mitzuwirken. Die Pflicht zur Aufstellung der Ausscheidensbilanz hat nach herrschender Meinung die Gesellschaft zu erfüllen, da diese Schuldnerin des Abfindungsanspruchs ist. Im Falle des Ausscheidens des vorletzten Gesellschafters aus einer zweigliedrigen BGB-Gesellschaft müsste angesichts der kraft Gesetzes eintretenden Gesamtrechtsnachfolge die Verpflichtung zur Aufstellung der Ausscheidensbilanz den verbleibenden Gesellschafter treffen.

Die **Feststellung der Ausscheidensbilanz** ist durch die Gesellschaft bzw. den allein verbleibenden Gesellschafter und den Ausgeschiedenen als Berechtigten des Abfindungsanspruchs vorzunehmen. Bei Streit über Grund und/oder Höhe des Abfindungsanspruchs wird eine einvernehmliche Feststellung der Ausscheidensbilanz häufig scheitern. Anerkannt ist, dass der Ausgeschiedene den Anspruch auf Zahlung der Abfindung klageweise ohne vorherige einvernehmliche Feststellung der bzw. Einigung auf die Bilanz geltend machen kann. Im Rahmen der zu erhebenden Leistungsklage muss der ausgeschiedene Gesellschafter substantiiert darlegen, aus welchen Gründen die von der Gesellschaft vorgelegte Bilanz falsch ist. Kommt die Gesellschaft trotz Aufforderung mit der Erstellung der Ausscheidensbilanz in Verzug, kann der Ausgeschiedene Leistungsklage auf Aufstellung der Bilanz erheben. Die Klage kann im Wege der **Stufenklage** nach § 254 ZPO mit Geltendmachung des Abfindungsanspruchs verbunden werden.

Der Abfindungsanspruch entsteht im **Ausscheidenszeitpunkt**. Wann der Abfindungsanspruch fällig wird, ist höchstrichterlich bisher nicht geklärt. Eher wenig spricht dafür, die Fälligkeit schon mit dem Ausscheiden eintreten zu lassen, sofern noch Feststellungen und Berechnungen im Rahmen der Ausscheidensbilanz sowie Schlussabrechnung (mit Berücksichtigung insbesondere des variablen Kapitalkontos) zu tätigen sind (vgl. § 271 BGB). Viele Gesellschaftsverträge enthalten im Interesse der Liquidität der verbleibenden Gesellschafter Regelungen, wonach Teilbeträge zu unterschiedlichen Zeitpunkten fällig werden. Dabei ist zu bedenken, dass die **Steuerpflicht von derartigen Stundungsabreden unabhängig** ist (vgl. § 16 Abs. 2 EStG i.V. m. R 4.5 EStR).

PRAXISHINWEIS:

Die erste Teilrate sollte zumindest in Höhe der zu erwartenden Steuern vereinbart werden. Weiterhin kann es sich empfehlen, laufende monatliche Vorschusszahlungen in Höhe eines zu bestimmenden Prozentsatzes des bisherigen monatlichen Gewinnvorabs zu vereinbaren, um den finanziellen Interessen des Ausgeschiedenen bzw. dessen Rechtsnachfolgern Rechnung zu tragen. Je länger die Fälligkeit hinausgeschoben wird, desto eher ist eine Verpflichtung zur Verzinsung vorzusehen.

t) Ehevertrag

Gesellschaftsverträge insbesondere kapitalintensiver BAGen verlangen häufig von den am Gesellschaftsvermögen beteiligten Gesellschaftern den Abschluss eines Ehevertrages, durch welchen die Zugewinnansprüche des jeweiligen Partners, zumindest bezogen auf den Gesellschaftsanteil an der BAG (sog. **modifizierter Zugewinnausgleich**), ausgeschlossen werden. Naturgemäß gibt es in der Praxis eine Vielzahl von Gestaltungsmöglichkeiten. Gemäß § 1410 BGB muss der Ehevertrag zur Niederschrift eines Notars geschlossen werden. Ungeklärt ist, ob die im Gesellschaftsvertrag enthaltene Verpflichtung zum Abschluss eines Ehevertrages ebenfalls genau wie dieser notariell beurkundet werden muss, so dass das Unterlassen zur Nichtigkeit des insgesamt nicht notariell beurkundeten Gesellschaftsvertrages führt (zu Recht ablehnend Wenckstern, NJW 2014 S. 1334, 1340; Hölscher, NJW 2016 S. 3057, 3058; weitere Nachweise bei Siede in Grüneberg, BGB, 83. Aufl. 2024, § 1410 Rz. 1).

Bei der isolierten Vereinbarung einer Zugewinnregelung, selbst wenn diese einen vollständigen Ausgleichsverzicht vorsieht, besteht weitgehende Gestaltungsfreiheit. Werden allerdings in einem auch einen Zugewinnausgleichsverzicht enthaltenden Ehevertrag weitere, einen Ehegatten benachteiligende Vereinbarungen getroffen, kann der Vertrag auf der Grundlage der vorzunehmenden Gesamtschau wegen Sittenwidrigkeit insgesamt unwirksam sein (BGH, Beschluss v. 15.3.2017 - XII ZB 109/16, NWB GAAAG-42879, NJW 2017 S. 1883 f.).

Als Alternative zum Abschluss eines Ehevertrages wird die notariell beurkundete Vollstreckungsverzichtserklärung vorgeschlagen, in welcher sich der Partner zur Unterlassung von Vollstreckungsmaßnahmen in den Gesellschaftsanteil oder in Rechte aus der Mitgliedschaft verpflichtet. Ein effektiver Schutz hängt allerdings davon ab, dass der Anspruch ebenfalls nicht an Dritte abgetreten werden darf!

u) Schiedsgutachten

Strikt von Schiedsklauseln sind **Schiedsgutachterklauseln** gem. § 317 BGB zu unterscheiden. Der Schiedsgutachter hat nicht – wie das Schiedsgericht – einen Rechtsstreit zu entscheiden, sondern eine rechtsgestaltende Leistungsbestimmung/-anpassung vorzunehmen oder Tatsachen verbindlich festzustellen.

Im Rahmen eines gesellschaftsrechtlichen Zusammenschlusses von Ärzten sind Schiedsgutachten mit Feststellungswirkung (sog. Schiedsgutachten im engeren Sinne) – hierauf beschränken sich die nachfolgenden Ausführungen – zu folgenden Fragestellungen besonders relevant:

- Wert von medizinischen Geräten, Inventarstücken etc.,
- Wert eines Gesellschaftsanteils,
- Berechnung eines Schadens,
- Feststellung der Berufsunfähigkeit.

Ein Schiedsgutachten wird im Rahmen einer Auseinandersetzung nur dann erstellt, wenn die Parteien eine – auch formfrei abzuschließende – Schiedsgutachtenvereinbarung getroffen haben. Die Parteien müssen sich hinsichtlich der Person des Schiedsgutachters oder eines dessen Auswahl regelnden Verfahrensmodus – z. B. Bestellung durch einen hierzu geeigneten und bereiten Dritten – einigen.

PRAXISHINWEIS:

Bei Benennung einer konkreten Person sollte dem Umstand Rechnung getragen werden, dass der ursprünglich Benannte zur Erstellung des Gutachtens nicht mehr in der Lage sein könnte. Abzuraten ist von einer Kombination aus Funktion und Person (z. B. „der Steuerberater der BAG, Herr Dr. A."). Wer wird Schiedsgutachter, wenn Herr Dr. A. nicht mehr Steuerberater ist?

Insbesondere bei Bewertungsfragen ist es sinnvoll, einen von der Industrie- und Handelskammer bestellten und öffentlich vereidigten Sachverständigen zu beauftragen. In Betracht kommt auch die Einschaltung eines Wirtschaftsprüfers oder Steuerberaters, der dann allerdings die speziellen Marktverhältnisse kennen und über besondere Erfahrungen auf dem Gebiet ärztlicher Kooperationen verfügen sollte.

In ärztlichen Kooperationsverträgen findet sich im Zusammenhang mit den Abfindungsregelungen häufig die Bestimmung, dass über die Höhe des Praxiswerts ein Sachverständiger abschließende Feststellungen zu treffen hat.

PRAXISHINWEIS:

Wird der Abfindungsanspruch eingeklagt in der Erwartung, die Einholung des Bewertungsgutachtens erfolge durch das Gericht, läuft der Kläger Gefahr, dass die Klage als zurzeit unbegründet abgewiesen wird. Gleiches gilt, wenn die Forderung eingeklagt wird, obwohl das in Auftrag gegebene Schiedsgutachten noch nicht erstellt ist (BGH, Urteil v. 4.7.2013 - III ZR 52/12, NWB GAAAE-41485, DB 2013 S. 1715).

Zwischen den Parteien und dem Schiedsgutachter ist ein Schiedsgutachtervertrag abzuschließen, bei dem es sich um einen dem Schiedsrichtervertrag ähnlichen Geschäftsbesorgungsvertrag handelt. Er kann formlos geschlossen werden.

Die Beauftragung des Schiedsgutachters durch eine Partei ist unschädlich, wenn klargestellt wird, dass das Schiedsgutachten für beide Parteien zu erstellen ist.

Der Schiedsgutachter ist in der Gestaltung des Verfahrens grds. frei. Allerdings sind die Parteien berechtigt, einvernehmlich Voraussetzungen festzulegen, die den Schiedsgutachter bei der Verfahrensdurchführung (z. B. Abhaltung einer mündlichen Verhandlung) oder der Ausübung des Ermessens (z. B. Vorgabe von Bewertungskriterien wie „Bestimmung des Praxiswerts nach dem modifizierten Ertragswertverfahren") binden. Darüber hinaus können sie die Verfahrensstruktur konkretisieren (z. B. Fristen, Anforderungen an Schriftsätze und Beweismittel, Kostentragung, Vorschusszahlungen). Im Falle der Befangenheit des Schiedsgutachters kann der Schiedsgutachtervertrag aus wichtigem Grund gekündigt werden; eine Ablehnung des Schiedsgutachters ist nach herrschender Meinung ausgeschlossen.

Die Kosten des Schiedsgutachters sind regelmäßig von den Parteien hälftig als Gesamtschuldner zu tragen. Dies erscheint in den Fällen ungerecht, in denen die Parteien im Vorfeld unterschiedliche Vorstellungen hinsichtlich der Höhe des zu bestimmenden Leistungsinhalts geäußert haben und der Schiedsgutachter die Auffassung der einen Partei ganz oder zum überwiegenden Teil bestätigt. Insofern kann es sachgerecht sein zu vereinbaren, dass die Parteien verpflichtet sind, im Vorfeld ihre Vorstellungen zur Höhe des zu bestimmenden Leistungsinhalts zu konkretisieren und die Kosten des Schiedsgutachters den Parteien nach dem Verhältnis des Unterliegens entsprechend den §§ 91 f. ZPO zuzurechnen.

Liegt den Parteien das Gutachten vor, ist das Arsenal der Angriffsmöglichkeiten beschränkt. Insofern bestimmt § 319 Abs. 1 Satz 1 BGB:

„Soll der Dritte die Leistung nach billigem Ermessen bestimmen, so ist die getroffene Bestimmung für die Vertragsschließenden nicht verbindlich, wenn sie offenbar unbillig ist."

Offenbar unbillig ist das Schiedsgutachten, wenn die Leistungsbestimmung in grober Weise gegen Treu und Glauben verstößt und sich die Unrichtigkeit einem sachkundigen Betrachter sofort aufdrängt. Wesentlich ist, dass der Schiedsgutachter die Tatbestandselemente zutreffend festgestellt und sein Ergebnis transparent begründet hat. Heben sich Fehler – wie bei Praxisbewertungen durchaus möglich – auf, liegt keine offenbare Unrichtigkeit vor. Toleranzgrenzen von 20 % bis 25 % sind ohnehin zu akzeptieren.

Die Partei, die sich auf die offenbare Unrichtigkeit der Leistungsbestimmung beruft, muss in dem von ihr angestrengten Klageverfahren diejenigen Tatsachen vortragen, aus denen sich dem Sachkundigen die Erkenntnis offenbarer Unrichtigkeit aufdrängt.

v) Schlichtung

aa) Vorbemerkung

Bereits bei der Vertragsverhandlung sollte mit den Parteien erörtert werden, wie eventuell auftretende Streitigkeiten gelöst werden sollen. Dabei ist darauf hinzuweisen, dass die Ursachen für Auseinandersetzungen vielfältig sein können.

Erfahrungsgemäß beruhen Konflikte nicht selten auf Kommunikationsstörungen der Beteiligten. Von daher ist es nicht immer sinnvoll, Streitigkeiten sofort durch Einschaltung von Gerichten klären zu wollen. Dies gilt insbesondere, wenn die Beteiligten noch für längere Zeit zusammenarbeiten müssen.

PRAXISHINWEIS:

Die Durchführung eines Schlichtungsversuchs kostet Zeit und Geld. Niemand kann im Übrigen rechtlich gezwungen werden, konstruktiv an einer Problemlösung mitzuwirken. Für die Schlichtung sollte ein Zeitrahmen bestimmt werden mit der Folge, dass dessen Überschreiten als Scheitern der Schlichtung gilt. Die Parteien können dann im konkreten Fall ggf. einvernehmlich eine Verlängerung der Frist vereinbaren.

Wird trotz einer Schlichtungsvereinbarung sofort Klage erhoben, ist diese als derzeit unzulässig abzuweisen (§ 1032 Abs. 1 ZPO).

bb) Schlichtung durch die Ärztekammer

Sowohl im ärztlichen als auch im zahnärztlichen Bereich enthalten die Satzungen einzelner Kammern Vorgaben zur Bildung von Schlichtungsausschüssen (oftmals anders genannt), auf deren Grundlage Schlichtungsordnungen erlassen wurden, die das Verfahren detailliert regeln. In der Praxis wird von der Einleitung förmlicher kollegialer Schlichtungsverfahren nur äußerst zurückhaltend Gebrauch gemacht.

Einige Ärztekammern bieten ihren Mitgliedern die Möglichkeit zur Durchführung kollegialer Schlichtungsgespräche unter Beteiligung des Justitiars und/oder eines Arztes an. Der Verfahrensablauf ist informell, die Vorbereitung durch den Austausch umfassender Schriftsätze eher unüblich. Vorzugswürdig sind derartige Verfahren, wenn der Kern der Auseinandersetzung eher im ärztlichen Miteinander oder im Atmosphärischen liegt. Der Schlichter verfügt regelmäßig aufgrund seiner Berufstätigkeit über eine besondere Nähe zu Fragen der ärztlichen Berufsausübung sowie über Kenntnisse und Erfahrungen zur „spezifisch ärztlichen Mentalität". Für Lösungen komplexerer gesellschaftsrechtlicher Fragestellungen – wie z. B. die Berechnung des Kapitalkontostandes eines ausgeschiedenen Gesellschafters – ist das Verfahren im Regelfall weniger geeignet. Es kann insofern sogar kontraproduktiv sein, da möglicherweise eine in der Sache unzutreffende Vorfestlegung erfolgt. Im Übrigen hängt die Bearbeitungstiefe naturgemäß von der Person des jeweiligen Schlichters ab.

cc) Mediation

Zunehmend findet die **Mediation** als Verfahren zur Streiterledigung in ärztlichen Kooperationsverträgen Anerkennung. Die Bedeutung ist dadurch gestiegen, dass am 26.7.2012 das **Mediationsgesetz** (MediationsG) in Kraft getreten ist (zur umfangreichen Literatur vgl. nur Horstmeier, Das neue Mediationsgesetz, München 2013; speziell zur Mediation im Gesundheitswesen Ziegler, GesR 2012 S. 520).

§ 1 Abs. 1 des Gesetzes beschreibt die Mediation als

„vertrauliches und strukturiertes Verfahren, bei dem Parteien mithilfe eines oder mehrerer Mediatoren freiwillig und eigenverantwortlich eine einvernehmliche Beilegung ihres Konflikts anstreben."

Die Geeignetheit einer Mediation für eine Konfliktbearbeitung kann – u. a. – anhand folgender Kriterien beurteilt werden (in Anlehnung an Horstmeier, S. 31 f.):

- Verbindet die Parteien eine dauerhafte Beziehung, die zukünftig fortgesetzt werden soll oder muss?
- Sind für den Streit auch nichtjuristische Aspekte/Interessen relevant?
- Ist die Kommunikation über längere Dauer gestört?
- Besteht die Notwendigkeit, zeitnah zu einer Lösung zu kommen?
- Wird – sofern nicht ohnehin die Durchführung eines Schiedsgerichtsverfahrens vereinbart ist – Wert auf Nichtöffentlichkeit des Verfahrens und Vertraulichkeit gelegt?

Enthält der Gesellschaftsvertrag eine Mediationsklausel, sollte diese zumindest eine Regelung zur Auswahl des Mediators enthalten. Insofern sprechen gute Gründe dafür, dass der Mediator die ärztliche Denkweise ebenso kennt wie die branchentypischen

Verhältnisse. Viele gesellschaftsrechtliche Streitigkeiten sind nur vor dem Hintergrund der überregulierten und durch Zulassungs- und Abrechnungsbeschränkungen geprägten Rahmenbedingungen zu verstehen.

Auf Verfahrensordnungen von Mediationsvereinigungen kann verwiesen werden. Unabhängig hiervon schließt der Mediator mit den Parteien eine Mediationsvereinbarung, die den Ablauf des Verfahrens unter Schilderung der einzelnen Phasen konkretisiert. Häufig wird eine „Friedenspflicht" für die Dauer des Verfahrens vereinbart und die Verpflichtung zur Verschwiegenheit hervorgehoben. Die Kosten des Mediators werden regelmäßig paritätisch von den Parteien getragen, wobei die Vereinbarung eines Zeithonorars üblich ist. Lässt eine Partei sich anwaltlich in dem Mediationsverfahren begleiten/vertreten, erhöhen sich die Kosten nicht unerheblich. Der durch eine fehlgeschlagene Mediation verursachte Kosten- und Zeitaufwand wird zu Recht als nachteilig angesehen. Zudem kann nicht ausgeschlossen werden, dass eine Partei mit „bewusster Mentalreservation" an dem Verfahren teilnimmt, um für sich Vorteile aus den gewonnenen Informationen für die als sicher eingeplante gerichtliche Auseinandersetzung zu ziehen und/oder einfach Zeit zu gewinnen.

Eine Mediationsvereinbarung hat die Wirkung eines dilatorischen Klageverzichts. Eine unmittelbar erhobene Klage ist als derzeit unzulässig abzuweisen. Maßnahmen des vorläufigen Rechtschutzes sind zulässig.

Für die Dauer des Mediationsverfahrens ist die Verjährung gem. § 203 Satz 1 BGB gehemmt.

w) Schiedsgerichtsverfahren

aa) Grundsätzliches

Die private Schiedsgerichtsbarkeit ist das Resultat konsequent realisierter Privatautonomie. Der Schiedsspruch hat unter den Parteien die Wirkung eines rechtskräftigen gerichtlichen Urteils (§ 1055 ZPO). Aus § 1041 Abs. 1 Satz 2 ZPO folgt, dass das Schiedsgericht, sofern die Parteien nichts anderes vereinbart haben, auch vorläufige und sichernde Maßnahmen anordnen kann. Zwischen Staatsgericht und Schiedsgericht besteht insofern ein **Konkurrenzverhältnis**.

bb) Schiedsvereinbarung

Wollen die Parteien die Zuständigkeit eines Schiedsgerichts herbeiführen, müssen sie unter Beachtung der in § 1031 ZPO normierten Form eine **Schiedsvereinbarung** (Oberbegriff für Schiedsabrede und Schiedsklausel) treffen (§ 1029 Abs. 1 BGB). Diese entzieht den staatlichen Gerichten die Entscheidungsbefugnis und überträgt sie dem Schiedsgericht.

Ein Arzt, der einen Vertrag zum Eintritt in eine BAG unterschreibt, ist kein Verbraucher i. S. des § 13 BGB. Existenzgründer sind Unternehmer i. S. des § 14 Abs. 1 BGB. Eine Schiedsvereinbarung bedarf deshalb keiner besonderen, von den Parteien unterzeichneten Urkunde, die nur auf das schiedsrichterliche Verfahren bezogene Vereinbarungen enthält. Es genügt vielmehr eine Schiedsklausel im Gesellschaftsvertrag.

Die sachliche Reichweite einer Schiedsvereinbarung erfasst bei Streitigkeiten aus dem Gesellschaftsverhältnis im Zweifel auch ausgeschiedene Gesellschafter.

Enthält die Schiedsvereinbarung keine weiteren Bestimmungen zur Verfahrensdurchführung, gelten die §§ 1025 ff. ZPO.

cc) Beschlussmängelstreitigkeiten

Mit Beschluss vom 6.4.2017 (I ZB 23/16 „Schiedsfähigkeit III", NWB BAAAG-46287, NZG 2017 S. 657 ff.) hatte der BGH die Mindestanforderungen an eine wirksame Schiedsvereinbarung bei Personengesellschaften formuliert. Aus Gründen des Gesellschafterschutzes vor Benachteiligung und Gewährleistung des notwendigen Rechtsschutzes sei zu gewährleisten, dass

- „neben den Gesellschaftsorganen jeder Gesellschafter über die Einleitung und den Verlauf des Schiedsverfahrens informiert und dadurch in die Lage versetzt werden muss, dem Verfahren zumindest als Nebenintervenient beizutreten",
- sämtliche Gesellschafter „an der Auswahl und Bestellung der Schiedsrichter mitwirken können, sofern nicht die Auswahl durch eine neutrale Stelle erfolgt", wobei „bei der Beteiligung mehrerer Gesellschafter auf einer Seite des Streitverhältnisses das Mehrheitsprinzip" Anwendung finden könne,
- alle „denselben Streitgegenstand betreffenden Beschlussmängelstreitigkeiten bei einem Schiedsgericht konzentriert werden (BGHZ 180 S. 221 Rz. 20 – Schiedsfähigkeit II)".

Nachdem diese Entscheidung in der Literatur viel Kritik erfahren hatte, wurde sie vom BGH in seinem Beschluss v. 23.9.2021 (I ZB 13/21, NWB KAAAI-00739, NZG 17 S. 657 ff. – „Schiedsfähigkeit IV"), relativiert. Demnach waren die Mindestanforderungen des BGH bei Personengesellschaften nur dann zu beachten, wenn im Gesellschaftsvertrag – abweichend vom damaligen gesetzlichen Normalfall – das Anfechtungsmodell vereinbart wurde. Dieses ist jedenfalls für Personenhandelsgesellschaften nun durch die §§ 110 ff. HGB das Maßgebliche. Für die GbR und die Partnerschaftsgesellschaft ist das gleichwohl anders. Ohne ausdrückliche gesellschaftsvertragliche Vereinbarung bleibt es hier beim Feststellungsmodell.

PRAXISHINWEIS:

Die Schiedsfähigkeit III-Entscheidung des BGH führt insoweit dazu, dass eine Vielzahl von Schiedsvereinbarungen, zumindest bezogen auf Beschlussmängelstreitigkeiten, unwirksam und demgemäß neu zu gestalten sind. Mit Beschluss vom 19.3.2021 - 19 SchH 36/20, hatte aber insoweit schon das OLG Köln entschieden, dass eine die Beschlussmängelstreitigkeiten nicht explizit regelnde Schiedsvereinbarung geltungserhaltend dahin auszulegen ist, dass sie auf Nichtbeschlussmängelstreitigkeiten anwendbar bleibt.

Ein Formulierungsvorschlag für eine Schiedsvereinbarung findet sich bei Möller, FS 20 Jahre AG Medizinrecht, S. 355, 366. Nachdem das MoPeG die Beschlussmängelstreitigkeit in §§ 110 ff. HGB geregelt hat, ist stets zu überlegen, zumindest die Vorgaben des § 113 HGB in der Schiedsvereinbarung auch der BAG zu berücksichtigen.

dd) Zusammensetzung des Schiedsgerichts

Die Parteien können die Anzahl der Schiedsrichter bestimmen. Fehlt eine solche Vereinbarung, setzt sich das Schiedsgericht aus **drei Personen** zusammen (§ 1034 Abs. 1 ZPO).

Ein aus einem **Einzelschiedsrichter** bestehendes Schiedsgericht kann im Interesse der Kostenminimierung sowie der Beschleunigung insbesondere in tatsächlich und rechtlich überschaubaren Fällen sinnvoll sein.

Von zentraler Bedeutung sowohl für die Effizienz des Verfahrens als auch dessen Akzeptanz bei den Parteien ist die Zusammensetzung des Schiedsgerichts.

Bei der Auswahl der Schiedsrichter (auch: Beisitzer) haben die Parteien grds. ein **unbeschränktes Bestimmungsrecht** hinsichtlich „ihres" Schiedsrichters. Zulässig ist die Vereinbarung, wonach die Schiedsrichter durch **Dritte** ernannt werden.

Das Gesetz schreibt **keine besondere Qualifikation** der Schiedsrichter – insbesondere nicht die Befähigung zum Richteramt – vor, so dass auch Personen ohne Rechtskenntnisse bestellt werden können.

PRAXISHINWEIS:

Ärztliche Beisitzer im Schiedsgericht sind mit komplexeren rechtlichen Fragestellungen häufig überfordert, so dass sie in der Sache kaum fördernd tätig sein können. Vor diesem Hintergrund sollte die Befähigung zum Richteramt („Volljurist") Benennungsvoraussetzung sein. Als Vorsitzender im Schiedsgericht kann ein gesellschaftsrechtlich tätiger Fachanwalt für Medizinrecht oder ein Rechtsanwalt mit entsprechender Erfahrung geeignet sein. Die Eignung (ehemaliger) Berufsrichter als Obleute wird in der Praxis indifferent beurteilt – im Zweifel ist einem mit der Berufstätigkeit von Ärzten *und* Gerichtsverfahren gleichsam vertrauten Anwalt der Vorzug zu geben.

§ 1036 Abs. 1 ZPO verpflichtet jede Person, der ein Schiedsrichteramt angetragen wird, alle Umstände offen zu legen, die Zweifel an ihrer Unparteilichkeit oder Unabhängigkeit wecken können. Ein Schiedsrichter ist auch nach seiner Bestellung bis zum Ende des schiedsrichterlichen Verfahrens verpflichtet, solche Umstände den Parteien unverzüglich offen zu legen, wenn er sie ihnen nicht schon vorher mitgeteilt hat. Für Einzelfragen hierzu beinhalten die „IBA Guidelines on Conflicts of Interest in International Arbitration" (abrufbar über www.ibanet.org) wichtige Orientierungssätze.

ee) Verfahrensgrundsätze

Grundsätzlich unterliegt der Verfahrensablauf der Parteiherrschaft (§ 1042 Abs. 3 ZPO). Regelmäßig erfolgt die konkrete Ausgestaltung der Verfahrensmodalitäten durch die Schiedsvereinbarung, den Schiedsrichtervertrag und/oder eine sog. Verfahrensleitende Verfügung des Schiedsgerichts.

Wesentlich ist § 1042 Abs. 1 ZPO. Hiernach sind die Parteien gleich zu behandeln. Jeder Partei ist rechtliches Gehör zu gewähren. Es ist selbstverständlich, dass sämtliche Schriftsätze, Dokumente und sonstige Mitteilungen, die dem Schiedsgericht von einer Partei vorgelegt werden, der anderen Partei zur Kenntnis zu bringen sind.

Regelmäßig wird die Einleitung des Schiedsgerichts verbunden sein mit der Bestellung des „eigenen Schiedsrichters" und der Aufforderung an die andere Partei, ebenfalls einen Schiedsrichter zu benennen. Nach Konstituierung des Schiedsgerichts erfolgt innerhalb der vereinbarten oder durch das Schiedsgericht bestimmten Frist die Klageerhebung (§ 1046 Abs. 1 ZPO). Der Kläger hat seinen Anspruch und die ihn tragenden Tatsachen, darzulegen. Es ist sachgerecht, die in § 253 ZPO genannten Anforderungen zu beachten. § 1046 Abs. 1 Satz 1 ZPO verpflichtet den Beklagten, zu der Klageschrift Stellung zu nehmen. Dies betrifft insbesondere den Tatsachenvortrag (§ 138 Abs. 2 ZPO).

Ein Versäumnisurteil ist dem Schiedsverfahrensrecht fremd! Erscheint eine Partei nicht zur mündlichen Verhandlung, kann das Schiedsgericht den Schiedsspruch nach Lage der Akten erlassen.

§ 1047 Abs. 1 ZPO sieht vor, dass das Schiedsgericht vorbehaltlich einer Vereinbarung der Parteien entscheidet, ob eine mündliche Verhandlung durchgeführt wird oder eine Entscheidung auf der Grundlage von Dokumenten oder anderen Unterlagen erfolgt. Bei Auseinandersetzungen in ärztlichen Kooperationen ist eine mündliche Verhandlung geradezu obligat, da ein wesentliches Ziel des schiedsgerichtlichen Verfahrens in der Herbeiführung einer einvernehmlichen Erledigung liegt.

Die mündliche Verhandlung ist parteiöffentlich. Jede Partei darf sich durch Dritte (z. B. Berater) begleiten lassen.

Im schiedsgerichtlichen Verfahren können die Beweismittel wie im staatlichen gerichtlichen Verfahren genutzt werden (z. B. Augenschein, Urkunden, Sachverständigengutachten, Zeugen, Parteivernehmung).

Praxisrelevant ist der Zeugenbeweis. Das Schiedsgericht ist berechtigt, Zeugen zu laden. Häufig stellt die beweisbelastete Partei den von ihr genannten Zeugen zum Beweistermin. Weigert sich der Zeuge zu erscheinen, kann das Schiedsgericht die Unterstützung durch das zuständige Amtsgericht beantragen (§ 1050 ZPO). Dies gilt auch für den Fall der Vereidigung eines Zeugen. Das Schiedsgericht und die Parteien sind berechtigt, an der Sitzung des Amtsgerichts teilzunehmen und Fragen zu stellen.

ff) Verfahrensbeendigung

Es kommen mehrere Arten der Verfahrensbeendigung in Betracht.

(1) Beendigung durch Beschluss

Reicht der Schiedskläger die Schiedsklage nicht ein, stellt das Schiedsgericht die Verfahrensbeendigung durch Beschluss fest (§ 1056 Abs. 2 Nr. 1 Buchst. a ZPO).

Gleiches gilt im Falle der Klagerücknahme, sofern nicht der Beklagte widerspricht und das Schiedsgericht ein berechtigtes Interesse des Beklagten an der endgültigen Beilegung der Streitigkeit anerkennt (§ 1056 Abs. 2 Nr. 1 Buchst. b ZPO).

In der Praxis relevant – insbesondere nach Zugang der Kostenvorschussrechnung des Schiedsgerichts – ist die außergerichtliche Einigung. Auch in dieser Konstellation stellt das Schiedsgericht die Beendigung des Verfahrens durch Beschluss fest (§ 1056 Abs. 2 Nr. 2 ZPO).

Vereinbaren die Parteien nicht etwas anderes, entscheidet das Schiedsgericht in dem Beschluss über die Kosten des Verfahrens (§ 1057 ZPO).

(2) Beendigung durch Schiedsspruch

Die ZPO kennt keine Anerkenntnis- oder Versäumnisschiedssprüche.

§ 1052 Abs. 1 ZPO geht davon aus, dass das Schiedsgericht seine Entscheidung mit der Mehrheit der Stimmen aller Mitglieder trifft. Die Schiedsvereinbarung kann Einstimmigkeit vorsehen.

Der Schiedsspruch ist schriftlich zu erlassen und durch den oder die Schiedsrichter zu unterschreiben (§ 1054 Abs. 1 ZPO) und jeder Partei zu übermitteln. Grundsätzlich ist jeder Schiedsspruch zu begründen (§ 1054 Abs. 2 ZPO). Hiervon abweichende Parteivereinbarungen sind zulässig.

Einem Schiedsspruch kommt unter den Parteien die Wirkung eines rechtskräftigen gerichtlichen Urteils zu (§ 1055 ZPO).

(3) Beendigung durch Schiedsspruch mit vereinbartem Wortlaut

Viele Schiedsverfahren finden eine vergleichsweise Erledigung. Auf Antrag der Parteien hält das Schiedsgericht den Vergleich in Form eines Schiedsspruchs mit vereinbartem Wortlaut fest (§ 1053 Abs. 1 Satz 2 ZPO). Das Schiedsgericht kann den Parteien bei der Formulierung Hilfestellung gewähren. Häufig ist der Schiedsspruch mit vereinbartem Wortlaut das Resultat langwieriger Vergleichsverhandlungen und wird durch das Schiedsgericht maßgeblich initiiert.

Der Schiedsspruch mit vereinbartem Wortlaut entfaltet die Wirksamkeit eines Schiedsspruchs. Eine Begründung muss er nicht enthalten.

gg) Gerichtliche Überprüfung

Sofern die Parteien nichts anderes vereinbart haben, ist das Schiedsgerichtsverfahren einstufig. In einem einstufigen Verfahren kann gegen einen Schiedsspruch nur der **Antrag auf dessen Aufhebung** gestellt werden (§ 1059 Abs. 1 ZPO). Zuständig ist das OLG, welches in der Schiedsvereinbarung bezeichnet ist, oder, wenn eine solche Bezeichnung fehlt, das OLG, in dessen Bezirk der Ort des schiedsrichterlichen Verfahrens liegt (§ 1062 Abs. 1 ZPO). In NRW besteht die ausschließliche Zuständigkeit des OLG Köln (hierzu OLG Köln, Beschluss v. 19.3.2021 - 19 SchH 36/20). Der Schiedsspruch kann nur aus den in § 1059 Abs. 2 ZPO genannten Gründen aufgehoben werden (Beispiel: Partei hat Schiedsabrede nicht abgeschlossen; Schiedsabrede erfasst den Streitgegenstand nicht; Verletzung des Rechts auf Gehör).

Das Aufhebungsverfahren ist **kein allgemeines Rechtsmittelverfahren**. Aus inhaltlichen Gründen erfolgt eine Aufhebung des Schiedsspruchs nur, wenn dessen Anerkennung oder Vollstreckung zu einem Ergebnis führt, welches der öffentlichen Ordnung (ordre public) widerspricht (§ 1059 Abs. 2 Nr. 2 Buchst. b ZPO). Dies ist nur in extremen Ausnahmefällen und nur dann anzunehmen, wenn die Akzeptanz des Schiedsspruchs unerträglich wäre.

hh) Vollstreckbarkeit

Schiedssprüche bedürfen, um als Grundlage der Zwangsvollstreckung zu dienen, der staatlichen Anerkennung durch Vollstreckbarerklärung (§ 1060 Abs. 1 ZPO). Zuständig ist das in der Schiedsvereinbarung bezeichnete OLG. Mangels Parteivereinbarung ist das OLG zuständig, in dessen Bezirk der Ort des schiedsrichterlichen Verfahrens liegt (§ 1062 Abs. 1 Nr. 4 ZPO).

Eine Überprüfung des Schiedsspruchs auf inhaltliche Richtigkeit erfolgt nicht. Etwas anderes gilt nur dann, wenn die Vollstreckung des Schiedsspruchs zu einem Ergebnis führt, das der öffentlichen Ordnung (ordre public) widerspricht (§ 1059 Abs. 2 Nr. 2

Buchst. b ZPO). Insofern lesenswert ist der Beschluss des BGH vom 14.1.2016 (I ZB 8/15, NWB WAAAF-67609, GesR 2016 S. 226, MedR 2016 S. 974, m. Anm. Dahm), in welchem der BGH feststellt, dass die einheitliche Gewinnverteilung bei einer sog. gemischten BAG nicht gegen den ordre public verstößt und das berufsrechtliche Verbot der Zuweisung gegen Entgelt (jedenfalls solange es noch nicht vertragsarzt- sowie strafrechtlich vorgegeben war) ebenfalls keinen (!) Verstoß gegen den ordre public darstellt.

ii) Vor- und Nachteile

Die Zweckmäßigkeit einer Schiedsgerichtsvereinbarung in Gesellschaftsverträgen von BAGen ist umstritten.

Vorteile:

- Nichtöffentlichkeit,
- abschließende Entscheidung,
- spezielle Sachkunde der Schiedsrichter,
- Beschleunigung,
- hohe Vergleichsquote.

Nachteile:

- Möglichkeit zur Destruktion,
- hohe Kosten,
- keine gerichtliche Korrekturmöglichkeit.

x) Schriftformklausel

Sinnvoll ist die Vereinbarung einer Schriftformklausel. Hierbei ist zu beachten, dass zumindest die einfache Schriftformklausel („Vertragsänderungen bedürfen der Schriftform.") durch eine abweichende Praxis ersetzt werden kann.

Bei einer doppelten Schriftformklausel („Vertragsänderungen bedürfen der Schriftform. Dies gilt auch für die Aufhebung des Schriftformerfordernisses.") müssen zusätzliche Elemente hinzukommen, um eine Vertragsänderung durch eine abweichende Praxis, d. h. stillschweigend, anzunehmen. Erforderlich ist, dass die Parteien ihren Willen, trotz der Schriftformklausel den Vertrag ändern zu wollen, deutlich zum Ausdruck bringen; eine abweichende Praxis reicht hierfür alleine nicht aus (Roesener, NJW 2016 S. 2214, 2217). Im Übrigen gilt, dass derjenige, der sich auf eine nicht in der vertraglich vorgesehenen Form erfolgte Vertragsänderung beruft, die Vertragsänderung und die Aufhebung der Formabrede beweisen muss.

y) Bedingungen

Für die vertragsärztlich tätige BAG ist die (vorherige) Genehmigung durch den Zulassungsausschuss (§ 33 Abs. 3 Satz 1 Ärzte-ZV) erforderlich. Da BAGen ihre Tätigkeit nicht selten vor Eintritt der Bestandskraft des Genehmigungsbescheides aufnehmen, bedarf es insofern der Vereinbarung einer – auflösenden – Bedingung.

Neben der bestandskräftigen Genehmigung der BAG kommen als Bedingungen u. a. in Betracht:

- Bestandskraft einer Zulassung,
- Bestandskraft einer Verlegungsgenehmigung,
- Bestandskraft von Abrechnungsgenehmigungen,
- Teilnahmemöglichkeit an Strukturverträgen,
- Zustandekommen eines Anteilskaufvertrages,
- Zustandekommen eines Praxismietvertrages,
- Abschluss eines Kooperationsvertrages z. B. mit einem Krankenhausträger,
- Erteilung einer Finanzierungszusage.

z) Salvatorische Klausel

Keinesfalls fehlen darf eine sog. salvatorische Klausel. Hierdurch versuchen die Parteien für den Fall des Falles, ein in Teilen nichtiges Rechtsgeschäft in den nicht von der Nichtigkeit erfassten Teilen zu retten. Die Vereinbarung einer Erhaltens- oder Ersetzungsklausel entbindet nicht von der nach § 139 BGB vorzunehmenden Prüfung, ob die Parteien das teilnichtige Geschäft als Ganzes verworfen oder den Rest hätten gelten lassen. Die Darlegungs- und Beweislast trifft dabei die Partei, die den Vertrag entgegen der Erhaltensklausel als Ganzes für unwirksam hält.

4. Steuerliche Aspekte

Literatur: *Schulze zur Wiesche*, Die Einlage in eine atypisch stille Gesellschaft und die Einlage als Sonderbetriebsvermögen als Einbringungsvorgänge i. S. d. § 24 UmwStG, DB 1986 S. 1744; *Hörger/Stöbbe*, Die Zuordnung stiller Reserven beim Ausscheiden eines Gesellschafters einer Personengesellschaft – Modifizierte Stufentheorie –, DStR 1991 S. 1230; *Richter*, Praxisfragen bei Wiederaufnahme bzw. geringfügiger Fortsetzung der Steuerberatertätigkeit nach Praxisveräußerung, DStR 1998 S. 442; *Märkle*, Die Übertragung eines Bruchteils eines Gesellschaftsanteils bei vorhandenem Sonderbetriebsvermögen, DStR 2001 S. 685; *Crezelius*, Besteuerung aus Drittverhalten? – Überlegungen zu sog. Behaltefristen –, FR 2002 S. 805; *Groh*, Teilwerteinbringung von betrieblichen Einzelwirtschaftsgütern in Personengesellschaften, DB 2003 S. 1403; *Ehlers*, Praxisveräußerungen und Sozietätsgründungen in ertragsteuerlicher Sicht, NWB F. 3 S. 12201 ff.; *Korn/Strahl*, Freiberufliche Tätigkeit im Steuerrecht, NWB F. 3 S. 13417 ff.; *Rogall/Stangl*, Die unentgeltliche Übertragung von Mitunternehmeranteilen und Teilmitunternehmeranteilen mit Sonderbetriebsvermögen, DStR 2005 S. 1073; *Spindler*, Der „Gesamtplan" in der Rechtsprechung des BFH, DStR 2005 S. 1; *Klein*, Zweifelsfragen zu Übertragungsakten nach § 6 Abs. 3 EStG, NWB F. 3 S. 13771; *Korn*, Brennpunkte zur Einnahmenüberschussrechnung nach § 4 Abs. 3 EStG, KÖSDI 2/2006 S. 14968; *Michels/Ketteler-Eising*, Ertragsteuerliche Behandlung des Kaufpreises für Kassenarztpraxen, DStR 2006 S. 961; *Rogall*, Steuerneutrale Bar- und Sachabfindung beim Ausscheiden aus Personengesellschaften – zum Verhältnis von § 6 Abs. 5 EStG zu § 16 EStG, DStR 2006 S. 731; *Michels/Ketteler-Eising*, Die Vertragsarztzulassung als praxiswertbildender Faktor – Kritik an der Verfügung der OFD Koblenz vom 12.12.2005 (DStR 2008, 610), DStR 2008 S. 314; *Ghirardini*, Übertragung von Wirtschaftsgütern, NWB direkt Nr. 40 S. 6; *Hidien/Kirchner*, Umsatzsteuerrechtliche Folgen der ertragsteuerlichen Realteilung eines Betriebs- und Unternehmensvermögens, StuB 2009 S. 96; *Gragert*, Ertragsteuerliche Behandlung der integrierten Versorgung im Gesundheitswesen, NWB F. 3 S. 14239; *Korn*, Einbringung in Personengesellschaften nach § 24 UmwStG, NWB F. 18 S. 4417; *Brandenberg*, Steuerschonende Übertragung bei Personengesellschaften, NWB F. 3 S. 15317; *Schulze zur Wiesche*, Neue Rechtsprechung zur Einbringung von Einzelwirtschaftsgütern und zur Übertragung von Mitunternehmeranteilen, DStR 2012 S. 2414; *Ungemach*, Übertragung und Überführung von Einzelwirtschaftsgütern, NWB Nr. 31 vom 30.7.2012 S. 2539; *Kahle*, Ergänzungsbilanzen bei Personengesellschaften, FR 2013 S. 873; *Michels*, Der Arzt im Spannungsfeld zwischen Ökonomie, Heilauftrag und Steuerrecht, Festschrift für Gernot Steinhilper, Sonderdruck aus: Kriminologie und Medizinrecht; *Nettersheim*, Realteilung: Steuerneutrale Auflösung einer freiberuflichen Sozietät, EStB 2013 S. 439; *Patt*, Entgeltlicher Erwerb eines Mitunternehmeranteils, EStB 2013 S. 221; *Röhrig*, Die Realteilung der Personengesellschaft, EStB 2013 S. 190 – 194 und S. 232 – 235; *Schmitt/Keuthen*, Positive und negative Ergänzungsbilanzen bei Einbringungen i. S. von § 24 UmwStG, DStR 2013 S. 1565; *Levedag*, Aufnahme von Freiberuflern in Einzelpraxen und Sozietäten, NWB 2016 S. 1881; *Nöcker*, StÄndG 2015 – ein „überschießendes" Nichtanwendungsgesetz?, DB 2016 S. 72; *Richter*, Die Neuregelung zu „sonstigen Gegenleistungen" in § 24 Abs. 2 Satz 2 UmwStG, DStR 2016 S. 840; *Weiss*, Gewerblichkeitsfiktionen des § 15 Abs. 3 EStG, NWB 2016 S. 3148; *Wendt*, Ausscheiden gegen Sachwertabfindung – die „unechte" Realteilung der Personengesellschaft, FR 2016 S. 536; *Rennar*, Überführung und Übertragung von Einzelwirtschaftsgütern, NWB 2017 S. 343; *Dorn/Müller*, Ungleichbehandlung der „unechten" und „echten" Realteilung bei Verletzung der Sperrfrist iSd § 16 Abs. 3 S. 3 EStG nach dem aktualisierten BMF-Schreiben v. 19.12.2018, DStR 2019 S. 726; *Gragert*, Echte und unechte Realteilung – Unterschiede in der steuerlichen Behandlung, NWB 2019 S. 746; *Niehus/Wilke*, Wirkungen und Folgewirkungen der aktuellen Rechtsprechung zur Realteilung unter Berücksichtigung des neuen Realteilungserlasses, Ubg 2019 S. 194; *Wendt*, Zur Tarifbegünstigung eines Aufgabegewinns bei einer echten Realteilung, FR 2019 S. 768; *Kilincsoy*, Analyse der Modernisierung des Personengesellschaftsrechts durch das MoPeG, FR 2021 S. 248; *Ketteler-Eising*, Besteuerung variabler Kaufpreise mit Earn-Out-Komponenten im Vergleich zu umsatz-/gewinnabhängigen Kaufpreisen als wiederkehrende Bezüge, DStR 2022 S. 1633; *Müller/Dorn/Schwarz*, Variable Veräußerungsentgelte, NWB 2017 S. 2906; *Schneider*, Besteuerung von Earn-Out-Zahlungen im Kontext steuerbegünstigter Veräußerungsgewinne, NWB 2024 S. 1707; *Strahl*, „Earn-Out-Zahlungen" als nachträgliche Betriebseinnahmen, NWB 2024 S. 150; *Weißenbacher*, Brennpunkt Earn-Out-Zahlungen – Begünstigte Besteuerung möglich?, DB 2024 S. 1440; *Nowak*, Die neue BFH-Rechtsprechung zu Earn-Out-Klauseln bei Veräußerung von Mitunternehmeranteilen, FR 2024 S. 746.

a) Grundsätze zur Besteuerung der Berufsausübungsgemeinschaft

aa) Allgemeine Hinweise zur Besteuerung von Ärzten

Der Arzt in eigener Praxis unterliegt als natürliche Person mit Wohnsitz oder gewöhnlichem Aufenthalt im Inland nach § 1 Abs. 1 Satz 1 EStG der Einkommensteuer. Die selbständige Berufstätigkeit als Arzt und die arztähnliche selbständige Berufstätigkeit gehört dabei zur **freiberuflichen Tätigkeit i. S. des § 18 Abs. 1 Nr. 1 EStG** und führt zu Einkünften aus selbständiger Arbeit.

Einen Heil- oder Heilhilfsberuf übt derjenige aus, dessen Tätigkeit der Feststellung, Heilung oder Linderung von Krankheiten, Leiden oder Körperschäden beim Menschen dient. Dazu gehören auch Leistungen der vorbeugenden Gesundheitspflege. Soweit **Heil- oder Heilhilfsberufe** nicht zu den Katalogberufen Arzt oder Zahnarzt zählen, ist ein solcher Beruf einem der in § 18 Abs. 1 Nr. 1 Satz 2 EStG genannten **Katalogberufen ähnlich**, wenn das typische Bild des Katalogberufs mit seinen wesentlichen Merkmalen dem Gesamtbild des zu beurteilenden Berufes vergleichbar ist. Dazu gehört die Vergleichbarkeit der jeweils ausgeübten Tätigkeit, wenn sie der Ausübung der Heilkunde dient, die Vergleichbarkeit der Ausbildung und die Vergleichbarkeit der gesetzlichen Bedingungen, insbesondere berufsrechtliche Regelungen, für die Ausübung des zu vergleichenden Berufes; z. B. Altenpfleger, Ergotherapeuten, Logopäden, staatlich geprüfte Masseure, Podologen, Rettungsassistenten oder Zahnpraktiker. Die Zulassung des Steuerpflichtigen bzw. der Berufsgruppe nach § 124 Abs. 1 oder §§ 140a ff. SGB V stellt ein ausreichendes Indiz für das Vorliegen einer dem Katalogberuf ähnlichen Tätigkeit i. S. des § 18 Abs. 1 Nr. 1 EStG dar (BMF v. 20.11.2019 - IV C 6 - S 2246/19/10001, BStBl 2019 I S. 1298).

Ein Angehöriger eines freien Berufes in diesem Sinne ist nach § 18 Abs. 1 Nr. 1 Satz 3 EStG auch dann freiberuflich tätig, wenn er sich der **Mithilfe fachlich vorgebildeter Arbeitskräfte** bedient. Fachlich vorgebildete Arbeitskräfte sind nicht nur Angestellte, sondern auch Subunternehmer. Voraussetzung ist jedoch, dass der Arzt aufgrund **eigener Fachkenntnisse leitend und eigenverantwortlich tätig** ist. Freiberufliche Arbeit leistet der Arzt nur, wenn die Ausführung jedes einzelnen ihm erteilten Auftrags ihm und nicht dem fachlichen Mitarbeiter, den Hilfskräften, den technischen Hilfsmitteln oder dem Unternehmen als Ganzem zuzurechnen ist, wobei in einfachen Fällen eine fachliche Überprüfung der Arbeitsleistung des Mitarbeiters genügt (sog. **Stempeltheorie;** H 15.6 EStH – „Mithilfe anderer Personen"). Selbständige Ärzte üben ihren Beruf i. d. R. auch dann leitend und eigenverantwortlich aus, wenn sie ärztliche Leistungen von angestellten Ärzten erbringen lassen. Voraussetzung dafür ist, dass sie aufgrund ihrer Fachkenntnisse durch regelmäßige und eingehende Kontrolle maßgeblich auf die Tätigkeit ihres angestellten Fachpersonals patientenbezogen Einfluss nehmen, so dass die Leistung den Stempel der Persönlichkeit des Praxisinhabers als Steuerpflichtigen trägt.

Dies ist jedenfalls dann der Fall, wenn der selbständige Arzt die jeweils anstehenden Voruntersuchungen bei den Patienten durchführt, die Behandlungsmethode festlegt und sich die Behandlung problematischer Fälle vorbehält (H 15.6 EStH „Mitarbeit eines angestellten Berufsträgers"; BFH, Urteil v. 16.7.2014 - VIII R 41/12, BStBl 2015 II S. 216). Dies ist nach den Umständen des Einzelfalls zu beurteilen und kann nicht exakt und allgemein gültig festgelegt werden. Hierfür sind die Praxisstruktur, die individuellen Kapazitäten des Arztes, das in der Praxis anfallende Leistungsspektrum und die Qualifikation der Mitarbeiter zu berücksichtigen (vgl. ausführlich S. 418 ff.).

Übt der Arzt in **Einzelpraxis** neben seiner freiberuflichen Tätigkeit noch eine gewerbliche Tätigkeit aus, so sind die **Tätigkeiten** nach der steuerlichen Rechtsprechung zu **trennen**, sofern dies nach der Verkehrsauffassung möglich ist. Nur die anteiligen Einkünfte aus der gewerblichen Tätigkeit unterliegen dann der Gewerbesteuer. Dies gilt auch dann, wenn sachliche und wirtschaftliche Bezugspunkte zwischen den verschiedenen Tätigkeiten bestehen (BFH, Urteil v. 8.10.2008 - VIII R 53/07, BStBl 2009 II S. 143; vgl. auch H 15.6 EStH „Gemischte Tätigkeit"). Handelt es sich aber um Tätigkeiten, die so miteinander verflochten sind und sich gegenseitig so unlösbar bedingen, dass sie nach der Verkehrsauffassung nicht zu trennen sind, weil z. B. dem Patienten gegenüber ein einheitlicher Erfolg geschuldet wird, so ist die Tätigkeit insgesamt einheitlich zu beurteilen. Eine solche einheitliche Tätigkeit ist dann steuerlich danach zu qualifizieren, ob das freiberufliche oder das gewerbliche Element vorherrscht (BFH, Urteil v. 18.10.2006 - XI R 10/06, BStBl 2008 II S. 54, m. w. N.). So ist z. B. eine Impfung unter gleichzeitiger Abgabe der Impfstoffe, die der Arzt selbst verabreichen muss (sog. Praxisbedarf), noch als einheitliche freiberufliche Leistung zu beurteilen, ansonsten ist die Abgabe von Arzneimitteln eine gewerbliche Tätigkeit (vgl. OFD Frankfurt v. 16.6.2008 - S 2246 A - 33 - St 210, DB 2008 S. 2109; BFH, Urteil v. 26.5.1977 - V R 95/76, BStBl 1977 II S. 879; BFH, Urteil v. 1.2.1979 - IV R 113/76, BStBl 1979 II S. 574; Moritz/Baumgartner in Bordewin/Brandt, EStG, 462. Lieferung 8.2024, § 18 EStG Rz. 299; Pfirrmann in Kirchhof/Seer, EStG, 23. Aufl. 2024, § 18 Rz. 22, 56). Auch bei der Annahme einer gewerblichen Tätigkeit infolge der schädlichen Mithilfe fachlich vorgebildeter Arbeitskräfte kommt eine Trennung nach diesen Grundsätzen in Betracht, z. B. bei einem getrennten Patientenklientel, abgrenzbaren Aufträgen und insbesondere einer örtlichen Trennung (vgl. H 15.6 EStH „Mitarbeit eines angestellten Berufsträgers"; BFH, Urteil v. 8.10.2008 - VIII R 53/07, BStBl 2009 II S. 143; FG Hamburg, Urteil v. 10.9.2013 - 3 K 80/13, NWB QAAAE-50999). Bei einer **BAG** dagegen ist eine **Trennung nicht möglich** (vgl. S. 100; BFH, Urteil v. 4.7.2007 - VIII R 77/05, BFH/NV 2008 S. 53; BFH, Urteil v. 14.5.2019 - VIII R 35/16, BStBl 2019 II S. 580).

Typische Beispiele für eine gewerbliche Tätigkeit sind der **Verkauf von Kontaktlinsen nebst Pflegemittel** durch Augenärzte, der **Verkauf von Nahrungsergänzungsmitteln oder Zahnpflegeprodukten**, Leistungen der **häuslichen Pflegehilfe** durch Krankenschwestern/Krankenpfleger, **Massagen und Pediküren** bei Fußpflegern oder das **medizinische Gerätetraining durch Krankengymnasten** (zu unterscheiden von der ärztlich verordneten gerätegestützten Krankengymnastik; OFD München v. 11.6.2004 - S 2246 – 37 St 41/42, DStR 2004 S. 1963; BMF v. 14.5.1997 - IV B 4 - S 2246-23/97, BStBl 1997 I S. 566; Moritz/Baumgartner in Bordewin/Brandt, EStG, 462. Lieferung 8.2024, § 18 Rz. 299).

bb) Besteuerung der Berufsausübungsgemeinschaft

Die Berufsausübungsgemeinschaft (nachfolgend BAG) in der Rechtsform der GbR, vormals bezeichnet als Gemeinschaftspraxis, unterliegt als Personengesellschaft selbst weder der Einkommensteuerpflicht (nach § 1 EStG sind natürliche Personen einkommensteuerpflichtig) noch der Körperschaftsteuerpflicht (nach § 1 KStG sind juristische Personen körperschaftsteuerpflichtig). Zu den Einkünften natürlicher Personen gehören nach § 15 Abs. 1 Satz 1 Nr. 2 EStG (i. V. m. § 18 Abs. 4 Satz 2 EStG) vielmehr die Gewinnanteile der Gesellschafter einer Personengesellschaft, bei der der Gesellschafter als Unternehmer (Mitunternehmer) des Betriebes anzusehen ist. Die Feststellung der Gewinnanteile der einzelnen Mitunternehmer erfordert eine **einheitliche und gesonderte Feststellung von Besteuerungsgrundlagen** nach § 180 Abs. 1 Nr. 2a AO.

Mitunternehmer i. S. des § 15 Abs. 1 Satz 1 Nr. 2 EStG (i. V. m. § 18 Abs. 4 Satz 2 EStG) ist, wer zivilrechtlich Gesellschafter einer Personengesellschaft ist und eine gewisse **unternehmerische Initiative** („Mitunternehmerinitiative“) entfalten kann sowie **unternehmerisches Risiko** („Mitunternehmerrisiko“) trägt. Beide Merkmale können im Einzelfall mehr oder weniger ausgeprägt sein (H 15.8 Abs. 1 EStH „Allgemeines“ m. w. N.). Erhält aber z. B. ein (Schein-)Gesellschafter eine von der Gewinnsituation abhängige, nur nach dem eigenen Umsatz bemessene Vergütung und ist er zudem von einer Teilhabe an den stillen Reserven der Gesellschaft ausgeschlossen, kann wegen des danach nur eingeschränkt bestehenden Mitunternehmerrisikos eine Mitunternehmerstellung zu verneinen sein (BFH, Urteil v. 3.11.2015 - VIII R 63/13, BStBl 2016 II S. 383).

PRAXISHINWEISE:

Eine Teilhabe an den stillen Reserven muss nicht zwingend mit einer Abfindung in Geld im Falle des Ausscheidens aus der BAG einhergehen. Der BFH hat insofern ausgeführt, dass zur Beteiligung eines Gesellschafters an den immateriellen Wirtschaftsgütern (insbesondere Patientenstamm) für den Fall des Ausscheidens entweder ein Abfindungsanspruch zuzugestehen ist oder aber der Gesellschafter das Recht erhalten muss, ohne Wettbewerbsverbot seine Patienten mitzunehmen (vgl. S. 105 f.; BFH, Urteil v. 3.11.2015 - VIII R 63/13, BStBl 2016 II S. 383). Letzteres, also die Übernahmeberechtigung des Patientenstamms einschl. im Einzelfall der Vertragsarztzulassung, stellt somit offenbar auch eine Beteiligung an den stillen Reserven der BAG dar, führt dann aber im Fall des Ausscheidens zu einer „unechten“ Realteilung bzw. bei einer zweigliedrigen BAG zu einer „echten“ Realteilung (vgl. S. 136 ff.; 143 ff.).

Der Umfang des steuerlichen Betriebsvermögens und der Betriebseinnahmen und -ausgaben bestimmt sich nach § 18 Abs. 4 Satz 2 i. V. m. § 15 Abs. 1 Satz 1 Nr. 2 EStG und umfasst das Gesamthandsvermögen, d. h. das Gesellschaftsvermögen der BAG, und das Sonderbetriebsvermögen.

PRAXISHINWEISE:

Seit Inkrafttreten des MoPeG gilt das Vermögen einer GbR nicht mehr als gemeinschaftliches Vermögen der Gesellschafter und stellt damit kein „Gesamthandsvermögen" mehr dar. Durch das MoPeG wurden die Begriffe „Gesamthand" und „Gesamthandsvermögen" gestrichen und ansonsten geregelt, dass die GbR selbst rechtsfähige Trägerin des Gesellschaftsvermögens ist, d. h. Eigentümerin der Sachen, die zum Gesellschaftsvermögen gehören, Inhaberin von Rechten, insbesondere Forderungen, und Pflichten, insbesondere Schuldnerin von Verbindlichkeiten (vgl. BT-Drucks. 19/27635 S. 103 ff.; vgl. hierzu auch S. 58 ff.). Änderungen an den ertragsteuerlichen Grundsätzen bei der Besteuerung von Personengesellschaften sind mit dem MoPeG diesbezüglich nicht verbunden (vgl. BT-Drucks. 19/27635 S. 107). Es bleibt bei der transparenten Besteuerung von Personengesellschaften (§ 18 Abs. 4 Satz 2 EStG i. V. m. § 15 Abs. 1 Satz 1 Nr. 2 EStG). Dies insbesondere, da nach § 39 Abs. 2 Nr. 2 Satz 2 AO rechtsfähige Personengesellschaften, wie z. B. bereits bisher eine OHG oder KG, für Zwecke der Ertragsbesteuerung als Gesamthand und deren Vermögen als Gesamthandsvermögen gelten. Entsprechend wird in den steuerlichen Ausführungen in Anlehnung an § 39 Abs. 2 Nr. 2 Satz 2 AO, die Literatur, die Rechtsprechung und die Veröffentlichungen der Finanzverwaltung auch weiterhin der Begriff „Gesamthandsvermögen" verwendet, auch wenn dies aus juristischer Sicht ggf. nicht mehr zeitgemäß erscheint.

Wirtschaftsgüter, die einem, mehreren oder allen Mitunternehmern gehören und die nicht Gesamthandsvermögen der Mitunternehmer der Personengesellschaft sind, gehören zum **notwendigen (Sonder-)Betriebsvermögen,** wenn sie entweder unmittelbar dem Betrieb der Personengesellschaft dienen oder unmittelbar zur Begründung oder Stärkung der Beteiligung des Mitunternehmers an der Personengesellschaft eingesetzt werden sollen (R 4.2 Abs. 2 Satz 2 EStR). Somit gehört z. B. die Praxisimmobilie, die einem Gesellschafter gehört und die dieser an seine BAG vermietet, ebenso zum notwendigen Sonderbetriebsvermögen der BAG wie auch der Praxis-Pkw, den der Arzt zu mehr als 50 % betrieblich nutzt. Wirtschaftsgüter, die kein notwendiges Sonderbetriebsvermögen darstellen, aber objektiv geeignet und subjektiv dazu bestimmt sind, den Betrieb der Gesellschaft (Sonderbetriebsvermögen I) oder die Beteiligung des Gesellschafters (Sonderbetriebsvermögen II) zu fördern, können – auch von einem einzelnen Gesellschafter – als gewillkürtes Sonderbetriebsvermögen behandelt werden (R 4.2 Abs. 2 Satz 3 f. EStR).

Schließen sich Ärzte als Angehörige eines freien Berufes zu einer BAG zusammen, erzielen diese nur dann freiberufliche Einkünfte, wenn **alle Gesellschafter die Merkmale eines freien Berufes erfüllen**. Kein Gesellschafter darf nur kapitalmäßig beteiligt sein oder im Rahmen der Gesellschaft Tätigkeiten ausüben, die keine freiberuflichen sind (vgl. H 15.6 EStH „Gesellschaft"; zu den Voraussetzungen der steuerrechtlichen Anerkennung mehrstöckiger Freiberufler-Personengesellschaften vgl. auch BFH, Urteil

v. 4.8.2020 - VIII R 24/17, BStBl 2021 II S. 81; zur gewerblichen Infizierung einer (zahn)ärztlich tätigen Partnerschaftsgesellschaft infolge der Konzentration eines Mitgesellschafter allein auf Organisation-, Verwaltungs- und Management-Tätigkeiten (der vom Mitgesellschafter selbst erwirtschaftete freiberufliche Umsatzerlös lag nur bei 0,028 % der Gesamt-Umsatzerlöse der Mitunternehmerschaft), vgl. FG Rheinland-Pfalz, Urteil v. 16.9.2021 - 4 K 1270/19, EFG 2022 S. 490, Revision eingelegt, Az. des BFH: VIII R 4/22). Auch die Beteiligung einer Kapitalgesellschaft führt zur Gewerblichkeit, denn eine Kapitalgesellschaft kann die Merkmale eines freien Berufes nicht erfüllen, weil ihre Tätigkeit nach § 2 Abs. 2 Satz 1 GewStG stets als Gewerbebetrieb gilt (BFH, Beschluss v. 3.12.2003 - IV B 192/03, BStBl 2004 II S. 303). Dies gilt selbst dann, wenn sämtliche Gesellschafter der Kapitalgesellschaft wiederum nur natürliche Personen sind, die die Voraussetzungen eines freien Berufes erfüllen (H 15.6 EStH „Gesellschaft“; BFH, Urteil v. 8.4.2008 - VIII R 73/05, BStBl 2008 II S. 681; BFH, Beschluss v. 3.12.2003 - IV B 192/03, BStBl 2004 II S. 303), wie z. B. eine **Beteiligung einer MVZ-GmbH**, deren Gesellschafter ausschließlich Ärzte sind, **an einer BAG.**

Auch wenn alle Gesellschafter einer BAG die Merkmale eines freien Berufes erfüllen und in der BAG grds. eine freiberufliche ärztliche Tätigkeit ausüben, kann eine BAG zum Gewerbebetrieb werden, wenn entweder im Rahmen der BAG auch eine gewerbliche Tätigkeit ausgeübt wird (§ 15 Abs. 3 Nr. 1 Satz 1 Alt. 1 EStG, auch „Seitwärtsabfärbung“ genannt) oder die BAG als Mitunternehmer gewerbliche Einkünfte aus einer Beteiligung an einer anderen Personengesellschaft bezieht (§ 15 Abs. 3 Nr. 1 Satz 1 Alt. 2 EStG, auch „Aufwärtsabfärbung“ genannt).

Nach § 15 Abs. 3 Nr. 1 EStG gilt die Tätigkeit einer BAG in der **ersten Alternative** dann in vollem Umfang als Gewerbebetrieb, wenn **auch eine Tätigkeit i. S. des § 15 Abs. 1 Satz 1 Nr. 1 EStG, d. h. auch eine gewerbliche Tätigkeit,** ausgeübt wird (sog. **gewerbliche Infizierung** oder Abfärbung), wobei die abfärbende Wirkung durch die gewerbliche Tätigkeit und nicht durch das hieraus erzielte positive oder negative Ergebnis (Gewinn oder Verlust) ausgelöst wird. Der BFH hat allerdings entschieden, dass eine gewerbliche Infizierung nicht eintritt, wenn neben den Einkünften aus selbständiger Arbeit eine gewerbliche Tätigkeit nur in äußerst geringem Umfang ausübt wird (**Bagatellgrenze**). Die Einkünfte werden dann nicht insgesamt zu gewerblichen Einkünften umqualifiziert, wenn die gewerblichen Umsätze eine Bagatellgrenze i. H. von 3 % der Gesamtnettoumsätze und zusätzlich den Betrag von 24.500 € im Veranlagungszeitraum nicht übersteigen. Insoweit handelt es sich um eine relative Grenze (3 % vom Gesamtnettoumsatz) und eine absolute Grenze (24.500 €). Beide Grenzen müssen eingehalten werden. Überschreitet der gewerbliche Umsatz 3 % der Gesamtnettoumsätze oder überschreitet der gewerbliche Umsatz 24.500 €, tritt eine gewerbliche Infizierung ein (H 15.8 Abs. 5 EStH „Bagatellgrenze“; vgl. auch BFH, Urteil v. 30.6.2022 - IV R 42/19, BStBl 2023 II S. 118).

Ist der Umfang der gewerblichen Tätigkeit in der BAG nicht mehr als äußerst geringfügig anzusehen, führen diese gewerblichen Einkünfte als **Folge der Infizierung** zur **Umqualifizierung sämtlicher Einkünfte der BAG** in solche aus Gewerbebetrieb. Auch die Einkünfte aus der ärztlichen Tätigkeit unterliegen dann der Gewerbesteuer. (Diese Umqualifizierung verstößt nicht gegen den Gleichheitssatz des Grundgesetzes; vgl. BVerfG, Beschluss v. 15.1.2008 - 1 BvL 2/04, NWB CAAAC-80313, DB 2008 S. 1243).

PRAXISHINWEISE:

Zur Vermeidung der gewerblichen Infizierung durch eine gewerbliche Tätigkeit ist die Gründung einer gesonderten gewerblichen (beteiligungsidentischen) GbR unter Berücksichtigung eines entsprechenden Vorgehens in der praktischen Umsetzung anerkannt (BMF v. 14.5.1997 - IV B 4 - S 2246 - 23/97, BStBl 1997 I S. 566; BFH, Urteil v. 19.2.1998 - IV R 11/97, BStBl 1998 II S. 603). Besondere Vorsicht ist allerdings auch im Falle gesonderter GbRs geboten, wenn die freiberufliche BAG der gewerblichen GbR Wirtschaftsgüter, z. B. Einrichtungsgegenstände, zur Nutzung gegen Entgelt überlässt. In einem solchen Fall besteht die Gefahr einer mitunternehmerischen Betriebsaufspaltung.

Vermietet eine Personengesellschaft, hier die Berufsausübungsgemeinschaft, Betriebsvermögen gegen Entgelt oder Teilentgelt an eine ganz oder mehrheitlich personenidentische Personengesellschaft (Schwestergesellschaft), hier die gewerbliche GbR, ist die vermietende Personengesellschaft als dann gewerbliche Besitzgesellschaft im Rahmen einer mitunternehmerischen Betriebsaufspaltung anzusehen. Die gesamten Einkünfte der BAG wären wiederum als gewerblich anzusehen. Fälle einer unentgeltlichen Überlassung von Wirtschaftsgütern sind hiervon nicht betroffen (vgl. Gluth in Herrmann/Heuer/Raupach, EStG/KStG, 327. Lieferung 8.2024, § 15 EStG Rz. 778 ff.).

Bei einer entsprechenden Gestaltung ist darauf zu achten, dass Einlagen in die gewerbliche GbR nicht als verdecktes Entgelt gewertet werden können (vgl. ausführlich BMF v. 28.4.1998 - IV B 2 - S 2241 - 42/98, BStBl 1998 I S. 583).

Denkbar – aber auch mit dem Risiko der Betriebsaufspaltung behaftet – wäre statt Gründung einer Schwesterpersonengesellschaft die Gründung einer gesonderten GmbH für die gewerblichen Tätigkeiten. In dem Fall ist aber zu beachten, dass bereits die unentgeltliche Nutzungsüberlassung von der BAG an die GmbH zu einer Betriebsaufspaltung führt (vgl. Gluth in Herrmann/Heuer/Raupach, EStG/KStG, 327. Lieferung 8.2024, § 15 EStG, Rz. 812 ff.; BFH, Urteil v. 24.4.1991 - X R 84/88, BStBl 1991 II S. 713).

Ein besonderes, verdecktes **Gefahrenpotenzial** bilden im Zusammenhang mit der gewerblichen Infizierung auch Verträge zur integrierten Versorgung. In den Fällen der **integrierten Versorgung nach §§ 140a ff. SGB V** werden u. a. zwischen dem Arzt und einer Krankenkasse Verträge abgeschlossen, nach denen die Krankenkasse dem Arzt für die Behandlung der Patienten eine Fallpauschale zahlt, die je nach Vereinbarung in Einzelfällen sowohl die medizinische Betreuung als auch die Abgabe von Arzneien und Hilfsmitteln abdeckt. Diese Fallpauschalen können damit Vergütungen sowohl für freiberufliche ärztliche Tätigkeiten als auch für gewerbliche Tätigkeiten (Abgabe von Arzneimitteln und Hilfsmitteln) umfassen (vgl. FG Düsseldorf, Urteil v. 1.2.2019 - 3 K 3295/15, EFG 2019 S. 607). Nach Auffassung der Finanzverwaltung (BMF v. 1.6.2006 - IV B 2 –

S 2240 - 33/06, NWB JAAAC-10703, DB 2006 S. 1763) kommt es in den Fällen der integrierten Versorgung, bei denen die Fallpauschale auch für die Abgabe von Arzneimitteln und Hilfsmitteln gezahlt wird, zu einer gewerblichen Infizierung der gesamten Tätigkeit der BAG nach § 15 Abs. 3 Nr. 1 EStG, sofern die von der Rechtsprechung aufgestellte Bagatellgrenze überschritten ist. Werden im Rahmen der integrierten Versorgung jedoch Hilfsmittel verwendet, ohne deren Einsatz die ärztliche Heilbehandlung nicht möglich wäre, wie z. B. bei Einsatz künstlicher Hüftgelenke, künstlicher Augenlinsen sowie sonstiger Implantate und Verbrauchsmaterialien, so sind diese derart eng mit der eigentlichen Behandlung verbunden, dass deren Abgabe nicht selbständig betrachtet werden kann, sondern als Bestandteil der ärztlichen Gesamtleistung gesehen werden muss. Insoweit erbringt der Arzt eine einheitliche, heilberufliche Leistung, bei der die Abgabe von Hilfsmitteln und Medikamenten einen unselbständigen Teil der Heilbehandlung darstellt und eine gewerbliche Tätigkeit, die eine gewerbliche Infizierung herbeiführen würde, nicht gegeben ist (OFD Frankfurt a. M. v. 16.8.2016 – S 2241 A - 65 - St 213, NWB EAAAF-81388, DStR 2016 S. 2591; Moritz/Baumgartner in Bordewin/Brandt, EStG, 462. Lieferung 8.2024, § 18 Rz. 299).

Nach § 15 Abs. 3 Nr. 1 EStG gilt die Tätigkeit einer BAG in der **zweiten Alternative** ebenfalls in vollem Umfang als Gewerbebetrieb, wenn die Gesellschaft **Einkünfte i. S. des § 15 Abs. 1 Satz 1 Nr. 2 EStG, d. h. gewerbliche Einkünfte als Mitunternehmer einer anderen Personengesellschaft**, bezieht. Dies gilt nach § 15 Abs. 3 Nr. 1 Satz 2 EStG unabhängig davon, ob die gewerblichen Beteiligungseinkünfte positiv oder negativ sind. Beteiligt sich eine im Grundsatz freiberufliche BAG (Obergesellschaft) unmittelbar als Gesellschafter an einer anderen Personengesellschaft (Untergesellschaft) mit entsprechender Mitunternehmerinitiative und Mitunternehmerrisiko und erzielt die andere Personengesellschaft (Untergesellschaft) gewerbliche Einkünfte (Gewinn oder Verlust), führt die Beteiligung an den gewerblichen Einkünften zur Gewerblichkeit der BAG.

BEISPIEL ▸ Eine radiologische BAG mit drei Gesellschaftern beteiligt sich direkt als Gesellschafterin an einer Mammographie-Screening-GbR und erzielt entsprechende anteilige Einkünfte im Gesamthandsbereich aus der Beteiligung. Im Rahmen einer steuerlichen Betriebsprüfung wird festgestellt, dass die Mammographie-Screening-GbR als gewerblich und nicht als freiberuflich anzusehen ist, weil an der Mammographie-Screening-GbR eine MVZ-GmbH beteiligt ist und damit ein Gesellschafter die Merkmale eines freien Berufes als notwendige Voraussetzung für die Freiberuflichkeit nicht erfüllt. Die radiologische BAG erzielt somit gewerbliche Einkünfte aus der Beteiligung an der Mammographie-Screening-GbR. Dies führt zur Infektion/Abfärbung auf die gesamte radiologische BAG, die somit insgesamt gewerbliche Einkünfte erzielt.

Anders als die erste Alternative (gewerbliche Infektion bei Ausübung auch einer gewerblichen Tätigkeit) besteht in der zweiten Alternative in § 15 Abs. 1 Satz 1 Nr. 2 EStG (gewerbliche Infektion infolge **gewerblicher Beteiligungseinkünfte**) bei verfassungskonformer Auslegung **keine Bagatellgrenze**. Der BFH vertritt allerdings dabei zugleich die Auffassung, dass § 2 Abs. 1 Satz 2 GewStG verfassungskonform dahingehend auszulegen ist, dass ein gewerbliches Unternehmen i. S. des § 15 Abs. 3 Nr. 1 Alt. 2 EStG nicht als nach § 2 Abs. 1 Satz 1 GewStG der Gewerbesteuer unterliegender Gewerbebetrieb gilt, mit dem Ergebnis, dass die Einkünfte nicht als gewerbesteuerpflichtig anzusehen wären (BFH, Urteil v. 6.6.2019 - IV R 30/16, BStBl 2020 II S. 649; vgl. auch Krumm in Kirchhof/Seer, EStG, 22. Aufl. 2023, § 15 Rz. 150a). Die Finanzverwaltung hat auf diese Entscheidung des BFH mit einem Nichtanwendungserlass reagiert (vgl. Oberste Finanzbehörden der Länder v. 1.10.2020, BStBl 2020 I S. 1032) und diesen damit begründet, dass in dem Verfahren zur einheitlichen und gesonderten Feststellung der Einkünfte gewerbesteuerliche Fragen, über die durch Urteil (§ 121 i.V. m. § 95 FGO) zu entscheiden gewesen wäre, nicht Gegenstand des Verfahrens waren. Dem ist der BFH bereits aber erneut entgegengetreten und hat die Gründe aus seinem Urteil vom 6.6.2019 (a. a. O) bestätigt (BFH, Urteil v. 5.9.2023 - IV R 24/20, NWB WAAAJ-51860, DStR 2023 S. 2490). Die weitere Reaktion der Finanzverwaltung bleibt abzuwarten.

PRAXISHINWEIS:

Zur Vermeidung der gewerblichen Infizierung durch eine gewerbliche Beteiligung ist die Verlagerung der Beteiligung auf die Ebene der Gesellschafter der Personengesellschaft anerkannt. Gewerbliche Einkünfte im Sonderbetriebsbereich des Gesellschafters einer freiberuflich tätigen Personengesellschaft führen nicht zu einer Abfärbung gem. § 15 Abs. 3 Nr. 1 EStG auf die Einkünfte der Gesellschaft im Gesamthandsbereich (BFH, Urteil v. 28.6.2006 - XI R 31/05, BStBl 2007 II S. 378). Beteiligt sich also nicht direkt die freiberuflich tätige Personengesellschaft, sondern deren Gesellschafter an einer anderen gewerblichen Personengesellschaft, erzielen die Gesellschafter im Sonderbetriebsbereich gewerbliche Einkünfte aus der Beteiligung, aber weiterhin freiberufliche Einkünfte aus dem Gesamthandsbereich der freiberuflich tätigen Personengesellschaft.

BEISPIEL Die drei Gesellschafter einer radiologischen BAG beteiligen sich persönlich zugleich als Gesellschafter an einer Mammographie-Screening-GbR und erzielen entsprechende anteilige Einkünfte im Sonderbetriebsbereich aus der Beteiligung. Im Rahmen einer steuerlichen Betriebsprüfung wird festgestellt, dass die Mammographie-Screening-GbR als gewerblich und nicht als freiberuflich anzusehen ist, weil an der Mammographie-Screening-GbR eine MVZ-GmbH beteiligt ist und damit ein Gesellschafter die Merkmale eines freien Berufes als notwendige Voraussetzung für die Freiberuflichkeit nicht erfüllt. Die Gesellschafter erzielen somit persönlich gewerbliche Einkünfte aus der Beteiligung an der Mammographie-Screening-GbR. Dies führt aber nicht zur Infektion/Abfärbung auf die gesamte radiologische BAG. Im Gesamthandsbereich werden weiterhin freiberufliche Einkünfte erzielt.

Durch die **pauschalierte Anrechnung der Gewerbesteuerbelastung** auf die Einkommensteuer nach § 35 EStG hat sich die Gewerbesteuerproblematik entschärft. Ab einem Gewerbesteuerhebesatz von mehr als ca. 420 % verbleibt es jedoch bei einer Erhöhung der Gesamtsteuerbelastung im Falle der Umqualifizierung von bis zu drei bis vier Prozentpunkten je nach Höhe des entsprechenden Gewerbesteuerhebesatzes. Die Anrechnung der Gewerbesteuer auf die Einkommensteuer nach § 35 EStG beschränkt sich zudem auf die anteilige Einkommensteuer, die auf die (positiven) gewerblichen Einkünfte im Verhältnis zu den gesamten positiven Einkünften entfällt (**Ermäßigungshöchst-**

betrag). Dies kann im Extremfall, z. B. bei hohen steuerlichen Verlusten aus anderen Einkunftsarten (z. B. Vermietungsverluste) oder steuerlichen Verlusten aus anderen gewerblichen Beteiligungen (z. B. Schiffsfonds, Filmfonds), dazu führen, dass auf die (positiven) gewerblichen Einkünfte überhaupt keine Einkommensteuer entfällt. In diesen Fällen geht die anfallende Gewerbesteuer für die Anrechnung auf die Einkommensteuer verloren und führt zu einer definitiven Zusatzbelastung.

PRAXISHINWEIS:

Werden nach einer Betriebsprüfung freiberufliche Einkünfte in gewerbliche Einkünfte umqualifiziert, ergehen erstmalig Gewerbesteuermessbescheide und Gewerbesteuerbescheide mit einer entsprechenden Nachzahlung von Gewerbesteuer und geänderte Einkommensteuerbescheide mit einer entsprechenden Erstattung von Einkommensteuern wegen der Steuerermäßigung gem. § 35 AO. Hierdurch ergeben sich auf der einen Seite Nachzahlungszinsen zur Gewerbesteuer, die nicht als Betriebsausgaben abgezogen werden dürfen (§ 4 Abs. 5b EStG). Auf der anderen Seite führt dies zu Erstattungszinsen zur Einkommensteuer, die als Einkünfte nach § 20 Abs. 1 Nr. 7 EStG zu versteuern wären. Auf Grundlage einer Billigkeitsregelung der Finanzverwaltung sind aus Gründen sachlicher Härte nach § 163 AO die Erstattungszinsen auf Antrag allerdings nicht zu versteuern, soweit ihnen nicht abziehbare Nachzahlungszinsen gegenüberstehen, da diese auf ein und demselben Ereignis beruhen (BMF v. 16.3.2021 - IV C 1 - S 2252/19/10012, BStBl 2021 I S. 353, Beispiel 3).

Erzielt eine Personengesellschaft gewerbliche Einkünfte, kann die Finanzverwaltung des Weiteren dazu auffordern, dass die **Gewinnermittlung im Rahmen einer Bilanzierung** und nicht mehr im Rahmen einer Einnahmen-Überschuss-Rechnung zu erfolgen hat, wenn der Umsatz über 800.000 € oder der Gewinn über 80.000 € liegt (§ 141 AO). Die BAG hat dann die Betriebseinnahmen nicht erst bei Zufluss, sondern bei ihrer wirtschaftlichen Entstehung als Forderung zu erfassen. Dies führt zum einen wegen der erhöhten Anforderungen an die Buchführungspflicht zu mehr Verwaltungsaufwand und zum anderen zu einem Zinsnachteil, weil die Steuern dann vorgezogen gezahlt werden müssen, d. h. vor dem Zeitpunkt des Honorareingangs.

PRAXISHINWEIS:

Im Falle einer gewerblichen Personengesellschaft ergeben sich in Bezug auf die Anrechnung der Gewerbesteuer auf die Einkommensteuer nach § 35 EStG zusätzliche Probleme beim unterjährigen Ausscheiden eines Gesellschafters oder anderweitiger Änderungen im allgemeinen Gewinnverteilungsschlüssel. Für Zwecke der Berechnung der Steuerermäßigung ist der für den Erhebungszeitraum festgestellte Gewerbesteuermessbetrag auf die Gesellschafter aufzuteilen, die zum Ende des gewerbesteuerrechtlichen Erhebungszeitraums noch an der Personengesellschaft beteiligt sind (BFH, Urteil v. 14.1.2016 - IV R 5/14, BStBl 2014 II S. 875). Aufteilungsmaßstab ist der zum Ende des gewerbesteuerrechtlichen Erhebungszeitraums geltende allgemeine Gewinnverteilungsschlüssel. Unterjährig ausgeschiedenen Gesellschaftern ist kein anteiliger Gewerbesteuermessbetrag zuzurechnen. Im Falle des unterjährigen Ausscheidens eines Gesellschafters sind insofern im konkreten Einzelfall im Innenverhältnis Vereinbarungen geboten, die die Gewerbesteuerzahlungsverpflichtung dem erwerbenden Gesellschafter insoweit zurechnet, als bei diesem die Anrechnung nach § 35 EStG zu einer Einkommensteuererstattung führt. Andernfalls trägt der ausscheidende Gesellschafter die (anteilige) Gewerbesteuerbelastung und der erwerbende Gesellschafter realisiert ohne wirtschaftliche Belastung eine (anteilige) Einkommensteuerermäßigung.

cc) Folgen einer vermögenslosen Beteiligung

Auf dem Weg in die „echte" Beteiligung wird bei der Aufnahme eines neuen Arztes in eine Praxis dieser häufig für eine Übergangsfrist als Kennlernphase – manchmal auch auf Dauer – vermögenslos oder mit einem nur geringen Anteil an der Praxis beteiligt. Für einen solchen Fall stellt sich die Frage, ob die BAG die Voraussetzungen für das Vorliegen einer steuerlichen Mitunternehmerschaft erfüllt. Nach der Rechtsprechung des BFH ist nicht jeder zivilrechtliche Gesellschafter einer Personengesellschaft auch Mitunternehmer i. S. des § 15 Abs. 1 Satz 1 Nr. 2 EStG.

Das FG Baden-Württemberg (Außensenate Freiburg, Urteil v. 16.6.2005 - 3 K 101/01, NWB QAAAB-58859, EFG 2005 S. 1539, rechtskräftig durch Rücknahme der Revision; vgl. auch BFH, Urteil v. 14.4.2005 - XI R 82/03, BStBl 2005 II S. 752) verneint das Vorliegen einer Mitunternehmerschaft bei einem allenfalls **schwach ausgeprägten Mitunternehmerrisiko** des neu eintretenden Arztes wegen

- eines festen Gewinnanteils ohne Rücksicht auf das Praxisergebnis;
- fehlender Beteiligung an einem eventuellen Verlust;
- fehlender Beteiligung an den stillen Reserven der BAG;
- eines durch Abschluss einer Berufshaftpflichtversicherung stark eingeschränkten Haftungsrisikos

und einer beschränkten Mitunternehmerinitiative bei

- keiner Befugnis des neu eintretenden Arztes zur Geschäftsführung der BAG;
- Abrechnung mit der Kassenärztlichen Vereinigung und den Patienten allein durch den Seniorpartner;
- im Wesentlichen lediglich bestehenden Informations- oder Kontrollrechten, jedoch keinen Widerrufs- oder Stimmrechten betreffend das gemeinsame Unternehmen,

auch dann, wenn alle Mitglieder der BAG als solche nach außen auftreten und deshalb nach Rechtsscheingrundsätzen unbeschränkt persönlich haften und ihre Patienten im Wesentlichen eigenverantwortlich und selbständig betreuen. Die selbständige Berufsausübung begründet keine auf eine gemeinschaftliche Gewinnerzielung und Unternehmensführung bezogene „Mitunternehmer"-Initiative. Berufs- und Vertragsarztrecht sind für die steuerliche Beurteilung insoweit nicht bindend.

Ferner hat der BFH eine Mitunternehmerstellung wegen des nur eingeschränkt bestehenden Mitunternehmerrisikos verneint, wenn ein (Schein-)Gesellschafter eine nur von der Gewinnsituation abhängige, nur nach dem eigenen Umsatz bemessene Vergütung erhält und er zudem von einer Teilhabe an den stillen Reserven der Gesellschaft ausgeschlossen ist bzw. nicht gesichert beteiligt ist (BFH, Urteil v. 3.11.2015 - VIII R 63/13, BStBl 2016 II S. 383). Dem BFH zufolge fehlt es an einer Beteiligung an den stillen Reserven, wenn der Gesellschaftsvertrag keine Abrede über eine Abfindung des ausscheidenden Gesellschafters am immateriellen Wert enthält, sondern lediglich ein Wettbewerbsverbot. Würde man den (Schein-)Gesellschafter an den immateriellen Wirtschaftsgütern (insbesondere Patientenstamm) beteiligen wollen, so hätte ihm nach Auffassung des BFH für den Fall seines Ausscheidens entweder ein Abfindungsanspruch am immateriellen Wert zustehen müssen oder aber er hätte das Recht erhalten müssen, seine ärztliche Tätigkeit im örtlichen Wirkungskreis ohne Wettbewerbsverbot fortzusetzen und seine Patienten mitzunehmen. Anzuraten ist für die steuerliche Gestaltung insofern auch in der Kennenlernphase, dass der neu eintretende Arzt tatsächlich in gewissem Umfang auch prozentual am Gesamtgewinn der Gesellschaft sowie einem möglichen Verlust beteiligt ist und für den Fall seines Ausscheidens einen (ggf. geringen) Abfindungsanspruch am immateriellen Wert erhält (ggf. nur bezogen auf den Zuwachs des immateriellen Werts und versehen mit einer Obergrenze) und zumindest ohne Wettbewerbsverbot berechtigt ist, seinen Patientenstamm mitzunehmen.

Im Ergebnis verfügen der oder die Seniorpartner und der „Scheingesellschafter" – wenn das Vertragsverhältnis nicht als Mitunternehmerschaft anerkannt wird – somit jeweils über **eigene Einkunftsquellen**. Nach dem Gesamtbild der Verhältnisse kann der „Scheingesellschafter" unter Umständen sogar als **Arbeitnehmer** im sozialversicherungs- und lohnsteuerrechtlichen Sinne anzusehen sein (Wacker in Schmidt, EStG, 43. Aufl. 2024, § 18 Rz. 42, m. w. N.; zu den Merkmalen der Arbeitnehmereigenschaft vgl. H 19.0 LStH). Aufgrund der Notwendigkeit, für jede neu aufgenommene Tätigkeit einen neuen Antrag auf Befreiung von der Versicherungspflicht in der gesetzlichen Rentenversicherung stellen zu müssen, kann dies bei einem fehlenden Antrag mit einer **Versicherungspflicht auch in der gesetzlichen Rentenversicherung** für den „Scheingesellschafter" verbunden sein (BSG, Urteil v. 24.3.2016 - B 12 KR 20/14 R, NWB VAAAF-79950; LSG Stuttgart, Urteil v. 12.12.2014 - L 4 R 1333/13, NWB FAAAE-84081). Eine einheitliche und gesonderte Feststellung (§ 180 Abs. 1 Nr. 2a AO) entfällt. Ermittelt der Seniorpartner seinen Gewinn nach § 4 Abs. 3 EStG, sind die „Gewinn-Zahlungen" an den neu eintretenden Arzt nach § 11 EStG jeweils im Zeitpunkt der Zahlung als Betriebsausgaben zu erfassen.

Wenn ein Gesellschafter nur „Scheingesellschafter" und damit steuerlich nicht Mitunternehmer der Praxis ist, besteht die Gefahr, dass die Finanzverwaltung davon ausgeht, dass die Seniorpartner im Umfang der Tätigkeit des vermögenslos beteiligten Gesellschafters selbst nicht mehr leitend und eigenverantwortlich im Rahmen ihrer Praxis tätig sind. Es wird nur in Einzelfällen glaubhaft darstellbar sein, dass ein Seniorpartner einen vermögenslos beteiligten Gesellschafter laufend überwacht und grds. Fragen selbst entscheidet sowie die uneingeschränkte fachliche Verantwortung der erbrachten Leistungen übernimmt. Als Folge führt dies im Einzelfall zu gewerblichen Einkünften für die Seniorpartner (vgl. insbesondere BFH, Urteil v. 3.11.2015 - VIII R 62/13, BStBl 2016 II S. 381).

PRAXISHINWEIS:

Um das Vorliegen einer Mitunternehmerschaft, insbesondere des Mitunternehmerrisikos, zu gewährleisten, sollte bezüglich der Hauptaspekte eine gewisse Beteiligung am Gewinn und Verlust, an den stillen Reserven (z. B. durch eine Abfindungsregelung bezüglich des seit Eintritt entstehenden Goodwill-Zuwachses und der Berechtigung zur Übernahme des Patientenstamms ohne Wettbewerbsverbot), der Haftung und der Geschäftsführung vertraglich vereinbart werden.

b) Errichtung einer Berufsausübungsgemeinschaft

Im Rahmen der Errichtung einer BAG sind **verschiedene Fallgruppen** zu unterscheiden:

- die **Neugründung** einer BAG durch mehrere Ärzte,
- der **Erwerb** einer Einzelpraxis durch mehrere Ärzte,
- die **Aufnahme** eines Arztes als neuen Mitgesellschafter in eine bestehende Einzelpraxis,
- der **Zusammenschluss** mehrerer Praxen zu einer neuen BAG.

Die **Neugründung** einer BAG durch mehrere Ärzte stellt unter steuerlichen Aspekten wohl den einfachsten, gleichzeitig in der Praxis den wohl seltensten Fall dar. Zwei oder mehrere Ärzte, die noch nicht selbständig praktiziert haben, eröffnen eine gemeinsame Praxis. Zu vereinbarten Teilen bringen die zukünftigen Partner vorhandene Eigenmittel ein. Entsprechend anteilig übernehmen sie die Finanzierungen und erwerben dadurch gemeinsam die anzuschaffenden Geräte und Einrichtungsgegenstände.

Auch der Fall des **gemeinschaftlichen Erwerbs einer bestehenden Einzelpraxis** durch mehrere Ärzte wirft nur wenige steuerliche Fragen auf. Für die Erwerber steht die Abschreibungsfähigkeit der Anschaffungskosten für das materielle Vermögen der Praxis und insbesondere der Anschaffungskosten für das immaterielle Vermögen, insbesondere der ideelle Praxiswert (Goodwill) der Praxis im Vordergrund (siehe hierzu S. 155 ff.). Für den veräußernden Einzelarzt ergibt sich die Frage der Behandlung des Veräußerungsgewinns, insbesondere im Hinblick auf eine steuerbegünstigte Behandlung (siehe hierzu S. 158 ff.).

aa) Aufnahme eines neu eintretenden Arztes als Mitgesellschafter in eine Einzelpraxis

Die Errichtung einer BAG durch die Aufnahme eines neu eintretenden Arztes in eine bestehende Einzelpraxis gegen Zahlung in das Privatvermögen des Veräußerers stellt **steuerlich** zunächst die **Veräußerung eines Teils einer Einzelpraxis** gegen Entgelt dar. Die entgeltliche Aufnahme eines Sozius in eine Einzelpraxis ist dabei nicht als steuerbegünstigte Veräußerung i. S. des § 18 Abs. 3 i.V. m. § 34 EStG zu beurteilen, sondern als nicht begünstigter laufender Gewinn nach § 18 Abs. 3 Satz 2 i.V. m. § 16 Abs. 1 Satz 2 EStG zu erfassen.

PRAXISHINWEISE:

Die Finanzverwaltung geht in Tz. 24.08 bis 24.11 des „AEUmwStG 2006" vom 11.11.2011 (IV C 2 - S 1978 - b/08/10001, BStBl 2011 I S. 1314) entsprechend der dort zitierten Rechtsprechung zutreffend davon aus, dass die **Aufnahme eines neu eintretenden Arztes in eine Einzelpraxis** gegen Kaufpreiszahlung in das Privatvermögen des Aufnehmenden dem Grunde nach in den **Anwendungsbereich des § 24 UmwStG** fällt. Damit ist als Bewertungsgrundsatz auch für den nicht veräußerten Teil der Einzelpraxis bei Einbringung in die neue BAG nach § 24 Abs. 2 Satz 1 UmwStG der gemeine Wert anzusetzen, verbunden mit dem Recht, nach § 24 Abs. 2 Satz 2 UmwStG für den auf eigene Rechnung eingebrachten Teil den Ansatz der Buchwerte zu beantragen, soweit die entsprechenden Voraussetzungen erfüllt sind (vgl. dazu S. 111 ff.).

Daher muss zur sicheren Vermeidung der Aufdeckung der im nicht veräußerten Praxisteil vorhandenen stillen Reserven für diesen Teil ein **Antrag auf Buchwertansatz nach § 24 Abs. 2 Satz 2 UmwStG** beim Finanzamt gestellt werden. Andernfalls sind nicht nur zwingend die stillen Reserven im veräußerten Anteil, sondern sämtliche stille Reserven der Einzelpraxis aufzudecken.

Aus Sicht des Erwerbers stellt sich der Vorgang steuerlich wie folgt dar: Gegenstand des Erwerbs ist steuerlich nicht der Anteil an der Einzelpraxis selbst, sondern die einzelnen Wirtschaftsgüter entsprechend dem ideellen Anteil an der entstehenden Mitunternehmerschaft. Soweit der neu eintretende Arzt als Erwerber eine Ausgleichszahlung zu leisten hat und die Erwerbsaufwendungen den Buchwert des auf den Erwerber übergehenden Kapitalkontos übersteigen oder unterschreiten, ist eine Ergänzungsbilanz bzw. **Ergänzungsrechnung zum Gesamthandsvermögen** aufzustellen (BFH, Urteil v. 30.3.1993 - VIII R 63/91, BStBl 1993 II S. 706, m.w.N.; BFH, Urteil v. 24.6.2009 - VIII R 13/07, BStBl 2009 II S. 993).

PRAXISHINWEIS:

Wird für den Erwerber eines Anteils an einer Personengesellschaft eine positive Ergänzungsbilanz aufgestellt, sind die darin erfassten Anschaffungskosten so fortzuführen, dass der Gesellschafter soweit wie möglich einem Einzelunternehmer, dem Anschaffungskosten für entsprechende Wirtschaftsgüter entstanden sind, gleichgestellt wird. Deshalb sind AfA auf die im Zeitpunkt des Anteilserwerbs geltende Restnutzungsdauer eines abnutzbaren Wirtschaftsguts des Gesellschaftsvermögens vorzunehmen. Zugleich stehen dem Gesellschafter die Abschreibungswahlrechte zu, die auch ein Einzelunternehmer in Anspruch nehmen könnte, wenn er ein entsprechendes Wirtschaftsgut im Zeitpunkt des Anteilserwerbs angeschafft hätte (BFH, Urteil v. 20.11.2014 – IV R

1/11, BStBl 2017 II S. 34; zu Einzelheiten mit Beispielen vgl. BMF v. 19.12.2016 - IV C 6 – S 2241/15/10005, BStBl 2017 I S. 34).

Zur Vermeidung bzw. Abmilderung der durch die Aufdeckung der stillen Reserven verursachten Steuern bietet das Steuerrecht verschiedene Möglichkeiten, u. a.:

- der Ausgleich über die Gewinnverteilung,
- die Nutzung des Umwandlungssteuerrechts (Einbringung nach § 24 UmwStG),
- das Überlassungsmodell.

(1) Ausgleich über die Gewinnverteilung

Bei dieser auch als „Gewinnverzichtsmodell" oder „Gewinnvorabmodell" bezeichneten Möglichkeit erfolgt **keine unmittelbare Kaufpreiszahlung**, sondern der Ausgleich erfolgt über die Verteilung des laufend zu versteuernden Gewinns. Der Praxisanteilsinhaber erhält im Rahmen der Gewinnverteilung durch eine zeitlich begrenzte Regelung zunächst einen höheren Gewinnanteil. Er profitiert damit befristet überproportional von der Tätigkeit und den Leistungen des eintretenden Gesellschafters. Dies wird so lange durchgeführt, bis der eintretende Gesellschafter die erworbenen stillen Reserven „abgearbeitet" hat.

Da der eintretende Gesellschafter an den Einzelpraxisinhaber keinen Kaufpreis zu zahlen hat, sondern seinen Eintritt in die BAG im Rahmen der Gewinnverteilung „abzahlt", entfällt für ihn die Notwendigkeit der Finanzierung. Für den Praxisinhaber liegt der Vorteil in der Verteilung als laufender Gewinn auf mehrere zukünftige Veranlagungszeiträume, wodurch sich die sofortige Versteuerung als laufender Gewinn vermeiden lässt (Korn/Strahl, Freiberufliche Tätigkeit im Steuerrecht, NWB 2005 S. 1913 ff.; Ehlers, NWB 2002 S. 13935 ff.).

PRAXISHINWEISE:

Auch im Fall der Aufnahme eines neuen Gesellschafters mit Ausgleich ausschließlich über die Gewinnverteilung bringt der bisherige Einzelpraxisinhaber seine Einzelpraxis teilweise auf fremde und teilweise auf eigene Rechnung in die neue BAG gegen Gewährung einer Mitunternehmerstellung ein. Entsprechend fällt auch dieses Modell aus Sicht des Einzelpraxisinhabers unter **§ 24 UmwStG** (vgl. auch Levedag, NWB 2016 S. 1881). Das Buchwertwahlrecht gem. § 24 Abs. 2 Satz 2 UmwStG muss von der aufnehmenden Gesellschaft auch für den „Einbringungsteil" durch einen entsprechenden Antrag ausgeübt werden. Daher muss zur sicheren Vermeidung der Aufdeckung der im nicht veräußerten Praxisteil vorhandenen stillen Reserven für diesen Teil ein **Antrag auf Buchwertansatz nach § 24 Abs. 2 Satz 2 UmwStG** beim Finanzamt gestellt werden.

Diese Gestaltung hat jedoch auch erhebliche wirtschaftliche Nachteile für den Verkäufer: Er bekommt erst später seinen „Kaufpreis", er trägt das Risiko, dass der Käufer nicht mehr zahlen kann oder will, und er trägt das Risiko, dass die Gewinnerwartung, auf der die Gewinnverteilung berechnet ist, nicht erreicht wird. Auch muss, insbesondere für den Bereich der Abfindung, im Gesellschaftsvertrag geregelt sein, welche Folgen eintreten, wenn der Verkäufer oder der Käufer vorzeitig, d. h. vor Ende der zeitlich begrenzten besonderen Gewinnverteilungsregelung und damit des „Abzahlungszeitraumes", aus der BAG ausscheidet.

PRAXISHINWEIS:

Im Rahmen dieses Modells besteht steuerlich die erhebliche Gefahr, dass die Finanzverwaltung in dem Mehrgewinn Kaufpreisraten sieht – dies insbesondere dann, wenn die Gewinnanteile, die der Einzelpraxisinhaber als Vorabgewinn erhält, in Bezug auf die Höhe zu eindeutig festgelegt sind und damit die Gesamthöhe bestimmbar ist.

Veräußerungsentgelt für die Übertragung eines Teilmitunternehmeranteils gem. § 16 Abs. 2 EStG ist nach Auffassung des BFH (Urteil v. 27.10.2015 - VIII R 47/12, BStBl 2016 II S. 600) auch eine der Höhe nach feststehende Kaufpreisforderung, die der Neugesellschafter während des Bestehens der Gesellschaft durch Verzicht auf Teile des ihm nach dem allgemeinen Gewinnverteilungsschlüssel zustehenden Gewinns zugunsten des Altgesellschafters oder bei vorzeitiger Beendigung der Gesellschaft im Rahmen einer Ratenzahlungsverpflichtung zu erfüllen hat. Der Gewinnverzicht ist dann aus steuerlicher Sicht nicht Gewinnverteilung, sondern Gewinnverwendung. Dem Neugesellschafter sind trotz des Verzichts Gewinne in Höhe des allgemeinen Gewinnverteilungsschlüssels zuzurechnen, da die Zuweisung höherer Gewinnanteile an den Altgesellschafter der unmittelbaren Zahlung der Entgelte außerhalb des Gesellschaftsvermögens gleichsteht. Der Neugesellschafter als Erwerber hat dann fortzuführende (positive) Ergänzungsbilanzen im Erwerbszeitpunkt zu bilden.

Der BFH ist bei seiner Beurteilung der Annahme gefolgt, dass auch beim Gewinnverzichtsmodell eine entgeltliche Übertragung des Anteils vorliegt. Selbst eine gewinnabhängige aufschiebend bedingt entstehende Kaufpreisforderung ist ein Veräußerungsentgelt für die Übertragung des Teilmitunternehmeranteils.

Bei einer Gesamtbetrachtung der Vereinbarungen hatte nach Ansicht des BFH der Altgesellschafter im Entscheidungsfall einen bestimmbaren und zivilrechtlich einklagbaren Kaufpreis für die Übertragung der Mitunternehmeranteile vereinbart und nicht unbestimmbare Gegenleistungen. Ungewiss war während des Bestehens der Gesellschaft nur, in welcher Höhe die Erwerber Tilgungsleistungen erbringen und bis wann die Kaufpreisforderungen erfüllt sein würden, nicht aber die Gesamthöhe.

Nur wenn im Zeitpunkt der Veräußerung weder feststeht, ob rechtlich in einem der Folgejahre eine Kaufpreisforderung entsteht, noch wegen echter Gewinnabhängigkeit, wie hoch diese sein wird, wird sie vom Veräußerer als echte gewinnabhängige Kaufpreisforderungen erst im Zuflusszeitpunkt zu besteuern sein (BFH, Urteil v. 14.5.2002 - VIII R 8/01, BStBl 2002 II S. 532; BFH, Urteil v. 9.11.2023 - IV R 9/21, BStBl 2024 II S. 510).

Es kann auch nicht garantiert werden, wie sich die Rechtsprechung weiterentwickelt, so dass keine Rechtssicherheit besteht. Im Rahmen der Beratung wird man insoweit gut überlegen müssen, ob die Vorteile eines steuerlich anzuerkennenden Gewinnverzichtsmodells die Nachteile einer unbestimmbaren, d. h. rein gewinnabhängigen Gegenleistung, aufwiegen.

(2) § 24 Umwandlungssteuergesetz

Die Einbringung einer Einzelpraxis in eine BAG gegen Gewährung von Gesellschaftsrechten ist aus ertragsteuerlicher Sicht ein **tauschähnlicher Vorgang im Sinne einer vollentgeltlichen Betriebsveräußerung** (BFH, Urteil v. 26.1.1994 - III R 39/91, BStBl 1994 II S. 458; BFH, Urteil v. 23.3.2023 - IV R 2/20, BStBl 2023 II S. 999, Rz. 24). Die Versteuerung des Veräußerungsgewinns nach § 18 Abs. 3 i. V. m. § 16 EStG (ggf. i. V. m. § 34 EStG) lässt sich allerdings unter Anwendung der Vorschrift des § 24 UmwStG (teilweise) vermeiden. § 24 UmwStG erfasst insoweit auch das Vermögen, welches einer selbständigen Tätigkeit dient (BFH, Urteil v. 13.12.1979 - IV R 69/74, BStBl 1980 II S. 239; so auch Valta in Brandis/Heuermann, Ertragsteuerrecht, 171. Lieferung 3.2024, EStG, § 18 Rz. 299).

Wird ein Betrieb, Teilbetrieb (vgl. zum Begriff Teilbetrieb S. 162 f.) oder Mitunternehmeranteil an einer Personengesellschaft gegen Gewährung von Gesellschaftsrechten eingebracht und wird der Einbringende Mitunternehmer der Gesellschaft, darf das eingebrachte Betriebsvermögen nach § 24 Abs. 2 UmwStG bei der Übertragung **auf Antrag anstelle mit dem gemeinen Wert mit dem Buchwert** oder einem höheren Wert, höchstens aber mit dem gemeinen Wert angesetzt werden, wenn das Besteuerungsrecht der Bundesrepublik Deutschland nicht eingeschränkt wird, wovon bei Arztpraxen in aller Regel auszugehen ist. Nach Auffassung der Finanzverwaltung ist § 24 UmwStG auch anwendbar, wenn ein Mitunternehmer seine bisherige Mitunternehmerstellung durch einen Vorgang i. S. des § 24 UmwStG erweitert (vgl. AEUmwStG 2006, Rz. 24.07; BFH, Urteil v. 1.2.2024 - IV R 9/20, NWB AAAAJ-63780, DStR 2024 S. 744, Rz. 60). § 24 Abs. 1 UmwStG setzt nicht die Einräumung einer bestimmten Mindestbeteiligungsquote voraus, sondern es ist ausreichend, dass dem Einbringenden absolut ein – wenn auch geringer – Mitunternehmeranteil eingeräumt wird (BFH, Urteil v. 1.2.2024 - IV R 9/20, NWB AAAAJ-63780, DStR 2024 S. 744, Rz. 61). Erforderlich ist allerdings, dass der Einbringende tatsächlich Mitunternehmer wird (zu den Voraussetzungen einer Mitunternehmerstellung vgl. S. 98 ff.).

Handelsbilanzielle Restriktionen für den Wertansatz sind bei Freiberuflern nicht zu beachten. Die Einbringung in eine Personengesellschaft nach § 24 UmwStG ist – im Gegensatz zur Einbringung in eine Kapitalgesellschaft nach § 20 UmwStG – auch dann zum Buchwert möglich, wenn das eingebrachte Betriebsvermögen negativ ist (vgl. AEUmwStG 2006, Rz. 24.04). Durch den Buchwertansatz kann auf Antrag die Aufdeckung der stillen Reserven vermieden werden. Der Antrag ist spätestens bis zur erstmaligen Abgabe der steuerlichen Schlussbilanz bei dem für die Besteuerung der übernehmenden Gesellschaft zuständigen Finanzamt zu stellen (§ 24 Abs. 2 Satz 3 i. V. m. § 20 Abs. 2 Satz 3 UmwStG).

Im Gegensatz zur Einbringung in eine Kapitalgesellschaft nach § 20 UmwStG genügt im Rahmen des § 24 UmwStG eine teilweise **Einbringung in das Sonderbetriebsvermögen**. Im Rahmen der Einbringung ist es zur Anwendung des § 24 UmwStG daher nicht erforderlich, dass sämtliche wesentliche Betriebsgrundlagen auch in das Gesamthandvermögen übertragen werden; es genügt, wenn sie zukünftig der BAG zur Nutzung zur Verfügung gestellt werden (vgl. AEUmwStG 2006, Rz. 24.05). Allerdings sind in diesem Fall auch die **umsatzsteuerlichen Konsequenzen** zu prüfen (vgl. S. 178 ff.).

PRAXISHINWEIS:

Nach dem Wortlaut der Tz. 24.05 des AEUmwStG 2006 liegt allerdings kein Anwendungsfall des § 24 UmwStG vor, wenn sämtliche Wirtschaftsgüter ausschließlich in das Sonderbetriebsvermögen der aufnehmenden BAG überführt werden (so auch Fuhrmann in Widmann/Mayer, Umwandlungsrecht, 214. Lieferung 8.2024, § 24 UmwStG Rz. 291; Rasche in Rödder/Herlinghaus/van Lishaut, UmwStG, 3. Aufl. 2019, § 24 Rz. 83; Bär/Merkle in Haritz/Menner/Bilitewski, UmwStG, 6. Aufl. 2024, § 24 Rz. 30). Nicht abschließend geklärt ist derzeit, ob für die Anwendung des § 24 UmwStG zwingend eine wesentliche Betriebsgrundlage in das Gesamthandsvermögen der aufnehmenden BAG übertragen werden muss (vgl. Fuhrmann in Widmann/Mayer, Umwandlungsrecht, 214. Lieferung 8.2024, § 24 UmwStG Rz. 321; Patt in Dötsch/Patt/Pung/Möhlenbrock, Umwandlungssteuerrecht, § 24 UmwStG Rz. 44).

Ist der Anwendungsbereich des § 24 UmwStG mangels Übertragung mindestens eines Wirtschaftsguts in das Gesamthandsvermögen ausgeschlossen, findet mangels vorrangiger Spezialregelung nach der hier vertretenen Auffassung § 6 Abs. 5 EStG Anwendung (Überführung eines Betriebes in das Sonderbetriebsvermögen zu einer Mitunternehmerschaft, vgl. BMF v. 8.12.2011 - IV C 6 – S 2241/10/10002, BStBl 2011 I S. 1279, Rz. 6; Fuhrmann in Widmann/Mayer, Umwandlungsrecht, 214. Lieferung 8.2024, § 24 UmwStG Rz. 183; Schmitt in Schmitt/Hörtnagl, UmwStG, 10. Aufl. 2024, § 24 Rz. 35, 114; a. A. betreffend Anwendbarkeit von § 6 Abs. 5 EStG, aber gleichwohl mit dem Ergebnis, dass zwingend die Buchwerte anzusetzen sind, Patt in Dötsch/Patt/Pung/Möhlenbrock, Umwandlungssteuerrecht, § 24 UmwStG Rz. 44).

Werden im Rahmen der Einbringung Wirtschaftsgüter nicht in das Betriebsvermögen, sondern in das Sonderbetriebsvermögen eingebracht, ist besondere Vorsicht bezüglich des Rechtsinstituts der **mitunternehmerischen Betriebsaufspaltung** geboten (vgl. ausführlich z. B. Fuhrmann in Widmann/Mayer, Umwandlungsrecht, 214. Lieferung 8.2024, § 24 UmwStG Rz. 184 ff.). Im Bereich der freiberuflichen Einkünfte ist dies allerdings insoweit nicht nötig, da das Rechtsinstitut der mitunternehmerischen Betriebsaufspaltung bei einer rein freiberuflichen Tätigkeit keine Anwendung findet (BFH, Urteil v. 10.11.2005 - IV R 29/04, BStBl 2006 II S. 173; Wacker in Schmidt, EStG, 43. Aufl. 2024, § 15 Rz. 858).

§ 24 UmwStG ist nur anwendbar, soweit der Einbringende als **Gegenleistung** für die Einbringung **Gesellschaftsrechte** erwirbt (AEUmwStG 2006, Rz. 24.07). Nach Auffassung des BFH und der Finanzverwaltung sind Einbringungen in Personengesellschaften gegen Buchung auf einem Gesellschafterkonto nur dann entgeltliche Vorgänge und führen nur dann zur Gewährung von Gesellschaftsrechten i. S. des § 24 UmwStG, wenn ein

Kapitalkonto angesprochen wird, nach dem sich die maßgebenden Gesellschaftsrechte, insbesondere das Gewinnbezugsrecht, richten (das ist i. d. R. das Kapitalkonto I). Danach führt jedenfalls die ausschließliche Buchung auf dem Kapitalkonto II nicht zu einem entgeltlichen Vorgang und damit nicht zur Gewährung von Gesellschaftsrechten i. S. des § 24 UmwStG, sondern ist als Einlage zu behandeln (BMF v. 26.7.2016 - IV C 6 – S 2178/09/10001, BStBl 2016 I S. 684; BFH, Urteil v. 29.7.2015 - IV R 15/14, BStBl 2016 II S. 593; BFH, Urteil v. 4.2.2016 - IV R 46/12, BStBl 2016 II S. 607). Dies führt häufig zu der Empfehlung, auch in Gesellschaftsverträgen ärztlicher BAGen die Führung zumindest eines Kapitalkontos I (Festkapital) und eines Kapitalkontos II (variables Kapitalkonto) vorzusehen. Entsprechend ist dann im Rahmen von Einbringungen nach § 24 UmwStG eine entsprechende **Erhöhung des Kapitalkontos I** zur Abbildung der Gewährung von (neuen) Gesellschaftsrechten vorzunehmen.

Gleichwohl erscheint es **nach der hier vertretenen Auffassung nicht zwingend erforderlich**, in den Gesellschaftsverträgen ärztlicher BAGen die **Führung eines Kapitalkontos I** (Festkapital für die Beteiligungsverhältnisse) **und eines Kapitalkontos II** (variables Kapitalkonto) vorzusehen (a. A. im Ergebnis wohl Bär/Merkle in Haritz/Menner/Bilitewski, UmwStG, 6. Aufl. 2024, § 24 Rz. 76, m. w. N). Der BFH (Urteil v. 29.7.2015 - IV R 15/14, BStBl 2016 II S. 593; Urteil v. 4.2.2016 - IV R 46/12, BStBl 2016 II S. 607) weist in seinen Entscheidungen im Zusammenhang mit der Frage, ob als Gegenleistung für die Übertragung Gesellschaftsrechte gewährt werden, ausdrücklich darauf hin, dass z. B. entsprechende handelsrechtliche Regelungen zum maßgeblichen Kapitalanteil weitestgehend abdingbar sind (vgl. §§ 109, 161 Abs. 2 HGB). Entscheidend sind danach die Regelungen im Gesellschaftsvertrag der erwerbenden Gesellschaft. Sehen diese Regelungen vor, dass sich die maßgebenden Gesellschaftsrechte, insbesondere das Gewinnbezugsrecht, nicht nach dem gesamten Kapitalanteil des einzelnen Gesellschafters, sondern (nur) nach dem festen Kapitalanteil (Kapitalkonto I) richten, erfordert die Gewährung von Gesellschaftsrechten (zutreffend) zwingend zumindest teilweise eine Gutschrift auf dem Kapitalkonto I, welches gesellschaftsvertraglich die maßgeblichen Gesellschaftsrechte repräsentiert (vgl. auch BFH, Urteil v. 23.3.2023 - IV R 2/20, BStBl 2023 II S. 999). Indes ist bei ärztlichen BAGen auch die gesellschaftsvertragliche Konstellation denkbar, dass nur ein einziges (variables) Kapitalkonto geführt wird, um lediglich die Gewinn-/Verlustanteile, Entnahmen und Einlagen sowie sonstige Zahlungsvorgänge zwischen BAG und Gesellschaftern zu erfassen. Die maßgeblichen Gesellschaftsrechte ergeben sich dann i. d. R. gar nicht aus dem (variablen) Kapitalkonto, sondern ausschließlich aus den schriftlichen Regelungen des Gesellschaftsvertrags selbst. Nur im Gesellschaftsvertrag wird die Höhe der Gesellschaftsrechte, insbesondere das Gewinnbezugsrecht und die Vermögensbeteiligung, festgelegt. In dem Fall wird nach der hier vertretenen Auffassung häufig die maßgebliche Erhöhung der Gesellschaftsrechte durch die schriftliche Änderung des Gesellschaftsvertrages selbst zu bewirken sein.

Auch der AEUmwStG führt in Rz. 24.07 aus, dass die erforderliche Erlangung oder Erweiterung der Mitunternehmerstellung als Gegenleistung für die Einbringung die Erhöhung des die Beteiligung widerspiegelnden Kapitalkontos oder die Einräumung weiterer Gesellschaftsrechte erfordert. Letzteres wäre bei einer rein gesellschaftsvertraglichen Abbildung der Beteiligungsverhältnisse außerhalb von Kapitalkonten der Fall. Nur wenn ein Mitunternehmer bereits zu 100 % an einer Personengesellschaft beteiligt ist (Ein-Personen-GmbH & Co. KG wie im zugrundeliegenden Fall des Urteils des BFH v. 29.7.2015, a. a. O.), stellt sich die schwierige Abgrenzungsfrage zwischen einer entgeltlichen Gewährung von Gesellschaftsrechten und einer unentgeltlichen Einlage. Insofern hat der BFH – wenn auch in anderem Zusammenhang – betont, dass es entscheidend ist, dass die Einbringung insgesamt für Rechnung des Einbringenden erfolgt, d. h. es zu keinen Vermögensverschiebungen zwischen den Gesellschaftern kommt, und dass gewährleistet sein muss, dass der Einbringende eine Mitunternehmerstellung in Höhe des Werts seines eingebrachten Wirtschaftsguts als tauschähnliche Gegenleistung erhält (vgl. BFH, Urteil v. 23.3.2023 - IV R 2/20, BStBl 2023 S. 999, Rz. 25 f.).

PRAXISHINWEIS:

Im Rahmen ärztlicher BAGen je Gesellschafter zumindest ein Kapitalkonto I (Festkapital für die gesellschaftsrechtliche Beteiligungsquote und das Gewinnbezugsrecht) und ein Kapitalkonto II (variables Kapitalkonto für Gewinn-/Verlustanteile, Entnahmen, Einlagen) zu führen, ist durchaus sinnvoll. Auch wenn die Führung zweier Kapitalkonten (Kapitalkonto I und Kapitalkonto II) für die Anwendung von § 24 UmwStG nicht zwingend erforderlich erscheint, kann dies steuerlich dennoch als der sicherste Weg bezeichnet werden. In dem Fall ist es aber für die Anwendung von § 24 UmwStG, insbesondere bei der Erweiterung einer Mitunternehmerstellung, zwingend erforderlich, dass die Gewährung von Gesellschaftsrechten tatsächlich auch durch die Erhöhung der maßgeblichen Kapitalkonten I abgebildet wird. Eine reine Umbuchung zwischen den Kapitalkonten I der einzelnen Mitunternehmer ohne Erhöhung der Gesamtsumme dürfte jedenfalls nicht ausreichen, von der Gewährung neuer Gesellschaftsrechte auszugehen. Zudem müssen dann sämtliche anderen Regelungen des Gesellschaftsvertrages, insbesondere Ausscheidens- und Abfindungsregelungen, im Hinblick auf die neue Kapitalkontensystematik überprüft und ggf. angepasst werden.

Zur Anpassung der Kapitalkonten an das zutreffende gesellschaftsrechtliche Verhältnis werden in der Eröffnungsbilanz der neuen Personengesellschaft häufig die Buchwerte aufgestockt. Gleiches gilt, wenn eine höhere Gesellschaftseinlage geleistet werden muss als nachher in der Bilanz der Personengesellschaft auf dem Kapitalkonto gutgeschrieben wird. In diesen Fällen können die Gesellschafter der Personengesellschaften Ergänzungsbilanzen aufstellen, durch die der Buchwertansatz ermöglicht wird und die sofortige Versteuerung der stillen Reserven vermieden werden kann (AEUmwStG 2006, a. a. O., Tz. 24.13 ff.). Der Aufstockung der Buchwerte in der Eröffnungsbilanz werden somit in gleicher Höhe negative Beträge in der Ergänzungsrechnung gegenübergestellt. Diese negativen Beträge werden dann korrespondierend mit der Behandlung der aufgestockten Buchwerte steuerlich neutralisierend berücksichtigt.

Wird ein Betrieb, Teilbetrieb oder Mitunternehmeranteil in eine BAG eingebracht und leistet der aufgenommene Gesellschafter in dem Zusammenhang ein Entgelt (Zuzahlung), ist für die weitere Behandlung entscheidend, ob die Zuzahlung in das Betriebsvermögen der (neuen) BAG oder in das Privatvermögen des Einbringenden geleistet wird. Als Entgelt ist in dem Zusammenhang auch die Übernahme privater Verbindlichkeiten oder Verbindlichkeiten Dritter anzusehen.

Bei einer **Zuzahlung in das Betriebsvermögen der BAG** kann durch die Aufstellung einer negativen Ergänzungsbilanz die sofortige Versteuerung stiller Reserven infolge eines Antrags auf Buchwertfortführung in voller Höhe ausgeglichen werden. Die negativen Ergänzungsrechnungen sind dann korrespondierend zur Behandlung der Wirtschaftsgüter in der Gesamthand im Laufe der Zeit gewinnerhöhend aufzulösen.

PRAXISHINWEIS:

Wird von dem Wahlrecht zum Buchwertansatz kein Gebrauch gemacht und das eingebrachte Betriebsvermögen mit dem gemeinen Wert angesetzt, ist der hierdurch entstehende Gewinn grundsätzlich nach §§ 16, 34 EStG begünstigt. Dies gilt nach § 24 Abs. 3 Satz 3 UmwStG i. V. m. § 16 Abs. 2 Satz 3 EStG aber nicht, soweit der Einbringende an der neuen BAG beteiligt ist („Veräußerung an sich selbst"). Im Ergebnis muss damit ein entstehender Veräußerungsgewinn bei Ansatz der gemeinen Werte stets insoweit ohne Begünstigung versteuert werden, wie der Einbringende an der (neuen) BAG beteiligt ist.

Die Besteuerung des Gewinns, der durch eine Zuzahlung in das Privatvermögen des Einbringenden entsteht (Zuzahlung ins Privatvermögen), kann hingegen nicht durch Erstellung einer negativen Ergänzungsbilanz vermieden werden (AEUmwStG 2006, Tz. 24.09). Eine Zuzahlung in das Privatvermögen liegt auch vor, wenn mit ihr eine zugunsten des Einbringenden begründete (nicht betrieblich veranlasste) Verbindlichkeit in der Gesellschaft getilgt wird, z. B. ein durch Privatentnahmen negatives Kontokorrentkonto ausgeglichen wird. (BFH, Urteil v. 8.12.1994 - IV R 82/92, BStBl 1995 II S. 599).

Nach Tz. 24.09 des AEUmwStG 2006 gilt Gleiches für den Fall der Einbringung gegen Mischentgelt, d. h. gegen Gewährung von Gesellschaftsrechten und sonstige Ausgleichsleistungen, z. B. in Form der Einräumung einer Darlehensforderung gegen die Gesellschaft. Demnach kann die Einbringung auf Antrag (§ 24 Abs. 2 Satz 2 UmwStG) nur entsprechend dem Verhältnis der jeweiligen Teilleistungen (Wert der erlangten Gesellschaftsrechte einerseits und Wert der sonstigen Gegenleistungen andererseits) zum gemeinen Wert des eingebrachten Betriebsvermögens teilweise zu Buchwerten und teilweise zum gemeinen Wert vollzogen werden.

Diese Auffassung ist durch die **Änderung von § 24 Abs. 2 Satz 2 UmwStG durch das Steueränderungsgesetz 2015** vom 2.11.2015 überholt. Eine entsprechende Überarbeitung des AEUmwStG 2006 steht hierzu an (vgl. Entwurf eines aktualisierten BMF-

Schreibens zur Anwendung des Umwandlungsteuergesetzes (UmwStE) v. 11.10.2023 - IV C 2 - S1978/19/10001 :013, www.bundesfinanzministerium.de). Gemäß § 27 UmwStG i. d. F. StÄndG 2015 ist § 24 Abs. 2 UmwStG i. d. F. StÄndG 2015 erstmals auf Einbringungen anzuwenden, wenn in den Fällen der Gesamtrechtsnachfolge der Umwandlungsbeschluss nach dem 31.12.2014 erfolgt ist oder in den anderen Fällen der **Einbringungsvertrag nach dem 31.12.2014** geschlossen worden ist.

Gemäß § 24 Abs. 2 Satz 2 Nr. 2 UmwStG kann das übernommene Betriebsvermögen auf Antrag mit dem Buchwert oder einem höheren Wert, höchstens jedoch mit dem gemeinen Wert, angesetzt werden, soweit der gemeine Wert von **sonstigen Gegenleistungen**, die neben den neuen Gesellschaftsanteilen gewährt werden, **nicht mehr** beträgt **als** a) **25 % des Buchwerts** des eingebrachten Betriebsvermögens **oder** b) **500.000 €, höchstens** jedoch den **Buchwert des eingebrachten Betriebsvermögens.** Erhält der Einbringende neben den neuen Gesellschaftsanteilen auch sonstige Gegenleistungen, ist das eingebrachte Betriebsvermögen gem. § 24 Abs. 2 Satz 4 UmwStG allerdings abweichend von § 24 Abs. 2 Satz 2 UmwStG mindestens mit dem gemeinen Wert der sonstigen Gegenleistungen anzusetzen, wenn dieser den sich nach § 24 Abs. 2 Satz 2 UmwStG ergebenden Wert übersteigt. Liegt der gemeine Wert einer sonstigen Gegenleistung somit unter 500.000 € und unter dem Buchwert des eingebrachten Betriebsvermögens oder bei einem Buchwert des eingebrachten Betriebsvermögens von mehr als 2.000.000 € unter 25 % des Buchwerts des eingebrachten Betriebsvermögens, kann auch bei einer sonstigen Gegenleistung noch der Buchwert beantragt werden.

BEISPIEL Dr. Alt bringt seine Einzelpraxis mit einem Buchwert i. H. von 250.000 € und einem gemeinen Wert i. H. von 600.000 € gegen Gewährung einer Mitunternehmerstellung in eine BAG mit Herrn Dr. Neu ein. Neben den Gesellschaftsanteilen i. H. von 70 % an der BAG erhält Dr. Alt eine Darlehensforderung gegen die Gesellschaft i. H. von 250.000 €. Dr. Neu leistet eine Zuzahlung in das Betriebsvermögen i. H. von 150.000 €, die zur Anschaffung neuer Geräte verwendet wird und erhält als Gegenleistung Gesellschaftsanteile i. H. von 30 % an der BAG. Da der gemeine Wert der sonstigen Gegenleistung i. H. von 250.000 € (Darlehensforderung) unter 500.000 € liegt und den Buchwert der Einzelpraxis i. H. von 250.000 € nicht übersteigt, kann die Einbringung auf Antrag zum Buchwert erfolgen. Eine sofort steuerpflichtige Aufdeckung der stillen Reserven wird somit vermieden.

BEISPIEL Dr. Alt bringt seine Einzelpraxis mit einem Buchwert i. H. von 250.000 € und einem gemeinen Wert i. H. von 600.000 € gegen Gewährung einer Mitunternehmerstellung in eine BAG mit Herrn Dr. Neu ein. Neben den Gesellschaftsanteilen i. H. von 70 % an der BAG erhält Dr. Alt eine Darlehensforderung gegen die Gesellschaft i. H. von 320.000 €. Dr. Neu leistet eine Zuzahlung in das Betriebsvermögen i. H. von 120.000 €, die zur Anschaffung neuer Geräte verwendet wird und erhält als Gegenleistung Gesellschaftsanteile i. H. von 30 % an der BAG. Der gemeine Wert der sonstigen Gegenleistung i. H. von 320.000 € (Darlehensforderung) liegt zwar unter 500.000 €, übersteigt aber den Buchwert der Einzelpraxis i. H. von 250.000 €. Daher müsste das einbrachte Betriebsvermögen nach § 24 Abs. 2 Satz 2 UmwStG mindestens mit 290.833 € angesetzt werden. Gemäß § 24 Abs. 2 Satz 4 UmwStG ist aber abweichend von § 24

Abs. 2 Satz 2 UmwStG das eingebrachte Vermögen mit 320.000 € (gemeiner Wert der sonstigen Gegenleistung) anzusetzen.

Berechnung (angelehnt an BT-Drucks. 18/4902 S. 49 f.):

- 320.000 € gemeiner Wert der sonstigen Gegenleistung ./. 250.000 € („höchstens Buchwert") = 70.000 € übersteigender Betrag;
- Gesamtwert des eingebrachten Betriebsvermögens 600.000 € abzgl. 70.000 € übersteigender Betrag = 530.000 € im Verhältnis zu 600.000 € Gesamtwert des eingebrachten Betriebsvermögens entsprechen 88,3333 % zu Buchwerten und 11,6667 % „entgeltlich";
- 88,3333 % v. 250.000 € Buchwert = 220.833 € Einbringung zu Buchwerten zzgl. 70.000 € übersteigender Betrag (bzw. 11,6667 % von 600.000 € gemeiner Wert) = 290.833 €.
- Hinweis: 290.833 € abzgl. Buchwert 250.000 € entsprächen einem Einbringungsgewinn von 40.833 €, dies entspräche 11,6667 % der stillen Reserven i. H. von 350.000 €.
- Da Dr. Alt bei der Einbringung wegen der sonstigen Gegenleistung das eingebrachte Betriebsvermögen nach § 24 Abs. 2 Satz 4 UmwStG mit 320.000 € anzusetzen hat, entsteht – entsprechend der Regelungen bei einem Zwischenwertansatz – ein Einbringungsgewinn i. H. von 70.000 € (Wertansatz 320.000 € abzgl. Buchwert 250.000 €), der nicht durch die Aufstellung einer Ergänzungsrechnung neutralisiert werden kann.

PRAXISHINWEIS:

Der gesetzlich zwingende Wertansatz nach § 24 Abs. 2 Satz 2 Nr. 2 UmwStG infolge einer sonstigen Gegenleistung darf nicht mit dem freiwilligen Zwischenwertansatz nach § 24 Abs. 2 Satz 2 UmwStG verwechselt werden. Nach § 24 Abs. 2 Satz 2 UmwStG darf abweichend von § 24 Abs. 2 Satz 1 UmwStG, d. h. dem Ansatz des gemeinen Wertes, das übernommene Betriebsvermögen auf Antrag mit dem Buchwert oder einem höheren Wert angesetzt werden, soweit die Voraussetzungen der Nr. 1 und Nr. 2 erfüllt sind. Es besteht daher das Wahlrecht den gemeinen Wert, den Buchwert oder einen Zwischenwert zwischen Buchwert und gemeinem Wert anzusetzen. Im Rahmen des Antrags nach § 24 Abs. 2 Satz 2 UmwStG empfiehlt es sich daher, ausdrücklich darauf hinzuweisen, dass der Buchwert beantragt wird, und nur nachrichtlich zu Informationszwecken darauf hinzuweisen, dass allerdings infolge überhöhter sonstiger Gegenleistungen § 24 Abs. 2 Satz 2 Nr. 2 UmwStG insoweit eine Aufstockung der Buchwerte gesetzlich zwingend erforderlich sein wird.

Offen ist im Zusammenhang mit der Neuregelung die Frage, wie ein zeitlicher Zusammenhang zwischen einer Einlage der übrigen (Neu-)Gesellschafter und einer Zahlung an den Einbringenden zu beurteilen ist. Denkbar wäre insofern in den obigen Beispielen, dass die Einzahlung von Dr. Neu i. H. von 150.000 € bzw. 120.000 € nicht für die Anschaffung neuer Geräte verwendet wird, sondern zeitnah zur Tilgung der Darlehensforderung von Dr. Alt eingesetzt wird. § 24 Abs. 2 UmwStG i. d. F. StÄndG 2015 enthält insofern keine Einschränkung hinsichtlich der Art und Weise der sonstigen Gegenleistung, so dass auch Barzahlungen als sonstige Gegenleistung zulässig sein dürften (BT-Drucks. 18/4902 S. 49 f.). Insofern könnte nicht nur die Verwendung einer zeitnahen Einlage der (Neu-)Gesellschafter zur Auszahlung an den Einbringenden, sondern ggf. sogar die Zuzahlung ins Privatvermögen als Zahlung von dritter Seite auch möglich sein (vgl. hierzu Nöcker, DB 2016 S. 72; Richter, DStR 2016 S. 840, m. w. N.). Für eine gestaltende Beratung ist aber (vorerst) davon auszugehen, dass die Finanzverwaltung an der Auffassung festhalten wird, dass sowohl die Zuzahlung ins Privatvermögen als auch die zeitnahe Auszahlung ins Privatvermögen von Einlagen, die zunächst in das Betriebsvermögen eingezahlt wurden, als Umgehung nicht von § 24 Abs. 2 UmwStG erfasst wird.

Wird ein Betrieb, Teilbetrieb oder Mitunternehmeranteil, für den der Gewinn im Wege der **Einnahmenüberschussrechnung nach § 4 Abs. 3 EStG** ermittelt wird, nach § 24 UmwStG in eine Personengesellschaft eingebracht, die ihren Gewinn ebenfalls wieder nach § 4 Abs. 3 EStG ermittelt, ist im Zeitpunkt der Einbringung ein Übergang zur Gewinnermittlung durch Betriebsvermögensvergleich nach § 4 Abs. 1 EStG nicht erforderlich, sofern der Vermögensübergang zu Buchwerten erfolgt (vgl. OFD Niedersachsen v. 3.3.2017 – S 1978d-10-St 243, NWB IAAAG-41409, DStR 2017 S. 985, AEUmwStG 2006, a. a. O., Rz. 24.03 insoweit überholt, Überarbeitung hierzu anstehend, vgl. Entwurf eines aktualisierten BMF-Schreibens zur Anwendung des Umwandlungsteuergesetzes (UmwStE) v. 11.10.2023 - IV C 2 – S 1978/19/10001 :013, Rz. 24.03 (neu), www.bundesfinanzministerium.de). Demnach besteht eine Bilanzierungspflicht nur noch, wenn entweder bei der Einbringung ein Zwischenwert oder der gemeine Wert nach § 24 Abs. 2 UmwStG angesetzt wird. Dies ist insbesondere auch der Fall, wenn neben Gesellschaftsrechten sonstige Gegenleistungen nach § 24 Abs. 2 Satz 2 Nr. 2 UmwStG gewährt werden, die zu einer (teilweisen) Aufdeckung von stillen Reserven führen oder wenn die aufnehmende Personengesellschaft den Gewinn bereits durch Betriebsvermögensvergleich ermittelt bzw. ermitteln muss. In diesen Fällen hat der Einbringende eine Einbringungsbilanz und die übernehmende Personengesellschaft eine Eröffnungsbilanz auf den steuerlichen Übertragungsstichtag (Einbringungszeitpunkt) aufzustellen. Die Finanzverwaltung erwartet aber auch ohne Einbringungsbilanz „Aufzeichnungen", anhand derer ein sachverständiger Dritter ohne weitere Erläuterung des Steuerpflichtigen eindeutig den Wertansatz der einzelnen Wirtschaftsgüter und deren Verbleib nachvollziehen können muss (OFD NRW v. 9.2.2016 - S 1978d-2015/0005-St 111, DStR 2016 S. 1031).

Forderungen z. B. aus vor dem Einbringungszeitpunkt erbrachten ärztlichen Leistungen gegenüber Privatpatienten oder der KV/KZV, die anlässlich einer Einbringung zurückbehalten werden, kann der Steuerpflichtige nach der Einbringung auch ohne Betrieb als Restbetriebsvermögen zurückbehalten. Dieses Restbetriebsvermögen, d. h. die vom Einbringenden zurückbehaltenen Forderungen, ist nicht in die Einbringungsbilanz und auch nicht in die Ermittlung eines Übergangsgewinns mit einzubeziehen. Werden betriebliche Forderungen ausdrücklich von der Einbringung ausgenommen, tritt – vom Fall einer bewussten Entnahme in das Privatvermögen abgesehen – keine Gewinnrealisierung zum Einbringungszeitpunkt ein. Voraussetzung ist, dass die in den Forderungen enthaltenen betrieblichen Werte der Besteuerung nicht verloren gehen und entsprechend der bei Zahlungseingang durch den Zufluss realisierte Gewinn im Zuflussjahr als nachträgliche Einkünfte gem. § 24 Nr. 2 EStG bei der Einkommensteuerveranlagung erfasst wird (BFH, Urteil v. 14.11.2007 - XI R 32/06, NWB MAAAC-70390, BFH/NV 2008 S. 385; bestätigt durch BFH, Urteil v. 4.12.2012 - VIII R 41/09, BStBl 2014 II S. 288; vgl. auch OFD Niedersachsen v. 3.3.2017 - S 1978d-10-St 243, NWB IAAAG-41409, DStR 2017 S. 985, vgl. Entwurf eines aktualisierten BMF-Schreibens zur Anwendung des Umwandlungsteuergesetzes (UmwStE) v. 11.10.2023 - IV C 2 – S 1978/19/10001 :013, Rz. 24.03 (neu), www.bundesfinanzministerium.de). Da die bis zur Einbringung erwirtschafteten Forderungen i. d. R. von der Einbringung ausgenommen werden, dürfte somit in der überwiegenden Zahl der Fälle auch im Falle der Erstellung einer Einbringungsbilanz kein oder nur ein geringer Übergangsgewinn entstehen.

PRAXISHINWEIS:

Auch wenn aus Sicht der Finanzverwaltung in den Fällen der Einbringung zum Buchwert die Erstellung einer Einbringungsbilanz nicht (mehr) erforderlich ist, ist dennoch aus praktischen Erwägungen, insbesondere zur korrekten Abbildung der Kapitalkonten und zur Ermittlung der Ergänzungsrechnungen, die Erstellung einer Einbringungsbilanz und einer Eröffnungsbilanz zu empfehlen. Da Forderungen und Verbindlichkeiten, die i. d. R. nicht zum eingebrachten Betriebsvermögen gehören, nicht in die Einbringungsbilanz und eine Ermittlung des Übergangsgewinn einzubeziehen sind und sich damit die Einbringungsbilanz i. d. R. auf das Sachanlagevermögen, das Praxismaterial und langfristige Verbindlichkeiten beschränkt, hält sich der Aufwand für die Erstellung einer Einbringungsbilanz i. d. R. in überschaubaren Grenzen.

(3) Überlassungsmodell

Beim „Überlassungsmodell“ bleibt der bisherige Einzelpraxisinhaber Eigentümer des gesamten vorhandenen Praxisvermögens, zumindest aller wesentlichen Betriebsgrundlagen, welches er der BAG einschließlich des Praxiswertes zur Nutzung überlässt. Gemeinschaftliches Eigentum wird – ggf. mit Ausnahme von nicht wesentlichem Umlaufvermögen – also vorerst nicht gebildet, und die BAG wird auch nicht Eigentümer der Geräte oder des Praxiswertes. Das Vermögen der Einzelpraxis wird insoweit nach § 18 Abs. 4 i. V. m. § 15 Abs. 1 Satz 1 Nr. 2 EStG **Sonderbetriebsvermögen des bisherigen Einzelpraxisinhabers** bei der BAG, ohne dass dies einen Veräußerungsvorgang auslöst. Im Laufe der Zeit werden die Ersatzbeschaffungen von der BAG selbst durchgeführt, so dass die BAG nach und nach einen eigenen materiellen und immateriellen Praxiswert aufbaut, während der Praxiswert des Einzelpraxisinhabers sukzessive abnimmt. Allerdings sind in diesem Fall auch die umsatzsteuerlichen Konsequenzen zu prüfen (vgl. S. 178 ff.).

Nach dem Wortlaut der Tz. 24.05 des AEUmwStG 2006 („teilweise“), liegt kein Anwendungsfall des § 24 UmwStG vor, wenn sämtliche Wirtschaftsgüter ausschließlich in das Sonderbetriebsvermögen der aufnehmenden BAG überführt werden (so auch Fuhrmann in Widmann/Mayer, Umwandlungsrecht, 214. Lieferung 8.2024, § 24 UmwStG Rz. 291; Rasche in Rödder/Herlinghaus/van Lishaut, UmwStG, 3. Aufl. 2019, § 24 UmwStG Rz. 83). Nicht abschließend geklärt ist derzeit, ob für die Anwendung des § 24 UmwStG zwingend eine wesentliche Betriebsgrundlage in das Gesamthandsvermögen der aufnehmenden BAG überführt werden muss oder ob beispielsweise die Übertragung ausschließlich des Umlaufvermögens ins Gesamthandsvermögen der BAG den Anwendungsbereich des § 24 UmwStG bereits eröffnet (vgl. S. 112 f., 221 f.).

PRAXISHINWEIS:

Ist der Anwendungsbereich des § 24 UmwStG mangels Übertragung mindestens eines Wirtschaftsguts in das Gesamthandsvermögen ausgeschlossen, findet mangels vorrangiger Spezialregelung nach der hier vertretenen Auffassung § 6 Abs. 5 EStG Anwendung (Übertragung eines Betriebes in das Sonderbetriebsvermögen zu einer Mitunternehmerschaft, vgl. BMF v. 8.12.2011 - IV C 6 - S 2241/10/10002, BStBl 2011 I S. 1279, Rz. 6; Schmitt in Schmitt/Hörtnagl, 10. Aufl. 2024, UmwStG § 24 Rz. 35, 114; a. A. betreffend Anwendbarkeit von § 6 Abs. 5 EStG, aber gleichwohl mit dem Ergebnis, dass zwingend die Buchwerte anzusetzen sind, *Patt* in Dötsch/Patt/Pung/Möhlenbrock, Umwandlungssteuerrecht, § 24 UmwStG Rz. 44). In der Praxis dürfte der Abgrenzung daher keine große Bedeutung zukommen, da es i. d. R. lediglich auf die Möglichkeit der Fortführung der Buchwerte ohne Aufdeckung der stillen Reserven ankommt. Es empfiehlt sich aber, zur Sicherheit einen Antrag auf Buchwertfortführung nach § 24 Abs. 2 Satz 3 i. V. m. § 20 Abs. 2 Satz 3 UmwStG zu stellen.

Im Laufe der Zeit verflüchtigt sich der Praxiswert der überlassenen Praxis und es entsteht ein neuer Praxiswert der BAG. Sollte dementgegen das Finanzamt die Auffassung vertreten, der immaterielle Wert wäre im Laufe der Zeit auf die BAG übergegangen, so wäre dieser Vorgang steuerneutral nach **§ 6 Abs. 5 Satz 3 Nr. 2 EStG** als unentgeltliche Übertragung eines einzelnen Wirtschaftsgutes aus dem Sonderbetriebsvermögen eines Mitunternehmers in das Betriebsvermögen der Mitunternehmerschaft anzusehen. Dies kann auch nicht als Gestaltungsmissbrauch angesehen werden, denn selbst bei Annahme einer direkten Übertragung in das Gesamthandsvermögen der Mitunternehmerschaft wäre nach § 24 UmwStG der Buchwertansatz möglich. Bei der Gestaltung im Rahmen eines Überlassungsmodells ergibt sich allerdings umso stärker die Frage, ob eine Einbringung wesentlicher Betriebsgrundlagen in das Sonderbetriebsvermögen die Anwendung von § 24 UmwStG ermöglicht.

Für die Überlassung erhält der Einzelpraxisinhaber laufend einen angemessenen Ausgleich über die Gewinnverteilung, bemessen am Wert des überlassenen Vermögens (als echtes Gewinnvorab, d. h. als gewinnabhängiger nicht umsatzsteuerbarer Gesellschafterbeitrag).

PRAXISHINWEIS:

Es könnte auch ein festes Mietentgelt vereinbart werden. Aus umsatzsteuerlicher Sicht ist dies jedoch nicht empfehlenswert. Ein festes Mietentgelt führt zu einem umsatzsteuerpflichtigen Leistungsaustausch zwischen der BAG und dem Gesellschafter (Abschnitt 1.6 Abs. 3 UStAE; BFH,

Beschluss v. 24.9.2004 - V B 177/02, NWB GAAAB-36135, BFH/NV 2005 S. 258; siehe ausführlich S. 184 ff.). Die Entstehung von zusätzlicher Umsatzsteuer liegt sicherlich nicht im Interesse der Partner, da bei der BAG i. d. R. mangels steuerpflichtiger Umsätze der Vorsteuerabzug gem. § 15 Abs. 2 Nr. 1 UStG ausgeschlossen ist. Trotz der Möglichkeit der Vorsteuerberichtigung nach § 15a UStG für den Gesellschafter wird bei diesem eine Nettobelastung mit Umsatzsteuer verbleiben.

bb) Zusammenschluss mehrerer Einzelpraxen

Die Errichtung einer BAG durch den **Zusammenschluss mehrerer Einzelpraxen** stellt steuerlich ebenfalls grds. als tauschähnlicher Vorgang eine Veräußerung gegen Entgelt dar. Die Gegenleistung für die Übertragung besteht insoweit in der Gewährung der Gesellschaftsrechte an der neuen BAG. Auf den Übertragungsvorgang ist § 24 UmwStG anwendbar (vgl. zu § 24 UmwStG im Einzelnen S. 111 ff.).

Aufgrund unterschiedlicher Wertverhältnisse der bestehenden Praxen sind i. d. R. **Ausgleichszahlungen** zwischen den Gesellschaftern erforderlich. Soweit Ausgleichszahlungen in das Privatvermögen eines Einbringenden stattfinden, kann insoweit nach § 24 UmwStG kein Buchwertansatz gewählt werden. Die Vermeidung der Entstehung eines steuerpflichtigen laufenden Gewinns durch die Erstellung von Ergänzungsbilanzen ist aller Voraussicht nach nicht möglich (AEUmwStG 2006, a. a. O., Tz. 24.09). Gestaltungsmöglichkeiten ergeben sich aber unter Umständen aus der Neufassung des § 24 Abs. 2 Satz 2 UmwStG durch das Steueränderungsgesetz 2015 vom 2.11.2015 und der damit verbundenen Möglichkeit sonstige Gegenleistungen im Rahmen gewisser Grenzen zu vereinbaren (vgl. im Einzelnen S. 115 ff.).

Gleiches gilt im Übrigen auch beim Zusammenschluss mehrerer BAGen. In diesem Fall findet die Einbringung von Mitunternehmeranteilen gegen Gewährung von Gesellschaftsrechten statt.

c) Aufnahme neuer Gesellschafter in eine Berufsausübungsgemeinschaft

Die Aufnahme eines neuen Gesellschafters in eine BAG – ohne dass einer der bisherigen Mitunternehmer ausscheidet – stellt steuerlich die **Veräußerung eines Teils eines Mitunternehmeranteils** durch die bisherigen Gesellschafter der BAG dar.

Durch das Unternehmensteuerfortentwicklungsgesetz (UntStFG) wurde ab dem 1.1.2002 die Begünstigung der §§ 16 und 34 EStG in § 16 Abs. 1 Satz 1 Nr. 2 EStG auf den Fall der Veräußerung des gesamten Mitunternehmeranteils unter Aufdeckung sämtlicher stiller Reserven beschränkt. Die bis dahin ebenfalls begünstigte Veräußerung eines Teils eines Mitunternehmeranteils ist seither als laufender Geschäftsvorfall zu behandeln und damit der Veräußerung eines Teils einer Einzelpraxis gleichgestellt (vgl. BT-Drucks. 14/6882 v. 10.9.2001 S. 34). Entsprechend bieten sich für die steuerliche Gestaltung dieselben Modelle an, die sich auch für die Aufnahme eines neu eintretenden Arztes in einer Einzelpraxis anbieten, insbesondere aber die Einbringung nach § 24 UmwStG durch Zahlung des Eintretenden in das Betriebsvermögen der BAG (vgl. hierzu S. 111 ff.).

Erfolgt der **Eintritt eines weiteren Arztes** in eine bestehende BAG gegen Geldeinlage oder Einlage anderer Wirtschaftsgüter, bringen in diesem Fall, die bisherigen Gesellschafter der Personengesellschaft – aus Sicht des § 24 UmwStG – ihre Mitunternehmeranteile an der bisherigen Personengesellschaft in eine neue, durch den neu hinzutretenden Gesellschafter vergrößerte Personengesellschaft ein (AEUmwStG 2006, a. a. O., Tz. 01.47 Buchst. aa 3. Spiegelstrich; Patt in Herrmann/Heuer/Raupach, EStG/KStG, 325. Lieferung, 5/2024, § 16 EStG Rz. 326, m. w. N. und kritischer Betrachtung).

Der Gewinn, der durch eine Zuzahlung in das Privatvermögen der bisherigen Gesellschafter der Personengesellschaft entsteht, kann nach Auffassung der Finanzverwaltung nicht nach § 24 UmwStG durch Erstellung einer (negativen) Ergänzungsbilanz vermieden werden (AEUmwStG 2006, a. a. O., Tz. 24.09). Es stellt sich aber die Frage, ob diese Auffassung nicht in Teilen überholt ist und durch die Einführung von § 24 Abs. 2 Satz 2 Nr. 2 UmwStG neue steuerliche Gestaltungsspielräume eröffnet werden (vgl. im Einzelnen S. 115 ff.). Eine Zuzahlung in das Privatvermögen liegt auch vor, wenn mit ihr eine zugunsten der bisherigen Gesellschafter begründete (nicht betrieblich veranlasste) Verbindlichkeit der Gesellschaft getilgt wird, z. B. ein durch Privatentnahmen negatives Kontokorrentkonto ausgeglichen wird (BFH, Urteil v. 8.12.1994 - IV R 82/92, BStBl 1995 II S. 599).

PRAXISHINWEISE:

Auch der **Beitritt eines weiteren Mitunternehmers in eine fortbestehende Mitunternehmerschaft** ausschließlich durch (Zu-)Zahlung in das Privatvermögen wird wie der Beitritt gegen Bar- oder Sacheinlage in das Gesamthandsvermögen für sämtliche bisherige Mitunternehmer als **Anwendungsfall des § 24 UmwStG** angesehen. Nach dieser Auffassung bringen die bisherigen Mitunternehmer ihren bisherigen Mitunternehmeranteil teilweise auf eigene Rechnung (soweit nicht veräußert) gegen Gewährung von Gesellschaftsrechten in eine (gedachte neue, um den weiteren Mitunternehmer erweiterte) Mitunternehmerschaft ein (vgl. Levedag, NWB 2016 S. 1881, unter III.4.a) mit Hinweis auf BFH, Urteil v. 17.9.2014 - IV R 33/11, BStBl 2015 II S. 717, Rz. 17; Wacker in Schmidt, EStG, 43. Aufl. 2024, § 16 Rz. 512 mit Verweis auf AEUmwStG 2006, Tz. 24.08, 24.10; Patt in Herrmann/Heuer/Raupach, EStG/KStG, 325. Lieferung, 5/2024, § 16 EStG Rz. 327). Es empfiehlt sich insofern auch bei der Aufnahme eines neuen Gesellschafters in eine fortbestehende BAG und Zahlungen ausschließlich in das Privatvermögen der bisherigen (Alt-)Gesellschafter, zur Sicherheit einen **Antrag auf Buchwertfortführung** nach § 24 Abs. 2 Satz 3 i. V. m. § 20 Abs. 2 Satz 3 UmwStG zu stellen.

d) Gesellschafterwechsel

Der bloße Gesellschafterwechsel bei einer bestehenden Personengesellschaft – ein Gesellschafter scheidet aus, ein anderer erwirbt seine Anteile und tritt an seine Stelle –

fällt nicht unter § 24 UmwStG (AEUmwStG 2006, a. a. O., Tz. 01.47 Buchst. aa 3. Spiegelstrich; Patt in Herrmann/Heuer/Raupach, EStG/KStG, 325. Lieferung, 5/2024, § 16 EStG Rz. 330).

Gegenstand des Erwerbs ist steuerlich nicht der Anteil an der Mitunternehmerschaft selbst, sondern sind die einzelnen Wirtschaftsgüter des Gesamthandsvermögens entsprechend dem ideellen Anteil an der Mitunternehmerschaft. Soweit der neu eintretende Arzt an die bisherigen Mitunternehmer der BAG als Erwerber eine Ausgleichszahlung zu leisten hat und die Erwerbsaufwendungen den Buchwert des auf den Erwerber übergehenden Kapitalkontos übersteigen oder unterschreiten, ist eine Ergänzungsbilanz bzw. Ergänzungsrechnung zum Gesamthandsvermögen aufzustellen (BFH, Urteil v. 30.3.1993 - VIII R 63/91, BStBl 1993 II S. 706, m. w. N.). Dem Erwerber stehen aus seinen Anschaffungskosten entsprechende Abschreibungen zu (vgl. hierzu S. 155 ff.).

Der ausscheidende Gesellschafter erzielt im Rahmen der Veräußerung seines gesamten Mitunternehmeranteils ggf. einen im Rahmen der § 18 Abs. 3 i.V. m. § 16 Abs. 1 Satz 1 Nr. 2, Abs. 2 bis 4 und § 34 EStG steuerbegünstigten Veräußerungsgewinn (vgl. S. 158 ff.).

e) Unentgeltliche Übertragungsvorgänge

Von den entgeltlichen Vorgängen abzugrenzen sind die **unentgeltlichen Vermögensübertragungen**, z. B. im Rahmen einer vorweggenommenen Erbfolge. Zu unterscheiden sind hier

- die **unentgeltliche Aufnahme** eines Gesellschafters in eine Einzelpraxis zur Gründung einer BAG,
- die **unentgeltliche Übertragung** eines **Teils eines Mitunternehmeranteils** an einer BAG sowie
- die **unentgeltliche Übertragung** des gesamten Mitunternehmeranteils an einer BAG

(hierzu jeweils ausführlich BMF v. 20.11.2019 - IV C 6 - 2241/15/10003, BStBl 2019 I S. 1291; geändert durch BMF v. 5.5.2021 - IV C 6 - S 2240/19/10003, BStBl 2021 I S. 696). Diese unentgeltlichen Vorgänge beurteilen sich nach **§ 6 Abs. 3 EStG**.

aa) Die unentgeltliche Aufnahme eines Gesellschafters in eine Einzelpraxis zur Gründung einer Berufsausübungsgemeinschaft

Bei einer unentgeltlichen Aufnahme einer natürlichen Person in eine bestehende Einzelpraxis ist nach § 6 Abs. 3 Satz 1, 2. Halbsatz EStG zwingend die Buchwertfortführung vorgeschrieben. Erforderlich ist, dass sämtliche wesentlichen Betriebsgrundlagen anteilig auf den Übernehmer übergehen. Hierbei ist auf die funktional wesentlichen Betriebsgrundlagen abzustellen, die im Zeitpunkt der Übertragung Betriebsvermögen sind (zeitpunktbezogene Betrachtung). Danach ist es unschädlich, wenn funktional wesentliche Betriebsgrundlagen aufgrund einheitlicher Planung vor der Übertragung entgeltlich veräußert werden. Dies ist auch dann der Fall, wenn es sich nur um eine „juristische Sekunde" vorher handelt, wichtig ist die zeitliche Reihenfolge. Maßgeblich ist bei der Prüfung der Zeitpunkt des Übergangs des wirtschaftlichen Eigentums (§ 39 Abs. 2 Nr. 1 Satz 1 AO). Bei dem verbleibenden „Restbetriebsvermögen" muss es sich aber weiterhin um eine funktionsfähige betriebliche Einheit handelt. Wird dagegen im Zeitpunkt der Übertragung nach § 6 Abs. 3 EStG funktional wesentliches Betriebsvermögen zurückbehalten und zeitgleich veräußert oder in das Privatvermögen überführt (zeitgleiche Entnahme), ist eine Buchwertfortführung nach § 6 Abs. 3 Satz 1 EStG nicht zulässig, weil sich das funktional wesentliche Sonderbetriebsvermögen zum Zeitpunkt der Veräußerung bzw. Entnahme noch im Betriebsvermögen des Übertragenden befand und bei einer derartigen Konstellation gerade nicht alle im Übertragungszeitpunkt noch vorhandenen wesentlichen Betriebsgrundlagen des vorhandenen Betriebs nach § 6 Abs. 3 Satz 1 EStG anteilig übertragen werden (vgl. BFH, Urteil v. 9.12.2014 - IV R 29/14, BStBl 2019 II S. 723; BFH, Urteil v. 10.9.2020 - IV R 14/18, BStBl 2021 II S. 367; BMF v. 5.5.2021 - IV C 6 - S 2240/19/10003, BStBl 2021 I S. 696, Rz. 9a, 13 und 31).

Die gleichzeitige Anwendung der beiden Buchwertprivilegien nach § 6 Abs. 5 EStG (Auslagerung von funktional wesentlichem Betriebsvermögen/Sonderbetriebsvermögen) und § 6 Abs. 3 EStG ist möglich, denn es steht der Anwendung des § 6 Abs. 3 EStG nicht entgegen, dass im Zeitpunkt der Übertragung nach § 6 Abs. 3 EStG zum Betriebsvermögen/Sonderbetriebsvermögen der Mitunternehmerschaft gehörende Wirtschaftsgüter zeitgleich nach § 6 Abs. 5 EStG überführt oder übertragen werden (BFH, Urteil v. 2.8.2012 - IV R 41/11, BStBl 2019 II S. 715; BFH, Urteil v. 12.5.2016 - IV R 12/15, BStBl 2019 II S. 726; BMF v. 5.5.2021 - IV C 6 - S 2240/19/10003, BStBl 2021 I S. 696).

Im Rahmen des § 6 Abs. 3 EStG kommt es für die Beurteilung des Betriebsvermögens zur Frage der Wesentlichkeit nur auf die funktionale Betrachtung an. Funktional wesentlich können nur solche Wirtschaftsgüter sein, die für die Funktion des Betriebes von Bedeutung sind; auf das Vorhandensein erheblicher stiller Reserven kommt es nicht an (BMF v. 20.11.2019, a. a. O., Tz. 6 ff.).

PRAXISHINWEIS:

Nach Auffassung des BMF im letzten Satz der Tz. 01.47 des (aktuellen) AEUmwStG 2006 ist in den Fällen der **unentgeltlichen Aufnahme einer natürlichen Person in ein Einzelunternehmen** § 24 UmwStG für beide Mitunternehmer nicht anzuwenden (§ 6 Abs. 3 Satz 1 Halbsatz 2 EStG). Dem entgegen werden nach Auffassung des BFH ebenso wie bei der entgeltlichen Aufnahme eines Dritten in ein Einzelunternehmen auch bei einer unentgeltlichen Aufnahme die steuerrechtlichen Tatbestände der unentgeltlichen Zuwendung von Mitunternehmeranteilen und der Einbringung nebeneinander verwirklicht (BFH, Urteil v. 18.9.2013 - X R 42/10, BStBl 2016 II S. 639). Auch in den Fällen der Aufnahme einer natürlichen Person in ein Einzelunternehmen nach § 6 Absatz 3 Satz 1 Halbsatz 2 EStG empfiehlt sich daher einen **Antrag auf Buchwertfortführung** nach

§ 24 Abs. 2 Satz 3 i.V.m. § 20 Abs. 2 Satz 3 UmwStG für die Einbringung der Einzelpraxis in die BAG zu stellen. Eine entsprechende Änderung des AEUmStG 2006 steht derzeit an (vgl. Entwurf eines aktualisieren BMF-Schreibens zur Anwendung des Umwandlungsteuergesetzes (UmwStE) v. 11.10.2023 - IV C 2 - S 1978/19/10001 :013, Tz. 01.47, www.bundesfinanzministerium.de).

Der Buchwertansatz gilt aber auch im Falle der **Zurückbehaltung von funktional wesentlichem Betriebsvermögen**, wenn das zurückbehaltene Betriebsvermögen **Sonderbetriebsvermögen** bei der entstehenden BAG wird und damit weiterhin zum steuerlichen Betriebsvermögen der entstehenden Mitunternehmerschaft zählt. Der Mitunternehmeranteil umfasst insoweit den Anteil am Gesamthandsvermögen als auch das dem einzelnen Mitunternehmer zuzurechnende Sonderbetriebsvermögen (BFH, Urteil v. 12.4.2000 - XI R 35/99, BStBl 2001 II S. 26). Voraussetzung für die Buchwertfortführung ist nach § 6 Abs. 3 Satz 2 EStG allerdings dann, dass der Rechtsnachfolger den übernommenen Mitunternehmeranteil über einen Zeitraum von mindestens fünf Jahren ab dem Übergang des wirtschaftlichen Eigentums nicht veräußert oder aufgibt (**Behaltefrist**). Wird diese Behaltefrist nicht eingehalten, erfolgt rückwirkend für den Übertragungsvorgang der Teilwertansatz (BMF v. 20.11.2019, a. a. O., Tz. 25 ff.). Eine Veräußerung in dem Sinne ist grds. auch eine **Einbringung nach den §§ 20, 24 UmwStG**, unabhängig davon, ob die Buchwerte, gemeinen Werte oder Zwischenwerte angesetzt werden. Auch die **Übertragung** einzelner Wirtschaftsgüter zu Buchwerten gegen Gewährung von Gesellschaftsrechten **nach § 6 Abs. 5 EStG** durch den Rechtsnachfolger auf einen Dritten **stellt eine Veräußerung dar** (BMF v. 20.11.2019, a. a. O., Tz. 29; Gratz/Uhl-Ludäscher in Herrmann/Heuer/Raupach, EStG/KStG, 299. Lieferung 9.2020, § 6 EStG Rz. 1284).

Abweichend von diesem Grundsatz sieht die Finanzverwaltung aber **aus Billigkeitsgründen keine schädliche Veräußerung** i. S. des § 6 Abs. 3 Satz 2 EStG bei Einbringungen insgesamt nach § 20 oder § 24 UmwStG zum Buchwert. Voraussetzung ist dann, dass der Einbringende die gewährten Gesellschaftsrechte über einen Zeitraum von mindestens fünf Jahren – beginnend mit der ursprünglichen Übertragung des Mitunternehmeranteils nach § 6 Abs. 3 Satz 2 EStG – nicht veräußert oder aufgibt und auch die neue Gesellschaft den eingebrachten Mitunternehmeranteil oder die eingebrachten Wirtschaftsgüter innerhalb der genannten Frist nicht veräußert (BMF v. 20.11.2019, a. a. O., Tz. 29).

Voraussetzung für die Buchwertübertragung ist nicht, dass das **zurückbehaltene Sonderbetriebsvermögen** dauerhaft zum (Sonder-)**Betriebsvermögen derselben Mitunternehmerschaft** gehört. Die Buchwertprivilegierung der unentgeltlichen Übertragung eines Teils eines Mitunternehmeranteils unter Zurückbehaltung eines Wirtschaftsgutes des Sonderbetriebsvermögens entfällt nicht deshalb rückwirkend, weil das zurückbehaltene Wirtschaftsgut zu einem späteren Zeitpunkt von dem Übertragenden zum

Buchwert nach § 6 Abs. 5 EStG in ein anderes Betriebsvermögen übertragen wird (BFH, Urteil v. 12.5.2016 - IV R 12/15, BStBl 2019 II S. 726; BMF v. 5.5.2021, a. a. O., Tz. 31).

PRAXISHINWEIS:

Der BFH hat entschieden, dass der Gewinn aus der Veräußerung eines Mitunternehmeranteils nicht der Tarifbegünstigung der §§ 16, 34 EStG unterliegt, wenn der Steuerpflichtige zuvor aufgrund einheitlicher Planung und im zeitlichen Zusammenhang mit der Veräußerung einen Teil des ursprünglichen Mitunternehmeranteils ohne Aufdeckung der stillen Reserven unentgeltlich nach § 6 Abs. 3 EStG übertragen hat (BFH, Urteil v. 9.12.2014 - IV R 36/13, BStBl 2015 II S. 529). Überträgt ein Arzt insofern einen **Teil seines Mitunternehmeranteil unentgeltlich** ohne Aufdeckung der stillen Reserven, kann ggf. bei einer **nachfolgenden entgeltlichen Veräußerung** des verbleibenden **restlichen Mitunternehmeranteils** innerhalb der nächsten Jahre die Anwendung von **§§ 16, 34 EStG gefährdet** sein. Gleiches dürfte auch für die unentgeltliche Aufnahme eines Gesellschafters in eine Einzelpraxis zur Gründung einer BAG und die spätere Veräußerung des (neu) entstehenden Mitunternehmeranteils des bisherigen Einzelpraxisinhabers gelten.

bb) Die unentgeltliche Übertragung eines Teils eines Mitunternehmeranteils an einer Berufsausübungsgemeinschaft

Die gleichen Grundsätze wie unter aa gelten auch im Falle der **Übertragung eines Teils eines Mitunternehmeranteils.** Ist bereits Sonderbetriebsvermögen im Rahmen einer bestehenden BAG vorhandenen, ist zur Anwendung des § 6 Abs. 3 EStG bei der Übertragung nur eines Teils eines Mitunternehmeranteils zu unterscheiden zwischen einer unterquotalen, einer quotalen und einer überquotalen Übertragung des vorhandenen Sonderbetriebsvermögens.

Wird anlässlich der Teilanteilsübertragung von Gesamthandsvermögen funktional wesentliches **Sonderbetriebsvermögen** nicht oder in geringerem Umfang (**unterquotal**) übertragen als es dem übertragenen Teil des Anteils am Gesamthandsvermögen entspricht, liegt insgesamt noch eine Übertragung nach § 6 Abs. 3 EStG vor (BMF v. 20.11.2019, a. a. O., Tz. 25 ff.). Bezüglich Sperrfrist und schädlicher Verfügungen gelten die Ausführungen unter aa).

PRAXISHINWEIS:

In Fällen der unterquotalen Übertragung von Sonderbetriebsvermögen stellt sich die Frage, wie der übertragende Mitunternehmer in der Folge der Übertragung steuerlich zu behandeln ist. Hier gelten die gleichen Grundsätze wie unter aa) bei der Zurückbehaltung von funktional wesentlichem Betriebsvermögen bei Aufnahme eines Mitgesellschafters in eine Einzelpraxis auf S. 125 f. (vgl. BMF v. 20.11.2019, a. a. O., Tz. 25 ff.; BMF v. 5.5.2021, a. a. O., Tz. 31).

Wird anlässlich der Teilanteilsübertragung von Gesamthandsvermögen **Sonderbetriebsvermögen** in größerem Umfang (**überquotal**) übertragen als es dem übertragenen Teil des Anteils am Gesamthandsvermögen entspricht, ist der Vorgang nicht in eine Übertragung nach § 6 Abs. 3 Satz 1 EStG für den quotalen Teil des Sonderbetriebsvermögens und eine Übertragung nach § 6 Abs. 5 EStG für den überquotalen Teil des Sonderbetriebsvermögens aufzuteilen. In diesem Fall handelt es sich ausschließlich (und einheitlich) um eine unentgeltliche Übertragung eines Teils eines Mitunternehmeranteils nach § 6 Abs. 3 Satz 1 EStG ohne Lauf einer Sperrfrist (BMF, Schreiben v. 20.11.2019, a. a. O., Tz. 32).

War der Arzt, der den Mitunternehmeranteil unentgeltlich erhält, bereits vorher Mitunternehmer der BAG, so kann er in Bezug auf die Behaltefrist nach § 6 Abs. 3 Satz 2 EStG allerdings insoweit seinen alten, bereits vorhandenen Mitunternehmeranteil unschädlich veräußern oder aufgeben. Die Schädlichkeit setzt erst ein, wenn auch Teile des unentgeltlich übernommenen Mitunternehmeranteils veräußert oder aufgegeben werden (BMF v. 20.11.2019, a. a. O., Tz. 27 ff.).

PRAXISHINWEIS:

Wie bei der unentgeltlichen Aufnahme eines Gesellschafters in eine Einzelpraxis zur Gründung einer BAG gilt auch bei der unentgeltlichen Übertragung eines Teils eines Mitunternehmeranteils an einer BAG, dass hierdurch die **Anwendung von §§ 16, 34 EStG** bei einer nachfolgenden Veräußerung des verbleibenden restlichen Mitunternehmeranteils **innerhalb der nächsten Jahre gefährdet** wird (vgl. S. 126 f.; BFH, Urteil v. 9.12.2014 - IV R 36/13, BStBl 2015 II S. 529).

cc) Die unentgeltliche Übertragung des gesamten Mitunternehmeranteils an einer Berufsausübungsgemeinschaft

Die unentgeltliche **Übertragung des gesamten Mitunternehmeranteils** erfolgt nach § 6 Abs. 3 EStG zu Buchwerten. Erforderlich ist für die Buchwertfortführung in diesem Fall die Übertragung des gesamten **funktional wesentlichen Sonderbetriebsvermögens**, welches **im Zeitpunkt der Übertragung** vorhanden ist (BMF v. 20.11.2019, a. a. O., Tz. 8 ff.).

Die unentgeltliche Übertragung des Mitunternehmeranteils unter Zurückbehaltung funktional wesentlicher Betriebsgrundlagen des Sonderbetriebsvermögens und deren **zeitgleicher Überführung ins Privatvermögen** (Entnahme) **oder Veräußerung** verhindert die Anwendung des Buchwertprivilegs (BMF v. 5.5.2021, a. a. O., Tz. 31). In diesem Fall liegt insgesamt eine (tarifbegünstigte) Aufgabe des gesamten Mitunternehmeranteils vor unter **Aufdeckung sämtlicher stiller Reserven**.

Wird im Zusammenhang mit der unentgeltlichen Übertragung des gesamten Mitunternehmeranteils funktional wesentliches Sonderbetriebsvermögen in ein anderes Betriebsvermögen bzw. Sonderbetriebsvermögen nach **§ 6 Abs. 5 EStG zu Buchwerten** übertragen, ist dies für die Anwendung von § 6 Abs. 3 EStG **unschädlich**. Die gleichzeitige Anwendung der beiden Buchwertprivilegien nach § 6 Abs. 5 EStG (Auslagerung von funktional wesentlichem Betriebsvermögen/Sonderbetriebsvermögen) und § 6 Abs. 3 EStG ist möglich, denn es steht der Anwendung des § 6 Abs. 3 EStG nicht entgegen, dass im Zeitpunkt der Übertragung nach § 6 Abs. 3 EStG zum Betriebsvermögen/Sonderbetriebsvermögen der Mitunternehmerschaft gehörende Wirtschaftsgüter zeitgleich nach § 6 Abs. 5 EStG überführt oder übertragen werden (BMF v. 5.5.2021, a. a. O., Tz. 10).

Wird zur Vermeidung der obenstehenden Probleme zeitlich im Vorfeld eine funktional wesentliche Betriebsgrundlage aus dem Betriebsvermögen verlagert, z. B. durch Veräußerung an einen nahen Angehörigen, muss es sich für die Anwendung von § 6 Abs. 3 EStG bei dem verbleibenden „Restbetriebsvermögen" aber weiterhin um eine funktionsfähige betriebliche Einheit handeln (BMF v. 5.5.2021, a. a. O., Tz. 13; BMF v. 20.11.2019, a. a. O., Tz. 11 f.).

f) Ausscheiden eines Gesellschafters

Scheidet ein Gesellschafter aus einer Mitunternehmerschaft aus, ohne dass ein anderer Gesellschafter dessen Anteile erwirbt, so wächst sein Anteil an der Gesellschaft den übrigen Gesellschaftern im Zweifel im Verhältnis ihrer Anteile an (§ 712 Abs. 1 BGB). Verbleibt nur noch ein Gesellschafter, so erlischt die Gesellschaft ohne Liquidation. Das Gesellschaftsvermögen geht zum Zeitpunkt des Ausscheidens des vorletzten Gesellschafters im Wege der Gesamtrechtsnachfolge auf den verbleibenden Gesellschafter über (§ 712a Abs. 1 BGB). Steuerrechtlich sind jedoch die durch die Anwachsung eintretenden Vermögensmehrungen wie eine Anteilsübertragung zu behandeln, weil die Anwachsung **wirtschaftlich gesehen** der **Anteilsübertragung** entspricht (BFH, Urteil v. 14.9.1994 - I R 12/94, BStBl 1995 II S. 407; FinSen Berlin v. 10.11.2023 - III B - S 2241-3/2010-6, NWB CAAAJ-65048). Für die steuerliche Beurteilung ist zudem wesentlich, ob und wenn ja, in welcher Form der ausscheidende Gesellschafter von der BAG abgefunden wird. Wesentliche Fälle sind:

- Ausscheiden eines Gesellschafters gegen Abfindung in bar, mit dem Sonderfall eines Ausscheidens von Todes wegen,
- Ausscheiden eines Gesellschafters gegen Sachabfindung in das Privatvermögen,
- Ausscheiden eines Gesellschafters gegen Sachabfindung in ein Betriebsvermögen als „unechte Realteilung" nach § 16 Abs. 3 Satz 2 ff. EStG, insbesondere unter Beibehaltung des Status als Vertragsarzt und Fortsetzung der freiberuflichen ärztlichen Tätigkeit im örtlichen Wirkungskreis.

Mischfälle sind denkbar, so z. B. eine teilweise Abfindung in bar, verbunden mit der Beibehaltung des Status als Vertragsarzt und Fortsetzung der freiberuflichen ärztlichen Tätigkeit im örtlichen Wirkungskreis.

aa) Ausscheiden eines Gesellschafters gegen Abfindung in bar

Hat der Ausscheidende Anspruch auf eine Abfindung in bar, so stellt diese ein Entgelt für den Übergang seines Gesellschaftsanteils auf die verbleibenden Gesellschafter dar, so dass steuerlich eine Anteilsübertragung nach § 16 EStG vorliegt (BFH, Urteile v. 14.9.1994 - I R 12/94, BStBl 1995 II S. 40; v. 20.2.2003 - III R 34/01, BStBl 2003 II S. 700, Rz. 18; FinSen Berlin v. 10.11.2023 - III B - S 2241-3/2010-6, NWB CAAAJ-65048). Wie bei der Anteilsübertragung ist daher für den Ausscheidenden zu beurteilen, in welchem Umfang dieser eine Abfindung in bar anlässlich seines Ausscheidens aus der BAG erhält.

Die Besteuerung des Ausscheidenden richtet sich dabei nach den allgemeinen Grundsätzen der Veräußerung des gesamten Mitunternehmeranteils bzw. der Aufgabe des gesamten Mitunternehmeranteils (vgl. S. 158 ff.).

Werden dem Ausscheidenden dagegen neben einer Abfindung in bar zur Abgeltung seines Abfindungsanspruchs Wirtschaftsgüter der BAG, insbesondere Teile des immateriellen Praxiswertes, übertragen, ist zu unterscheiden, ob die Übertragung in das Privatvermögen (vgl. S. 134 ff.). oder ein anderes Betriebsvermögen des Ausscheidenden erfolgt (vgl. S. 136 ff.; 143 ff.).

Schuldnerin des Abfindungsanspruchs ist grundsätzlich die Gesellschaft selbst (vgl. S. 79 ff.; § 728 BGB). Nach der hier vertretenen Auffassung ist dem auch steuerrechtlich zu folgen. Entsprechend entsteht mit dem Ausscheiden eines Gesellschafters primär auf der Ebene des Gesamthandsvermögens der fortbestehenden Mitunternehmerschaft auch steuerrechtlich eine Verbindlichkeit der Gesellschaft gegenüber dem ausscheidenden Gesellschafter. Da die Anschaffung in der gesamthänderischen Verbundenheit erfolgt, hat eine Aktivierung der Anschaffungskosten im Gesamthandsvermögen der Mitunternehmerschaft zu erfolgen und nicht durch Aufstellung von Ergänzungsbilanzen bzw. Ergänzungsrechnungen. In einer Ergänzungsbilanz werden Wertkorrekturen zu den steuerlichen Bilanzansätzen der einzelnen, im Gesamthandsvermögen der Personengesellschaft stehenden Wirtschaftsgüter abgebildet, soweit die Wertdifferenzen einen oder mehrere, aber nicht alle Mitunternehmer betreffen (so zutreffend Cordes/Kotzenberg in Hachmeister/Kahle/Mock/Schüppen, Bilanzrecht, 4. Aufl. 2024, Anhang 2 zu §§ 238 – 263 HGB: Steuerliche Gewinnermittlung bei Personengesellschaften, Rz. 58; Apitz in Braun/Günther, Das Steuer-Handbuch, 93. Lieferung, Ergänzungsbilanz, positive unter II. 3.; BFH, Urteil v. 28.9.1993 - VIII R 67/92, BStBl 1994 II S. 449, unter I.). Im Fall der quotalen Anwachsung entsprechend der ideellen Beteiligung am Gesamthandsvermögen besteht daher keine Notwendigkeit zur Aufstellung von Ergänzungsbilanzen, weil es schlicht keine Wertdifferenzen zwischen den einzelnen Mitunternehmern gibt. Im Gesamthandsvermögen aktivierte Wirtschaftsgüter wären dann nach dem Grundsatz der transparenten Besteuerung von Personengesellschaften (§ 39 Abs. 2 Nr. 2 AO) den einzelnen Mitunternehmern nach deren ideellem Anteil am Gesamthandsvermögen zuzurechnen. Ein anderweitiges Vorgehen durch Erstellung von Ergänzungsbilanzen bzw. Ergänzungsrechnungen bleibt allerdings aus steuerlicher Sicht ohne praktische Auswirkung. Ob ein Buchwert im Gesamthandsvermögen ausgewiesen und dem Mitunternehmer entsprechend seinem ideellen Anteil zugerechnet wird oder der ideelle Anteil des Mitunternehmers am Buchwert nur in einer Ergänzungsbilanz ausgewiesen ist, macht aus steuerlicher Sicht im Ergebnis keinen Unterschied (vgl. auch Ketteler-Eising, NWB 2021 S. 2297). Ergänzungsbilanzen gelten als „integraler Bestandteil des Betriebsvermögensvergleichs des gesamthänderisch gebundenen Vermögens" (vgl. zutreffend Kahle, Ergänzungsbilanzen bei Personengesellschaften, FR 2013 S. 873).

Steuerrechtlich gilt aber die Einheitlichkeit des Mitunternehmeranteils, und die Anwachsung führt zur Vermischung der anteiligen Buchwerte des Mitunternehmers an den einzelnen Wirtschaftsgütern. Erwirbt ein Mitunternehmer insofern einen weiteren Anteil an derselben Personengesellschaft im Wege der Anwachsung hinzu, vereinigt sich der hinzuerworbene Anteil i. d. R. mit dem bisherigen Mitunternehmeranteil des Erwerbers zu einem einheitlichen Mitunternehmeranteil. Dies gilt auch dann, wenn der Mitunternehmer bereits im Anwachsungszeitpunkt die Absicht hat, den hinzuerworbenen Anteil an einen anderen Mitgesellschafter zu veräußern. Im Fall der (Weiter-)Veräußerung eines Teils eines Mitunternehmeranteils sind die jeweiligen gesamten Buchwerte (bisheriger Buchwert zzgl. neuen Anschaffungskosten aus dem Hinzuerwerb) korrespondierend in Höhe des veräußerten Bruchteils des Anteils aufzulösen. Insofern entsteht ein Veräußerungsgewinn selbst dann, wenn der Gesellschafter den angewachsenen neuen Anteil an der BAG zeitnah zum gleichen Kaufpreis weiterveräußert, der betragsmäßig dem anteiligen Abfindungsanspruch entspricht (BFH, Beschluss v. 6.8.2019 - VIII R 12/16, BStBl 2020 II S. 37).

PRAXISHINWEIS:

Für den Fall, dass zeitnah nach dem Ausscheiden eines Gesellschafters aus einer BAG der Beitritt eines neuen Gesellschafters zur BAG oder die Übernahme durch andere Mitgesellschafter geplant ist, wäre insofern jedenfalls aus steuerlicher Sicht ein zeitliches Zusammenfallen von Ausscheiden und Beitritt bzw. Übernahme, d. h. ein Gesellschafterwechsel, zu bevorzugen. Veräußert ein ausscheidender Gesellschafter seinen Anteil ganz oder teilweise unmittelbar an einen neuen Gesellschafter und/oder einzelne andere Mitgesellschafter auf Grundlage eines Anteilskauf- und -übertragungsvertrages, wären die übrigen Gesellschafter hiervon nicht betroffen. Das Problem der Vermischung der Buchwerte würde sich für die übrigen Gesellschafter nicht stellen.

Eine Gestaltung nach § 24 UmwStG wie im Fall des Ausscheidens eines Gesellschafters durch Tod (vgl. nachfolgend unter bb) scheint zwar auch möglich, die beste Lösung ist aber steuerlich immer diejenige, die ohne besondere Gestaltungen auskommt.

bb) Sonderfall: Ausscheiden eines Gesellschafters durch Tod

Verstirbt ein Gesellschafter, wird dieser in aller Regel nach den gesetzlichen oder gesellschaftsvertraglichen Regelungen im Rahmen einer **Fortsetzungsklausel** aus der Gesellschaft ausscheiden (zur gesetzlichen Neuregelung in § 723 BGB vgl. S. 37 f.). Ein Eintritt der Erben als Mitgesellschafter in die BAG dagegen dürfte jedenfalls auf berufsrechtliche/vertragsarztrechtliche Probleme stoßen (vgl. insbesondere zu den Möglichkeiten der Gnadenquartalsregelung die rechtlichen Ausführungen S. 39 f., 465). Sinnvoll, aber selten wären nur qualifizierte Nachfolgeklauseln, nach denen eine Nachfolge in den Gesellschaftsanteil als Erbe eine entsprechende berufliche Qualifikation als Arzt bzw. Facharzt voraussetzt.

Scheidet ein Gesellschafter mit seinem Tod aus der Gesellschaft aus, so kommt es im Falle der Fortsetzung der Gesellschaft zur **Anwachsung** seines Anteils am Gesellschaftsvermögen nach § 712 Abs. 1 BGB **bei den übrigen Gesellschaftern** (vgl. S. 79). Im Gegenzug erlangen die **Erben** einen **Anspruch auf Abfindung** (Geck in Ebeling/Geck, Handbuch der Erbengemeinschaft, Rz. 331). Aus steuerlicher Sicht führt dies zu einer **betrieblich veranlassten Verbindlichkeit im Gesamthandsvermögen** der Mitunternehmerschaft. Insofern gelten die gleichen Grundsätze wie beim Ausscheiden eines Gesellschafters gegen Abfindung in bar (vgl. vorstehend unter aa, S. 129).

Auch in diesem Fall kommt es nach dem Grundsatz der Einheitlichkeit des Mitunternehmeranteils zur Vermischung der Buchwerte aus den bisherigen Anschaffungskosten und den neuen Anschaffungskosten infolge der Anwachsung (vgl. S. 130 f.).

Anders als in anderen Fällen lässt sich beim Tod eines Gesellschafters als Zufallsereignis das Ausscheiden eines Mitunternehmers nicht zeitlich steuern. Das Ausscheiden des verstorbenen Gesellschafters kann nicht mit dem Beitritt eines neuen Gesellschafters oder dem Erwerb einzelner Mitgesellschafter zeitlich zusammengefasst und in einen unmittelbaren Anteilserwerb umgestaltet werden. Ohne weitere Gestaltung würde insofern durch eine **Weiterveräußerung** der durch die Anwachsung erhaltenen Anteile ein **steuerlicher Veräußerungsgewinn** entstehen (vgl. BFH, Beschluss v. 6.8.2019 - VIII R 12/16, BStBl 2020 II S. 37).

Da es sich bei dem Abfindungsanspruch der Erben aber um eine betrieblich veranlasste Verbindlichkeit der Gesellschaft, d. h. der BAG, selbst handelt, können negative steuerliche Folgen durch die Anwendung von **§ 24 UmwStG** reduziert werden. Dies kann geschehen, indem ein neu eintretender Gesellschafter gegen Gewährung einer Mitunternehmerstellung eine **Geldeinlage (Zuzahlung) in das gesamthänderische Betriebsvermögen** der BAG leistet und mit dieser auf Ebene der Gesellschaft die **Tilgung des Abfindungsanspruchs der Erben** als betrieblich veranlasste Verbindlichkeit erfolgt. Sofern § 24 UmwStG anwendbar ist, kann ein sofort steuerpflichtiger Veräußerungsgewinn durch die **Aufstellung von negativen Ergänzungsbilanzen bzw. Ergänzungsrechnungen** vermieden werden. Die nachfolgenden steuererhöhenden Zuschreibungen aus den negativen Ergänzungsbilanzen bzw. Ergänzungsrechnungen können dann mit den zusätzlichen Abschreibungen aus den Anschaffungskosten infolge der Anwachsung gegengerechnet werden.

Gleiches gilt auch, wenn einige, aber nicht alle Mitgesellschafter ihre ursprüngliche Beteiligung über den bisherigen Stand vor dem Tod des ausscheidenden Gesellschafters hinaus aufstocken wollen. Nach allgemeiner Auffassung ist § 24 UmwStG auch dann anwendbar, wenn die Rechtstellung eines bisherigen Mitunternehmers erweitert wird (BFH, Urteil v. 1.2.2024 - IV R 9/20, NWB AAAAJ-63780, DStR 2024 S. 74, Rz. 61; AEUmwStG 2006, Rz. 24.07; Bär/Merkle in Haritz/Menner/Bilitewski, UmwStG, 6. Aufl. 2024, § 24 Rz. 77, m. w. N.; a. A. Rasche in Rödder/Herlinghaus/van Lishaut, UmwStG, 3. Aufl. 2019, § 24 Rz. 15). Auch in diesem Fall leisten entsprechend die Mitgesellschafter eine Geldeinlage (Zuzahlung) in das gesamthänderische Betriebsvermögen der BAG gegen Erweiterung ihrer Mitunternehmerstellung. Die Berechnung der Geldeinlage und die Erstellung der Ergänzungsbilanzen im Rahmen des § 24 UmwStG sind dann natürlich entsprechend komplexer.

Zwingende Voraussetzung für diese Gestaltungsüberlegung ist aber, dass der **Abfindungsanspruch als Verbindlichkeit auf Ebene der BAG** verbleibt und nicht durch Zahlung der Gesellschafter aus deren Privatvermögen oder eine Übernahme dieser Verbindlichkeit in das Sonderbetriebsvermögen verlagert wird. Im Falle einer Geldeinlage (Zuzahlung), die nicht in das gesamthänderische Betriebsvermögen der BAG erfolgt, sondern als Ausgleich in das Privatvermögen, das Sonderbetriebsvermögen der BAG oder ein anderes Betriebsvermögen der Mitgesellschafter, kann ein sofort steuerpflichtiger Veräußerungsgewinn nicht durch die Erstellung von Ergänzungsbilanzen bzw. Ergänzungsrechnungen vermieden werden (vgl. AEUmwStG 2006, Rz. 24.08 f.; BFH, Urteil v. 17.9.2014 - IV R 33/11, BStBl 2015 II S. 717).

Zur Gestaltung bei Tod eines Gesellschafters einer (freiberuflichen) Mitunternehmerschaft, insbesondere ärztlicher BAGen, vgl. umfassend mit Berechnungsbeispielen Ketteler-Eising, NWB 2021 S. 2297.

PRAXISHINWEIS:

Vorteilhaft wäre es, wenn die Fälligkeit der Abfindungszahlung an die Erben mit der Geldeinlage (Zuzahlung) in das Betriebsvermögen in zeitlichem Einklang gebracht werden könnte, so dass die Abfindungszahlung unmittelbar aus der Geldeinlage bezahlt werden kann. Sollte dies nicht möglich sein, ist es für die Gestaltung nach § 24 UmwStG zwingend erforderlich, dass der Charakter einer gesamthänderisch gebundenen Verbindlichkeit nicht verloren geht. Dies könnte geschehen, indem die Abfindungszahlung an die Erben durch ein Bankdarlehen auf Ebene der Gesellschaft (vor-)finanziert wird, so dass infolge eines eindeutigen Finanzierungszusammenhangs das Bankdarlehen als Finanzierungsdarlehen für die Anschaffung der anteiligen Wirtschaftsgüter des verstorbenen Gesellschafters anzusehen ist. Dieses Bankdarlehen auf Ebene der Gesellschaft kann dann durch die Geldeinlage im Rahmen des § 24 UmwStG wieder getilgt werden. Hinsichtlich der

Konditionen wäre insofern das Bankdarlehen auf eine kurze Laufzeit und eine jederzeitige Tilgung auszurichten.

Aus steuerlicher Sicht ist zu beachten, dass ein unter Umständen begünstigter **Veräußerungsgewinn nach §§ 16, 34 EStG** durch den **ausscheidenden Erblasser** realisiert wird. Steht einem Gesellschafter bei seinem Ausscheiden aus der Gesellschaft ein Abfindungsanspruch zu und vollzieht sich das Ausscheiden durch seinen Tod, so ist der durch diesen Vorgang entstehende Veräußerungsgewinn (§§ 16, 34 EStG) noch dem Erblasser und nicht den Erben zuzurechnen (BFH, Urteil v. 15.4.1993 - IV R 66/92, BStBl 1994 II S. 227). Steuerlich realisiert somit der durch Tod ausgeschiedene Gesellschafter (Erblasser) als letzten Akt seiner mitunternehmerischen Beteiligung die Veräußerung/Aufgabe seines Mitunternehmeranteils. Erfüllt der Erblasser in seiner Person die persönlichen Voraussetzungen des § 34 Abs. 3 EStG, insbesondere bei Vollendung des 55. Lebensjahres, unterliegt der Vorgang entsprechend einer begünstigten Besteuerung mit dem „halben" Steuersatz (56 % des Durchschnittssteuersatzes), was mittelbar den Erben als Rechtsnachfolger zugutekommt (BFH, Urteil v. 15.4.1993 - IV R 66/92, BStBl 1994 II S. 227; BMF v. 14.3.2006 - IV B 2 - S 2242-7/06, BStBl 2006 I S. 253, Rz. 69; Geck in Ebeling/Geck, Handbuch der Erbengemeinschaft, 61. Lieferung 1.2023, § 16 Gesellschaftsanteil eines Freiberuflers in der Erbfolge, Rz. 543; Ketteler-Eising, NWB 2021 S. 2297).

Sieht der Gesellschaftsvertrag eine **Nachfolgeklausel** vor, wächst der Anteil des verstorbenen Gesellschafters den verbleibenden Gesellschaftern nicht an, sondern die **Mitunternehmerstellung** wird durch die **Erben** fortgesetzt. Die steuerliche Thematik der Einheitlichkeit des Mitunternehmeranteils und der Vermischung der Anteile wird somit für die übrigen Gesellschafter vermieden. Erwirbt ein nachfolgender Gesellschafter in der Mitunternehmerschaft den Gesellschaftsanteil dann aber zivil- und steuerrechtlich von den Erben, realisieren die Erben in ihrer Person die Veräußerung i. S. des § 16 EStG. Dies hat zur Folge, dass die Voraussetzungen der Steuerbegünstigung des § 16 Abs. 4 Satz 1 und § 34 EStG in der Person jedes einzelnen Erben erfüllt sein müssen (BFH, Urteil v. 3.7.1991 - X R 26/90, NWB WAAAB-32758, BFH/NV 1991 S. 813; H 16 Abs. 14 EStH „Erbfolge"; Kobor in Herrmann/Heuer/Raupach, EStG/KStG, 322. Lieferung 11.2023, § 16 EStG Rz. 710; Seer in Kirchhof/Seer, EStG, 22. Aufl. 2023, § 16 Rz. 279; Ketteler-Eising, NWB 2021 S. 2297). Hätte der verstorbene Gesellschafter als Erblasser das 55. Lebensjahr vollendet, die Erben aber noch nicht, hätte dies wegen der fehlenden Anwendung von § 16 Abs. 4 Satz 1 und § 34 EStG ertragsteuerliche Nachteile für die Erben. Selbst wenn die Erben das 55. Lebensjahr vollendet haben, kommt hinzu, dass in diesem Fall die Erben „ihren" § 16 Abs. 4 Satz 1 und § 34 EStG „verbrauchen", weil die Begünstigung nur einmal im Leben gewährt wird.

PRAXISHINWEIS:

In der Gesamtschau scheint eine gesellschaftsrechtliche oder nunmehr gesetzliche Fortsetzungsklausel, nach der ein Gesellschafter mit seinem Tod aus der BAG ausscheidet und diese mit den übrigen Gesellschaftern fortgesetzt wird, im Verhältnis zu einer Nachfolgeklausel die beste Wahl zu sein. Dafür spricht, dass die Veräußerung nach § 16 EStG dem ausscheidenden Gesellschafter als Erblasser zugerechnet wird und dadurch oft Vorteile bei der Anwendung von § 16 Abs. 4 Satz 1 und § 34 EStG entstehen. Zudem erscheint eine Gestaltung über § 24 UmwStG möglich, wenn die Voraussetzungen an die Zahlungsströmungen eingehalten werden. Insgesamt sollten zudem die finanziellen Folgen im Vergleich zu aufwendigen Gestaltungsmaßnahmen im Auge gehalten werden. Bei einer Weiterveräußerung von Anteilen an einer BAG, die zuvor infolge des Todes eines Mitgesellschafters durch Anwachsung erworben wurden, mag bedauerlicherweise ein sofort steuerpflichtiger Veräußerungsgewinn entstehen. Diesem Veräußerungsgewinn mit einer entsprechenden Steuerbelastung stehen dann aber zukünftig Abschreibungen aus den im Übrigen aufgestockten Buchwerten der Wirtschaftsgüter der BAG gegenüber. Diese Abschreibungen werden wiederum zu einer Steuerentlastung führen. Am Ende verbleibt somit im Wesentlichen oft nur ein kurzfristiges Liquiditätsthema, das sich einfach lösen lässt, und ein „Zinsschaden". Bevor in aufwendige Gestaltungsmaßnahmen investiert wird, sollte zunächst einmal berechnet werden, wie hoch tatsächlich hier ein Schaden entsteht. In vielen Fällen mag man erkennen, dass die Gestaltung mehr Geld kostet, als potenzieller Schaden vermieden wird.

cc) Ausscheiden eines Gesellschafters gegen Sachabfindung in das Privatvermögen

Erfolgt die Abfindung eines ausscheidenden Gesellschafters durch **Übertragung von Wirtschaftsgütern der BAG in das Privatvermögen des Ausscheidenden**, ist der Sachverhalt steuerlich in zwei Vorgänge zu trennen (vgl. BFH, Urteil v. 24.5.1973 - IV R 64/70, BStBl 1973 II S. 655; Seer in Kirchhof/Seer, EStG, 22. Aufl. 2023, § 16 Rz. 194; Geiermann in Braun/Günther, Das Steuer-Handbuch, 97. Lieferung 2.2024, Personengesellschaften, Austritt unter 5.b; BMF v. 14.3.2006 - IV B 2 – S 2242 - 7/06, BStBl 2006 I S. 253, Rz. 51 mit Beispiel). Das übertragene Wirtschaftsgut wird zunächst **in Höhe des gemeinen Wertes** zum **Veräußerungspreis des Ausscheidenden** gerechnet und führt damit in Höhe der anteiligen stillen Reserven zu einem zu versteuernden Veräußerungsgewinn beim Ausscheidenden. Im Gegenzug entsteht eine Verbindlichkeit der BAG gegenüber dem ausscheidenden Gesellschafter in Höhe des Abfindungsanspruchs. Anschließend entsteht auf der Ebene der BAG für die **verbleibenden Gesellschafter** ein **laufender Gewinn durch Aufdeckung der anteiligen stillen Reserven im übertragenen Wirtschaftsgut**, da die verbleibenden Gesellschafter insoweit das Wirtschaftsgut zur Abgeltung des Abfindungsanspruches einsetzen. Im Ergebnis sind sämtliche stillen Reserven in dem übertragenen Wirtschaftsgut aufzudecken, die anteiligen stillen Reserven des ausscheidenden Gesellschafters werden zum zu versteuernden Veräußerungsgewinn gerechnet, die anteiligen stillen Reserven der verbleibenden Gesellschafter zum laufenden Gewinn. Die Anschaffungskosten im Privatvermögen des ausscheidenden Gesellschafters entsprechen dem gemeinen Wert des übertragenen Wirtschaftsgutes.

BEISPIEL An der BAG A, B und C sind die Ärzte zu je 1/3 beteiligt. Der Wert des Betriebsvermögens beträgt 900.000 €, der Buchwert 300.000 €. Die Bilanz der Praxis sieht wie folgt aus:

Aktiva €			Passiva €
Wirtschaftsgut 1	90.000	Kapitalkonto A	100.000
	(TW: 300.000)	Kapitalkonto B	100.000
Wirtschaftsgut 2	210.000	Kapitalkonto C	100.000
	(TW: 600.000)		
	300.000		300.000

C scheidet gegen eine Abfindung von 300.000 € in Form des Wirtschaftsgutes 1 in das Privatvermögen aus der Praxis aus. Nach dem Ausscheiden des C hat die Bilanz folgendes Bild:

Vorgang 1:

(Aufdeckung der anteiligen stillen Reserven durch das Ausscheiden von C)

Aktiva €			Passiva €
Wirtschaftsgut 1	160.000	Kapitalkonto A	100.000
(90 T€ + 1/3 v. 210 T€)	(TW: 300.000)	Kapitalkonto B	100.000
Wirtschaftsgut 2	340.000	Anspruch C	300.000
(210 T€ + 1/3 v. 390 T€)	(TW: 600.000)		
	500.000		500.000

Für C ist ein (ggf. tarifbegünstigter) Veräußerungsgewinn von 200.000 € entstanden (Anspruch 300.000 € ./. Buchwert des Betriebsvermögens (Kapitalkonto) 100.000 €). A und B müssen die Buchwerte der Wirtschaftsgüter 1 und 2 entsprechend aufstocken. Da die Wirtschaftsgüter zu 1/3 entgeltlich erworben wurden, erhöht sich die AfA-Bemessungsgrundlage um 200.000 € (Anschaffungskosten 300.000 € ./. Buchwert 100.000 €). Wenn C das Wirtschaftsgut 1 (Buchwert nunmehr 160.000 €) zur Tilgung seiner Ausgleichsforderung von 300.000 € erhält, müssen A und B dieses Wirtschaftsgut aus dem Betrieb entnehmen. Da das Wirtschaftsgut 300.000 € wert ist, entsteht dadurch ein Veräußerungsgewinn i. H. von 140.000 €, den A und B je zur Hälfte als laufenden Gewinn versteuern müssen. Ein Veräußerungsgewinn – und kein Entnahmegewinn – entsteht deshalb, weil die Hingabe des Sachwerts zum Wegfall der Schuld führt. Darin ist keine Entnahme, sondern eine Veräußerung, verbunden mit einer Gewinnrealisierung hinsichtlich des den Buchwert des Wirtschaftsguts übersteigenden Schuldenteils (Ausgleichsanspruch des C) zu sehen.

Vorgang 2:

(Ausgleich Abfindungsanspruch)

Aktiva €		Passiva €	
Wirtschaftsgut 2	340.000	Kapitalkonto A	100.000
	(TW: 600.000)	+ Gewinn A	70.000
		Kapitalkonto B	100.000
		+ Gewinn B	70.000
	340.000		340.000

Im Ergebnis versteuert C seine stillen Reserven in seinem Mitunternehmeranteil i. H. von 200.000 € (Teilwert gesamt 900.000 €, Buchwert gesamt 300.000 €, stille Reserven 600.000 €, davon 1/3 jeweils 200.000 €). A und B versteuern zudem ihre anteiligen stillen Reserven im Wirtschaftsgut 1 i. H. von jeweils 70.000 € (Teilwert 300.000 €, Buchwert 90.000 €, stille Reserven insgesamt 210.000 €, davon 1/3 jeweils 70.000 €).

dd) Ausscheiden eines Gesellschafters gegen Sachabfindung in ein Betriebsvermögen („unechte" Realteilung)

(1) Abgrenzung „unechte" Realteilung und „echte" Realteilung

Scheidet ein Arzt als Gesellschafter aus einer BAG aus, erhält als Abfindung wesentliche materielle oder immaterielle Betriebsgrundlagen des Betriebsvermögens und setzt seine ärztliche Tätigkeit mit diesen Wirtschaftsgütern in örtlicher Nähe zur bisherigen Praxis fort, führt dies steuerrechtlich zu einer „unechten" oder einer „echten" Realteilung (§ 16 Abs. 3 Satz 2 ff. EStG).

Die Grundsätze der **Realteilung gem. § 16 Abs. 3 Satz 2 ff. EStG** gelten nach allgemeiner Auffassung sowohl für die **Auflösung der Mitunternehmerschaft** und Verteilung des Betriebsvermögens unter den Realteilern (**„echte Realteilung"**) als auch für das **Ausscheiden** (mindestens) **eines Mitunternehmers unter Mitnahme von mitunternehmerischem Vermögen** aus einer zwischen den übrigen Mitunternehmern fortbestehenden Mitunternehmerschaft (**„unechte Realteilung"**). Ob im Einzelfall eine echte oder eine unechte Realteilung vorliegt, richtet sich danach, ob die Mitunternehmerschaft aufgelöst wird oder ob sie fortbesteht und nur (mindestens) ein Mitunternehmer unter Mitnahme von mitunternehmerischem Vermögen ausscheidet. Die „echte" Realteilung i. S. des § 16 Abs. 3 Satz 2 und 3 EStG ist – in Abgrenzung zur „unechten" Realteilung – insoweit durch den auf der Ebene der Mitunternehmerschaft verwirklichten Tatbestand der Betriebsaufgabe i. S. des § 16 Abs. 3 Satz 1 EStG gekennzeichnet (BFH, Urteil v. 16.3.2017 - IV R 31/14, BStBl 2019 II S. 24; BMF v. 19.12.2018 - IV C 6 – S 2242/07/10002, BStBl 2019 I S. 6).

(2) Ausscheiden eines Gesellschafters als „unechte" Realteilung nach § 16 Abs. 3 Satz 2 ff. EStG

Scheidet ein Mitunternehmer aus einer mehrgliedrigen Mitunternehmerschaft gegen Übertragung von Wirtschaftsgütern des Betriebsvermögens, die beim ausscheidenden Mitunternehmer weiterhin Betriebsvermögen darstellen, aus und wird diese im Übrigen von den verbleibenden Mitunternehmern als Mitunternehmerschaft fortgeführt, liegt ein Fall der **„unechten" Realteilung** als Anwendungsfall des § 16 Abs. 3 Satz 2 ff. EStG vor. Dies gilt unabhängig davon, ob der ausscheidende Mitunternehmer einen

Teilbetrieb, einen Mitunternehmeranteil oder nur Einzelwirtschaftsgüter erhält (BMF v. 19.12.2018 - IV C 6 – S 2242/07/10002, BStBl 2019 I S. 6, Rz. 2).

Eine Betriebsaufgabe auf Ebene der Mitunternehmerschaft und damit ein Fall der **„echten“ Realteilung** liegt allerdings beim Ausscheiden eines Mitunternehmers unter Übertragung eines Teilbetriebs, eines (Teil-)Mitunternehmeranteils oder von Einzelwirtschaftsgütern aus einer **zweigliedrigen Mitunternehmerschaft** und Fortführung des Betriebs durch den verbleibenden Mitunternehmer in Form eines Einzelunternehmens vor (BMF v. 19.12.2018, a. a. O., Rz. 1). Scheidet insofern der vorletzte (Mit)Gesellschafter aus einer zweigliedrigen BAG insbesondere unter Mitnahme seines Patientenstamms und seiner Vertragsartzulassung aus und führt der letzte verbleibende Gesellschafter die Praxis als Einzelpraxis fort, liegt steuerlich ein Fall der „echten“ Realteilung vor (vgl. S. 143 ff.). Steuerlich werden die Fälle des Ausscheiden des vorletzten (Mit)Gesellschafters aus einer zweigliedrigen BAG unter Anwachsung des Gesellschaftsvermögens beim verbleibenden Gesellschafter (vgl. S. 37) und der Liquidation einer zweigliedrigen BAG unter Verteilung des Gesellschaftsvermögens gleich behandelt.

Kein Fall der unechten Realteilung liegt vor, wenn der ausscheidende Mitunternehmer die ihm im Rahmen seines Ausscheidens übertragenen Einzelwirtschaftsgüter vollständig ins Privatvermögen überführt. In diesem Fall erzielt der ausscheidende Mitunternehmer einen Veräußerungsgewinn (BMF v. 19.12.2018, a. a. O., Rz. 2; zur Berechnung vgl. S. 134 ff.).

PRAXISHINWEIS:

Da die steuerlichen Folgen entscheidend davon abhängen, dass der ausscheidende Mitunternehmer die Wirtschaftsgüter in sein jeweiliges Betriebsvermögen überträgt, sollte sich dieser im Rahmen der Auseinandersetzung entsprechend verbindlich dazu verpflichten mit entsprechenden Schadensersatzverpflichtungen bei Nichteinhaltung.

Werden im Zuge der unechten Realteilung einer Mitunternehmerschaft Teilbetriebe, Mitunternehmeranteile oder einzelne Wirtschaftsgüter in das jeweilige Betriebsvermögen der einzelnen Mitunternehmer übertragen, so sind nach § 16 Abs. 3 Satz 2 EStG bei der Gewinnermittlung die Wirtschaftsgüter mit den **Buchwerten** anzusetzen, sofern die Besteuerung der stillen Reserven sichergestellt ist. Der übernehmende Mitunternehmer ist an diese Werte gebunden. Eine unechte Realteilung erfolgt insoweit ohne Aufdeckung der stillen Reserven zum Buchwert.

In der Umsetzung erfolgt eine **steuerneutrale Anpassung der Kapitalkonten** nach der Kapitalkontenanpassungsmethode (vgl. S. 151 f.). Die Kapitalkonten sind insofern an die Buchwerte der übernommenen Wirtschaftsgüter so anzupassen, dass die Buchwerte der übernommenen Wirtschaftsgüter steuerneutral gegen das Kapitalkonto ausgebucht werden können. Dies führt zwangsläufig immer auch zu einer Verschiebung stiller Reserven zwischen den einzelnen Mitunternehmern.

BEISPIEL An der BAG A, B und C sind die Ärzte zu je 1/3 beteiligt. Der Wert des Betriebsvermögens beträgt 900.000 €, der Buchwert 300.000 €. Die Bilanz der Praxis sieht wie folgt aus:

Aktiva €			Passiva €
Wirtschaftsgut 1	90.000	Kapitalkonto A	100.000
	(TW: 300.000)	Kapitalkonto B	100.000
Wirtschaftsgut 2	210.000	Kapitalkonto C	100.000
	(TW: 600.000)		
	300.000		300.000

C scheidet gegen eine Abfindung von 300.000 € in Form des Wirtschaftsguts 1 (Buchwert 90.000 €) in das Betriebsvermögen seiner neuen Einzelpraxis aus der BAG aus.

Das Kapitalkonto von C wird erfolgsneutral von 100.000 € um 10.000 € auf 90.000 € abgestockt und die Kapitalkonten von A und B um je 5.000 € aufgestockt. Durch die Umbuchung verlagern sich stille Reserven von A und B auf C. Danach hat die Bilanz für Zwecke der unechten Realteilung folgendes Bild:

Aktiva €			Passiva €
Wirtschaftsgut 1	90.000	Kapitalkonto A	105.000
	(TW: 300.000)	Kapitalkonto B	105.000
Wirtschaftsgut 2	210.000	Kapitalkonto C	90.000
	(TW: 600.000)		
	300.000		300.000

Anschließend wird das Wirtschaftsgut 1 (Buchwert 90.000 €) gegen das Kapitalkonto von C erfolgsneutral ausgebucht.

Nach dem Ausscheiden des C hat die Bilanz von A und B folgendes Bild:

Aktiva €			Passiva €
Wirtschaftsgut 2	210.000	Kapitalkonto A	105.000
	(TW: 600.000)	Kapitalkonto B	105.000
	210.000		210.000

Nach dem Ausscheiden des C hat dessen Eröffnungsbilanz der Einzelpraxis folgendes Bild:

Aktiva €			Passiva €
Wirtschaftsgut 1	90.000	Kapitalkonto C	90.000
	(TW: 300.000)		
	90.000		90.000

PRAXISHINWEIS:

Zu beachten ist, dass vor der Kapitalkontenanpassung in der Praxis i. d. R. noch ein **Kapitalkontenausgleich** erforderlich ist. In dem vorstehenden Beispiel entsprechen die Kapitalkonten vor der Kapitalkontenanpassung den Beteiligungsverhältnissen (je 1/3 und je 100 TEUR). Sofern – wie häufig anzufinden – in der Vergangenheit durch Über- oder Unterentnahmen einzelner Ärzte die

Kapitalkonten nicht den Beteiligungsverhältnissen entsprechen, muss durch entsprechende Ausgleichszahlungen (Entnahmen/Einlagen oder Zahlungen unter den Gesellschaftern) dieser Zustand erst noch hergestellt werden.

Aufgrund der Formulierung „in das jeweilige Betriebsvermögen des einzelnen Mitunternehmers" vertritt die Finanzverwaltung die Auffassung, dass eine Übertragung einzelner Wirtschaftsgüter **aus dem Gesamthandsvermögen in das Gesamthandsvermögen einer anderen Mitunternehmerschaft**, an der der Realteiler ebenfalls beteiligt ist, zu Buchwerten nicht möglich ist. Entsprechend soll nach Auffassung der Finanzverwaltung nur die steuerneutrale Übertragung in ein **Einzelbetriebsvermögen** des Mitunternehmers oder in das **Sonderbetriebsvermögen** des Mitunternehmers bei einer anderen Mitunternehmerschaft möglich sein (BMF v. 19.12.2018, a. a. O., Rz. 12). Diese Auffassung ist umstritten. Eine abschließende Rechtsprechung zu der Frage, ob auch eine Übertragung in ein Gesamthandsvermögen möglich ist, an der Realteiler ebenfalls beteiligt ist, liegt noch nicht vor (vgl. S. 147 und z. B. Kulosa in Herrmann/Heuer/Raupach, EStG/KStG, 322. Lieferung 11.2023, § 16 EStG Rz. 547 f., der auf die Parallelproblematik bei § 6 Abs. 5 Satz 3 EStG verweist; Wendt, FR 2016 S. 510, Anm. zu BFH, Urteil v. 16.12.2015 - IV R 8/12, BStBl 2017 II S. 766; Wacker in Schmidt, EStG 43. Aufl. 2024, § 16 Rz. 539, m. w. N.).

PRAXISHINWEIS:

Solange keine gegenteilige höchstrichterliche Rechtsprechung vorliegt, sollte bei der steuerlichen Gestaltung entsprechend der Auffassung der Finanzverwaltung davon ausgegangen werden, dass eine Übertragung aus dem real geteilten Gesamthandsvermögen in ein anderes Gesamthandsvermögen der Realteiler nicht steuerneutral unter Ansatz der Buchwerte möglich ist.

Ausreichend ist, wenn erst im Rahmen der Realteilung bei den Realteilern durch die Übernahme einzelner Wirtschaftsgüter ein neuer Betrieb entsteht (BMF v. 19.12.2018, a. a. O., Rz. 12).

Ein **Spitzenausgleich** (Ausgleichszahlung eines oder mehrerer Mitunternehmer aus eigenen Mitteln an den anderen Mitunternehmer) führt im Verhältnis des Spitzenausgleichs zum Wert des übernommenen Betriebsvermögens zu einem (teil-)entgeltlichen Vorgang (vgl. S. 149 ff., auch zu Fragen eines **Steuerausgleichs**).

PRAXISHINWEIS:

Ungeklärt bei der unechten Realteilung ist allerdings, ob für die Ermittlung des Buchwertes, der nach Auffassung der Finanzverwaltung von der Ausgleichszahlung in Abzug gebracht werden kann, auf das Beispiel der Finanzverwaltung zur echten Realteilung (vgl. BMF v. 19.12.2018, a. a. O., Rz. 17) zurückgegriffen werden kann. Unklar ist insofern, ob für die Berechnung auf das Verhältnis des verbleibenden Vermögens zum übertragenen Vermögen abzustellen ist oder ob zunächst – quasi vorgelagert vor der Realteilung – von einer Veräußerung bzw. dem Erwerb des anteiligen Mitunternehmeranteils auszugehen ist, so dass der Wert des als Sachwertabfindung übertragenen Vermögens dem (verbleibenden) Wert des Mitunternehmeranteils des ausscheidenden Gesellschafter und dieser verbleibende Wert mit der wertgleichen Sachwertabfindung abgegolten wird.

Viele Erleichterungen bei der echten Realteilung gelten laut der Finanzverwaltung und der Rechtsprechung auch für die unechte Realteilung. Im Einzelnen sind dies:

- Im Rahmen der echten und nun wohl auch der unechten Realteilung ist es anerkannt, dass auch **Verbindlichkeiten** zwischen den Realteilern steuerneutral aufgeteilt werden können (vgl. S. 144, S. 150 f.). Bei der unechten Realteilung mit Teilbetrieben jedenfalls hat der BFH die gewinnneutrale Umstrukturierung ausdrücklich befürwortet, soweit mit dem Teilbetrieb Verbindlichkeiten übergehen (BFH, Urteil v. 17.9.2015 - III R 49/13, BStBl 2017 II S. 37, Rz. 42).
- Im Rahmen der echten und nun wohl auch der unechten Realteilung ist es anerkannt, dass auch **liquide Mittel** zwischen den Realteilern steuerneutral aufgeteilt werden können (vgl. S. 144 f.). Bei der unechten Realteilung mit Teilbetrieben hat der BFH ausdrücklich entschieden, dass die Teilbetriebsübertragung grds. auch insoweit gewinnneutral ist, als dem übernommenen Teilbetrieb vor dem Ausscheiden des Gesellschafters erhebliche liquide Mittel zugeordnet wurden, soweit dies nicht rechtsmissbräuchlich ist (BFH, Urteil v. 17.9.2015 - III R 49/13, BStBl 2017 II S. 37, Rz. 42).
- Das, was vorstehend für die Übertragung liquider Mittel gilt, dürfte auch für die Übertragung von **(betrieblichen) Forderungen** der Gesellschaft gelten.
- Im Rahmen der echten und nun wohl auch der unechten Realteilung ohne Spitzenausgleich einer Mitunternehmerschaft, die ihren Gewinn nach § 4 Abs. 3 EStG ermittelt, ist ein Übergang zur Gewinnermittlung nach § 4 Abs. 1 EStG nicht erforderlich (vgl. S. 154; BFH, Urteil v. 11.4.2013 - III R 32/12, BStBl 2014 II S. 242).

Zu den steuerlichen Grundsätzen, die gleichermaßen für die „unechte" und die „echte" Realteilung gelten, vgl. umfassend S. 144 ff.

PRAXISHINWEIS:

Zu beachten ist, dass eine unechte Realteilung zu Buchwerten immer zur Verschiebung stiller Reserven und damit latenter Steuern zwischen den verbleibenden Mitunternehmern und dem unechten Realteiler führt. Dem Vorteil der Steuerneutralität durch Vermeidung eines Liquiditätsbedarfs für Steuerzahlungen einer der Parteien steht auf der anderen Seite i. d. R. die Minderung von Abschreibungspotenzial aus Anschaffungskosten der anderen Partei gegenüber. Diese Thematik wird durch die ggf. steuerneutrale Zuordnung von Verbindlichkeiten, eine steuerneutrale Zuordnung „überquotaler" liquider Mittel sowie die steuerneutrale Übertragung (betrieblicher) Forderungen und deren Besteuerung ggf. nur beim Realteiler verstärkt. Diese Steuereffekte sollten aus wirtschaftlicher Sicht bei der Vermögensverteilung Berücksichtigung finden. Zudem sollte aus praktischen Erwägungen ernsthaft auch ein steuerpflichtiger Spitzen- und Wertausgleich in Betracht gezogen werden.

Erfolgte der jeweilige Übertragungsvorgang zunächst steuerneutral, ist allerdings nach § 16 Abs. 3 Satz 3 EStG **rückwirkend** der **gemeine Wert** anzusetzen, soweit bei einer Realteilung, bei der einzelne Wirtschaftsgüter übertragen worden sind, zum Buchwert übertragener Grund und Boden, übertragene Gebäude oder andere übertragene wesentliche Betriebsgrundlagen innerhalb einer Sperrfrist nach der Übertragung veräußert oder entnommen werden; diese **Sperrfrist** endet **drei Jahre nach Abgabe der Steuererklärung** der Mitunternehmerschaft für den Veranlagungszeitraum der Realteilung. Eine Veräußerung ist grds. nach Auffassung der Finanzverwaltung auch eine Einbringung der im Rahmen der Realteilung erhaltenen einzelnen Wirtschaftsgüter, wenn sie zusammen mit einem Betrieb, Teilbetrieb oder Mitunternehmeranteil nach **§§ 20, 24 UmwStG** eingebracht werden, unabhängig davon, ob die Buchwerte, die gemeinen Werte oder Zwischenwerte angesetzt werden. Gleiches gilt auch bei einer (Weiter-)Übertragung gegen Gewährung von Gesellschaftsrechten nach **§ 6 Abs. 5 EStG** auf einen Dritten (BMF v. 19.12.2018, a. a. O., Rz. 26). Da die Sperrfrist nur für eine Realteilung mit der Übertragung einzelner Wirtschaftsgüter gilt, unterliegt die unechte Realteilung mit Übertragung eines Teilbetriebs keiner Sperrfrist (siehe mit Hinweisen auch S. 144 f.).

Im Rahmen der **echten** Realteilung ist der **Gewinn aus einer Sperrfristverletzung**, d. h. dem rückwirkenden Ansatz der gemeinen Werte im Falle der Veräußerung, grds. allen Realteilern nach dem allgemeinen Gewinnverteilungsschlüssel zuzurechnen. Es ist aber anerkannt, dass der Gewinn nach dem Gesellschaftsvertrag oder den von den Mitunternehmern schriftlich getroffenen Vereinbarungen über die Realteilung allein dem entnehmenden oder veräußernden Realteiler zuzurechnen ist (BMF v. 19.12.2018, a. a. O., Rz. 29; vgl. S. 146 f.). In dem Fall schriftlicher Vereinbarungen ergeben sich für die nicht schädlich verfügenden Realteiler insoweit dann keine steuerlichen Konsequenzen aus dem Sperrfristverstoß des anderen Gesellschafters (vgl. S. 146 f. sowie zu den Folgen einer fehlenden schriftlichen Vereinbarung). Für die **unechte Realteilung** unter Anwendung von § 16 Abs. 3 Satz 2 ff. EStG mit **Übernahme eines Teilbetriebs** stellt sich diese Frage mangels Sperrfrist nicht, da die Sperrfrist für Teilbetriebe nicht gilt (vgl. S. 144). Bei der unechten Realteilung mit **Übernahme von Einzelwirtschaftsgütern** stellt sich die Frage, welche steuerlichen Konsequenzen sich im Rahmen eines Sperrfristverstoßes durch den rückwirkenden Ansatz der gemeinen Werte für den ausscheidenden Mitunternehmer und die verbleibenden Mitunternehmer ergeben.

Nach Auffassung der Finanzverwaltung ist im Fall der **unechten Realteilung** beim **ausgeschiedenen Mitunternehmer** (Realteiler) bei der Ermittlung des **Gewinnes i. S. von § 16 Abs. 2 EStG** rückwirkend der gemeine Wert des Wirtschaftsgutes anzusetzen. Zudem entsteht nach Auffassung der Finanzverwaltung **auf Ebene der Mitunternehmerschaft ein laufender Gewinn** mit der Folge, dass insoweit die Buchwerte der Wirtschaftsgüter der verbleibenden Mitunternehmerschaft aufzustocken sind (BMF v. 19.12.2018, a. a. O., Rz. 31). Damit weichen die steuerlichen Folgen einer Sperrfristverletzung bei einer „unechten" Realteilung deutlich von denen bei der „echten" Realteilung (vgl. S. 144 ff.) ab. Auch wenn leider ein konkretes Rechenbeispiel fehlt, ist den Aussagen der Finanzverwaltung aber nach der hier vertretenen Auffassung zu entnehmen, dass die Finanzverwaltung im Falle eines Sperrfristverstoßes bei der unechten Realteilung rückwirkend auf den Zeitpunkt des Ausscheidens die **Grundsätze wie beim Ausscheiden eines Gesellschafters gegen Sachabfindung in das Privatvermögen** anwenden möchte (vgl. Dorn/Müller, DStR 2019 S. 726; Gragert, NWB 2019 S. 476; a. A. Niehus/Wilke, Ubg 2019 S. 194 unter VIII. 2.; Rombach/Kaufmann, FR 2021 S. 868, unter IV.2.b).

BEISPIEL (FORTSETZUNG) ▸ Vgl. Beispiel auf S. 138.

Diskutiert wird in diesem Zusammenhang, ob nicht entgegen der Auffassung der Finanzverwaltung im Fall der unechten Realteilung analog § 18 Abs. 3 Satz 2 i.V. m. § 16 Abs. 3 Satz 8 EStG zur Anwendung kommen kann (vgl. Stenert, DStR 2019 S. 245; Niehus/Wilke, Ubg 2019 S. 194, mit gleichem Ergebnis und anderer Begründung; Rombach/Kaufmann, FR 2021 S. 868, unter IV.2.b; a. A. Wendt, FR 2016 S. 536, Fn. 31). Nach § 16 Abs. 3 Satz 8 EStG ist bei Aufgabe eines Gewerbebetriebs bzw. über § 18 Abs. 3 Satz 2 EStG einer BAG, an der mehrere Personen beteiligt waren, für jeden einzelnen Beteiligten der gemeine Wert der Wirtschaftsgüter anzusetzen, die er bei der Auseinandersetzung erhalten hat. Nach der Auffassung der Finanzverwaltung ist vorbehaltlich einer möglichen anderweitigen schriftlichen Vereinbarung zwischen den Realteilern ein entstehender Entnahmegewinn bzw. Gewinn aus einem Sperrfristverstoß sämtlichen Realteilern nach dem allgemeinen Gewinnverteilungsschlüssel zuzuordnen ist (vgl. BMF v. 19.12.2018, a. a. O., Rz. 29). Dieser Auffassung ist der BFH zumindest im Fall einer sich an die Realteilung anschließenden Betriebsveräußerung nicht gefolgt (BFH, Urteil v. 23.11.2021 - VIII R 14/19, BStBl 2022 II S. 371). Nach Auffassung des BFH ist ein Gewinn i. S. des § 16 Abs. 3 Satz 3 EStG, den ein Realteiler erzielt, weil er seinen Betrieb, in den er die im Rahmen der Realteilung übernommenen wesentlichen Betriebsgrundlagen zum Buchwert übertragen hat, innerhalb der Sperrfrist veräußert, stets gem. § 16 Abs. 3 Satz 8 EStG (auch ohne schriftliche Vereinbarung über eine anderweitige Aufteilung) allein diesem Realteiler zuzurechnen (vgl. S.146). Anders als in Fällen der echten Realteilung lässt es die Finanzverwaltung aber bei der unechten Realteilung nicht zu, die Aufdeckung der stillen Reserven durch schriftliche Vereinbarung allein dem ausscheidenden Gesellschafter (Realteiler) zuzuordnen. Daher scheint diesbezüglicher Streit über die Auslegung von § 16 Abs. 3 Satz 8 EStG in den Fällen der unechten Realteilung vorprogrammiert.

PRAXISHINWEIS:

Ungeachtet der Frage, ob sich durch eine entsprechende schriftliche Vereinbarung der Gewinn aus einem Sperrfristverstoß allein dem Realteiler zurechnen lässt oder nicht, empfiehlt es sich wegen der Gefahr, dass unter Umständen rückwirkend der gemeine Wert im Rahmen der Übertragung anzusetzen ist, in die Vereinbarung über das Ausscheiden eine Regelung aufzunehmen, dass im Falle einer schädlichen Verfügung über das Wirtschaftsgut die Aufdeckung der stillen Reserven – soweit möglich – dem Realteiler zuzurechnen ist, dieser die steuerlichen Folgen zu verantworten und den durch den Verstoß entstandenen Vermögensschaden zu ersetzen hat. Diese Empfehlung gilt nicht nur für Ausscheidensvereinbarungen, sondern auch generell für Gesellschaftsverträge hinsichtlich der Regelungen zum Ausscheiden eines Gesellschafters. Regelt der Gesellschaftsvertrag, dass ein Gesellschafter im Fall des Ausscheidens berechtigt sein kann, seinen Patientenstamm und seine Zulassung zur vertragsärztlichen Versorgung mitzunehmen und im Gegenzug eine Barabfindung seines Anteils am immateriellen Praxiswert entfällt, löst dies als Fall des Ausscheidens unter Übernahme mitunternehmerischen Gesellschaftsvermögens ebenfalls die Sperrfrist aus, soweit es sich nicht um einen Teilbetrieb, sondern Einzelwirtschaftsgüter handelt.

Der aus der nachträglichen Aufdeckung entstehende Gewinn stellt einen laufenden Gewinn dar, der nicht nach §§ 16 und 34 EStG begünstigt ist (BMF v. 19.12.2018, a. a. O., Rz. 28).

PRAXISHINWEIS:

Im BMF-Schreiben vom 19.12.2018 (a. a. O., Rz. 28) heißt es zur Aufdeckung der stillen Reserven im Rahmen eines Sperrfristverstoßes: „Ein nach §§ 16 und 34 EStG begünstigter Veräußerungsgewinn liegt jedoch vor, wenn sämtliche stille Reserven aus den wesentlichen Betriebsgrundlagen rückwirkend aufzudecken sind." Diese Auffassung widerspricht steuerrechtlich der BFH-Rechtsprechung und ist daher nicht haltbar (BFH, Urteil v. 15.1.2019 - VIII R 24/15, BStBl 2020 II S. 251). Im Rahmen der gestaltenden Steuerberatung sollte der Aussage daher kein Vertrauen geschenkt werden (vgl. ausführlich S. 145 f.; Wendt, FR 2019 S. 768; a. A. Stenert, DStR 2019 S. 245, wobei unklar ist, ob Stenert das BFH-Urteil v. 15.1.2019, a. a. O., zeitlich berücksichtigen konnte).

g) Beendigung einer Berufsausübungsgemeinschaft

Bei der Beendigung der BAG lassen sich steuerlich zwei Hauptfälle unterscheiden:

- das **Ausscheiden des vorletzten Gesellschafters** aus einer zweigliedrigen BAG gegen Barabfindung und
- die **„echte" Realteilung** der BAG (zur „unechten" Realteilung vgl. S. 136 ff.).

Das Ausscheiden des vorletzten Gesellschafters aus einer zweigliedrigen BAG ist vergleichbar mit den übrigen Fällen des Ausscheidens eines Gesellschafters aus einer (fortbestehenden) BAG (BFH, Urteil v. 10.3.1998 - VIII R 76/96, BStBl 1999 II S. 269). In diesem Fall führt allerdings die Anwachsung des Anteils des ausscheidenden Gesellschafters beim einzigen verbleibenden (Mit-)Gesellschafter zur Beendigung der Mitunternehmerschaft. Die BAG wird zur Einzelpraxis. Für den ausscheidenden und den verbleibenden Gesellschafter sind dabei die Fälle der Barabfindung, der Sachwertabfindung ins Privatvermögen und die Sachwertabfindung in ein (anderes) Betriebsvermögen denkbar (hierzu im Einzelnen S. 128 ff.). In den Fällen der Abfindung des (vorletzten) Gesellschafters ausschließlich in Geld oder Übertragung von Wirtschaftsgütern ins Privatvermögen liegt kein Fall der Realteilung nach § 16 Abs. 3 Satz 2 ff. EStG vor (BMF v. 19.12.2018 - IV C 6 – S 2242/07/10002, BStBl 2019 I S. 6, Rz. 2 und 3). Scheidet dagegen der vorletzte (Mit)Gesellschafter aus der zweigliedrigen BAG unter Übernahme von Betriebsvermögen der Mitunternehmerschaft in ein anderes Betriebsvermögen aus, die dann zur Einzelpraxis wird, liegt ebenfalls ein Fall der „echten" Realteilung vor (BMF v. 19.12.2018, a. a. O., Rz. 1).

Denkbar ist zudem, dass die BAG steuerlich im Wege der „echten" Realteilung (§ 16 Abs. 3 Satz 2 ff. EStG) beendet wird. Die **„echte" Realteilung** i. S. des § 16 Abs. 3 Satz 2 und 3 EStG ist durch den auf der Ebene der **Mitunternehmerschaft** verwirklichten Tatbestand der **Betriebsaufgabe** i. S. des § 16 Abs. 3 Satz 1 EStG gekennzeichnet (BMF v. 19.12.2018, a. a. O., Rz. 2). Entsprechend kommt es zur Verteilung des gesamten mitunternehmerischen Vermögens unter den Mitunternehmern. Aus steuerlicher Sicht ist es dabei in Bezug auf eine zweigliedrige BAG unerheblich, ob die Gesellschafter rechtlich die Liquidation der BAG unter Verteilung des betrieblichen Gesamthandsvermögens auf die beiden Gesellschafter beschließen oder ob der vorletzte Gesellschafter der BAG kündigt und gegen Sachwertabfindung (z. B. Übernahme Goodwill/Patientenstamm und/oder Geräte/Einrichtungsgegenstände) in ein anderes Betriebsvermögen aus der BAG ausscheidet und der letzte verbleibende Gesellschafter die Praxis in Form einer Einzelpraxis fortführt (BMF v. 19.12.2018, a. a. O., Rz. 1).

Werden im Zuge einer echten Realteilung Teilbetriebe, Mitunternehmeranteile oder einzelne Wirtschaftsgüter in das jeweilige Betriebsvermögen der einzelnen Mitunternehmer oder in deren Sonderbetriebsvermögen bei einer anderen Mitunternehmerschaft übertragen, so sind nach § 16 Abs. 3 Satz 2 ff. EStG bei der Ermittlung des Gewinns der Mitunternehmerschaft diese Wirtschaftsgüter mit den Werten anzusetzen, die sich nach den Vorschriften über die Gewinnermittlung ergeben, sofern die **Besteuerung der stillen Reserven sichergestellt** ist; der übernehmende Mitunternehmer ist an diese Werte gebunden. § 16 Abs. 3 Satz 2 EStG schreibt insofern die **Buchwertfortführung** für die Fälle der Realteilung vor. Anders als bei § 6 Abs. 5 EStG ist es dabei unbeachtlich, wenn im Rahmen der Realteilung auch Verbindlichkeiten auf die einzelnen Gesellschafter übertragen werden, da infolge der Aufgabe der Mitunternehmerschaft auch zwingend die Verbindlichkeiten als übertragbare (passive) Wirtschaftsgüter zwischen den Mitunternehmern verteilt werden müssen (vgl. BFH, Urteil v. 10.12.1991 - VIII R 69/86, BStBl 1992 II S. 385; Reiß in Kirchhof/Seer, EStG, 22. Aufl. 2023, § 16 Rz. 218; Kulosa in Herrmann/Heuer/Raupach, EStG/KStG, 322. Lieferung 11.2023, § 16 EStG Rz. 557). Gleiches gilt für „neutrales" Gesamthandsvermögen wie insbesondere liquide Mittel und (betriebliche) Forderungen (vgl. Kulosa in Herrmann/Heuer/Raupach, EStG/KStG, 322. Lieferung 11.2023, § 16 EStG Rz. 557, m. w. N. und mit Hinweis auf die Grenzen durch § 42 AO; Wacker in Schmidt, EStG, 43. Aufl. 2024, § 16 Rz. 536; Wendt, FR 2016 S. 536).

Dagegen ist für den jeweiligen Übertragungsvorgang **rückwirkend der gemeine Wert anzusetzen,** soweit bei einer Realteilung, bei der einzelne Wirtschaftsgüter übertragen worden sind, zum Buchwert übertragener Grund und Boden, übertragene Gebäude oder andere übertragene wesentliche Betriebsgrundlagen innerhalb einer **Sperrfrist** nach der Übertragung veräußert oder entnommen werden; diese Sperrfrist endet **drei Jahre nach Abgabe der Steuererklärung** der Mitunternehmerschaft für den Veranlagungszeitraum der Realteilung (§ 16 Abs. 3 Satz 2 und 3 EStG). Eine schädliche Entnahme oder Veräußerung i. S. des § 16 Abs. 3 Satz 3 EStG führt zu einer rückwirkenden Aufdeckung der in den veräußerten oder entnommenen Wirtschaftsgütern enthaltenen stillen Reserven. Dieser Vorgang stellt ein Ereignis mit steuerlicher Rückwirkung dar (§ 175 Abs. 1 Satz 1 Nr. 2 AO). Eine Aufdeckung der übrigen stillen Reserven erfolgt nicht (BMF v. 19.12.2018, a. a. O., Rz. 28).

PRAXISHINWEIS:

Gegenstand einer Realteilung ist das Gesamthandsvermögen der Mitunternehmerschaft. Das Sonderbetriebsvermögen ist nur insoweit Gegenstand der Realteilung, als es im Rahmen der Realteilung auf einen anderen Mitunternehmer übertragen wird (BMF v. 19.12.2018, a. a. O., Rz. 5). Hieraus ergeben sich mehrere steuerliche Folgen. Zum einen können im Rahmen der Realteilung Wirtschaftsgüter zu Buchwerten aus dem Sonderbetriebsvermögen eines Mitunternehmers in das jeweilige Betriebsvermögen eines anderen Mitunternehmers übertragen werden. Zum anderen ist das eigene Sonderbetriebsvermögen, das bei einem Mitunternehmer in dessen jeweiliges Betriebsvermögen oder Sonderbetriebsvermögen bei einer anderen Mitunternehmerschaft überführt wird, nicht (mehr) in die Realteilung einzubeziehen und wird ohne Rechtsträgerwechsel nach § 6 Abs. 5 Satz 2 EStG steuerneutral überführt. Insofern unterliegt das eigene Sonderbetriebsvermögen auch keiner Sperrfrist nach § 16 Abs. 3 Satz 3 EStG (vgl. BFH, Urteil v. 16.3.2017 - IV R 31/14, BStBl 2019 II S. 24, Rz. 46; Niehus/Wilke, Ubg 2019 S. 194; Kulosa in Herrmann/Heuer/Raupach, EStG/KStG, 326. Lieferung 6.2024, § 16 EStG Rz. 561; Wacker in Schmidt, EStG, 43. Aufl. 2024, § 16 Rz. 530).

Der aus der nachträglichen Aufdeckung entstehende Gewinn stellt einen **laufenden Gewinn** dar, der **nicht nach §§ 16, 34 EStG begünstigt** ist (BMF v. 19.12.2018, a. a. O., Rz. 28). Im BMF-Schreiben vom 19.12.2018 (a. a. O., Rz. 28) steht anschließend folgender Satz: „Ein nach §§ 16 und 34 EStG begünstigter Veräußerungsgewinn liegt jedoch vor, wenn sämtliche stille Reserven aus den wesentlichen Betriebsgrundlagen rückwirkend aufzudecken sind." Diese Auffassung widerspricht der BFH-Rechtsprechung und ist daher nicht haltbar (BFH, Urteil v. 15.1.2019 - VIII R 24/15, BStBl 2020 II S. 251; vgl. Wendt, FR 2019 S. 768; Dötsch, jurisPR-SteuerR 34/2019 Anm. 2; Haunhorst, DB 2019 S. 1711; Horn in Herrmann/Heuer/Raupach, EStG/KStG, 326. Lieferung 6.2024, § 34 EStG Rz. 39; a. A. Stenert, DStR 2019 S. 245, wobei unklar ist, ob Stenert das BFH-Urteil v. 15.1.2019, a. a. O., berücksichtigen konnte). Im Rahmen der gestaltenden Steuerberatung sollte der Aussage daher kein Vertrauen geschenkt werden. Die Gewährung der Tarifbegünstigung des § 34 EStG setzt sowohl im Fall der Betriebsveräußerung als auch der Betriebsaufgabe voraus, dass die wesentlichen vermögensmäßigen Grundlagen der freiberuflichen Tätigkeit aufgegeben werden. Die tarifbegünstigte Besteuerung eines durch eine echte Realteilung einer BAG ausgelösten Aufgabegewinns gem. § 34 Abs. 2 Nr. 1 EStG setzt somit voraus, dass der Realteiler die wesentlichen vermögensmäßigen Grundlagen seiner bisherigen freiberuflichen Tätigkeit unmittelbar im Zuge der Realteilung aufgibt (vgl. BFH, Urteil v. 15.1.2019 - VIII R 24/15, BStBl 2020 II S. 251). Hieran fehlt es insbesondere, wenn der Realteiler den ihm im Rahmen der Realteilung zugewiesenen Patientenstamm dergestalt verwertet, dass er im Anschluss an die Realteilung eine freiberufliche Tätigkeit im örtlichen Wirkungskreis fortsetzt.

Daneben ist zu beachten, dass auch eine spätere Übertragung der Wirtschaftsgüter im Rahmen eines tauschähnlichen Vorgangs gegen Gewährung von Gesellschaftsrechten – z. B. im Rahmen einer **Einbringung nach §§ 20, 24 UmwStG oder eine Übertragung gegen Gewährung von Gesellschaftsrechten nach § 6 Abs. 5 EStG – innerhalb der Sperrfrist** zu einem rückwirkenden Ansatz des gemeinen Wertes im Rahmen der Realteilung führt. Dies gilt auch dann, wenn die weitere Übertragung zum Buchwert erfolgt (BMF v. 19.12.2018, a. a. O. Rz. 26). Diese Sichtweise wird in der Literatur in Bezug auf den Sinn und Zweck des § 24 UmwStG zu Recht kritisiert, obgleich zugestanden wird, dass die Einbringung nach § 24 UmwStG nach der Rechtsprechung als tauschähnlicher Vorgang einer Veräußerung gleichsteht (vgl. Seer in Kirchhof/Seer, EStG, 22. Aufl. 2023, § 16 Rz. 206; Kulosa in Herrmann/Heuer/Raupach, EStG/KStG, 322. Lieferung 11.2023, § 16 EStG Rz. 561; BFH, Urteil v. 27.1.2016 - X R 31/11, NWB JAAAF-74121, BFH/NV 2016 S. 1032).

BEISPIEL Die Ärzte A und B beenden ihre BAG im Rahmen einer Realteilung. Jeder der Ärzte erhält Teile des materiellen und immateriellen Betriebsvermögens und beide setzen anfangs ihre ärztliche Tätigkeit jeweils im Rahmen einer Einzelpraxis fort. Zeitnah beschließt B allerdings seine Tätigkeit gemeinsam mit C im Rahmen einer BAG fortzusetzen. B bringt daher innerhalb der Sperrfrist seine Einzelpraxis in die BAG B und C gegen Gewährung von Gesellschaftsrechten ein. Bei der Übertragung der Wirtschaftsgüter aus der BAG A und B an B sind insoweit rückwirkend die gemeinen Werte anzusetzen.

PRAXISHINWEIS:

Der Ansatz des gemeinen Wertes und damit der entstehende Gewinn ist nach Auffassung der Finanzverwaltung im Grundsatz der BAG insgesamt und damit allen Realteilern nach dem allgemeinen Gewinnverteilungsschlüssel zuzurechnen und nicht allein dem Realteiler, der das Wirtschaftsgut erhalten hat. Die Finanzverwaltung lässt es aber zu, dass der entstehende Gewinn nach dem Gesellschaftsvertrag oder den von den Mitunternehmern schriftlich getroffenen Vereinbarungen über die Realteilung allein dem entnehmenden oder veräußernden Realteiler zuzurechnen ist (BMF v. 19.12.2018, a. a. O., Rz. 29). In den Ausscheidensvereinbarungen bzw. bereits im Gesellschaftsvertrag sollte daher geregelt werden, dass der Realteiler, der das Wirtschaftsgut erhalten hat, die steuerlichen Konsequenzen zu tragen hat, wenn dieser gegen die Einhaltung der Sperrfrist verstößt. Der BFH vertritt dementgegen in seinem Urteil vom 23.11.2021 (VIII R 14/19, BStBl 2022 II S. 371) die Auffassung, dass ein Gewinn i. S. des § 16 Abs. 3 Satz 3 EStG aus einer Sperrfristverletzung, den ein Realteiler erzielt, weil er seinen Betrieb, in den er die im Rahmen der Realteilung übernommenen wesentlichen Betriebsgrundlagen zum Buchwert übertragen hat, innerhalb der Sperrfrist veräußert, gemäß § 16 Abs. 3 Satz 8 EStG allein diesem schädlich verfügenden Realteiler zuzurechnen ist (zustimmend z. B. Wendt, FR 2022 S. 399 (404); Kulosa in Herrmann/Heuer/Raupach, EStG/KStG, 326. Lieferung, 6/2024, § 16 EStG Rz. 590 und Rz. 563; ablehnend Wacker, FR 2022 S. 625, unter II.3.b.bb). Zumindest für den Fall, dass sich an eine Realteilung innerhalb der Sperrfrist eine Betriebsveräußerung eines Realteiler anschließt, bedürfte es insoweit keiner schriftlichen Vereinbarung, um die Besteuerung verursachungsgerecht dem schädlich verfügenden Realteiler zuzurechnen. Der BFH hat aber ausdrücklich die Frage offengelassen, ob der aus der Verletzung der Sperrfrist gemäß § 16 Abs. 3 Satz 3 EStG resultierende Gewinn nicht nur im vorliegenden Fall der Betriebsveräußerung, sondern stets nach Maßgabe des § 16 Abs. 3 Satz 8 EStG abweichend vom allgemeinen Gewinnverteilungsschlüssel dem schädlich verfügenden Realteiler zuzurechnen ist, sofern die Beteiligten keine abweichende Zurechnung in der Realteilungsvereinbarung bestimmt haben. Zur Sperrfristverletzung, z. B. in Bezug auf die Veräußerung einzelner Wirtschaftsgüter, fehlt es daher an einer eindeutigen Rechtsprechung. Bei entsprechender Beratung und Vorliegen schriftlicher Vereinbarungen, die weiterhin zwingend zu empfehlen sind, hat dieser Punkt allerdings keine praktische Relevanz.

Nach Auffassung der Finanzverwaltung ist eine Übertragung einzelner Wirtschaftsgüter **aus dem Gesamthandsvermögen der real geteilten Mitunternehmerschaft in das Gesamthandsvermögen einer anderen Mitunternehmerschaft**, an der der Realteiler ebenfalls beteiligt ist, zu Buchwerten nicht möglich (BMF v. 19.12.2018, a. a. O, Rz. 12; offengelassen in BFH, Urteil v. 16.12.2015 - IV R 8/12, BStBl 2017 II S. 766; vgl. auch Kulosa in Herrmann/Heuer/Raupach, EStG/KStG, 326. Lieferung 06.2024, § 16 EStG Rz. 548 ff.; Wendt, FR 2019 S. 768). Streitig ist insofern der in § 16 Abs. 2 Satz 2 EStG verwendete Wortlaut „in das jeweilige Betriebsvermögen der einzelnen Mitunternehmer". Die weitere Rechtsentwicklung bleibt abzuwarten. Zur ähnlichen Problematik in Bezug auf die Übertragung einzelner Wirtschaftsgüter zwischen beteiligungsidentischen Personengesellschaften zum Buchwert nach § 6 Abs. 5 EStG ist auf das Urteil des BVerfG v. 28.11.2023 (2 BvL 8/13, DStR 2024 S. 155) zu verweisen, in der das BVerfG zu dem Ergebnis gelangt ist, dass § 6 Abs. 5 Satz 3 EStG i. d. F. vom 20.12.2001 gegen Art. 3 Abs. 1 GG verstößt, insoweit nach dieser Vorschrift keine Buchwertübertragung von Wirtschaftsgütern zwischen beteiligungsidentischen Schwesterpersonengesellschaften zugelassen ist. Inwieweit sich diese Entscheidung auf z. B. eine Realteilung einer BAG in Nachfolgegesellschaften übertragen lässt, bleibt weiterhin abzuwarten (vgl. zur Problematik Kulosa in Herrmann/Heuer/Raupach, EStG/KStG, 326. Lieferung, 6/2024, § 16 EStG, Rz. 548).

Wird eine BAG daher in der Weise geteilt, dass im Rahmen der Realteilung Wirtschaftsgüter in das Gesamthandsvermögen einer anderen BAG übergehen, ist für die steuerliche Beratung davon auszugehen, dass für diese Wirtschaftsgüter der gemeine Wert anzusetzen ist. **Hilfsweise** könnten die Wirtschaftsgüter allerdings in das **Sonderbetriebsvermögen** bei einer anderen Mitunternehmerschaft übertragen werden. Diese Übertragung wäre zu Buchwerten möglich (BMF v. 19.12.2018, a. a. O., Rz. 12).

BEISPIEL ▸ Die Ärzte A, B, C und D beenden ihre BAG im Rahmen einer Realteilung in der Weise, dass A und B sowie C und D ihre ärztliche Tätigkeit in jeweils neu gegründeten BAGen, d. h., der BAG A und B bzw. der BAG C und D fortsetzen. Das mitunternehmerische Betriebsvermögen der BAG A, B, C und D wird im Rahmen der Realteilung auf die zwei Nachfolgegesellschaften aufgeteilt. Folgt man der Auffassung der Finanzverwaltung, wäre bei der Übertragung für die Wirtschaftsgüter der gemeinen Werte anzusetzen und somit die stillen Reserven aufzudecken, da die Wirtschaftsgüter im Rahmen der Realteilung in das Gesamthandsvermögen einer anderen Mitunternehmerschaft übertragen werden. Ein derartiger Fall steht gleichwohl dem Zweck des § 16 Abs. 3 Satz 2 EStG aber nicht entgegen und stellt auch keinen Missbrauch dar.

Liegt eine Realteilung vor und ist geplant, unmittelbar im Rahmen der Realteilung oder zeitnah danach eine neue BAG zu gründen, wären zwei Lösungsansätze denkbar:

- Übertragung nur in das Sonderbetriebsvermögen der neuen BAG oder
- (kurzfristige) Zwischenschaltung von MVZ-GbRs (ggf. unter enger Abstimmung mit dem Medizinrechtsanwalt da temporär rechtswidrig auch eine reine Beteiligungs-GbR) als Mitunternehmer der BAG (zur MVZ-GbR im Einzelnen vgl. rechtlich S. 312 ff., 333 ff. und steuerrechtlich S. 348 ff.)

Nach Auffassung der Finanzverwaltung zählt auch das Sonderbetriebsvermögen bei einer anderen Mitunternehmerschaft zum „jeweiligen Betriebsvermögen der einzelnen Mitunternehmer" (vgl. BMF v 19.12.2018, a. a. O., Rz. 12). Die Wirtschaftsgüter der real zu teilenden BAG könnten daher zunächst auf unbestimmte Zeit in das Sonderbetriebsvermögen der einzelnen Gesellschafter bei der neuen BAG übertragen werden und nicht in das Gesamthandsvermögen der neuen BAG. Die Übertragung in das Sonderbetriebsvermögen würde zu Buchwerten erfolgen. Nach Ablauf der Sperrfrist könnten dann zu einem späteren Zeitpunkt die Wirtschaftsgüter aus dem Sonderbetriebsvermögen nach § 6 Abs. 5 EStG zu Buchwerten in das Gesamthandsvermögen der Mitunternehmerschaft übertragen werden.

Zudem hat die Finanzverwaltung das Auswechseln der Mitunternehmer durch Nachfolgegesellschaften vor der Realteilung als Gestaltungsinstrument bei der Realteilung anerkannt. Die vorherige Einbringung der Anteile an einer Mitunternehmerschaft in andere Personengesellschaften steht einer Realteilung der Mitunternehmerschaft mit Buchwertfortführung insofern nicht entgegen, wenn an den anderen Personengesellschaften vermögensmäßig nur die Personen beteiligt sind, die zuvor auch an der Mitunternehmerschaft vermögensmäßig beteiligt waren (BFH, Urteil v. 16.12.2015 - IV R 8/12, BStBl 2017 II S. 766). Die tatbestandlichen Voraussetzungen des § 16 Abs. 3 Satz 2 EStG und insbesondere die Übertragung auf einen Mitunternehmer müssen gleichwohl im Zeitpunkt der Übertragung vorliegen (vgl. BMF v. 19.12.2018, a. a. O., Rz. 7).

BEISPIEL Die Ärzte A, B, C und D möchten ihre BAG (BAG A, B, C und D GbR) durch Realteilung beenden. Dabei möchten A und B sowie C und D die freiberufliche ärztliche Tätigkeit zukünftig jeweils gemeinsam in einer neuen Gesellschaft fortsetzen. In einem ersten Schritt gründen jeweils A und B die MVZ A & B GbR und C und D die MVZ C & D GbR. Hierzu bringen A und B ihre Mitunternehmeranteile an der BAG A, B, C und D GbR nach § 24 UmwStG zu Buchwerten in die MVZ A & B GbR ein. Zugleich bringen C und D ihre Mitunternehmeranteile an der BAG A, B, C und D GbR nach § 24 UmwStG zu Buchwerten in die MVZ C & D GbR ein. Hierdurch entsteht in Vorbereitung der Realteilung zunächst eine doppelstöckige Personengesellschaft. Die BAG A, B, C und D GbR (als Untergesellschaft) hat nur noch zwei Gesellschafter als neue steuerliche Mitunternehmer, zum einen die MVZ A & B GbR und zum anderen die MVZ C & D GbR (als Obergesellschaften). Gesellschafter der MVZ A & B GbR sind A und B. Gesellschafter der MVZ C & D GbR sind C und D. Als zweiter Schritt erfolgt nun die Realteilung der BAG A, B, C und D GbR. Im Rahmen der Realteilung der BAG A, B, C und D GbR wird nunmehr das Betriebsvermögen der Gesellschaft in das „jeweilige Betriebsvermögen" der beiden (neuen) Mitunternehmer MVZ A & B GbR und MVZ C & D GbR übertragen. Eine derartige Fallgestaltung steht dem Zweck des § 16 Abs. 3 Satz 2 EStG nicht entgegen und stellt infolge der Anerkennung durch die Finanzverwaltung auch keinen Missbrauch dar (vgl. Kulosa in Herrmann/Heuer/Raupach, EStG/KStG, 322. Lieferung 11.2023, § 16 EStG Rz. 548; BMF v. 19.12.2018, a. a. O., Rz. 7).

PRAXISHINWEIS:

Aus rein steuerlicher Sicht ist es ausreichend, wenn die Mitunternehmeranteile an der BAG A, B, C und D GbR in reine Beteiligungs-GbRs von A und B bzw. C und D als Obergesellschaftern übertragen werden. Zudem kann zwischen den zwei Vorgängen (Einbringung Mitunternehmeranteile in Beteiligungsgesellschaften nach § 24 UmwStG und anschließend Realteilung der BAG nach § 16 Abs. 3 EStG) ein extrem kurzer Zeitraum liegen (vgl. BFH, Urteil v. 16.12.2015 - IV R 8/12, BStBl 2017 II S. 766, im dortigen Sachverhalt erfolgte die Einbringung mit Wirkung zum 31.12.2002, 12:00 Uhr und die anschließende Realteilung mit dinglicher Wirkung zum 31.12.2002, 13:00 Uhr). Vertragsarztrechtlich ist aber zu klären, ob die beiden Obergesellschaften im Einzelfall vertragsarztrechtlich als MVZ, d. h. als MVZ A & B GbR und MVZ C & D GbR, gegründet werden sollten, da Gesellschafter einer BAG vertragsarztrechtlich nur Ärzte und MVZs sein dürfen. Die Beteiligung einer „einfachen" A & B Beteiligungs-GbR bzw. C & D Beteiligungs-GbR stößt jedenfalls auf rechtliche ungeklärte Bedenken und führt zumindest temporär zu einem rechtswidrigen Zustand, wenn auch nur für einen sehr kurzen Zeitraum. Notwendig ist im Falle einer solchen Gestaltung eine enge Abstimmung mit dem entsprechenden Medizinrechtsanwalt.

Zudem sind im weiteren Verlauf die **Sperrfristen des § 16 Abs. 3 Satz 3 EStG** zu beachten (vgl. S. 144 ff.).

Die Grundsätze der Realteilung sind nach **§ 16 Abs. 3 Satz 4 EStG nicht anzuwenden**, soweit Einzelwirtschaftsgüter unmittelbar oder mittelbar **auf eine Körperschaft**, Personenvereinigung oder Vermögensmasse übertragen werden (z. B. eine MVZ-GmbH). In diesem Fall verlangt § 16 Abs. 3 Satz 4 EStG dem Wortlaut nach ausnahmslos bei der Übertragung gewinnrealisierend den gemeinen Wert anzusetzen, wobei die Finanzverwaltung unter teleologische Reduktion offenbar in Anlehnung an § 6 Abs. 5 Satz 5 EStG die Aufdeckung der stillen Reserven begrenzt („insoweit") *„die Körperschaft nicht schon bisher mittelbar oder unmittelbar an dem übertragenen Wirtschaftsgut beteiligt war"* (vgl. BMF v. 19.12.2018, a. a. O., Rz. 11; vgl. auch z. B. Seer in Kirchhof/Seer, EStG, 23 ufl. 2024, § 16 Rz. 207, 221 ff.; Kulosa in Herrmann/Heuer/Raupach, EStG/KStG, 322. Lieferung 11.2023, § 16 EStG Rz. 565 ff.; Wacker in Schmidt, EStG, 43. Aufl. 2024, § 16 Rz. 553; vgl. hierzu auch FG Hessen, Urteil v. 31.3.2022 - 8 K 590/20, EFG 2022 S. 1367, Rz. 79 ff., Rev. anhängig Az. des BFH: IV R 16/22).

Soweit im Rahmen der Realteilung ein **Spitzenausgleich** zur Abgeltung unterschiedlicher Werte gezahlt wird, führt dieser zu einem **nicht begünstigten steuerlichen Veräußerungsgewinn beim ausgleichsberechtigten Realteiler** (vgl. BMF v. 19.12.2018,

a. a. O., Rz. 17). Ein steuerpflichtiger Spitzenausgleich steht aber der Steuerneutralität der Realteilung ansonsten nicht entgegen.

BEISPIEL ▸ A und B sind zu gleichen Teilen Mitunternehmer einer aus zwei Teilbetriebsvermögen bestehenden überörtlichen BAG. Teilbetriebsvermögen 1 hat einen Wert von 500.000 € und einen Buchwert von 50.000 €. Teilbetriebsvermögen 2 hat einen Wert von 400.000. € und einen Buchwert von 40.000 €. Im Wege der Realteilung erhält A das Teilbetriebsvermögen 1 und B das Teilbetriebsvermögen 2. Außerdem zahlt A aus eigenen Mitteln an B eine Abfindung von 50.000 €.

A stehen bei der Realteilung wertmäßig 450.000 € (50 % von 900.000 €) zu. Da er aber 500.000 € erhält, also 50.000 € mehr, zahlt er diesen Betrag für 1/10 (10 % von 500.000 € = 50.000 €) des Teilbetriebsvermögens 1, das er mehr erhält. A erwirbt also 9/10 des Teilbetriebsvermögens 1 unentgeltlich und 1/10 entgeltlich. Auf diese 1/10 entfällt ein Buchwert von 5.000 € (10 % von 50.000 €), so dass A die Aktivwerte um 45.000 € (50.000 € Abfindung abzgl. anteiligem Buchwert von 5.000 €) aufstocken muss und B einen als laufenden Gewinn zu versteuernden Veräußerungsgewinn von 45.000 € (50.000 € Abfindung ./. 5.000 € anteiliger Buchwert) zu versteuern hat (vgl. BMF v. 19.12.2018, a. a. O., Rz. 20).

Die Rechtsprechung geht dagegen davon aus, dass der **Spitzenausgleich in voller Höhe zu einem laufenden Gewinn** führt, d. h. ohne Abzug anteiliger Buchwerte (BFH, Urteil v. 1.12.1992 - VIII R 57/90, BStBl 1994 II S. 607, Rz. 39; vgl. auch Kulosa in Herrmann/Heuer/Raupach, EStG/KStG, 326. Lieferung, 6.2024, § 16 EStG Rz. 556a). Nicht abschließend geklärt ist zudem die Frage, ob ein **Steuerausgleich** durch eigene Mittel eines Realteilers, d. h. ein Ausgleich nicht für Differenzen zwischen dem gemeinen Wert des übernommenen Vermögens im Verhältnis zum gesellschaftsrechtlichen Auseinandersetzungsanspruch, sondern nur wegen der durch Buchwertdifferenzen entstehenden Verschiebung stiller Reserven, zu einem steuerpflichtigen Spitzenausgleich führt oder als Schadensausgleich im außerbetrieblichen Bereich steuerneutral ist, im Zweifel sollte aber von einer Steuerpflicht ausgegangen werden (vgl. Kulosa in Herrmann/Heuer/Raupach, EStG/KStG, 326. Lieferung 6.2024, § 16 EStG Rz. 556; Wacker in Schmidt, EStG, 43. Aufl. 2024, § 16 Rz. 542).

Die steuerlichen Folgen eines steuerpflichtigen **Spitzenausgleichs** lassen sich aber – wenn gewünscht (zu Problemen vgl. S. 153 f.) – in vielen Fällen **vermeiden**. Neben dem materiellen und immateriellen Anlagevermögen müssen im Rahmen der Realteilung auch die liquiden Mittel und die Forderungen des mitunternehmerischen Vermögens („neutrales" Vermögen) sowie die Verbindlichkeiten der BAG („negative" Betriebsvermögen) zwischen den Realteilern verteilt werden. Eine disquotale Verteilung dieses Vermögens der Mitunternehmerschaft führt nicht zur Annahme eines steuerpflichtigen Spitzenausgleichs. Im Hinblick auf § 42 AO sind aber Gestaltungen mit Vorsicht zu betrachten, in der z. B. die liquiden Mittel in zeitlicher Nähe erst durch die Einlagen der (anderen) Mitunternehmer (Einlagelösung) oder durch einzig zum Zweck der Realteilung aufgenommener betrieblicher Verbindlichkeiten (Kreditaufnahmelösung) geschaffen werden (insofern offen gelassen BFH, Urteil v. 17.9.2015 - III R 49/13, BStBl 2017 II S. 37, Rz. 44 f., m. w. N. zum aktuellen Stand der Diskussion; Kulosa in Herrmann/Heuer/Raupach, EStG/KStG, 326. Lieferung 6.2024, § 16 EStG Rz. 557, m. w. N. und mit Hinweis auf die Grenzen durch § 42 AO; Wacker in Schmidt, EStG, 43. Aufl. 2024, § 16 Rz. 543; Wendt, FR 2016 S. 536).

BEISPIEL A und B sind zu gleichen Teilen Mitunternehmer einer aus zwei Teilbetriebsvermögen bestehenden überörtlichen BAG. Teilbetriebsvermögen 1 hat einen Wert von 500.000 € und einen Buchwert von 50.000 €. Teilbetriebsvermögen 2 hat einen Wert von 400.000. € und einen Buchwert von 40.000 €. Im Wege der Realteilung erhält A das Teilbetriebsvermögen 1 und B das Teilbetriebsvermögen 2, wobei (vorerst) die Forderungen und liquiden Mittel nach dem bisherigen Gewinnverteilungsschlüssel hälftig zugeordnet wurden. Grundsätzlich müsste daher A an B wegen des Wertunterschiedes eine Abfindung von 50.000 € zahlen. Im unmittelbaren zeitlichen Vorfeld der Realteilung werden liquide Mittel, die aus Honorarzahlungen angesammelt wurden, i. H. von 50.000 € aus dem Teilbetriebsvermögen 1 in das Teilbetriebsvermögen 2 transferiert. Hierdurch mindert sich der Wert des von A übernommenen Betriebsvermögens auf 450.000 € (Teilbetriebsvermögen 500.000 € ./. Transfer liquider Mittel 50.000 €) und der Wert des von B übernommenen Betriebsvermögens erhöht sich auf 450.000 € (Teilbetriebsvermögen 400.000 € + Transfer liquider Mittel 50.000 €). Es liegt kein steuerpflichtiger Spitzenausgleich außerhalb des mitunternehmerischen Vermögens vor. (Anstelle liquider Mittel könnte B auch einen höheren Anteil an den Forderungen der Gesellschaft übernehmen und selbst einziehen).

Gleiches gilt auch für die Verteilung von Verbindlichkeiten (vgl. BFH, Urteil v. 10.12.1991 - VIII R 69/86, BStBl 1992 II S. 385; BFH, Urteil v. 1.12.1992 - VIII R 57/90, BStBl 1994 II S. 607; vgl. Kulosa in Herrmann/Heuer/Raupach, EStG/KStG, 326. Lieferung 6.2024, § 16 EStG Rz. 557). Zu beachten ist allerdings, dass es sich insbesondere bei der Zuordnung liquider Mittel um die Zuordnung bereits versteuerten Vermögens handelt.

Wird ein Mitunternehmer im Rahmen der Realteilung im Wesentlichen nur mit Geld oder Forderungen abgefunden und übernimmt keine funktional wesentlichen Betriebsgrundlagen des mitunternehmerischen Vermögens zur Fortsetzung seiner betriebliche Tätigkeit, dürfte vermutlich bezogen auf diesen Mitunternehmer von einer Veräußerung des Mitunternehmeranteils und nicht von einer Realteilung auszugehen sein (vgl. hierzu wohl im Grundgedanken BFH, Urteil v. 20.2.2003 - III R 34/01, BStBl 2003 II S. 700, unter II.3).

Die **Umsetzung einer Realteilung** erfolgt im Rahmen der **Kapitalkontenanpassungsmethode**. Entspricht die Summe der Buchwerte der übernommenen Wirtschaftsgüter nicht dem Buchwert des Kapitalkontos, sind bilanzielle Anpassungsmaßnahmen erforderlich. Die zu übernehmenden Aktiva und Passiva müssen in Summe dem Kapitalkonto entsprechen, damit die Realteilung steuerneutral durchgeführt werden kann (BMF v. 19.12.2018, a. a. O., Rz. 22 f.). Zu beachten ist, dass bei der Realteilung einer Personengesellschaft mit Buchwertfortführung **Ergänzungsbilanzen aufzulösen** sind (BFH, Urteil

v. 18.5.1995 - IV R 20/94, BStBl 1996 II S. 70; Kulosa in Herrmann/Heuer/Raupach, EStG/KStG, 326. Lieferung 6.2024, § 16 EStG Rz. 554; Krumm in Kirchhof/Seer, EStG, 22. Aufl. 2023, § 15 Rz. 253). Die Buchwerte in der Gesamthand sind vor der Verteilung auf die Realteiler um die Buchwerte in den Ergänzungsbilanzen aufzustocken (positive Ergänzungsbilanz) oder abzuschmelzen (negative Ergänzungsbilanz). Buchwerte in der Ergänzungsbilanz eines Mitunternehmers erhöhen daher auch die Buchwerte des anderen Mitunternehmers, der als Realteiler das entsprechende Wirtschaftsgut erhält.

Beispiel

An der BAG A und B sind die Ärzte je zur Hälfte beteiligt. A und B beschließen die Liquidation ihrer BAG und die Verteilung des mitunternehmerischen Vermögens. Der Wert des Betriebsvermögens beträgt 800.000 €, der Buchwert in der Gesamthand beträgt 170.000 €. Die Bilanz der Praxis sieht wie folgt aus:

Aktiva €			Passiva €
Wirtschaftsgüter 1	110.000	Kapitalkonto A	85.000
	(gW: 400.000)	Kapitalkonto B	85.000
Wirtschaftsgüter 2	60.000		
	(gW: 400.000)		
	170.000		170.000

Zudem hat B eine positive Ergänzungsbilanz, die wie folgt aussieht:

Aktiva €			Passiva €
Wirtschaftsgüter 1 (Mehrwerte)	20.000	(Mehr-)Kapitalkonto B	30.000
Wirtschaftsgüter 2 (Mehrwerte)	10.000		
	30.000		30.000

Für die Realteilung ist zunächst die Ergänzungsbilanz von B aufzulösen:

Aktiva €			Passiva €
Wirtschaftsgüter 1	130.000	Kapitalkonto A	85.000
(110 T€ + 20 T€)	(gW: 400.000)	Kapitalkonto B	115.000
Wirtschaftsgüter 2	70.000	(85 T€ + 30 T€)	
(60 T€ + 10 T€)	(gW: 400.000)		
	200.000		200.000

A erhält die Wirtschaftsgüter 1 im Wert von 400.000 € (Buchwert GHV 110.000 € + Aufstockung Ergänzungsbilanz 20.000 € = 130.000 €) und B erhält die Wirtschaftsgüter 2 im Wert von 400.000 € (Buchwert GHV 60.000 € + Aufstockung Ergänzungsbilanz 10.000 € = 70.000 €). Beide übertragen die Wirtschaftsgüter in das Betriebsvermögen ihrer jeweils neu gegründeten Einzelpraxen.

Das Kapitalkonto von B wird erfolgsneutral von 115.000 € um 45.000 € auf 70.000 € abgestockt und das Kapitalkonten von A von 85.000 € um 45.000 € auf 130.000 € aufgestockt. Durch die Umbuchung verlagern sich stille Reserven von A auf B. Die Realteilungsbilanz der Praxis für die Realteilung sieht anschließen wie folgt aus:

Aktiva €			Passiva €
Wirtschaftsgüter 1	130.000	Kapitalkonto A	130.000
	(gW: 400.000)	Kapitalkonto B	70.000
Wirtschaftsgüter 2	70.000		
	(gW: 400.000)		
	200.000		200.000

Anschließend werden die Wirtschaftsgüter gegen die jeweiligen Kapitalkonten von A und B erfolgsneutral ausgebucht.

Nach der Realteilung hat die Eröffnungsbilanz von A folgendes Bild:

Aktiva €			Passiva €
Wirtschaftsgüter 1	130.000	Kapitalkonto A	130.000
	(gW: 400.000)		
	130.000		130.000

Nach der Realteilung hat die Eröffnungsbilanz von B folgendes Bild:

Aktiva €			Passiva €
Wirtschaftsgüter 2	70.000	Kapitalkonto B	70.000
	(gW: 400.000)		
	70.000		70.000

PRAXISHINWEIS:

An dieser Stelle ist darauf hinzuweisen, dass steuerneutrale Realteilungen i. d. R. mit der Verschiebung stiller Reserven zwischen den Realteilern einhergehen. Das Vorhandensein von Ergänzungsbilanzen erhöht dabei die Problematik i. d. R. noch, da sich die jeweils fortzuführenden Buchwerte kumuliert aus der Summe der Buchwerte des Gesamthandsvermögens und sämtlicher (positiven und/oder negativen) Ergänzungsbilanzen ergeben (vgl. BFH, Urteil v. 18.5.1995 - IV R 20/94, BStBl

1996 II S. 70; Kulosa in Herrmann/Heuer/Raupach, EStG/KStG, 326. Lieferung, 6.2024, § 16 EStG Rz. 552, 554; Krumm in Kirchhof/Seer, EStG, 23. Aufl. 2024, § 15 EStG Rz. 253; Stephany in BeckOK Kirchhof/Kulosa/Ratschow, EStG, 19. Edition Stand: 1.7.2024, EStG § 14 Rz. 122a). Die Vermeidung eines steuerpflichtigen Spitzenausgleichs durch die steuerneutrale Zuordnung von freiem Vermögen kann dieses Problem noch erhöhen (oder vermindern). Bei der Frage der Vermögensverteilung sind daher die in den stillen Reserven ruhenden latenten Steuern angemessen zu berücksichtigen. Vor diesem Hintergrund stellt sich auch die Frage, ob die Vermeidung eines steuerpflichtigen Spitzenausgleichs durch Ausweichgestaltungen (vgl. S. 150) immer die beste Lösung ist oder, ob nicht gerade die teilweise (oder vollständige) Versteuerung eines Veräußerungsgewinns beim ausgleichsberechtigten Realteiler und entsprechende Anschaffungskosten beim ausgleichsverpflichteten Realteiler die sachgerechtere Lösung darstellt.

PRAXISHINWEIS:

Zu beachten ist, dass vor der Kapitalkontenanpassung in der Praxis i. d. R. noch ein **Kapitalkontenausgleich** erforderlich ist. In dem vorstehenden Beispiel entsprechen die Kapitalkonten vor der Kapitalkontenanpassung den Beteiligungsverhältnissen (je 1/2 und je 85 TEUR). Sofern – wie häufig anzufinden – in der Vergangenheit durch Über- oder Unterentnahmen einzelner Ärzte die Kapitalkonten nicht den Beteiligungsverhältnissen entsprechen, muss durch entsprechende Ausgleichszahlungen (Entnahmen/Einlagen oder Zahlungen unter den Gesellschaftern) dieser Zustand erst noch hergestellt werden.

Bei der Realteilung einer Mitunternehmerschaft, die ihren Gewinn nach § 4 Abs. 3 EStG durch Einnahme-Überschussrechnung ermittelt, ohne Spitzenausgleich, d. h. ohne steuerrealisierende Vorgänge, besteht **keine Verpflichtung zur Erstellung einer Realteilungsbilanz** nebst Übergangsgewinnermittlung, wenn die Buchwerte fortgeführt werden und die Mitunternehmer unter Aufrechterhaltung der Gewinnermittlung durch Einnahme-Überschussrechnung ihre berufliche Tätigkeit in Einzelpraxen weiterbetreiben. Ein Übergang zur Gewinnermittlung durch Bestandsvergleich ist grds. auch nicht zum Zwecke der zutreffenden Erfassung des laufenden Gewinns erforderlich (BFH, Urteil v. 11.4.2013 - III R 32/12, BStBl 2014 II S. 242).

PRAXISHINWEIS:

An dieser Stelle ist darauf hinzuweisen, dass auch ohne formale Notwendigkeit in vielen Fällen die Erstellung einer Realteilungsbilanz zu empfehlen ist, um einerseits die zutreffende Verteilung und Besteuerung der laufenden Gewinne auf die Zeiträume vor und nach der Realteilung sicher zu stellen und andererseits die Kapitalkonten und deren Anpassung im Rahmen der Umsetzung der Realteilung zutreffend abzubilden. Jedenfalls kann die real geteilte Mitunternehmerschaft für Zeiträume nach der Realteilung keine Einnahme-Überschussrechnung mehr erstellen, sondern die Einnahmen müssen bei Zufluss den jeweiligen Realteiler zugerechnet werden, was bei der Aufteilung der Forderungen häufig, insbesondere bei streitbehafteten Realteilungen, auf praktische Probleme stößt.

h) Steuerliche Behandlung der Anschaffungskosten eines Anteils an einer Berufsausübungsgemeinschaft/Berücksichtigung der Vertragsarztzulassung

Aus steuerlicher Sicht ist Gegenstand der Anschaffung bei einer Mitunternehmerschaft nicht der Anteil an der Gesellschaft, sondern es sind die **ideellen Anteile an den einzelnen Wirtschaftsgütern des Gesellschaftsvermögens**. Hat der Veräußerer auch vorhandenes Sonderbetriebsvermögen mitveräußert, gehört dieses ebenfalls zu den angeschafften Wirtschaftsgütern. Bei einer Abweichung der Anschaffungskosten von den Buchwerten im Gesamthandsvermögen wird die Aufstellung einer Ergänzungsbilanz bzw. Ergänzungsrechnung erforderlich, um den Mehrpreis insbesondere hinsichtlich der Abschreibungen zu erfassen, wenn sie im Gesamthandsvermögen nicht berücksichtigt werden können (vgl. Wacker in Schmidt, EStG, 43. Aufl. 2024, § 16 Rz. 490 ff., m. w. N.; H 4.5 Abs. 1 EStH „Ergänzungsrechnung").

Veräußert ein Gesellschafter seinen Anteil an einer BAG gegen eine Kaufpreiszahlung oder scheidet ein Gesellschafter aus einer BAG gegen eine Abfindung aus, die höher ist als der Buchwert des Gesellschaftsanteils (des Kapitalkontos), so spricht eine tatsächliche Vermutung dafür, dass der Buchwert der bilanzierten Wirtschaftsgüter des Betriebsvermögens stille Reserven enthält und/oder ein Geschäftswert vorhanden ist und dass die Mehrzahlungen den Anteil des ausscheidenden Gesellschafters an diesen stillen Reserven und/oder immateriellen Einzelwirtschaftsgütern und/oder einen Geschäftswert abgelten sollen und demgemäß für den übernehmenden Gesellschafter Anschaffungskosten für diese Anteile sind. Nur wenn festgestellt werden kann, dass die Buchwerte der bilanzierten Wirtschaftsgüter des Betriebsvermögens der Personengesellschaft keine stillen Reserven enthalten und/oder auch keine nicht bilanzierten immateriellen Einzelwirtschaftsgüter und/oder kein Geschäftswert vorhanden ist, kommt eine Nichtaktivierung der Mehrzahlungen und damit ein sofortiger Abzug als Betriebsausgaben in Betracht, sofern die Mehrzahlungen nicht außerbetrieblich veranlasst waren (BFH, Urteil v. 25.1.1979 - IV R 56/75, BStBl 1979 II S. 302; vgl. auch Kahle, FR 2013 S. 873; Krumm in Kirchhof/Seer, EStG, 23. Aufl. 2024, § 15 Rz. 246 ff.). Wesentlicher Anwendungsfall dürfte die Abfindung an einen „lästigen" Gesellschafter sein, um diesen zum Ausscheiden aus der BAG zu bewegen, so dass für die Höhe der Abfindung weniger der Wert des BAG-Anteils, sondern eher die Lästigkeit des Gesellschafters und der Wunsch nach dessen Ausscheiden im Vordergrund stehen.

Die Aktivierung im Einzelnen erfolgt nach der Stufentheorie bzw. der modifizierten Stufentheorie durch Verteilung der stillen Reserven auf die einzelnen materiellen und immateriellen Wirtschaftsgüter und den (ideellen) Praxiswert. Soweit nachweislich ein Mehrbetrag nicht zur Abgeltung stiller Reserven, sondern infolge der „Lästigkeit" (geschäftsschädigendes Verhalten) eines Gesellschafters gezahlt wird, um diesen zum Ausscheiden zu bewegen, sind die Aufwendungen sofort abziehbare Betriebsausgaben

(Wacker in Schmidt, EStG, 43. Aufl. 2024, § 16 Rz. 461 ff., m. w. N.; Krumm in Kirchhof/ Seer, EStG, 23. Aufl. 2024, § 15 Rz. 247; Patt, EStB 2013 S. 221).

PRAXISHINWEIS:

In der Ergänzungsbilanz erfasste Anschaffungskosten des Anteilserwerbers sind so fortzuführen, dass der Gesellschafter so weit wie möglich einem Einzelunternehmer, dem Anschaffungskosten für entsprechende Wirtschaftsgüter entstanden sind, gleichgestellt wird. Deshalb sind Absetzungen für Abnutzung (AfA) auf die im Zeitpunkt des Anteilserwerbs geltende Restnutzungsdauer eines abnutzbaren Wirtschaftsguts des Gesellschaftsvermögens vorzunehmen. Zugleich stehen dem Gesellschafter die Abschreibungswahlrechte zu, die auch ein Einzelunternehmer in Anspruch nehmen könnte, wenn er ein entsprechendes Wirtschaftsgut im Zeitpunkt des Anteilserwerbs angeschafft hätte (BFH, Urteil v. 20.11.2014 – IV R 1/11, BStBl 2017 II S. 34, Rz. 18; vgl. auch BMF v. 19.12.2016 - IV C 6-S 2241/15/10005, BStBl 2017 I S. 34, mit Berechnungsbeispielen).

Im Zusammenhang mit der **Abschreibungsfähigkeit** der Anschaffungskosten eines **Praxiswerts** unterscheidet der BFH in seinen älteren Entscheidungen (BFH, Urteil v. 24.2.1994 - IV R 33/93, BStBl 1994 II S. 590) deutlich zwischen dem personenbezogenen Praxiswert als grds. verschieden vom unternehmensbezogenen Geschäftswert und lässt entgegen der Vorschrift des § 7 Abs. 1 Satz 3 EStG die Abschreibung eines Praxiswertes beim Erwerb einer **Einzelpraxis über drei bis fünf Jahre** bzw. bei einem Erwerb von Anteilen an einer **BAG über sechs bis zehn Jahre** zu. Diesen Grundsätzen folgt auch die Finanzverwaltung und wendet sie entsprechend **auch für den Erwerb eines Praxiswerts durch eine GmbH** an (BMF v. 15.1.1995 - IV B 2 - S 2172 - 15/94, BStBl 1995 I S. 14).

Mit Urteil vom 9.8.2011 (VIII R 13/08, BStBl 2011 II S. 875) hat der BFH entschieden, dass die **Zulassung als Vertragsarzt** im Rahmen der gesetzlichen Krankenversicherung im Regelfall **als wertbildender Faktor des Praxiswertes anzusehen** ist. Orientiert sich der für eine Arztpraxis mit Vertragsarztsitz zu zahlende Kaufpreis ausschließlich am Verkehrswert, so ist in dem damit abgegoltenen Praxiswert der Vorteil aus der Zulassung als Vertragsarzt untrennbar enthalten. Lediglich in **Sonderfällen**, z. B. weil der Vertragsarztsitz zeitnah mit der Übernahme an einen anderen Ort verlegt wird und der Übernahme des Patientenstamms keine Bedeutung beigemessen wird, bejaht der BFH, dass der wirtschaftliche Vorteil aus einer Zulassung als Vertragsarzt aus wirtschaftlicher Sicht zum Gegenstand eines gesonderten Veräußerungsvorgangs und damit zu einem selbständigen Wirtschaftsgut konkretisiert werden kann („**wirtschaftlicher Vorteil aus der Vertragsarztzulassung**"). Daraus folgt, dass die Vertragsarztzulassung i. d. R. infolge eines Praxiserwerbs einheitlich mit dem Praxiswert über drei bis fünf bzw. sechs bis zehn Jahre abgeschrieben werden kann, wohingegen in Sonderfällen der mit der Vertragsarztzulassung verbundene wirtschaftliche Vorteil aus einem Rechtsstatus ein gesondertes und nicht abnutzbares immaterielles Wirtschaftsgut des Anlagevermögens darstellt und nicht abgeschrieben werden kann (vgl. auch H 5.5 EStH „Geschäfts- oder Firmenwert/Praxiswert“).

Zur Abgrenzung des Erwerbs einer Vertragsarztpraxis vom Erwerb nur des wirtschaftlichen Vorteils aus einer Vertragsarztzulassung hat der BFH weiter entschieden, dass für den Fall, dass vom Erwerber einer Vertragsarztpraxis ein Zuschlag zum Verkehrswert (Überpreis) gezahlt wird, dies wie eine Zahlung, die sich ausschließlich am Verkehrswert orientiert, dafür spricht, dass Gegenstand der Übertragung die Praxis des Übergebers als Chancenpaket ist. Auch in diesem Fall ist in einem durch den Kaufpreis abgegoltenen Praxiswert der Vorteil aus der Zulassung als Vertragsarzt untrennbar enthalten. Der Erwerb einer Praxis als Chancenpaket (Patientenstamm, Standort, Umsatz, Facharztgruppe etc. und Vertragsarztzulassung) kann auch vorliegen, wenn eine BAG (Personengesellschaft) eine Einzelpraxis erwirbt und die Vertragsarztzulassung des Einzelpraxisinhabers vom Zulassungsausschuss einem Gesellschafter der Personengesellschaft erteilt wird. Dies kann auch dann gelten, wenn die BAG nicht beabsichtigt, die ärztliche Tätigkeit in den bisherigen Räumen des Einzelpraxisinhabers fortzusetzen (BFH, Urteil v. 21.2.2017 - VIII R 7/14, BStBl 2017 II S. 689). Entscheidend für die Abschreibungsfähigkeit als Praxiswert bleibt, dass nach den Gesamtumständen des Einzelfalls der Kaufpreis nicht ausschließlich für den Übergang des wirtschaftlichen Vorteils aus der Vertragsarztzulassung gezahlt wird, sondern eben für das Chancenpaket „Praxiswert“.

Wird der Kaufpreis nur für den Übergang des wirtschaftlichen Vorteils aus der Vertragsarztzulassung bezahlt, ist dieser nicht abnutzbar und damit auch nicht abschreibungsfähig. Der Inhaber kann den wirtschaftlichen Vorteil aus einer ihm unbefristet erteilten Vertragsarztzulassung, solange er sie innehat, gleichbleibend in Anspruch nehmen und den aus ihr resultierenden wirtschaftlichen Vorteil im Rahmen eines Nachbesetzungsverfahrens gem. § 103 SGB V durch eine Übertragung bzw. Überleitung der Zulassung auf einen Nachfolger verwerten. Der Wert des immateriellen Wirtschaftsgutes des wirtschaftlichen Vorteils aus der Vertragsarztzulassung erschöpft sich insofern nicht in einer bestimmten bzw. bestimmbaren Zeit. Dies gilt auch unabhängig von der früher einmal geltenden Altersgrenze für Vertragsärzte (BFH, Urteil v. 21.2.2017 - VIII R 56/14, BStBl 2017 II S. 694).

Im Falle des isolierten Erwerbs nur des wirtschaftlichen Vorteils aus einer Vertragsarztzulassung ist Erwerber dieses immateriellen Wirtschaftsguts derjenige, der die Anschaffungskosten hierfür trägt oder dem sie steuerrechtlich zuzuordnen sind. Trägt z. B. der Neugesellschafter einer BAG, der Inhaber des höchstpersönlichen Statusrechts der Vertragsarztzulassung ist, selbst die Anschaffungskosten für den wirtschaftlichen Vorteil aus der Vertragsarztzulassung, ist das Wirtschaftsgut „wirtschaftlicher Vorteil aus der Vertragsarztzulassung“ von ihm angeschafft und seinem Sonderbetriebsvermögen zuzuordnen. Eine unmittelbare Zahlung des Kaufpreises für den wirtschaftlichen Vorteil aus der Zulassung durch die Gesellschaft an den Veräußerer kann auf einen Erwerb des wirtschaftlichen Vorteils aus der Vertragsarztzulassung durch die Gesellschaft selbst hindeuten. Kommen zu der Zahlung durch die Gesellschaft weitere Begleitumstände, z. B. das Führen von Vertragsverhandlungen durch die Gesellschaft mit dem Zulassungsveräußerer für einen von ihr auszuwählenden und zu bezeichnenden Zulassungsempfänger, hinzu, ist von einem Erwerb des Wirtschaftsgutes „wirtschaftlicher Vorteil aus der Vertragsarztzulassung" durch die Gesellschaft auszugehen, da offenbar das Interesse der Gesellschaft (der Altgesellschafter) im Vordergrund steht, das Leistungs- und Abrechnungsvolumen auf der Gesellschaftsebene zu erhalten oder zu erweitern. Der erworbene wirtschaftliche Vorteil aus der Vertragsarztzulassung ist in diesem Fall als immaterielles und nicht abschreibbares Wirtschaftsgut auf Ebene der Gesamthand zu erfassen. Das Auseinanderfallen der Abrechnungsberechtigung der GbR und der Zulassungsinhaberschaft des Arztes führt nicht dazu, dass kein selbständiges Wirtschaftsgut vorliegt (BFH, Urteil v. 21.2.2017 - VIII R 24/16, NWB JAAAG-45094, BFH/NV 2017 S. 899).

PRAXISHINWEISE:

In Grenzfällen empfiehlt es sich, das Interesse an dem Chancenpaket zu dokumentieren, insbesondere ob und inwieweit die Vertragsparteien Bemühungen entfalten, um den Patientenstamm der Kassen- und Privatpatienten und die Zuweiserbindungen auf den Erwerber überzuleiten.

Bisher nicht abschließend geklärt ist, wie sich der Erwerb einer Vertragsarztzulassung auf nachfolgende Erwerbe auswirkt. Hat z. B. ein Gesellschafter eine Vertragsarztzulassung erworben und aktiviert, wird sich diese im Laufe der Zeit mit den anderen wertbildenden Einzelbestandteilen (Patientenstamm, Standort etc.) zu einem (neuen) Chancenpaket zusammenfügen. Veräußert nun der Gesellschafter seinen Gesellschaftsanteil verbunden mit der Vertragsarztzulassung an einen anderen (Neu-)Gesellschafter, ist Gegenstand dieses Erwerbs nicht mehr ein Einzelwirtschaftsgut „wirtschaftlicher Vorteil aus der Vertragsarztzulassung", sondern wiederum ein Chancenpaket. Es spricht insoweit vieles dafür, dass Gegenstand des nachfolgenden Erwerbs ein abschreibungsfähiger Praxiswert ist, bei dem die Vertragsarztzulassung nur noch einen von mehreren wertbildenden Einzelbestandteilen darstellt. Dies müsste gleichermaßen auch für den Erwerb einer Vertragsarztzulassung durch die Gesellschaft und nachfolgende Erwerbe von Gesellschaftsanteilen gelten. In der Ergänzungsrechnung sind insoweit dann Abschreibungen auf den gesamten Kaufpreis vorzunehmen.

i) Besteuerung der Veräußerung bzw. Aufgabe des Vermögens

Im Rahmen der Beendigung ärztlicher Kooperationen spielt die Besteuerung für den abgebenden, nicht mehr an der Kooperation teilnehmenden Arzt eine erhebliche Rolle. Nach § 18 Abs. 3 EStG gehört zu den Einkünften aus selbständiger Arbeit auch der Gewinn, der bei der Veräußerung des Vermögens oder eines selbständigen Teils des Vermögens (Teilbetrieb) oder eines Anteils am Vermögen (Mitunternehmeranteil) erzielt wird, das der selbständigen Arbeit dient. § 16 Abs. 1 Satz 1 Nr. 1 und 2 und Abs. 1 Satz 2 sowie Abs. 2 bis 4 EStG gelten entsprechend. Auch die Aufgabe der selbständigen Tätigkeit ist damit wie die Aufgabe der gewerblichen Tätigkeit zu behandeln. In Verbindung mit § 34 EStG führt daher die Veräußerung oder Aufgabe einer ganzen Praxis und des gesamten Mitunternehmeranteils an einer BAG unter Berücksichtigung der gesetzlichen Voraussetzungen zu einem steuerbegünstigten Veräußerungsgewinn (zu sog. **Earn-Out-Klauseln** vgl. S. 165).

Voraussetzung für die Annahme einer (steuerbegünstigten) Praxis- bzw. Praxisanteilsveräußerung ist, dass sämtliche quantitativ oder funktional wesentlichen Betriebsgrundlagen entgeltlich und definitiv auf den Erwerber übergehen (BFH, Urteil v. 24.5.1956 - IV 24/55 U, BStBl 1956 III S. 205). Hierzu gehören auch die immateriellen Wirtschaftsgüter der Praxis wie insbesondere der ideelle Praxiswert (Goodwill).

Nach ständiger Rechtsprechung des BFH ist bei Praxisübertragungen eine Veräußerung dieser wesentlichen Betriebsgrundlagen daher nur anzunehmen, wenn der Veräußerer seine freiberufliche Tätigkeit in dem bisherigen örtlichen Wirkungskreis wenigstens für eine gewisse Zeit einstellt (BFH, Urteil v. 21.8.2018 - VIII R 2/15, BStBl 2019 II S. 64). Diese Rechtsprechung zum Erfordernis der **zeitweiligen Einstellung einer freiberuflichen Tätigkeit am bisherigen örtlichen Wirkungskreis** beruht auf der Überlegung, dass bei fortdauernder Tätigkeit des Freiberuflers in seinem bisherigen örtlichen Wirkungskreis eine weitere Nutzung der persönlichen Beziehungen zu den bisherigen Patienten nahe liegt. Dies stünde aber einer definitiven Übertragung dieser wesentlichen wirtschaftlichen Grundlage an den Erwerber entgegen. Die Veräußerungserlöse sind dann als laufender Gewinn zu erfassen.

Die Rechtsprechung hat dabei die Begriffe der „gewissen Zeit" und des „örtlichen Wirkungskreises" nicht näher bestimmt. Die Erheblichkeit der zeitlichen Dauer der Einstellung der Tätigkeit und das Gebiet des örtlichen Wirkungskreises sind von den Umständen des Einzelfalles abhängig (BFH, Urteil v. 10.6.1999 - IV R 11/99, NWB JAAAA-63311, BFH/NV 1999 S. 1594). Eine starre zeitliche Grenze, nach der die Tätigkeit steuerunschädlich wieder aufgenommen werden kann, besteht nicht. Je nach den Umständen des Einzelfalls kann ein Zeitraum von etwa zwei bis drei Jahren ausreichend sein. Dementsprechend ist nach Auffassung des BFH entgegen der Auffassung der Finanzverwaltung auch keine „Wartezeit" von mindestens drei Jahren einzuhalten (vgl. BFH, Beschluss v. 11.2.2020 - VIII B 131/19, NWB BAAAH-43734, DStR 2020 S. 486; Brandt in Herrmann/Heuer/Raupach, EStG/KStG, 326. Lieferung 06.2024, § 18 EStG Rz. 324). Nimmt der Veräußerer seine freiberufliche Tätigkeit nach einer gewissen Zeit wieder auf, kann dies auch dann schädlich sein, wenn die Wiederaufnahme zum Zeitpunkt der Übertragung der Praxis nicht geplant war. Die für die Veräußerung des gesamten Vermögens erforderliche definitive Übertragung des Mandantenstamms kann letztlich nur nach einem gewissen Zeitablauf abschließend beurteilt werden. Neben der Dauer der Einstellung der freiberuflichen Tätigkeit sind bei der Beurteilung im Einzelfall insbesondere die räumliche Entfernung einer wieder aufgenommenen Berufstätigkeit zur veräußerten Praxis, die Vergleichbarkeit der Betätigungen, die Art und Struktur des Patientenstamms, eine zwischenzeitliche Tätigkeit des Veräußerers als Arbeitnehmer oder freier Mitarbeiter des Erwerbers sowie die Nutzungsdauer des erworbenen Praxiswerts zu berücksichtigen (BFH, Urteil v. 21.8.2018 - VIII R 2/15, BStBl 2019 II S. 64).

PRAXISHINWEISE:

In seinem Urteil vom 21.8.2018 (VIII R 2/15, BStBl 2019 II S. 64) hat der BFH hervorgehoben, dass eine zwischenzeitliche Tätigkeit des Veräußerers als Arbeitnehmer oder freier Mitarbeiter für den Erwerber maßgeblich bei der Beurteilung zu berücksichtigen ist, ob eine definitive Übertragung des Praxiswertes an den Erwerber stattgefunden hat. Der fortdauernde Kontakt des Veräußerers zu seinen bisherigen Patienten hat zur Folge, dass die definitive Übertragung des Patientenstamms auf den Erwerber im Sinne einer Festigung der persönlichen Patientenbeziehungen längere Zeit in Anspruch nimmt. Jedenfalls unter Berücksichtigung dieser Besonderheit reichte die Zeitspanne von 22 Monaten im Streitfall nicht aus, um zu einer definitiven Übertragung des Praxiswertes zu führen. Ungeklärt vor dem Hintergrund dieser Entscheidung ist, ob sich die „gewisse Zeit" durch die Tätigkeit für den Erwerber auch über drei Jahre hinaus verlängern kann. Im Zweifel könnte nach den Umständen des Einzelfalls sogar angenommen werden, dass die „gewisse Zeit" nach Beendigung der Tätigkeit, d. h. nach der Beendigung des fortdauernden Kontaktes des Veräußerers zu seinen bisherigen Patienten, überhaupt erst beginnt.

Soll nach einer „gewissen Zeit" die Tätigkeit im örtlichen Wirkungskreis wieder aufgenommen werden, empfiehlt es sich in Zweifelsfällen, eine verbindliche Auskunft hierzu einzuholen (vgl. Richter, DStR 1998 S. 442; zu Einzelfragen vgl. Wacker in Schmidt, EStG, 43. Aufl. 2024, § 18 Rz. 229, m. w. N.).

Wird der **Veräußerer als Arbeitnehmer für die Praxis** tätig und erzielt Einkünfte aus § 19 EStG, ist dies allein aufgrund der geänderten Einkunftsart unschädlich. Dies soll aber auch gelten, wenn der Veräußerer zwar freiberuflich, aber ausschließlich im Namen und auf Rechnung des Erwerbers der Praxis tätig wird. Entscheidend ist, dass der Veräußerer die wesentlichen wirtschaftlichen Grundlagen der Praxis einschließlich des Patientenstamms zivilrechtlich und wirtschaftlich auf den Erwerber überträgt und nur dieser die Rechtsbeziehungen zu den Patienten verwertet (BFH v. 17.7.2008 - X R 40/07, BStBl 2009 II S. 43; BFH v. 18.5.1994 - I R 109/93, BStBl 1994 II S. 925; Wacker in Schmidt, EStG, 43. Aufl. 2024, § 18 Rz. 227). Da diese Frage allerdings in Bezug auf rechtsmissbräuchliche Gestaltungen streitbehaftet ist (OFD Düsseldorf v. 28.2.1989 - S 2290 A - St 111, DB 1989 S. 555), empfiehlt es sich, wenn möglich, nach der Veräußerung Einkünfte aus nichtselbständiger Arbeit als Arbeitnehmer zu erzielen.

PRAXISHINWEISE:

Die „freie Mitarbeit" des Veräußerers ausschließlich im Namen und auf Rechnung des Erwerbers der Praxis ist allein schon aus sozialversicherungsrechtlichen Erwägungen abzulehnen (vgl.

S. 396 ff.; BSG, Urteil v. 4.6.2019 - B 12 R 11/18 R, NWB BAAAH-30443; LSG Berlin-Brandenburg v. 17.2.2020 - L 9 BA 92/18, GesR 2020 S. 465 f.); für eine korrekte Abrechnung von Leistungen sowohl im GKV- als auch im privatärztlichen Bereich sind freie Mitarbeiter mangels Zurechnung der Leistungen zu den Abrechnungsstellern ebenfalls höchst problematisch. Jedenfalls bedarf eine solche Gestaltung einer rechtsanwaltlichen Beratung und eines Antrags auf Feststellung des sozialversicherungsrechtlichen Status nach § 7a Abs. 1 Satz 1 SGB IV (optionales Statusfeststellungsverfahren).

Nach der Rechtsprechung des BFH steht auch eine geringfügige Fortführung der bisherigen freiberuflichen Tätigkeit der Annahme einer begünstigten Praxisveräußerung nach §§ 18, 34 EStG nicht entgegen. Eine solche geringfügige Tätigkeit liegt regelmäßig vor, wenn die auf sie entfallenden Umsätze in den letzten drei Jahren vor der Veräußerung weniger als 10 % der gesamten Einnahmen ausmachten. Werden im Rahmen dieser geringfügigen Tätigkeit auch neue Patienten hinzugewonnen bzw. betreut, schließt dies das Vorliegen einer begünstigten Praxisveräußerung nicht automatisch aus (vgl. BFH, Beschluss v. 11.2.2020 - VIII B 131/19, NWB BAAAH-43734, DStR 2020 S. 486; SenFin Berlin v. 11.8.2020 - III B-S 2242-3/2019-1, EStG-Kartei BE § 16 EStG Nr. 1001). Ungeklärt ist, wie die 10 %-Grenze bei BAGen anzuwenden ist. Es dürfte auf klaren Widerstand in der Finanzverwaltung und der Rechtsprechung stoßen, bei der Berechnung auf die gesamten Einnahmen der BAG abzustellen. Ist z. B. ein Gesellschafter mit 20 % an einer BAG beteiligt, die insgesamt 4.000.000 € Einnahmen erzielt, wären 10 % der gesamten Einnahmen der BAG 400.000 €. Es wird dem Veräußerer wohl kaum zugestanden werden, nach einer tarifbegünstigten Veräußerung seines gesamten Mitunternehmeranteils zeitnah im örtlichen Wirkungskreis eine freiberufliche Tätigkeit fortzusetzen mit Einnahmen von bis zu 399.999 €. Sachgerechter dürfte ein Abstellen auf den quotalen Anteil an den Einnahmen nach dem allgemeinen Gewinnverteilungsschlüssel sein. Ist z. B. ein Gesellschafter mit 20 % an einer BAG beteiligt, die insgesamt 4.000.000 € Einnahmen erzielt, wäre sein Anteil an den Einnahmen 800.000 € und davon 10 % 80.000 €. Eine freiberufliche Tätigkeit mit Einnahmen von weniger als 80.000 € könnte dann als geringfügig zu betrachten sein. Bei größeren BAGen mit mehreren angestellten Ärzten könnte möglicherweise auch allein auf den höchstpersönlich erzielten, eigenen Umsatz des Gesellschafters abzustellen sein und die 10 %-Grenze auf diesen anteiligen Umsatz der BAG anzuwenden sein. In den Fällen des Ausscheidens aus einer BAG ist daher mangels Rechtsprechung und Verlautbarungen der Finanzverwaltung ein Antrag auf Erteilung einer verbindlichen Auskunft dringend zu empfehlen.

PRAXISHINWEISE:

Im Rahmen der gestaltenden steuerlichen Beratung empfiehlt es sich, mit dem Thema einer geringfügigen Fortführung der bisherigen freiberuflichen Tätigkeit sehr zurückhaltend umzugehen. Die Erfahrung zeigt, dass sich in der praktischen Umsetzung die Einhaltung der 10 %-Grenze für den steuerlichen Berater als äußerst schwierig erweist. Auch die Veräußerer selber haben häufig die Einhaltung der 10 %-Grenze nicht im Blick. Aufgrund der hohen steuerlichen Auswirkungen empfiehlt es sich daher in der Praxis eher, dass der Veräußerer als Arbeitnehmer für die Praxisinhaber tätig wird und die gewünschte Tätigkeit dann in der Funktion als Arbeitnehmer ausübt. Es ist den Parteien des Arbeitsvertrages insoweit auch unbenommen wie bei anderen angestellten Ärzten, neben einem Fixgehalt auch leistungsabhängige Boni zu vereinbaren.

Auch die Veräußerung eines selbständigen Teils des Vermögens, das der selbständigen Arbeit dient (Teilbetrieb), fällt unter § 18 Abs. 3 EStG. Damit ist analog des § 16 Abs. 1 Satz 1 Nr. 1 EStG auch im Rahmen einer freiberuflichen Tätigkeit eine Teilbetriebsveräußerung denkbar.

Ein Teilbetrieb ist in Anlehnung an den Begriff i. S. des § 16 Abs. 1 Nr. 1 EStG ein mit einer gewissen Selbständigkeit ausgestatteter, organisatorisch in sich geschlossener und für sich lebensfähiger Teil der Gesamtpraxis. Dabei kann im Hinblick auf die Eigenart der selbständigen Arbeit die erforderliche Selbständigkeit nur dann angenommen werden, wenn sich die freiberufliche Arbeit entweder auf wesensmäßig verschiedene Tätigkeiten mit zugehörigen unterschiedlichen Patientenkreisen erstreckt (1. Fallgruppe) oder bei gleichartiger Tätigkeit in voneinander getrennten örtlich und personell abgegrenzten Bereichen ausgeübt wird (2. Fallgruppe). Handelt es sich hingegen um eine einheitliche gleichartige freiberufliche Tätigkeit, so kann regelmäßig ausgeschlossen werden, dass Teile der Praxis eine so weitgehende organisatorische Selbständigkeit erreicht haben, dass sie Teilbetrieben im gewerblichen Bereich gleichgestellt werden können (BFH, Urteil v. 4.11.2004 - IV R 17/03, BStBl 2005 II S. 208; bestätigt durch BFH, Beschluss v. 30.10.2008 - VIII B 172/07, NWB XAAAD-13951, n.v.; FG München, Urteil v. 29.11.2017 - 1 K 311/16, NWB MAAAH-08371, EFG 2019 S. 615). Ein Teilbetrieb kann zudem noch vorliegen, wenn ein Arzt eine Praxis veräußert, die er (neben anderen Praxen) als völlig selbständige Praxis erworben und bis zu ihrer Veräußerung im Wesentlichen unverändert fortgeführt hat (3. Fallgruppe) (BFH, Urteil v. 26.6.2012 - VIII R 22/09, BStBl 2012 II S. 777).

Die Tätigkeiten des Arztes im Bereich der privatärztlichen Behandlung und die Tätigkeiten im Bereich der Kassenpatienten sind nicht wesensverschieden. Die „Kassenpraxis“ ist im Rahmen der Gesamtpraxis insoweit kein Teilbetrieb i. S. der ersten Fallgruppe (BFH, Urteil v. 6.3.1997 - IV R 28/96, NWB PAAAB-39019, BFH/NV 1997 S. 746).

Der Veräußerung des gesamten Mitunternehmeranteils steht die **Aufgabe des gesamten Mitunternehmeranteils** gleich. Von einer steuerbegünstigten Aufgabe des gesamten Mitunternehmeranteils ist beispielsweise auszugehen, wenn im zeitlichen und wirtschaftlichen Zusammenhang mit der Veräußerung des Anteils am Gesamthandsvermögen der BAG die (funktional und quantitativ) wesentlichen Betriebsgrundlagen im Sonderbetriebsvermögen unter Aufdeckung der stillen Reserven in das Privatvermögen überführt werden. Gleiches gilt z. B. bei der Aufteilung des Mitunternehmeranteils und der (zeitgleichen bzw. zeitnahen) Veräußerung an verschiedene Erwerber (vgl. Wacker in Schmidt, EStG, 43. Aufl. 2024, § 16 Rz. 405, 408 und 435; Kulosa in Herrmann/Heuer/Raupach, EStG/KStG, 326. Lieferung, 06.2024, § 16 EStG Rz. 507; zum zeitlichen Moment/der Verklammerung mehrerer Kausalgeschäfte vgl. Geissler in Herrmann/Heuer/Raupach, EStG/KStG, 326. Lieferung, 06.2024, § 16 EStG Rz. 129). Entscheidend ist, dass in einem als einheitlich zu beurteilenden Vorgang sämtliche stillen Reserven in dem Mitunternehmeranteil aufgedeckt werden. Es ist höchstrichterlich insoweit geklärt, dass für Zwecke der Tarifbegünstigung eines Gewinns aus der Veräußerung eines Mitunternehmeranteils mehrere an sich getrennte Übertragungsvorgänge zu einem einheitlichen Vorgang verklammert werden können, wenn die Vorgänge in einem engen zeitlichen und wirtschaftlichen Zusammenhang zueinander stehen. Ebenso ist geklärt, dass für die Bestimmung des Zeitraums, innerhalb dessen von einem engen zeitlichen Zusammenhang auszugehen ist, auf den von der Rechtsprechung für eine begünstigte Betriebsaufgabe höchstens akzeptierten zeitlichen Abstand zwischen dem ersten und letzten Aufgabeakt zurückgegriffen werden kann (so Brandt in Herrmann/Heuer/Raupach, EStG/KStG, 326. Lieferung, 06.2024, § 18 EStG Rz. 351; Seer in Kirchhof/Seer, EStG, 23. Aufl. 2024, § 16 Rz. 130; Wacker in Schmidt, EStG, 43. Aufl. 2024, § 16 Rz. 415, 435; vgl. BFH, Beschluss v. 22.11.2013 - III B 35/12, NWB PAAAE-54601, BFH/NV 2014 S. 531). Die zeitraumbezogene Betrachtung wirkt zugleich aber auch zu Ungunsten der Veräußerer, wenn in einem engen zeitlichen und wirtschaftlichen Zusammenhang zueinander zuvor zu Buchwerten ohne Aufdeckung stiller Reserven einzelne Wirtschaftsgüter, z. B. nach § 6 Abs. 5 EStG, aus dem Mitunternehmeranteil verlagert oder Teile des Mitunternehmeranteils, z. B. nach § 6 Abs. 3 EStG, unentgeltlich übertragen werden. In dem Fall kommt § 34 EStG nicht zur Anwendung (vgl. BFH, Urteil v. 9.12.2014 - IV R 36/13, BStBl 2015 II S 529; BFH, Urteil v. 30.8.2012 - IV R 44/10, NWB NAAAE-26246, BFH/NV 2013 S. 376; Patt in Herrmann/Heuer/Raupach, EStG/KStG, 326. Lieferung, 06.2024, § 16 EStG Rz. 298).

Veräußerungsgewinn ist nach § 16 Abs. 2 Satz 1 EStG der Betrag, um den der Veräußerungspreis nach Abzug der Veräußerungskosten den Wert des Betriebsvermögens oder den Wert des Anteils am Betriebsvermögen übersteigt. Auch bei Steuerpflichtigen, die ihren Gewinn nach § 4 Abs. 3 EStG ermitteln, erfolgt die Ermittlung des Veräußerungsgewinns infolge § 16 Abs. 2 Satz 2 EStG nach § 4 Abs. 1 oder nach § 5 EStG. Insoweit sind die Erstellung einer Schlussbilanz und eine Übergangsgewinnermittlung notwendig. Der Übergangsgewinn ist dabei laufender Gewinn.

PRAXISHINWEIS:

Der notwendige Übergang zur Gewinnermittlung nach § 4 Abs. 1 betrifft im Falle der Veräußerung eines gesamten Mitunternehmeranteils nach § 16 Abs. 2 EStG nur den veräußernden Mitunternehmer (so jedenfalls wohl zutreffend BFH, Urteil v. 29.4.2011 - VIII B 42/10, NWB MAAAD-85246, BFH/NV 2011 S. 1345, der davon spricht, dass bei der Veräußerung eines Mitunternehmeranteils der „Anteilswert" zwingend nach § 4 Abs. 1 oder nach § 5 EStG zu ermitteln ist; vgl.

auch BFH, Urteil v. 9.5.2012 - X R 38/10, BStBl 2012 II S. 725, Rz. 16 zur Teilanteilsveräußerung mit Verweis auf BFH, Urteil v. 24.11.1988 - IV R 252/84, BStBl 1989 II S. 312, Rz. 22 ff.; Kobor in Herrmann/Heuer/Raupach, EStG/KStG, 326. Lieferung, 6/2024, § 16 EStG Rz. 43; Seer in Kirchhof/Seer, EStG, 23. Aufl. 2024, § 16 EStG Rz. 254; ggf. a. A. BFH, Urteil v. 17.9.2015 - III R 49/13, BStBl 2017 II S. 37, Rz. 59, in dem es heißt, dass die Sozietät zur Ermittlung des Anteilswertes der Klägerin zwingend zur Bilanzierung nach § 4 Abs. 1 EStG übergehen musste). Entsprechend können die nicht veräußernden Mitunternehmer ihren Gewinn weiter nach § 4 Abs. 3 EStG ermitteln.

Liegt eine Veräußerung i. S. des § 18 Abs. 3 EStG vor, gehört der Veräußerungsgewinn zu den außerordentlichen Einkünften nach § 34 Abs. 2 Nr. 1 EStG. Hat der Veräußerer das **55. Lebensjahr vollendet** oder ist er im sozialversicherungsrechtlichen Sinne dauernd berufsunfähig, kann der Veräußerungsgewinn steuerermäßigt nach § 34 Abs. 3 EStG (**„halber" Steuersatz**) besteuert werden. Diese Ermäßigung kann der Steuerpflichtige nach § 34 Abs. 3 Satz 4 nur **einmal im Leben** in Anspruch nehmen. Ansonsten besteht die Möglichkeit der Anwendung der „Fünftelungsregelung" des § 34 Abs. 1 EStG, die jedoch in den meisten Fällen wegen der Höhe der Einkünfte durch das Erreichen des Spitzensteuersatzes ohne große Wirkung bleibt.

Unter den gleichen Voraussetzungen, Vollendung des 55. Lebensjahres oder dauernde Berufsunfähigkeit im sozialversicherungsrechtlichen Sinne, wird der Veräußerungsgewinn nach § 16 Abs. 4 EStG auf Antrag zur Einkommensteuer nur herangezogen, soweit er 45.000 € übersteigt. Der **Freibetrag** ist dem Steuerpflichtigen nur einmal im Leben zu gewähren. Er ermäßigt sich um den Betrag, um den der Veräußerungsgewinn 136.000 € übersteigt.

Als Alternative zur sofortigen Besteuerung bietet sich für einen Veräußerer die **Veräußerung gegen wiederkehrende Bezüge** an. Veräußert ein Steuerpflichtiger seinen Betrieb gegen eine **Leibrente** oder alternativ gegen **Ratenzahlungen** mit einer Laufzeit von **mehr als zehn Jahren und Versorgungscharakter**, hat er ein **Wahlrecht**. Er kann wählen zwischen einer Sofortbesteuerung des Barwertes und Versteuerung der sich anschließenden Ertragsanteile aus den vereinbarten Zahlungen jeweils bei Zufluss oder einer Besteuerung der Renten-/Ratenzahlungen insgesamt bei Zufluss als nachträgliche Betriebseinnahmen, sobald die enthaltenen Kapitalanteile den Buchwert der Praxis zuzüglich etwaiger Veräußerungskosten übersteigen. Denkbar zur Gestaltung ist auch eine Kombination der Betriebsveräußerung gegen wiederkehrende Bezüge und festes Entgelt (zu Einzelheiten vgl. R 16 Abs. 11 EStR m. w. H.; BFH, Urteil v. 26.4.2018 - III R 12/17, NWB EAAAG-89745, BFH/NV 2018 S. 948).

Ebenso denkbar ist die Veräußerung gegen einen **gewinn- oder umsatzabhängigen Kaufpreis**. Ein gewinn- oder umsatzabhängiger Kaufpreis ist aber zwingend nachlaufend als nachträgliche Betriebseinnahmen zu besteuern, ein Wahlrecht besteht nicht (BFH, Urteil v. 14.5.2002 - VIII R 8/01, BStBl 2002 II S. 532).

PRAXISHINWEISE:

Der BFH hat mit Urteil vom 9.11.2023 (IV R 9/21, BStBl 2024 II S. 510) entschieden, dass im Fall der Veräußerung eines Mitunternehmeranteils neben dem Festkaufpreis zu leistende gewinn- oder umsatzabhängige Kaufpreisbestandteile erst im Zeitpunkt des Zuflusses als nachträgliche Betriebseinnahmen zu versteuern sind. Sie erhöhen nicht den im Jahr der Veräußerung entstandenen Veräußerungsgewinn nach § 16 Abs. 1 Satz 1 Nr. 2 EStG. Dies gilt auch für sog. **Earn-Out-Klauseln**, bei denen das Entstehen der sich hieraus ergebenden variablen Kaufpreisbestandteile sowohl dem Grunde als auch der Höhe nach ungewiss ist. Denn auch bei „Earn-Out-Zahlungen" wie den im Streitfall vereinbarten, handelt es sich um – aufschiebend bedingte – Kaufpreisbestandteile, deren Entstehen im Veräußerungszeitpunkt sowohl dem Grunde als auch der Höhe nach ungewiss ist; eine Schätzung ihres Kapitalwerts sei im Veräußerungszeitpunkt nicht möglich. Infolgedessen sind die **„Earn-Out-Zahlungen" mutmaßlich nicht nach § 34 EStG begünstigt**. Zudem könnte auch die Steuerbegünstigung des **§ 34 EStG für den Festkaufpreis gefährdet** sein (vgl. Horn in Herrmann/Heuer/Raupach, EStG/KStG, 326. Lieferung, 6.2024, § 34 EStG Rz. 40). Da ein Verzicht des Veräußerers auf die „Earn-Out-Zahlungen" trotz steuerlichen Restrisiken aus wirtschaftlichen Gründen regelmäßig nicht in Betracht kommt, wird empfohlen, den maximalen Gesamtkaufpreis verbunden mit einer auflösend bedingten Kaufpreisminderung im Sinne einer Beschaffenheitsgarantie zu vereinbaren. In dem Fall entsteht zivilrechlich – anders als im Fall des Urteils des BFH vom 9.11.2023 (a. a. O.) – der volle maximale Gesamtkaufpreis (Summe aus Festkaufpreis und maximalen „Earn-Out-Zahlungen") unabhängig von den Gewinn- oder Umsatzgrößen bereits bei Vollzug des Kaufvertrages und ist in dieser vollen Höhe auch (vorläufig) zu besteuern. Erst wenn feststeht, dass die angestrebten Gewinn- oder Umsatzgrößen nicht erreicht werden, reduziert sich im Sinne einer Garantieverletzung rückwirkend der ursprünglich vereinbarte Kaufpreis. In Höhe der möglichen Kaufpreisreduzierung wird dabei der anteilige Gesamtkaufpreis als Sicherheitseinbehalt gestundet, bis die Gewinn- oder Umsatzgrößen final ermittelt wurden. Es empfiehlt sich, wenn verhandelbar, dass der Sicherheitseinbehalt für den Fall der späteren Zahlung fremdüblich verzinst wird (vgl. ausführlich zur Problematik noch zum vorinstanzlichen FG-Urteil Ketteler-Eising, DStR 2022 S. 1633; Müller/Dorn/Schwarz, NWB 2017 S. 2906; vgl. auch Schneider, NWB 2024 S. 1707; Strahl, NWB 2024 S. 150; Weißenbacher, DB 2024 S. 1440; Nowak FR 2024 S. 746).

5. Exkurs Umsatzsteuer

Literatur: *Rasche*, Mitunternehmerische Übertragungsvorgänge – Umsatzsteuerliche Auswirkungen der Buchwertverknüpfung, UStB 2002 S. 14; *Krengel/Horrichs*, Umsatzsteuerbefreiung für die ästhetisch-plastische Chirurgie?, NWB 2003 S. 3753; *Fuhrmann/Strahl*, Rechtsentwicklung und Streitpunkte zu § 4 Nr. 14 (Steuerfreiheit bestimmter heilberuflicher Tätigkeiten), DStR 2005 S. 266; *Krieger*, Nicht alle IGeL sind umsatzsteuerpflichtig, Der Deutsche Dermatologe 2005 S. 584; *Küntzel*, Umsatzsteuerliche Behandlung von Leistungen der Ästhetisch-Plastischen Chirurgen, MedR 2005 S. 346; *Kranenberg*, Umsatzsteuerliche Leistungen bei heilberuflicher Tätigkeit – Voraussetzungen und Nachweise, UStB 2006 S. 111; *Michels/Ketteler-Eising*, Leistungen im Gesundheitswesen – Eine umsatzsteuerliche Standortbestimmung, DB 2006 S. 2597; *Michels/Ketteler-Eising*, Umsatzsteuerliche Regelungen für medizinische Analysen und Abgrenzung zwischen § 4 Nr. 14 UStG und § 4 Nr. 16 UStG, UR 2006 S. 619; *Fuhrmann/Strahl*, Steuerbefreiung für heilberufliche Leistungen nach § 4 Nr. 14 UStG – Anmerkungen zur Neuregelung unter Berücksichtigung des BMF-Schreibens vom 26.6.2009, DStR 2009 S. 2078; *Heidner*, Besteuerung von Heilbehandlungen, UR 2013 S. 641;

Damaschke, Umsatzsteuerbefreiung für Heilbehandlungsleistungen im Lichte der BFH-Entscheidungen vom 8.8.2013 (V R 8/12 und V R 13/12) und vom 20.8.2013 (V R 20/12), StBW 2013 S. 1154.

a) Einleitung

Die nachfolgenden Ausführungen erheben nicht den Anspruch, das Thema „Arzt und Umsatzsteuer“ umfassend darzustellen. Sie beschränken sich vielmehr auf einige Schwerpunkte, die für die Ausführungen zu den einzelnen Kooperationsformen über die umsatzsteuerlichen Grundkenntnisse hinaus von Bedeutung sind.

Grundlage für die Umsatzsteuer ist die Richtlinie 2006/112/EG des Rates über das gemeinsame Mehrwertsteuersystem v. 28.11.2006 (RL 2006/112/EG; MwStSystRL) in der jeweils aktuellen Fassung. Diese hat als Gemeinschaftsrecht im Grundsatz Vorrang vor dem deutschen Umsatzsteuergesetz, so dass sich der Steuerpflichtige im Zweifel zu seinen Gunsten auch unmittelbar auf Bestimmungen der MwStSystRL, die inhaltlich als unbedingt und hinreichend genau erscheinen, gegenüber allen innerstaatlichen, nicht richtlinienkonformen Vorschriften berufen kann (EuGH, Urteil v. 8.6.2006 - Rs. C-430/04, NWB PAAAB-88621, DStR 2006 S. 1082, m. w. N.). Ist die nationale deutsche Vorschrift günstiger, wird sich der Steuerpflichtige nicht auf die MwStSystRL berufen (können), allerdings ist das deutsche Umsatzsteuergesetz richtlinienkonform im Zweifel auch zu seinen Lasten auszulegen (BFH, Urteil v. 2.4.1998 - V R 34/97, BStBl 1998 II S. 695, unter Gründe II.3.b).

Der Umsatzsteuer unterliegen nach § 1 Abs. 1 Nr. 1 UStG die Lieferungen und sonstigen Leistungen, die ein umsatzsteuerlicher Unternehmer im Inland gegen Entgelt im Rahmen seines Unternehmens ausführt. Jeder Arzt in einer Einzelpraxis bzw. jede **BAG ist umsatzsteuerlicher Unternehmer**, weil von dem Arzt bzw. der BAG eine Tätigkeit selbständig und nachhaltig mit der Absicht Einnahmen zu erzielen ausgeübt wird. Damit unterliegen die Leistungen eines Arztes grds. der Umsatzsteuer und wären umsatzsteuerpflichtig. Von dieser grds. Umsatzsteuerpflicht kennt das Gesetz aus den verschiedensten politischen oder sozialen Gründen Ausnahmen, die zu einer Befreiung von der Umsatzsteuer führen. Entsprechende Ausnahmen gibt es für den Bereich des Gesundheitswesens mit dem Ziel, die Kosten medizinisch notwendiger ärztlicher Heilbehandlungen zu senken und so den Zugang zu diesen Leistungen zu erleichtern sowie die Kosten für die Sozialversicherungsträger zu senken.

Nach **Art. 132 Buchst. b der MwStSystRL** befreien die Mitgliedstaaten folgende Umsätze von der Umsatzsteuer:

„Krankenhausbehandlungen und ärztliche Heilbehandlungen sowie damit eng verbundene Umsätze, die von Einrichtungen des öffentlichen Rechts oder unter Bedingungen, welche mit den Bedingungen für diese Einrichtungen in sozialer Hinsicht vergleichbar sind,

von Krankenanstalten, Zentren für ärztliche Heilbehandlung und Diagnostik und anderen ordnungsgemäß anerkannten Einrichtungen gleicher Art durchgeführt beziehungsweise bewirkt werden."

Nach **Art. 132 Buchst. c der MwStSystRL** befreien die Mitgliedstaaten folgende Umsätze von der Umsatzsteuer:

„Heilbehandlungen im Bereich der Humanmedizin, die im Rahmen der Ausübung der von dem betreffenden Mitgliedstaat definierten ärztlichen und arztähnlichen Berufe durchgeführt werden."

In der aktuellen Fassung hat die darauf beruhende deutsche Vorschrift in **§ 4 Nr. 14 UStG** folgenden Wortlaut:

„Von den unter § 1 Abs. 1 Nr. 1 UStG fallenden Umsätzen sind steuerfrei:

a) Heilbehandlungen im Bereich der Humanmedizin, die im Rahmen der Ausübung der Tätigkeit als Arzt, Zahnarzt, Heilpraktiker, Physiotherapeut, Hebamme oder einer ähnlichen heilberuflichen Tätigkeit durchgeführt werden. Satz 1 gilt nicht für die Lieferung oder Wiederherstellung von Zahnprothesen (aus Unterpositionen 9021 21 und 9021 29 00 des Zolltarifs) und kieferorthopädischen Apparaten (aus Unterposition 9021 10 des Zolltarifs), soweit sie der Unternehmer in seinem Unternehmen hergestellt oder wiederhergestellt hat;

b) Krankenhausbehandlungen und ärztliche Heilbehandlungen einschließlich der Diagnostik, Befunderhebung, Vorsorge, Rehabilitation, Geburtshilfe und Hospizleistungen sowie damit eng verbundene Umsätze, die von Einrichtungen des öffentlichen Rechts erbracht werden. Die in Satz 1 bezeichneten Leistungen sind auch steuerfrei, wenn sie von

aa) zugelassenen Krankenhäusern nach § 108 des Fünften Buches Sozialgesetzbuch oder anderen Krankenhäusern, die ihre Leistungen in sozialer Hinsicht unter vergleichbaren Bedingungen wie die Krankenhäuser erbringen, die in öffentlich-rechtlicher Trägerschaft stehen oder nach § 108 des Fünften Buches Sozialgesetzbuch zugelassen sind; in sozialer Hinsicht vergleichbare Bedingungen liegen vor, wenn das Leistungsangebot des Krankenhauses den von Krankenhäusern in öffentlich-rechtlicher Trägerschaft oder nach § 108 des Fünften Buches Sozialgesetzbuch zugelassenen Krankenhäusern erbrachten Leistungen entspricht und die Kosten voraussichtlich in mindestens 40 Prozent der jährlichen Belegungs- oder Berechnungstage auf Patienten entfallen, bei denen für die Krankenhausleistungen kein höheres Entgelt als für allgemeine Krankenhausleistungen nach dem Krankenhausentgeltgesetz oder der Bundespflegesatzverordnung berechnet wurde oder voraussichtlich mindestens 40 Prozent der Leistungen den in § 4 Nummer 15 Buchstabe b genannten Personen zugutekommen, dabei ist grundsätzlich auf die Verhältnisse im vorangegangenen Kalenderjahr abzustellen,

bb) Zentren für ärztliche Heilbehandlung und Diagnostik oder Befunderhebung, die an der vertragsärztlichen Versorgung nach § 95 des Fünften Buches Sozialgesetzbuch teilnehmen oder für die Regelungen nach § 115 des Fünften Buches Sozialgesetzbuch gelten,

cc) Einrichtungen, die von den Trägern der gesetzlichen Unfallversicherung nach § 34 des Siebten Buches Sozialgesetzbuch an der Versorgung beteiligt worden sind,

dd) Einrichtungen, mit denen Versorgungsverträge nach den §§ 111 und 111a des Fünften Buches Sozialgesetzbuch bestehen,

ee) Rehabilitationseinrichtungen, mit denen Verträge nach § 38 des Neunten Buches Sozialgesetzbuch bestehen,

ff) Einrichtungen zur Geburtshilfe, für die Verträge nach § 134a des Fünften Buches Sozialgesetzbuch gelten,

gg) Hospizen, mit denen Verträge nach § 39a Abs. 1 des Fünften Buches Sozialgesetzbuch bestehen, oder

hh) Einrichtungen, mit denen Verträge nach § 127 i. V. m. § 126 Abs. 3 des Fünften Buches Sozialgesetzbuch über die Erbringung nichtärztlicher Dialyseleistungen bestehen,

erbracht werden und es sich ihrer Art nach um Leistungen handelt, auf die sich die Zulassung, der Vertrag oder die Regelung nach dem Sozialgesetzbuch jeweils bezieht, oder

ii) von Einrichtungen nach § 138 Abs. 1 Satz 1 des Strafvollzugsgesetzes erbracht werden"

c) *Leistungen nach den Buchstaben a und b, die im Rahmen der hausarztzentrierten Versorgung nach § 73b des Fünften Buches Sozialgesetzbuch oder der besonderen Versorgung nach § 140a des Fünften Buches Sozialgesetzbuch von Einrichtungen erbracht werden, mit denen entsprechende Verträge bestehen, sowie Leistungen zur Sicherstellung der ambulanten Versorgung in stationären Pflegeeinrichtungen, die durch Einrichtungen erbracht werden, mit denen Verträge nach § 119b des Fünften Buches Sozialgesetzbuch bestehen;*

d) (weggefallen)

e) die zur Verhütung von nosokomialen Infektionen und zur Vermeidung der Weiterverbreitung von Krankheitserregern, insbesondere solcher mit Resistenzen, erbrachten Leistungen eines Arztes oder einer Hygienefachkraft, an in den Buchstaben a und b ge-

nannte Einrichtungen, die diesen dazu dienen, ihre Heilbehandlungsleistungen ordnungsgemäß unter Beachtung der nach dem Infektionsschutzgesetz und den Rechtsverordnungen der Länder nach § 23 Absatz 8 des Infektionsschutzgesetzes bestehenden Verpflichtungen zu erbringen;

f) die eng mit der Förderung des öffentlichen Gesundheitswesens verbundenen Leistungen, die erbracht werden von

aa) juristischen Personen des öffentlichen Rechts,

bb) Sanitäts- und Rettungsdiensten, die die landesrechtlichen Voraussetzungen erfüllen oder

cc) Einrichtungen, die nach § 75 des Fünften Buches Sozialgesetzbuch die Durchführung des ärztlichen Notdienstes sicherstellen;"

Grundsätzlich gibt es zwei Kategorien von Umsatzsteuerbefreiungen, einerseits die Krankenhausbehandlungen und ärztlichen Heilbehandlungen nach Art. 132 Buchst. b der MwStSystRL/§ 4 Nr. 14 Buchst. b UStG und andererseits die Heilbehandlungen im Bereich der Humanmedizin nach Art. 132 Buchst. c der MwStSystRL/§ 4 Nr. 14 Buchst. a UStG. Beide Befreiungsvorschriften stehen dabei nebeneinander, so dass eine Heilbehandlung grds. entweder nach der einen oder nach der anderen Vorschrift zu beurteilen ist.

Erbringt ein Steuerpflichtiger im Grundsatz Krankenhausleistungen i. S. des § 4 Nr. 14 Buchst. b UStG, erfüllt aber nicht alle Anforderungen, um in den Genuss der vorgesehenen Umsatzsteuerbefreiung nach § 4 Nr. 14 Buchst. b UStG zu kommen, sind diese Leistungen als Heilbehandlungsleistung nicht grds. von der Befreiung nach § 4 Nr. 14 Buchst. a UStG ausgeschlossen (vgl. in Bezug auf medizinische Analysen klinischer Chemiker und von Laborärzten Abschnitt 4.14.5 Abs. 9 UStAE). Aus dem Wortlaut des Art. 132 Abs. 1 Buchst. b MwStSystRL (§ 4 Nr. 14 Buchst. b UStG) geht nämlich keineswegs hervor, dass diese Bestimmung die Reichweite von Art. 132 Abs. 1 Buchst. c MwStSystRL (§ 4 Nr. 14 Buchst. b UStG) beschränken sollte, der auf Heilbehandlungsleistungen abzielt, die außerhalb der unter Art. 132 Abs. 1 Buchst. b MwStSystRL fallenden Strukturen im Rahmen der Ausübung der von den Mitgliedstaaten definierten ärztlichen und arztähnlichen Berufe erbracht werden. Der EuGH hat im Übrigen in Bezug auf von praktischen Ärzten angeordnete medizinische Analysen klargestellt, dass der Grundsatz der steuerlichen Neutralität nicht gewahrt wäre, wenn für solche Leistungen je nachdem, an welchem Ort sie durchgeführt werden, eine andere Umsatzsteuerregelung gelten würde, obwohl ihre Qualität angesichts der Ausbildung der betreffenden Dienstleistungserbringer gleichwertig ist (vgl. EuGH, Urteil v. 18.9.2019 - Rs. C-700/17, NWB YAAAH-30619, DStR 2019 S. 1972; BFH, Urteil v. 18.12.2019 - XI R 23/19 (XI R 23/15), NWB YAAAH-44211, DStR 2020 S. 553).

Nach Auffassung der Finanzverwaltung erbringen auch MVZ, die an der vertragsärztlichen Versorgung nach § 95 SGB V teilnehmen, umsatzsteuerfreie Leistungen nach § 4 Nr. 14 Buchst. b Satz 2 Doppelbuchst. bb UStG. Die an einem MVZ als selbständige Unternehmer tätigen Ärzte erbringen dagegen steuerfreie Leistungen i. S. des § 4 Nr. 14 Buchst. a Satz 1 UStG, wenn sie ihre Leistungen gegenüber dem MVZ erbringen (vgl. Abschnitt 4.14.5 Abs. 10 UStAE).

b) Umsatzsteuerliche Behandlung von Heilbehandlungen im Bereich der Humanmedizin (§ 4 Nr. 14 Buchst. a UStG)

aa) Grundsätzliches

Nach Abschnitt 4.14.1 Abs. 4 UStAE gilt Folgendes:

„Unter Beachtung der Rechtsprechung des Europäischen Gerichtshofs sind „ärztliche Heilbehandlungen" ebenso wie „Heilbehandlungen im Bereich der Humanmedizin" Tätigkeiten, die zum Zweck der Vorbeugung, Diagnose, Behandlung und, soweit möglich, der Heilung von Krankheiten oder Gesundheitsstörungen bei Menschen vorgenommen werden. Die befreiten Leistungen müssen dem Schutz der Gesundheit des Betroffenen dienen (EuGH-Urteile vom 14.09.2000, C-384/98, D., vom 20.11.2003, C-212/01, Unterpertinger, und vom 20.11.2003, C-307/01, d'Ambrumenil und Dispute Resolution Services). Dies gilt unabhängig davon, um welche konkrete heilberufliche Leistung es sich handelt (Untersuchung, Attest, Gutachten usw.), für wen sie erbracht wird (Patient, Gericht, Sozialversicherung o. a.) und wer sie erbringt (freiberuflicher oder angestellter Arzt, Heilpraktiker, Physiotherapeut oder Unternehmer, der ähnliche heilberufliche Tätigkeiten ausübt, bzw. Krankenhäuser, Kliniken usw.) und in welcher Form sie erbracht wird (persönliches, telefonisches oder digitales Beratungsgespräch zwischen Patient und Arzt; vgl. BFH-Urteil vom 23.09.2020 – XI R 6/20 (XI R 19/15), BStBl 2023 II S. 415). […] Heilberufliche Leistungen sind daher nur steuerfrei, wenn bei der Tätigkeit ein therapeutisches Ziel im Vordergrund steht. Nicht unter die Befreiung fallen Tätigkeiten, die nicht Teil eines konkreten, individuellen, der Diagnose, Behandlung, Vorbeugung und Heilung von Krankheiten oder Gesundheitsstörungen dienenden Leistungskonzeptes sind. Neben (Zahn-)Ärzten und Psychotherapeuten dürfen lediglich Heilpraktiker als Angehörige der Heilberufe eigenverantwortlich körperliche oder seelische Leiden behandeln. Das gilt auch für die auf das Gebiet der Physiotherapie beschränkten Heilpraktiker (vgl. BVerwG-Urteil vom 26.8.2009 – 3 C 19.08, BVerwGE 134, S. 345). Für Leistungen aus der Tätigkeit von Gesundheitsfachberufen kommt die Steuerbefreiung grundsätzlich nur in Betracht, wenn sie aufgrund ärztlicher Verordnung bzw. einer Verordnung eines Heilpraktikers oder im Rahmen einer Vorsorge- oder Rehabilitationsmaßnahme durchgeführt werden (vgl. BFH-Urteil v. 7.7.2005 – V R 23/04, BStBl 2005 II S. 904). Behandlungen durch Angehörige von Gesundheitsfachberufen im Anschluss/Nachgang einer Verordnung eines Arztes oder Heilpraktikers sind

grundsätzlich nicht als steuerfreie Heilbehandlung anzusehen, sofern für diese Anschlussbehandlungen keine neue Verordnung vorliegt."

Der BFH ist dem gefolgt, indem er z. B. für betriebsärztliche Leistungen, die ein Arzt bzw. eine BAG als Unternehmer gegenüber einem Arbeitgeber erbringt und die darin bestehen, die Arbeitnehmer zu untersuchen, arbeitsmedizinisch zu beurteilen und zu beraten sowie die Untersuchungsergebnisse zu erfassen und auszuwerten (§ 3 Abs. 1 Nr. 2 ASiG), entschieden hat, dass diese gem. § 4 Nr. 14 UStG 1993 steuerfrei sind, soweit die Leistungen nicht auf Einstellungsuntersuchungen entfallen (BFH, Urteil v. 13.7.2006 - V R 7/05, BStBl 2007 II S. 412). Bei den in § 3 Abs. 1 Nr. 2 ASiG vorgesehenen Untersuchungen geht es im Kern darum, Beeinträchtigungen der Gesundheit zu verhindern bzw. diese frühzeitig zu erkennen, damit ihren Auswirkungen rechtzeitig begegnet werden kann. Insoweit liegt eine individualisierte Beziehung zwischen dem Arbeitnehmer als Patient und dem Betriebsarzt vor, die Kennzeichen einer therapeutischen Maßnahme ist. Dabei kann es durchaus Nebenzweck der Untersuchung sein, die Arbeitsbedingungen zu verändern oder zu verbessern. Im Vordergrund steht jedoch die Gesundheit des Arbeitnehmers. Die Finanzverwaltung ist dem gefolgt (BMF v. 4.5.2007 - IV A 5 - S 7100/07/0011 - IV A 6 – S 7170/07/0003, BStBl 2007 I S. 481).

Die Steuerbefreiung nach § 4 Nr. 14 Buchst. a UStG setzt nicht voraus, dass der Unternehmer Umsätze gegenüber einem Patienten als Leistungsempfänger erbringt und mit ihm oder seiner Krankenkasse hierüber abrechnet (BFH, Urteil v. 25.11.2004 - V R 44/02, BStBl 2005 II S. 190). Entscheidend sind nicht die Qualifikation des Unternehmers und die Person des umsatzsteuerlichen Leistungsempfängers. Entscheidend ist die **berufliche Qualifikation des Leistungserbringers**. Dieser kann auch Arbeitnehmer oder Subunternehmer des Unternehmers sein (BFH, Urteil v. 18.1.2005 - V R 99/01, NWB FAAAB-55296, BFH/NV 2005 S. 1392; BFH, Urteil v. 22.4.2004 - V R 1/98, BStBl 2004 II S. 849; BFH, Urteil v. 18.10.2023 - XI R 18/20, NWB WAAAJ-68699, BFH/NV 2024 S. 927, Rz. 33).

Unerheblich ist auch, in welcher **Rechtsform** der Unternehmer die Leistung erbringt (Abschnitt 4.14.7 Abs. 1 UStAE). Die Umsätze aus einer heilberuflichen Tätigkeit sind zudem auch nach § 4 Nr. 14 Buchst. a UStG umsatzsteuerfrei, wenn die Einkünfte als **Einkünfte aus Gewerbebetrieb** zu qualifizieren sind (Abschnitt 4.14.7 Abs. 2 UStAE). Die umsatzsteuerliche Beurteilung und die ertragsteuerliche Beurteilung sind insoweit vollkommen getrennt zu sehen.

Die Prüfung der Befreiungsvorschrift des § 4 Nr. 14 Buchst. a UStG im Bereich der Humanmedizin beschränkt sich somit auf zwei wesentliche Voraussetzungen:

1. **Steht bei der heilberuflichen Leistung ein therapeutisches Ziel im Vordergrund**?
2. **Verfügt der Leistungserbringer über die nötige berufliche Qualifikation**?

Systematisch kann wie folgt vorgegangen werden (in Anlehnung an Michels/Ketteler-Eising, DB 2006 S. 2597):

ABB. 1: Prüfschema zur Umsatzsteuer

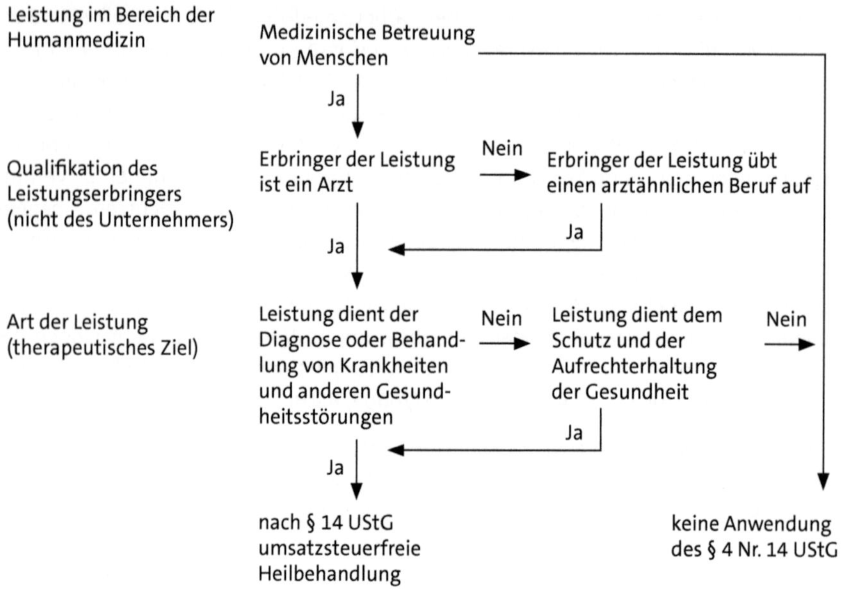

bb) Beurteilung der Qualifikation des Leistungserbringers

Zu den Anforderungen an die Qualifikation bezüglich des Angehörigen eines arztähnlichen Berufs gilt nach Abschnitt 4.14.4 Abs. 6 UStAE aus Sicht der Finanzverwaltung Folgendes:

„Neben den Leistungen aus der Tätigkeit als (Zahn-)Arzt oder (Zahn-)Ärztin und aus den in § 4 Nr. 14 Buchstabe a Satz 1 UStG genannten nichtärztlichen Heil- und Gesundheitsfachberufen können auch die Umsätze aus der Tätigkeit von nicht ausdrücklich genannten Heil- und Gesundheitsfachberufen unter die Steuerbefreiung fallen. Dies gilt jedoch nur dann, wenn es sich um eine einem Katalogberuf ähnliche heilberufliche Tätigkeit handelt und die sonstigen Voraussetzungen dieser Vorschrift erfüllt sind. Für die Frage, ob eine ähnliche heilberufliche Tätigkeit vorliegt, ist entscheidendes Kriterium die Qualifikation des Behandelnden (vgl. EuGH-Urteil v. 27.6.2006, C-443/04, EuGHE I S. 3617). Die Steuerbefreiung der Umsätze aus heilberuflicher Tätigkeit im Sinne von § 4 Nr. 14 Buchstabe a UStG setzt voraus, dass es sich um ärztliche oder arztähnliche Leistungen handeln muss,

und dass diese von Personen erbracht werden, die die erforderlichen beruflichen Befähigungsnachweise besitzen (vgl. BFH-Urteil v. 12.8.2004 – V R 18/02, BStBl 2005 II S. 227). Grundsätzlich kann vom Vorliegen der Befähigungsnachweise ausgegangen werden, wenn die heilberufliche Tätigkeit in der Regel von Sozialversicherungsträgern finanziert wird, d. h. wenn ein Großteil der Träger der gesetzlichen Krankenkassen eine Kostentragung in ihrer Satzung regelt (vgl. BVerfG-Urteil v. 29.8.1999 – 2 BvR 1264/90, BStBl 2000 II S. 155, und BFH-Urteil v. 8.3.2012 – V R 30/09, BStBl 2012 II S. 623). Auf die ertragsteuerliche Auslegung des § 18 EStG kommt es für die Frage der Umsatzsteuerfreiheit nach § 4 Nr. 14 Buchstabe a UStG nicht an, da diese Norm unter Berücksichtigung der MwStSystRL und damit nicht nach einkommensteuerrechtlichen Grundsätzen auszulegen ist.“

Ergänzend ist anzumerken, dass der EuGH in seinem Urteil vom 27.4.2006 (Rs. C-443/04 „H. A. Solleveld“, NWB OAAAB-83183, und Rs. C-444/04 „J. E. van den Hout von Eijnsbergen“, HFR 2006 S. 735) darüber hinaus entschieden hat, dass die Vorschrift der 6. EG-Richtlinie dahingehend auszulegen ist, dass er den Mitgliedstaaten bei der **Definition der arztähnlichen Berufe** und der Heilbehandlungen im Bereich der Humanmedizin, die zu diesen Berufen gehören, für die Zwecke der in dieser Bestimmung vorgesehenen Befreiung ein **Ermessen einräumt**. Bei der Ausübung dieses Ermessens haben die Mitgliedstaaten jedoch erstens das mit dieser Bestimmung verfolgte Ziel zu gewährleisten, dass die Befreiung nur für Leistungen gilt, die von Personen erbracht werden, die über die erforderlichen **beruflichen Qualifikationen** verfügen, und zweitens den **Grundsatz der steuerlichen Neutralität** zu wahren.

Eine nationale Regelung verstößt nach Auffassung des EuGH insoweit gegen dieses Ziel und diesen Grundsatz, wenn unterschiedliche Berufe unter Berücksichtigung deren jeweiliger **beruflicher Qualifikationen** als **qualitativ gleichwertig anzusehende Leistungen** erbringen, die Angehörigen der jeweiligen Berufsgruppe aber umsatzsteuerlich unterschiedlich behandelt werden. Erbringen also Angehörige unterschiedlicher Berufe Heilbehandlungsleistungen, die unter Berücksichtigung der jeweiligen beruflichen Qualifikation eine gleichwertige Qualität gewährleisten, ist es insoweit nicht zulässig, den einen Beruf als arztähnlich anzusehen und die Umsatzsteuerbefreiung zuzusprechen, den anderen Beruf aber von der Definition der arztähnlichen Berufe auszunehmen.

Der Steuerbefreiung nach § 4 Nr. 14 Buchst. a UStG steht nicht entgegen, wenn der Unternehmer seine Leistungen nicht selbst gegenüber den Patienten ausgeführt und abgerechnet hat. Der Subunternehmer muss dann aber über einen eigenen nach § 4 Nr. 14 Buchst. a UStG erforderlichen Befähigungsnachweis verfügen (BFH, Urteil v. 8.8.2013 - V R 8/12, NWB TAAAE-48980, DStR 2013 S. 2502).

cc) Beurteilung der Art der Leistung

Aufgrund der Tatsache, dass zur Anwendung der Umsatzsteuerbefreiung nach § 4 Nr. 14 Buchst. a UStG das therapeutische Ziel im Vordergrund stehen muss, kommt der Frage der **medizinischen Indizierung der Leistungen** im Einzelfall erhebliche Bedeutung zu. Nicht jede ärztliche Leistung ist somit eine Heilbehandlungsleistung im umsatzsteuerlichen Sinne.

Die Steuerbefreiung nach § 4 Nr. 14 Buchst. a UStG kommt z. B. für rein ästhetisch-plastische Leistungen eines Chirurgen (**Schönheitsoperationen**) oder Leistungen im Bereich **Wellness** oder einer **allgemeinen Gesundheitsverbesserung** nicht in Betracht. Der EuGH hat z. B. in seinem Urteil vom 21.3.2013 (Rs. C-91/12, NWB LAAAE-32624, DStR 2013 S. 757) ausgeführt, dass ästhetische Operationen und ästhetische Behandlungen nur unter die Steuerbefreiung fallen, wenn sie dazu dienen, Krankheiten oder Gesundheitsstörungen zu diagnostizieren, zu behandeln oder zu heilen oder die Gesundheit zu schützen, aufrechtzuerhalten oder wiederherzustellen. Dabei kommt es nicht maßgeblich auf die subjektive Vorstellung der Person, die sich dem Eingriff unterzieht, vom Zweck dieses Eingriffs an. Gesundheitliche Probleme können auch psychologischer Art sein, wobei diese von medizinischem Fachpersonal festzustellen sind. Damit hat der EuGH auf höchster Ebene im Ergebnis die Auffassung der deutschen Finanzverwaltung sowie die BFH-Rechtsprechung bestätigt (vgl. hierzu OFD Frankfurt v. 8.7.2015 - S 7170 A - 69 - St 16, NWB AAAAE-99403, DStR 2015 S. 2182; BFH, Beschluss v. 18.2.2008 - V B 35/06, NWB EAAAC-77600, BFH/NV 2008 S. 1001). Es ist damit im Einzelfall zu beurteilen, ob bei ästhetischen Operationen und ästhetischen Behandlungen ein therapeutisches Ziel im Vordergrund steht (z. B. bei Maßnahmen zur Behebung/Vermeidung von Fehlfunktionen des Körpers oder durch Entstellung, also durch einen regelwidrigen Körperzustand i. S. krankenversicherungsrechtlicher Grundsätze veranlasst, sowie nach Auffassung der OFD bei Eingriffen wegen psychischer Belastung; nicht jedoch bei rein kosmetischen Eingriffen).

BEISPIEL Beispiele für **steuerpflichtige Umsätze** im Bereich der Schönheitsoperationen sind nach Auffassung der Finanzverwaltung:

Fettabsaugung, Faltenbehandlung, Brustvergrößerung, Brustverkleinerung, Lifting, Nasenkorrekturen, Hautverjüngung (Lasertherapie), Lippenaufspritzung, Botox-Behandlung (Verminderung von Falten durch Einspritzen des stark verdünnten Nervengiftes Botulinum-Toxin), Permanent Make-up, Anti-Aging-Behandlung, Bleaching (Bleichen der Zähne) und Dentalkosmetik.

Zu den Beispielen der Finanzverwaltung (OFD Frankfurt/M. v. 8.7.2015 - S 7170 A - 69 - St 16, NWB AAAAE-99403, DStR 2015 S. 2182) ist anzumerken, dass aber in den Bereichen Brustverkleinerung und Nasenkorrekturen häufig auch eine medizinische Indizierung gegeben ist, um akute oder prognostizierte zukünftige Beschwerden zu lindern bzw. zu verhindern. Zum **Bleaching** hat im Übrigen der BFH entschieden, dass das rein ästhetisch motivierte umsatzsteuerpflichtige Bleaching von einem umsatzsteuerfreien Bleaching, dass nur die negativen Folgen einer vorherigen steuerfreien (Zahn-)Heilbehandlung (behandlungsbedingte Zahnverdunklungen) beseitigen soll, abzugrenzen ist (BFH, Urteil v. 19.3.2015 - V R 60/14, BStBl 2015 II S. 946; Abschnitt 4.14.3 Abs. 8a UStAE). Ebenso sind z. B. Umsätze aus der professionellen Zahnreinigung umsatzsteuerfreie Heilbehandlungsleistungen, weil sie zur zahnmedizinischen Prophylaxe gehören (Abschnitt 4.14.3 Abs. 8a UStAE).

Die **Beweislast** für das Vorliegen eines therapeutischen Ziels liegt grds. bei demjenigen, der sich auf die Steuerbefreiung beruft. Der Nachweis des therapeutischen Zwecks einer Leistung muss grds. für jede Leistung gesondert erbracht werden. Es ist also Aufgabe des Arztes, im Einzelfall die medizinische Indikation konkret darzutun (OFD Frankfurt/M. v. 8.7.2015, a. a. O.; BFH, Urteil v. 22.2.2006 - V B 30/05, NWB EAAAC-77600, BFH/NV 2006 S. 1168; BFH, Urteil v. 1.10.2014 - XI R 13/14, NWB RAAAE-83695, DStRE 2015 S. 422). Es ist daher notwendig, eine Zuordnung zwischen den einzelnen Zahlungen und den einzelnen Leistungen vornehmen zu können. Die medizinische Indizierung der Leistung muss dann substantiiert nachweisbar sein, ggf. durch Offenlegung einer anonymisierten Befunddokumentation. Allein die Aussage des behandelnden Arztes, der die Umsatzsteuerbefreiung begehrt, wird jedenfalls nicht ausreichen. Fraglich erscheint, ob grds. vollständige, richtige, zeitgerechte und geordnete Aufzeichnungen auch inhaltlich so gestaltet sein müssen, dass ein Finanzbeamter als medizinischer Laie in die Lage versetzt wird, über die medizinische Indizierung ohne die Hinzuziehung eines ärztlichen Sachverständigen selbst entscheiden zu können.

PRAXISHINWEIS:

Zum Schutz des Vertrauensverhältnisses zwischen Arzt und Patient ist es bei Überprüfung der Umsatzsteuerfreiheit von Heilbehandlungsleistungen erforderlich, das für richterliche Überzeugungsbildung gebotene Regelbeweismaß auf eine „größtmögliche Wahrscheinlichkeit" zu verringern und damit auf der Grundlage anonymisierter Patientenunterlagen für Zwecke der gerichtlichen Sachaufklärung vorzunehmen. Zugleich hat der Steuerpflichtige im gesteigerten Maß den ihn nach § 76 Abs. 1 Satz 2 FGO treffenden Mitwirkungspflichten nachzukommen. Dies erfordert detaillierte Angaben zu der mit dem jeweiligen Behandlungsfall verfolgten therapeutischen oder prophylaktischen Zielsetzung (BFH, Urteil v. 4.12.2014 - V R 16/12, NWB KAAAE-84613, BFH/NV 2015 S. 645; BFH, Urteil v. 4.12.2014 - V R 33/12, NWB GAAAE-84610, BFH/NV 2015 S. 648. Vorlageverweigerungsrechte aus § 102 Abs. 1 Nr. 3 Buchst. c AO bestehen auch in der beim Berufsgeheimnisträger (Arzt usw.) selbst stattfindenden Außenprüfung, jedoch kann das Finanzamt grundsätzlich die Vorlage der zur Prüfung erforderlich erscheinenden Unterlagen in neutralisierter Form verlangen (vgl. auch BFH, Urteil v. 28.10.2009 - VIII R 78/05, BStBl 2010 II S. 455).

Problematisch bleiben für den Arzt insoweit die Vorgaben der ärztlichen Schweigepflicht (vgl. Küntzel, Umsatzsteuerliche Behandlung von Leistungen der ästhetisch-plastischen Chirurgen, MedR 2005 S. 346). Auch die vollständige Anonymisierung der personenbezogenen Daten des Einzelfalls in den ärztlichen Unterlagen wird dann nicht helfen, wenn dem Finanzbeamten der Name des Patienten bereits aus den Zahlungsunterlagen (Kontoauszügen) bekannt ist und die umsatzsteuerliche Behandlung dieser Zahlung geprüft wird. Hierzu wären im Vorfeld bereits sämtliche Zahlungsunterlagen (Kontoauszüge/Rechnungen) zu anonymisieren. In der Praxis wäre es daher hilfreich – gerade bei wesentlichen Umsätzen – bereits im Aufklärungsgespräch vor Behandlungsbeginn die Einwilligung des Patienten einzuholen, dem Finanzamt die Grundlagen der medizinischen Indizierung für Zwecke der Nachweispflichten zur Umsatzsteuer unter Hinweis auf die Verschwiegenheitspflicht des Finanzbeamten offenbaren zu dürfen.

Ein deutliches Indiz für ein therapeutisches Ziel ist die **Übernahme der Kosten durch die Krankenversicherung** (Umkehrschluss aus Abschnitt 4.14.1 Abs. 5 Nr. 8 UStAE). Hieraus kann aber nicht der Umkehrschluss gezogen werden, dass bei fehlender Kostenübernahme zugleich eine Umsatzsteuerpflicht gegeben ist. Die Frage der Kostenerstattung durch die Sozialversicherungsträger ist allein kein geeignetes Abgrenzungskriterium zum Begriff der Heilbehandlung i. S. von § 4 Nr. 14 UStG (BFH, Urteil v. 30.1.2008 - XI R 53/06, BStBl 2008 II S. 647; Wüst in Wäger, UStG, 3. Aufl. 2024, § 4 Nr. 14 UStG Rz. 44; Hölzer in Rau/Dürrwächter, UStG, 210. Lieferung 6.2024, § 4 Nr. 14 UStG Rz. 294).

Zudem ist nach dem Urteil des BVerwG vom 26.8.2009 (3 C 19.08, NWB SAAAD-30954, BVerwGE 134 S. 345) bei der Frage nach dem therapeutischen Ziel einer Leistung eine **deutliche Unterscheidung zwischen Heilberufen** (Arzt, Heilpraktiker) **und Gesundheitsfachberufen** (z. B. Physiotherapeuten) als Heilhilfsberufe erforderlich. Hintergrund ist, dass Angehörige von Gesundheitsfachberufen nach den berufsrechtlichen Vorschriften nicht zur Krankenbehandlung ohne ärztliche Verordnung und somit nicht zur Ausübung der Heilkunde berechtigt sind. Die Ausbildung vermittelt nach Auffassung des Gerichts keine ausreichenden Kenntnisse und Fähigkeiten zu einer selbständigen Erstdiagnose. Daher kommt für Leistungen der Gesundheitsfachberufe nach Auffassung der Finanzverwaltung die Steuerbefreiung nur in Betracht, wenn sie aufgrund ärztlicher Anordnung oder im Rahmen einer genehmigten Vorsorge- oder Rehabilitationsmaßnahme erbracht werden (OFD Niedersachsen v. 4.10.2011 - S 7170-192-St 181; Abschnitt 4.14.1 Abs. 4 Satz 12 f. UStAE). Maßnahmen aufgrund bloßer Befürwortung, Anregung oder Empfehlung eines Arztes fallen nach Auffassung der Finanzverwaltung nicht unter die Befreiungsvorschrift. Diese Leistungen sind selbst dann nicht von der Umsatzsteuer befreit, wenn sie von den Krankenkassen grds. als Heilmittel anerkannt oder nach § 20 SGB V bezuschusst werden. Auch der BFH (Urteil v. 1.10.2014 - XI R 13/14, NWB RAAAE-83695, BFH/NV 2015 S. 451) vertritt die Auffassung, dass es sich bei medizinisch indizierten Leistungen, die Gesundheitsfachberufe erbringen, um umsatzsteuerfreie Heilbehandlungen handelt, während „selbstindizierte" Behandlungen keine Heilbehandlungen sind. Als Nachweis des therapeutischen Zwecks von Leistungen können nach Ansicht des BFH aber nicht nur ärztliche Verordnungen in Form eines Kassen- oder Privatrezepts dienen, sondern auch andere Unterlagen, die zum therapeutischen Zweck eine vergleichbare Aussagekraft wie ärztliche Verordnungen haben und von Personen stammen, die zur Feststellung des therapeutischen Zwecks befähigt sind.

Die dargestellten Grundsätze sind auf jede Form der individuellen Gesundheitsleistungen (IGeL) übertragbar. Dabei bedingt eine fehlende Kostenübernahme durch die Krankenkassen für sich noch keine Umsatzsteuerpflicht, sondern eine **Prüfung der medizinischen Indizierung in jedem Einzelfall**. Der Nachweis des therapeutischen Zwecks einer Leistung muss insoweit grds. für jede Leistung gesondert erbracht werden (BFH, Urteil v. 1.10.2014 - XI R 13/14, NWB RAAAE-83695, BFH/NV 2015 S. 451).

PRAXISHINWEIS:

Die jüngere EuGH- und BFH-Rechtsprechung deutet an, dass an der Erforderlichkeit einer Verordnung für die Gewährung steuerfreier Heilbehandlungsleistungen durch Gesundheitsfachberufe nicht mehr festgehalten wird (EuGH, Urteil v. 5.3.2020 - Rs. C-48/19 „X-GmbH", NWB QAAAH-45725, DStR 2020 S. 550, Rz. 30). Das Fehlen einer ärztlichen Verschreibung vor der telefonischen Beratung oder einer konkreten ärztlichen Behandlung im Anschluss daran genügt nicht zur Klärung der Frage, ob eine solche Beratung unter den Begriff „Heilbehandlungen im Bereich der Humanmedizin" i. S. von Art. 132 Abs. 1 Buchst. c MwStSystRL [Anm.: § 4 Nr. 14 Buchst. a UStG] fällt (BFH, Urteil v. 23.9.2020 - XI R 6/20, NWB OAAAH-68070, BFH/NV 2021 S. 425, Rz. 26).

Soweit beispielsweise Präventions- und Rehabilitationsmaßnahmen als Leistungen zur allgemeinen Gesundheitsförderung nicht steuerfrei sind, kommt u. U. die Anwendung des **ermäßigten Steuersatzes von 7 %** gem. § 12 Nr. 9 UStG in Betracht (Abschnitt 12.11 UStAE). Die Voraussetzungen dieser Ermäßigungsvorschrift wären dann im Einzelfall zu prüfen. Auf Leistungen, die als Wellness- oder Beautyleistungen anzusehen sind, findet der ermäßigte Steuersatz keine Anwendung.

PRAXISHINWEIS:

Die Gesetzeslage zur Anwendung des ermäßigten Steuersatzes von 7 % gem. § 12 Nr. 9 UStG auf insbesondere physiotherapeutische Leistungen kann derzeit nur als „unausgegoren" bezeichnet werden. Während sich § 12 Nr. 9 UStG auf die „Verabreichung von Heilbädern" beschränkt, formuliert Art. 98 MwStSystRL i. V. m. Anhang III Nr. 17 MwStSystRL als „Kann-Vorschrift" die Möglichkeit, den ermäßigten Steuersatz anzuwenden auf „medizinische Versorgungsleistungen und zahnärztliche Leistungen sowie Thermalbehandlungen, soweit sie nicht gem. Art. 132 Abs. 1 Buchst. b bis e von der Steuer befreit sind; [...].". Zunächst wird behelfsmäßig davon auszugehen sein, dass mit „Heilbädern" tatsächlich „Thermalbehandlungen" gemeint sein sollten (vgl. Alvermann/Schüller in Wäger, UStG, 3. Aufl. 2024, § 12 Abs. 2 Nr. 9 Rz. 19; Stadie in Stadie, UStG, § 12 Rz. 95; Frye in Rau/Dürrwächter, UStG, 210. Lieferung, 6.2024, § 12 Abs. 2 Nr. 9 UStG Rz. 89). Zudem stellt sich nach der hier vertretenen Auffassung dann aber auch die Frage, wie vor dem Grundsatz der steuerlichen Neutralität eine richtlinienkonforme Abgrenzung zwischen einerseits „Thermalbehandlungen" und andererseits anderen „medizinischen Versorgungsleistungen" erfolgen kann. Dienen unterschiedliche Maßnahmen zum Schutz der menschlichen Gesundheit der gleichen Zielsetzung, z. B. Wärmetherapie oder Elektrotherapie oder Ultraschallbehandlung oder Manuelle Therapie, sind aber nur einige „Thermalbehandlungen" im engeren Wortsinn, muss man entweder die Auslegung des Begriffs „Heilbäder" maßlos überdehnen oder richtlinienkonform davon ausgehen, dass „medizinische Versorgungsleistungen sowie Thermalbehandlungen" insgesamt ermäßigt zu besteuern sind. Eine tiefgehende Auseinandersetzung mit diesem Thema durch die Rechtsprechung und Finanzverwaltung fehlt allerdings.

c) Umsatzsteuerliche Besonderheiten bei Zahnärzten

Eine Besonderheit, die bei Zahnärzten häufig zum Tragen kommt, ist die in § 4 Nr. 14 Buchst. a Satz 2 UStG normierte Umsatzsteuerpflicht für Eigenlaborleistungen. Steuerpflichtig ist die Lieferung oder Wiederherstellung von Zahnprothesen und kieferorthopädischen Apparaten in einem eigenen Labor. Dies gilt auch, wenn die Herstellung oder Wiederherstellung im Eigenlabor durch angestellte Zahntechniker erfolgt. Damit werden die Leistungen eines Zahnarztes mit Eigenlabor zur Vermeidung von Wettbewerbsverzerrungen im Hinblick auf die umsatzsteuerliche Gesamtbelastung im Ergebnis den Leistungen von Zahnärzten unter Einschaltung eines Fremdlabors gleichgestellt.

d) Umsatzsteuerliche Behandlung der Übertragung von Wirtschaftsgütern (§ 6 Abs. 3 und 5 EStG, § 16 Abs. 3 EStG, § 24 UmwStG)

Für die Übertragung von Betrieben, Teilbetrieben, Mitunternehmeranteilen und einzelner Wirtschaftsgüter ist es neben der ertragsteuerlichen Beurteilung (§ 6 Abs. 3 und 5, § 16 Abs. 3 EStG, § 24 UmwStG 2006) für die Beratung von Ärzten notwendig, sich auch mit der umsatzsteuerlichen Beurteilung dieser Vorgänge auseinanderzusetzen.

Soweit eine Praxis im Ganzen im Rahmen des § 24 UmwStG gegen Gewährung von Gesellschaftsrechten oder unentgeltlich übertragen wird, dürfte i. d. R. von einer nicht steuerbaren Geschäftsveräußerung im Ganzen i. S. des § 1 Abs. 1a UStG auszugehen sein. Diese liegt vor, wenn die wesentlichen Grundlagen eines Unternehmens an einen Unternehmer für dessen Unternehmen übertragen werden (zu Einzelheiten vgl. Abschnitt 1.5 UStAE).

PRAXISHINWEISE:

Nicht erforderlich für die Annahme einer nicht steuerbaren Geschäftsveräußerung im Ganzen ist, dass der Veräußerer seine unternehmerische Betätigung beendet. Entscheidend ist vielmehr die erforderliche Möglichkeit der Fortführung des Unternehmensteils aus der Sicht des Erwerbers, so dass im Einzelfall zu prüfen ist, ob auf den Erwerber ein umsatzsteuerliches Teilvermögen übertragen wurde (BFH, Urteil v. 29.8.2012 - XI R 10/12, BStBl 2013 II S. 221; BFH, Urteil v. 4.2.2015 - XI R14/14, BStBl 2015 II S. 908; FG Köln, Urteil v. 14.11.2007 - 4 K 605/05, DStRE 2008 S. 1086; Abschnitt 1.5 Abs (1a) Satz 4 UStAE). Insoweit werden also an die nicht steuerbare Veräußerung eines umsatzsteuerlichen Teilvermögens i. S. des § 1 Abs. 1a UStG für Zwecke der Umsatzsteuer geringere Anforderungen gestellt als an die ertragsteuerlich begünstigte Teilbetriebsveräußerung.

Kritisch zu betrachten ist in diesem Zusammenhang das Urteil des FG Schleswig-Holstein v. 14.3.2024 (4 K 75/23, EFG 2024 S. 1334 mit Anmerkungen Göllner, Revision eingelegt, Az. des BFH: XI R 12/24). Gegenstand des Verfahrens war die Zersplitterung eines Unternehmens, d. h. die Aufteilung eines einheitlich betriebenen Unternehmens in Teilen auf mehrere Erwerber (Aufteilung eines großen Solarparks in der Rechtsform der GmbH & Co. KG (jeweils bestimmte, räumlich umgrenzten Teile) auf eine Vielzahl von Erwerbern (10 neue KGs) zur besseren Vermarktung der kleineren Einheiten, die dann zwischen 8,5 % und 12,5 % der vormaligen Gesamtkapazität der veräußernden GmbH & Co. KG erbringen konnten). Gemäß Leitsatz des FG Schleswig-Holstein liegt keine nicht steuerbare Geschäftsveräußerung im Ganzen i. S. von § 1 Abs. 1a UStG vor, wenn ein zuvor von einem Unternehmer betriebenes Unternehmen aufgeteilt und an eine Vielzahl von Erwerbern veräußert wird. Dieser Leitsatz könnte unter Umständen auch für die Realteilung einer BAG unter „Zersplitterung" auf mehrere Einzelpraxen Bedeutung erlangen. Das Ergebnis der Revision vor dem BFH bleibt abzuwarten.

Der EuGH (Urteil v. 27.11.2003 - Rs. C-497/01, NWB UAAAB-79462, HFR 2004 S. 402) hat bezüglich einer nicht steuerbaren Geschäftsveräußerung im Ganzen des Weiteren entschieden, dass der durch die Übertragung Begünstigte beabsichtigen muss, den übertragenen Geschäftsbetrieb oder Unternehmensteil zu betreiben und nicht nur die betreffende Geschäftstätigkeit sofort abzuwickeln sowie ggf. den Warenbestand zu verkaufen. Wird zeitnah nach der Übertragung der Praxis der Praxissitz verlegt und die bisherige Tätigkeit der Praxis im örtlichen Wirkungskreis eingestellt, ist im Einzelfall zu prüfen, ob tatsächlich noch von einer nicht steuerbaren Geschäftsveräußerung im Ganzen ausgegangen werden kann.

Liegt keine nicht steuerbare Geschäftsveräußerung im Ganzen vor, insbesondere bei der Übertragung einzelner Wirtschaftsgüter, kann entweder eine **Leistung gegen Entgelt** (als tauschähnlicher Umsatz vgl. BFH, Urteil v. 8.11.1995 - XI R 63/94, BStBl 1996 II S. 114) oder bei unentgeltlichen Übertragungen die einer entgeltlichen Leistung gleichstehende **unentgeltliche Wertabgabe** vorliegen (vgl. auch Rennar, NWB 2017 S. 343). Soweit im Grundsatz eine unentgeltliche Wertabgabe vorliegt, ist diese nach § 3 Abs. 1b UStG allerdings tatsächlich nur dann einer Lieferung gegen Entgelt gleichgestellt und damit umsatzsteuerbar, wenn der Gegenstand oder seine Bestandteile zum vollen oder teilweisen Vorsteuerabzug berechtigt haben. Diese Frage gewinnt umso mehr an Bedeutung bei Ärzten, die zunehmend umsatzsteuerpflichtige Umsätze ausführen und diese ggf. von den Ärzten mangels umsatzsteuerlicher Detailkenntnisse nicht erkannt werden.

Betroffen hiervon sind insbesondere die Vorgänge des § 6 Abs. 3 und Abs. 5 EStG und des § 16 Abs. 3 EStG (Realteilung), wenn keine gesondert geführten Unternehmensteile, d. h. ein in der Gliederung eines Unternehmens gesondert geführter Betrieb i. S. des § 1 Abs. 1a UStG, übertragen werden. Dies gilt allerdings nur insoweit, als der Vermögensgegenstand das umsatzsteuerliche Unternehmensvermögen tatsächlich verlässt.

BEISPIEL Zum Betriebsvermögen der Einzelpraxis Dr. A gehört ein medizinisches Großgerät. Da Dr. A dieses in der Praxis nicht mehr benötigt, überlässt er es einer Privatklinik GmbH & Co. KG, an der er als Mitunternehmer beteiligt ist. Die Überlassung erfolgt gegen ein festes umsatzsteuerpflichtiges Entgelt. Ertragsteuerlich handelt es sich um eine Überführung aus seinem Betriebsvermögen in das **Sonderbetriebsvermögen** bei der GmbH & Co. KG zum Buchwert nach § 6 Abs. 5 EStG. Umsatzsteuerlich ist der Vorgang unbeachtlich, da Dr. A das medizinische Großgerät weiterhin selbst unternehmerisch i. S. des § 2 Abs. 1 UStG zur Erzielung von Einnahmen (Miete) nutzt. Das Umsatzsteuerrecht kennt insoweit nicht die Untergliederung in verschiedene Unternehmensvermögen einer Person. Anders läge der Fall, wenn Dr. A das medizinische Großgerät unentgeltlich an die Privatklinik GmbH & Co. KG überlassen würde. Erfolgt die Überlassung unentgeltlich, fehlt es an der erforderlichen Absicht, Einnahmen mit dem Gerät zu erzielen, und damit würde aus umsatzsteuerlicher Sicht der unternehmerische Zusammenhang gelöst. Auf Ebene des Unternehmensvermögens (Praxis) ist dann von einer unentgeltlichen Wertabgabe für unternehmensfremde Zwecke nach § 3 Abs. 1b UStG auszugehen, eine zumindest teilweise Vorsteuerabzugsberechtigung vorausgesetzt. Der Vorgang steht dann einer Lieferung gegen Entgelt gleich.

BEISPIEL ▸ Zum Betriebsvermögen der Einzelpraxis Dr. A gehört ein medizinisches Großgerät. Da Dr. A dieses in der Praxis nicht mehr benötigt, überträgt er es in das **Gesamthandsvermögen** seiner Privatklinik GmbH & Co. KG, an der er als Mitunternehmer beteiligt ist. Unabhängig davon, ob der Vorgang entgeltlich im Rahmen eines Kaufvertrages oder gegen Gewährung von Gesellschaftsrechten erfolgt, liegt umsatzsteuerlich eine Lieferung gegen Entgelt vor. Die Grundsätze der Mindestbemessungsgrundlage nach § 10 Abs. 5 UStG sind dabei zu beachten. Erfolgt die Übertragung unentgeltlich, ist wiederum zu prüfen, ob eine Vorsteuerabzugsberechtigung ganz oder teilweise vorgelegen hat.

BEISPIEL ▸ Im Rahmen einer **Realteilung** der BAG A & B wird das Gesellschaftsvermögen zwischen den Ärzten aufgeteilt, die ihre Tätigkeit in Einzelpraxen fortsetzen. Gesondert geführte Unternehmensteile liegen nicht vor. Der Vorgang stellt umsatzsteuerlich eine entgeltliche Leistung dar (vgl. BFH, Beschluss v. 20.2.2013 - XI R 26/10, BStBl 2013 II S. 464, Rz. 29; FG Saarland, Urteil v. 30.8.2017 - 3 K 1457/14, NWB GAAAG-77460, MwStR 2018 S. 488, Rz. 21; FG München, Urteil v. 27.5.2008 - 13 K 460/05, NWB MAAAC-92497, DStRE 2009 S. 467, Rz. 36; Jansen in Birkenfeld/Wäger, Das große Umsatzsteuer-Handbuch, 103. Lieferung, 3.2024, § 1 Abs. 1a UStG Rz. 455; Erdbrügger in Wäger, UStG, 3. Aufl. 2024, § 1 Rz. 179 ff.; Hidien/Kirchner, StuB 2009 S. 96; Stenert, DStR 2018 S. 765; Robisch in Bunjes, UStG 23. Aufl. 2024, § 1 Rz. 77a; Erdbrügger, MwStR 2024 S. 176; Ossinger, EFG 2021 S. 1511, m. w. N.; a. A. FG Niedersachsen, Urteil v. 26.7.2019 - 5 K 71/19, EFG 2021 S. 1509, im Revisionsverfahren BFH, Urteil v. 17.8.2023 - V R 3/21, NWB JAAAJ-56568, BFH/NV 2024 S. 34 musste der BFH zur umsatzsteuerlichen Einordnung der Realteilung aus seiner Sicht aus anderen Gründen keine Aussage treffen.).

PRAXISHINWEIS:

Soweit der Unternehmer Kleinunternehmer i. S. des § 19 UStG ist, besteht nach § 19 Abs. 1 Satz 4 UStG ausdrücklich keine Berechtigung zum Vorsteuerabzug. In diesen Fällen können umsatzsteuerliche Probleme bei unentgeltlichen Vorgängen verhindert werden.

Soweit ein **Übertragungsvorgang** nicht die Voraussetzungen für eine nicht steuerbare Geschäftsveräußerung im Ganzen erfüllt oder bei unentgeltlichen Vorgängen mangels Vorsteuerabzugsberechtigung nicht steuerbar ist, wird regelmäßig von einer **Lieferung gegen Entgelt** auszugehen sein. Dass der Ort der Lieferung im Inland liegt, dürfte die Regel sein. Damit liegt umsatzsteuerlich ein **umsatzsteuerbarer Umsatz** i. S. des § 1 Abs. 1 Nr. 1 UStG vor.

Liegt ein umsatzsteuerbarer Umsatz vor, ist **im nächsten Schritt** zu prüfen, ob eine **Umsatzsteuerbefreiung** in Betracht kommt.

§ 4 Nr. 14 UStG kommt nicht in Betracht, da die Lieferung von Gegenständen nicht als ärztliche Heilbehandlungsleistung anzusehen ist. Allerdings befreit **§ 4 Nr. 28 UStG die Lieferungen von Gegenständen** von der Umsatzsteuer, für die der Vorsteuerabzug nach

§ 15 Abs. 1a UStG ausgeschlossen ist, oder wenn der Unternehmer die gelieferten Gegenstände während des gesamten Verwendungszeitraums ausschließlich für eine nach § 4 Nr. 8 bis 27 UStG steuerfreie Tätigkeit verwendet hat. „Ausschließlich" ist in diesem Zusammenhang aus Vereinfachungsgründen so zu verstehen, dass eine Nutzung für nicht nach § 4 Nr. 8 bis 27 umsatzsteuerfreie Umsätze in geringfügigem Umfang (höchstens 5 %) nicht schädlich ist (Abschnitt 4.28.1 Abs. 2 UStAE). Zur Übertragung des ideellen Praxiswertes vgl. nachfolgend unter e).

Hat der Arzt den gelieferten Gegenstand während des gesamten Verwendungszeitraums ausschließlich (zu mehr als 95 %) für umsatzsteuerfreie Umsätze nach § 4 Nr. 14 UStG genutzt und keinen Vorsteuerabzug geltend gemacht, ist die Lieferung umsatzsteuerfrei.

PRAXISHINWEIS:

Bei der Prüfung darf dabei nicht auf die tatsächlich in Anspruch genommene Vorsteuer abgestellt werden. Die Tatsache, dass kein Vorsteuerabzug in Anspruch genommen wurde, ist nicht gleichbedeutend mit der Prüfung, ob eine Berechtigung zum Vorsteuerabzug bestanden hat, die ggf. nur nicht in Anspruch genommen wurde.

BEISPIEL Der Zahnarzt Dr. D mit einem Gesamtumsatz i. H. von jährlich 350.000 € erbringt darin enthaltene umsatzsteuerpflichtige zahnprothetische Leistungen i. H. von jährlich 17.500 €. Der Zahnarzt nimmt für sich die Kleinunternehmerregelung nach § 19 UStG in Anspruch. Für seine gesamte Tätigkeit nutzt Herr Dr. D ein Gerät, das er am Ende der Nutzung für 11.900 € unter Inanspruchnahme von § 4 Nr. 28 UStG umsatzsteuerfrei veräußert. Im Rahmen einer Betriebsprüfung wird festgestellt, dass Dr. D neben den unstreitig umsatzsteuerpflichtigen zahnprothetischen Leistungen noch umsatzsteuerpflichtige Leistungen im Rahmen von Bleaching (Bleichen der Zähne) und Dentalkosmetik i. H. von jährlich 5.500 € erbracht hat. Der umsatzsteuerpflichtige Umsatz beträgt somit jährlich tatsächlich insgesamt 23.000 €, dies entspricht 6,57 %. Zum einen hat Dr. D die Kleinunternehmerregelung zu Unrecht in Anspruch genommen, zum anderen war er zum Vorsteuerabzug i. H. von 6,57 % berechtigt, so dass für die Veräußerung des Gerätes die Steuerbefreiung nach § 4 Nr. 28 UStG nicht in Anspruch genommen werden kann. Aus den umsatzsteuerpflichtigen Umsätzen hat Dr. D jährlich 3.672 € (19 % aus 23.000 €) sowie aus der Veräußerung 1.900 € (19 % aus 11.900 €) nachzuentrichten. Dies gilt unabhängig davon, ob der Vorsteuerabzug bei Anschaffung des Gerätes noch berichtigt werden kann.

e) Übertragung des Praxiswertes als sonstige Leistung

Der EuGH hat mit Urteil v. 22.10.2009 (Rs. C-242/08, BStBl 2011 II S. 559) entschieden, dass die Übertragung immaterieller Wirtschaftsgüter wie z. B. ein Firmenwert oder ein Kundenstamm umsatzsteuerlich eine sonstige Leistung und keine Lieferung darstellt. Die Finanzverwaltung hat sich diesem Urteil angeschlossen (BMF v. 8.6.2011, BStBl 2011 I S. 582; Abschnitt 3.1 Abs. 4 UStAE). Folge daraus ist, dass die (isolierte) Übertragung des Praxiswertes (wirtschaftlicher Vorteil aus einer Vertragsarztzulassung und/

oder Goodwill) nicht nach § 4 Nr. 28 UStG steuerbefreit sein kann, da § 4 Nr. 28 UStG explizit nur Lieferungen, nicht aber sonstige Leistungen erfasst.

Erfolgt die **Übertragung des Praxiswertes im Rahmen einer** als **Geschäftsveräußerung im Ganzen** zu beurteilenden Veräußerung der gesamten Praxis oder eines gesondert geführten Praxisteils (umsatzsteuerliches Teilvermögen) ist dies unproblematisch, da insgesamt ein nicht steuerbarer Vorgang vorliegt (vgl. S. 178 f.). Ebenfalls kein steuerliches Problem ergibt sich bei einer Übertragung des Praxiswertes im Rahmen des Übergangs eines Gesellschaftsanteils an einer BAG oder im Rahmen der Aufnahme eines neuen Gesellschafters in eine BAG gegen Bareinlage da es sich nicht um umsatzsteuerbare Vorgänge handelt.

Sind die Voraussetzungen einer nicht steuerbaren Geschäftsveräußerung im Ganzen nicht erfüllt, kann die Übertragung des Praxiswertes als steuerpflichtige sonstige Leistung zu beurteilen sein, z. B als Leistungsaustausch im Rahmen eines tauschähnlichen Umsatzes gegen Minderung der Gesellschaftsrechte beim Ausscheiden eines Gesellschafters unter Übernahme nur eines Praxiswertes. Dies ist dann wiederum unproblematisch, wenn die Umsatzsteuer nach § 19 Abs. 1 Satz 1 UStG nicht erhoben wird, weil der Arzt/die BAG **Kleinunternehmer** i. S. der Vorschrift ist. Voraussetzung hierfür ist, dass die steuerpflichtigen Umsätze des Arztes/der BAG im vorangegangenen Jahr 22.000 € nicht überstiegen haben und im laufenden Jahr voraussichtlich 50.000 € nicht übersteigen werden. Dabei ist der Umsatz aus der Übertragung des Praxiswertes als Anlagevermögen nach § 19 Abs. 1 Satz 2 UStG als „Umsätze von Wirtschaftsgütern des Anlagevermögens" bei der Prüfung der Umsatzgrenze nicht mit einzubeziehen (vgl. zur Auslegung von „Umsätze von Wirtschaftsgütern des Anlagevermögens" auch Art. 288 Satz 2 MwStSystRL mit dem klareren Wortlaut „Veräußerungen von … nichtkörperlichen Investitionsgütern"; vgl. auch Mrosek in Wäger, UStG, 3. Aufl. 2024, § 19 Rz. 16).

BEISPIEL Dr. A veräußert seine gesamte Arztpraxis für 500.000 € an Dr. B der diese fortführt. Vom Kaufpreis entfallen 200.000 € auf das materielle Anlagevermögen und 300.000 € auf den Praxiswert. In dem Fall dürfte davon auszugehen sein, dass keine Umsatzsteuer anfällt, da insgesamt eine nicht steuerbare Geschäftsveräußerung im Ganzen vorliegt.

BEISPIEL Dr. A scheidet aus der BAG A, B, C & D GbR aus. Er unterliegt keinem Wettbewerbsverbot und setzt seine vertragsärztliche Tätigkeit aufgrund seiner Zulassung im örtlichen Wirkungskreis fort. Hätte Dr. A seine Vertragsarztzulassung zu Gunsten der BAG ausgeschrieben und sich einem Wettbewerbsverbot im örtlichen Wirkungskreis unterworfen, hätte ihm lt. Gesellschaftsvertrag eine Abfindung zum Verkehrswert in bar i. H. von 200.000 € zugestanden. Im Ergebnis erhält Dr. A somit als Abfindung für die Minderung seiner Gesellschaftsrechte anstelle einer Abfindung in bar einen Teil des immateriellen Praxiswert der BAG (anteiliger Goodwill). Die BAG erzielt umsatzsteuerpflichtige Umsätze i. H. von 15.000 € pro Jahr und führt als Kleinunternehmer keine Umsatzsteuer ab.

In dem Fall liegt keine nicht steuerbare Geschäftsveräußerung im Ganzen vor, weil ein immaterieller Praxiswert alleine kein hinreichendes Ganzes bildet, welches die Fortführung einer ärztlichen Tätigkeit ermöglicht. Auch § 4 Nr. 28 UStG greift nicht, weil keine Lieferung von Gegenständen erfolgt. Da die BAG aber Kleinunternehmer ist, wird für die Übertragung des immateriellen Praxiswertes keine Umsatzsteuer erhoben. Für die Beurteilung der BAG als Kleinunternehmer ist der Umsatz aus der Übertragung des Goodwills i. H. von 200.000 € nach § 19 Abs. 1 Satz 2 UStG irrelevant.

BEISPIEL ▸ Dr. A scheidet aus der BAG A, B, C & D GbR ohne Wettbewerbsverbot aus und erhält anstelle einer Abfindung zum Verkehrswert in bar (lt. Gesellschaftsvertrag i. H. von 200.000 €) als Abfindung für die Minderung seiner Gesellschaftsrechte einen Teil des immateriellen Praxiswert der BAG (anteiliger Goodwill, Patientenstamm, Vertragsarztzulassung) mit dem er im örtlichen Wirkungskreis eine neue Praxis begründet. Die BAG erzielt umsatzsteuerpflichtige Umsätze von mehr als 22.000 € pro Jahr und ist daher kein Kleinunternehmer i. S. des § 19 UStG.

In dem Fall liegt keine nicht steuerbare Geschäftsveräußerung im Ganzen vor, weil ein immaterieller Praxiswert alleine kein hinreichendes Ganzes bildet, welches die Fortführung einer ärztlichen Tätigkeit ermöglicht. Auch § 4 Nr. 28 UStG greift nicht, weil keine Lieferung von Gegenständen erfolgt. Da die BAG zudem kein Kleinunternehmen ist, fällt Umsatzsteuer i. H. von ca. 31.950 € (19 % von 200.000 € / 1,19) an.

PRAXISHINWEISE:

Gesellschaftsverträge und Ausscheidensvereinbarungen sollten entsprechend immer auch **Steuerklauseln** in Bezug auf die Umsatzsteuer enthalten. Im Regelfall sollte der Gesellschafter, der im Rahmen seines Ausscheidens Vermögen der BAG übernimmt, zum Ausgleich einer eventuell entstehenden Umsatzsteuer verpflichtet sein.

PRAXISHINWEISE:

Nach Auffassung des BFH (Urteil v. 29.8.2012 - XI R 10/12, BStBl 2013 II S. 221) setzt eine Geschäftsveräußerung im Ganzen i. S. des § 1 Abs. 1a UStG keine Beendigung der unternehmerischen Betätigung des Veräußerers voraus. Aufgrund der unionsrechtlich vorzunehmenden **Abgrenzung der begünstigten Teilvermögensveräußerung** in § 1 Abs. 1a UStG kommt die Heranziehung ertragssteuerrechtlicher Definitionen zum Vorliegen der Veräußerung eines Teilbetriebs i. S. des § 16 Abs. 1 Satz 1 Nr. 1 EStG nicht in Betracht. Deshalb ist es umsatzsteuerrechtlich unerheblich, dass ertragssteuerrechtlich eine Teilbetriebsveräußerung nur angenommen wird, wenn der veräußernde Gewerbetreibende die bisher in diesem Teilbetrieb entfaltete Tätigkeit endgültig einstellt. Die für die Bejahung einer umsatzsteuerlichen Teilvermögensveräußerung erforderliche **Sachgesamtheit** ergibt sich z. B. aus der einheitlichen Übertragung von Wirtschaftsgütern des Anlagevermögens, der Nachfolge in ein bestehendes Mietverhältnis für die Geschäftsräume sowie in weitere Dauerschuldverhältnisse, dem vereinbarten Übergang der Zulassung zur vertragsärztlichen Versorgung und des Übergangs der im Zeitpunkt der Übertragung bestehenden Arbeitsverhältnisse auf den Erwerber.

Der Begriff des Teilvermögens bezieht sich allerdings **nicht** auf **einen oder mehrere lose Bestandteile eines Unternehmens**, sondern auf eine Kombination von ihnen, die zur Ausübung einer wirtschaftlichen Tätigkeit ausreicht, auch wenn diese Tätigkeit nur Teil eines größeren Unternehmens ist, von dem sie abgespalten wurde. Im Rahmen einer Gesamtwürdigung ist es für die Annahme einer Geschäftsveräußerung entscheidend, ob das übertragene Unternehmensvermögen als **hinreichendes Ganzes die Ausübung einer wirtschaftlichen Tätigkeit** ermöglicht und ob die vor und nach der Übertragung ausgeübten Tätigkeiten übereinstimmen oder sich hinreichend ähneln. Es kommt insoweit aber nicht darauf an, ob beim Veräußerer eine eigenständige betriebliche Organisation vorlag, sondern vielmehr darauf, ob ein Teilvermögen übertragen wird, das vom Erwerber als selbständiges Unternehmen fortgeführt werden kann; die organisatorischen Verhältnisse beim Veräußerer sind damit nicht maßgeblich (BFH, Urteil v. 4.2.2015 - XI R 42/13, BStBl 2015 II S. 616, Rz. 19 f.).

In den Fällen, in denen eine umsatzsteuerpflichtige Übertragung des immateriellen Praxiswertes droht, muss im Einzelfall anhand der Gesamtumstände geprüft werden, ob nicht doch die Übertragung eines umsatzsteuerlichen Teilvermögens i. S. des § 1 Abs. 1a UStG gestaltet werden kann.

BEISPIEL Dr. A veräußert den vertragsärztlichen Teil seiner Einzelpraxis für 300.000 € an Dr. B. Vom Kaufpreis entfallen 100.000 € auf das materielle Anlagevermögen und 200.000 € auf den Praxiswert. Dr. B übernimmt auch teilweise das Personal von Dr. A. Hinsichtlich eines Teils des Personals, eines Teils des materiellen Vermögens und der Räume bilden Dr. A und Dr. B eine Praxisgemeinschaft zur gemeinsamen Nutzung gegen Kostenumlage. Seine privatärztliche Tätigkeit (ca. 15 % des Gesamtumsatzes) führt Dr. B nach der Veräußerung auf Grundlage der Praxisgemeinschaft fort. Insgesamt könnte von einer Geschäftsveräußerung im Ganzen auszugehen sein, da Dr. A ein umsatzsteuerliches Teilvermögen erhält. Dr. B kann aufgrund des erworbenen Vermögens und der Nutzungsberechtigung an dem restlichen Vermögen über die Praxisgemeinschaft die kassenärztliche Tätigkeit von Dr. A fortsetzen. Es ist nicht notwendig, dass Dr. A seine ärztliche Tätigkeit vollständig einstellt.

PRAXISHINWEIS:

Ungeklärt ist, ob es für die Annahme der Übernahme eines umsatzsteuerlichen **Teilvermögens** erforderlich ist, dass auch die bisherigen **Praxisräume** dem Erwerber/Übernehmer zur Nutzung zur Verfügung stehen müssen. Der EuGH hat in einem Urteil ausgeführt: „Im Fall, dass für eine wirtschaftliche Tätigkeit kein besonderes Geschäftslokal oder kein Lokal mit einer für die Fortführung der wirtschaftlichen Tätigkeit notwendigen festen Ladeneinrichtung erforderlich ist, kann eine Übertragung eines Gesamtvermögens i. S. von Art. 5 Abs. 8 der Sechsten Richtlinie auch ohne Übereignung einer unbeweglichen Sache vorliegen." (EuGH, Urteil v. 10.11.2011 - Rs. C-444/10, BStBl 2012 II S. 848, Rz. 27; vgl. aber auch EuGH, Urteil v. 19.12.2018 – Rs. C-17/18, DStRE 2019 S. 570, Rz. 17 ff.). Daraus ergibt sich die Frage, ob a) eine Geschäftsveräußerung im Ganzen ohne Nutzungsmöglichkeit an den Geschäftsräumen des bisherigen Unternehmers denkbar ist und b) ob für eine ärztliche Tätigkeit im Einzelfall keine besonderen Praxisräume (bestimmte Beschaffenheit, feste Einrichtungen oder Lage) notwendig sind, so dass ein übernehmender Arzt nicht zwingend über dieselben Praxisräume verfügen muss, um die Tätigkeit im Rahmen einer Geschäftsveräußerung im Ganzen fortzusetzen (vgl. auch OFD Karlsruhe v. 3.3.2021 - S 7100b; USt-Kartei BW § 1 Abs 1a UStG S 7100b Karte 1).

f) Umsatzsteuerliche Behandlung der Leistungen zwischen Arzt und Berufsausübungsgemeinschaft

Zwischen einem Arzt als Gesellschafter einer BAG und der BAG selbst ist ein umsatzsteuerpflichtiger Leistungsaustausch möglich. Ein Arzt kann an die BAG sowohl Leistungen erbringen, die ihren Grund in einem **gesellschaftsrechtlichen Beitragsverhältnis** haben, als auch Leistungen, die auf einem gesonderten **schuldrechtlichen Austauschver-**

hältnis beruhen und damit zu einem umsatzsteuerpflichtigen Umsatz führen können. Die umsatzsteuerrechtliche Behandlung dieser Leistungen richtet sich danach, ob es sich um Leistungen handelt, die als Gesellschafterbeitrag durch die Beteiligung am Gewinn oder Verlust der BAG abgegolten werden, oder um Leistungen, die gegen Sonderentgelt ausgeführt werden und damit auf einen Leistungsaustausch gerichtet sind. Umsatzsteuerrechtlich maßgebend für das Vorliegen eines Leistungsaustauschs ist, dass ein Leistender und ein Leistungsempfänger vorhanden sind und der Leistung eine (konkrete bzw. konkretisierbare) Gegenleistung gegenübersteht. Auf die Bezeichnung kommt es nicht an, entscheidend ist die tatsächliche Handhabung. Der Arzt einer BAG kann grds. frei entscheiden, in welcher Eigenschaft er für die Gesellschaft tätig wird. Er kann wählen, ob er einen Gegenstand verkauft, vermietet oder ihn selbst bzw. seine Nutzung als Einlage einbringt. Gleiches gilt für Geschäftsführungs- und Vertretungsleistungen eines Gesellschafters gegen gesondertes Entgelt. (vgl. ausführlich Abschnitt 1.6 Abs. 3 UStAE; vgl. aber auch kritisch BFH, Beschluss v. 12.11.2020 - V R 22/19, NWB YAAAH-76239, DStR 2021 S. 859).

Da die BAG i. d. R. nicht zum Vorsteuerabzug berechtigt ist, führt eine – ungewollte – Umsatzsteuerpflicht i. d. R. zu einer zusätzlichen Steuerbelastung für den Arzt bzw. die BAG. Vereinbarungen zwischen dem Arzt und der BAG sollten daher immer auch einer umsatzsteuerlichen Prüfung unterzogen werden. Ein Gesellschafter kann seine Verhältnisse so gestalten, dass sie zu einer möglichst geringen steuerlichen Belastung führen (Abschnitt 1.6 Abs. 7 UStAE).

BEISPIEL An einer BAG sind die Ärzte A, B und C zu je 1/3 beteiligt. C hat sich aufgrund eines gesonderten Vertrages verpflichtet, der BAG die ihm persönlich gehörenden medizinischen Geräte zur Nutzung zu überlassen. C erhält hierfür gem. Vertrag monatlich 5.000 €, die bei der BAG als Betriebsausgaben erfasst werden und den Gewinn mindern. Das nach Abzug der Betriebsausgaben verbleibende Ergebnis (Gewinn und Verlust) wird nach den Beteiligungsverhältnissen verteilt. Es liegt ein umsatzsteuerbarer und umsatzsteuerpflichtiger Leistungsaustausch vor, weil der Leistung (Nutzungsüberlassung) eine konkrete bzw. konkretisierbare Gegenleistung (Nutzungsentgelt) gegenübersteht. Ertragsteuerlich stellt das Nutzungsentgelt von jährlich 60.000 € bei C Sonderbetriebseinnahmen dar und wird den Einkünften aus der BAG zugerechnet.

BEISPIEL An einer BAG sind die Ärzte A, B und C zu je 1/3 beteiligt. C hat sich nach den gesellschaftsrechtlichen Vereinbarungen z. B. im Gesellschaftsvertrag verpflichtet, der BAG die ihm persönlich gehörenden medizinischen Geräte zur Nutzung zu überlassen. C erhält im Rahmen der Gewinnverteilung der BAG unabhängig vom Ergebnis (Gewinn und Verlust) 60.000 € vorab. Nach Berücksichtigung des Gewinnvorab wird im Übrigen das verbleibende Ergebnis (verbleibender Gewinn und verbleibender bzw. entstehender Verlust) nach den Beteiligungsverhältnissen verteilt. Es liegt ein umsatzsteuerbarer und umsatzsteuerpflichtiger Leistungsaustausch vor, weil der Leistung (Nutzungsüberlassung) eine konkrete bzw. konkretisierbare Gegenleistung (gewinnunabhängige Vorabvergütung) gegenübersteht. Unabhängig vom Ergebnis (Gewinn und Verlust) erhält C 60.000 €, selbst wenn durch das Gewinnvorab aus einem Gewinn ein Verlust wird, der nach den Beteiligungsverhältnissen verteilt wird.

BEISPIEL An einer BAG sind die Ärzte A, B und C zu je 1/3 beteiligt. C hat sich nach den gesellschaftsrechtlichen Vereinbarungen verpflichtet, der BAG die ihm persönlich gehörenden medizinischen Geräte zur Nutzung zu überlassen. C ist mit 40 %, A und B mit jeweils 30 % am Ergebnis (Gewinn und Verlust) der BAG beteiligt. Es liegt ein nicht umsatzsteuerbarer Gesellschafterbeitrag vor, weil der Leistung (Nutzungsüberlassung) keine konkrete bzw. konkretisierbare Gegenleistung gegenübersteht, denn im Zweifel (Verlustfall) erhält C keine Vergütung.

BEISPIEL An einer BAG sind die Ärzte A, B und C zu je 1/3 beteiligt. C hat sich nach den gesellschaftsrechtlichen Vereinbarungen verpflichtet, der BAG die ihm persönlich gehörenden medizinischen Geräte zur Nutzung zu überlassen. C erhält im Gewinnfall 25 % des Gewinns (maximal 60.000 €) vorab, im Übrigen wird der Gewinn nach den Beteiligungsverhältnissen verteilt; ein Verlust wird ausschließlich nach den Beteiligungsverhältnissen verteilt. Es liegt ein nicht umsatzsteuerbarer Gesellschafterbeitrag vor, weil der Leistung (Nutzungsüberlassung) keine konkrete bzw. konkretisierbare Gegenleistung gegenübersteht, denn im Zweifel (Verlustfall) erhält C keine Vergütung.

PRAXISHINWEIS:

Die Thematik des Leistungsaustausches zwischen der BAG und ihren Gesellschaftern betrifft grundsätzlich auch die Regelungen zur Gewinnverteilung im Rahmen des Gesellschaftsvertrages. Auch Vorabgewinne im Rahmen einer Gewinnverteilung können als umsatzsteuerbares Sonderentgelt zu einer Umsatzsteuerpflicht führen. Dies insbesondere dann, wenn in den gesellschaftsvertraglichen Vereinbarungen eines Vorabgewinns der Gewinnanteil mit einer dem Umfang nach bestimmten Leistung verknüpft ist und der Gesellschafter mit der Zahlung rechnen kann (vgl. BFH, Urteil v. 12.11.2020 - V R 22/19, BStBl 2021 II S. 544; kritisch mit weiteren Handlungsempfehlungen Ketteler-Eising, jurisPR-MedizinR 11/2021 Anm. 2.; Vellen, UStB 2021 S. 147; Klink, UVR 2021 S. 254; Heuermann, DStR 2021 S. 862; Robisch in Bunjes, UStG, 23. Aufl. 2024, § 1 Rz. 78 ff.; Erdbrügger in Wäger, UStG, 3. Aufl. 2024, § 1 Rz. 171 ff.).

III. Teilberufsausübungsgemeinschaft

1. Rechtliche Aspekte

Literatur: *Ratzel/Möller/Michels*, Die Teilgemeinschaftspraxis – Zulässigkeit, Vertragsinhalte, Steuern, MedR 2006 S. 377 ff.; *Wigge*, Die Teilgemeinschaftspraxis – Innovative Kooperationsform oder unzulässiges Kick-Back-Modell?, NZS 2007 S. 393 ff.; *Wittmann*, Entgeltliche Patientenzuweisung, MedR 2008 S. 716 ff.; *Rompf/Schröder/Willaschek*, Kommentar zum Bundesmantelvertrag Ärzte, 2014; *Steinhilper* in Schiller (Hrsg.), Bundesmantelvertrag-Ärzte, 2014, § 15a Rz. 18 f.; *Ratzel*, Risiken bei Gründung und Betrieb einer Teilberufsausübungsgemeinschaft, GesR 2015 S. 709 ff.; *Rompf*, Vertragsärztliche Kooperationen im Lichte des ärztlichen Berufsrechts, MedR 2015 S. 570; *Ladurner*, Ärzte-ZV, Zahnärzte-ZV, München 2017, § 33 Ärzte-ZV Rz. 48 f.; *Wigge* in Schnapp/Wigge, Handbuch des Vertragsarztrechts, 3. Aufl. 2017; *Kremer/Wittmann*, Vertragsärztliche Zulassungsverfahren, 4. Aufl. 2021; *Möller/Ruppel* in Ratzel/Luxenburger (Hrsg.), Handbuch Medizinrecht, 4. Aufl. 2021, Kap. 17 Rz. 375 ff; *Lippert* in Ratzel/Lippert/Prütting, Kommentar zur Musterberufsordnung der deutschen Ärzte (MBO), 8. Aufl. 2023, §§ 18, 18a Rz. 17 f.

a) Rechtsgrundlagen

Nach § 18 Abs. 1 Satz 2 bis 4 MBO-Ä i. d. F. des 118. Deutschen Ärztetages 2015 kann sich eine BAG auf Teile der gemeinsamen Berufsausübung beschränken (sog. Teilberufsausübungsgemeinschaft):

„Der Zusammenschluss zur gemeinsamen Ausübung des Arztberufs kann zum Erbringen einzelner Leistungen erfolgen, sofern er nicht einer Umgehung des § 31 dient. Eine Umgehung liegt insbesondere vor, wenn **[sich der Beitrag der Ärztin oder des Arztes auf das Erbringen medizinisch-technischer Leistungen auf Veranlassung der übrigen Mitglieder einer Teil-Berufsausübungsgemeinschaft beschränkt oder]** *der Gewinn ohne Grund in einer Weise verteilt wird, die nicht dem Anteil der von ihnen persönlich erbrachten Leistungen entspricht. Die Anordnung einer Leistung, insbesondere aus den Bereichen Labormedizin, der Pathologie und der bildgebenden Verfahren, stellt keinen Leistungsanteil im Sinn des Satzes 3 dar…"*

Der BGH hatte mit Urteil vom 15.5.2014 (I ZR 137/12, NWB RAAAE-67696, GesR 2014 S. 477) festgestellt, dass die vorstehend zitierte, durch Hervorhebung kenntlich gemachte, wortgleich in der Berufsordnung der LÄK Baden-Württemberg enthaltene Bestimmung insoweit wegen Verstoßes gegen Art. 12 Abs. 1 GG verfassungswidrig war, als die Erbringung medizinisch-technischer Leistungen auf Veranlassung der übrigen Mitglieder als unzulässige Umgehung des Verbots der Zuweisung gegen Entgelt untersagt wurde. Der BGH sah es als ausreichend an, dass das Verbot der Zuweisung gegen Entgelt an anderen Stellen in der Berufsordnung normiert war und die Ärztekammern durch geeignete berufsrechtliche Maßnahmen einem Missbrauch gegensteuern konnten. Der BGH verwies den Rechtsstreit zur erneuten Verhandlung an das OLG Karlsruhe. Dieses stellte fest (Urteil v. 25.2.2015 - 6 U 15/11 [14], GesR 2015 S. 681), dass die Gewinnverteilungsregelung einer Teil-BAG, die allen Gesellschaftern 1 % des Gewinns vorab zuweist und den verbleibenden Gewinn nach Maßgabe der persönlich erbrachten Leistungen verteilt, wegen Verstoßes gegen § 18 Abs. 1 Satz 3 BO-Ärzte Baden-Württemberg unwirksam ist.

Als einen Vorläufer der jetzigen Teil-BAGen könnte man die sog. Leistungserbringergemeinschaft gem. § 15 Abs. 3 BMV-Ä ansehen, auch wenn sie vom rechtlichen Ansatz her eher als Organisationsgemeinschaft zu verstehen ist. Faktisch ist danach im vertragsärztlichen Bereich seit etlichen Jahren für **gerätebezogene Untersuchungsleistungen** vieles von dem möglich, was mit der Teil-BAG in ein anderes Gewand gekleidet wurde – andererseits darf nicht verkannt werden, dass die Leistungserbringergemeinschaft in der Praxis kaum jemals Bedeutung entfaltet hat.

§ 33 Abs. 2 Satz 3 bis 5 Ärzte-ZV erklärt die Teil-BAG auch für den **vertragsärztlichen Bereich** für zulässig; dort heißt es:

„Die gemeinsame Berufsausübung, bezogen auf einzelne Leistungen, ist zulässig, sofern diese nicht einer Umgehung des Verbots der Zuweisung von Versicherten gegen Entgelt oder sonstige wirtschaftliche Vorteile nach § 73 Absatz 7 des Fünften Buches Sozialgesetzbuch dient. Eine Umgehung liegt insbesondere vor, wenn sich der Beitrag des Arztes auf das Erbringen medizinisch-technischer Leistungen auf Veranlassung der übrigen Mitglieder einer Berufsausübungsgemeinschaft beschränkt oder wenn der Gewinn ohne Grund in einer Weise verteilt wird, die nicht dem Anteil der persönlich erbrachten Leistungen entspricht. Die Anordnung einer Leistung, insbesondere aus den Bereichen der Labormedizin, der Pathologie und der bildgebenden Verfahren, stellt keine persönlich erbrachte anteilige Leistung in diesem Sinne dar."

Der Gesetzgeber führte in der Gesetzesbegründung (BT-Drucks. 16/2474 S. 31) aus, dass durch die Beschränkungen sog. **Kick-Back-Konstellationen** verhindert werden sollen. Es ist augenfällig, dass der Wortlaut der Norm nach wie vor der berufsrechtlichen Regelung entspricht, die der BGH in o. g. Urteil vom 15.5.2014 als nichtig eingestuft hat. Das BSG hat in seinem Urteil vom 25.3.2015 (B 6 KA 24/14 R, NWB VAAAF-00082, ZMGR 2015 S. 348, 351) ausdrücklich offengelassen, ob es *„allen Ausführungen des BGH auch in Bezug auf die Regelungen der Ärzte-ZV folgen könnte"*. In der Literatur wird eine Verfassungswidrigkeit der Norm wegen der aus dem Gebot der Finanzierbarkeit des Krankenversicherungssystems abgeleiteten vertragsarztrechtlichen Besonderheit abgelehnt (Rompf, MedR 2015 S. 570, 572; Wigge in Schnapp/Wigge, § 6 Rz. 111; Ladurner, § 33 Ärzte-ZV Rz. 56).

§ 15a Abs. 5 S. 2 BMV-Ä a. F. enthielt eine zusätzliche Einschränkung, wonach die Errichtung einer Teil-BAG nur zulässig war, *„wenn das zeitlich begrenzte Zusammenwirken der Ärzte erforderlich ist, um Patienten zu versorgen, die einer gemeinschaftlichen Versorgung der der Teilberufsausübungsgemeinschaft angehörenden Ärzte bedürfen, und die Ärzte gemeinschaftlich im Rahmen des § 17 Abs. 1a BMV-Ä zur Verfügung stehen."* Das BSG hat indes mit zwei Urteilen vom 25.3.2015 (B 6 KA 21/14 R, NWB VAAAF-00082, ZMGR 2015 S. 354, 358, sowie B 6 KA 24/14 R, ZMGR 2015 S. 348, 353) festgestellt, dass keine Rechtsgrundlage für diese Erschwernis besteht und die Regelung demgemäß nichtig ist. Die Behandlung von Patienten im allgemeinen muss gemeinsam erfolgen (durch Abschluss des Behandlungsvertrages durch die Teil-BAG), nicht aber konkret gemeinschaftlich, d. h. ohne dass beide/alle Ärzte der Teil-BAG bei der Patientenbehandlung zusammen „Hand anlegen".

b) Formalia

Im privatärztlichen Bereich war die Errichtung einer Teil-BAG der zuständigen Ärztekammer zunächst lediglich **anzuzeigen**. Nunmehr verlangt § 18 Abs. 1 S. 5 MBO-Ä die **Vorlage des Gesellschaftsvertrages** bei der Ärztekammer.

Bei kammerübergreifenden Vorhaben ist jeder Gesellschafter verpflichtet, die für ihn zuständige Kammer auf alle am Zusammenschluss beteiligten Ärztinnen und Ärzte hinzuweisen (§ 18 Abs. 6 Satz 2 MBO-Ä).

Die vertragsärztliche Teil-BAG bedarf der **vorherigen Genehmigung** durch den Zulassungsausschuss. In seinem Urteil vom 25.3.2015 (B 6 KA 24/14 R, ZMGR 2015 S. 348, 352) hat das BSG besonders strenge Anforderungen an die Vertragsgestaltung gestellt: *„Die Verträge über die Gründung einer Teil-BAG sind so klar und nachvollziehbar zu gestalten, dass sie ohne Weiteres erkennen lassen, welchen Zwecken die Teil-BAG dienen soll, und dass sie den Zulassungsgremien ohne Weiteres die Prüfung ermöglichen, dass eine Umgehung des Verbots der Zuweisung gegen Entgelt ausgeschlossen ist.“*

Weiter heißt es im Urteil, das verbleibende Unklarheiten zulasten der die Genehmigung der Teil-BAG beantragenden Vertragsärzte gehen. Ferner fordert das BSG in der zitierten Entscheidung, dass bereits dem Gesellschaftsvertrag zu entnehmen sein müsse, *„welche durch die Gebührenziffern des EBM-Ä konkretisierten Leistungen im Einzelnen Gegenstand der teilweisen gemeinsamen Berufsausübung sein sollen.“* Insofern genüge indes eine abstrakte Beschreibung des angestrebten Leistungsangebots ohne Angabe der einzelnen Leistungen oder konkreten Gebührenordnungspositionen.

Sind bei einer in einem KV-Bereich tätigen überörtlichen Teil-BAG mehrere Zulassungsausschüsse zuständig, wird die Zuständigkeit durch die Kassenärztliche Vereinigung und die Landesverbände der Krankenkassen bestimmt. Gehören der Teil-BAG Ärzte aus unterschiedlichen Kassenärztlichen Vereinigungen an, hat die Teil-BAG den Sitz zu wählen, der maßgeblich ist für die Genehmigungsentscheidung sowie die für die gesamte Leistungserbringung dieser überörtlichen Teil-BAG anzuwendenden ortsgebundenen Regelungen. Die Wahl hat jeweils für einen Zeitraum von zwei **Jahren** zu erfolgen (§ 33 Abs. 3 Satz 4 Ärzte-ZV). Das Patientenrecht auf Einholung von Zweitmeinungen außerhalb der Teil-BAG bleibt durch diese unberührt (§ 15a Abs. 5 Satz 2 BMV-Ä).

c) Einige Modelle

Nach der ursprünglichen Anerkennung der Teil-BAGen durch das regionale Kammerrecht wurden im privatärztlichen Bereich Kooperationsmodelle entwickelt, die die heute anzutreffenden restriktiven Vorgaben geradezu provozierten. Die Modelle waren äußerst unterschiedlich und lassen sich im Wesentlichen wie folgt skizzieren:

Ein Laborarzt bot bisherigen und potenziellen Zuweisern die Gründung einer Teil-BAG in der Rechtsform der Partnerschaftsgesellschaft an mit dem Hinweis, dass Analysen des Speziallabors (sog. M III-Leistungen) nicht laborgemeinschaftsfähig, aber sehr wohl von einer Teil-BAG mit dem Laborarzt und Zuweisern als Gesellschafter erbringbar seien. Der umworbene Zuweiser hatte eine Einlage von 50 € zu leisten und wurde ausschließlich an dem Honorar der von ihm initiierten Untersuchungsaufträge – nicht am Gesamtergebnis der Gesellschaft – beteiligt. Eine eigene ärztliche Tätigkeit für die Teil-BAG entfaltete er zudem nicht.

Die Ärzte-Zeitung berichtete seinerzeit, dass in zwei Städten 21 bzw. 27 Ärzte jeweils eine Teil-BAG gebildet hatten. Beteiligt waren Hausärzte, aber auch Fachärzte – z. B. aus den Gebieten Labor, Neurologie, Orthopädie und Gynäkologie. Als Ziel wurde die Förderung der Kooperation unter den beteiligten Ärzten durch gezielte Überweisungen bei individuellen Gesundheitsleistungen (IGeL = Selbstzahlerleistungen) und bei Privatpatienten formuliert. Der Zusammenschluss sollte Klinikambulanzen und Medizinischen Versorgungszentren Patienten abwerben, indem die Zusammenarbeit zwischen Haus- und Fachärzten intensiviert und der Patient auf der ambulanten Schiene geführt statt ins Krankenhaus eingewiesen wurde. Die Initiatoren erwarteten einen zusätzlichen Umsatz von 15.000 € bis 20.000 € für Haus- und bis zu 45.000 € für Fachärzte. Die Gesellschafter der Teil-BAG erbrachten ihre Leistungen mit den Ressourcen ihrer (eigenen) Praxis.

Nicht operative Augenärzte gründeten eine Teil-BAG mit einem operativ tätigen Augenarzt, dem sie bereits in der Vergangenheit Patienten zu Katarakt- und Lasik-Operationen überwiesen hatten. Gesellschaftszweck war **ausschließlich die operative Tätigkeit**. Am Ergebnis der Honorare aus der operativen Tätigkeit waren die Zuweiser mit 10 %, und zwar bezogen auf die jeweils individuell überwiesenen Patienten, beteiligt.

Ein Radiologe und ein Kardiologe verabredeten sich, Kardio-MRT-Leistungen in der Weise durchzuführen, dass der Kardiologe nach entsprechenden Voruntersuchungen die Indikationsstellung vornahm und der Radiologe die Schnittbilddiagnostik durchführte. Die Befundung sollte gemeinsam im Wege der Teleradiologie erfolgen. Das Honorar wurde nach einem Schlüssel, der die hohen Gerätekosten berücksichtigte, aufgeteilt.

d) Gestaltungsmissbrauch

Einem wesentlichen Teil der problematischen bis fast generell unzulässigen Modelle ist gemeinsam, dass die Tätigkeiten eines (Organ-)Facharztes und eines Facharztes der methodendefinierten Fächer (Radiologie, Labor, Pathologie) vergesellschaftet werden sollen. Diese quasi virtuellen BAGen werden immer die Frage auf, was eigentlich Gegenstand gerade der **gemeinsamen Berufsausübung** sein soll. Eine gemeinsame Behandlung sämtlicher Patienten findet oftmals nicht statt. Teilweise ist sie nach Maßgabe der einzelnen Fächerkombinationen noch nicht einmal möglich, so dass sich die Tätigkeit eines Gesellschafters auf die Überweisung seines Patienten beschränken muss, was sicherlich bei gleichzeitiger Ergebnisteilung wegen des Verbots der Zuweisung gegen Entgelt (§ 31 MBO-Ä, § 73 Abs. 7 SGB V, §§ 299a und 299b StGB) unzulässig ist. Ein zulässiger Gesellschaftszweck i. S. von §§ 705 Abs. 1, 729 Abs. 2 BGB liegt dann nicht vor. Dies führt zur **Nichtigkeit des Gesellschaftsvertrages** (§ 134 BGB). Gleichzeitig sind die berufsrechtlichen Vorgaben zur Teil-BAG Marktverhaltensregeln i. S. des UWG (OLG Karlsruhe, Urteil v. 27.6.2012 - 6 U 15/11, MedR 2012 S. 738, mit Anm. K. Scholz), so dass Konkurrenten vor allem Unterlassung verlangen können.

Natürlich gibt es **sinnvolle Gesellschaftsmodelle**, z. B. wenn sich ein Radiologe und ein Kardiologe zur Erbringung von Schnittbilddiagnostik oder ein Laborarzt und ein Endokrinologen zusammenschließen. Ein **Paradebeispiel der Teil-BAG** ist etwa der Zusammenschluss von Ärzten – gleich welcher Fachgebiete auch immer –, die über die gebietsunabhängige Zusatzweiterbildung „Suchtmedizinische Grundversorgung" verfügen, um (nur) im Bereich der Suchtmedizin/Drogensubstitution gemeinsam Leistungen anzubieten.

PRAXISHINWEIS:

Kein Gestaltungsmissbrauch liegt vor, wenn ein Vertragsarzt einen fachgebietsfremden Arzt in zulässiger Weise anstellt (zutreffend *Schroeder-Printzen* in Ratzel/Luxenburger (Hrsg., a. a. O.), Kap. 8 Rz. 728; zur Anstellung ausführlicher S. 394 ff.).

e) Rechtsformen

Zur Bildung einer Teil-BAG stehen den Ärzten die Rechtsformen der BGB-Gesellschaft, der Partnerschaftsgesellschaft sowie – je nach Kammerrecht – der Ärzte-Gesellschaft in der Form der Kapitalgesellschaft zur Verfügung. Das Vertragsarztrecht erkennt indes die juristische Person nicht an, sofern diese nicht als MVZ zugelassen ist. Das BSG hat mit Urteil vom 15.8.2012 (B 6 KA 47/11 R, NWB UAAAE-22110, GesR 2013 S. 91) entschieden, dass eine juristische Person nicht Trägerin einer Vertragsarztpraxis sein kann.

Ist die Teil-BAG in Form einer Partnerschaftsgesellschaft organisiert, gilt bezüglich des Vertragsschlusses prinzipiell nichts anderes. Für Verbindlichkeiten der Partnerschaft haften neben der Partnerschaft mit ihrem Vermögen auch die Partner als Gesamtschuldner; gem. § 8 Abs. 2 Halbsatz 1 PartGG ist die Haftung für Schäden wegen fehlerhafter Berufsausübung neben der Partnerschaft allerdings auf den Partner beschränkt, der innerhalb der Partnerschaft die berufliche Leistung zu erbringen oder verantwortlich zu leiten und zu überwachen hat. Dies ist ein wesentlicher Vorteil, der gerade auf Teil-BAGen zugeschnitten scheint.

f) Gesellschaftsrechtliche Binnenstruktur

Die Teil-BAG ist **BAG.** Von daher ist der Gesellschafterkreis auf Ärzte beschränkt. Die gesetzlichen Vorgaben für die Gestaltung der Binnenstruktur sowohl der BGB-Gesellschaft als auch der Partnerschaftsgesellschaft sind im Wesentlichen dispositiv und können durch den Gesellschaftsvertrag individuell gestaltet werden. So ist es zivilrechtlich grds. zulässig, den Gesellschaftern unterschiedliche Rechte und Pflichten zuzuweisen.

aa) Gesellschaftszweck

Gerade bei Teil-BAGen kommt der **Festlegung des Gesellschaftszwecks** eine besondere Bedeutung zu. Da die Ärzte sich lediglich zur Erbringung einzelner Leistungen zusammenschließen, ist eine Abgrenzung zum Leistungsangebot der „Stammpraxis" besonders wichtig.

Unzureichend ist der Zusammenschluss zwecks Erbringung **lediglich *einer* Leistung**. Die Kooperation kann sich auf Leistungsinhalte erstrecken, die dem Inhalt einer Zusatzweiterbildung entsprechen (BSG, Urteil v. 25.3.2015 - B 6 KA 24/14 R, NWB VAAAF-00082, ZMGR 2015 S. 354, 356). Erbringt einer der Gesellschafter **sein gesamtes Leistungsspektrum** in der Teil-BAG, liegen deren Voraussetzungen nicht mehr vor (BSG, Urteil v. 25.3.2015 - B 6 KA 24/14 R, NWB VAAAF-00082, ZMGR 2015 S. 348, 349). Eine solche „asymmetrische Teil-BAG" ist unzulässig und nicht genehmigungsfähig.

PRAXISHINWEIS:

Es ist unbedingt zu regeln, ob eine Verpflichtung besteht, bestimmte Untersuchungen nicht in der „Stammpraxis", sondern ausschließlich in der Teil-BAG zu erbringen und über diese abzurechnen.

bb) Gesellschafterbeiträge

Jeden Gesellschafter trifft eine **Zweckförderungspflicht** (Beitragspflicht). Bei der Teil-BAG besteht die Förderpflicht primär in der (ärztlichen) Mitwirkung zur Erreichung eines diagnostischen oder therapeutischen Zwecks, also der Patientenbetreuung im weiteren Sinne. Auch im privatärztlichen Bereich ist es – anders als teilweise gefordert – nicht erforderlich, dass bei der Befundung die persönliche Anwesenheit sämtlicher in die Leistungserbringung einbezogener Ärzte gegeben ist. Hiervon unabhängig kann – immer neben der ärztlichen Tätigkeit in einem Mindestumfang (über bloße Zuweisung hinaus) – die Bereitstellung von Ressourcen (Räume, Geräte, Personal) ebenso von der Beitragspflicht umfasst sein wie die Mitwirkung an der Organisation. So kann z. B. ein Gesellschafter verpflichtet sein, die Abrechnung gegenüber den Patienten durchzuführen.

Gesetzlich ist **keine Einlageverpflichtung** vorgesehen. Soweit die Gesellschaftsverträge die Gesellschafter zur Leistung von Mini-Einlagen i. H. von z. B. 50 € verpflichten, im Übrigen jedoch ein umfassender Haftungsausschluss suggeriert wird, spricht das nicht für eine „echte" Teil-BAG, sondern weckt Erinnerungen an Einkaufsgemeinschaften, wie sie im Laborbereich zum Teil jahrelang praktiziert wurden.

cc) Beschlussfassung

In der Personengesellschaft sind grds. die Gesellschafter für die Entscheidung in allen Gesellschafts- und Gesellschafterangelegenheiten zuständig. Je größer die Anzahl der Gesellschafter ist, desto schwieriger kann es im Einzelfall sein, einen Beschluss der Gesellschafter herbeizuführen. Vielfach bietet sich zur Abwicklung des Tagesgeschäfts die **Bildung eines Geschäftsführungsgremiums** an. Dabei darf nicht vergessen werden, dass die Teil-BAG eine mit persönlicher Haftung des einzelnen Gesellschafters verbundene Berufsausübungsgesellschaft ist. Entscheidungen, die in den Kernbereich der Gesellschafterrechte eingreifen – wie insbesondere die Aufnahme weiterer Ärzte als Gesellschafter –, sollten stets der Gesellschafterversammlung vorbehalten bleiben. Ob ein einstimmiger Beschluss bei größeren Teil-BAGen sachgerecht ist, erscheint gleichwohl zweifelhaft.

dd) Geschäftsführungs- und Vertretungsbefugnis

Bei größeren Zusammenschlüssen wird die Geschäftsführung nicht von allen Gesellschaftern gemeinschaftlich ausgeübt werden können. Gesellschaftsvertraglich ist zu regeln, welchem Gesellschafter in welchem Umfang insbesondere Vertretungsmacht eingeräumt wird. Zum Schutz der anderen Gesellschafter wird man mehreren Gesellschaftern gemeinschaftlich auszuübende Vertretungsmacht einräumen und ggf. deren Rahmen bei finanziellen Rechtsgeschäften betragsmäßig begrenzen. Denkbar ist auch die Beauftragung eines Nichtgesellschafters mit der Erledigung der Geschäftsführungstätigkeit.

ee) Vermögensbeteiligung

Für die Ordnungsmäßigkeit der Leistungserbringung und die Abrechnungsfähigkeit sind die Eigentums- und Besitzverhältnisse an den Praxisräumen sowie den eingesetzten medizinisch-technischen Geräten anerkanntermaßen unerheblich.

In vielen Fällen wird die Teil-BAG über **kein wesentliches eigenes medizinisches Anlagevermögen** verfügen. Meist erbringt der einzelne Gesellschafter „seine Leistungen" mit den Ressourcen seiner „Stammpraxis". Größere Einheiten werden möglicherweise über eine separate kaufmännische Organisation verfügen. Gleichwohl dürften sich die insofern zu tätigenden Investitionen im Rahmen halten. Ob ein Arzt hieran vermögensmäßig beteiligt ist, dürfte für seinen gesellschaftsrechtlichen Status unerheblich sein.

Der immaterielle oder ideelle Wert einer ärztlichen Praxis wird regelmäßig verstanden als die Chance, mit dem Ansehen und dem guten Ruf der Einrichtung Patienten zu werben und hierdurch Einkommen zu erzielen. Naturgemäß liegen bisher keine Erkenntnisse zur Marktfähigkeit von Teil-BAGen vor. Es ist aber zu bezweifeln, dass es der typischen Teil-BAG gelingt, bei den Patienten als eigenständiges Rechtssubjekt mit der für die Entstehung eines „Goodwill" gebotenen Deutlichkeit wahrgenommen zu werden. Dies gilt insbesondere dann, wenn die einzelnen Ärzte die ärztlichen Leistungen in ihrer angestammten Praxis erbringen. Dann kann ggf. der ideelle Wert dieser Praxis von der Einbindung in die Teil-BAG profitieren, ohne dass ein eigenständiger immaterieller Wert der Teil-BAG entsteht.

ff) Ergebnisverteilung

Bei Überprüfung der rechtlichen Zulässigkeit von Kooperationsmodellen kommt den **finanziellen Regelungen eine zentrale Bedeutung** zu, da bei kaum einem anderen Punkt unlautere Motive deutlicher zutage treten. Die gerechte Ergebnisverteilung stellt – auch bei zulässigen Vorhaben – einen der schwierigsten Aspekte bei der Abfassung des Gesellschaftsvertrages dar. Der Gestaltungsrahmen wird einerseits vom Grundsatz der Vertragsfreiheit (vgl. § 708 BGB für die GbR) und andererseits von berufsrechtlichen Vorgaben wie dem **Verbot der Zuweisung gegen Entgelt** (§ 31 MBO-Ä) geprägt. Allerdings ist es natürlich schwieriger, gesellschaftsrechtlich korrekt als „Gewinnzuweisung" bezeichnete Zahlungen als kaschierte unzulässige Zuwendungen zu entlarven (hierzu BSG, Urteil v. 25.3.2015 - B 6 KA 24/14 R, NWB VAAAF-00082, ZMGR 2015 S. 348, 352). Vereinbaren die Gesellschafter einer GbR keine Regelung zur Ergebnisverteilung, ist die Zweifelsregelung des § 709 Abs. 3 BGB anzuwenden.

Nach der Vorstellung der BÄK richtet sich die typische Ergebnisverteilung einer BAG vorrangig nach einem klaren prozentualen Verteilungsschlüssel. Diese Annahme ist sicherlich für viele BAGen passend. Es ist jedoch festzustellen, dass diese statische Regelung häufig durch eine Vielzahl anderer – mehr oder weniger leistungsbezogener – Faktoren wie z. B. individuell erwirtschafteter Umsatz, zeitlicher Einsatz, Übernahme von Geschäftsführungsaufgaben oder Tätigkeitsvergütungen ergänzt oder ersetzt wird und teilweise auch ersetzt werden muss, will man eine für die konkrete BAG passende Regelung finden.

Gegen eine prozentuale Ergebnisverteilung sind grds. keine Einwände zu erheben, sofern sie die Beiträge der einzelnen Gesellschafter zur Förderung des Gesellschaftszwecks zutreffend abbildet. Und auch im Rahmen einer (Teil-)Berufsausübungsgemeinschaft ist die Ergebnisverteilung nach Maßgabe der individuell erbrachten ärztlichen

Leistungen unproblematisch. Jedenfalls für die Konstellation des Zusammenschlusses von Zuweisern und Zuweisungsempfängern hat das BSG in zwei Urteilen vom 25.3.2015 (B 6 KA 21/14 R und B 6 KA 24/14, GesR 2015 S. 614 und S. 617, mit Anm. Ratzel) klare Vorgaben gemacht:

„Besonders für den Fall einer Teil-BAG zwischen Zuweisern und Operateuren - aber auch darüber hinaus" (mithin ausdrücklich für jede (!) konservativ und operativ tätige BAG), gilt, *„dass ... sichergestellt sein muss, dass die nichtoperativ tätigen Ärzte am Gesamtergebnis (nur) in dem Verhältnis beteiligt werden, in welchem der Wert der von ihnen erbrachten Leistungen zum Wert der Gesamtleistungen steht ... Verzichten die von der Zuweisung profitierenden Ärzte* ***ohne sachlichen Grund*** *auf Gewinn, erhöht sich hierdurch – unzulässiger Weise – der Gewinnanteil der zuweisenden Gesellschafter"*.

Nichtoperativ tätige Ärzte sind danach bei einer Teil-BAG mit Operateuren am Gesamtergebnis grds. nur in dem Verhältnis zu beteiligen, in welchem der Wert der von ihnen erbrachten prä- und postoperativen Leistungen zum Wert der Gesamtleistungen steht. Aber. Da mit dem ärztlichen Honorar die Praxiskosten und somit auch der Investitionsaufwand abgegolten wird (vgl. § 4 Abs. 3 GOÄ), kann der Umstand der persönlichen finanziellen Beteiligung auch im Rahmen einer leistungsbezogenen Gewinnverteilung berücksichtigt werden. Die **Anordnung** einer Leistung – insbesondere, aber nicht ausschließlich aus den Bereichen der Labormedizin, der Pathologie sowie der bildgebenden Verfahren – darf gemäß § 18 Abs. 1 Satz 3 MBO-Ä, § 33 Abs. 2 Satz 5 Ärzte-ZV jedoch ausdrücklich kein gewinnverteilungsrelevantes Kriterium darstellen.

Im Rahmen der Ergebnisverteilung einer Teil-BAG kann selbstverständlich berücksichtigt werden, wenn ein Gesellschafter Geschäftsführungsaufgaben übernimmt (vgl. hierzu Wigge in Schnapp/Wigge, § 6 Rz. 110) oder er der Gesellschaft bestimmte Ressourcen zur Verfügung stellt. Oftmals wird die Ressourcenüberlassung durch Gewährung eines Vorabgewinns erfasst, so dass lediglich der bereinigte Gewinn nach Maßgabe des vereinbarten Schlüssels zur Verteilung gelangt.

Nicht auf ein wirklich gewolltes Gesellschaftsverhältnis, sondern vielmehr auf eine – unzulässige – Kick-Back-Beziehung deuten Regelungen hin, wonach der „überweisende" Gesellschafter unabhängig vom wirtschaftlichen Gesamtergebnis der Teil-BAG stets einen bestimmten prozentualen Anteil des durch seine „Überweisung" ausgelösten Rechnungsbetrages als Gewinn erhält.

g) Außenauftritt

Gemäß § 18a Abs. 1 MBO-Ä sind bei BAGen die **Namen und Arztbezeichnungen aller beteiligten Ärzte anzukündigen**. Dies gilt für Praxisschilder (am jeweiligen Ort der „Teil-"Leistungserbringung) und für alle sonstigen Erscheinungsformen eines Außenauftritts wie z. B. Briefbögen, Praxisstempel, Homepage der Teil-BAG. Man kann sich leicht vorstellen, dass insbesondere bei größeren überörtlichen Teil-BAGen erheblicher bürokratischer und finanzieller Aufwand entstehen kann. Umgehungsversuche, diesen Aufwand durch Phantasienamen oder Bezeichnungen wie „Dr. A. und Partner" zu vermeiden, sind unzulässig, sofern nicht die Namen sämtlicher Gesellschafter aufgeführt werden.

h) Behandlungsvertrag

Bei Teil-BAGen in der Rechtsform einer GbR wird der Behandlungsvertrag gem. § 630a Abs. 1 BGB i. d. R. mit der Gesellschaft geschlossen, es sei denn, der Patient erklärt vor Beginn der Behandlung, den Arztvertrag nur mit einem der Ärzte schließen zu wollen. Wenn der Arzt dies akzeptiert, kommt der Behandlungsvertrag nur mit ihm zustande. In diesem Falle haftet nur er, nicht die Gesellschaft. Diese Fallvariante dürfte im Rahmen einer Teil-BAG aber keine große Rolle spielen.

i) Abrechnung

Abrechnungstechnisch bedeutet dies, dass die privatärztlichen Leistungen nach Maßgabe der GOÄ von der Teil-BAG abgerechnet werden müssen. Die Teil-BAG kann sich zu den üblichen Bedingungen einer Verrechnungsstelle bedienen. Der **Grundsatz der persönlichen Leistungserbringung** gilt auch in einer Teil-BAG.

Setzt die Erbringung und Abrechnung einer Leistungsposition eine **bestimmte Fachkunde** voraus, muss bei einem (zulässigen) Leistungssplitting jeder der an der Leistungserbringung beteiligten Gesellschafter über diese Fachkunde verfügen.

Im BMV-Ä finden sich keine Vorgaben zur Abrechnung von Leistungen der Teil-BAG. Entsprechende Regelungen existieren aber auf regionaler Ebene.

j) Haftung, Versicherung

Sämtliche Ärzte einer Teil-BAG haften gegenüber den Patienten gesamtschuldnerisch. Das gilt bei einer Teil-BAG in der Form der **GbR** unabhängig von der Art der Leistung bzw. unabhängig von der Qualifikationsgebundenheit der Leistung, so dass auch für nicht austauschbare Leistungen eine Mithaftung aller Gesellschafter besteht, ob sie über die Qualifikation verfügen oder nicht.

Den Gesellschaftern einer **Partnerschaftsgesellschaft** kann das Haftungsprivileg des § 8 Abs. 2 PartGG zu Gute kommen, also nur derjenige Gesellschafter haften, der die Behandlung durchgeführt hat.

Dort, wo die Ausübung ambulanter Heilkunde in Form einer **juristischen Person des Privatrechts** erlaubt ist, kommt der Vertrag mit dieser zustande. Sie haftet alleine aus Vertrag. Die deliktsrechtliche Verantwortlichkeit des handelnden Arztes bleibt unberührt.

PRAXISHINWEIS:

Im Hinblick auf die Berufshaftpflichtversicherung ist dringend anzuraten, dass jeder Gesellschafter seinen Eintritt in die Teil-BAG seiner Versicherung unter Angabe der übrigen Gesellschafter und ihres Risikospektrums meldet, weil es sich aus den o. g. Gründen um eine Gefahrerhöhung handelt. Meldet der Arzt seinen Eintritt in die Teil-BAG nicht, riskiert er im Schadensfall seinen Versicherungsschutz wegen Obliegenheitsverletzung. Haben die Haftpflichtversicherungen der jeweiligen Teilgemeinschaftsgesellschafter unterschiedliche Bedingungen oder auch Deckungssummen bzw. versicherte Risiken, sind im Schadensfall Konflikte mit den betroffenen Versicherungsgesellschaften vorprogrammiert. Dieses Problem könnte nur durch einen einheitlichen Berufshaftpflichtversicherungsvertrag aller Teilgemeinschaftsgesellschafter bei einem Versicherungsunternehmen gelöst werden.

k) §§ 299a, 299b StGB

Vielen **Teil-BAGen** haftet – wie erläutert – der Makel der Berufsrechtswidrigkeit und neuerdings auch der Strafbarkeit gem. §§ 299a, 299b StGB an. Nicht jeder Verstoß gegen die skizzierten Vorgaben zur Errichtung einer Teil-BAG führt aber automatisch zu einer Strafbarkeit. In jedem Einzelfall gilt es vielmehr, die konkrete **Unrechtsvereinbarung** zu erfassen und nachzuweisen.

2. Steuerliche Aspekte

Literatur: *Karsten*, Steuerliche Fragen der kooperativen Leistungserbringung am Modell der Teilgemeinschaftspraxis, SchadeBrief September/Oktober 2005, 14. Jahrgang S. 4; *Gragert/Wichert*, Abgrenzung gewerblicher Einkünfte von Einkünften aus selbständiger Arbeit, NWB 2008 S. 2229; *Ratzel/Möller/Michels*, Die Teilgemeinschaftspraxis, MedR 2006 S. 377; *Röhrig*, Ertragsteuerliche Hinweise zu den freiberuflichen Einkünften, EStB 2011 S. 377; *Marfels*, Unbeachtlichkeit des Verschuldens bei Änderung eines Gewinnfeststellungsbescheids, AO-StB 2021 S. 46.

a) Allgemeine steuerliche Grundsätze

Die Teilberufsausübungsgemeinschaft als Sonderform der BAG unterliegt den gleichen **steuerlichen Grundsätzen wie die BAG**. Ist die Teilberufsausübungsgemeinschaft von der Intention getragen, gemeinschaftlich einen Gewinn zu erzielen, führt dies zu einer Beteiligung des Arztes an einer (weiteren) gesonderten **Mitunternehmerschaft**. Ist ein Arzt sowohl an einer BAG wie auch an einer weiteren Teilberufsausübungsgemeinschaft beteiligt, erzielt er aus beiden Gesellschaften Einkünfte aus selbständiger Arbeit, soweit die Gesellschaften die Voraussetzungen für eine freiberufliche Tätigkeit i. S. des § 18 EStG erfüllen (vgl. S. 94 ff.). Durch das Auftreten nach außen und die nachhaltige Tätigkeit zur Erzielung von Einnahmen entsteht durch den Zusammenschluss der Ärzte zur Teilberufsausübungsgemeinschaft **umsatzsteuerlich ein selbständiges gesondertes Unternehmen**.

Die steuerlich besonders relevanten **Fragestellungen** ergeben sich im Zusammenhang mit

- der **Gewinnverteilung** (Gewerblichkeitsrisiko) und
- den **Leistungsbeziehungen zwischen den Gesellschaftern und der Teilberufsausübungsgemeinschaft.**

b) Gewinnverteilung

Gerade weil bei der Teilberufsausübungsgemeinschaft häufig Ärzte verschiedener Fachrichtungen miteinander kooperieren, erfordert die Ausgestaltung einer angemessenen betrieblich veranlassten Gewinnverteilung bei der Teilberufsausübungsgemeinschaft eine erhöhte Aufmerksamkeit. Gegenüber der BAG besteht insoweit ein besonderes Risiko der Gewerblichkeit.

Für die Abgrenzung der gewerblichen von den freiberuflichen Einkünften bei interprofessionellen Partnerschaftsgesellschaften und Sozietäten zwischen Steuerberatern, Rechtsanwälten und Wirtschaftsprüfern vertritt die Finanzverwaltung die Auffassung, dass eine freiberufliche Tätigkeit grds. durch die Personenbezogenheit der erbrachten Leistung gekennzeichnet ist (sog. „**Höchstpersönlichkeit der Einkünfteerzielung**"). Durch die gemeinschaftliche Gewinnerzielungsabsicht werden im Rahmen einer interprofessionellen Gesellschaft Gewinne unterschiedlicher freiberuflich tätiger Berufsgruppen gemeinsam erzielt, so dass im Einzelfall ein Berufsträger an Gewinnen aus einer Tätigkeit beteiligt wird, die ihm selbst nicht gestattet ist. Eine berufsgruppenbezogene Gewinnverteilung wird allerdings nicht zwingend vorgeschrieben, solange in Bezug auf Kapitalbeteiligung und Arbeitsleistung keine unangemessene Gewinnverteilung vorliegt. Eine Gewinnverteilung nach Köpfen, nach Leistung, nach Kapitaleinsatz einschließlich der Berücksichtigung eines eingebrachten Firmenwertes oder Kundenstammes in die Gesellschaft sind also denkbar, ohne dass die Gesellschaft unmittelbar gewerblich wird. Etwas anderes gilt aber dann, wenn ein Gesellschafter zwar Freiberufler, aber ohne eigenen Tätigkeitsbeitrag nur kapitalmäßig beteiligt ist. Dies führt zur Gewerblichkeit der Einkünfte der Mitunternehmerschaft. Bei dem Tätigkeitsbeitrag muss es sich nicht um eine hauptberufliche Tätigkeit handeln, es muss auch nicht jeder Gesellschafter im gleichen Umfang leitend und eigenverantwortlich tätig sein, aber andererseits reicht auch eine bloße Beschaffung von Aufträgen nicht aus (OFD Hannover v. 1.7.2007 - G 1401 – 24 – StO 252, DStR 2007 S. 1628; vgl. auch FG Düsseldorf, Urteil v. 13.1.2005 - 16 K 4282/02 F, EFG 2005 S. 1350). Gleiches gilt nach Auffassung der Finanzverwaltung z. B., wenn ein an einer interprofessionellen Freiberufler-Personengesellschaft beteiligter Volks- oder Betriebswirt dort lediglich kaufmännische Leitungsaufgaben oder sonstige Managementtätigkeiten übernimmt und daher nicht beratend und damit nicht freiberuflich tätig ist (vgl. H 15.6 EStH, Anhang 13 I „Gesellschaft").

Diese steuerlichen Grundsätze zu interprofessionellen freiberuflichen Mitunternehmerschaft sollten zur Vorsicht auch bei der Ausgestaltung der Gewinnverteilungsabrede einer Teilberufsausübungsgemeinschaft Berücksichtigung finden. Es fehlt zwar an einer klaren Aussage, ob Gemeinschaften von Ärzten unterschiedlicher Fachrichtungen als „interprofessionell" anzusehen sind, es bleibt aber festzustellen, dass auch in diesem Fall Mitunternehmer partnerschaftlich zusammenarbeiten, denen im Einzelfall die Tätigkeit des anderen Partners nicht erlaubt ist.

Diese Probleme verstärken sich in den Fällen der **Teilberufsausübungsgemeinschaft zwischen Ärzten** und deren „klassischen **Zuweisern**". Hier muss zudem aus steuerlicher Sicht – neben den arztrechtlichen Fragestellungen (vgl. S. 189 ff.) – darauf geachtet werden, dass sich die Gewinnanteile der beteiligten zuweisenden Ärzte nicht darauf beschränken, die Zuweisungen als entscheidende Tätigkeit abzugelten. Die **bloße Beschaffung von Patienten** (i. S. von Aufträgen) für die Teilberufsausübungsgemeinschaft dürfte im Einzelfall als Tätigkeitsbeitrag nicht ausreichen, eine freiberufliche Betätigung des zuweisenden Arztes im Rahmen der Teilberufsausübungsgemeinschaft anzunehmen (Wacker in Schmidt, EStG 43. Aufl. 2024, § 18 Rz. 43, m. w. N.). Es ist daher in diesen Fällen empfehlenswert, einen ausreichenden Zusammenhang zwischen der ärztlichen Tätigkeit des Gesellschafters im Rahmen der Teilberufsausübungsgemeinschaft und der Gewinnverteilung herzustellen und die tatsächliche ärztliche Tätigkeit des Gesellschafters zu dokumentieren.

PRAXISHINWEIS:

Es empfiehlt sich bei komplexeren Teilberufsausübungsgemeinschaften die Gewinnermittlung – soweit praktikabel – mit einer Kostenstellenrechnung zu verbinden. Auf diese Weise kann eine detaillierte Gewinnverteilung ausgestaltet werden, bei der allerdings auch die Leistungen der einzelnen Gesellschafter (Risiko, Kapitaleinsatz, Arbeitseinsatz, Geräteeinsatz) Berücksichtigung finden sollten.

c) Ertragsteuerliche Beurteilung der Leistungsbeziehungen

Die Teilberufsausübungsgemeinschaft kann zur Erbringung ihrer Leistungen

- eigene Geräte, eigenes Material und Personal besitzen,
- in unentgeltlichen Leistungsbeziehungen zu den beteiligten Gesellschaftern/Praxen stehen,
- in entgeltlichen Leistungsbeziehungen zu den beteiligten Gesellschaftern/Praxen stehen.

aa) Eigene Geräte, eigenes Material und Personal

Setzt die Teilberufsausübungsgemeinschaft zur Erbringung ihrer Leistungen eigene Ressourcen (Geräte/Material/Personal) ein, entstehen hierdurch **keine Leistungsbezie-**

hungen zwischen den Praxen der Gesellschafter der Teilberufsausübungsgemeinschaft und der Teilberufsausübungsgemeinschaft. Die Abgeltung der Tätigkeit der Gesellschafter erfolgt über die Gewinnverteilung und ist steuerlich im Sinne einer Leistungsbeziehung unbeachtlich. Der Wert der eigenen Arbeitsleistung des Arztes ist für sich nicht entnahmefähig (BFH, Urteil v. 9.7.1987 - IV R 87/85, BStBl 1988 II S. 342).

bb) Unentgeltliche Leistungsbeziehungen zu den beteiligten Gesellschaftern/Praxen

In einer Vielzahl der Fälle wird die Teilberufsausübungsgemeinschaft zur Erbringung ihrer Leistungen die Ressourcen (Geräte/Material/Personal) der beteiligten Gesellschafter/Praxen einsetzen. Sofern dies unentgeltlich, d. h. über die allgemeine Gewinnbeteiligung erfolgt, liegt ertragsteuerlich auf Ebene der abgebenden Praxis eine **Nutzungsentnahme** vor und korrespondierend erfolgt eine gewinnmindernde Berücksichtigung der **angefallenen Aufwendungen als Sonderbetriebsausgaben bei der Teilberufsausübungsgemeinschaft** (BFH, Beschluss v. 26.10.1987 - GrS 2/86, BStBl 1988 II S. 348); dabei wird unterstellt, dass das Wirtschaftsgut **zu mehr als 50 % von der Praxis des Mitglieds** genutzt wird.

Wird das Wirtschaftsgut dagegen zu **mehr als 50 % in der Teilberufsausübungsgemeinschaft** genutzt, so ist es aufgrund der überwiegenden Nutzung durch die Teilberufsausübungsgemeinschaft insgesamt dem Sonderbetriebsvermögen des betreffenden Mitunternehmers bei der Teilberufsausübungsgemeinschaft zuzurechnen. In diesem Falle liegt hinsichtlich der durch die Nutzung des Wirtschaftsgutes in der Praxis des Mitglieds verursachten Aufwendungen auf der Ebene der Teilberufsausübungsgemeinschaft eine Nutzungsentnahme vor und korrespondierend eine gewinnmindernde Berücksichtigung dieser Aufwendungen als Betriebsausgaben bei der Praxis (OFD Koblenz v. 13.12.2006 - S 2241 A – St 31 1, NWB BAAAC-36621, UR 2007 S. 391; OFD Niedersachsen v. 15.11.2010 - S 2246-57-St 221/St 222, NWB MAAAD-57544, ESt-Kartei ND § 18 EStG Nr. 2; OFD Frankfurt a. M. v. 17.8.2016 - S 2241 A-94-St 213, NWB OAAAF-81389, DStR 2016 S. 2591).

PRAXISHINWEIS:

Insbesondere im Falle von Teilberufsausübungsgemeinschaften mit unentgeltlicher Nutzung der Ressourcen der Gesellschafter ist **verfahrensrechtlich zu beachten**, dass entsprechende Betriebsausgaben **vorrangig als Sonderbetriebsausgaben** des Gesellschafters zur Teilberufsausübungsgemeinschaft erklärt werden müssen. Lassen sich die Betriebsausgaben nicht konkret ermitteln, ist eine sachgerechte Schätzung durchzuführen. Dies sollte beachtet und im Rahmen der Bearbeitung der Feststellungserklärung der Teilberufsausübungsgemeinschaft ausdrücklich vom steuerlichen Berater abgefragt werden.

Im Notfall ist allerdings zu beachten, dass nach Auffassung des BFH § 173 Abs. 1 Nr. 2 Satz 2 AO gem. § 181 Abs. 1 Satz 1 AO sinngemäß auf einen Gewinnfeststellungsbescheid für eine Personengesellschaft auch dann anzuwenden ist, wenn sich eine gegenläufige Änderung (§ 173 Abs. 1 Nr. 1 AO) aus einem anderen Bescheid (z. B. dem Einkommensteuerbescheid für einen feststellungsbeteiligten Gesellschafter) ergibt (BFH, Urteil v. 10.9.2020 - IV R 6/18, BStBl 2021 II S. 197). Das grobe Verschulden am nachträglichen Bekanntwerden von Sonderbetriebsausgaben ist insofern unbeachtlich, wenn zuvor die als Betriebsausgaben in den Praxen der Gesellschafter angesetzten Aufwendungen in einem Änderungsbescheid nicht mehr anerkannt werden. Unerheblich ist nach dieser BFH-Entscheidung, dass die gegenläufigen steuererhöhenden Tatsachen sich in einem anderen Bescheid als dem Gewinnfeststellungsbescheid der Teilberufsausübungsgemeinschaft auswirken (vgl. Marfels, AO-StB 2021 S. 46).

cc) Entgeltliche Leistungsbeziehungen zu den beteiligten Gesellschaftern/Praxen

Überlässt die Praxis eines Gesellschafters Ressourcen (Geräte/Material/Personal) an die Teilberufsausübungsgemeinschaft gegen ein gesondertes Entgelt, ist diese Leistung **originär keine freiberufliche ärztliche Tätigkeit**, kann aber im Einzelfall subsidiär zu Einkünften aus § 18 EStG führen.

Auch wenn das Entgelt lediglich dazu dient, die tatsächlichen Selbstkosten (anteilige Gesamtaufwendungen) der Praxen zu ersetzen, kann dies **trotz des Fehlens einer Gewinnerzielungsabsicht** zu **gewerblichen Einkünften** führen. Gemäß § 15 Abs. 3 Nr. 1 Satz 2 EStG gilt die Abfärbung nach § 15 Abs. 3 Nr. 1 Alt. 1 EStG aus einer gewerblichen Tätigkeit unabhängig davon, ob aus der Tätigkeit ein Gewinn oder Verlust erzielt wird.

Es entstehen allerdings im Falle einer entgeltlichen Überlassung nicht zwangsläufig gewerbliche Einkünfte. So führt nach Auffassung der Finanzverwaltung die **entgeltliche Überlassung medizinisch-technischer Großgeräte mit Gewinnaufschlag** dann nicht zu gewerblichen Einkünften, wenn mit der Überlassung keine Zusatzleistungen, z. B. die Gestellung von Verbrauchsmaterialien oder Personal zur Bedienerunterstützung, verbunden sind (OFD Rheinland v. 2.2.2006 - Kurzinformation Einkommensteuer Nr. 9/2006, NWB HAAAB-76669, DB 2006 S. 304; vgl. allerdings zur Unschädlichkeit einer technischen Unterstützung bei der Bedienung durch geschultes Personal im Rahmen einer entgeltlichen Überlassung medizinischer Großgeräte im Rahmen des Mammographie-Screenings OFD Rheinland v. 20.11.2007 - Kurzinformation Einkommensteuer Nr. 76/2007 S 2246 – St 157, NWB UAAAC-64373, n.v.; vgl. auch OFD Berlin v. 18.8.1998 - St 443-S 2246-2/86, EStG-Kartei BE § 18 EStG Nr. 1007 II). Auch wenn sich die Aussage der Finanzverwaltung auf medizinisch-technische Großgeräte beschränkt, dürfte die Auffassung auch auf **andere reine Geräteüberlassungen** (im Sinne einer Vermietung von Sachinbegriffen oder einzelner beweglicher Wirtschaftsgüter) **und reine Untervermietungen mangels einer originären gewerblichen Betätigung** übertragbar sein (Ratzel/Möller/Michels, MedR 2006 S. 377). Jedenfalls ist es notwendig, zunächst die in Betracht kommende Einkunftsart dahingehend zu klären, ob originär die Verpachtung von Sachinbegriffen gem. § 21 Abs. 1 Satz 1 Nr. 2 EStG vorliegt, welche bei der reinen Überlassung einer Praxiseinrichtung gegeben sein könnte (vgl. BFH, Urteil v. 28.10.2008 - IX R 51/07, NWB KAAAD-02199, BFH/NV 2009 S. 157).

Liegen keine gewerblichen Einkünfte vor, führt die Behandlung der Geräte als Betriebsvermögen, das einer selbständigen Tätigkeit dient, subsidiär (§ 21 Abs. 3, § 22 Nr. 3 EStG) zu Einkünften aus § 18 EStG. Jedenfalls können nach der hier vertretenen Auffassung Einkünfte aus der Verpachtung von Sachinbegriffen gem. § 21 Abs. 1 Satz 1 Nr. 2 EStG einer Personengesellschaft nicht zu einer Abfärbung nach § 15 Abs. 3 Nr. 1 Alt. 1 EStG auf eine ansonsten nach § 18 EStG freiberuflich tätige Personengesellschaft führen (a. A. offenbar Gragert/Wichert, die die entgeltliche Nutzungsüberlassung von Praxisräumen im Rahmen des Mammographie-Screenings aus ertragsteuerlicher Sicht tendenziell als eine gewerbliche Tätigkeit beurteilen, NWB 2008 S. 2229 ff., unter I.b.bb).

Beschränkt sich die Leistung der Praxis des Gesellschafters nicht auf eine reine Geräteüberlassung oder Untervermietung, sondern werden **Zusatzleistungen** (Gestellung von Verbrauchsmaterialien oder Personalgestellung zur Bedienerunterstützung) erbracht, liegen im Einzelfall **originäre gewerbliche Einkünfte** vor. Erfolgt die Überlassung durch eine Mitunternehmerschaft (z. B. eine Berufsausübungsgemeinschaft), ist § 15 Abs. 3 Nr. 1 EStG (Abfärbetheorie) zu beachten.

PRAXISHINWEIS:

Auch wenn die Geräteüberlassung mit Gewinnzuschlag möglicherweise nicht zu gewerblichen Einkünften und damit nicht zu einer gewerblichen Abfärbung führt, ist in der Praxis gleichwohl aus Gründen der steuerlichen Sicherheit im Einzelfall eine **unentgeltliche Überlassung eindeutig zu bevorzugen**. Gegebenenfalls kann dieser Kapitaleinsatz im Rahmen der variablen Gewinnverteilung angemessen berücksichtigt werden.

d) Gewerbesteuerrisiken aus doppelstöckiger Personengesellschaft

Beteiligt sich eine BAG als Gesellschafter an einer Teilberufsausübungsgemeinschaft, sind die Grundsätze der doppelstöckigen Personengesellschaft zu beachten (vgl. ausführlich S. 192 f.).

Werden insofern nicht sämtliche Gesellschafter der beteiligten BAG auch freiberuflich in der Teilberufsausübungsgemeinschaft tätig, kann dies infolge der mittelbar rein kapitalistischen Beteiligung dazu führen, dass die Teilberufsausübungsgemeinschaft Einkünfte aus Gewerbebetrieb erzielt. Zudem würden dann die gewerblichen Beteiligungseinkünfte der BAG aus der Beteiligung an der Teilberufsausübungsgemeinschaft zu einer gewerblichen Abfärbung auf die gesamte BAG nach § 15 Abs. 1 Satz 1 Nr. 2 Alt. 2 EStG führen.

e) Umsatzsteuerliche Beurteilung der Leistungsbeziehungen

Auch für die umsatzsteuerliche Beurteilung ist für die Teilberufsausübungsgemeinschaft zu unterscheiden, ob diese zur Erbringung ihrer Leistungen

- eigene Geräte, eigenes Material und Personal besitzen,
- in unentgeltlichen Leistungsbeziehungen zu den beteiligten Gesellschaftern/Praxen stehen,
- in entgeltlichen Leistungsbeziehungen zu den beteiligten Gesellschaftern/Praxen stehen.

aa) Eigene Geräte, eigenes Material und Personal

Setzt die Teilberufsausübungsgemeinschaft zur Erbringung ihrer Leistungen eigene Ressourcen (Geräte/Material/Personal) ein, entstehen hierdurch **keine umsatzsteuerlich relevanten Leistungsbeziehungen**.

bb) Unentgeltliche Leistungsbeziehungen zu den beteiligten Gesellschaftern/Praxen

Tritt ein Gesellschafter in Leistungsbeziehungen zu seiner Gesellschaft, steht es ihm umsatzsteuerlich frei, diese als **nichtsteuerbaren Gesellschafterbeitrag** (unentgeltlich) oder als umsatzsteuerlich relevanten Leistungsaustausch (entgeltlich) auszugestalten (Abschnitt 1.6 Abs. 7 UStAE; vgl. ausführlich S. 184 ff.). Steht der Gesellschafter zu der Teilberufsausübungsgemeinschaft in einer unentgeltlichen Leistungsbeziehung, liegt auf dieser Ebene kein umsatzsteuerbarer Sachverhalt vor.

Wenn die überlassenen Ressourcen (Geräte/Material/Personal) allerdings zum umsatzsteuerlichen Unternehmensvermögen der überlassenden Praxis gehören, sind die Leistungsbeziehungen daneben auch auf dieser Ebene zu beurteilen. Entscheidend ist, ob die Überlassung aus Sicht der abgegebenen Praxis aus deren unternehmerischen Gründen erfolgt. Erfolgt die Überlassung nicht aus unternehmerischen Gründen, sondern für Zwecke, die außerhalb des Unternehmens liegen, sind dann die weiteren Voraussetzungen für die Annahme einer **unentgeltlichen Wertabgabe** nach § 3 Abs. 9a UStG zu prüfen.

Die Gründe, die für eine **unternehmerische Veranlassung** der unentgeltlichen Leistung seitens der abgebenden Praxis sprechen, können vielfältig sein (Ratzel/Möller/Michels, MedR 2006 S. 377):

- Die Kooperation eröffnet die Möglichkeit der Zuweisung von Patienten ohne das Risiko, den Patienten zu verlieren.
- Eine fachübergreifende Zusammenarbeit unter gemeinsamen Namen wird möglich und entwickelt damit eine Multiplikatorwirkung durch einen höheren Bekanntheitsgrad, d. h. Marketing i. S. der Gewinnung neuer Patienten für die eigene Praxis.
- Eine Erweiterung des Leistungsangebotes und eine Verbesserung der Honorarsituation auch der eigenen Praxis kann erreicht werden.

- Die Teilberufsausübungsgemeinschaft kann zudem ein erster Schritt in eine weitere enge Zusammenarbeit zwischen den Gesellschaftern der Teilberufsausübungsgemeinschaft sein.

Daneben sind auch Parallelen zum Leistungsaustausch bei Arbeitsgemeinschaften des Baugewerbes erkennbar, so dass die hierzu entwickelten Grundsätze (Abschnitt 1.6 Abs. 8 UStAE) auch in dem Fall der Teilberufsausübungsgemeinschaft Anwendung finden könnten.

Verneint man unternehmerische Gründe für die Überlassung und unterstellt im Grundsatz eine unentgeltliche Wertabgabe, ist zu unterscheiden, ob diese in der Überlassung von Gegenständen (Geräten) oder anderen sonstigen Leistungen (z. B. Personalgestellung) besteht. Handelt es sich um Mischleistungen, ist dabei zunächst zu klären, ob die Leistung einheitlich oder getrennt beurteilt werden muss (Abschnitt 3.10 UStAE).

Besteht die Leistung in der **Überlassung von Gegenständen**, ist für die Annahme einer unentgeltlichen Wertabgabe nach § 3 Abs. 9a Nr. 1 UStG weitere Voraussetzung, dass der Gegenstand zum **vollen oder teilweisen Vorsteuerabzug** berechtigt hat. Solange die Gegenstände ausschließlich zur Erbringung umsatzsteuerfreier ärztlicher Leistungen ohne Berechtigung zum Vorsteuerabzug eingesetzt wurden, liegt damit keine unentgeltliche Wertabgabe vor. Erst wenn die Gegenstände auch für umsatzsteuerpflichtige Umsätze verwendet wurden – was nicht generell auszuschließen ist –, liegt eine unentgeltliche Wertabgabe vor, die einer sonstigen Leistung gegen Entgelt gleichgestellt ist.

Die **Personalgestellung** für nicht unternehmerische Zwecke zulasten des Unternehmens ist **grds. eine steuerbare Wertabgabe** nach § 3 Abs. 9a Nr. 2 UStG (Abschnitt 3.4 Abs. 5 UStAE).

PRAXISHINWEIS:

Die unentgeltlichen Wertabgaben nach § 3 Abs. 9a Nr. 2 UStG (unentgeltliche Erbringung einer anderen sonstigen Leistung) verlangt anders als die unentgeltliche Wertabgabe nach § 3 Abs. 9a Nr. 1 UStG (unternehmensfremde Verwendung eines dem Unternehmen zugeordneten Gegenstands) keine Berechtigung zum vollen oder teilweisen Vorsteuerabzug und gehört auch zum Gesamtumsatz nach § 19 UStG (vgl. insoweit auch Abschnitt 19.3 Abs. 1 UStAE, der nur § 3 Abs. 9a Nr. 1 UStG von der Ermittlung des Gesamtumsatzes ausnimmt). Bei der Überlassung von Personal einer beteiligten Praxis an die Teilberufsausübungsgemeinschaft ist daher aus umsatzsteuerlicher Sicht erhöhte Vorsicht geboten und im Zweifel diese zu unterlassen, wenn keine unternehmerischen Gründe für die Überlassung darstellbar sind. Vielmehr sollte das Personal gesondert über ein zweites Arbeitsverhältnis in der Teilberufsausübungsgemeinschaft beschäftigt werden.

cc) Entgeltliche Leistungsbeziehungen zu den beteiligten Gesellschaftern/Praxen

Die Überlassung von Ressourcen (Geräte/Material/Personal) gegen ein gesondertes Entgelt stellt einen **umsatzsteuerbaren Leistungsaustausch** dar. Ausreichend ist nach § 2 Abs. 1 Satz 3 UStG jede nachhaltige Tätigkeit zur Erzielung von Einnahmen, d. h. die Erbringung von Leistungen gegen Entgelt, auch wenn die Absicht, Gewinn zu erzielen, fehlt. Da es sich hierbei nicht um eine ärztliche Leistung handelt, findet die Umsatzsteuerbefreiung des § 4 Nr. 14 UStG auf diese Leistungen keine Anwendung. Auch die Umsatzsteuerbefreiung § 4 Nr. 28 UStG findet keine Anwendung, da es sich insoweit bei der Gebrauchsüberlassung um eine sonstige Leistung und keine Lieferung von Gegenständen handelt. In der Regel dürfte die Leistung daher **umsatzsteuerpflichtig** sein.

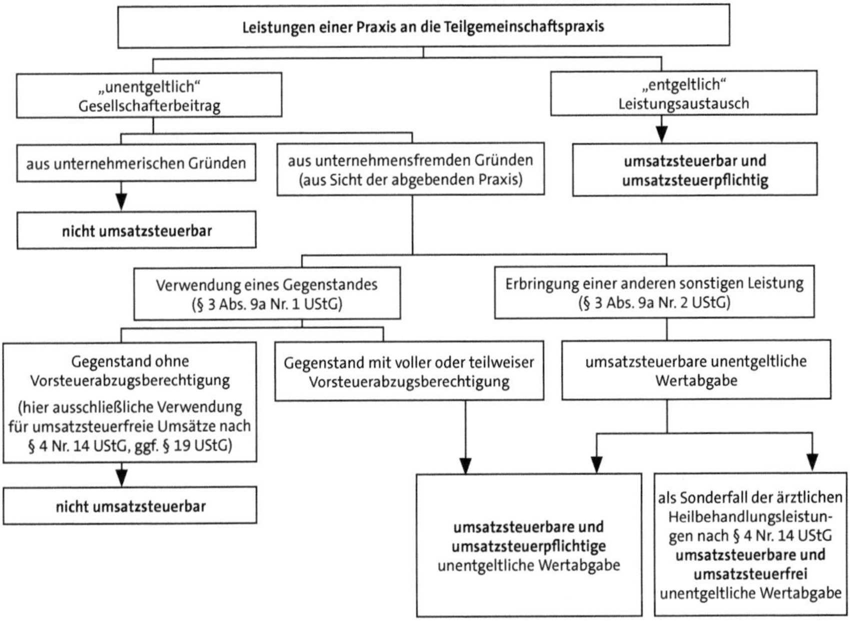

IV. Überörtliche Berufsausübungsgemeinschaft

1. Rechtliche Aspekte

Literatur: *Preißler*, Das verfassungswidrige Verbot der überörtlichen Ärztesozietät, MedR 2001 S. 543 ff.; *Dahm/Ratzel*, Liberalisierung der Tätigkeitsvoraussetzungen des Vertragsarztes und Vertragsarztrechtsänderungsgesetz – VÄndG, MedR 2006 S. 555 ff.; *Laas*, Die überörtliche Gemeinschaftspraxis, 2006; *Weimer*, Die KV-Grenzen überschreitende überörtliche Berufsausübungsgemeinschaft, GesR 2007 S. 204 ff.; *Harney/Müller*, Bedarfsprüfung bei ärztlichen Zweigpraxen, NZS 2008 S. 286 ff.; *Wollersheim*, Genehmigung von Zweigpraxen, GesR 2009 S. 281; *Ladurner*, Ärzte-ZV, Zahnärzte-ZV, 2017; *Wenner* in Katzenmeier/Ratzel (Hrsg.), Festschrift für Dahm, Liberalisierung der vertragsärztlichen Tätigkeit – mehr Freiheit oder nur mehr Freiheit für den Missbrauch, 2017, S. 517 ff.; *Gierthmühlen*, Probleme der KV-bezirksübergreifenden Berufsausübungsgemeinschaften, ZMGR 2020 S. 3 ff.; *Kremer/Wittmann*, Vertragsärztliche Zulassungsverfahren, 4. Aufl., 2021, Rz. 1725 ff. (Zweigpraxis); *Möller/Ruppel* in Ratzel/Luxenburger (Hrsg.), Handbuch Medizinrecht, 4. Aufl. 2021, Kap. 17 Rz. 396 ff; ausführlich *Frehse* in Rieger/Dahm/Katzenmeier/Stellpflug/Ziegler (Hrsg.), Heidelberger Kommentar Arztrecht Krankenhausrecht Medizinrecht Heidelberger Kommentar (HK-AKM), August 2023, 5800 – Zweigpraxis.

a) Hintergrund

Bis zur Änderung der MBO-Ä durch den 2004 in Bremen abgehaltenen 107. Deutschen Ärztetag bestimmte Kapitel D.II.Nr. 8 Abs. 2 MBO-Ä, dass die BAG nur an einem einzigen Praxissitz zulässig war. Daneben war es unter restriktiven Voraussetzungen möglich, ärztliche Leistungen in einem ausgelagerten Praxisteil oder in einer genehmigten Zweigpraxis zu erbringen. Lediglich für solche Ärzte, die ihrem typischen Fachgebietsinhalt nach nicht regelmäßig unmittelbar patientenbezogen tätig waren, sah die MBO-Ä die Möglichkeit zur Bildung einer überörtlichen BAG vor. Dies galt insbesondere für Ärzte für Pathologie, Laboratoriumsmedizin und medizinische Mikrobiologie.

b) Voraussetzungen

aa) Vorgaben des ärztlichen Berufsrechts – § 18 Abs. 3 MBO-Ä

§ 18 Abs. 3 Satz 3 MBO-Ä bildet die berufsrechtliche Grundlage für die (privatärztliche) überörtliche BAG:

„Eine Berufsausübungsgemeinschaft mit mehreren Praxissitzen ist zulässig, wenn an dem jeweiligen Praxissitz verantwortlich mindestens ein Mitglied der Berufsausübungsgemeinschaft eine ausreichende Patientenversorgung sicherstellt."

Da sämtliche Landesärztekammern die Vorgaben der MBO-Ä in ihre jeweiligen Satzungen übernommen haben, steht die überörtliche BAG allen Arztgruppen bundesweit offen. Unternimmt man den Versuch einer Definition der überörtlichen BAG, könnte unter Berücksichtigung der Regelung des § 18 Abs. 2a MBO-Ä wie folgt formuliert werden:

„Zusammenschluss von Ärzten untereinander, mit Ärztegesellschaften oder mit ärztlich geleiteten Medizinischen Versorgungszentren, die den Vorgaben des § 23a Abs. 1, Buchstabe a, b und d entsprechen, oder dieser untereinander zur gemeinsamen Berufsausübung an mindestens zwei Praxissitzen."

Die **Anzahl** der zu einer überörtlichen BAG gehörenden Praxissitze ist berufsrechtlich ebenso wenig beschränkt wie die Anzahl der sich zusammenschließenden Ärzte. Gleiches gilt für die **räumliche Entfernung** der einzelnen Standorte zueinander. Da sich theoretisch eine Praxis in Kiel mit einer Praxis in München zusammenschließen kann, ist es offensichtlich, dass sich mit zunehmender Distanz selbständige Organisationen an den einzelnen Praxissitzen entwickeln werden. Zudem drängt sich die Frage auf, ob eine **gemeinsame Patientenbehandlung** – sieht man von der Möglichkeit telemedizinischer Befunddiskussionen ab – überhaupt erfolgen kann. Nach den Vorgaben der Bundesärztekammer (DÄBl. 2008 S. A-1019, 1022 f.) sind diese sowie ein gemeinsamer Patientenstamm ebenso zwingend wie die Zugriffsmöglichkeit auf die (gemeinsame) Patientenkartei. Letztere stellt heutzutage jedoch aufgrund cloudbasierter Speichermöglichkeiten sowie standortübergreifender Datenzugriffsmöglichkeiten auf gemeinsame Server kein wirkliches Problem mehr dar. Und das BSG hat mit zwei Urteilen vom 25.3.2015 (B 6 KA 21/14 R sowie B 6 KA 24/14, GesR 2015 S. 614, 617, m. Anm. Ratzel) zur sog. Teil-BAG den ehemaligen § 15a Abs. 5 BMV-Ä für unwirksam erklärt, der eine gemeinschaftliche Behandlungsnotwendigkeit vorgab; dieser bedürfe es nicht, sondern ausreichend sei die **gemeinsame Behandlung** i. S. des Abschlusses des Behandlungsvertrags über die Berufsausübungsgemeinschaft. Überörtlichen BAGen mit weit auseinander liegenden Standorten – oder Standorten mit ganz unterschiedlichen Fachgebieten – sollte daher allein theoretisch die Existenzberechtigung nicht abgesprochen werden, solange eben die gemeinsame Berufsausübung das Ziel ist (dazu noch sogleich detaillierter).

Mit der 2011 vorgenommen Novellierung der MBO-Ä wurde das bis dahin geltende Erfordernis, dass an jedem Praxissitz mindestens ein Gesellschafter hauptberuflich tätig sein muss, aufgehoben. Weiterhin schränkt § 17 Abs. 2 Satz 1 MBO-Ä die Anzahl der Tätigkeitsorte ein, da es einem Arzt lediglich erlaubt ist, über seinen Praxissitz hinaus an zwei weiteren Orten ärztlich tätig zu sein. Das verhindert überörtliche BAGen mit mehr als drei Standorten gleichwohl nicht. Ausreichend ist die interne Absprache, dass jeder Gesellschafter sich auf einen Haupt- und (maximal) zwei weitere Tätigkeitsstandorte zu beschränken hat. Umzusetzen ist das nach außen z. B. durch eine entsprechende Beschilderung.

bb) Vorgaben des Vertragsarztrechts

Mit Inkrafttreten des VÄndG zum 1.1.2007 hat der Gesetzgeber die Möglichkeit geschaffen, auch im vertragsärztlichen Bereich bundesweit überörtliche BAGen zu errichten. § 33 Abs. 2 Satz 2 Ärzte-ZV bestimmt:

„Sie [die Berufsausübungsgemeinschaft] ist auch zulässig bei unterschiedlichen Vertragsarztsitzen der Mitglieder der Berufsausübungsgemeinschaft (überörtliche Berufsausübungsgemeinschaft), wenn die Erfüllung der Versorgungspflicht des jeweiligen Mitglieds an seinem Vertragsarztsitz unter Berücksichtigung der Mitwirkung angestellter Ärzte und

Psychotherapeuten in dem erforderlichen Umfang gewährleistet ist sowie das Mitglied und die bei ihm angestellten Ärzte und Psychotherapeuten an den Vertragsarztsitzen der anderen Mitglieder nur in zeitlich begrenztem Umfang tätig werden.“

Auch im Vertragsarztrecht ist die **Anzahl** der Praxisstandorte sowie diejenige der ihr angehörenden Ärzte **nicht begrenzt**. Von Bedeutung ist, dass jedes Mitglied der BAG nach wie vor einen eigenen **Vertragsarztsitz** hat. Dieser wird durch die Praxisanschrift konkretisiert (§ 24 Abs. 1 Ärzte-ZV). Außerhalb des Vertragsarztsitzes dürfen vertragsärztliche Leistungen nur in den gesetzlich vorgesehenen Fällen erbracht werden. Bei einem Verstoß gegen diesen Grundsatz drohen der Verlust des Honoraranspruchs sowie disziplinarische Ahndungen!

Jeder Vertragsarzt darf ohne gesonderte Genehmigung des Zulassungsausschusses an den anderen Standorten der BAG vertragsärztlich tätig sein. Die berufsrechtlich gebotene Beschränkung auf maximal drei Tätigkeitsorte (s. o.) bleibt davon unberührt.

§ 19a Abs. 1 Satz 2 Ärzte-ZV sowie § 17 Abs. 1a BMV-Ä verpflichten den über einen „vollen“ Vertragsarztsitz verfügenden Arzt, persönlich mindestens 25 Stunden wöchentlich in Form von Sprechstunden für die Versorgung der Versicherten zur Verfügung zu stehen. Bei einem reduzierten Versorgungsauftrag gelten die Verpflichtungen anteilig. Die Tätigkeit am Vertragsarztsitz muss zeitlich insgesamt alle Tätigkeiten außerhalb des Vertragsarztsitzes überwiegen. Auf Verlangen der zuständigen Kassenärztlichen Vereinigung ist dies nachzuweisen (§ 15a Abs. 4 Satz 9 BMVÄ).

PRAXISHINWEIS:

Bietet der Vertragsarzt an seinem Vertragsarztsitz 25 Sprechstunden wöchentlich an, darf er insgesamt an den anderen Standorten der BAG nur weniger als 25 Sprechstunden abhalten. Die Erhöhung der Mindestsprechstundenzeit hat die Möglichkeiten zur Tätigkeit an weiteren Orten faktisch erheblich eingeschränkt.

Das BSG hat mit Urteil vom 4.5.2016 (B 6 KA 24/15 R, NWB IAAAF-81284, MedR 2017 S. 168, 169) klargestellt, dass – wie bei Medizinischen Versorgungszentren – die Zuordnung der Anstellungsgenehmigung zur BAG und nicht zu einem Gesellschafter der BAG erfolgt. Diese Neujustierung der Anstellungsträgerschaft gilt bis auf Weiteres auch für die ÜBAG – selbst wenn man hoffen mag, dass das BSG irgendwann zu einer Differenzierung kommt. Fakt ist auch, dass einzelne Zulassungsausschüsse bei überörtlichen BAGen (noch) die Zuordnung zu einzelnen Standorten vornehmen. Der Sinn dessen erschließt sich jedenfalls bei überörtlichen BAGen mit planungsbereichsübergreifenden Standorten; sollte sich eine solche BAG trennen, ist kein Grund für die Notwendigkeit von Einflussmöglichkeiten für Ärzte anderer Standorte ersichtlich.

Bei der ÜBAG angestellte Ärzte dürfen grds. an jedem Vertragsarztsitz der ÜBAG-Gesellschafter tätig sein. Wurde vor der o. g. Entscheidung des BSG angenommen, dass der angestellte Arzt überwiegend am Vertragsarztsitz des anstellenden Vertragsarztes tätig sein müsse (vgl. Ladurner, § 33 Ärzte-ZV Rz. 44, m. w. N.), gibt es für diese Einschränkung kein zwingendes Argument mehr. Allerdings ist § 33 Abs. 2 Satz 2 Ärzte-ZV zu entnehmen, dass der Gesetzgeber gerade bei einer ÜBAG die schwerpunktmäßige Tätigkeit des angestellten Arztes an *einem* Ort vor Augen hatte.

Die überörtliche BAG kann Standorte in **unterschiedlichen KV-Bereichen** haben (§ 33 Abs. 3 Ärzte-ZV). In diesem Fall hat sie den **Vertragsarztsitz** zu wählen, der maßgeblich ist für die Genehmigungsentscheidung sowie die auf die gesamte Leistungserbringung dieser Gesellschaft anzuwendenden ortsgebundenen Regelungen, insbesondere zur Vergütung, zur Abrechnung sowie zu den Wirtschaftlichkeits- und Qualitätsprüfungen. Die Wahl hat jeweils für die **Dauer von zwei Jahren** zu erfolgen.

Die überörtliche BAG rechnet gegenüber der KV unter einer Abrechnungsnummer ab, sofern deren sämtliche Standorte im Bezirk derselben KV liegen. Komplizierter ist die Abrechnung der KV-übergreifenden BAG. Diese richtet sich nach der „KV-übergreifenden Berufsausübungsrichtlinie“ (v. 29.5.2007, DÄBl. 2007 S. A-1868, geändert zum 8.3.2011, DÄBl. S. A-863). § 2 dieser Richtlinie bestimmt, dass der Ort der Leistungserbringung maßgeblich ist für die Abrechnung und deren Überprüfung. Die KV-übergreifende BAG erhält demgemäß – s. § 6 der Richtlinie – mehrere Honorarbescheide (vgl. Schroeder-Printzen in Ratzel/Luxenburger (Hrsg.), Handbuch Medizinrecht, 4. Aufl. 2021, Kap. 8 Rz. 722 f.; Steinhilper in Schiller (Hrsg.), Bundesmantelvertrag Ärzte, 2. Aufl. 2020, § 15b Rz. 8).

Vom Grundsatz her unterscheidet sich die Berechnung des Regelleistungsvolumens nicht von einer BAG mit einer Betriebsstätte, da insofern die Regelleistungsvolumina sämtlicher in der Gesellschaft tätiger Ärzte zu addieren sind. Bei einer KV-übergreifenden BAG erfolgt die Berechnung des RLV für den Bereich jeder KV gesondert.

c) Formalia

aa) Berufsrecht

Gemäß § 18 Abs. 2a Satz 3 MBO-Ä ist der Abschluss eines schriftlichen Gesellschaftsvertrages erforderlich. Jeder Arzt ist verpflichtet, die für ihn zuständige Kammer über den Zusammenschluss zu einer überörtlichen BAG unter Hinweis auf die übrigen beteiligten Ärzte zu **informieren** (§ 18 Abs. 6 MBO-Ä). Ein Genehmigungserfordernis besteht nicht!

Gemäß § 18a Abs. 1 MBO-Ä besteht die Verpflichtung, auf dem **Praxisschild** die **Namen** aller in der Gemeinschaft zusammengeschlossenen Ärzte sowie die **Rechtsform anzukündigen**. Die Reihenfolge der Namensnennung kann ortsbezogen differieren.

bb) Vertragsarztrecht

Die BAG bedarf der **vorherigen Genehmigung** des Zulassungsausschusses. Die Genehmigung erfolgt auf der Grundlage eines schriftlichen Gesellschaftsvertrages. Für überörtliche BAGen mit Vertragsarztsitzen in mehreren Zulassungsbezirken einer Kassenärztlichen Vereinigung wird der zuständige Zulassungsausschuss durch Vereinbarung zwischen der Kassenärztlichen Vereinigung sowie den Landesverbänden der Krankenkassen und den Verbänden der Ersatzkassen bestimmt (§ 33 Abs. 3 Satz 2 Ärzte-ZV). Gehören die Mitglieder einer überörtlichen BAG mehreren Kassenärztlichen Vereinigungen an, bestimmt sich die Zuständigkeit des Zulassungsausschusses nach der von den Mitgliedern getroffenen Wahlentscheidung zur KV-Zuständigkeit.

Der Zulassungsausschuss kann die Genehmigung der überörtlichen BAG mit **Auflagen** versehen.

d) Der Weg in die überörtliche Berufsausübungsgemeinschaft

Es existieren unterschiedliche praxisrelevante (Grund-)Modelle zur Errichtung einer überörtlichen BAG:

aa) Niederlassung

Mehrere Ärzte lassen sich an unterschiedlichen Praxissitzen nieder und gründen zeitgleich mit der Niederlassung eine überörtliche BAG.

bb) Aufspaltung

Eine bereits bestehende BAG eröffnet – ohne Gründung einer neuen Gesellschaft – einen weiteren Standort, zu welchem ein Gesellschafter seinen Vertragsarztsitz verlegt oder für den er eine Vertragsarztzulassung beantragt. Seit dem Urteil des BSG vom 11.2.2015 (B 6 KA 11/14 R, NWB SAAAE-93568, ZMGR 2015 S. 254 ff.) steht fest, dass ein Vertragsarzt, der bereits über eine Zulassung mit hälftigem Versorgungsauftrag verfügt, bei Erfüllung der sonstigen Voraussetzungen einen Anspruch auf eine zweite Zulassung mit hälftigem Versorgungsauftrag an einem anderen Standort hat.

cc) Einbringung in neu gegründete Gesellschaft

Mehrere Ärzte errichten unter Beibehaltung von mindestens zwei selbständigen Praxissitzen eine BAG. In diese (neue) Gesellschaft bringen sie ihre bisherigen Praxen ein. Dabei ist es unerheblich, ob es sich bis dato um eine oder mehrere Einzelpraxen und/oder eine oder mehrere BAGen handelt.

Hervorzuheben ist, dass durch die Verbindung zur gemeinschaftlichen standortübergreifenden Berufsausübung keine Doppel- oder Mehrfach-Gesellschaft, sondern **eine**

Berufsausübungsgesellschaft entsteht. Davon unberührt bleibt, die Möglichkeit der Gesellschafter, bestehende BAGen als sog. **Sonderbetriebsvermögensgesellschaften** fortzuführen. Damit kann vor allem das (materielle) Vermögen eines existierenden Standorts zivilrechtlich weiterhin nur bestimmten, vornehmlich den bisherigen Ärzten dieses Standorts belassen werden. Sie stellen während ihrer Zugehörigkeit zur überörtlichen Berufsausübungsgemeinschaft dieser das Standort-Vermögen unentgeltlich zur Nutzung zur Verfügung (quoad usum). Für den Fall der Beendigung der überörtlichen BAG ist damit eine weitgehend optimale Ausgangsposition für eine möglichst einfach umzusetzende Auseinandersetzung der Gesellschafter untereinander geschaffen. Es darf allerdings nicht übersehen werden, dass die Sonderbetriebsvermögensgesellschaft eigene Regelungen benötigt, insbesondere für den Fall, dass nicht alle Standortgesellschafter die überörtliche BAG verlassen wollen, sondern nur einzelne von ihnen, die dann auch die Sonderbetriebsvermögensgesellschaft verlassen und mithin (auch) von dort aus abgefunden werden müssen. Die Sonderbetriebsvermögensgesellschaft ist selbst GbR und keine Bruchteilsgemeinschaft gem. § 741 BGB, da ihr Zweck über den des reinen Haltens von gemeinschaftlichem Eigentum hinausgeht.

dd) Beitrittsmodell

Ein niedergelassener Arzt tritt einer bereits bestehenden BAG unter Einbringung seiner Praxis, Beibehaltung seines Praxissitzes oder Eröffnung eines neuen Praxissitzes bei.

e) Binnenstruktur

Es gelten die Ausführungen zur Berufsausübungsgemeinschaft/Partnerschaftsgesellschaft in modifizierter Weise.

In besonderer Weise ist die **gemeinsame Berufsausübung** festzulegen, auch wenn die Anforderungen hieran – s. o. – nicht überzogen werden dürfen, vor allem „gemeinsame Berufsausübung" nicht mit der strengeren, aber unangebrachten „gemeinschaftlichen Berufsausübung" verwechselt werden darf. Die noch darauf abstellende Sichtweise der Bundesärztekammer (DÄBl. 2008, S. A-1019, 1023) ist überholt; mit Vorsicht ist auch ihre Aussage einzuordnen, dass ein gemeinsamer Außenauftritt, die Bildung von Qualitätszirkeln sowie „nur" Gewinnpooling nicht ausreichten, denn all dies isoliert anzutreffen, ist in der Praxis quasi ausgeschlossen. Das kumulative Vorkommen (nur) dieser oder anderer vergleichbarer Umstände ist hingegen kein Grund, nicht von einer rechtmäßig errichteten überörtlichen BAG auszugehen. Abstrakt umschreiben lässt sich der **Gesellschaftszweck** einer überörtlichen BAG zum Zwecke gemeinsamer Berufsausübung z. B. wie folgt: *„Die Gesellschafter beabsichtigen, ihre gemeinsame Berufsausübung insbesondere durch Folgendes umzusetzen: Wechselseitige Tätigkeit am jeweils anderen Standort einschließlich gemeinsamer Behandlungen vor Ort, sofern notwendig;*

gemeinsame – auch telefonische – konsiliarische Besprechungen; allgemeiner fachlicher Austausch; standortbezogene Spezialisierungen bei gleichzeitigem Ausbau des insgesamt angebotenen Behandlungsspektrums; gemeinsame, die Behandlungsqualität verbessernde Geräte- und Inventarinvestitionen; Austausch von Personal über Standorte hinweg nach Maßgabe von Ausbildungsschwerpunkten.“

Das Vorhandensein mehrerer Praxissitze kann im Sinne einer größeren Autonomie und Zuweisung individueller Leitungskompetenz eine **standortbezogene Anpassung** der Regelungen zur Beschlussfassung, Geschäftsführung und Vertretung sachdienlich erscheinen lassen. Sinnvolle Möglichkeiten für Standortgeschäftsführungen und/oder Geschäftsführungsgremien sollten im Bedarfsfall genutzt werden.

Bei der Ergebnisverteilung können Besonderheiten der Betriebsstätten durchaus berücksichtigt werden. Aber auch bei einer überörtlichen BAG ist es unzulässig, die Beteiligungsquote am Gewinn von der Anzahl und/oder dem Umfang der an einen Mitgesellschafter gerichteten Überweisungen abhängig zu machen (vgl. § 31 MBO-Ä, §§ 299a und 299b StGB).

Besonderheiten können sich beim **nachvertraglichen Wettbewerbsverbot** ergeben. Dessen berufsrechtsbeschränkende Auswirkungen können es – je nach Lage des Einzelfalles – geboten erscheinen lassen, den räumlichen Geltungsbereich auf den individuellen Praxissitz zu beziehen und nicht jede Tätigkeit an einer weiteren Betriebsstätte zu erfassen. Andererseits sind Fälle praxisrelevant, in denen die überörtliche BAG dem ausscheidenden Gesellschafter eine nicht unerhebliche Abfindung ausgehend vom Gesamtwert der Gesellschaft, der sich aus allen Standorten rekrutiert, zahlt. Hiermit wäre es kaum in Einklang zu bringen, wenn der Ausgeschiedene unmittelbar in Konkurrenz zu seiner ehemaligen Gesellschaft tritt (vgl. BGH, Urteil v. 8.5.2000 - II ZR 308/98, NJW 2000 S. 2584).

Es ergibt ferner Sinn, bestimmte Besonderheiten jeder überörtlichen BAG zu antizipieren und einer klaren Regelung schon von Anfang an zuzuführen: Wo finden Gesellschafterversammlungen statt? Wo werden die Originale der Gesellschaftsunterlagen aufbewahrt? Wo werden eigene Server der Gesellschaft aufgestellt?

PRAXISHINWEIS:

Innerhalb einer ÜBAG ist eine Aufgliederung der Leistungserbringung, kurz interne Spezialisierungen, grds. zulässig. Die BÄK (Hinweise v. 28.2.2008 zur Niederlassung und zu beruflichen Kooperationen, DÄBl. 2008 S. A-1019, 1022) hat dies für die Teilberufsausübungsgemeinschaft ausdrücklich festgestellt. Dieses Prinzip muss auch für die ÜBAG gelten. Eine Ausnahme ist dann anzunehmen, wenn die Erbringung der Leistung die Erteilung einer Abrechnungsgenehmigung gem. § 135 Abs. 2 SGB V voraussetzt und nicht sämtliche in die konkrete Leistungserbringung eingebundenen Vertragsärzte über die erforderliche Fachkunde (§ 11 BMV-Ä) oder eine sonstige spezielle Genehmigung (z. B. § 121a SGB V) verfügen.

f) Exkurs: Bildung von Filialen („Zweigpraxen")

§ 18 Abs. 3 Satz 3 MBO-Ä erklärt eine BAG mit mehreren Praxissitzen für zulässig, sofern an dem jeweiligen Praxissitz mindestens ein Gesellschafter der BAG eine ausreichende Patientenversorgung sicherstellt. Es wird nicht mehr verlangt, dass an jedem Praxissitz zumindest ein Gesellschafter hauptberuflich tätig ist. Für die Praxis ist damit für den privatärztlichen Bereich eine Differenzierung zwischen Praxissitz und Zweigpraxis faktisch überflüssig geworden.

Vor dem Hintergrund bestehender Zulassungsbeschränkungen sowie dem Gebot, vertragsärztliche Leistungen nur am Vertragsarztsitz zu erbringen, kommt der Errichtung von Zweigpraxen im vertragsärztlichen Bereich eine deutlich größere Bedeutung zu. § 24 Abs. 3 Satz 1 Ärzte-ZV bestimmt:

„Vertragsärztliche Tätigkeiten außerhalb des Vertragsarztsitzes an weiteren Orten sind zulässig, wenn und soweit

1. *dies die* ***Versorgung*** *der Versicherten* ***an den weiteren Orten verbessert*** *und*
2. *die ordnungsgemäße* ***Versorgung*** *der Versicherten* ***am Ort des Vertragsarztsitzes nicht beeinträchtigt*** *wird; geringfügige Beeinträchtigungen für die Versorgung am Ort des Vertragsarztsitzes sind unbeachtlich, wenn sie durch die Verbesserung an dem weiteren Ort aufgewogen werden."*

§ 24 Abs. 3 Satz 2 Ärzte-ZV stellt klar, dass die an weiteren Orten angebotenen Leistungen nicht in ähnlicher Weise bereits am Vertragsarztsitz angeboten werden müssen oder das Fachgebiet eines in der Zweigpraxis tätigen Arztes ebenso am Vertragsarztsitz vertreten sein muss.

Wann liegt eine Versorgungsverbesserung an dem weiteren Ort vor (hierzu grundlegend die Urteile des BSG v. 9.2.2011 - B 6 KA 3/10 R, NWB HAAAH-25215, MedR 2011 S. 742, sowie v. 16.12.2015 - B 6 KA 37/14 R, NWB AAAAF-69929, ZMGR 2016 S. 176; detailliert Frehse, a. a. O., Rz. 60 ff., m. w. N.; kritisch Wenner, a. a. O., S. 517, 521)? Zunächst ist festzustellen, dass die Errichtung einer Zweigpraxis stets zu einer Verbesserung der Versorgung führt, wenn für den weiteren Ort eine Unterversorgung anerkannt ist. Dabei ist nicht auf den Planungsbereich, sondern auf die konkreten örtlichen Gegebenheiten abzustellen. Nach der Rechtsprechung (ausführliche Nachweise bei Frehse, a. a. O., Rz. 63 ff.) ist von einer **Verbesserung der Versorgungssituation** auszugehen, wenn das bestehende Leistungsangebot zum Vorteil der Versicherten primär in qualitativer Hinsicht verbessert wird. Dies kann der Fall sein, wenn in der Zweigpraxis – im Gegensatz zu den anderen Praxen im Einzugsbereich – Leistungen angeboten werden, für die eine qualitätsgebundene Abrechnungsgenehmigung erforderlich ist. Auch können ein differenziertes Leistungsspektrum oder das Angebot besonderer Untersuchungs- oder Behandlungsmethoden als Verbesserung der Versorgungssituation gewertet werden. Es ist zu erwarten, dass der Abbau von Wartezeiten in anderen Praxen angesichts der politischen Diskussion an Bedeutung gewinnen wird. Ein zusätzliches Angebot von Abend- oder Wochenendsprechstunden kann die Versorgung ebenfalls verbessern (ausführlich mit Nachweisen zur umfangreichen Rechtsprechung Ladurner, § 24 Ärzte-ZV Rz. 27 f.).

Die Versorgung der Versicherten an weiteren Orten darf nicht dazu führen, dass die **ordnungsgemäße Versorgung der Versicherten am Vertragsarztsitz beeinträchtigt** wird. Maßgeblich ist auf die mit dem Betrieb der Zweigpraxis verbundenen Abwesenheiten abzustellen. Allerdings prüft die Rechtsprechung, ob der Vertragsarzt infolge der Fahrten zum Ort der Zweigpraxis am Vertragsarztsitz für Nachbehandlungen oder für Notfallpatienten in ausreichendem Maß zur Verfügung steht. Insbesondere größere Entfernungen zwischen den Leistungsorten können sich als Hinderungsgrund herausstellen. Da der Gesetzgeber mit Wirkung zum 1.1.2012 die sog. Residenzpflicht, wonach der Vertragsarzt seinen Vertragsarztsitz regelmäßig in 30 Minuten erreichen musste, aufgehoben hat, bleibt abzuwarten, ob die Rechtsprechung diese Liberalisierung nachvollzieht. Die mittlerweile ergangene BSG-Rechtsprechung zur ausgelagerten Praxisstätte (Fahrtzeit max. 30 Minuten; detailliert dazu s. unten) ist auf die Zweigpraxis aus diversen Gründen nicht übertragbar (z. B. hier Erstkontakt mit dem Patienten möglich, bei der ausgelagerten Praxisstätte nicht; hier Genehmigungspflicht, dort nur Anzeigepflicht; hier alleinige und ausschließliche Tätigkeit von angestellten Ärzten möglich, dort nicht), so dass eine Übertragbarkeit ausscheiden sollte.

Der Vertragsarzt kann sowohl am Vertragsarztsitz als auch in der Zweigpraxis zur Erfüllung seiner Versorgungspflicht angestellte Ärzte einsetzen. Der für die Tätigkeit am Vertragsarztsitz genehmigte angestellte Arzt darf auch in der Zweigpraxis tätig sein. Eine Anstellung ausschließlich für die Tätigkeit in der Zweigpraxis ist möglich. Dabei kommt dem Praxisinhaber die Leitungs- und Überwachungsfunktion hinsichtlich der Zweigpraxis zu. Vom Grundsatz her kann der angestellte Arzt seine Tätigkeit relativ weisungsfrei verrichten.

PRAXISHINWEISE:

Das Risiko der Aufhebung der Zweigpraxisgenehmigung bei Änderung der Verhältnisse/Verbesserung der Versorgungslage am Ort der Zweigpraxis ist gering. Manche Zulassungsausschüsse erlassen entsprechende Nebenbestimmungen – ohne diese ist die Aufhebung aber kaum denkbar, denn die allgemeine Norm zur Aufhebung von Verwaltungsakten mit Dauerwirkung (§ 48 SGB X) stellt erhöhte Anforderungen.

Wird eine Zweigpraxis mit einem nur für die Tätigkeit in der Zweipraxis genehmigten angestellten Arzt betrieben, kann § 24 Abs. 7 Ärzte-ZV einer „(Rück-)Verlegung" der Arztstelle zum Hauptsitz entgegenstehen!

Die Gründung der Zweigpraxis kann in dem KV-Bezirk erfolgen, in welchem der Vertragsarzt seinen Vertragsarztsitz hat. In diesem Fall erfolgt die Genehmigung durch seine Kassenärztliche Vereinigung. Soweit der weitere Ort außerhalb des Bezirks der Kassenärztlichen Vereinigung des Arztes liegt, erteilt der Zulassungsausschuss, in dessen Bezirk er die Tätigkeit aufnehmen will, eine Ermächtigung. Auf die Erteilung der Genehmigung/Ermächtigung besteht bei Vorliegen der Voraussetzungen ein Rechtsanspruch. Gerichtlich ungeklärt – aber wegen fehlender Rechtsgrundlage zu verneinen – ist die Frage, ob die Ermächtigung zur Mitgliedschaft in der KV führt, in welcher sich die Zweigpraxis befindet.

PRAXISHINWEIS:

Erwägt eine BAG die Errichtung einer Zweigpraxis oder mehrerer Zweigpraxen in dem für ihren Praxissitz maßgeblichen Planungsbereich, kann es sich anbieten, Vertragsarztsitze zwecks Bildung einer standortübergreifenden BAG zu verlegen. Allerdings ist zu berücksichtigen, dass § 24 Abs. 7 Ärzte-ZV die Verlegung nur zulässt, wenn Gründe der vertragsärztlichen Versorgung dem nicht entgegenstehen.

Gegen die Erteilung einer Genehmigung/Ermächtigung zum Betrieb einer Zweigpraxis sind im Einzugsbereich der Zweigpraxis niedergelassene Vertragsärzte – außer bei Willkürentscheidungen – nicht widerspruchsbefugt (BSG, Urteil v. 28.10.2009 - B 6 KA 42/08 R, NWB YAAAD-38158, GesR 2010 S. 211).

PRAXISHINWEIS:

Die Gründung der Zweigpraxis führt nicht automatisch zu einer Erhöhung des RLV.

Die einem Vertragsarzt erteilte Abrechnungsgenehmigung gilt nicht notwendig auch für die Zweigpraxis.

Die Tätigkeit eines angestellten Arztes in der Zweigpraxis kann je nach dem Grad dessen Beaufsichtigung zur Gewerblichkeit der Gesamteinkünfte der BAG führen (s. hierzu im steuerrechtlichen Teil).

Auch kann eine – zusätzliche – Teilnahmeverpflichtung am Notfalldienst des Zweigpraxisortes entstehen.

Die Errichtung einer Zweigpraxis kann – eine entsprechende Regelung in der Beitragssatzung der Ärztekammer vorausgesetzt – einen Zusatzbeitrag auslösen.

Abgrenzung: Ausgelagerte Praxisstätte

Von der Zweigpraxis abzugrenzen ist die vorstehend schon erwähnte sog. ausgelagerte Praxisstätte. Insofern bestimmt § 24 Abs. 5 Ärzte-ZV:

„Erbringt der Vertragsarzt spezielle Untersuchungs- und Behandlungsleistungen an weiteren Orten in räumlicher Nähe zu seinem Vertragsarztsitz (ausgelagerte Praxisräume), hat er Ort und Zeitpunkt der Aufnahme der Tätigkeit seiner Kassenärztlichen Vereinigung unverzüglich anzuzeigen."

Ferner § 1a Nr. 20 BMV-Ä:

„Ein zulässiger nicht genehmigungsbedürftiger, aber anzeigepflichtiger Tätigkeitsort des Vertragsarztes, Vertragspsychotherapeuten oder eines Medizinischen Versorgungszentrums in räumlicher Nähe zum Vertragsarztsitz (vgl. § 24 Abs. 5 Ärzte-ZV); ausgelagerte Praxisstätte in diesem Sinne ist auch ein Operationszentrum, in welchem ambulante Operationen bei Versicherten ausgeführt werden, welche den Vertragsarzt an seiner Praxisstätte in Anspruch genommen haben."

Die ausgelagerte Praxisstätte ist quasi unselbständiger Annex zum Vertragsarztsitz. Es dürfen dort **keine Sprechstunden** abgehalten werden mit der Folge, dass der Erstkontakt am Vertragsarztsitz oder in der Zweigpraxis stattfinden muss.

PRAXISHINWEIS:

Auch wenn in den ausgelagerten Praxisräumen spezielle Untersuchungs- und Behandlungsleistungen (z. B. Untersuchungen an sog. Großgeräten, Operationsleistungen) erbracht werden müssen, besteht heute Einigkeit darin, dass diese Leistungen parallel auch am Vertragsarztsitz angeboten werden dürfen (BSG, Urteil v. 13.5.2015 - B 6 KA 23/14 R, NWB WAAAF-01823, juris, Rz. 22). Allerdings wäre es unzulässig, das gesamte Leistungsspektrum der Praxis auch in den ausgelagerten Praxisräumen vorzuhalten.

Die Anzahl der ausgelagerten Praxisräume ist nicht beschränkt.

Wie das Kriterium der „räumlichen Nähe" zu konkretisieren ist, war bis vor kurzem höchstrichterlich nicht geklärt. Teilweise wurde eine Wegstrecke von wenigen Kilometern, teils eine Fahrzeit von höchstens 30 Minuten vorausgesetzt (vgl. die Nachweise bei Ladurner, § 24 Ärzte-ZV Rz. 79 f.).

Das LSG NRW hatte mit Urteil vom 28.9.2016 (L 11 KA 35/15, NWB LAAAG-44509) eine Entfernung von 11 km nicht beanstandet, jedoch die gemeinsame Nutzung einer Laboreinrichtung durch mehrere Vertragsärzte wegen fehlender alleiniger Nutzungsmöglichkeit als nicht vom Begriff der ausgelagerten Praxisräume umfasst angesehen. Im Revisionsverfahren hatte das BSG bezweifelt, ob bei einer räumlichen Distanz von 9 bis 11 km noch von ausgelagerten Praxisräumen gesprochen werden könne (Urteil v. 8.8.2018 - B 6 KA 24/17 R, NWB GAAAH-04919, ZMGR 2019 S. 20 f., Rz. 17). Nach Auffassung des LSG Berlin-Brandenburg seien Entfernungen von mehr als 30 km auch in ländlichen Regionen nicht hinnehmbar (Urteil v. 9.12.2020 - L 24 KA 6/18, NWB PAAAH-70202, juris). Mittlerweile hat das BSG mit Urteil vom 6.4.2022 (B 6 KA 12/21 R, NWB YAAAJ-18859, NZS 2023 S. 74) entschieden, dass die räumliche Nähe zum Vertragsarztsitz gewahrt sei, wenn der Vertragsarzt den Vertragsarztsitz innerhalb eines Zeitraums von maximal 30 Minuten aufsuchen könne.

PRAXISHINWEIS:

Liegen die ausgelagerten Praxisräume in einem anderen Planungsbereich, soll dies nach der äußerst formalen und inhaltlich nicht überzeugenden Argumentation des SG Marburg unzulässig sein (Beschluss v. 6.9.2005 - S 12 KA 454/05 ER, juris) mit der Folge, dass eine Zweigpraxisgenehmigung beantragt werden muss.

2. Steuerliche Aspekte

Literatur: *Michels,* Die überörtliche Berufsausübungsgemeinschaft: Kooperationsmodell mit Zukunft, PFB 06/2010 S. 154; *Michels,* Die überörtliche Berufsausübungsgemeinschaft, MedR 29/2011 S. 411.

a) Allgemeine steuerliche Grundsätze

Die gemeinschaftliche Berufsausübung in einer überörtlichen BAG ist in verschiedenen Ausgestaltungen möglich. Die steuerliche Behandlung einer überörtlichen BAG (üBAG) ist maßgeblich von der konkreten Ausgestaltung abhängig. Zu nennen sind in dem Zusammenhang insbesondere zwei Ausprägungen, die gewissermaßen die äußeren Eckpunkte der möglichen Bandbreite für die steuerliche Beurteilung darstellen:

Zum einen ist eine Ausprägung denkbar, die für Zwecke der Erläuterung als **„Minimal-üBAG"** bezeichnet werden soll. In dieser Variante bleiben bei der Zuordnung des Vermögens die einzelnen Praxisstandorte der üBAG weitgehend unabhängig voneinander. Die üBAG tritt als solche einheitlich nach außen auf im Sinne einer gemeinsamen Berufsausübung „unter einem Dach". Gemeinsames Vermögen der üBAG wird jedoch nicht gebildet. Im Rahmen der Gründung der üBAG übertragen die Gesellschafter ihr Praxisvermögen nicht in das Eigentum der üBAG, sondern überlassen das weiterhin in ihrem Eigentum stehende Vermögen der üBAG lediglich zur Nutzung. In der Grundform der „Minimal-üBAG" erfolgen auch nach der Gründung Investitionen nicht auf Ebene der üBAG, sondern auf Ebene der einzelnen Gesellschafter. Es kommt somit auch nach Gesellschaftsgründung nicht zu einem Aufbau von gemeinsamen Gesellschaftsvermögen. Diese strikte Trennung der Vermögen der einzelnen Gesellschafter der üBAG minimiert das Risiko des einzelnen Arztes beim Eingehen der Kooperation, da sie im Bedarfsfall eine Auseinandersetzung der üBAG erheblich vereinfacht und beschleunigt. Eine Aufteilung des Gesellschaftsvermögens erübrigt sich (vgl. zur Realteilung mit Sonderbetriebsvermögen S. 145).

Von der Trennung der Vermögensebenen abzugrenzen ist die Ebene der Erfassung der Betriebseinnahmen und -ausgaben. Auch auf dieser Ebene könnte eine Trennung der Standorte für das Controlling durch Bildung eigenständiger Profitcenter für die jeweiligen Gesellschafter im Innenverhältnis erwogen werden. In den jeweiligen Profitcentern werden die Kosten-, Gewinn- und Umsatzstrukturen der bisherigen Praxen, die nun als

Praxisstandorte der Minimal-üBAG geführt werden, weiterhin beibehalten. Die einzelnen Gesellschafter planen und steuern ihre standortgebundenen Unternehmensprozesse weiterhin weitgehend eigenverantwortlich und bewahren die Kontrolle über wesentliche Kosten- und Umsatzentscheidungen des operativen Geschäfts (siehe auch Michels, Die überörtliche Berufsausübungsgemeinschaft: Kooperation mit Zukunft, PFB 6/2010 S. 154).

Es ist allerdings – jedenfalls aus steuerlicher Sicht – davon abzuraten, dass die Gewinnverteilung selbst ausschließlich auf der Verteilung der Ergebnisse der einzelnen Profitcenter basiert. Voraussetzung einer (freiberuflichen) Mitunternehmerschaft gem. § 15 Abs. 1 Satz 1 Nr. 2, § 18 Abs. 4 EStG ist, dass der Mitunternehmer Mitunternehmerrisiko trägt und Mitunternehmerinitiative entfalten kann. Die Begriffe Mitunternehmerschaft, Mitunternehmerinitiative und Mitunternehmerrisiko lassen erkennen, dass das Unternehmen gemeinsam betrieben werden muss. Ausdruck dieses gemeinsamen Betriebs ist eine gemeinschaftliche Gewinnerzielungsabsicht auf der „Ebene der Gesellschaft". Dementsprechend hat die Rechtsprechung eine Gewinnerzielungsabsicht „auf der Ebene des Gesellschafters" für unerheblich gehalten. Diese gemeinschaftliche Gewinnerzielungsabsicht fehlt z. B. in den Fällen einer Praxisgemeinschaft (vgl. S. 253 ff.). Im Unterschied zu einer BAG hat eine Praxisgemeinschaft lediglich den Zweck, den Beruf in gemeinsamen Praxisräumen auszuüben und bestimmte Kosten von der Praxisgemeinschaft tragen zu lassen und umzulegen. Der Umstand, dass eine GbR nach außen unter gemeinsamem Briefpapier und Praxisschild auftrat und dass Rechnungen unter dem gemeinsamen Namen ausgestellt wurden, steht dieser Beurteilung nicht entgegen (BFH, Urteil v. 14.4.2005 - XI R 82/03, BStBl 2005 II S. 752, Rz. 30; Moritz/Baumgartner in Bordewin/Brandt, EStG, 462. Lieferung 8.2024, § 18 Rz. 187; Rätke in Herrmann/Heuer/Raupach, EStG/KStG, 326. Lieferung 6.2024, § 15 EStG Rz. 96; a. A. ggf. Haep in Herrmann/Heuer/Raupach, EStG/KStG, 326. Lieferung 6.2024, § 15 EStG Rz. 381 der auf eine gemeinschaftliche Erzielung von Einnahmen abstellt.). Auch einer Minimal-üBAG extremer Ausprägung mit vollständiger Trennung des Gewinns nach Profitcentern fehlt es nach der hier vertretenen Auffassung trotz eines gemeinsamen Auftretens nach außen und einer gemeinsamen Abrechnung an einer gemeinschaftlichen Gewinnerzielungsabsicht und dem Willen der Gesellschafter zu gemeinsamen unternehmerischen Entscheidungen. Das Unternehmerrisiko und die Unternehmerinitiative liegen alleine auf Ebene der Gesellschafter, d. h. der bisherigen Praxen. Bei einer Minimal-üBAG extremer Ausprägung könnte daher eine Mitunternehmerschaft im Einzelfall zu verneinen sein. In dem Fall würden wie im Falle einer Praxisgemeinschaft nur ggf. entstehende gemeinsame Betriebsausgaben gesondert festzustellen sein und ansonsten die bisherigen Praxen als eigenständige Subjekte der Gewinnermittlung und -verteilung steuerlich gesondert weitergeführt.

PRAXISHINWEISE:

Berufs- und vertragsarztrechtlich ist im Einzelfall vorrangig zu klären, ob die Minimal-üBAG im Einzelfall den rechtlichen Vorgaben an eine gemeinschaftliche Patientenbehandlung genügt (vgl. S. 206 ff.). Steuerlich gleichfalls ungeklärt wäre zudem auch, ob eine Minimal-üBAG extremer Ausprägung, d. h. mit einer vollständigen wirtschaftlichen Trennung der Betriebseinnahmen und -ausgaben, überhaupt eine Mitunternehmerschaft darstellt. Von einer Minimal-üBAG extremer Ausprägung auch im Rahmen der Gewinnverteilung ist daher abzuraten.

Das Gegenstück zur Minimal-üBAG bildet die Gestaltungsvariante, die zur Abgrenzung zunächst als „**Maximal-üBAG**" bezeichnet werden soll. Bei diesem Modell ist die Unabhängigkeit der einzelnen Mitglieder der üBAG überwiegend aufgehoben. Diese Variante zeichnet sich auf der Vermögensebene dadurch aus, dass vollumfänglich gemeinsames Praxisvermögen der üBAG gebildet wird. Die Mitglieder bringen das Praxisvermögen ihrer bisherigen Praxen vollständig in das Gesamthandsvermögen der üBAG ein.

Eigenständige Profit-Center für die einzelnen Standorte werden bei dieser Gestaltung nicht gebildet. Vielmehr erfolgt eine einheitliche Erfassung der Einnahmen und Ausgaben für die gesamte üBAG als solche, um einen gemeinsamen Gewinn zu ermitteln. Der auf Ebene der üBAG erzielte Gewinn wird anhand des im Vorhinein vereinbarten Verteilungsschlüssels zwischen den einzelnen Gesellschaftern der üBAG aufgeteilt. Dies hat zur Folge, dass in dieser Gestaltung die Gesellschafter gegenseitig auch an den Gewinnen partizipieren, die jeweils durch andere Gesellschafter an den anderen Standorten erzielt werden.

Die beschriebenen Modelle der Minimal-üBAG und der Maximal-üBAG stellen die beiden gegensätzlichen Gestaltungsmöglichkeiten einer üBAG mit der stärksten Ausprägung zur Unabhängigkeit bzw. Abhängigkeit der einzelnen Gesellschafter untereinander dar. Neben diesen beiden Varianten sind zahlreiche weitere Gestaltungen denkbar, die in ihrer Ausgestaltung im Bereich zwischen der Minimal-üBAG und der Maximal-üBAG anzusiedeln sind. So kann beispielsweise eine Minimal-üBAG abweichend vom beschriebenen Grundfall in der Weise ausgestaltet sein, dass es im Laufe der Zeit zur sukzessiven Bildung von gesamthänderisch gebundenen Gesellschaftsvermögen kommt. Auch in diesem Modell wird das Praxisvermögen der einzelnen Mitglieder im Rahmen der Gründung zunächst nicht in das Gesamthandsvermögen der üBAG eingebracht. Allerdings werden erforderliche (Neu-)Anschaffungen nach Gründung der üBAG unmittelbar von dieser in das Gesamthandsvermögen getätigt. Daraus ergibt sich, dass mit der Zeit ein gemeinsames Praxisvermögen der üBAG entsteht und die Beteiligten hierüber umso enger miteinander verbunden werden, je länger die üBAG besteht.

b) Errichtung einer überörtlichen Berufsausübungsgemeinschaft

aa) Allgemeines

Im Regelfall erfolgt steuerlich die Gründung der überörtlichen BAG durch Einbringung mehrerer Einzelpraxen oder BAGen gegen Gewährung von Gesellschaftsrechten an der überörtlichen BAG (im Rahmen einer **Einbringung in eine neu gegründete Praxis** oder durch den **Beitritt in eine bestehende Praxis**). Diese Einbringung gegen Gewährung von Gesellschaftsrechten stellt grds. einen Veräußerungsvorgang dar, für den die Vorschriften des § 24 UmwStG angewendet werden können (siehe S. 111 ff.). Nach § 24 UmwStG kann bei der Einbringung von Betrieben oder Mitunternehmeranteilen in eine Personengesellschaft das eingebrachte Betriebsvermögen auf Antrag mit dem Buchwert bewertet werden. Die Aufdeckung stiller Reserven wird somit vermieden.

Entspricht das Verhältnis der Verkehrswerte der einzelnen Praxen zueinander nicht dem Beteiligungsverhältnis an der neuen überörtlichen BAG, werden Zuzahlungen zugunsten der Gesellschafter notwendig. Diese **Zuzahlungen** können erfolgen:

- **in das Privatvermögen** der abgebenden Gesellschafter:

In diesem Fall entsteht ein Veräußerungsgewinn in Höhe der Differenz zwischen der Zuzahlung und dem anteiligen Buchwert der Praxis, der als laufender Gewinn sofort zu versteuern ist (AEUmwStG 2006, a. a. O., Tz. 24.09).

- **in das Betriebsvermögen** der überörtlichen BAG:

In diesem Fall kann die sofortige Versteuerung durch die Aufstellung von Ergänzungsrechnungen vermieden werden (AEUmwStG 2006, a. a. O., Tz. 24.11).

Im Übrigen ermöglicht der durch das StÄndG 2015 eingeführte § 24 Abs. 2 Satz 2 UmwStG **sonstige Gegenleistungen,** die neben den neuen Gesellschaftsanteilen gewährt werden können i. H. von 500.000 €, höchstens jedoch dem Buchwert des eingebrachten Betriebsvermögens, bzw. ab 2.000.000 € Buchwert maximal 25 % des Buchwerts des eingebrachten Betriebsvermögens (vgl. ausführlich S. 115 ff.).

PRAXISHINWEIS:

Neben einer Zuzahlung oder der Gewährung einer sonstigen Gegenleistung wäre auch ein befristeter Ausgleich über die Gewinnverteilung mit den entsprechenden Risiken der steuerlichen Anerkennung denkbar (siehe S. 109 ff.). Steuerlich wäre auch ein Überlassungsmodell möglich, bei dem die eingebrachten Praxen Sonderbetriebsvermögen der überörtlichen BAG werden (siehe S. 119 ff.).

bb) Maximal-üBAG

Bei Gründung einer Maximal-üBAG erfolgt die Einbringung des Praxisvermögens vollständig in das Gesamthandsvermögen der neu gegründeten üBAG. Dies kann entweder dadurch geschehen, dass eine BAG ihr gesamtes materielles und immaterielles Anlagevermögen auf die üBAG überträgt oder die Gesellschafter der BAG ihre sämtlichen Gesellschaftsanteile (Mitunternehmeranteile) an der BAG in die üBAG einbringen und dadurch das Vermögen der BAG der üBAG anwächst. Im Gegenzug erhalten die einbringenden Ärzte Gesellschaftsrechte, d. h. eine Mitunternehmerstellung an der neu gegründeten üBAG. Auf Antrag nach § 24 Abs. 2 UmwStG können die Wirtschaftsgüter bei der BAG mit ihren Buchwerten angesetzt werden und es kommt nicht zur Aufdeckung der stillen Reserven und zur Versteuerung eines Gewinns. Gleiches gilt, wenn sämtliche wesentlichen Betriebsgrundlagen einer Einzelpraxis in die üBAG eingebracht werden. Auch dann kann ein Anwendungsfall des § 24 UmwStG vorliegen. (Weitere Einzelheiten zur Einbringung nach § 24 UmwStG siehe S. 111 ff.)

cc) Minimal-üBAG

Schließen sich mehrere Ärzte zu einer Minimal-üBAG zusammen, bringen sie ihr bisheriges Praxisvermögen im Rahmen der Gründung nicht in das Gesamthandsvermögen der üBAG ein, sondern überlassen ihr dieses lediglich zur Nutzung. Steuerlich erfolgt damit bei Gründung die Einbringung des Praxisvermögens der Gesellschafter ausschließlich in deren Sonderbetriebsvermögen zur üBAG.

Fraglich ist, ob die Gesellschafter dann im Rahmen der Gesellschaftsgründung vom Wahlrecht des § 24 UmwStG Gebrauch machen und ihr Vermögen nach dieser Vorschrift steuerneutral in das Sonderbetriebsvermögen zur üBAG einbringen können. Die Finanzverwaltung erkennt ausdrücklich an, dass für eine nach § 24 UmwStG steuerneutrale Übertragung zum Buchwert eine teilweise Einbringung des Praxisvermögens in das Sonderbetriebsvermögen der neu gegründeten Personengesellschaft (hier üBAG) ausreicht (AEUmwStG 2006, a. a. O., Tz. 24.06).

Kein Anwendungsfall des § 24 UmwStG liegt allerdings nach dem Wortlaut des AEUmwStG 2006 dann vor, wenn sämtliche Wirtschaftsgüter im Rahmen der Gründung ausschließlich in das Sonderbetriebsvermögen der aufnehmenden BAG überführt werden (vgl. ausführlich S. 112; so auch Fuhrmann in Widmann/Mayer, Umwandlungsrecht, 214. Lieferung 08.2024, § 24 UmwStG Rz. 182 f. 291 f. und 320 f.; Rasche in Rödder/Herlinghaus/van Lishaut, UmwStG, 3. Aufl. 2019, § 24 Rz. 83; Bär/Merkle in Haritz/Menner/Bilitewski, UmwStG, 6. Aufl. 2024, § 24 Rz. 30). Der Grundfall einer Minimal-üBAG zeichnet sich jedoch gerade dadurch aus, dass kein gesamthänderisch gebundenes Vermögen der BAG gebildet wird. Damit kommt eine steuerneutrale Umwandlung nach § 24 UmwStG in dem Fall nicht zur Anwendung. Es kommt aber dennoch nach der hier vertretenen Auffassung nicht zu einer Aufdeckung der im Praxisvermögen enthaltenen stillen Reserven, da mangels vorrangiger Spezialregelung § 6 Abs. 5 EStG Anwendung findet (Überführung eines Betriebs ohne Rechtsträgerwechsel, siehe BMF

v. 8.12.2011 - IV C 6 - S 2241/10/10002, BStBl 2011 I S. 1279, Rz. 6; Fuhrmann in Widmann/Mayer, Umwandlungsrecht, 214. Lieferung 08.2024, § 24 UmwStG Rz. 183; Schmitt in Schmitt/Hörtnagl, UmwStG, 10. Aufl. 2024, § 24 Rz. 35, 114; a. A. betreffend Anwendbarkeit von § 6 Abs. 5 EStG, aber gleichwohl mit dem Ergebnis, dass zwingend die Buchwerte anzusetzen sind, Patt in Dötsch/Patt/Pung/Möhlenbrock, Umwandlungssteuerrecht, § 24 UmwStG Rz. 44). Im Einzelfall empfiehlt es sich aber aus Gründen abschließender Rechtssicherheit, dennoch einen Antrag auf Buchwertfortführung nach § 24 UmwStG zu stellen, auch wenn es im Zweifel eines solchen nicht bedurft hätte.

PRAXISHINWEIS:

Bei **Gründung einer Minimal-üBAG** ist zudem steuerliche Vorsicht geboten, wenn das Praxisvermögen zuvor zum Gesamthandsvermögen einer BAG gehört hat. Wird bei der Gründung der üBAG das gesamte Vermögen der BAG vollständig in das Sonderbetriebsvermögen der üBAG übertragen und die BAG dann liquidiert, dürfte dies mutmaßlich einer **Realteilung der BAG i. S. des § 16 Abs. 3 Satz 2 ff. EStG** gleichstehen. Jedenfalls wird dadurch die BAG als steuerliche Mitunternehmerschaft beendet. Insofern sind hier u. U. die steuerlichen Sperrfristen des § 16 Abs. 3 Satz 3 EStG zu beachten, wobei eine „Rückübertragung" aus dem Sonderbetriebsvermögen der üBAG in das Gesamthandsvermögen einer (neuen) BAG bei Beendigung der üBAG nach § 6 Abs. 5 EStG ggf. auch unschädlich sein könnte (a. A. BMF v. 19.12.2018 - IV C 6 – S 2242/07/10002, BStBl 2019 I S. 6, Rz. 26, das im Fall einer nachfolgenden Übertragung gegen Gewährung von Gesellschaftsrechten nach § 6 Abs. 5 EStG auf einen Dritten von einer Veräußerung und damit einem Sperrfristverstoß ausgeht).

Für den Fall der Gründung einer Minimal-üBAG bzw. allgemein bei der Zurückbehaltung von Wirtschaftsgütern im Rahmen einer Einbringung nach § 24 UmwStG sind zudem immer auch die umsatzsteuerlichen Konsequenzen in Bezug auf die Überführung in einen nichtunternehmerischen Bereich zu beachten (vgl. S. 178 ff.). Unter Umständen kann es sich im Einzelfall anbieten, nur z. B. die vertragsärztliche Tätigkeit zu vergesellschaften und die privatärztliche Tätigkeit oder alternativ eine gutachterliche Tätigkeit weiterhin durch die Gesellschafter mit deren Ressourcen im Sonderbetriebsvermögen zu führen.

dd) Gründung durch Aufspaltung

Arztrechtlich ist es möglich, eine überörtliche BAG in der Weise zu gründen, dass eine bestehende BAG einen Teil ihrer Praxis an einen anderen, weiteren Praxissitz verlagert. Diese „Filialbildung" innerhalb einer bestehenden BAG ist steuerlich unbeachtlich, da es insoweit nicht zu Übertragungs- oder Überführungsvorgängen kommt. Es findet lediglich eine räumliche „Standortverlegung/-erweiterung" innerhalb ein und desselben Betriebsvermögens statt.

ee) Sonderfall: überörtliche Berufsausübungsgemeinschaft zwischen Vertragsärzten und einer MVZ GmbH

Eine (überörtliche) BAG ist nach § 33 Abs. 2 Satz 1 Ärzte-ZV auch unter Einbindung einer MVZ-GmbH möglich und kann steuerlich zugleich eine gute Alternative zur „Freiberuflicher MVZ-GmbH", d. h. der MVZ-GmbH in der Vertragsarzt-Variante, sein (zur MVZ-GmbH in der Vertragsarzt-Variante vgl. S. 338 f. und S. 358, S. 372).

BEISPIEL Die Ärzte A und B betreiben gemeinsam als Vertragsärzte mit jeweils einem vollen Versorgungsauftrag als Gesellschafter eine BAG („A+B BAG GbR") in Düsseldorf mit drei angestellten Ärzten auf jeweils einer Anstellungsgenehmigung mit vollem Versorgungsauftrag. A und B möchten ihre Praxis weiterentwickeln und weiter dadurch wachsen, dass zwei Praxen in Krefeld und Neuss mit jeweils zwei vollen Versorgungsaufträgen, d. h. in Summe vier weitere Versorgungsaufträge, hinzuerworben werden. Da eine Einbindung von weiteren angestellten Ärzten mit Anstellungsgenehmigung im Umfang von vier vollen Versorgungsaufträgen für die A+B BAG GbR vertragsarztrechtlich nicht möglich ist, sollen die Standorte in Krefeld und Neuss vertragsarztrechtlich zukünftig als jeweils eigenständige MVZ mit angestellten Ärzten geführt werden. A und B errichten daher zu diesem Zweck im Rahmen einer Bargründung gemeinsam eine MVZ-GmbH. Diese MVZ-GmbH erwirbt nun die zwei Praxen in Krefeld und Neuss unter Genehmigung von zwei MVZ auf Basis der Versorgungsaufträge der erworbenen Praxen. Anschließend tritt die MVZ GmbH als neuer Gesellschafter der fortgeführten A+B BAG GbR mit A und B als Gesellschafter bei, unter Gründung einer dann überörtlich tätigen BAG mit den drei Gesellschaftern A, B und der MVZ-GmbH („A+B+MVZ-GmbH üBAG GbR"). Der Beitritt der MVZ-GmbH zur A+B+MVZ GmbH üBAG GbR erfolgt steuerlich durch Einbringung der zuvor erworbenen Standorte (MVZ Neuss und MVZ Krefeld) in das Gesamthandsvermögen der A+B+MVZ-GmbH üBAG GbR gegen Gewährung einer Mitunternehmerstellung nach § 24 UmwStG auf Antrag zu Buchwerten (zur Anwendung von § 24 UmwStG vgl. S. 111 ff.). § 24 Abs. 1 UmwStG weist zur Person des Einbringenden keine Einschränkung auf, so dass auch eine MVZ GmbH Einbringender nach § 24 UmwStG sein kann (vgl. Bär/Merkle in Haritz/Menner/Bilitewski, UmwStG, 6. Aufl. 2024, § 24 Rz. 50; Rasche in Rödder/Herlinghaus/van Lishaut, UmwStG, 3. Aufl. 2019, § 24 Rz. 75).

Steuerlich zu beachten ist aber, dass der Beitritt der MVZ-GmbH zur A+B+MVZ-GmbH üBAG GbR wertverhältniswahrend zu erfolgen hat, damit durch diesen Vorgang steuerlich keine verdeckte Einlage oder verdeckte Gewinnausschüttung in oder aus der MVZ-GmbH ausgelöst wird. In der Beratungspraxis empfiehlt es sich für ein ausgewogenes Beteiligungsverhältnis, dass die MVZ-GmbH die Bankdarlehen zur Finanzierung des Erwerbs der Praxen in Neuss und Krefeld als negatives Sonderbetriebsvermögen zumindest teilweise zurückbehält und nur das materielle und immaterielle Anlagevermögen auf die A+B+MVZ-GmbH üBAG GbR überträgt. Zudem ist bei der Ermittlung der wertverhältniswahrenden Beteiligungsverhältnisse zu beachten, dass die angestellten Ärzte aus vertragsarztrechtlichen Gründen i. d. R. Arbeitnehmer der MVZ-GmbH bleiben müssen und die diesbezüglichen Personalkosten daher steuerlich nur Sonderbetriebsausgaben der MVZ-GmbH zur A+B+MVZ-GmbH üBAG GbR darstellen. Maßstab für die Beteiligungsverhältnisse dürfte daher das Verhältnis des nachhaltigen Gewinns bzw. EBITDA der einzelnen Standorte (Düsseldorf bzw. Neuss/Krefeld) vor Arztgehältern (einschließlich vor kalkulatorischen Arztgehältern der Gesellschafter A und B) sein.

PRAXISHINWEIS:

Umsatzsteuerlich ist zu beachten, dass die MVZ-GmbH die Praxen in Neuss und Krefeld mutmaßlich im Rahmen einer nicht steuerbaren **Geschäftsveräußerung im Ganzen gem. § 1 Abs. 1a UStG** erwerben dürfte. Eine Geschäftsveräußerung liegt aber nur dann vor, wenn der Erwerber, hier die MVZ-GmbH, beabsichtigt, den übertragenen Geschäftsbetrieb oder Unternehmensteil zu betreiben und nicht nur die betreffende Geschäftstätigkeit sofort abzuwickeln sowie ggf. den Warenbestand zu verkaufen (vgl. EuGH, Urteil v. 27.11.2003 - Rs. C-497/01, NWB UAAAB-79462, UR 2004 S. 19). Erforderlich ist daher die Fortsetzung einer bisher durch den Veräußerer ausgeübten unternehmerischen Tätigkeit (Abschnitt 1.5 UStAE). Die für die Geschäftsveräußerung notwendige Fortführung der Geschäftstätigkeit muss bei einer im engen zeitlichen und sachlichen Zusammenhang stehenden mehrstufigen Übertragung nur dem Grunde nach, nicht aber auch höchstpersönlich beim jeweiligen Erwerber vorliegen (vgl. BFH, Urteil v. 25.11.2015 - V R 66/14, BStBl 2020 II S. 793, **„Fortführung der Unternehmenstätigkeit in der Kette"**). Für das Vorliegen der Rechtsfolgen einer Geschäftsveräußerung auf jeder Stufe ist aber nach Auffassung der Finanzverwaltung erforderlich, dass auf jeder Stufe der Übertragung der jeweilige Erwerber Unternehmer i. S. des § 2 UStG ist (vgl. Abschnitt 1.5 Abs. 1 Satz 5 f. UStAE). Zu empfehlen ist daher aus umsatzsteuerlicher Sicht, zwischen dem Erwerb der Praxen und der Errichtung der MVZ-GmbH einerseits und andererseits der Weiterübertragung der Praxen durch Einbringung in die gemischte BAG eine angemessene Zeit vergehen zu lassen, damit die MVZ-GmbH die Praxen als Unternehmer eine gewisse Zeit fortführt.

BEISPIEL Der Zahnarzt Dr. Z betreibt als Vertragszahnarzt mit vollem Versorgungsauftrag eine zahnärztliche Einzelpraxis mit drei angestellten Zahnärzten auf jeweils einer Anstellungsgenehmigung mit vollem zahnärztlichen Versorgungsauftrag. Dr. Z möchte weiter expandieren und weitere Zahnärzte in weiteren Standorten im Rahmen der vertragszahnärztlichen Versorgung anstellen, ohne allerdings einen Partner aufnehmen zu müssen. Zudem möchte Dr. Z aber nicht vollständig mit der gesamten Praxis in die Rechtsform der MVZ-GmbH wechseln, um sich zukünftige Optionen offenzuhalten. Dr. Z errichtet daher zu diesem Zweck im Rahmen einer Bargründung als Alleingesellschafter und -geschäftsführer eine MVZ-GmbH und beantragt auf Basis angestellter Zahnärzte die Zulassung eines zahnärztlichen MVZ. Die MVZ-GmbH tritt zudem der Einzelpraxis unter Gründung einer zahnärztlichen überörtlichen BAG (Dr. Z+MVZ-GmbH BAG GbR) bei. Der Beitritt der MVZ GmbH zur Dr. Z+MVZ-GmbH BAG GbR erfolgt steuerlich durch Zuzahlung der MVZ-GmbH in das gesamthänderische Betriebsvermögen der Dr. Z+MVZ-GmbH BAG GbR gegen Gewährung einer Mitunternehmerstellung nach § 24 UmwStG auf Antrag zu Buchwerten (zur Anwendung von § 24 UmwStG vgl. S. 111 ff.; zur MVZ-GmbH als Einbringendem i. S. des § 24 UmwStG vgl. vorstehendes Beispiel). Mit der Zuzahlung werden dann die notwendigen Investitionen in den neuen Standort getätigt.

Die steuerlichen Grundsätze aus dem vorstehenden Beispiel zur notwendigen wertverhältniswahrenden Beteiligung der MVZ-GmbH im Verhältnis der Zuzahlung in das Betriebsvermögen zum Wert der Einzelpraxis gelten hier analog.

PRAXISHINWEIS:

Umsatzsteuerlich ist auf die **Gewinnverteilung** einer gemischten BAG nach § 33 Abs. 2 Satz 1 Ärzte-ZV unter Einbindung einer MVZ-GmbH **besondere Aufmerksamkeit** zu richten, damit es zwischen der MVZ-GmbH und der gemischten BAG nicht zu einem steuerbaren Leistungsaustausch kommt. Vertragsarztrechtlich erfolgt die Anstellung der Ärzte regelmäßig bei der MVZ GmbH als Arbeitgeber. Tätig werden die angestellten Ärzte dann aber im Rahmen der gemischten BAG auf

Ebene der GbR. Umsatzsteuerlich erforderlich ist daher, dass es nicht zu einer umsatzsteuerbaren und umsatzsteuerpflichtigen Arbeitnehmerüberlassung zwischen der MVZ-GmbH und der GbR kommt. Der Einsatz der angestellten Ärzte muss vielmehr im Rahmen eines nicht umsatzsteuerbareren Gesellschafterbeitrags der MVZ GmbH erfolgen. Hierzu sollte der Gesellschaftsvertrag vorsehen, dass die Vertragsärzte/der Vertragsarzt und die MVZ GmbH jeweils als Gesellschafterbeitrag der gemischten BAG ihre volle Arbeitskraft schulden und diese durch die Beteiligung am Gewinn abgegolten ist. Unter der „Arbeitskraft der MVZ-GmbH" ist dabei die Arbeitskraft der im MVZ angestellten Ärzte zu verstehen (zur Abgrenzung der Leistungsbeziehungen zwischen Gesellschaft und Gesellschafter vgl. S. 184 ff.; Abschnitt 1.6 Abs. 3 ff. UStAE; BFH, Beschluss v. 12.11.2020 - V R 22/19, NWB YAAAH-76239, DStR 2021 S. 859).

Wird allerdings eine (überörtliche) BAG nach § 33 Abs. 2 Satz 1 Ärzte-ZV unter **Einbindung einer MVZ-GmbH** errichtet, erzielt die gemischte BAG steuerlich **Einkünfte aus Gewerbebetrieb**. Die Beteiligung einer Kapitalgesellschaft führt zwingend zur Gewerblichkeit der Personengesellschaft, denn eine Kapitalgesellschaft kann die Merkmale eines freien Berufs nicht erfüllen, weil ihre Tätigkeit nach § 2 Abs. 2 Satz 1 GewStG stets als Gewerbebetrieb gilt (BFH, Beschluss v. 3.12.2003 - IV B 192/03, BStBl 2004 II S. 303). Dies gilt selbst dann, wenn sämtliche Gesellschafter der Kapitalgesellschaft wiederum natürliche Personen sind, die die Voraussetzungen eines freien Berufes erfüllen (BFH, Urteil v. 8.4.2008 - VIII R 73/05, BStBl 2008 II S. 681; BFH, Beschluss v. 3.12.2003 - IV B 192/03, BStBl 2004 II S. 303).

c) Laufende Besteuerung der überörtlichen Berufsausübungsgemeinschaft

Allgemeines

Für die laufende Besteuerung überörtlicher BAGen ergeben sich grds. keine steuerlichen Besonderheiten gegenüber BAGen mit nur einem Standort. Steuerlich handelt es sich um eine Gesellschaft mit mehreren Betriebsstätten. Die in den einzelnen Buchungskreisen ermittelten Gewinnanteile der einzelnen Standorte werden im Rahmen der einheitlichen und gesonderten Feststellung von Besteuerungsgrundlagen nach § 180 Abs. 1 Nr. 2a AO zusammengeführt und dem Finanzamt in einer Erklärung abgegeben.

Der Frage der **leitenden und eigenverantwortlichen Tätigkeit** der Gesellschafter (siehe S. 94 ff.) an allen Standorten sollte allerdings erhöhte Aufmerksamkeit gewidmet werden (BFH, Urteil v. 19.10.1995 - IV R 11/95, NWB MAAAA-97321, BFH/NV 1996 S. 464). Da nach § 18 Abs. 3 MBO an dem jeweiligen Praxissitz verantwortlich mindestens ein Gesellschafter der BAG hauptberuflich tätig sein muss, kommt der Frage insbesondere Bedeutung im Bereich der „Filialbildung" mit angestellten Ärzten zu sowie, wenn an einem Standort lediglich ein vermögenslos beteiligter Gesellschafter (siehe S. 105 ff.) tätig ist, da ansonsten von einer Gewerblichkeit der Gesellschaft auszugehen sein kann.

d) Auflösung der überörtlichen Berufsausübungsgemeinschaft

Wird die üBAG aufgelöst, liegt darin eine Betriebsaufgabe auf Ebene der Gesellschaft und eine steuerneutrale Realteilung nach § 16 Abs. 3 Satz 2 EStG kommt in Betracht. Folge ist, dass das von den Gesellschaftern im Rahmen der Auseinandersetzung übernommene Praxisvermögen steuerneutral zum Buchwert überführt wird, soweit es im Anschluss an die Auflösung Praxisvermögen einer anderen (Einzel-)Praxis des Gesellschafters wird. Eine steuerneutrale Buchwertfortführung ist jedoch nach Auffassung der Finanzverwaltung ausgeschlossen, soweit Praxisvermögen aus dem Gesamthandsvermögen der üBAG in das Gesamthandsvermögen einer anderen BAG übertragen wird (Einzelheiten siehe S. 143 ff.). Im Einzelfall sind hier steuerliche Gestaltungsmaßnahmen sinnvoll (siehe S. 148 f.).

Werden im Rahmen einer Realteilung, bei der einzelne Wirtschaftsgüter übertragen worden sind, übertragener Grund und Boden, übertragene Gebäude oder andere übertragene wesentliche Betriebsgrundlagen zum Buchwert übertragen, wird mit der Übertragung eine **Sperrfrist** in Gang gesetzt. Nach § 16 Abs. 3 Satz 3 EStG sind für die Übertragung rückwirkend die gemeinen Werte anzusetzen, soweit die o. g. wesentlichen Betriebsgrundlagen innerhalb von drei Jahren nach Abgabe der Feststellungserklärung für den Veranlagungszeitraum der Realteilung aus dem Betriebsvermögen, auf das sie übertragen wurden, veräußert oder entnommen werden (Einzelheiten zur Sperrfrist siehe S. 144 ff., insbesondere zur Überführung und Übertragung von Wirtschaftsgütern im Sonderbetriebsvermögen bei der Gestaltung als Minimal-üBAG). Für die Frage der Sperrfrist nach § 16 Abs. 3 Satz 3 EStG ist zudem zu prüfen, ob die einzelnen Standorte nicht Teilbetriebe im ertragsteuerlichen Sinne darstellen und daher die Sperrfrist nicht zur Anwendung kommt (zum Vorliegen eines Teilbetriebes vgl. S. 162 ff.; zur Sperrfrist nach § 16 Abs. 3 Satz 3 EStG vgl. S. 144 ff.).

e) Umsatzsteuerliche Aspekte

Auch umsatzsteuerlich ist die üBAG als Personengesellschaft wie eine BAG als eigenständige umsatzsteuerliche Unternehmerin anzusehen. Damit kann es zu einem umsatzsteuerpflichtigen Leistungsaustausch zwischen dem Arzt als Gesellschafter und der üBAG als solche kommen. Dies gilt insbesondere im Fall der Minimal-üBAG, da das Praxisvermögen von dem Arzt als Gesellschafter aus seinem Eigentum heraus zur Nutzung an die üBAG überlassen wird. Ein „Sonderbetriebsvermögen", welches analog zur ertragsteuerlichen Behandlung dem umsatzsteuerlichen Unternehmensvermögen der üBAG zugeordnet wird, existiert umsatzsteuerlich nicht (vgl. EuGH, Urteil v. 13.3.2014 - Rs. C-204/13, NWB YAAAE-59345, DStR 2014 S. 592). Im Ergebnis ist für die umsatzsteuerliche Behandlung die Unterscheidung zwischen einem nicht steuerbaren Gesellschafterbeitrag und einem steuerbaren Leistungsaustausch (Überlassung Praxisvermögen) gegen Sonderentgelt entscheidend (vgl. hierzu S. 184 ff.).

Zudem können die Gesellschafter ggf. als eigenständige Unternehmer anzusehen sein, wenn z. B. nur die vertragsärztliche Tätigkeit vergesellschaftet wird, die privatärztliche Tätigkeit oder eine gutachterliche Tätigkeit aber persönlich außerhalb der üBAG durch die Gesellschaft ausgeübt wird.

V. Job-Sharing-BAG

1. Rechtliche Aspekte

Literatur: *Kamps,* Der neue Teilnahmestatus der eingeschränkten Zulassung gem. § 103 Abs. 1 Nr. 4 SGB V, MedR 1998 S. 103 ff.; *Gleichner,* Job-Sharing in der Vertragsarztpraxis, MedR 2000 S. 399 ff.; *Halbe/Rothfuß* in Halbe (Hrsg.), Handbuch Kooperationen im Gesundheitswesen, September 2017, A 1100 – Berufsausübungsgemeinschaft, Rz. 37 ff.; *Ladurner,* Ärzte-ZV, Zahnärzte-ZV, 2017, § 101 SGB V Rz. 74 ff.; *Meschke* in Rieger/Dahm/Katzenmeier/Stellpflug/Ziegler (Hrsg.), Heidelberger Kommentar Arztrecht Krankenhausrecht Medizinrecht, November 2017, Nr. 2730 – Job-Sharing; *Kremer/Wittmann,* Vertragsärztliche Zulassungsverfahren, 2. Aufl. 2015, Rz. 516 ff.; *Möller/Ruppel* in Ratzel/Luxenburger (Hrsg.), Handbuch Medizinrecht, 4. Aufl. 2021, Kap. 17 Rz. 359 f.; *Pawlita* in Schlegel/Voelzke, jurisPK-SGB V, 4. Aufl. 2020, § 101 Rz. 285 ff. (Stand: 17.7.2024).

a) Rechtsgrundlage

Die Zulassungsbeschränkungen i. S. von § 103 SGB V in der im Wesentlichen noch heute geltenden Fassung wurden zum 1.1.1993 eingeführt. Es zeigte sich jedoch bald, dass das System zu starr war. Um den Bedürfnissen vieler Ärzte nach **individueller Festlegung ihres Arbeitseinsatzes** nachzukommen und **zusätzliche Beschäftigungschancen** für Ärzte zu schaffen, ohne damit die Gefahr einer Leistungsausweitung auszulösen, führte der Gesetzgeber zum 1.7.1997 das Rechtsinstitut des sog. Job-Sharings ein. Die Bildung einer BAG in einem zulassungsgesperrten Planungsbereich wurde gem. § 101 Abs. 1 Nr. 4 SGB V zulässig, wenn ein Vertragsarzt sich mit einem anderen Arzt desselben Fachgebiets zusammenschloss und beide Ärzte sich gegenüber dem Zulassungsausschuss zur **Einhaltung eines Leistungsumfangs** verpflichteten, der denjenigen der bisherigen Praxis nicht wesentlich überschritt. Job-Sharing gibt es auch für Psychologische Psychotherapeuten sowie Kinder- und Jugendlichenpsychotherapeuten. Zahnärzte müssen auf Job-Sharing nicht zurückgreifen, weil sie seit der Einführung von § 101 Abs. 6 SGB V (durch das GKV-WSG zum 1.4.2007) keinen Zulassungsbeschränkungen (mehr) unterliegen.

Man spricht davon, dass der hinzukommende Arzt eine **„Job-Sharing-Zulassung"** oder auch eine „eingeschränkte" oder „beschränkte" oder „vinkulierte" Zulassung erhält, während sich am Zulassungsstatus des bisherigen Praxisinhabers nichts ändert. Dieser bleibt Inhaber einer unbeschränkten Vollzulassung.

Einem Vertragsarzt kann nach dem Wortlaut von § 101 Abs. 1 Nr. 4 SGB V nur *ein* Job-Sharing-Gesellschafter zugeordnet werden (anders beim Job-Sharing über Anstellungsverhältnisse, wo § 101 Abs. 1 Nr. 5 SGB V die Beschäftigung mehrerer Job-Sharing-Angestellter erlaubt). Die Anzahl der über eine Vertragsarztzulassung verfügenden Ärzte ist somit beschränkender Faktor für die Höchstanzahl der Job-Sharing-Gesellschafter in einer BAG. Zulässig ist auch eine überörtliche Job-Sharing-BAG.

Bereits der Begriff „Job-Sharing" deutet darauf hin, dass eine Arbeitsplatzteilung erfolgt. Der über eine Vollzulassung verfügende Vertragsarzt und der Job-Sharing-Gesellschafter teilen sich – in der Terminologie des Vertragsarztrechtsänderungsgesetzes – einen Versorgungsauftrag. Demgemäß darf der Job-Sharer auch in der genehmigten Zweigpraxis oder an weiteren Standorten einer überörtlichen BAG tätig sein. Die Ärzte in ihrer Gesamtheit haben die erforderlichen Sprechstunden abzuhalten und für Notfallbehandlungen zur Verfügung zu stehen. Insofern ist es zulässig, dass sich der vollzugelassene Vertragsarzt primär um die Privatpatienten der Praxis kümmert. Die praktische Bedeutung der Job-Sharing-BAG ist beschränkt. Die Vorteile, namentlich das Erstarken der Job-Sharer-Zulassung zur Vollzulassung nach zehn Jahren oder bei Aufhebung der Zulassungsbeschränkungen, soweit der Job-Sharer Anderen seiner Art gleichgeordnet oder im Vorteil ist (detailiert dazu gleich noch), überwiegen aus Sicht der Beteiligten nicht immer die Nachteile in Form der Honorarbeschränkungen.

b) Zulassungsvoraussetzungen

Die Details zur Zulassung einer Job-Sharing-BAG ergeben sich aus dem 9. Abschnitt (§§ 40 ff.) der BedarfsplRL (Stand 16.3.2023), der speziell dieser Thematik gewidmet sind.

PRAXISHINWEIS:

Eine Job-Sharing-BAG darf nur zu Beginn eines Quartals zugelassen werden (§ 40 Satz 1 BedarfsplRL).

Der „Job-Sharing-Gesellschafter" muss in seiner Person alle Zulassungsvoraussetzungen erfüllen. Hierzu zählt, dass er in das **Arztregister eingetragen**, die diversen sonstigen, vor allem formalen Zulassungsvoraussetzungen erfüllen muss sowie kein Beschäftigungsverhältnis und keine sonstige nicht ehrenamtliche Tätigkeit ausüben darf, die es verhindern, dass er die notwendige Sprechstundenanzahl erbringt (§ 20 Abs. 1 Satz 1 Ärzte-ZV).

Die Beteiligten müssen *bedarfsplanungsrechtlich* derselben Arztgruppe angehören (nicht gleichzusetzen mit der Facharztidentität). Ob dies der Fall ist, richtet sich nach

§§ 11 ff. BedarfsplRL. So ist es zulässig, dass z. B. ein Facharzt für Allgemeinmedizin und ein Facharzt für Innere Medizin im Rahmen der hausärztlichen Versorgung eine Job-Sharing-BAG gründen. Ein versorgungsbereichsübergreifender Zusammenschluss wäre unzulässig.

Die Einbindung als Job-Sharing-Gesellschafter ist auch bei einer fachübergreifenden BAG zulässig. In diesem Fall wird die Zulassung des Job-Sharers an diejenige des Vertragsarztes seiner bedarfsplanerischen Arztgruppe gebunden.

Für die Zulassung der Job-Sharing-BAG ist es ferner erforderlich, dass dem Zulassungsausschuss ein **Gesellschaftsvertrag vorgelegt** wird. Der Job-Sharing-Gesellschafter ist „**echter Gesellschafter**". Demgemäß muss sein gesellschaftsrechtlicher Status sich von dem eines Angestellten oder Scheingesellschafters abgrenzen.

In der Praxis ist festzustellen, dass die Zulassungsgremien an die Ausgestaltung der Rechtsposition des Job-Sharers insbesondere hinsichtlich der Beteiligung am immateriellen Wert der Gesellschaft geringere Anforderungen stellen als bei einem Gesellschafter mit einer Vollzulassung.

Voraussetzung für die Genehmigung der Job-Sharing-BAG ist ferner, dass sich sämtliche Gesellschafter gegenüber dem Zulassungsausschuss schriftlich bereit erklären, während des Bestands der BAG den zum Zeitpunkt der Antragstellung bestehenden **Praxisumfang nicht wesentlich zu überschreiten** und in diesem Zusammenhang die vom Zulassungsausschuss festgelegte Leistungsbeschränkung anerkennen. Die Leistungsbeschränkung basiert auf dem Abrechnungsvolumen des Vertragsarztes im gesamten Jahr vor Errichtung der BAG bzw. dem Beitritt zu einer bestehenden BAG. Im letzteren Fall wird nicht etwa das Abrechnungsvolumen lediglich des Vertragsarztes festgeschrieben, mit welchem das Job-Sharing praktiziert wird, sondern betroffen ist das gesamte Abrechnungsvolumen der BAG. Dies ist der maßgebliche Grund dafür, dass das Job-Sharing in der Praxis nur von untergeordneter Bedeutung ist. Hieran ändert auch der Umstand nichts, dass der Job-Sharing-BAG ein 3 %iges jährliches Wachstum zugestanden wird. Dieses wird bei einer fachgebietsgleichen BAG ermittelt, indem das maximale Abrechnungsvolumen durch die Anzahl der Gesellschafter geteilt und das so gefundene Ergebnis um 3 % des Fachgruppendurchschnitts erhöht wird (BSG, Urteil v. 24.1.2018 - B 6 KA 48/16 R, NWB CAAAG-78951, ZMGR 2018 S. 181 ff.). Am Ende ergeht ein gesonderter Beschluss des Zulassungsausschusses über das jeweils abrechenbare Gesamtpunktzahlvolumen für jedes Quartal eines Jahres, der für die gesamte Zeit der Job-Sharing-BAG gilt (und auch gesondert anfechtbar ist).

Die Details zur Berechnung sind geregelt in §§ 42 f. BedarfsplRL. § 101 Abs. 1 Nr. 6 SGB V i. V. m. § 43 Abs. 1 Satz 4 BedarfsplRL ermöglicht **bei unterdurchschnittlichem Praxisumfang Ausnahmen von der Leistungsbeschränkung** mit der Möglichkeit zum Erreichen des Fachgruppendurchschnitts. Bei externen „spürbaren Auswirkungen" auf die

Berechnungsgrundlagen ist ein gesonderter Ausnahmeantrag sogar mit Stoßrichtung zur Überschreitung des Fachgruppendurchschnitts möglich (§ 44 BedarfsplRL).

PRAXISHINWEIS:

Auf Antrag des Vertragsarztes sind die Gesamtpunktzahlvolumina neu zu bestimmen, wenn er z. B. einen Weiterbildungsassistenten gemäß § 32 Abs. 3 Ärzte-ZV beschäftigt (§ 44 Satz 2 BedarfsplRL).

c) Status

Der im Rahmen des Job-Sharings zugelassene Gesellschafter ist für die Dauer des Job-Sharings **Mitglied der Kassenärztlichen Vereinigung** und deren Disziplinargewalt unterworfen. Insofern ergeben sich keine Unterschiede zum Status des uneingeschränkt zugelassenen Vertragsarztes. Die Beschränkung der Zulassung bedeutet, dass die Job-Sharing-Zulassung **akzessorisch zur Vollzulassung** ist. Endet die Vollzulassung, teilt die Job-Sharing-Zulassung dieses Schicksal. Die Job-Sharing-Zulassung wird nicht bei der Bedarfsplanung berücksichtigt.

Im Nachbesetzungsverfahren gibt es einen gesetzgeberischen Widerspruch zur Position des Job-Sharers: Gemäß § 101 Abs. 3 Satz 4 SGB V ist der Job-Sharer bei der Bewerberauswahl erst nach **fünfjähriger** gemeinsamer vertragsärztlicher Tätigkeit mit dem voll zugelassenen Vertragsarzt privilegiert. Demgegenüber bestimmt § 103 Abs. 3a Satz 5 SGB V, dass der Job-Sharer schon nach **dreijähriger Tätigkeit** bei der Bewerberauswahl privilegiert ist. Richtigerweise wird man ein Redaktionsversehen annehmen und der jüngeren Regelung den Vorrang zusprechen müssen (so auch Ladurner, § 101 SGB V Rz. 109). Dies hat Auswirkungen primär auf die Nachfolge in der Einzelpraxis, da bei einer BAG regelmäßig der Sondertatbestand des § 103 Abs. 6 SGB V einschlägig ist. Bei einer drei Jahre unterschreitenden Dauer des Job-Sharings ist die Tätigkeit in der Praxis im Rahmen der Auslegung des Tatbestandsmerkmals der „beruflichen Eignung“ (§ 103 Abs. 4 Satz 5 Nr. 1 SGB V) zu berücksichtigen.

PRAXISHINWEIS:

Es besteht keine rechtliche Verpflichtung der KVen, eine Job-Sharing-BAG oder eine Praxis mit Job-Sharing-Angestellten bei der Förderung kooperativer Behandlungsformen zu berücksichtigen, so BSG, Urteil v. 17.3.2021 - B 6 KA 32/19 R, NWB FAAAH-78289).

d) Wegfall der Beschränkung

Nach **zehnjährigem Bestand** der Job-Sharing-Zulassung erstarkt diese automatisch mit allen Konsequenzen (wie z. B. der Nachbesetzungsfähigkeit) zur Vollzulassung (§ 101 Abs. 3 Satz 2 SGB V). Hierbei nach wie vor ungeklärt ist die Frage, ob es im Rahmen einer BAG erforderlich ist, dass das Job-Sharing durchgehend mit ein und demselben Mitgesellschafter praktiziert wird. Würde man dies annehmen, bedeutete das Ausscheiden des „Bezugsarztes" vor Ablauf der Zehn-Jahres-Frist eine unzumutbare Härte für den Job-Sharer. Insofern erscheint es richtig, zumindest bei einer BAG einen Wechsel des Bezugsarztes zuzulassen (ebenso Ladurner, § 101 SGB V Rz. 107).

Bei einer **Entsperrung des Planungsbereichs** erstarken automatisch so viele beschränkte Zulassungen zu Vollzulassungen wie durch die Entsperrung frei werden. Dabei wird durch das Gesetz selbst eine Auswahl nach der Dauer des Bestehens der Job-Sharing-Zulassungen vorgenommen (§ 26 Abs. 2 Satz 1 BedarfsplRL).

e) Gestaltungsnotwendigkeiten

Die Job-Sharing-BAG unterscheidet sich zivilrechtlich nicht von einer BAG mit unbeschränkt zugelassenen Vertragsärzten. Dies gilt insbesondere hinsichtlich der Abgrenzung des Scheingesellschafters zum „echten" Gesellschafter.

Andererseits bedarf die zulassungsbedingte **Unsicherheit der Rechtsposition** des Job-Sharers der besonderen Berücksichtigung bei der Vertragsgestaltung. Der über die Vollzulassung verfügende Vertragsarzt hat es rechtlich in der Hand, durch Gestaltungserklärungen gegenüber dem Zulassungsausschuss (z. B. Beendigung der BAG oder Verzicht auf seine Vertragsarztzulassung) der Tätigkeit des Job-Sharers die Rechtsgrundlage zu entziehen. Hat der Job-Sharer Gesellschaftsanteile erworben, kann er diese oftmals ohne Vertragsarztzulassung nicht veräußern. Diesen Besonderheiten ist durch **Bestimmungen zur Laufzeit** Rechnung zu tragen, indem z. B. das ordentliche Kündigungsrecht des voll zugelassenen Vertragsarztes für einen bestimmten Zeitraum ausgeschlossen wird. Ungerechtfertigte Kündigungen gilt es mit Vertragsstrafen zu unterbinden. Auch kann die Rechtsposition des Job-Sharers durch Erteilung von Vollmachten so gefestigt werden, dass dieser **Einfluss auf das Nachbesetzungsverfahren** nehmen kann. Hilfsweise sind zugunsten des Job-Sharers **Entschädigungsregelungen** für den Fall vorzusehen, dass er entgegen der ursprünglichen Planung keine Vollzulassung erhält.

PRAXISHINWEIS:

Nachdem der Gesetzgeber mit Wirkung zum 1.1.2009 die Nachbesetzungsfähigkeit eines hälftigen Versorgungsauftrages ausdrücklich für zulässig erklärt hat (§ 103 Abs. 4 Satz 2 SGB V), kann es sich in geeigneten Fällen als Alternative zum Job-Sharing anbieten, die Vollzulassung aufzuteilen. Hierdurch können die dem Job-Sharing immanenten Abrechnungsbeschränkungen vermieden und auf gesellschaftsvertraglicher Ebene Gestaltungsspielräume genutzt werden.

Daneben ist klar herauszuarbeiten, dass der **Gesellschaftszweck** auf dem Job-Sharing-Modell des Vertragsarztrechts beruht, welche Anteile der Job-Sharer durch **Einlage oder Anteilskauf** erhält und ob es **Optionsrechte** auf die Vollzulassung (und Gesellschaftsanteile) geben soll, sollte der entsprechend berechtigte Gesellschafter ausscheiden. Auch wenn sich im Job-Sharing mangels Vollzulassung ein Anreiz dafür zu bieten scheint, den Job-Sharer ohne echten Gesellschaftsanteil ständig zu belassen, sollte hiervon Abstand genommen werden. Die vertragsarztrechtliche Konstruktion bietet in keinem besonderen Maße eine Begründung für eine dauerhafte Nullbeteiligung.

2. Steuerliche Aspekte

Literatur: *Haack*, Die ärztliche BAG unter Berücksichtigung des Job-Sharings, NWB 2009 S. 3124.

Die Job-Sharing-BAG unterscheidet sich steuerlich nicht von der Grundform der BAG, so das auf die dortigen Ausführungen verwiesen werden kann (siehe S. 94 ff.).

In der Praxis kann allerdings der neue Job-Sharing-Partner im Einzelfall für eine gewisse Zeit vermögenslos an der BAG beteiligt sein, weil vertragsarztrechtlich jedenfalls in der Spruchpraxis der Zulassungsausschüssean die Ausgestaltung der Rechtsposition des Job-Sharers insbesondere hinsichtlich der Beteiligung am immateriellen Wert der Gesellschaft teilweise geringere Anforderungen gestellt werden als bei einem Gesellschafter mit einer Vollzulassung (vgl. S. 229). Ist das **Mitunternehmerrisiko** eines Job-Sharing-Partners nur **sehr schwach ausgeprägt** und verfügt er zudem nur über eine **beschränkte** Möglichkeit, **Mitunternehmerinitiative** zu entfalten, können ihm die Voraussetzungen fehlen, um steuerlich als Mitunternehmer der Job-Sharing-BAG angesehen zu werden. Bei der Job-Sharing-BAG sind daher die steuerlichen Folgen einer vermögenslosen Beteiligung und deren Verhinderung besonders zu beachten (siehe S. 105 ff.).

VI. So genannte „gemischte Berufsausübungsgemeinschaft“

1. Rechtliche Aspekte

Literatur: *Kleinke/Frehse*, Kooperationsmöglichkeiten zwischen Vertragsarzt und Privatarzt, AusR 2003 S. 69 ff.; *Möller*, Gemeinschaftspraxis zwischen Privatarzt und Vertragsarzt, MedR 2003 S. 195 ff.; *Trautmann*, Die vertragsarztrechtlichen Voraussetzungen der gemeinschaftlichen Berufsausübung von Ärzten nach § 33 Abs. 2 Ärzte-ZV, NZS 2004 S. 238 ff.; *Blaurock*, Gestaltungsmöglichkeiten der Zusammenarbeit von Vertrags- und Privatarzt, MedR 2006 S. 643 ff.; *Rothfuß* in Bäune/Meschke/Rothfuß, Kommentar zur Zulassungsverordnung für Vertragsärzte, 2008, § 33 Rz. 84 f.; *Ladurner*, Ärzte-ZV, Zahnärzte-ZV, 2017, § 33 Ärzte-ZV Rz. 26; *Möller/Ruppel* in Ratzel/Luxenburger (Hrsg.), Handbuch Medizinrecht, 4. Aufl. 2021, Kap. 17 Rz. 418 f.; *Kremer/Wittmann*, Vertragsärztliche Zulassungsverfahren, 4. Aufl. 2021, Rz. 1606.

Mit Wirkung zum 1.1.2007 fand im vertragsarztrechtlichen Sinne eine Begriffserweiterung statt. § 33 Abs. 2 Satz 1 Ärzte-ZV erklärt seitdem die gemeinsame Ausübung vertragsärztlicher Tätigkeit *„unter allen zur vertragsärztlichen Versorgung zugelassenen Leistungserbringern“* für zulässig. Ausweislich der Gesetzesbegründung kann die BAG z. B. auch unter Einbindung einer MVZ-GmbH errichtet werden.

Sowohl das SGB V als auch § 33 Abs. 2 Ärzte-ZV schweigen zu der Frage, ob eine vertragsärztliche BAG gebildet werden darf, wenn nicht sämtliche Leistungserbringer an der vertragsärztlichen Versorgung teilnehmen, sondern manche nur privatärztlich tätig sind. So wäre es denkbar, dass der Gesellschaftszweck darauf ausgerichtet wird, dass alle Gesellschafter gemeinschaftlich privatärztliche Leistungen erbringen, wohingegen lediglich ein Teil der Gesellschafter auch vertragsärztlich tätig wird.

Derartige Modelle sind für die Beteiligten in vielfacher Hinsicht vorteilhaft. So könnte z. B. ein Vertragsarzt, der auf seine Zulassung verzichtet hat, weiterhin in der Gesellschaft verbleiben. Vorteile könnten sich für sämtliche Gesellschafter ergeben, wenn ein Arzt, der noch über keine eigene Vertragsarztzulassung verfügt, der Gesellschaft beitritt und zunächst primär privatärztlich tätig wird, wobei er die anderen Ärzte im Rahmen des vertragsarztrechtlich Zulässigen vor allem bei Urlaub und Krankheit vertritt. Im Falle des Ausscheidens eines Vertragsarztes aus der BAG könnte er dann dessen Gesellschaftsanteil inklusive Vertragsarztzulassung übernehmen.

Wie steht es um die rechtliche Zulässigkeit? Teilweise wird die Auffassung vertreten, § 33 Abs. 2 Satz 1 Ärzte-ZV enthalte das Verbot einer BAG zwischen einem Privat- und einem Vertragsarzt. Es wird befürchtet, dass ein Arzt, dem die Vertragsarztzulassung entzogen wurde, auf diesem Wege selbständig eine Vertragsarztpraxis betreiben könnte. Soweit ein Vertragsarzt die Ressourcen einer privatärztlichen BAG nutze, liege eine anzeigepflichtige Praxisgemeinschafft vor (so Ladurner, § 33 Ärzte-ZV Rz. 26). Diese Auffassung übersieht aber, dass § 33 Abs. 2 Satz 1 Ärzte-ZV nicht organisations-, sondern primär **tätigkeitsbezogen** auszulegen ist. Die Regelung besagt nur Selbstverständliches, dass nämlich eine **gemeinsame vertragsärztliche Tätigkeit** nur vertragsärztlich zugelassenen Leistungserbringern vorbehalten bleibt.

Die Diskussion über die Zulässigkeit einer sog. gemischten Berufsausübungsgemeinschaft ist durch das Urteil des OLG München (v. 12.9.2005 - 21 U 2982/05, MedR 2006 S. 172) weiter befeuert worden. Es hatte eine Klausel in einem Berufsausübungsgemeinschaftsvertrag, wonach ein Vertragsarzt und ein Nichtvertragsarzt sich zur **gemeinsamen vertragsärztlichen Tätigkeit** verpflichtet haben, wegen Verstoßes gegen § 33 Abs. 2 Ärzte-ZV als nichtig beurteilt. Dieser Entscheidung ist im Ergebnis zuzustimmen, da der Wille der Gesellschafter auf die gemeinschaftliche Erbringung vertragsärztlicher Leistungen ausgerichtet war. Mit dieser Entscheidung ist jedoch nichts darüber gesagt, ob bei sauberer vertraglicher und tatsächlicher Trennung des privatärztlichen und des vertragsärztlichen Bereichs ein Verstoß gegen vertragsarztrechtliche Vorgaben vorliegt. Ob es dabei – wie teilweise gefordert – erforderlich ist, dass für Privatpatienten und GKV-Patienten getrennte Dokumentationssysteme geführt werden, erscheint überzogen. Richtigerweise wird bei Beachtung des Grundsatzes, dass Nichtvertragsärzte keinen Einfluss auf die vertragsärztliche Tätigkeit ausüben dürfen, von der

Zulässigkeit des Modells auszugehen sein. Einzelne Kassenärztliche Vereinigungen haben hierzu ausdrücklich ihre Zustimmung erklärt (vgl. KV Nordrhein, KVNO aktuell online 5/03 S. 3 f.). Eine obergerichtliche oder höchstrichterliche Klärung steht nach wie vor aus. Der BGH hat mit Beschluss vom 14.1.2016 (I ZB 8/15, NWB WAAAF-67609, GesR 2016 S. 225) im Zusammenhang mit der Vollstreckbarerklärung eines Schiedsspruchs festgestellt, dass bei einer gesellschaftsvertraglichen Gewinnverteilungsregelung einer sog. gemischten BAG, die nicht zwischen privat- und vertragsärztlichen Umsätzen unterscheide, kein Verstoß gegen den ordre public vorliege.

PRAXISHINWEIS:

Der Gesellschaftsvertrag einer sog. gemischten Berufsausübungsgemeinschaft sollte weitgehend unter Beachtung eines Trennungsprinzips gestaltet werden. Nichtvertragsärzte dürfen keinen Einfluss auf vertragsärztliche Angelegenheiten der BAG haben. Das ist primär beim Gesellschaftszweck umzusetzen, bei der Beschlussfassung und bei der Gewinn- und Verlustverteilung sowie auch bei der evtl. Abfindung für ausscheidende Gesellschafter. Die Teilhabe an vertragsärztlichen Chancen und Risiken hat für Nichtvertragsärzte außen vor zu bleiben. Bei der Gewinnverteilung bietet es sich etwa an, mit „Gewinnverteilungstöpfen" für den einen wie den anderen Bereich zu arbeiten.

2. Steuerliche Aspekte

Die sog. „gemischte Berufsausübungsgemeinschaft" in der Rechtsform der GbR oder PartG unterscheidet sich steuerlich nicht von der Grundform der BAG in der Rechtsform der GbR oder PartG, so dass auf die entsprechenden Ausführungen verweisen werden kann (siehe S. 94 ff.).

Die Tatsache, dass Ärzte miteinander kooperieren, von denen nicht alle zur Abrechnung im Rahmen der vertragsärztlichen Versorgung zugelassen sind, hat keine Auswirkung auf die ertragsteuerliche Qualifikation der Einkünfte aus der vertragsärztlichen oder privatärztlichen Tätigkeit. Auch das Umsatzsteuerrecht kennt keine Differenzierung zwischen einer vertragsärztlichen und einer privatärztlichen Tätigkeit.

Wie bei der Teilberufsausübungsgemeinschaft ist aber bei der Gewinnverteilungsabrede darauf zu achten, dass der ausschließlich privatärztlich tätige Arzt nicht eklatant an Gewinnen partizipiert, die sich durch die KV-Honorare aus der vertragsärztlichen Tätigkeit ergeben und umgekehrt. Ansonsten besteht die Gefahr der Gewerblichkeit der Einkünfte aus der „gemischten Berufsausübungsgemeinschaft" (siehe S. 198). Da arztrechtlich bereits eine saubere vertragliche und tatsächliche Trennung des privatärztlichen und des vertragsärztlichen Bereichs erforderlich ist, empfiehlt es sich für gemischte BAGen, eine Kostenstellenrechnung betreffend die vertragsärztliche und die privatärztliche Tätigkeit für die Gewinnverteilung zugrunde zu legen.

VII. Partnerschaftsgesellschaft

1. Rechtliche Aspekte

Literatur: *Krieger*, Partnerschaftsgesellschaftsgesetz. Eine neue Möglichkeit in freier Praxis partnerschaftlich zusammenzuarbeiten, MedR 1995 S. 96 ff.; *Schirmer*, Berufsrechtliche und kassenarztrechtliche Fragen der ärztlichen Berufsausübung in Partnerschaftsgesellschaften, MedR 1995 S. 341 ff., 383 ff.; *Nentwig/Bonvie/Hennings/Pfisterer*, Das Partnerschaftsgesellschaftsgesetz: Die berufliche Zusammenarbeit von Medizinern, 2. Aufl. 2003; *Römermann*, Die PartG mbB – eine attraktive Rechtsform für Freiberufler, NJW 2013 S. 2305 ff.; *Sommer/Treptow*, Die „Umwandlung" einer Partnerschaftsgesellschaft in eine PartG mbB und ihre Folgen, NJW 2013 S. 3269 ff.; *Binnewies/Wollweber*, Der Rechtsformwechsel von der Sozietät (GbR) in die PartGmbB, AnwBl 2014 S. 9 ff.; *Henssler*, Partnerschaftsgesellschaftsgesetz, 3. Aufl. 2018; *Schiller/Hartmann* in Halbe (Hrsg.), Handbuch Kooperationen im Gesundheitswesen, April 2020, A-1600 – Heilkunde-GmbH/Ärzte-GmbH; *Möller/Ruppel* in Ratzel/Luxenburger (Hrsg.) Handbuch Medizinrecht, 4. Aufl. 2021, Kap. 17 – Ärztliche Kooperationen, S. 1190 ff.; *Schäfer*, Gesellschaft bürgerlichen Rechts und Partnerschaftsgesellschaft, 9. Aufl. 2023.

a) Rechtliche Struktur

Die Partnerschaftsgesellschaft (Partnerschaft) steht den Angehörigen freier Berufe seit dem 1.7.1995 zur Verfügung. Sie ist im Partnerschaftsgesellschaftsgesetz (PartGG) geregelt und stellt eine Sonderform der GbR dar, weist jedoch in vielen Bereichen Ähnlichkeiten mit der OHG auf, obwohl sie keine Handelsgesellschaft ist (§ 1 Abs. 1 Satz 2 PartGG). Gesellschafter können nur Angehörige freier Berufe (Aufzählung in § 1 Abs. 2 Satz 2 PartGG) zur **Ausübung ihrer Berufe** sein, wodurch eine lediglich kapitalmäßige Beteiligung ebenso ausgeschlossen wird wie die Gesellschafterstellung z. B. eines Krankenhausträgers.

Das Gesetz sagt nichts dazu, in welchem zeitlichen Umfang der einzelne Partner seinen Beruf in der Partnerschaft auszuüben hat. Es nicht erforderlich, dass die Gesellschafter der Gesellschaft ihre volle Arbeitskraft schulden. Gleichwohl setzt die Partnerschaftsgesellschaft grds. die **aktive Berufstätigkeit** sämtlicher Partner voraus. Verliert ein Partner die Approbation als Arzt, scheidet er kraft Gesetzes aus der Partnerschaftsgesellschaft aus (§ 9 Abs. 3 PartGG). Die Zugehörigkeit zu mehreren Partnerschaftsgesellschaften ist grds. zulässig.

PRAXISHINWEIS:

Da die Partnerschaft Berufsausübungsgesellschaft ist, kann diese Rechtsform nicht gewählt werden, wenn Vertragsärzte ein MVZ gründen, in welchem sie selbst nicht ärztlich tätig sind.

Enthält das Berufsrecht vom PartGG abweichende Vorschriften, genießen diese Vorrang (§ 18 Abs. 5 MBO-Ä, § 1 Abs. 3 PartGG). So dürfen Ärzte die Heilkunde nur in arzttypischen Partnerschaftsgesellschaften ausüben. Ein gesellschaftsrechtlicher Zusammenschluss ist nur mit solchen anderen Berufsangehörigen und in der Weise gestattet, dass diese in ihrer Verbindung mit dem Arzt einen gleichgerichteten oder integrierenden diagnostischen oder therapeutischen Zweck bei der Heilbehandlung, der Prävention oder Rehabilitation erfüllen (§ 23b Abs. 1 MBO-Ä). Demgemäß dürfte ein Rechtsanwalt – obwohl unstreitig Angehöriger eines freien Berufs – nicht Angehöriger einer Ärzte-Partnerschaft sein.

Allerdings hat das BVerfG mit Beschluss vom 12.1.2016 (1 BvL 6/13, NWB ZAAAF-66127, NJW 2016 S. 700) unter Korrektur des *anwaltlichen* Berufsrechts die gemeinschaftliche gutachterliche und beratende Berufsausübung von Rechtsanwälten, Ärzten und Apothekern im Rahmen einer Partnerschaftsgesellschaft für zulässig angesehen (ebenso BGH, Beschluss v. 12.4.2016 - II ZB 7/11, NWB UAAAF-74917, NJW 2016 S. 2263). Mit dieser Klarstellung hat die Rechtsprechung indes keine generelle Beteiligungsmöglichkeit von Freiberuflern an ärztlichen heilkundlich tätigen Partnerschaftsgesellschaften eröffnet.

Die Partnerschaftsgesellschaft ist rechts- und parteifähige Personengesellschaft (§ 7 Abs. 2 PartGG i. V. m. § 124 HGB). Sie hat einen Namen, unter dem sie klagen und verklagt werden kann (§§ 2, 11 PartGG). Der Name der Partnerschaft muss den Zusatz „und Partner" („+ Partner", „& Partner") oder „Partnerschaft" sowie die Berufsbezeichnung sämtlicher in der Partnerschaft vertretenen Berufe (§ 2 Abs. 1 PartGG) aufführen (der Name eines Partners ist nach Streichungen in § 2 Abs. 1 PartGG nicht mehr erforderlich). Enthält das Berufsrecht strengere Anforderungen zur Firmierung, sind diese – ebenfalls – zu beachten. So gilt gem. § 17 Abs. 4 MBO-Ä, dass die **Namen sämtlicher Gesellschafter aufzuführen** sind. Der Name eines verstorbenen Gesellschafters darf – anders als z. B. nach dem anwaltlichen Berufsrecht – nicht weiter geführt werden (§ 18a Abs. 1 Satz 4 MBO-Ä). Diese Regelung verhindert den Aufbau einer dauerhaften Namensmarke. Ob das Verbot im Interesse des Patientenschutzes tatsächlich erforderlich ist, erscheint zweifelhaft.

b) Formalia

aa) Zivilrechtliche Voraussetzungen

Das PartGG ist ein recht knapp gefasstes Gesetz, welches die Rechtsanwendung durch vielfache Verweisungen auf Bestimmungen des OHG-Rechts im HGB verkompliziert. Ergänzend ist die „Verordnung über die Errichtung und Führung des Partnerschaftsregisters" zu beachten, die Einzelheiten zu dem nach §§ 4, 5 PartGG zu führenden Partnerschaftsregister regelt.

PRAXISHINWEIS:

Die Partnerschaftsregister halten für die Gründung hilfreiche Formblätter bereit, die regelmäßig auch über das Internet zur Verfügung stehen.

Die Gründung der Ärztepartnerschaft erfordert mittlerweile keinen **Abschluss eines schriftlichen Gesellschaftsvertrages** mehr; der dies mit bestimmten inhaltlichen Voraussetzungen vorschreibende § 3 PartGG wurde gestrichen).

Im Verhältnis zu Dritten wird die Partnerschaft erst mit der Eintragung in das Partnerschaftsregister wirksam. Bis zu diesem Zeitpunkt liegt eine BGB-Gesellschaft vor.

Die Anmeldung erfolgt bei dem für den Sitz der Partnerschaft zuständigen Partnerschaftsregister. Sie bedarf der öffentlichen Beglaubigung durch einen Notar. In der gleichen Form sind der Eintritt eines neuen Partners sowie das Ausscheiden eines Partners anzumelden. Der (schriftliche) Partnerschaftsvertrag ist mittlerweile obsolet und bedarf erst recht nicht der Vorlage beim Partnerschaftsregister.

Besteht die Partnerschaft nur aus zwei Partnern, führt das Ausscheiden eines Partners zum Erlöschen der Partnerschaftsgesellschaft, da es keine Einmann-Partnerschaftsgesellschaft gibt. Sofern der Gesellschaftsvertrag einer Ärztepartnerschaft eine Fortsetzungsklausel enthält, führt etwa der verbleibende Partner die Praxis als Einzelpraxis fort.

bb) Berufsrechtliche Anzeigepflicht

Der Zusammenschluss zu einer Partnerschaftsgesellschaft, deren Änderung und Beendigung sind der Ärztekammer anzuzeigen. Es besteht **keine Genehmigungspflicht**. Sind für die Beteiligten mehrere Ärztekammern zuständig, so ist jeder Arzt verpflichtet, die für ihn zuständige Ärztekammer auf alle am Zusammenschluss beteiligten Ärzte hinzuweisen (§ 18 Abs. 6 MBO-Ä).

cc) Vertragsarztrechtliche Genehmigung

Die vertragsärztlich tätige Partnerschaftsgesellschaft bedarf der **vorherigen Genehmigung** durch den für ihren Sitz zuständigen Zulassungsausschuss (§ 33 Abs. 3 Ärzte-ZV). Die Zulassungsausschüsse prüfen, ob der vorgelegte Gesellschaftsvertrag den berufs- und vertragsarztrechtlichen Vorgaben entspricht. Dabei wird regelmäßig dem Umstand besondere Bedeutung beigemessen, dass keine „verkappten" Angestellten als Partner geführt werden. Auf die Erteilung der Genehmigung besteht bei Vorliegen der Voraussetzungen ein Rechtsanspruch. Die Ausführungen zur BAG und überörtlichen BAG geltend entsprechend. Die in der Rechtsform der Partnerschaftsgesellschaft betriebene BAG wird genauso behandelt wie eine BAG in der Rechtsform der BGB-Gesellschaft.

c) Binnenstruktur, Haftung

Die Binnenstruktur der in der Rechtsform der Partnerschaft geführten ärztlichen BAG unterscheidet sich nicht von derjenigen der BAG in der Rechtsform der BGB-Gesellschaft. Es gilt der Grundsatz der gesamtschuldnerischen persönlichen Haftung der Partner für Gesellschaftsverbindlichkeiten. Nach § 8 Abs. 1 Satz 2 PartGG sind die §§ 721a f. BGB entsprechend anzuwenden. Ein der Partnerschaftsgesellschaft beitretender Partner haftet ab Eintragung in das Partnerschaftsregister für Altverbindlichkeiten unbegrenzt mit seinem Privatvermögen. Lediglich für **berufliche Fehler** enthält § 8 Abs. 2 PartGG in der ab dem 1.8.1998 geltenden Fassung ein **Haftungsprivileg**: *„Waren nur einzelne Partner mit der Bearbeitung eines Auftrags befasst, haften nur sie persönlich für berufliche Fehler neben der Partnerschaft; ausgenommen sind Bearbeitungsvorgänge von untergeordneter Bedeutung.“*

Mit beruflichen Fehlern aus einem Auftrag ist im ärztlichen Bereich die Verletzung des schuldrechtlichen Behandlungsvertrages, mithin der klassische Behandlungsfehler, gemeint.

Das Prinzip der Haftungskonzentration auf die Partnerschaft und den handelnden Partner wirkt sich zugunsten der nicht in die Betreuung des Patienten eingebundenen Partner als Haftungsprivileg aus. Die Rechtsprechung hat hier jedoch im Laufe der Jahre einige „Aufweichungen“ getätigt. So entbindet die Einmalbefassung mit einem Auftrag mit nachfolgender Abgabe an einen anderen Partner nicht für die Mithaftung für dessen Fehlleistungen (BGH, Urteil v. 12.9.2019 - IX ZR 190/18, NWB GAAAH-31503). Die Einbindung in die Leistungen zu einem Zeitpunkt, zu der haftungsträchtige Fehler bereits geschehen ist, führt gleichfalls zur Mithaftung (BGH, Urteil v. 19.11.2009 - IX ZR 12/09, NWB QAAAD-34494).

Wird ein Partner im Übrigen von einem Patienten persönlich in Anspruch genommen und hat auch persönlich den Anspruch zu erfüllen – etwa wegen fehlender oder unzureichender Deckung aus der Berufshaftpflichtversicherung –, steht dem Partner ein **Ausgleichsanspruch gegen die Partnerschaft** zu. Ausnahme: Schadensersatzansprüchen, die eben im Innenverhältnis der Partner untereinander nur der eine zu übernehmen hat.

Der aus der Partnerschaftsgesellschaft ausgeschiedene Partner haftet für die Dauer von fünf Jahren für Altverbindlichkeiten der Gesellschaft (§ 10 Abs. 2 PartGG i. V. m. § 137 HGB). Fristbeginn für die Ausschlussfrist ist der Zeitpunkt der Eintragung des Ausscheidens in das Partnerschaftsregister.

PRAXISHINWEIS:

Die besonders haftungsträchtige Abrechnung gegenüber der Kassenärztlichen Vereinigung fällt nicht in die Kategorie des beruflichen Fehlers. Bei KV-Rückforderungen und Regressen bleibt es in diesem Zusammenhang bei dem Grundsatz der gesamtschuldnerischen persönlichen Haftung sämtlicher Partner neben der Partnerschaft.

d) Umwandlung

Die Umwandlung einer in der Rechtsform der BGB-Gesellschaft geführten BAG in eine PartG ist aufgrund der identischen gesellschaftsrechtlichen Struktur identitätswahrend möglich (§ 2 Abs. 2 PartGG i.V. m. § 24 Abs. 2 HGB). Erforderlich sind eine entsprechende gesellschaftsvertragliche Vereinbarung sowie die Eintragung in das Partnerschaftsregister. Die Umwandlung erfolgt vermögensrechtlich neutral. Die Dauerschuldverhältnisse müssen nicht „umgeschrieben" werden.

Soll umgekehrt aus der PartG eine BGB-Gesellschaft werden, bedarf es lediglich der Löschung der PartG im Partnerschaftsregister.

e) Bedeutung

Anders als im anwaltlichen Bereich kam der PartG lange Zeit bei ärztlichen Kooperationen keine grundlegende Bedeutung zu. Die Ursache ist darin zu sehen, dass das berufliche Haftungsrisiko zu relativ günstigen Bedingungen durch eine Berufshaftpflichtversicherung abgedeckt werden konnte. Auch schreckten die Formalien – wie z. B. die Registerpflichtigkeit – viele Ärzte ab. In der Beratungspraxis sollte man bei der Bildung überörtlicher (Teil-)Berufsausübungsgemeinschaften jedoch regelmäßig anders agieren, zumindest dann, wenn eine Konstellation vorliegt, bei der sich die an einem solchen Zusammenschluss beteiligten Ärzte tendenziell nicht einmal persönlich kennen. Hier sollte die PartG als bewusstes Gestaltungsmittel zur Haftungsbegrenzung eingesetzt werden.

f) Exkurs: Die Partnerschaftsgesellschaft mit beschränkter Berufshaftung (PartG mbB)

Am 19.7.2013 ist das „Gesetz zur Einführung einer Partnerschaftsgesellschaft mit beschränkter Berufshaftung und zur Änderung des Berufsrechts der Rechtsanwälte, Patentanwälte, Steuerberater und Wirtschaftsprüfer" in Kraft getreten (BGBl 2013 I S. 2386). Zweck des Gesetzes war es, den in Deutschland tätigen Freiberuflern eine Alternative zur Limited Liability Partnership (LLP) nach englischem Recht zu bieten.

Die PartG mbB ist kein neuer Typ einer Personengesellschaft, sondern eine **Variante der herkömmlichen Partnerschaftsgesellschaft**. Ihr Vorteil besteht darin, dass den Gläubigern gem. § 8 Abs. 4 PartGG wegen fehlerhafter Berufsausübung nur das Vermögen der Partnerschaftsgesellschaft haftet, wenn diese eine zu diesem Zweck durch Gesetz vorgegebene Berufshaftpflichtversicherung unterhält. Weitere Haftungsprivilegien als die Beschränkung für berufliche Fehler sind mit dieser Gestaltungsalternative nicht verbunden.

Der PartG mbB kommt im **ärztlichen Gesellschaftsrecht derzeit nur eine geringe Bedeutung** zu. Die Ausgestaltung des ärztlichen Berufsrechts ist Angelegenheit der Länder. Auf Länderebene existieren bislang – soweit ersichtlich mit Ausnahme von § 32 Abs. 4 HKG in Niedersachsen, Art. 18 Abs. 2 BayHKaG in Bayern, § 31 Abs. 3 HBKG in Baden-Württemberg sowie § 27 Abs. 5 HmbKG in Hamburg – keine Verpflichtungen zum Abschluss einer speziellen Berufshaftpflichtversicherung.

2. Steuerliche Aspekte

a) Allgemeine steuerliche Grundsätze

Die klassische Partnerschaftsgesellschaft zählt wie auch die BAG in Form der GbR steuerlich zu den Personengesellschaften und unterliegt damit denselben steuerlichen Grundsätzen (Patt in Herrmann/Heuer/Raupach, EStG/KStG, 326. Lieferung 6.2024, § 16 EStG Rz. 331), auf die verwiesen werden kann (siehe S. 94 ff.). Gleiches gilt für die Partnerschaftsgesellschaft mit beschränkter Berufshaftung (OFD Niedersachsen v. 26.10.2015 - S 2000-103-St 221/St 222, NWB EAAAF-07668, ESt-Kartei ND § 15 EStG Nr. 2.4).

b) Umwandlung einer GbR in eine Partnerschaftsgesellschaft

Folgt man der Auffassung des BFH (BFH, Urteil v. 21.6.1994 - VIII R 5/92, BStBl 1994 II S. 856), besteht bei der Gestaltung praktisch ein Wahlrecht zwischen einerseits einem identitätswahrenden Rechtsformwechsel einer als BGB-Gesellschaft geführten BAG in eine Partnerschaftsgesellschaft, bei der die identitätsbegründenden Merkmale (vergleichbare Gesellschaftsstruktur, gleicher Zweck, gleicher Gesellschafterbestand, gleiches Betriebsvermögen) im Wesentlichen erhalten bleiben, und andererseits der identitätsaufhebenden Umwandlung mit Übergang des Gesellschaftsvermögens der erlöschenden Gesellschaft auf eine neu gegründete Personengesellschaft mit der Möglichkeit der Aufdeckung sämtlicher stiller Reserven.

Durch einen identitätswahrenden Rechtsformwechsel kann durch die zwingende Fortführung der Buchwerte die Aufdeckung stiller Reserven vermieden werden. Der identitätswahrende Rechtsformwechsel einer Personengesellschaft in eine Personengesellschaft anderer Rechtsform unter Wahrung der zivilrechtlichen Identität und Beteiligungsverhältnisse ist steuerlich grds. weder eine Veräußerung noch eine Aufgabe der Mitunternehmeranteile noch eine Aufgabe der ganzen Personengesellschaft (Wacker in Schmidt, EStG, 43. Aufl. 2024, § 16 Rz. 401; OFD Niedersachsen v. 26.10.2015 - S 2000-103-St 221/St 222, NWB EAAAF-07668, ESt-Kartei ND § 15 EStG Nr. 2.4; Winter in Rödder/Herlinghaus/van Lishaut, UmwStG, 3. Aufl. 2019, Umwandlungsrecht Rz. 13;

Hennrichs in Tipke/Lang, Steuerrecht, 24. Aufl. 2020, Umwandlungssteuer Rz. 14 bis 29; Patt in Herrmann/Heuer/Raupach, EStG/KStG, 326. Lieferung 6.2024, § 16 EStG Rz. 331).

Folgt man dieser Auffassung, ist auch aus steuerlicher Sicht nach Anpassung des Gesellschaftsvertrages die bestehende Gesellschaft lediglich in das Partnerschaftsregister einzutragen (Bärwaldt/Wisniewski in Beck´sches Handbuch der Personengesellschaften, 5. Aufl. 2020, § 25 Rz. 99 ff.).

PRAXISHINWEIS:

Zur Vermeidung von Auseinandersetzungen mit der Finanzverwaltung sollte bei der vertraglichen Gestaltung der Umwandlung und im Rahmen der notariellen Umsetzung explizit zum Ausdruck kommen, dass der Formwechsel als identitätswahrende Fortführung der bisherigen Gesellschaft unter Fortführung der steuerlichen Buchwerte ohne Betriebsveräußerung oder Betriebsaufgabe vereinbart wird.

c) Umwandlung einer PartG in eine PartGmbB

Ein Rechtsträgerwechsel und damit ein Vermögensübergang finden bei der „Umwandlung" einer PartG in eine PartGmbB nicht statt. Steuerrechtlich hat diese Umstrukturierung mangels Gesellschafterwechsels und mangels Vermögenstransfers keine Folgen (OFD Niedersachsen v. 26.10.2015 - S 2000-103-St 221/St 222, NWB EAAAF-07668, ESt-Kartei ND § 15 EStG Nr. 2.4).

VIII. Ärzte-Gesellschaft

1. Rechtliche Aspekte

Literatur: *Braun/Richter*, Gesellschaftsrechtliche und steuerrechtliche Grundfragen der Ärzte-GmbH, MedR 2005 S. 685 ff.; *Häußermann/Dollmann*, Die Ärzte-Gesellschaft mbH, MedR 2005 S. 255 ff.; *Saenger*, Gesellschaftsrechtliche Binnenstruktur der ambulanten Heilkundegesellschaft, MedR 2006 S. 138 ff.; *Schäfer-Gölz* in Baums/Wertenbruch (Hrsg.), Festschrift für Ulrich Huber zum 70. Geburtstag, Medizinisches Versorgungszentrum – Ärztegesellschaft, 2006, S. 951 ff.; *Gummert/Meier*, Beteiligung Dritter an den wirtschaftlichen Ergebnissen ärztlicher Tätigkeit, MedR 2007 S. 75 ff.; *Schiller/Hartmann* in Halbe (Hrsg.), Handbuch Kooperationen im Gesundheitswesen, April 2020, A-1600 – Heilkunde-GmbH/Ärzte-GmbH; *Kilian* in D. Prütting (Hrsg.), Medizinrecht, 6. Aufl. 2022, § 23a MBO, m. w. N.

a) Voraussetzungen

Es entspricht einem immer wieder geäußerten Wunsch der Ärzteschaft, sich zur gemeinsamen Berufsausübung „moderner Gesellschaftsformen" bedienen zu können. Die OHG und KG kommen als rechtlicher Mantel einer BAG nach herrschender Meinung generell wegen deren gewerblichen Gesellschaftszwecks nicht in Betracht. § 23a Abs. 1 MBO-Ä bestimmt seit 2004, dass Ärzte „auch in der Form der juristischen Person des Privatrechts ärztlich tätig" sein können.

Der Landesgesetzgeber kann bestimmen, dass die jeweilige Berufsordnung die Einzelheiten der Ärzte-GmbH festlegt (OLG Düsseldorf, Urteil v. 6.10.2006 - I-3 Wx 107/06, MedR 2007 S. 249). Nicht alle Bundesländer lassen in ihren Heilberufe- bzw. Kammergesetzen den Betrieb einer Praxis in der Rechtsform einer juristischen Person zu. Teilweise existieren landesgesetzliche Öffnungen, die eine Zulässigkeit der berufsrechtlichen Umsetzung durch die Kammern vorbehalten. In Nordrhein-Westfalen ist beispielsweise eine solche Vorbehaltsregelung mittlerweile durch eine generelle Zulässigkeitsregelung mit durch den Landesgesetzgeber definierten Voraussetzungen ersetzt worden. Danach ist die Führung einer Einzelpraxis oder einer Praxis in Gemeinschaft in der Rechtsform einer juristischen Person des Privatrechts unter den Voraussetzungen erlaubt, dass deren ausschließlicher Gegenstand die Ausübung der Heilkunde, Zahnheilkunde, Psychotherapie ist, die Gesellschafter den Beruf persönlich und frei von Weisungen ausüben, über Fragen der Berufsausübung ausschließlich die entsprechend berechtigten Berufsangehörigen entscheiden, eine Kapitalbeteiligung von Gesellschaftern ohne aktive Tätigkeit in der Gesellschaft ausgeschlossen ist, Dritte nicht am Gewinn der Gesellschaft beteiligt werden, eine eigenständige und ausreichende Berufshaftpflichtversicherung für die juristische Person und die in der Gesellschaft tätigen Berufsangehörigen besteht und gewährleistet ist, dass die heilberufliche Tätigkeit von den Berufsangehörigen eigenverantwortlich, unabhängig und nicht gewerblich ausgeübt wird (vgl. § 29 Abs. 3 Satz 2 HeilBG NRW, i. d. F. ab dem 9.2.2024). In anderen Heilberufe- bzw. Kammergesetzen bestehen verwaltungsrechtlich gebotene Ausnahmeklauseln (instruktiv zur Bedeutung solcher Ausnahmeklauseln: VGH Rheinland-Pfalz, Urteil v. 31.3.2017 - VGH N 4/16, 5/16).

In der Praxis dürften die meisten Ärzte-Gesellschaften als GmbH und nicht als AG gegründet werden. In diesem Fall müssen neben den berufsrechtlichen Vorgaben die Voraussetzungen des GmbH-Gesetzes beachtet werden. Einer gesonderten Zulassung durch die Ärztekammer bedarf es nicht. Die Gründung der Ärzte-GmbH ist lediglich anzeigepflichtig (§ 18 Abs. 6 MBO-Ä).

Gesellschafter dürfen nur Ärzte und solche Personen sein, mit welchen der Arzt einen gleichgerichteten oder integrierenden diagnostischen oder therapeutischen Zweck bei der Heilbehandlung erfüllen kann (§ 23b Abs. 1 MBO-Ä = zur eigenverantwortlichen Berufsausübung befugte Angehörige anderer akademischer Heilberufe oder staatlicher Ausbildungsberufe im Gesundheitswesen sowie andere Personen mit naturwissenschaftlicher Ausbildung und Angehörige sozialpädagogischer Berufe, z. B. Physiotherapeuten, Sprachtherapeuten, Ergotherapeuten oder Hebammen), wobei weitere Vorgaben zur eigenverantwortlichen und selbständigen Berufsausübung zu beachten sind. Die Ärzte-Gesellschaft ist ebenfalls **Berufsausübungsgesellschaft**, wodurch eine rein kapitalmäßige Beteiligung – auch als stille Beteiligung oder Unterbeteiligung an einem Gesellschaftsanteil – ausgeschlossen ist. Selbst Krankenhausträger dürfen nicht Gesellschafter sein. In welchem zeitlichen Umfang die Gesellschafter ärztlich in der Praxis tätig sein müssen, ist ungeklärt. Teilweise wird es als ausreichend angesehen, dass die Gesellschafter das Ansehen und den Unternehmenswert dadurch fördern, dass sie Vorträge halten oder sich um organisatorische Angelegenheiten kümmern (Kilian, a. a. O., § 23a MBO Rz. 11).

Ferner ist von Bedeutung, dass die Geschäftsführer mehrheitlich Ärzte sein und die Ärzte über die Stimmenmehrheit verfügen müssen. Hieraus ist zu folgern, dass die Gesellschaft, sofern auch ein Nicht-Arzt Geschäftsführer ist, zumindest zwei Ärzte-Geschäftsführer haben muss. Zwecks Vermeidung einer Fremdbestimmung dürfen Dritte nicht am Gewinn der Gesellschaft beteiligt sein. Hierdurch grenzt sich die Ärzte-Gesellschaft von der Heilkunde-GmbH ab, für welche diese Vorgaben nicht gelten, mithin eine rein kapitalmäßige Beteiligung in Betracht kommt.

b) Ärztegesellschaft und Vertragsarztrecht

Hervorzuheben ist, dass das Vertragsarztrecht die Ärzte-Gesellschaft als Leistungserbringerin nicht anerkennt. Eine Änderung hat auch das VÄndG nicht gebracht. Das BSG hat mit Urteil vom 15.8.2012 (B 6 KA 47/11 R, NWB UAAAE-22110, GesR 2013 S. 91) entschieden, dass eine juristische Person nicht Trägerin einer Vertragsarztpraxis sein kann. Bei Erfüllung der gesetzlichen Voraussetzungen kann die Ärzte-Gesellschaft jedoch als Medizinisches Versorgungszentrum in der Rechtsform der GmbH an der vertragsärztlichen Versorgung teilnehmen.

c) Gesellschaftsvertragliche Regelungen

Gesellschaftsvertraglich ist zu vereinbaren, dass ein Gesellschafter mit Beendigung seiner beruflichen Tätigkeit automatisch aus der Gesellschaft ausscheidet. Gleiches gilt bei Verlust der staatlichen Berufserlaubnis, z. B. dem Widerruf der Approbation als Arzt. Eine Übertragung von Geschäftsanteilen ist nur an solche Personen zulässig, die die berufsrechtlichen Voraussetzungen erfüllen und ihre berufliche Tätigkeit in der Gesellschaft ausüben. Bei Abtretung an eine unbefugte Person ist der zugrunde liegende Vertrag gem. § 134 BGB nichtig.

Kommt ein Gesellschafter, in dessen Person die subjektiven Gesellschaftervoraussetzungen nicht mehr vorliegen, der Aufforderung nicht nach, seinen Geschäftsanteil an die Mitgesellschafter oder eine von diesen benannte geeignete Person abzutreten, ist sein Geschäftsanteil einzuziehen (§ 34 GmbHG). Für den Erbfall sollte im Gesellschaftsvertrag bestimmt werden, dass die Erben durch die Gesellschafterversammlung angewiesen werden können, den Gesellschaftsanteil auf einen neu eintretenden Gesellschafter zu übertragen.

Darüber hinaus sollte der Gesellschaftsvertrag bestimmen, dass die in der Gesellschaft tätigen Ärzte in medizinischen Angelegenheiten keinesfalls Weisungen von Nicht-Ärzte-Geschäftsführern unterworfen sind.

d) Abrechnung medizinischer Leistungen

Die Abrechnung der ärztlichen Leistungen auch einer Ärztegesellschaft mbH hat, jedenfalls soweit es um ambulante Leistungen geht, zwingend nach Maßgabe der Gebührenordnung für Ärzte (GOÄ) zu erfolgen. Die GOÄ findet generell Anwendung auf alle beruflichen Leistungen der Ärzte (§ 1 Abs. 1 GOÄ). Dies auch dann, wenn der Behandlungsvertrag mit einer juristischen Person, z. B. einer Krankenhausträgergesellschaft oder einer Ärzte-GmbH, abgeschlossen wird und die ambulanten Leistungen durch Ärzte erbracht werden, die lediglich im Rahmen eines Anstellungs- oder Beamtenverhältnisses in Erfüllung ihrer Dienstaufgaben ohne eigene Vertragsbeziehung zu dem Patienten tätig werden. Dies hat der BGH in seiner Grundsatzentscheidung vom 4.4.2024 (III ZR 38/23, NWB HAAAJ-66267, GuP 2024 S. 122) klargestellt, nachdem bis dahin in der Rechtsprechung und Literatur umstritten und höchstrichterlich nicht geklärt war, ob die GOÄ auf ambulante Leistungen einer juristischen Person, die durch einen Arzt in einem Anstellungs- oder Beamtenverhältnis in Erfüllung seiner Dienstaufgaben erbracht werden, anwendbar ist. Der BGH hat dabei auch noch einmal herausgestellt, dass es sich bei der GOÄ um ein für alle Ärzte geltendes zwingendes Preisrecht handelt. Demgegenüber unterliegen Vereinbarungen zwischen Krankenhausträgern und niedergelassenen Ärzten über deren Zuziehung im Rahmen allgemeiner Krankenhausleistungen i. S. des Krankenhausentgeltgesetzes (KHEntgG), d. h. im Rahmen der stationären Versorgung, weiterhin nicht den Vorschriften der GOÄ (BGH, Urteil v. 12.11.2009 - III ZR 110/09, MedR 2010 S. 555).

PRAXISHINWEIS:

Die Abrechnung der von einer Ärzte-GmbH erbrachten privatärztlichen ambulanten Leistungen hat nach Maßgabe der GOÄ als zwingendes Preisrecht zu erfolgen (BGH, Urteil v. 4.4.2024 - III ZR 38/23, NWB HAAAJ-66267, GuP 2024 S. 122). Demnach kann § 4 Abs. 2 MB/KK, wonach privatversicherten Personen die Wahl unter den niedergelassenen approbierten Ärzten freisteht, der Erstattung von Kosten der Behandlung durch bei einer juristischen Person angestellte Ärzte nicht entgegen gehalten werden (vgl. in diesem Sinne AG Hamburg-Altona, Urteil v. 8.1.2019 - 316 C 205/18).

2. Steuerliche Aspekte

a) Errichtung einer Ärzte-Gesellschaft

Zur Errichtung einer Ärzte-Gesellschaft in der Rechtsform der GmbH oder AG kann vollumfänglich auf die Ausführungen zur Gründung einer MVZ-GmbH mit angestellten Ärzten verwiesen werden (vgl. ausführlich S. 351 ff.). Die steuerlichen Grundsätze unterscheiden insofern nicht danach, ob die Gesellschaft nur privatärztlich oder auch vertragsärztlich tätig ist.

b) Grundzüge der laufenden ertragsteuerlichen Beurteilung

Zu Grundzügen der laufenden ertragsteuerlichen Beurteilung einer Ärzte-Gesellschaft in der Rechtsform der GmbH oder AG kann vollumfänglich auf die Ausführungen zu den Grundzügen der laufenden ertragsteuerlichen Beurteilung einer MVZ-GmbH verwiesen werden (vgl. ausführlich S. 371). Die steuerlichen Grundsätze unterscheiden insofern nicht danach, ob die Gesellschaft nur privatärztlich oder auch vertragsärztlich tätig ist.

c) Grundzüge der laufenden umsatzsteuerlichen Beurteilung

Das Umsatzsteuerrecht unterscheidet grds. nicht nach der Rechtsform des Unternehmers. Dies gilt auch für die Umsatzsteuerbefreiung nach § 4 Nr. 14 UStG (Abschnitt 4.14.7 Abs. 1 UStAE). Insofern kann eine Ärzte-Gesellschaft in der Rechtsform der GmbH oder AG umsatzsteuerfreie Heilbehandlungsleistungen nach § 4 Nr. 14 UStG erbringen, sofern die Leistungen durch qualifizierte Leistungserbringer (angestellte Ärzte und Angehörige arztähnlicher Berufe) erbracht werden und ein therapeutisches Ziel im Vordergrund steht (vgl. ausführlich S. 165 ff.).

d) Gesellschafterbeitritt, -wechsel und -austritt

Zu den Grundzügen der Gesellschafterbeitritte, -wechsel und -austritte bei einer Ärzte-Gesellschaft in der Rechtsform der GmbH oder AG kann vollumfänglich auf die Ausführungen der Gesellschafterbeitritte, -wechsel und -austritte im Rahmen einer MVZ-GmbH mit angestellten Ärzten verwiesen werden (vgl. ausführlich S. 374 ff.). Die steuerlichen Grundsätze unterscheiden insofern nicht danach, ob die Gesellschaft nur privatärztlich oder auch vertragsärztlich tätig ist.

C. Organisationsgemeinschaften

I. Praxisgemeinschaft

1. Rechtliche Aspekte

Literatur: *Ahrens*, Praxisgemeinschaften in Ärztehäusern mit Fremdgeschäftsführung – Voraussetzungen und Grenzen ärztlichen Unternehmertums, MedR 1992 S. 145 ff.; *Luxenburger*, Praxisgemeinschaft – sinnvolle Kooperationsform – Gestaltungsmissbrauch und Folgen, in Schriftenreihe der Arge Medizinrecht im DAV, Bd. 2, 2000, S. 67 ff.; *Eisenberg*, Ärztliche Kooperations- und Organisationsformen, 2002; *Cramer*, Praxisgemeinschaft versus Gemeinschaftspraxis – Auf den Gesellschaftszweck kommt es an, MedR 2004 S. 552 ff.; *Reiter*, Ärztliche Berufsausübungsgemeinschaften vs. Organisationsgemeinschaft – Ist die wirtschaftliche Beteiligung Dritter an einer Arztpraxis statthaft?, GesR 2005 S. 6 ff.; *Wehebrink*, Plausibilitätsprüfung: Die Praxisgemeinschaft als „faktische Gemeinschaftspraxis" – Zur Abrechnung ärztlicher Leistungen in einer Praxisgemeinschaft bei auffällig hoher Patientenidentität, NZS 2005 S. 400 ff.; *Rieger*, Verträge zwischen Ärzten in freier Praxis (Heidelberger Musterverträge), 8. Aufl. 2009; *Schreiner/Rütz*, Arbeitnehmerüberlassung bei Kooperationsvereinbarungen, MedR 2012 S. 373 ff.; *Buchner*, Outsourcing in der Arztpraxis – zwischen Datenschutz und Schweigepflicht, MedR 2013 S. 337 ff.; *Scholl-Eickmann*, Plausibilitätsprüfung: Die „Mär" von der Beschränkung auf „Notfall-Behandlungen bei Vertretungen innerhalb einer Praxisgemeinschaft, GesR 2016 S. 141 ff.; *Ladurner*, Ärzte-ZV, Zahnärzte-ZV, 2017, § 33 Ärzte-ZV Rz. 5 f.; *Schnapp/Wigge*, Handbuch des Vertragsarztrechts, 3. Aufl. 2017; *Kremer* in Rieger/Dahm/Katzenmeier/Stellpflug/Ziegler (Hrsg.), Heidelberger Kommentar Arztrecht Krankenhausrecht Medizinrecht, Juli 2019, S. 4270 – Praxisgemeinschaft; *Kremer/Wittmann*, Vertragsärztliche Zulassungsverfahren, 4. Aufl. 2021, Rz. 1553 ff.; *Möller/Ruppel* in Ratzel/Luxenburger (Hrsg.), Handbuch Medizinrecht, 4. Aufl. 2021, Kap. 17 Rz. 475 f.; *Schäfer-Gölz/von der Embse/Knepper* in Halbe (Hrsg.), Handbuch Kooperationen im Gesundheitswesen, Januar 2021, A 1200 – Praxisgemeinschaft; *Greif* in Scholz/Treptow (Hrsg.), Beck'sches Formularhandbuch Medizin- und Gesundheitsrecht, 2. Aufl. 2023, Kap. I.I.2, S. 892 ff.

a) Definition

Die Praxisgemeinschaft wird definiert als „Zusammenschluss zweier oder mehrerer Ärzte gleicher und/oder verschiedener Fachrichtungen, die gemeinsam Praxisräume und/oder Praxiseinrichtungen nutzen und/oder gemeinsam Praxispersonal in Anspruch nehmen". Die vom Ansatz her zutreffende Definition ist insofern zu eng, als nicht nur einzelne Ärzte, sondern auch ärztliche BAGen einer Praxisgemeinschaft angehören können. Nach richtiger Ansicht ist die Bildung einer Praxisgemeinschaft **nicht nur zwischen Ärzten möglich**. Zulässigerweise können an ihr auch Dritte, z. B. Angehörige nichtärztlicher Heil(hilfs)berufe, eine MVZ-Trägergesellschaft oder ein Krankenhausträger beteiligt sein. Die Praxisgemeinschaft zwischen einem Arzt und Zahnarzt ist ebenfalls nicht zu beanstanden.

Der Zugehörigkeit zu mehreren – ggf. auch überörtlichen – Praxisgemeinschaften stehen keine Bedenken entgegen.

In der rechtswissenschaftlichen Literatur spricht man von Praxisgemeinschaften im engeren Sinne, wenn ausschließlich Ärzte beteiligt sind und von einer Praxisgemeinschaft im weiteren Sinne, wenn ihr sonstige Dritte angehören. Bei der Ankündigung insbesondere neurologischer oder psychiatrischer Praxisgemeinschaften findet man die Bezeichnung „Praxengemeinschaft". Dies ist im Grunde eine präzisere Beschreibung des identischen Kooperationsmodells.

Das wesentliche Kriterium einer Praxisgemeinschaft ist die **gemeinsame Raumnutzung**. Dabei ist diese nicht so zu verstehen, dass jeder Angehörige der Praxisgemeinschaft Mitbesitz an sämtlichen Räumlichkeiten haben muss. Die Räumlichkeiten können durchaus individuell zugeteilt sein. Gemeinsam genutzt werden regelmäßig der Eingangsbereich, Wartezonen, Sanitärbereiche etc. Die gemeinsame Nutzung von Geräten und/oder Personal ist fakultativ.

Bei der Praxisgemeinschaft ist es unerheblich, ob deren Angehörige privatärztlich oder vertragsärztlich tätig sind.

b) Abgrenzung

Die Praxisgemeinschaft als **Organisationsgemeinschaft** ist abzugrenzen von der BAG. Bei der Abgrenzung kommt es – wie Cramer (MedR 2004 S. 552) zutreffend herausgearbeitet hat – auf den Gesellschaftszweck an. In der Praxisgemeinschaft übt jedes Mitglied seinen **ärztlichen Beruf grds. getrennt** von den anderen Gesellschaftern aus. Etwas anderes gilt nur dann, wenn eine BAG Mitglied der Praxisgemeinschaft ist. In diesem Fall üben die Mitglieder dieser BAG ihre ärztliche Tätigkeit gemeinschaftlich aus. Bei der Praxisgemeinschaft ist die gemeinsame Berufsausübung im Gegensatz zur BAG gerade **nicht vergesellschaftet**. Es besteht in der Außenwirkung grds. keine einheitliche Praxis. Der Behandlungsvertrag mit den Patienten kommt mit dem an der Praxisgemeinschaft beteiligten Arzt persönlich und nicht mit der Praxisgemeinschaft als solcher zustande.

c) Datenlage, Motive

Angaben zur Anzahl von Praxisgemeinschaften sind nicht bekannt, da weder bei den einzelnen Ärztekammern noch bei der Bundesärztekammer noch bei den Kassenärztlichen Vereinigungen oder der Kassenärztlichen Bundesvereinigung Register geführt werden.

Die **Motivation zur Bildung einer Praxisgemeinschaft** ist vielfältig, wobei wirtschaftliche Überlegungen meist im Vordergrund stehen:

- gemeinschaftliche Nutzung der Praxisressourcen,
- ggf. Übernahme von Vertretungen,
- kollegialer Gedankenaustausch bei räumlicher Nähe,
- Aufteilung der Anschaffungs- und Unterhaltungskosten,
- Tätigkeit im eigenen Namen und eigene Abrechnung,
- keine Auseinandersetzungen bei der Gewinnverteilung,
- Kooperationsmöglichkeit bei Trennung einer BAG,
- Vorstufe zur Bildung einer BAG,
- Steigerung der Fallzahl durch Überweisungen (problematisch!).

d) Genehmigung/Anzeige

Ab Umsetzung der MBO-Ä 2004 ist nicht nur der Zusammenschluss zu einer BAG, sondern auch die Bildung einer Organisationsgemeinschaft sowie deren Änderung und Beendigung der zuständigen Ärztekammer anzuzeigen (§ 18 Abs. 6 MBO-Ä).

PRAXISHINWEIS:

§ 33 Abs. 1 Satz 2 Ärzte-ZV bestimmt, dass die Kassenärztliche Vereinigung von der gemeinsamen Nutzung von Praxisräumen und Praxiseinrichtungen sowie der gemeinsamen Beschäftigung von Hilfspersonal zu unterrichten ist.

e) Berufs- und vertragsarztrechtliche Vorgaben

Bei BAGen gilt, dass die Eigentumsverhältnisse für die Zulässigkeit der Berufsausübung grds. unerheblich sind. Dies gilt erst recht bei Praxisgemeinschaften. Die Gestaltungsmöglichkeiten sind vielfältig. So können sich die Einrichtungsgegenstände im Eigentum nur eines Gesellschafters, einer Gesellschaftergruppe oder einer beteiligten BAG befinden oder z. B. auf der Grundlage eines Leasingvertrages genutzt werden.

Jeder der der Praxisgemeinschaft angehörenden Ärzte hat **seinen Beruf eigenverantwortlich und unabhängig** auszuüben. Vertragliche Abreden oder praktizierte Handhabungen, die die Mitglieder zu **nicht indizierten Leistungen** motivieren, sind unzulässig. Ein Verstoß gegen den Grundsatz des Verbots der Zuweisung gegen Entgelt (§ 31 MBO-Ä) liegt vor, wenn ein „Überweisungskartell" gebildet wird. So wäre es unzulässig, wenn z. B. die Kostenbeteiligungsquote eines Gesellschafters der Praxisgemeinschaft davon abhängig gemacht wird, in welchem Umfang er einem oder mehreren anderen Mitgliedern Patienten zuweist. Es versteht sich von selbst, dass derartige Modelle den Grundsatz der freien Arztwahl (§ 7 Abs. 2 MBO-Ä) unterlaufen und sogar gem. §§ 299a, 299b StGB strafbar sein können. Zudem führen Verstöße gegen derart elementare rechtliche Vorgaben zur Nichtigkeit der Verträge gem. § 134 oder § 138 BGB.

Bei der Durchführung von Praxisgemeinschaftskonzepten ist die **Beachtung der ärztlichen Schweigepflicht** (§ 9 MBO-Ä, § 203 Abs. 1 Nr. 1 StGB, §§ 22 f. BDSG, Art. 6, 9 DS-GVO) von elementarer Bedeutung. Nicht immer wird beachtet, dass die Patientenkartei grds. nach Praxen getrennt zu führen ist. Etwas anderes gilt nur dann, wenn die Patienten wirksam in die gemeinsame Datenführung eingewilligt haben. Verstöße sind besonders häufig nach Umwandlung einer BAG in eine Praxisgemeinschaft festzustellen.

Jede Praxis muss darüber hinaus über eigene Kommunikationseinrichtungen erreichbar sein. Bei einer gemeinsam genutzten Telefonanlage müssen **Durchwahlnummern** individuell zugeordnet sein. Telefax und E-Mail-Adresse sind getrennt vorzuhalten. Die Zulässigkeit der gemeinsamen Nutzung von Warteeinrichtungen war – insbesondere im Zusammenhang mit der Diskussion um Ärztehäuser – lange Zeit umstritten. Es entspricht der Natur der Sache, dass die Patienten Informationen darüber erhalten, wer welchen Arzt aufsucht. Richtigerweise wird man den Patienten das Recht einräumen müssen, zu entscheiden, ob sie eine Praxisgemeinschaft aufsuchen. Mit Betreten der Praxisräume willigen sie konkludent darin ein, dass dieser Vorgang zumindest teilöffentlich wird. Vom Ansatz her stellt sich das Problem ähnlich beim Aufsuchen jeder ärztlichen Einrichtung.

Gestaltungsmissbrauch

Insbesondere im Zusammenhang mit der Ausübung vertragsärztlicher Tätigkeit verbieten sich Gestaltungsmodelle, in denen die Praxisgemeinschaft als „faktische Berufsausübungsgemeinschaft" geführt wird (instruktiv LSG Niedersachsen-Bremen, Urteil v. 25.1.2017 - L 3 KA 16/14, NWB OAAAG-46193). Das Phänomen ist vor dem Hintergrund zu verstehen, dass BAGen – bei Beibehaltung der Binnenstruktur – in Praxisgemeinschaften umgewandelt wurden. Wesentliches Motiv der Trennung war die Möglichkeit, durch Gestaltung der Praxiszeiten und/oder durch Überweisungen die Fallzahlen zu erhöhen oder sonstige Abrechnungsvorteile auszunutzen. Derartige Modelle werden zu Recht unter der Rubrik „Gestaltungsmissbrauch" kritisch beurteilt. Üben die Angehörigen der Praxisgemeinschaft ihre vertragsärztliche Tätigkeit – auch bei einer Neugründung – im Grunde wie in einer BAG aus, verstößt dies gegen § 33 Abs. 3 Ärzte-ZV, da die erforderliche vorherige Genehmigung des Zulassungsausschusses fehlt. Die Kassenärztlichen Vereinigungen führen gegen die beteiligten Ärzte auf der Grundlage der von der Kassenärztlichen Bundesvereinigung und dem Spitzenverband Bund gem. § 106d Abs. 6 SGB V vereinbarten Richtlinie Plausibilitätsüberprüfungen durch (hierzu allgemein Steinhilper in Schnapp/Wigge, § 16 Rz. 38 f.; speziell zu Vertretungen in Praxisgemeinschaften Scholl-Eickmann, GesR 2016 S. 141). Aufgreifkriterien sind 20 % Patientenidentität in (teil-)gebietsgleichen/versorgungsbereichsidentischen, 30 % bei gebietsübergreifenden/versorgungsübergreifenden sowie 10 % bei zahnärztlichen Praxisgemeinschaften (zu Letzteren LSG NRW, Urteil v. 13.12.2008 - L 11 KA60/06, juris). Allerdings betont das LSG Niedersachsen-Bremen die Notwendigkeit der Beurteilung des Einzelfalles (Urteil v. 21.3.2012 - L 3 KA 103/08, NWB IAAAE-16571).

Jedenfalls bei einer 50 % übersteigenden Quote identischer Patienten ist ein Missbrauch der Rechtsform „ohne Weiteres" anzunehmen (BSG, Beschluss v. 6.2.2013 - B 6 KA 43/12 B, NWB PAAAH-26125, juris; BSG, Beschluss v. 2.7.2014 - B 6 KA 2/14 B, NWB FAAAH-26124, juris). Es bedarf bei einer solchen Quote weder der Feststellung weiterer für einen Formenmissbrauch sprechender Umstände (vgl. BSG, Urteil v. 2.7.2014 - B 6 KA 2/14 R, GesR 2015 S. 468) noch ist zu prüfen, ob und in welchem Ausmaß sich der Anteil durch „berechtigte" Behandlungen identischer Patienten erklären lässt. Die bei Überschreiten des Aufgreifkriteriums von 20 % Patientenidentität geltende Vermutung einer fehlerhaften Abrechnung lässt sich bei einem Anteil von über 50 % nicht mehr widerlegen (LSG Rheinland-Pfalz Urt. v. 4.11.2021 - L 5 KA 5/17, juris; bestätigt durch BSG, Beschluss 7.9.2022 - B 6 KA 73/21 B).

Mit Urteil vom 27.6.2012 (B 6 KA 37/11 R, NWB HAAAE-20302, MedR 2013 S. 327) hat das BSG festgestellt, dass die Regelung in einem Honorarverteilungsmaßstab rechtmäßig ist, wonach ein gemeinsamer Anteil von bis zu 5 % der Abrechnungsfälle pro Quartal in einer zahnärztlichen Praxisgemeinschaft voll und die darüber hinausgehenden Fälle degressiv vergütet werden. Ergebnis der Plausibilitätsverfahren können Honorarrückforderungen, aber auch die Einleitung von Disziplinarverfahren und ggf. Verfahren auf Zulassungsentziehung sein. Das BSG (Urteil v. 22.3.2006 - B 6 KA 76/04 R, NWB QAAAC-14159, MedR 2006 S. 611) spricht von einem „Verstoß gegen vertragsärztliche Pflichten von erheblichem Gewicht".

Darüber hinaus kann eine Bestrafung wegen Betruges (§ 263 Abs. 1 StGB) in Betracht kommen. Das LG Bad Kreuznach hat mit Urteil vom 7.1.2008 (1043 Js 11880/01 KLS, ZMGR 2008 S. 219) drei Vertragsärzte, die wegen Abrechnungsvorteilen im Außenverhältnis eine Praxisgemeinschaft und im Innenverhältnis eine BAG betrieben hatten, wegen gemeinschaftlichen gewerbsmäßigen Bandenbetrugs verurteilt. Zu einem anderen Ergebnis kam das AG Dortmund (Beschluss v. 11.4.2018 - 762 LS – 700 Js 2290/13 – 111/15, medstra 2018 S. 319 f.), das mangels Täuschung eine Strafbarkeit trotz einer über fünfzigprozentigen Patientenidentität verneinte, da die Ärzte der Kassenärztlichen Vereinigung sämtliche abrechnungsrelevanten Tatsachen mitgeteilt hätten.

PRAXISHINWEIS:

Vertritt ein Vertragsarzt seinen PG-Partner kollegial, rechnet er die von ihm in seiner Praxis erbrachten Vertretungsleistungen unter Angabe seiner BSNR und seiner LANR ab.

Kurzfristige Abwesenheiten eines der PG-Ärzte etwa zum Zwecke eines Hausbesuchs oder für eine Pause erfüllen nicht die Voraussetzungen für einen Vertretungsfall gem. § 32 Abs. 1 Ärzte-ZV (LSG Bayern, Urteil v. 26.2.2008 - L 12 KA 673/04).

Obwohl grds. zulässig, kann das sog. Einnahme- oder Gewinnpooling ein Indiz dafür sein, dass die beteiligten Ärzte faktisch eine BAG ausüben (Kremer in Rieger u. a. (Hrsg.), a. a. O., Rz. 31).

f) Nachbesetzungsverfahren (§ 103 Abs. 4 bis 6 SGB V)

Bei Durchführung eines Nachbesetzungsverfahrens aus einer BAG heraus sind die verbleibenden Gesellschafter insofern privilegiert, als deren Interessen bei der Auswahlentscheidung angemessen zu berücksichtigen sind. Das BSG (Urteile v. 5.11.2003 - B 6 KA 11/03 R, NWB UAAAC-13929, MedR 2004 S. 697, v. 11.12.2013 - B 6 KA 49/12 R, NWB QAAAE-60252 sowie v. 22.10.2014 - B 6 KA 44/13 R, NWB PAAAE-84004; ausführlich Ladurner, § 103 SGB V Rz. 122 f.) hat die Rechtsposition der verbleibenden Gesellschafter deutlich gestärkt, indem es deren wirtschaftliches Interesse am Fortbestand der Praxis als im Auswahlverfahren besonders zu berücksichtigen hervorgehoben hat. Ob § 103 Abs. 6 SGB V auch auf Praxisgemeinschaften anzuwenden ist, ist strittig. Nach richtiger Auffassung ist die Interessenlage zwischen einer BAG und einer Organisationsgemeinschaft nicht vergleichbar mit der Folge, dass die **Interessen der Praxisgemeinschaftspartner bei der Bewerberauswahl nicht zu berücksichtigen** sind.

g) Rechtsform, Vertragsinhalt

PRAXISHINWEIS:

Anregungen zur Gestaltung eines Praxisgemeinschaftsvertrages finden sich bei Greiff in Scholz/Treptow, a. a. O., Kap. I.I.2, S. 892 ff.

Soweit ersichtlich, werden Praxisgemeinschaften weit überwiegend in der Rechtsform der GbR gegründet. Die Praxisgemeinschaft ist im Regelfall Außengesellschaft, da sie am Rechtsverkehr durch Abschluss z. B. des Mietvertrages, von Dienstverträgen sowie sonstigen Versorgungsverträgen teilnimmt.

Folgende Aspekte sind bei der Vertragsgestaltung besonders zu berücksichtigen:

- Hervorhebung der getrennten Berufsausübung insbesondere mit getrennter Patientenkartei,
- Pflichten der Gesellschafter zur Leistung von Zahlungen, Zurverfügungstellung von Sachen, Erbringung von Dienstleistungen,
- Beteiligungsverhältnisse am Gesellschaftsvermögen (Hinweis: Da die Praxisgemeinschaft sich aus getrennten Praxen zusammensetzt, wird der Praxisgemeinschaft regelmäßig kein eigenständiger Goodwill zugerechnet; dieser entsteht auf der Ebene der einzelnen Praxen),
- Regelungen zur Geschäftsführung und Vertretung,
- Praktikable und flexible Regelungen zur Kostenverteilung,

- Pflicht zur Aufrechterhaltung des Praxisbetriebs,
- Ausscheidens-, Abfindungsregelungen,
- Wettbewerbsverbot (Wettbewerbsverbote sind nur in Ausnahmefällen zulässig).

PRAXISHINWEIS:

Bei der Vertragsgestaltung kommt der Kostenverteilung besondere Bedeutung zu. Orientiert sich der Verteilungsschüssel an der Anzahl der behandelten Patienten, kann es zu Streit führen, wenn die beteiligten Ärzte unterschiedlich hohe Fallwerte erwirtschaften.

h) Haftung

Zur gesamtschuldnerischen Haftung, Beitrittshaftung sowie Nachhaftung für Gesellschaftsverbindlichkeiten gelten die im Zusammenhang mit der BAG dargestellten Grundsätze (vgl. S. 63 ff.).

Für individuelle, auf die einzelne Praxis bezogene Verbindlichkeiten haftet der einzelne Arzt persönlich. Dieser rechnet mit der Kassenärztlichen Vereinigung ab und ist ggf. Adressat von Honorarrückforderungsbescheiden.

Behandlungsverträge mit den Patienten (§ 630a Abs. 1 BGB) kommen zustande zwischen den einzelnen Gesellschaftern der Praxisgemeinschaft und dem Patienten, so dass regelmäßig eine individuelle Haftungszuordnung erfolgen kann. Die Praxisgemeinschaft wird nicht Partei des Behandlungsvertrages. Die individuelle Haftung des behandelnden Gesellschafters wird grds. auch nicht dadurch erweitert, dass er „seinen" Patienten an einen anderen Gesellschafter der Praxisgemeinschaft überweist. Eine Ausnahme ist dann – wie bei jeder Überweisung – anzunehmen, wenn der überweisende Arzt den nachbehandelnden Arzt unzureichend über die bisherige Befundsituation informiert.

Praxisgemeinschaften dürfen als solche angekündigt werden (vgl. § 18a Abs. 3 Satz 1 MBO-Ä). Für die Patienten ist nicht immer hinreichend erkennbar, dass eine getrennte Berufsausübung erfolgt, so dass eine Haftungszuordnung nach Rechtsscheingrundsätzen durchaus möglich ist. Der BGH (Urteil v. 8.11.2005 - VI ZR 319/04, NWB OAAAC-02931, MedR 2006 S. 290) hat die gesamtschuldnerische Haftung von im kooperativen Belegarztwesen verbundenen Ärzten bejaht und dies auch mit dem Außenauftritt begründet.

Vor diesem Hintergrund ist größte Vorsicht geboten, wenn bei einer Praxisgemeinschaft der **Rechtsschein gemeinschaftlicher Berufsausübung** gesetzt wird, etwa durch Verwendung einer gemeinschaftlichen Kurzbezeichnung oder eines Logos (hierzu Möller/Ruppel in Ratzel/Luxenburger (Hrsg.), a. a. O., Kap. 17 Rz. 505 f.; Kremer in Rieger u. a. (Hrsg.), a. a. O., Rz. 18; Wigge in Schnapp/Wigge (Hrsg.), § 6 Rz. 130).

PRAXISHINWEIS:

Die Gründung der Praxisgemeinschaft sowie die Nutzung gemeinsamer Werbeträger sollten vorsorglich in nachweisbarer Form auch der Berufshaftpflichtversicherung der einzelnen Gesellschafter angezeigt werden.

i) Umwandlung

In der Beratungspraxis besteht – aus durchaus anerkennenswerten Motiven – nicht selten das Bedürfnis, eine BAG in eine Praxisgemeinschaft – oder umgekehrt eine Praxisgemeinschaft in eine BAG – „umzuwandeln". In diesen Fällen bedarf es gesellschaftsrechtlich grds. nicht der Auseinandersetzung der alten und der Gründung einer neuen Gesellschaft. Da Rechtsformidentität besteht, genügt eine Modifizierung des Gesellschaftsvertrages, indem im erstgenannten Fall insbesondere eine Änderung des Gesellschaftszwecks dahingehend vorgenommen wird, dass die gemeinsame Berufsausübung nicht mehr Gegenstand der Gesellschaft ist. Selbstverständlich ist der Gesellschaftsvertrag insgesamt den aktuellen Verhältnissen anzupassen.

2. Steuerliche Aspekte

Literatur: *Wien,* Ertragsteuerliche und umsatzsteuerliche Probleme ärztlicher Praxen und die neue Umsatzsteuerbefreiung medizinisch-technischer Großgeräte, DStZ 1998 S. 753; *Fuhrmann,* Büro-, Praxis- und Apparategemeinschaft im Umsatzsteuerrecht, KÖSDI 2002 S. 13396; *Greite,* Fördermittel: Investitionszulage – Keine InvZul für eine GbR (Praxisgemeinschaft) ohne Gewinnerzielungsabsicht, FR 2004 S. 175; *Kempermann,* Freiberufler: Ein einheitliches Auftreten nach außen begründet noch keine Mitunternehmerschaft, FR 2005 S. 1148; *Gragert,* Die ertragsteuerliche Behandlung der Realteilung, NWB 2006 S. 743; *Michels/Ketteler-Eising,* Neues zu Praxis- und Apparategemeinschaft, PFB 3/2009 S. 61; *Nieskoven,* Was bedeutet genaue Kostenerstattung i. S. von § 4 Nr. 14 Buchst. d UStG?, PFB 10/2010 S. 256; *Ketteler-Eising,* Die Umsatzsteuerbefreiung der ärztlichen Organisationsgemeinschaft nach § 4 Nr. 4 Buchst. d UStG und Modelle zur Ausgestaltung, Heilberufe direkt digital 1/2013 S. 6; *Kirchinger,* Weitere Profilschärfung der Kostenteilungsgemeinschaft nach Art. 132 Abs. 1 Buchst. f MwStSystRL, UStB 2020 S. 17; *Englisch,* Nichterhebung von Umsatzsteuer für kommunale Tätigkeiten – § 2b UStG und Alternativen – Teil 2; UR 2021 S. 338; *Sterzinger,* Umsatzsteuerbefreiung für Leistungen von selbständigen Personenzusammenschlüssen an ihre Mitglieder, UR 2021 S. 298; *Brill/Scheller,* Das BMF-Schreiben v. 19.7.2022 zur Kostenteilungsgemeinschaft; NWB 2023 S. 1045; *Ketteler-Eising/Peplowski,* Die Umsatzsteuerbefreiung von Praxisgemeinschaften – Neues BMF-Schreiben v. 19.7.2022, MedR 2023 S. 817.

a) Ertragsteuerliche Grundsätze

Ertragsteuerlich ist die Praxisgemeinschaft als Hilfsgesellschaft anzusehen. **Mangels Gewinnerzielungsabsicht** kann i. d. R. unterstellt werden, dass **kein Gewerbetrieb** vorliegt (Wacker in Schmidt, EStG. 43. Aufl. 2024, § 15 Rz. 327). Die Praxisgemeinschaft selbst ist dann – auch bei einem gemeinschaftlichen Auftreten nach außen – **keine Mitunternehmerschaft** (BFH, Urteil v. 14.4.2005 - XI R 82/03, BStBl 2005 II S. 752, BMF v. 12.2.2009, BStBl 2009 I S. 398; H 15.8 (1) EStH „Büro-/Praxisgemeinschaft“; Haep in Herrmann/Heuer/Raupach, EStG/KStG, 326. Lieferung 6.2024, § 15 EStG Rz. 38). Folglich ergibt sich bei einer fehlenden Mitunternehmerschaft auch kein Risiko einer gewerblichen Abfärbung nach § 15 Abs. 3 Nr. 1 EStG (zu Laborgesellschaften: BMF, Schreiben v. 12.2.2009, BStBl 2009 I S. 398, Rz. 6). Eine Praxisgemeinschaft bildet mangels Mitunternehmerstellung kein Sonderbetriebsvermögen, so dass entsprechende Muster-Verträge aus steuerlicher Sicht abzulehnen sind. Die Verteilung der Betriebsausgaben erfordert aber dennoch nach § 1 der Verordnung zu § 180 Abs. 2 AO eine **gesonderte Feststellung** (Wacker in Schmidt, EStG, 43. Aufl. 2024, § 18 EStG Rz. 40, m. w. N.; Brandis in Tipke/Kruse, AO/FGO, 178. Lieferung 11.2023, § 180 AO Rz. 83; vgl. auch BMF v. 12.2.2009, BStBl 2009 I S. 398). Erzielt der an der Praxisgemeinschaft Beteiligte aus seiner Praxis Einkünfte, die selbst wiederum nach § 180 AO gesondert und einheitlich festgestellt werden, ist die gesonderte Feststellung der Praxisgemeinschaft **bindend für die Gewinnfeststellung der Praxis und nicht für die Einkommensteuer** (BFH, Urteil v. 10.6.1999 - IV R 25/98, BStBl 1999 II S. 545).

b) Umsatzsteuerliche Grundsätze

§ 4 Nr. 14 Buchst. d UStG, der zuvor die Umsatzsteuerbefreiung ärztlicher Praxisgemeinschaften geregelt hatte, ist mit Wirkung zum 1.1.2020 weggefallen und wurde durch § 4 Nr. 29 UStG ersetzt. Da § 4 Nr. 14 Buchst. d UStG sich auf Gemeinschaften von Ärzten/arztähnlichen Berufen und/oder Krankenhäuser beschränkt hatte, war die Vorschrift, die auf Art. 132 Abs. 1 Buchst. f MwStSystRL beruht, als unionsrechtswidrig eingestuft worden (vgl. EuGH, Urteil v. 21.9.2017 - Rs. C-616/15, NWB VAAAG-58222, DStR 2017 S. 2115). § 4 Nr. 29 UStG erweitert zur Erfüllung der unionsrechtlichen Vorgaben insoweit den Anwendungsbereich auf eine Vielzahl der dem Gemeinwohl dienenden Kostenteilungsgemeinschaften, ohne die Anwendung für die ärztlichen Praxisgemeinschaften einzuschränken. So findet z. B. gemäß BMF-Schreiben vom 19.7.2022 (III C 3 - S 7189/20/10001:001, BStBl 2022 I S. 1208, unter 1.4) Abschnitt 4.14.8 UStAE weiterhin unverändert Anwendung. Die nachfolgenden Ausführungen sollen einen Überblick über die Voraussetzungen des § 4 Nr. 29 UStG geben, erheben aber nicht den Anspruch, das Thema erschöpfend in allen Einzelheiten zu behandeln.

aa) Unternehmereigenschaft der Praxisgemeinschaft

Als Gemeinschaften i. S. des § 4 Nr. 29 UStG gelten nur Einrichtungen, die als Unternehmer i. S. des § 2 UStG anzusehen sind (BMF v. 19.7.2022, a. a. O., unter 1.1; Hölzer in Rau/Dürrwächter, UStG, 210. Lieferung, 6.2024, § 29 Rz. 48; Oelmaier in Sölch/Ringleb, UStG, 101. EL Juni 2024, § 4 Nr. 29 Rz. 4). Die Unternehmereigenschaft einer Praxisgemeinschaft kann nach der hier vertretenen Auffassung nicht generell unterstellt werden. So erfüllt eine Praxisgemeinschaft, die lediglich eine nicht am Rechtsverkehr teilnehmende Bruchteilsgemeinschaft darstellt und deren Tätigkeit ausschließlich darauf gerichtet ist, den gemeinsamen Erwerb eines Gerätes im Sinne einer Eigentümergemeinschaft und deren gemeinsame Nutzung durch die Gesellschafter im Rahmen einer Kostenumlage der laufenden Gerätekosten zu organisieren, nach der hier vertretenen Auffassung nach den allgemeinen Kriterien nicht die Voraussetzungen für eine Unternehmereigenschaft (BFH, Urteil v. 28.11.2002 - V R 18/01, BStBl 2003 II S. 443, zur Errichtung einer Kartoffelhalle durch Landwirte sowie BFH, Urteil v. 1.10.1998 - V R 31/98, BStBl 2008 II S. 497, zum gemeinsamen Erwerb eines Mähdreschers durch Landwirt, BFH, Urteil v. 28.8.2014 - V R 49/13, BStBl 2021 II S. 825; Abschnitt 15.2b Abs. 1 Satz 9 UStAE).

Eine aus Ärzten bestehende GbR, deren Aufgaben in der Anmietung von Räumlichkeiten, der teilweisen Untervermietung an die einzelnen Ärzte, der Anschaffung von gemeinschaftlich genutztem Anlagevermögen und der Einstellung von Personal besteht, ist jedoch i. d. R. als Unternehmerin anzusehen (BFH, Urteil v. 21.6.1990 – V R 94/85, NWB FAAAB-32045; vgl. auch Stadie in Rau/Dürrwächter, UStG, 210. Lieferung 06.2024, § 2 Rz. 505, m. w. N.). Die Tatsache, dass die Praxisgemeinschaft nur gegenüber ihren Mitgliedern tätig wird, ist bei der Beurteilung nach § 2 Abs. 1 Satz 3 UStG unerheblich, denn eine Personenvereinigung kann auch dann steuerbare Leistungen ausführen, wenn sie nur gegenüber ihren Mitgliedern tätig wird. Zudem ist für die Beurteilung der Unternehmereigenschaft einer Personengesellschaft unerheblich, ob ihre Gesellschafter ertragsteuerlich Mitunternehmer i. S. des § 15 Abs. 1 Nr. 2 EStG sind (Abschnitt 2.1 Abs. 2 UStAE).

Erforderlich für die Annahme einer umsatzsteuerbaren Leistung ist allerdings ein Leistungsaustausch (Leistung gegen Entgelt) zwischen Praxisgemeinschaft (Gesellschaft) und Mitgliedern (Gesellschafter). Der notwendige Leistungsaustausch kann sich bereits aus der Tätigkeit der Praxisgemeinschaft ergeben, wenn diese ausschließlich oder teilweise den konkreten Interessen der Mitglieder dient (BFH, Urteil v. 27.9.2001 - V R 37/01, NWB DAAAA-68504, BFH/NV 2002 S. 378). Es ist zur Annahme eines Leistungsaustauschs nicht erforderlich, dass die monatlichen, als Einlagen bezeichneten Zahlungen (Gegenleistung) der Gesellschafter am Maßstab der Inanspruchnahme der Gesellschaftsleistung bemessen sind (BFH, Urteil v. 18.4.1996 - V R 123/93, BStBl 1996 II S. 387). Diese Grundsätze dürften für die meisten Praxisgemeinschaften Leistungen gegen Entgelt begründen, so dass die Praxisgemeinschaften als Unternehmer anzusehen sind.

Nach den vorgenannten Kriterien dürften die meisten Praxisgemeinschaften Unternehmer sein. Im Einzelfall ist aber auch denkbar, dass die Gemeinschaft nicht unternehmerisch tätig ist und damit gar keine umsatzsteuerbaren Leistungen an ihre Mitglieder erbringt. Vor der Prüfung der Anwendbarkeit einer Steuerbefreiung sollte daher im Zweifel zunächst die Prüfung stehen, ob überhaupt die Unternehmereigenschaft und steuerbare Leistungen gegeben sind.

PRAXISHINWEIS:

Solange die Finanzverwaltung die Voraussetzungen des § 4 Nr. 29 UStG für eine umsatzsteuerfreie Leistung als erfüllt ansieht, dürfte die Frage nach der Umsatzsteuerbarkeit für die Praxis von untergeordneter Bedeutung sein.

bb) Grundlagen der umsatzsteuerlichen Behandlung der Leistungen der Praxisgemeinschaft

Die Leistungen der Praxisgemeinschaften an ihre Mitglieder sind i. d. R. von der Umsatzsteuer befreit. Die gesetzliche Grundlage bildet § 4 Nr. 29 UStG. Umsatzsteuerfrei sind demnach die sonstigen Leistungen von selbständigen, im Inland ansässigen Zusammenschlüssen von Personen, deren Mitglieder u. a. eine dem Gemeinwohl dienende Tätigkeit ausüben, die u. a. nach § 4 Nr. 14 UStG von der Umsatzsteuer befreit ist, gegenüber ihren im Inland ansässigen Mitgliedern, soweit diese Leistungen für unmittelbare Zwecke der Ausübung der Tätigkeiten, d. h. im Rahmen der nach § 4 Nr. 14 Buchst. a bzw. Buchst. b UStG umsatzsteuerfreien Heilbehandlungsleistung bzw. Krankenhausbehandlung verwendet werden und der Zusammenschluss von seinen Mitgliedern lediglich die genaue Erstattung des jeweiligen Anteils an den gemeinsamen Kosten fordert, vorausgesetzt, dass diese Befreiung nicht zu einer Wettbewerbsverzerrung führt.

PRAXISHINWEIS:

Grundvoraussetzung für die Anwendung von § 4 Nr. 29 UStG ist, dass die Praxisgemeinschaft **nicht nur auf dem Papier** existiert. Erforderlich ist, dass die Praxisgemeinschaft selbst über die notwendigen Ressourcen wie Räume, Geräte und Personal verfügen muss, um diese auch überlassen zu können. Stellt sich der Sachverhalt als Nutzungsüberlassung eines Mitglieds als alleinigem Inhaber der Ressource an die anderen Mitglieder der nur formal gegründeten Praxisgemeinschaft dar, kommt § 4 Nr. 29 UStG nicht zur Anwendung. Vielmehr handelt es sich um eine umsatzsteuerpflichtige Nutzungsüberlassung des Inhabers der Ressource an andere Ärzte (vgl. FG Niedersachsen, Urteil v. 11.4.2013 - 5 K 159/12, NWB HAAAE-65835, und nachfolgend BFH, Beschluss v. 29.10.2013 - V B 58/13, NWB BAAAE-50845).

Die Umsatzsteuerbefreiung für die Leistungen einer Praxisgemeinschaft an ihre Mitglieder fordert als Voraussetzungen im Einzelnen, dass

1. sonstige Leistungen (Dienstleistungen) erbracht werden

2. von selbständigen im Inland ansässigen Zusammenschlüssen von Personen,

3. deren Mitglieder u. a. eine dem Gemeinwohl dienende Tätigkeit ausüben, die u. a. nach § 4 Nr. 14 UStG von der Steuer befreit ist,

4. die Leistungen gegenüber im Inland ansässigen Mitgliedern der Gemeinschaft erbracht werden,
5. die Leistungen für unmittelbare Zwecke der Ausübung dieser Tätigkeiten, u. a. nach § 4 Nr. 14 UStG, verwendet werden,
6. der Zusammenschluss von seinen Mitgliedern lediglich die genaue Erstattung des jeweiligen Anteils an den gemeinsamen Kosten fordert, vorausgesetzt, dass
7. die Umsatzsteuerbefreiung nicht zu Wettbewerbsverzerrungen führt.

cc) Sonstige Leistungen

Die Steuerbefreiung kommt entsprechend dem eindeutigen Wortlaut der Vorschrift ausschließlich für sonstige Leistungen der Praxisgemeinschaft in Betracht, nicht hingegen für Lieferungen (vgl. Hölzer in Rau/Dürrwächter, UStG, 210. Lieferung, 6.2024, § 29 Rz. 117; Oelmaier in Sölch/Ringleb, UStG, 101. EL Juni 2024, § 4 Nr. 29 Rz. 4; Möser in Hartmann/Metzenmacher, UStG, 7. Lieferung 2024, § 4 Nr. 29 Rz. 102). Somit fällt beispielsweise ein gemeinsam durchgeführter Materialeinkauf durch die Praxisgemeinschaft und die Weiterlieferung an die Mitglieder nicht in den Anwendungsbereich des § 4 Nr. 29 UStG.

PRAXISHINWEIS:

Rechnet die Organisationsgemeinschaft gegenüber ihren Mitgliedern allerdings nur die Kosten ohne Gewinnerzielungsabsicht ab, ergibt sich für einen gemeinsamen Materialeinkauf im Ergebnis i. d. R. auch ohne Anwendung der Steuerbefreiung keine Belastung mit Umsatzsteuer. Denn sofern die Praxisgemeinschaft für den Leistungsbezug (Materialeinkauf) eine ordnungsgemäße Rechnung nach § 14 UStG vorliegen hat, ist sie für den Materialbezug zum Vorsteuerabzug berechtigt. Umsatzsteuer und Vorsteuer heben sich dann bei gleich hohem Entgelt letztlich gegenseitig auf.

dd) Gemeinschaften von Ärzten und/oder Krankenhäusern/Einrichtungen

Voraussetzung für die Steuerfreiheit sonstiger Leistungen einer Kostenteilungsgemeinschaft ist, dass die Mitglieder des Zusammenschlusses eine dem Gemeinwohl dienende Tätigkeit ausüben, die nach den in § 4 Nr. 29 UStG genannten Vorschriften von der Umsatzsteuer befreit ist (BMF v. 19.7.2022, a. a. O., unter 1.3.). Dies ist bei Angehörigen der in § 4 Nr. 14 Buchst. a UStG bezeichneten Berufe (Ärzte, Angehörige arztähnlicher Berufe) und/oder Einrichtungen i. S. des § 4 Nr. 14 Buchst. b UStG (Krankenhäuser und ähnliche Einrichtungen) der Fall. Unschädlich ist es, wenn die Mitglieder nicht ausschließlich eine dem Gemeinwohl dienende Tätigkeit im Sinne des § 4 Nr. 29 UStG ausüben, sondern gemischte, d. h. teilweise umsatzsteuerpflichtige Tätigkeiten (BMF v. 19.7.2022, a. a. O., unter 1.2.; Hölzer in Rau/Dürrwächter, UStG, 210. Lieferung, 6.2024, § 29 Rz. 94). Nicht abschließend geklärt ist die Anwendung des § 4 Nr. 14 UStG, wenn es Mitglieder gibt, die gar keine dem Gemeinwohl dienende Tätigkeit ausüben (unklar insoweit BMF v. 19.7.2022, a. a. O., unter 1.2.; für eine Unschädlichkeit Oelmaier in Sölch/Ringleb, UStG, 101. EL Juni 2024, § 4 Nr. 29, Rz. 8, m. w. N.).

PRAXISHINWEIS:

Zu empfehlen ist, dass sich an einer Praxisgemeinschaft nur Ärzte und/oder Krankenhäuser beteiligen, die auch umsatzsteuerfreie Heilbehandlungen bzw. Krankenhausbehandlungen nach § 4 Nr. 14 UStG erbringen.

ee) Leistungen gegenüber ihren im Inland ansässigen Mitgliedern

Unter die Steuerbefreiung des § 4 Nr. 29 UStG fallen ausschließlich Leistungen gegenüber den Mitgliedern der Gemeinschaft. Leistungen an Nicht-Mitglieder sind von der Steuerbefreiung ausgeschlossen (BMF v. 19.7.2022, a. a. O., unter 1.2.). Der notwendige Inlandsbezug dürfte im Bereich ärztlicher Praxisgemeinschaften unproblematisch sein, da sowohl die Praxisgemeinschaft selbst als auch ihre Mitglieder in Inland ansässig sein dürften. Auf die Zulässigkeit der doppelten Inlandsansässigkeit (Zusammenschluss und Mitglied) soll daher an dieser Stelle nicht weiter eingegangen werden (weiterführend vgl. Hölzer in Rau/Dürrwächter, UStG, 210. Lieferung, 6.2024, § 29 Rz. 104 ff.; a. A. Oelmaier in Sölch/Ringleb, UStG, 101. EL Juni 2024, § 4 Nr. 29 Rz. 5).

Für den Fall, dass die Leistungen einer Kostenteilungsgemeinschaft einer BAG zugutekommen, hat im Übrigen das FG Münster im Ergebnis entschieden, dass in diesem Fall **zwingend** die **BAG selbst Mitglied der Kostenteilungsgemeinschaft als leistungsempfangender Unternehmer** sein muss, damit die Leistungen als gegenüber ihren Mitgliedern erbracht gelten. Sind an der Kostenteilungsgemeinschaft **nur einige oder alle Gesellschafter der BAG** als natürliche Personen beteiligt, aber nicht die BAG selbst, **reichte** dies nach Ansicht des FG Münster **nicht aus**, um die Umsatzsteuerbefreiung des § 4 Nr. 29 UStG zu erlangen (FG Münster, Urteil v. 19.5.2015 - 15 K 496/11, NWB FAAAF-67431, EFG 2016 S. 334).

PRAXISHINWEISE:

Grundsätzlich ist im Falle der Einbindung von BAGen in Praxisgemeinschaften zu empfehlen, die daraus erwachsenen **gewerbesteuerlichen Risiken** im Blick zu halten. Sollte eine Praxisgemeinschaft in der Rechtsform der GbR im Rahmen der tatsächlichen Umsetzung entgegen der Planung keine reine Kostenteilungsgemeinschaft sein, sondern eine gewerbliche Mitunternehmerschaft, kann dies für die BAG zur gewerblichen Abfärbung nach § 15 Abs. 3 EStG durch gewerbliche Beteiligungseinkünfte führen (vgl. S. 102 f. und S. 269 f.; zur Frage, ob sich daraus überhaupt eine Gewerbesteuerpflicht für die BAG ableitet vgl. S. 102 f.).

Im Einzelfall ist zu prüfen, ob nicht die Praxisgemeinschaft in der Rechtsform der GmbH zu empfehlen ist. Dies unter Beachtung der Risiken einer verdeckten Gewinnausschüttung an die GmbH-Gesellschafter als Mitglieder der Praxisgemeinschaft (vgl. S. 267). Wird die Praxisgemeinschaft nach § 4 Nr. 29 UStG umsatzsteuerlich zulässig in der Rechtsform der GmbH betrieben (vgl.

S. 266 f.), stellt sich die Frage der Abfärbung nach § 15 Abs. 3 Satz 1 Nr. 1 Satz 2 EStG erst gar nicht, weil eine GmbH den Gesellschaftern keine Einkünfte vermittelt.

In der Praxis rechnen **Laborgemeinschaften** in Form einer Organisationsgemeinschaft nach § 25 Abs. 3 BMV-Ä bzw. 28 Abs. 3 EKV ihre Leistungen nicht gegenüber ihrem Mitglied, sondern vielmehr **direkt mit der Krankenkasse** ab, die im Ergebnis die Kosten für die Heilbehandlung übernimmt. Hierbei handelt es sich jedoch lediglich um einen verkürzten Abrechnungsweg, der die Leistungsbeziehung zwischen Organisationsgemeinschaft und ihrem Mitglied nicht beeinflusst. Diese Form der Direktabrechnung ist daher unschädlich für die Umsatzsteuerbefreiung nach § 4 Nr. 29 UStG (vgl. Abschnitt 4.14.8 Abs. 4 UStAE).

Zudem erfüllt nach Auffassung der Finanzverwaltung die Direktabrechnung i. d. R. auch die in § 4 Nr. 29 UStG geforderte Voraussetzung der „genauen Erstattung des jeweiligen Anteils an den gemeinsamen Kosten" (Abschnitt 4.14.8 Abs. 5 UStAE; BMF v. 19.7.2022, a. a. O., unter 3.).

Ergänzend – aber wahrscheinlich für ärztliche Kooperationen in der Praxis weniger relevant – ist der Hinweis zu geben, dass im **Falle eines Organkreises** alle Mitglieder des Organkreises auch Mitglieder der Kostenteilungsgemeinschaft sein müssen, damit § 4 Nr. 29 UStG in Anspruch genommen werden kann (EuGH, Urteil v. 18.11.2020 - Rs. C-77/19, DStRE 2021 S. 32; weiterführend Hölzer in Rau/Dürrwächter, UStG, 210. Lieferung, 6.2024, § 29 Rz. 8; Ketteler-Eising/Peplowski, MedR 2023 S. 817).

ff) Unmittelbare Verwendung für umsatzsteuerfreie Heilbehandlungsleistungen der Mitglieder

Die von einem Personenzusammenschluss an das jeweilige Mitglied erbrachte sonstige Leistung muss beim Mitglied zur Ausführung der begünstigten Zwecke unmittelbar verwendet werden. Die Befreiung kommt also zur Anwendung, wenn die Leistung unmittelbar zu den dem Gemeinwohl dienenden Tätigkeiten, d. h. den umsatzsteuerfreien Heilbehandlungen, beiträgt und zu diesem Zweck eingesetzt wird. Dies ist nach Auffassung der Finanzverwaltung (BMF v. 19.7.2022, a. a. O., unter 1.4.) beispielsweise der Fall

- wenn ärztliche Praxis- und Apparategemeinschaften medizinische Einrichtungen, Apparate und Geräte zentral beschaffen und ihren Mitgliedern zur Verfügung stellen (bisher nach § 4 Nr. 14 Buchst. d UStG steuerfrei), der Abschnitt 4.14.8 UStAE findet weiterhin unverändert Anwendung;
- wenn Praxis- und Apparategemeinschaften Laboruntersuchungen, Röntgenuntersuchungen und andere medizinisch-technische Leistungen für ihre Mitglieder aus-

führen (bisher nach § 4 Nr. 14 Buchst. d UStG steuerfrei), der Abschnitt 4.14.8 UStAE findet weiterhin unverändert Anwendung;

- wenn durch den Zusammenschluss IT-Infrastruktur, die auf die Bedürfnisse der Mitglieder zugeschnitten ist, bereitgestellt und ihr Betrieb, die Betreuung oder die diesbezügliche Administration übernommen wird; dies umfasst auch Leistungen zum Zwecke von IT-Sicherheit und des Datenschutzes.

Tätigkeiten, die lediglich mittelbar der Ausführung von nicht steuerbaren oder steuerfreien Umsätzen der Mitglieder dienen oder von den Mitgliedern für solche bezogen werden (z. B. **allgemeine Verwaltungsleistungen**), fallen hingegen nicht unter die Befreiung, weil sie diese allenfalls fördern. Die allgemeinen Verwaltungsleistungen umfassen diejenigen Tätigkeiten, die die Ausführung der eigentlichen Kernaufgabe(n) der Mitglieder ermöglichen, jedoch in ihrer Funktion als interne und somit begleitende Tätigkeiten nicht dem begünstigten Zweck als solchem dienen.

Allgemeine Verwaltungsleistungen in diesem Sinne sind nach Auffassung der Finanzverwaltung (BMF v. 19.7.2022, a. a. O., unter 1.4.) beispielsweise:

- Buchführung;
- Eingabe und Pflege von Stammdaten/Stammsätzen oder Bestandsdaten;
- Tätigkeiten bei Erstellung und Verarbeitung von Rechnungen (z. B. Rechnungs- und Rezeptprüfungen);
- Rechtsberatung;
- Tätigkeiten im Supportbereich (z. B. Backoffice-Tätigkeiten, Telefonzentrale, Fahrbereitschaft, Ablage- und Registrierungstätigkeiten);
- allgemeine Reinigungs- und Verpflegungsleistungen;
- allgemeine Aufgaben im Bereich von Organisation, Personalwesen/ -gestellung, Vertrieb;
- Raumüberlassung.

Bestimmte allgemeine Verwaltungsleistungen, wie z. B. im Bereich der Buchführung, der Rechtsberatung oder der Tätigkeit einer ärztlichen Verrechnungsstelle, werden seit jeher mangels Unmittelbarkeit (zutreffend) als umsatzsteuerpflichtig eingestuft (vgl. Abschnitt 4.14.8 Abs. 3 UStAE; Hölzer in Rau/Dürrwächter, UStG, 210. Lieferung, 6.2024, § 29 Rz. 151). Andere der von der Finanzverwaltung aufgeführten Beispiele werden sich als schwierig für die umsatzsteuerliche Beratung von Praxisgemeinschaften erweisen, wie z. B. Eingabe und Pflege von Stammdaten/Stammsätzen oder Bestandsdaten, Tätigkeiten im Supportbereich, allgemeine Reinigungsleistungen oder allgemeine Aufgaben im Bereich der Praxisorganisation. Diese sind kritisch zu betrachten. Kernelement vieler Praxisgemeinschaften ist die gemeinsame Inanspruchnahme von nichtärztlichem Personal, das sich neben der ärztlichen Hilfstätigkeit gegenüber den Patienten selbst (z. B. Blut abnehmen, technische Messungen, vorbereitende Untersuchungen etc.) auch z. B. mit der telefonischen Terminvereinbarung, dem Einlesen der Versichertenkarten, der Organisation des Praxisablaufes, der Führung der Patientenakten, Schreiben von Arztberichten etc. beschäftigt. Die Umsatzsteuerbefreiung nach § 4 Nr. 29 UStG wäre wirkungslos und das Ende vieler Praxisgemeinschaften vorgezeichnet, wenn dieser Teil der Tätigkeiten als umsatzsteuerpflichtige Leistung der Praxisgemeinschaft gegenüber den Mitgliedspraxen beurteilt würde (vgl. ausführlich und mit kritischer Würdigung Ketteler-Eising/Peplowski, MedR 2023 S. 817; vgl. auch mit differenzierter Betrachtung betreffend kommunaler Tätigkeiten Englisch, UR 2021 S. 338).

Unkritisch dürfte dagegen die Überlassung von angemieteten Praxisräumen der Praxisgemeinschaft sein, da diese in der Regel auch unter die Umsatzsteuerbefreiung nach § 4 Nr. 12 Buchst. a UStG fallen können (vgl. noch betreffend § 4 Nr. 14 Buchst. d UStG bis 31.12.2019 Abschnitt 4.14.8 Abs. 6 UStAE; Oelmaier in Sölch/Ringleb, UStG, 101. EL Juni 2024, § 4 Nr. 29 Rz. 21).

PRAXISHINWEIS:

Klärung betreffend den Umfang der Umsatzsteuerbefreiung dürfte hoffentlich das noch § 4 Nr. 14 Buchst. d UStG in der Fassung bis zum 31.12.2019 betreffende Revisionsverfahren beim BFH unter dem Az. XI R 37/21 bringen. Gegenstand des Verfahrens sind u a. Reinigungsleistungen, die eine Praxisgemeinschaft durch die bei ihr beschäftigte Reinigungsfachkraft an ihre Gesellschafter erbrachte sowie Leistungen einer Büro- und Rezeptionskraft, die einen Teil ihrer Arbeitszeit auf Tätigkeiten wie Terminvergabe, Schreiben von Arztberichten oder Erstellung von Qualitätssicherungsberichten verwandte. Vorhergehend hatte das FG Niedersachen – nach der hier vertretenden Auffassung zutreffend - entgegen teilweise den Beispielen der Finanzverwaltung – entschieden, dass Leistungen im Rahmen der Praxisorganisation und der Erstellung von Arztberichten sowie Reinigungsleistungen nach § 4 Nr. 14 Buchst. d UStG a. F. steuerbefreit sein können (FG Niedersachsen, Urteil v. 11.11.2021 - 5 K 62/19, NWB IAAAI-59386, EFG 2022 S. 623, mit Anm. Ossinger; Ketteler-Eising/Peplowski, MedR 2023 S. 817).

In dem Kontext ist darauf hinzuweisen, dass die Auslegungen der Voraussetzung der Unmittelbarkeit durch den BFH jedenfalls bisher restriktiver erscheint, als die Auslegung durch den EuGH (vgl. Möser in Hartmann/Metzenmacher, UStG, 7. Erglfg. 2024, § 4 Nr. 29 Rz. 13; a. A. Hölzer in Rau/Dürrwächter, UStG, 210. Lieferung 6.2024, § 4 Nr. 29 Rz. 137 ff.). Der BFH formulierte insoweit, dass eine unmittelbare Verwendung nur vorliegt, wenn die jeweilige Gemeinschaftsleistung selbst gegenüber den Patienten eingesetzt wird und es nicht ausreicht, dass die Leistung der Gemeinschaft die ärztliche Behandlungsleistung lediglich ermöglicht (BFH, Beschluss v. 29.10.2013 - V B 58/13, NWB BAAAE-50845, BFH/NV 2014 S. 192, Rz. 9). Der EuGH dagegen formuliert, dass die Dienstleistungen, die von einem selbständigen Zusammenschluss von Personen erbracht werden, unter die in Art. 132 Abs. 1 Buchst. f der Richtlinie 2006/112 vorgesehene Steuerbefreiung fallen, wenn sie unmittelbar zu den in Art. 132 genannten, dem Gemeinwohl dienenden Tätigkeiten „beitragen" (EuGH, Urteil v. 21.9.2017 - C-326/15, NWB WAAAG-94576, UR 2017 S. 806, Rz. 34).

Es bleibt zu hoffen, dass der BFH das Urteil des FG Niedersachsen vom 11.11.2021 (a. a. O.) bestätigt.

gg) Genaue Erstattung des jeweiligen Anteils an den gemeinsamen Kosten

Die Umsatzsteuerbefreiung setzt voraus, dass das für die Leistung vereinbarte und entrichtete Entgelt lediglich in einem genauen Kostenersatz besteht. Nach Auffassung der Finanzverwaltung gilt dabei Folgendes (BMF v. 19.7.2022, a. a. O., unter 3):

Sämtliche Kosten, die der Zusammenschluss im Interesse der Mitglieder trägt, sind umlagefähig; dazu gehören Sach- und Personalkosten sowie externe Finanzierungskosten. Eine genaue Erstattung der anfallenden Kosten liegt vor, wenn der Personenzusammenschluss seinen Mitgliedern die Leistungen zu Selbstkosten anbietet bzw. ihm nur die tatsächlich anfallenden Kosten erstattet werden und das jeweilige Mitglied den auf seinen Anteil entfallenden Betrag an den Gesamtkosten trägt.

Die Höhe des vom Mitglied zu tragenden Anteils an den Gesamtkosten ist verursachergerecht auf die Mitglieder umzulegen und kann insbesondere am **Umfang oder der Häufigkeit der Inanspruchnahme** der sonstigen Leistung bemessen werden. Auch ist neben einer aufwandsbezogenen Kostenzuordnung (Kostenzurechnungsmethode) eine Bemessung und Aufteilung der Kosten nach der **Anzahl der Mitglieder** oder anhand der **Höhe der (gesellschaftlichen) Beteiligung** an dem Zusammenschluss möglich. Ein pauschaler Aufschlag auf die tatsächlichen Ausgaben für die Erbringung der Leistung ist jedoch schädlich.

Von einer zulässigen Kostenzuordnung ist nach Auffassung der Finanzverwaltung beispielsweise auch dann auszugehen, wenn der Zusammenschluss zur Deckung des Finanzbedarfs jährlich auf der Basis des **durchschnittlichen Umsatzes** eine Umlage von den Mitgliedern erhebt und im Falle eines zu hohen Ansatzes ein z. B. satzungsmäßig festgelegter Rückzahlungsanspruch der Mitglieder gegen den Zusammenschluss besteht. Eine genaue Kostenerstattung liegt auch vor, wenn der Zusammenschluss den jeweiligen Anteil des Mitglieds an den gemeinsamen Kosten **im verkürzten Abrechnungsweg** in dessen Namen direkt mit einem Dritten abrechnet.

PRAXISHINWEIS:

Zu begrüßen ist, dass die Finanzverwaltung neben der aufwandsbezogenen Kostenzuordnung auch eine Kostenumlage nach Köpfen (Anzahl der Mitglieder) oder Beteiligungsquoten (Höhe der (gesellschaftlichen) Beteiligung) an dem Zusammenschluss sowie nach hiesigem Verständnis auch auf Basis der Umsätze als Gradmesser der Inanspruchnahme der Ressourcen der Praxisgemeinschaft für möglich erachtet. Damit dürfte die Beratungspraxis ausreichende Spielräume für eine praktikable Ausgestaltung der gesellschaftsvertraglichen Kostenverteilung im Einzelfall haben.

Im Zweifel empfiehlt sich aber aufgrund der hohen Bedeutung ein Antrag auf Erteilung einer verbindlichen Auskunft.

Die Anforderung einer genauen Kostenerstattung impliziert, dass der Personenzusammenschluss weder einen Gewinn erzielen soll noch die Absicht hierzu haben darf. Sofern gleichwohl Überschüsse erzielt werden, z. B. aus einer jährlichen Umlage, ist dies unschädlich, wenn diese Überschüsse ausschließlich dazu bestimmt sind, der **Finanzierung künftiger Investitionen** zu dienen. Das Prinzip der Kostendeckung beinhaltet auch Ausgaben in Investitionsjahren. Das Prinzip der Kostenerstattung und -verteilung sowie die Anforderungen an die Vermeidung von Wettbewerbsverzerrungen dürfen hiervon im Grundsatz nicht berührt werden.

Stehen die vereinbarte Kostenverteilung und Kostenerstattung in einem **gravierenden Missverhältnis zur jeweiligen Inanspruchnahme** der sonstigen Leistungen, gilt das Kriterium der genauen Kostenerstattung als nicht erfüllt. Dies gilt unterschiedslos für eine zu hohe wie für eine zu niedrige Kostenerstattung und auch für das Missverhältnis von einer anteiligen Kostenzuordnung zu etwaigen anteiligen Gemeinkosten.

Entscheidend dürfte im Ergebnis der Umstand sein, dass auf Ebene der Praxisgemeinschaft keine – auch keine verdeckte – Absicht eines, mehrerer oder aller Gesellschafter der Praxisgemeinschaft besteht, Gewinne zu erzielen. Die Praxisgemeinschaft muss sich daher darauf beschränken, die für die Erfüllung der Bedürfnisse seiner Mitglieder verauslagten Kosten nur auf diese umzulegen, ohne dass ein Gewinn erzielt wird. Dies entspricht i. d. R. aber bereits dem Wesen der Praxisgemeinschaft.

PRAXISHINWEIS:

Die Einzelfälle, in denen versucht wird, über die Praxisgemeinschaft Gewinne von einem Mitglied auf ein anderes Mitglied zu verschieben, dürften bezüglich der Befreiung von der Umsatzsteuer Problemen ausgesetzt sein. Gemeint sind damit die Fälle, in denen ein Mitglied mehr Kosten trägt als im Grundsatz angemessen wäre („Überlassung mit Gewinnaufschlag“) in der Absicht, anderen Mitgliedern Kostenvorteile durch eine verbilligte Überlassung zukommen zu lassen. Ein solches Vorgehen führt zu einem Gewinn aus der Überlassung an die anderen Mitglieder, der zur Kostensenkung für diese Mitglieder eingesetzt wird.

Abschließend ist noch der Begriff der **„gemeinsamen Kosten“** zu klären. Mit „gemeinsamen Kosten“ sind nicht nur die Kosten gemeint, die im kollektiven Interesse aller Mitglieder getätigt werden. Selbst wenn die Leistungen von der Praxisgemeinschaft nur gegenüber einem oder mehreren Mitgliedern, aber nicht gegenüber allen Mitgliedern der Praxisgemeinschaft erbracht werden, bleiben die für diese Leistungen anfallenden Kosten gemeinsame Ausgaben des für diesen Zweck gebildeten Zusammenschlusses. Dies gilt insbesondere vor dem Hintergrund, dass von Veranlagungszeitraum zu Veranlagungszeitraum die Bedürfnisse des einzelnen Mitglieds schwanken können. Insofern scheitert die Anwendung von § 4 Nr. 29 UStG nicht daran, dass Leistungen nur einem oder mehreren der Mitglieder, nicht aber allen Mitgliedern gegenüber erbracht werden (EuGH, Urteil v. 11.12.2008 - Rs. C-407/07, NWB YAAAD-03606, BFH/NV 2009 S. 337, Nr. 2; BMF v. 19.7.2022, a. a. O., unter 1.2). Werden allerdings Leistungen von der Praxisgemeinschaft nur einem oder mehreren der Mitglieder gegenüber erbracht, könnten je nach Einzelfall erhöhte Anforderungen an die anzuwendende Kostenzurechnungsmethode gestellt werden, was die Frage des „jeweiligen Anteils“ an den „gemeinsamen Kosten“ angeht.

hh) Vermeidung von Wettbewerbsverzerrungen

Nach § 4 Nr. 29 UStG darf die Umsatzsteuerbefreiung nur gewährt werden, wenn die Befreiung nicht zu einer Wettbewerbsverzerrung führt. Dem Merkmal der Wettbewerbsverzerrung kommt eine eigenständige Bedeutung zu (BMF v. 19.7.2022, a. a. O., unter 2.).

Nach Auffassung der Finanzverwaltung (BMF v. 19.7.2022, a. a. O., unter 2.) kann die Befreiung nicht angewandt werden, wenn dadurch anderen Marktteilnehmern, die gleichartige steuerpflichtige Leistungen erbringen, ein Wettbewerbsnachteil entsteht. Daher darf die Befreiung des Personenzusammenschlusses als solche nicht geeignet oder darauf angelegt sein, mit der Erbringung umsatzsteuerbefreiter Leistungen Umstände im Marktgeschehen herbeizuführen, die eine Wettbewerbsverzerrung hervorrufen können. Dabei ist aber grundsätzlich davon auszugehen, dass die Bildung eines Zusammenschlusses als solche nicht zu einer Verzerrung des Wettbewerbs führt. Eine Wettbewerbsverzerrung liegt insbesondere auch nicht vor, wenn der Zusammenschluss sich sicher ist bzw. sein kann, dass die Kundschaft seiner Mitglieder, d. h. hier die Patienten der beteiligten Praxen, unabhängig von jeder Besteuerung oder Befreiung erhalten bleibt, so dass schon deshalb nicht anzunehmen ist, dass die Befreiung, die ihm gewährt wird, unabhängigen Marktteilnehmern den Markt verschließt.

Im Hinblick auf den Zweck der Befreiung, Wettbewerbsnachteile gegenüber Marktteilnehmern zu kompensieren, die ihre Leistungen durch eigene Angestellte oder im Rahmen einer Organschaft erbringen, kommt nur eine restriktive Auslegung der Wettbewerbsklausel in Betracht, die insbesondere der Vermeidung von Missbräuchen entgegenwirkt und eine Anwendung von § 4 Nr. 29 UStG nicht sinnwidrig einschränkt. Die Inanspruchnahme der Steuerbefreiung durch den (einen) Personenzusammenschluss scheidet danach aus, wenn eine reale Gefahr besteht, dass die Befreiung für sich genommen unmittelbar oder in der Zukunft zu Wettbewerbsverzerrungen führen kann (vgl. BMF v. 19.7.2022, a. a. O., unter 2., m. w. N.). Ob dies der Fall ist, ist bei Inanspruchnahme der Befreiung sowohl auf Grundlage der Art der erbrachten Leistung als auch auf Grund der objektiven (Markt-)Umstände der jeweiligen Leistungserbringung zu ermitteln. Indizien für eine zweckwidrige Anwendung der Steuerbefreiung können nach Auffassung der Finanzverwaltung (vgl. BMF v. 19.7.2022, a. a. O., unter 2.; vgl. auch Hölzer in Rau/Dürrwächter, UStG, 210. Lieferung, 6.2024, § 29 Rz. 234) beispielsweise sein,

- dass der Zusammenschluss unter Ausnutzung von erheblichen Synergieeffekten die gleichen Leistungen in erheblichem Umfang entgeltlich an Nichtmitglieder am Markt erbringt,

- dass die Verlagerung von externen beliebigen, insbesondere nicht auf die Bedürfnisse seiner Mitglieder zugeschnittenen Dienstleistungen auf den Personenzusammenschluss erfolgt, obwohl derartige Leistungen ohne Weiteres auch von anderen Marktteilnehmern angeboten werden könnten oder
- dass bei dem Zusammenschluss im Ergebnis allein die Optimierung der umsatzsteuerlichen Vorbelastungen im Vordergrund steht.

PRAXISHINWEIS:

Bei typischen Praxisgemeinschaften, die nur gegenüber ihren Mitgliedern Leistungen erbringen – was allein aus gewerbesteuerlichen Gesichtspunkten zu empfehlen ist (vgl. S. 258) – und bei denen kein Missbrauch anzunehmen ist, dürfte das Thema einer potenziellen Wettbewerbsverzerrung keine Rolle spielen. Das Thema Wettbewerbsverzerrung macht aber noch einmal deutlich, warum Leistungen im Bereich der Buchführung, der Rechtsberatung oder der Tätigkeit einer ärztlichen Verrechnungsstelle für eine Praxisgemeinschaft äußerst kritisch zu betrachten sind, weil diese Leistungen auch von anderen umsatzsteuerpflichtigen Marktteilnehmern (Steuerberatern, Rechtsanwälten, ärztlichen Verrechnungsstellen) erbracht werden.

ii) Besonderheiten bei Praxislaborgemeinschaften und gewerblichen Laborgesellschaften im zahntechnischen Bereich

In Ergänzung zu den oben dargestellten Grundsätzen müssen bei zahnärztlichen Laborgemeinschaften einige spezifische Besonderheiten beachtet werden. Die umsatzsteuerliche Beurteilung ist hier maßgeblich von der konkreten Ausgestaltung der Laborgemeinschaft und deren zivilrechtlicher bzw. zahnarztrechtlicher Einordnung abhängig. Zu unterscheiden ist zwischen Praxislaborgemeinschaften von Zahnärzten, bei denen das Praxislabor lediglich als unselbständiger Hilfsbetrieb des einzelnen Zahnarztes, also in Bezug auf die von ihm hier erbrachten und nur von ihm abgerechneten Leistungen als dessen Eigenlabor, anzusehen ist (so BVerwG, Urteil v. 11.5.1979 - 5 C 16/79, BVerwGE 58 S. 93) und die zivilrechtlich – wenn überhaupt – als GbR anzusehen sind und gewerblichen Laborgesellschaften, welche als solche in die Handwerksrolle eingetragen sind (z. B. als GmbH oder OHG) und zivilrechtlich eigenständig sind (vgl. auch Ketteler-Eising, Heilberufe direkt digital 1/2013 S. 6).

Die umsatzsteuerliche Beurteilung folgt u. E. der zivilrechtlichen bzw. arztrechtlichen Behandlung: Eine Praxislaborgemeinschaft als reine Hilfsgesellschaft erbringt gegenüber ihren Mitgliedern keine zahntechnischen Leistungen, sondern vielmehr die Überlassung von für die zahntechnischen Leistungen benötigten Ressourcen (z. B. Geräte, angestellte Zahntechniker). Die zahntechnische Leistung wird unmittelbar den Praxen der Mitglieder der Praxislaborgemeinschaft zugerechnet. Eine Steuerbefreiung für die von der Praxislaborgemeinschaft an Ihre Mitglieder erbrachten Leistungen nach § 4 Nr. 29 UStG scheidet dabei aus. Bei umsatzsteuerlicher Betrachtungsweise erbringt die Praxislaborgemeinschaft Leistungen in Form der Ressourcenüberlassung an ihre Mitglieder, welche diese zur Erbringung zahntechnischer Leistungen verwenden, die gem. § 4 Nr. 14 Buchst. a Satz 2 UStG ausdrücklich nicht als umsatzsteuerfreie Heilbehandlungsleistungen im Bereich der Humanmedizin i. S. des § 4 Nr. 14 Buchst. a UStG anzusehen sind. Es fehlt insofern an der Voraussetzung, dass die Leistungen der zahnärztlichen Organisationsgemeinschaft „für unmittelbare Zwecke der Ausübung dieser Tätigkeiten verwendet werden".

Auch die Anwendung des ermäßigten Steuersatzes von 7 % auf Ebene der Praxislaborgemeinschaft scheitert in diesen Konstellationen daran, dass aus umsatzsteuerlicher Sicht die Praxislaborgemeinschaft als solche keine zahntechnischen Leistungen erbringt. Die Leistungen der Praxislaborgemeinschaft unterliegen somit dem Regelsteuersatz von 19 %.

Diese Sichtweise führt jedoch im Ergebnis grds. nicht zu einer effektiven Umsatzsteuerbelastung. Der Zahnarzt erbringt **umsatzsteuerpflichtige Ausgangsumsätze** in Form von zahntechnischen Leistungen in seinem Eigenlabor (vgl. S. 178). Da die Leistungen der Praxislaborgemeinschaft an den Zahnarzt unmittelbar zur Ausführung dieser umsatzsteuerpflichtigen Ausgangsumsätze verwendet werden und damit direkt zugeordnet werden können, steht dem Zahnarzt hieraus der **volle Vorsteuerabzug** zu. Voraussetzung hierfür ist allerdings, dass die Praxislaborgemeinschaft dem Zahnarzt eine ordnungsgemäße Rechnung über die erbrachte Leistung ausstellt.

Ist der Zahnarzt hingegen nicht an einer Praxislaborgemeinschaft, sondern an einer in die Handwerksrolle eingetragenen gewerblichen Laborgesellschaft beteiligt, ist der Fall anders zu beurteilen. Die zahntechnischen Leistungen werden sowohl arztrechtlich als auch umsatzsteuerlich unmittelbar von der Laborgesellschaft erbracht. Damit ist die gewerbliche Laborgesellschaft einem Fremdlabor gleichzusetzen. Die Leistungen der Gesellschaft an ihre Gesellschafter bzw. deren Patienten sind steuerpflichtig, unterliegen allerdings nach § 12 Abs. 2 Nr. 6 UStG dem ermäßigten Umsatzsteuersatz von 7 %. Die Weitergabe der von der gewerblichen Laborgesellschaft bezogenen zahntechnischen Leistungen durch ihre Gesellschafter an deren Patienten erfolgt dann umsatzsteuerfrei als durchlaufender Posten.

jj) Zusammenschluss von Personen

Die Norm des § 4 Nr. 29 UStG ist rechtsformneutral ausgestaltet. Ein Zusammenschluss von Personen muss aus umsatzsteuerlicher Sicht nicht als Personengesellschaft (z. B. GbR) ausgestaltet sein. So kann auch eine aus zwei Gesellschaftern bestehende GmbH ein Personenzusammenschluss i. S. des Art. 132 Abs. 1 Buchst. f MwStSystRL bzw. § 4 Nr. 29 UStG und eine Einrichtung ohne Gewinnstreben sein (BFH, Urteil v. 23.9.2020 - XI R 35/18, NWB PAAAH-73595, BFH/NV 2021 S. 613, Rz. 31 und 32). Die Praxisgemeinschaft kommt folglich aus umsatzsteuerlicher Sicht u. a. auch eine Kapitalgesellschaft in Betracht (vgl. BMF v. 19.7.2022, a. a. O., unter 1.1.).

Der Begriff des Zusammenschlusses erfordert, dass sich dabei mindestens zwei Mitglieder zusammenschließen (vgl. BMF v. 19.7.2022, a. a. O., unter 1.1.). Eine Praxisgemeinschaft als Ein-Personen-GmbH, kommt daher nicht in Betracht. Alternativ sind dann die Voraussetzungen der finanziellen, organisatorischen und wirtschaftlichen Eingliederung für eine umsatzsteuerliche Organschaft zu prüfen bzw. i. d. R. einfach zu gestalten.

PRAXISHINWEIS:

Wird eine Praxisgemeinschaft als Kapitalgesellschaft errichtet, besteht eine **Kollision zwischen Umsatzsteuerrecht und Ertragsteuerrecht**. Aus umsatzsteuerlicher Sicht muss die Kapitalgesellschaft ohne Gewinnerzielungsabsicht tätig werden, weil sie von ihren Mitgliedern, d. h. den GmbH-Gesellschaftern, lediglich die genaue Erstattung des jeweiligen Anteils an den gemeinsamen Kosten fordern darf (vgl. S. 262 ff.). Aus ertragsteuerlicher Sicht sollte eine Kapitalgesellschaft Leistungen gegenüber ihren Gesellschaftern immer mit einem angemessenen Gewinnaufschlag abrechnen, um nicht in die Gefahr einer verdeckten Gewinnausschüttung zu geraten (vgl. BFH, Urteil v. 4.12.1996 - I R 54/95, NWB YAAAA-96773, DStR 1997 S. 492; BFH, Urteil v. 14.7.2004 - I R 9/03, BFH/NV 2004 S. 1689, HFR 2005 S. 148; BFH, Urteil v. 17.11.2004 - I R 56/03, NWB WAAAB-44837, BFH/NV 2005 S. 793). Da aus umsatzsteuerlicher Sicht gesetzlich zwingend auf einen angemessenen Gewinnaufschlag verzichtet werden muss, stellt sich die Frage, ob trotz fehlendem Gewinnaufschlag eine verdeckte Gewinnausschüttung zu verneinen ist (vgl. hierzu ausführlich Brill/Scheller, NWB 2023 S. 1045). Infolge dieser Zweifel ist bei der Errichtung einer Praxisgemeinschaft in der Rechtsform der verdeckten Gewinnausschüttung zu dieser Thematik ein **Antrag auf Erteilung einer verbindlichen Auskunft zu empfehlen**.

c) Ertragsteuerliche Beurteilung von Leistungen an Nichtmitglieder

Neben der Nutzung allein durch die Mitglieder ist in der Praxis festzustellen, dass zur effektiveren Ausnutzung bei investitionsintensiven Geräten diese auch an Ärzte und Einrichtungen (z. B. Krankenhäuser) überlassen werden, die nicht Mitglied der Gemeinschaft sind.

Erbringt eine Praxisgemeinschaft in der Rechtsform der GbR auch **Leistungen an Nichtmitglieder gegen Entgelt**, stellt sich die Frage nach einer gemeinschaftlichen Gewinnerzielungsabsicht auf Ebene der Gesellschaft. Erfolgt die Abrechnung der Leistungen zu Selbstkosten mit dem Ziel der Kostensenkung, mangelt es der Praxisgemeinschaft trotz der Leistungen an die Nichtmitglieder insgesamt an einer **Gewinnerzielungsabsicht**. Zu beachten ist in dem Kontext auch § 15 Abs. 3 Satz 1 Nr. 1 Satz 2 EStG, nach dem eine Abfärbung nach § 15 Abs. 3 Nr. 1 EStG auch unabhängig davon eintritt, ob aus der Tätigkeit i. S. des § 15 Abs. 1 Satz 1 Nr. 1 EStG, d. h. einer dem Grunde nach gewerblichen Tätigkeit, ein Gewinn oder Verlust erzielt wird (zur Frage, ob sich daraus überhaupt eine Gewerbesteuerpflicht für die BAG ableitet vgl. S. 102 f.). Fraglich ist insofern, ob die Einkünfteerzielungsabsicht vor oder nach Umqualifizierung zu beurteilen ist bzw. die Umqualifizierung einer dem Grunde nach nicht auf einen Gewinn abzielende Tätigkeit (Leistung gegenüber den Nichtmitgliedern) alleine die Praxisgemeinschaft zu einer gewerblichen Mitunternehmerschaft machen kann. Nach der hier vertretenen Auffassung ist vorrangig zu beachten, dass § 15 Abs. 3 EStG einleitend eine „mit Einkünfteerzielungsabsicht unternommene Tätigkeit" der Personengesellschaft fordert, die auch eine (ggf. verlustträchtige) dem Grunde nach gewerbliche Tätigkeit ausübt. Einer Praxisgemeinschaft, die insgesamt ihre Leistungen nur zu Selbstkosten abrechnet, auch gegenüber Nichtmitgliedern, fehlt aber gerade die erforderliche Einkünfteerzielungsabsicht. Gleichwohl sollte – wenn möglich – generell auf die Leistungen an Nichtmitglieder verzichtet werden, wenn man jegliche Risiken vermeiden will.

Enthält die Abrechnung der Leistungen an Nichtmitglieder einen Gewinnaufschlag, ist von einer Gewinnerzielungsabsicht auszugehen.

PRAXISHINWEIS:

Wenn eine Praxisgemeinschaft auch Leistungen an Nichtmitglieder erbringen soll, ist im Einzelfall zu prüfen, ob nicht die Praxisgemeinschaft in der Rechtsform der GmbH zu empfehlen ist. Dies unter Beachtung der Risiken einer verdeckten Gewinnausschüttung an die GmbH-Gesellschafter als Mitglieder der Praxisgemeinschaft (vgl. S. 267). Wird die Praxisgemeinschaft nach § 4 Nr. 29 UStG umsatzsteuerlich zulässig in der Rechtsform der GmbH betrieben, stellt sich die Frage der Abfärbung nach § 15 Abs. 3 Satz 1 Nr. 1 Satz 2 EStG erst gar nicht, weil die Gesellschafter einer GmbH aus der Beteiligung keine Einkünfte i. S. des § 15 Abs. 1 Satz 1 Nr. 1 EStG erzielen.

Sind an der Praxisgemeinschaft in der Rechtsform der GbR ausschließlich freiberuflich tätige Ärzte oder arztähnliche Berufe beteiligt, sind die Leistungen im Einzelfall wie folgt zu beurteilen:

aa) Untervermietung mit Gewinnaufschlag

Werden von der Praxisgemeinschaft angemietete Räume mit Gewinnaufschlag an Nichtmitglieder untervermietet, führt dies originär zunächst zu Einkünften i. S. des § 21 EStG. Sind an der Praxisgemeinschaft ausschließlich freiberufliche Ärzte beteiligt, ergeben sich subsidiär Einkünfte gem. § 18 i.V. m. § 21 Abs. 3 EStG.

bb) Überlassung von Geräten und Einrichtungen mit Gewinnaufschlag ohne Zusatzleistungen

Bei der entgeltlichen Nutzungsüberlassung von **medizinisch-technischen Großgeräten** (zur Frage, wann Großgeräte vorliegen, vgl. BMF v. 16.10.1997, BStBl 1997 I S. 887) ist die Finanzverwaltung der Auffassung (OFD Rheinland v. 2.2.2006 - Kurzinformation Einkommensteuer Nr. 9/2006, DB 2006 S. 304), dass die Einnahmen auch dann nicht zu Einnahmen aus Gewerbebetrieb führen, wenn ein Gewinnaufschlag enthalten ist. **Vo-**

raussetzung ist allerdings, dass **keine Zusatzleistungen**, z. B. die Gestellung von Verbrauchsmaterialien oder die Personalgestellung zur Bedienerunterstützung, **erbracht** werden (vgl. auch Kratzsch in Lenski/Steinberg, GewStG, 152. Lieferung 7.2024, § 2 Rz. 631).

Offen ist die Frage, ob diese Grundsätze auch gelten, wenn es sich bei den Geräten und Einrichtungen **nicht um Großgeräte** handelt. Im Rahmen der reinen Überlassung anderer Geräte und Einrichtung kann im Ergebnis nach der hier vertretenen Auffassung nichts anderes gelten, wenn **keine ins Gewicht fallenden Sonderleistungen** erbracht werden oder der Umfang der Überlassungstätigkeit **keine unternehmerische Organisation** erfordert.

Bei der reinen Nutzungsüberlassung liegen im Grundsatz **originär Einkünfte aus Vermietung und Verpachtung** i. S. von § 21 Abs. 1 Nr. 2 EStG vor, soweit Sachinbegriffe überlassen werden, oder bei einer Überlassung einzelner beweglicher Gegenstände – die Betriebsvermögenseigenschaft zunächst ausgeklammert – sonstige Einkünfte i. S. des § 22 Nr. 3 EStG (zur Abgrenzung zwischen Sachinbegriffen und einzelnen beweglichen Wirtschaftsgütern vgl. FG Nürnberg, Urteil v. 25.3.1994 - I 308/92, EFG 1994 S. 970). Da die überlassenen Geräte und Einrichtungen über die Praxisgemeinschaft zu einem freiberuflichen Betriebsvermögen gehören, werden die Einkünfte allerdings im Rahmen der **Subsidiarität in Einkünfte nach § 18 EStG** umqualifiziert. Erst wenn originär gewerbliche Merkmale vorliegen, d. h. besondere Umstände hinzutreten, hinter der die eigentliche Gebrauchsüberlassung in den Hintergrund tritt (BFH, Urteil v. 22.1.2003 - X R 37/00, BStBl 2003 II S. 464), ist von gewerblichen Einkünften auszugehen.

cc) Überlassung von Geräten, Einrichtungen und Räumen einschließlich Zusatzleistungen mit Gewinnaufschlag

Erbringt die Praxisgemeinschaft gegenüber Nichtmitgliedern neben einer reinen Nutzungsüberlassung – im Sinne einer Vermietung von Räumen und Sachinbegriffen – auch **zusätzliche Dienstleistungen**, z. B. Gestellung von Verbrauchsmaterialien oder Personalgestellung zur Bedienerunterstützung, handelt es sich um eine **originär gewerbliche Tätigkeit**, die zu Einkünften i. S. des § 15 EStG führt (vgl. allerdings zur möglicherweise unschädlichen technischen Unterstützung bei der Bedienung durch geschultes Personal im Rahmen einer entgeltlichen Überlassung medizinischer Großgeräte im Rahmen des Mammographie-Screenings OFD Rheinland v. 20.11.2007 – Kurzinformation Einkommensteuer Nr. 76/2007 S 2246 – St 157, NWB UAAAC-64373, n. v.).

dd) Vermeidung gewerbesteuerlicher Risiken

Besteht ein – wenn auch nur latentes – **Risiko der Gewerblichkeit** der Praxisgemeinschaft in der Rechtsform einer Personengesellschaft, ergibt sich ein weiteres Gefährdungspotenzial für den Fall, dass eine **BAG aus umsatzsteuerlich zwingenden Gründen an** der Praxisgemeinschaft **beteiligt** ist. Die Beteiligung einer ansonsten freiberuflichen Mitunternehmerschaft an einer gewerblichen Mitunternehmerschaft führt aufgrund der gewerblichen Beteiligungseinkünfte zu einer **gewerblichen Infektion** der freiberuflichen Mitunternehmerschaft insgesamt (vgl. S. 102 f.). Im Einzelfall ist zu prüfen, ob nicht die Praxisgemeinschaft in der Rechtsform der GmbH zu empfehlen ist. Dies unter Beachtung der Risiken einer verdeckten Gewinnausschüttung an die GmbH-Gesellschafter als Mitglieder der Praxisgemeinschaft (vgl. S. 267). Wird die Praxisgemeinschaft nach § 4 Nr. 29 UStG umsatzsteuerlich zulässig in der Rechtsform der GmbH betrieben (vgl. S. 266 ff.), stellt sich die Frage der Abfärbung nach § 15 Abs. 3 Satz 1 Nr. 1 Satz 2 EStG erst gar nicht, weil eine GmbH den Gesellschaftern keine Einkünfte vermittelt.

PRAXISHINWEIS:

Grundsätzlich würde es sich für eine Gestaltung aus **ertragsteuerlicher Sicht** anbieten, die Beteiligung an der gewerblich tätigen Gesellschaft von einem, mehreren oder allen Gesellschaftern persönlich halten zu lassen (BMF v. 13.5.1996 - IV B 2 - S 2241 - 33/96, BStBl 1996 I S. 621; BFH, Urteil v. 28.6.2006 - XI R 31/05, BStBl 2007 II S. 378). Werden die gewerblichen Einkünfte von den Gesellschaftern persönlich (im Rahmen des Sonderbetriebsvermögens) und nicht von der BAG bezogen, ist die Abfärberegelung auf die ansonsten nicht gewerblich tätige Personengesellschaft nicht anzuwenden. Dies kollidiert dann aber mit dem Urteil des FG Münster v. 19.5.2015 (15 K 496/11 U, NWB FAAAF-67431), nach der die **Umsatzsteuerbefreiung** nicht gewährt wird, wenn nicht die BAG, sondern nur ihre Gesellschafter Mitglied der Praxisgemeinschaft sind (vgl. S. 258 f.). Daher sollte bei einer Praxisgemeinschaft in der Rechtsform der GbR auf Leistungen an Nichtmitglieder im Zweifel ganz, auf jeden Fall aber auf Leistungen mit Gewinnaufschlag, verzichtet werden.

d) Umsatzsteuerliche Beurteilung von Leistungen an Nichtmitglieder

Soweit die Praxisgemeinschaft Leistungen an Personen erbringt, die nicht Mitglied der Gemeinschaft sind, sind diese Umsätze nicht nach § 4 Nr. 29 UStG von der Umsatzsteuer befreit, da nur die Leistungen gegenüber den Mitgliedern von der Befreiungsvorschrift erfasst werden. Die Umsatzsteuerpflicht ist gleichzeitig verbunden mit einem entsprechenden Vorsteuerabzug. Steuerpflichtige Leistungen der Praxisgemeinschaft an Nichtmitglieder schließen die Anwendbarkeit des § 4 Nr. 29 UStG auf die – auch gleichartigen – Leistungen gegenüber den Mitgliedern der Praxisgemeinschaft jedoch nicht grundsätzlich aus (vgl. BMF v. 19.7.2022, a. a. O., unter 1.2.; EuGH, Urteil v. 20.11.2019 - Rs. C-400/18, NWB DAAAH-36507, DStRE 2020 S. 159).

PRAXISHINWEIS:

Ein größerer Umfang an Leistungen an Nichtmitglieder kann aber ggf. infolge der **Gefahr einer Wettbewerbsverzerrung** (siehe S. 264) dazu führen, dass die Praxisgemeinschaft für die Leistungen insgesamt die Umsatzsteuerbefreiung nach § 4 Nr. 29 UStG für diese Leistungen nicht mehr in Anspruch nehmen kann.

Zu prüfen ist zudem, ob die Leistungen an Nichtmitglieder ggf. nicht aufgrund anderer Vorschriften von der Umsatzsteuer befreit sind. So kann z. B. die langfristige (Unter-)Vermietung von Praxisräumen an ein Nichtmitglied nach § 4 Nr. 12 UStG von der Umsatzsteuer befreit sein.

e) Ertragsteuerliche Beurteilung im Falle von Nicht-Ärzten als Mitglieder

Ist an einer **vermögensverwaltenden Personengesellschaft** eine Kapitalgesellschaft oder ein anderer Gewerbetreibender beteiligt, erfolgt die Umqualifizierung nur hinsichtlich der Einkünfte dieses Beteiligten (**Zebragesellschaft**) (Wacker in Schmidt, EStG. 43. Aufl. 2024, § 15 Rz. 200 ff., m. w. N.). In **Abgrenzung des Gewerbebetriebs** von der selbständigen Arbeit erzielen andererseits Gesellschaften nur dann freiberufliche Einkünfte, wenn **alle Gesellschafter die Merkmale eines freien Berufs erfüllen** (H 15.6 EStH „Gesellschaft“). Kein Gesellschafter darf nur kapitalmäßig beteiligt sein oder Tätigkeiten ausüben, die keine freiberuflichen sind (BFH, Urteil v. 11.6.1985 - VIII R 254/80, BStBl 1985 II S. 584; BFH, Urteil v. 10.10.2012 - VIII R 42/10, BStBl 2013 II S. 79).

Gehören zu den Mitgliedern einer Praxisgemeinschaft Nicht-Ärzte, z. B. eine Krankenhaus GmbH, stellt sich infolge dieser Grundsätze die Frage, ob es sich bei der Praxisgemeinschaft um einen Gewerbebetrieb handelt.

Mangelt es der Praxisgemeinschaft an einer Gewinnerzielungsabsicht, liegen – wie bereits dargestellt – keine Mitunternehmerschaft und kein Gewerbebetrieb vor (siehe S. 253 f.). Da dies i. d. R. der Fall sein dürfte, stellt die Beteiligung eines Nicht-Arztes, z. B. einer Krankenhaus-GmbH, ertragsteuerlich kein Thema dar, weil die ideellen Anteile an den Wirtschaftsgütern unmittelbar dem Betriebsvermögen des Mitglieds zuzurechnen sind. Beteiligungseinkünfte werden nicht festgestellt. Es sind lediglich die jeweiligen Anteile an den gemeinsamen Betriebsausgaben gesondert festzustellen.

Erzielt die Praxisgemeinschaft mit der Überlassung von Geräten und Einrichtungen mit **Gewinnaufschlag und Zusatzleistungen** (z. B. Personal- und Materialgestellung) originär gewerbliche Einkünfte, liegt ein Gewerbebetrieb vor.

Übt die Praxisgemeinschaft neben der **Nutzungsüberlassung** an die Mitglieder eine Tätigkeit **mit Gewinnerzielungsabsicht** aus, die isoliert betrachtet die Grenzen der privaten Vermögensverwaltung nicht überschreitet (Überlassung von Grundstücken, Sachinbegriffen, beweglichen Gegenständen ohne Zusatzleistungen), führt die Beteiligung eines Nicht-Arztes an einer Praxisgemeinschaft nicht zwangsläufig zu einem Gewerbebetrieb und gewerblichen Einkünften auch für den beteiligten freiberuflich tätigen Arzt bzw. die beteiligte BAG. Vielmehr ist nach den Grundsätzen zur Zebragesellschaft davon auszugehen, dass die freiberuflichen Mitglieder freiberufliche Einkünfte i. S. des § 18 EStG erzielen und die gewerblichen Mitglieder gewerbliche Einkünfte i. S. des § 15 EStG.

Die **Beteiligung eines Nicht-Arztes** an einer Praxisgemeinschaft führt möglicherweise damit **nicht** in allen Fällen zu dem Ergebnis, dass Einkünfte der Praxisgemeinschaft **zwangsläufig gewerblich** sind. Ziel und Gegenstand einer Praxisgemeinschaft ist i. d. R. nicht die Erzielung von Einkünften, welche dann durch die Beteiligung eines Nicht-Arztes als gewerbliche Einnahmen anzusehen sind. Die Tatsache, dass eine Umqualifizierung für die Beteiligten in andere – allerdings unterschiedliche – Einkunftsarten erfolgen muss, ergibt sich aus der jeweiligen Betriebsvermögenseigenschaft des Beteiligten. Die Abfärbetheorie des § 15 Abs. 3 Nr. 1 EStG ist nicht einschlägig, weil nicht die Personengesellschaft, sondern nur die jeweiligen Gesellschafter gewerbliche bzw. freiberufliche Einkünfte erzielen.

f) Umsatzsteuerliche Beurteilung im Falle von Nicht-Ärzten als Mitglieder

Nach § 4 Nr. 29 UStG können auch zugelassene Krankenhäuser, Zentren für Diagnostik und Befunderhebung, die nach § 95 SGB V an der vertragsärztlichen Versorgung teilnehmen, und weitere institutionelle Einrichtungen des Gesundheitswesens Mitglied einer umsatzsteuerbefreiten Praxisgemeinschaft sein, soweit diese eine dem Gemeinwohl dienende Tätigkeit ausüben, die nach § 4 Nr. 11b, 14 bis 18, 20 bis 25 oder 27 UStG von der Umsatzsteuer befreit ist oder eine dem Gemeinwohl dienende nichtunternehmerische Tätigkeit.

Theoretisch wäre es daher aus umsatzsteuerlicher Sicht denkbar, dass eine Kassenärztliche Vereinigung zusammen mit den Arztpraxen einer Region eine Notfallpraxis in der Rechtsform der GmbH betreibt und die Nutzung der Ressourcen auf Selbstkostenbasis auf die Mitglieder umgelegt werden.

Beteiligen sich dagegen Personen oder Unternehmen ohne entsprechenden Bezug zu einer dem Gemeinwohl dienenden Tätigkeit, sind die Voraussetzungen für die Umsatzsteuerbefreiung nach § 4 Nr. 29 UStG nicht erfüllt.

g) Umwandlung der Praxisgemeinschaft in eine Berufsausübungsgemeinschaft und umgekehrt

aa) Ertragsteuerliche Folgen der Umwandlung

Die Umwandlung einer **Praxisgemeinschaft in der Rechtsform der GbR in eine BAG** sollte unter Anwendung des **§ 24 UmwStG** zu Buchwerten möglich sein. In diesem Fall kann die Einbringung der einzelnen Praxen der Mitglieder der Praxisgemeinschaft einschließlich der Beteiligung an der Praxisgemeinschaft gegen Gewährung von Gesellschaftsrechten in die neue BAG erfolgen. Durch die Umwandlung der Praxisgemeinschaft entsteht mit der BAG dann eine neue Mitunternehmerschaft.

Für die **Leistungen an Nichtmitglieder** und die **Beteiligung von Nicht-Ärzten** sind nach der Umwandlung die steuerlichen Grundsätze der BAG zu beachten, insbesondere das **Risiko der Gewerblichkeit der BAG** insgesamt (vgl. S. 100 f.).

Die steuerlichen Fragestellungen für die **Umwandlung einer BAG in eine Praxisgemeinschaft in der Rechtsform der GbR** sind wesentlich komplexer. Auch wenn die Gesellschaft zivilrechtlich fortbesteht, ändert sich steuerlich ihre Beurteilung. War die Gesellschaft bisher als BAG steuerlich eine Mitunternehmerschaft, erfüllt jedoch die Praxisgemeinschaft nach den ertragsteuerlichen Grundsätzen nicht mehr die Voraussetzungen für eine Mitunternehmerschaft, so ist die Umwandlung steuerlich als **Beendigung der Mitunternehmerschaft** zu werten.

Die Umwandlung einer **BAG in eine Praxisgemeinschaft** und die Fortsetzung der ärztlichen Tätigkeit in getrennten Praxen dürfte in vielen Fällen daher wegen der Beendigung der Mitunternehmerschaft einer Betriebsaufgabe gleichkommen und unter den Voraussetzungen des § 16 Abs. 3 Satz 2 ff. EStG als **Realteilung der BAG** zu beurteilen sein (zur Realteilung einer BAG siehe S. 143 ff.). Besonders problematisch ist – neben der einsetzenden **Sperrfrist** – in diesem Zusammenhang der Umstand, dass im Rahmen einer Realteilung einzelne Wirtschaftsgüter nach Auffassung der Finanzverwaltung nicht zu Buchwerten in das Gesamthandsvermögen einer **anderen Mitunternehmerschaft** übertragen werden können, sondern dass der **gemeine Wert** anzusetzen ist (BMF v. 19.12.2018 - IV C 6 - S 2242/07/10002, BStBl 2019 I S. 6, Rz. 12; bei Nachfolgegesellschaften handelt es sich insoweit gerade nicht um beteiligungsidentische Schwesterpersonengesellschaften, vgl. hierzu S. 147 f.).

Entstehen bei der Umwandlung (Realteilung) der BAG in eine Praxisgemeinschaft nicht nur Einzelpraxen, sondern auch „neue" BAGen, führt die Übertragung von Wirtschaftsgütern von der real geteilten BAG in das Gesamthandsvermögen der „neuen" BAG zur **Aufdeckung der stillen Reserven** (vgl. hierzu S. 147 f. zur möglicherweise nach BFH-Ansicht möglichen Realteilung in Nachfolgegesellschaften). Dieses Problem dürfte hauptsächlich den Praxiswert betreffen, da dieser i. d. R. die größten stillen Reserven enthält und i. d. R. auch nicht bei der Praxisgemeinschaft verbleiben wird. Während die materiellen Wirtschaftsgüter rechtlich weiterhin bei der Praxisgemeinschaft verbleiben können, verfügt die Praxisgemeinschaft selbst i. d. R. jedoch nicht über einen Praxiswert, sondern nur die einzelnen Praxen, da der Praxiswert der ärztlichen Tätigkeit zuzuordnen ist.

Nicht abschließend geklärt – und daher auch problematisch – scheint zudem die Frage, wie in diesem Zusammenhang mit den bei der Praxisgemeinschaft rechtlich verbleibenden Wirtschaftsgütern zu verfahren ist. Nach den ertragsteuerlichen Grundsätzen ist die Praxisgemeinschaft keine Mitunternehmerschaft. Die Praxisgemeinschaft kann aus diesem Grund aus steuerlicher Sicht nicht über mitunternehmerisch gebundenes gesamthänderisches Betriebsvermögen verfügen. Vielmehr dürften daher die einzelnen Wirtschaftsgüter entsprechend ihrem ideellen Anteil steuerlich dem **Betriebsvermögen der Mitglieder der Praxisgemeinschaft** zuzurechnen sein.

Folgt man diesen Überlegungen, führt die Beendigung der BAG als Mitunternehmerschaft zu dem Ergebnis, dass sämtliche Wirtschaftsgüter aus steuerlicher Sicht anteilig aus dem bisherigen gesamthänderischen Betriebsvermögen anteilig in das **Betriebsvermögen der neu entstehenden Praxen** übertragen werden, soweit diese Mitglieder der Praxisgemeinschaft sind. In Verbindung mit dem Umstand, dass bei einer Übertragung einzelner Wirtschaftsgüter von einer Mitunternehmerschaft auf eine andere Mitunternehmerschaft der gemeine Wert anzusetzen ist, würde dies zur Aufdeckung sämtlicher anteiliger stiller Reserven führen.

PRAXISHINWEIS:

Während im Rahmen einer Realteilung die Übertragung zu Buchwerten in das Gesamthandsvermögen einer anderen Mitunternehmerschaft nicht möglich ist, ist der Ansatz der Buchwerte zulässig, soweit Wirtschaftsgüter in das Sonderbetriebsvermögen bei einer anderen Mitunternehmerschaft übertragen werden (Gragert, NWB 2006 S. 743; BMF v. 19.12.2018 - IV C 6 - S-2242/07/10002, BStBl 2019 I S. 6, Rz. 12). Diese Beurteilung wird in vielen Fällen eine steuerneutrale Gestaltung zu Buchwerten ermöglichen, wenn im Rahmen der Umwandlung einer BAG in eine Praxisgemeinschaft auch „neue" BAGen entstehen. Notwendig ist dann, dass im Rahmen der Umwandlung die Wirtschaftsgüter nicht auf die „neue" BAG übergehen, sondern in das Sonderbetriebsvermögen der einzelnen Gesellschafter übertragen werden. Dies ist bei der vertraglichen Gestaltung – unter Beachtung der umsatzsteuerlichen Fragestellungen (siehe insbesondere S. 178 ff.) und Grundsätze – zu berücksichtigen.

bb) Umsatzsteuerliche Folgen der Umwandlung

Die Umwandlung einer **Praxisgemeinschaft in eine BAG** könnte in Bezug auf die Umsatzsteuer Probleme aufwerfen. Die einzelnen Arztpraxen und die Praxisgemeinschaft sind i. d. R. selbständige Unternehmer. Durch die Umwandlung entsteht ein einziger, neuer Unternehmer in Form der BAG. Die bisherigen Arztpraxen werden sicherlich im Rahmen eine Geschäftsveräußerung im Ganzen gegen Gewährung von Gesellschaftsrechten auf die neue BAG übertragen, die die ärztliche Tätigkeit der Arztpraxen fortführt (im Einzelnen vgl. S. 178 ff.).

Bei der Praxisgemeinschaft ist Folgendes problematisch: Grundsätzlich geht das gesamte Vermögen der Praxisgemeinschaft auf die neue BAG über. Unternehmensgegenstand der Praxisgemeinschaft war bisher allerdings die entgeltliche Nutzungsüberlassung an die Mitglieder. Diese Tätigkeit wird auf Ebene der aufnehmenden Gesellschaft, d. h. der neuen BAG, nicht fortgesetzt. Die BAG betreibt mit dem Vermögen der Praxisgemeinschaft keine entgeltliche Nutzungsüberlassung mehr, sondern nutzt das Vermögen nunmehr unmittelbar zur Ausübung einer umsatzsteuerfreien Heilbehandlungstätigkeit. Die Fortführung der bisherigen unternehmerischen Tätigkeit ist aber Grundvoraussetzung für die Annahmen einer Geschäftsveräußerung im Ganzen (Abschnitt 1.5 Abs. 1 Satz 4 UStAE). Der EuGH hat zwar ausgeführt, dass die Geschäftsveräußerung im Ganzen nicht erfordert, dass der Begünstigte, hier die BAG, vor der Übertragung eine wirtschaftliche Tätigkeit derselben Art ausgeübt haben müsste wie der Übertragende, d. h. die Praxisgemeinschaft (EuGH, Urteil v. 27.11.2003 - Rs. C-497/01, NWB UAAAB-79462). Nach Auffassung des BFH ist es für die Geschäftsveräußerung aber entscheidend, ob das übertragene Unternehmensvermögen als hinreichendes Ganzes die Ausübung einer wirtschaftlichen Tätigkeit ermöglicht, und ob die vor und nach der Übertragung ausgeübten Tätigkeiten übereinstimmen oder sich hinreichend ähneln (BFH, Urteil v. 19.12.2012 - XI R 38/10, BStBl 2013 II S. 1053, Rz. 36).

Es ist folglich zumindest die große Gefahr zu erkennen, dass die Übertragung der **Vermögensgegenstände der Praxisgemeinschaft** auf die neue BAG gegen Gewährung von Gesellschaftsrechten **keine Geschäftsveräußerung im Ganzen** darstellt. Liegt eine Geschäftsveräußerung im Ganzen nicht vor, kann die Übertragung der Vermögensgegenstände der Praxisgemeinschaft nur gem. § 4 Nr. 28 UStG umsatzsteuerfrei sein. Diese wäre – bezogen auf die Praxisgemeinschaft – der Fall, wenn die Vermögensgegenstände ausschließlich bzw. zu weniger als 95 % ohne die Geltendmachung eines Vorsteuerabzugs für umsatzsteuerfreie Heilbehandlungen nach § 4 Nr. 29 UStG i. V. m. § 4 Nr. 14 UStG eingesetzt wurden (vgl. Abschnitt 4.28.1 UStAE). Würde man von einer unentgeltlichen Übertragung ausgehen, käme eine unentgeltliche Wertabgabe nach § 3 Abs. 1b Nr. 1 UStG mit den gleichen umsatzsteuerlichen Folgen in Betracht.

PRAXISHINWEIS:

Zur Vermeidung der umsatzsteuerlichen Problematik könnte es sich anbieten, dass die Praxisgemeinschaft in der Rechtsform der GbR zivilrechtlich fortbesteht und die Praxen der Mitglieder in diese fortbestehende GbR eingebracht werden. Die fortbestehende GbR wandelt sich dadurch ertragsteuerlich in eine Mitunternehmerschaft und den einbringenden Ärzten wird – als notwendige Voraussetzung der Anwendung von § 24 UmwStG – als Gegenleistung für die Einbringung der Praxen eine Mitunternehmerstellung einräumt. In diesem Fall wird zivilrechtlich und nach der hier vertretenen Auffassung auch umsatzsteuerlich das Vermögen der Praxisgemeinschaft nicht im Rahmen eines Rechtsträgerwechsels übertragen, sondern es verbleibt bei der fortbestehenden GbR. Es ändert sich lediglich der Gesellschaftszweck der fortbestehenden GbR von dem einer Praxisgemeinschaft (gemeinsame Ressourcennutzung) in den einer BAG (gemeinsame Berufsausübung). Mangels Übertragung stellt sich die Frage nach einer Geschäftsveräußerung im Ganzen dann nicht. Es ändert sich nur die Verwendung der Gegenstände innerhalb der GbR, weg von einer umsatzsteuerfreien Nutzungsüberlassung nach § 4 Nr. 29 UStG an die Mitglieder hin zu einer Nutzung im Rahmen umsatzsteuerfreier Heilbehandlungsleistungen nach § 4 Nr. 14 UStG.

Die Umwandlung einer **BAG in eine Praxisgemeinschaft** und die Fortsetzung der ärztlichen Tätigkeit in getrennten Praxen werfen die typischen umsatzsteuerlichen Fragen einer Realteilung auf (vgl. ausführlich S. 178 ff.). Da die ärztliche Tätigkeit allerdings von allen Gesellschaftern auf Basis der Ressourcen der Praxisgemeinschaft fortgesetzt wird, d. h. in den gleichen Räumen mit im Wesentlichen den gleichen Geräten und dem gleichen Personal, dürfte eine Geschäftsveräußerung im Ganzen durch Übertragung von umsatzsteuerlichen Teilvermögen unter Fortführung der bisherigen Tätigkeit auf die neuen Praxen gegeben sein. Die Nutzungsmöglichkeit an den Ressourcen auf Basis des Gesellschaftsvertrages der Praxisgemeinschaft dürfte insoweit ausreichen. Zu prüfen wäre allerdings im Hinblick auf die Übertragung der Vermögensgegenstände auf die Praxisgemeinschaft, wie auch bei der Umwandlung einer Praxisgemeinschaft in eine BAG, wiederum die Anwendung von § 4 Nr. 28 UStG, da diese Vermögensgegenstände auf einen Unternehmer, hier die Praxisgemeinschaft, übergehen, dessen Tätigkeit nunmehr keine ärztliche Tätigkeit mehr ist, sondern eine Nutzungsüberlassung zum Gegenstand hat. Dies ist allerdings nur insoweit relevant, als es tatsächlich zivilrechtlich zu einer Übertragung, d. h. einem Eigentümerwechsel, kommt. Bleiben die Gegenstände im Eigentum der fortbestehenden GbR, deren Gesellschaftszweck sich nur von der gemeinsamen Berufsausübung in die gemeinsame Nutzung der Gegenstände und sonstigen Ressourcen ändert, kann insoweit kein umsatzsteuerbarer Vorgang ausgelöst werden. Es ändert sich nur die Verwendung der Gegenstände der GbR, weg von einer Nutzung im Rahmen umsatzsteuerfreier Heilbehandlungsleistungen nach § 4 Nr. 14 UStG hin zu einer umsatzsteuerfreien Nutzungsüberlassung nach § 4 Nr. 29 UStG an die Mitglieder.

PRAXISHINWEIS:

Ungeklärt ist allerdings, ob und wie sich die umsatzsteuerliche Rechtsprechung und weitere Rechtsentwicklung zur **„Unternehmenszersplitterung“** (vgl. ausführlich S. 178 f.) auf diesen Vorgang (negativ) auswirken kann.

II. Apparategemeinschaft

1. Rechtliche Aspekte

Literatur: *Peikert* in Rieger/Dahm/Katzenmeier/Stellpflug/Ziegler (Hrsg.), Heidelberger Kommentar Arztrecht Krankenhausrecht Medizinrecht, Juli 2002, S. 150 – Apparategemeinschaft; *Möller/Ruppel* in Ratzel/Luxenburger (Hrsg.), Handbuch des Arztrechts, 4. Aufl. 2021, Kap. 17 Rz. 508 f.; *Greif* in Scholz/Treptow (Hrsg.), Beck'sches Formularhandbuch Medizin- und Gesundheitsrecht, 2. Aufl. 2023, Kap. I.I.3, S. 906 ff.

a) Definition

Die meist in räumlicher Trennung zur eigenen Praxis erfolgende, gemeinschaftlich mit Dritten organisierte Nutzung von Räumen und/oder Geräten und/oder Personal wird als „Apparategemeinschaft“ bezeichnet. Hierbei handelt es sich um eine **Organisations-**

gemeinschaft als Unterfall der Praxisgemeinschaft mit vielfältigen Variationsmöglichkeiten.

Abzugrenzen von der „Apparategemeinschaft", der ein Element der gemeinsamen Beschaffung und Organisation eigen ist, sind Rechtsverhältnisse auf der Basis **rein schuldrechtlicher Nutzungsüberlassung**. So liegt keine „Apparategemeinschaft" vor, wenn z. B. ein Radiologe den in seinem Eigentum befindlichen Kernspintomographen an andere Ärzte oder einen Krankenhausträger vermietet.

b) Formalia

Hinsichtlich der Vorlage der Verträge bei der Ärztekammer gilt die allgemeine **Soll-Vorschrift** des § 24 MBO-Ä. Insoweit ist es anerkannt, dass lediglich Verträge von grds. Bedeutung bei der Ärztekammer eingereicht werden sollen.

Für den vertragsärztlichen Bereich bestimmt § 33 Abs. 1 Satz 2 Ärzte-ZV, dass die Kassenärztliche Vereinigung von der gemeinschaftlichen Nutzung von Praxisräumen und Praxispersonal zu unterrichten ist. Demgemäß ist die Tätigkeit in einer Apparategemeinschaft nicht genehmigungs-, sondern lediglich **anzeigepflichtig**. Die Beachtung dieser Vorgabe ist dann besonders wichtig, wenn sich das gemeinschaftlich mit Dritten genutzte medizinische Gerät außerhalb der eigenen Praxisräume befindet.

PRAXISHINWEIS:

Nicht selten handelt es sich vertragsarztrechtlich um ausgelagerte Praxisräume (§ 24 Abs. 5 Ärzte-ZV) mit der Folge, dass dort keine Sprechstunden abgehalten werden dürfen und dort der Erstkontakt zu Patienten unzulässig ist. Das BSG hat bei einer kooperativen Nutzung von Laborressourcen angesichts der mindestens 9 km betragenden Entfernung zur Praxis des Klägers bezweifelt, dass die Laborräume als ausgelagerte Praxisräume anzuerkennen seien (Urteil v. 8.8.2018 - B 6 KA 24/17 R, NWB GAAAH-04919, GesR 2019 S. 166 f., Rz. 24).

c) Rechtsform, Innenverhältnis

PRAXISHINWEIS:

Anregungen zur Gestaltung eines Apparategemeinschaftsvertrages finden sich bei Greiff in Scholz/Treptow, a. a. O., Kap. I.I.3, S. 906 ff.

Apparategemeinschaften werden meist in der Rechtsform der BGB-Gesellschaft betrieben. Theoretisch kommen auch andere Rechtsformen in Betracht, sogar die Gründung einer juristischen Person. Die Partnerschaftsgesellschaft scheidet als rechtlicher Mantel aus, da Apparategemeinschaften nicht zur Kategorie der BAG gehören. Sie sind **nicht auf Gewinnerzielung ausgerichtet**, sondern legen die entstandenen Kosten nach einem zu bestimmenden Schlüssel auf die einzelnen Gesellschafter um (Kosten- oder Ausgabengesellschaft). In einfach gelagerten Fällen ist die Bildung einer Bruchteilsgemeinschaft (§ 741 BGB) möglich.

Entgegen einer vielfach geäußerten Meinung handelt es sich bei der in der Rechtsform der BGB-Gesellschaft betriebenen Apparategemeinschaft nicht stets um eine BGB-Innengesellschaft, sondern häufig um eine BGB-Außengesellschaft. Dies ist insbesondere der Fall, wenn Geräte gemeinsam angeschafft und Räume gemeinsam genutzt werden. Dieser Befund hat die gravierende Folge der **gesamtschuldnerischen Haftung** für Gesellschaftsverbindlichkeiten sämtlicher Gesellschafter sowie beitretender neuer Gesellschafter mit ihrem Privatvermögen.

PRAXISHINWEIS:

Bei Investitionen kann es vorteilhaft sein, dass jeder Beteiligte lediglich den auf ihn entfallenden Finanzierungsanteil übernimmt. Hierdurch kann eine gesamtschuldnerische Haftung für das Gesamtengagement vermieden werden.

Zivil- und berufsrechtlich ist es unerheblich, aus welchen Personen oder Personengruppen sich der Gesellschafterkreis der Apparategemeinschaft zusammensetzt. Insofern kann die Gesellschafterstellung auch von BAGen oder von deren Gesellschaftern innegehabt werden. Gerade bei der Beschaffung und der Nutzung von medizinischen Großgeräten haben sich Kooperationsformen zwischen Krankenhäusern und niedergelassenen Ärzten bewährt. Selbstverständlich steht diese Organisationsform auch Krankenhausärzten offen.

Für die Abrechnungsfähigkeit der erbrachten ärztlichen Leistungen sind die zivilrechtlichen Eigentumsverhältnisse unerheblich.

d) Behandlungsvertrag

Der Behandlungsvertrag kommt weder mit der Apparategemeinschaft noch mit sämtlichen Gesellschaftern der Apparategemeinschaft, sondern mit dem jeweiligen behandelnden Arzt bzw. der BAG mehrerer an der Apparategemeinschaft beteiligter Ärzte zustande. Dies hat zur Folge, dass die Apparategemeinschaft nicht Inhaberin des Honoraranspruchs wird und deren Gesellschafter grds. nicht für Behandlungsfehler der anderen Mitgesellschafter haften.

Beim Außenauftritt sollte jeder Anschein gemeinschaftlicher ärztlicher Tätigkeit vermieden werden. Ansonsten kann sich aus Aspekten des Rechtsscheins eine gesamtschuldnerische Haftung aller Beteiligten ergeben (vgl. die Ausführungen zur Praxisgemeinschaft S. 252).

2. Steuerliche Aspekte

Literatur: *Michels/Ketteler-Eising,* Neues zu Praxis- und Apparategemeinschaften, PFB 03/2009 S. 61.

a) Ertragsteuerliche Grundsätze

Die Apparategemeinschaft als Sonderform der Praxisgemeinschaft folgt deren ertragsteuerlichen Grundsätzen (siehe S. 253 ff.). In der Regel liegt daher **keine Mitunternehmerschaft** vor, sondern es werden nur die anteilig auf die Praxen der Mitglieder entfallenden **Betriebsausgaben gesondert festgestellt** (vgl. BMF v. 12.2.2009 - IV C 6 – S 2246/08/10001, BStBl 2009 I S. 398).

Stellt eine Apparategemeinschaft niedergelassener Ärzte medizinische Großgeräte Krankenhäusern oder nicht beteiligten Ärzten zur Verfügung, führt dies selbst bei einem Gewinnaufschlag in dem Nutzungsentgelt nicht zwingend zu gewerblichen Einkünften. Voraussetzung ist allerdings, dass neben der entgeltlichen Nutzungsüberlassung keine zusätzlichen Dienstleistungen erbracht werden (OFD Rheinland v. 2.2.2006 - Kurzinformation Einkommensteuer Nr. 9/2006, NWB HAAAB-76669, DB 2006 S. 304, ausführlich siehe S. 268 ff.; vgl. allerdings zur Unschädlichkeit einer technischen Bedienungsunterstützung durch geschultes Personal bei einer entgeltlichen Überlassung medizinischer Großgeräte im Rahmen des Mammographie-Screenings OFD Rheinland v. 20.11.2007 - Kurzinformation Einkommensteuer Nr. 76/2007, NWB UAAAC-64373). Aufgrund der steuerlichen Gradwanderung ist allerdings zur besonderen Vorsicht zu raten und im Zweifel sollten Risiken vermieden werden.

b) Umsatzsteuerliche Grundsätze

Die Apparategemeinschaft als Sonderform der Praxisgemeinschaft folgt auch deren umsatzsteuerlichen Grundsätzen (vgl. ausführlich S. 254 ff.). Die sonstigen Leistungen gegenüber den Mitgliedern, die **unmittelbar von den beteiligten Ärzten zur Ausführung ihrer nach § 4 Nr. 14 UStG steuerfreien Heilbehandlungen** verwendet werden, erfüllen i. d. R. insoweit die Voraussetzungen der Umsatzsteuerbefreiungsvorschrift des § 4 Nr. 29 UStG, soweit die Gemeinschaft von ihren Mitgliedern lediglich die genaue Erstattung des jeweiligen Anteils an den gemeinsamen Kosten fordert.

Häufiger als bei der Praxisgemeinschaft könnte fraglich sein, ob die Apparategemeinschaft überhaupt als umsatzsteuerlicher Unternehmer anzusehen ist (vgl. ausführlich S. 254 ff.).

BEISPIEL Die drei in einem Ärztehaus niedergelassenen Ärzte A, B und C planen die gemeinsame Anschaffung einer Röntgenanlage im Rahmen einer nicht am Rechtsverkehr teilnehmenden Bruchteilsgemeinschaft. Sie vereinbaren hierzu, jeweils zu einem Drittel selbst die Anschaffungskosten zu tragen und persönlich zu finanzieren und die Betriebsausgaben (Abschreibungen) in diesem Verhältnis aufzuteilen. Fraglich scheint, ob die Übernahme der Anschaffungskosten allein ausreicht, um als Entgelt (Gegenleistung) für die Überlassung des Gerätes gewertet zu werden (BFH, Urteil v. 28.11.2002 - V R 18/01, BStBl 2003 II S. 443, m. w. N).

PRAXISHINWEIS:

Solange die Finanzverwaltung die Voraussetzungen des § 4 Nr. 29 UStG für eine umsatzsteuerfreie Leistung als erfüllt ansieht, dürfte die Frage nach der Umsatzsteuerbarkeit für die Praxis von untergeordneter Bedeutung sein.

III. Leistungserbringergemeinschaft

1. Rechtliche Aspekte

Literatur: *Möller*, Vertragsärztliche Leistungserbringungsgemeinschaften, MedR 1998 S. 60 ff.; ausführlich *Schiller* in Halbe (Hrsg.), Handbuch Kooperationen im Gesundheitswesen, April 2020, A 1400 – Leistungserbringergemeinschaft (GKV und PKV); *Schiller/Steinhilper* in Schiller (Hrsg.), Bundesmantelvertrag Ärzte, 2. Aufl. 2020, § 15 Rz. 27 ff.; *Möller/Ruppel* in Ratzel/Luxenburger (Hrsg.), Handbuch Medizinrecht, 4. Aufl. 2021, Kap. 17 Rz. 532 f.

Ausschließlich für den vertragsärztlichen Bereich ist die Leistungserbringergemeinschaft anerkannt (§ 15 Abs. 3 BMV-Ä). Diese wird in § 1a Nr. 14 BMV-Ä folgendermaßen definiert:

„Eine bundesmantelvertraglich bestimmte Form der Zusammenarbeit von Vertragsärzten, insbesondere im Bereich der medizinisch-technischen Leistungen gemäß § 15 Abs. 3 BMV-Ä als Sonderfall der Leistungszuordnung im Rahmen der persönlichen Leistungserbringung."

In ihr geht es um den Zusammenschluss von **Vertragsärzten** bei **gerätebezogenen Untersuchungsleistungen**. Ermächtigte Krankenhausärzte sind keine Vertragsärzte im Sinne der Norm (Schiller/Steinhilper, § 15 Rz. 35 f.). Rechtlich handelt es sich vielfach um eine Apparategemeinschaft mit organisierter weisungsgebundener Leistungserbringung. Anstelle einer Apparategemeinschaft sind schuldrechtliche Nutzungsverhältnisse mit dienstvertraglichen Leistungselementen denkbar. Ein gesellschaftsrechtlicher Zusammenschluss ist regelmäßig wegen des fehlenden Gesellschaftszwecks nicht gegeben.

Gemäß § 15 Abs. 3 BMV-Ä können sich Vertragsärzte – begrenzt auf gerätebezogene Untersuchungsleistungen – zur gemeinschaftlichen Leistungserbringung mit der Maßgabe zusammenschließen, dass die ärztlichen Untersuchungsleistungen nach fachlicher Weisung durch einen der beteiligten Ärzte persönlich in seiner Praxis oder in einer gemeinsamen Einrichtung durch einen gemeinschaftlich beschäftigten angestellten Arzt nach § 32b Ärzte-ZV erbracht werden. Die Leistungen werden dem jeweils anweisenden Arztes der Leistungserbringergemeinschaft als persönliche Leistungen zugerechnet.

Die Leistungserbringergemeinschaft hat bei gerätebezogenen Untersuchungsleistungen im Interesse der Rationalisierung die Anforderungen an die persönliche Leistungserbringung gesenkt. War es vor Einführung dieser Kooperationsform erforderlich, dass jeder Arzt seinen Patienten an einem gemeinschaftlich mit anderen Ärzten betriebenen Gerät persönlich untersuchte, mithin auch selbst anwesend sein musste, erlaubt die Leistungserbringergemeinschaft die Anordnung der Leistung durch den primär verantwortlichen und die Durchführung der Untersuchung durch den in die Kooperation eingebunden Arzt.

Gerätebezogen sind z. B. die klassischen – statischen – radiologischen Untersuchungen wie Röntgen, CT, MRT. Bei **dynamischen Untersuchungsmaßnahmen** wie z. B. Durchleuchtungen, Sonographien, Stressecho-Kardiographien stehen die persönliche Kompetenz und Erfahrung des Arztes im Vordergrund, so dass die Leistungen nicht im Rahmen einer Leistungserbringungsgemeinschaft durchgeführt werden können. Gleiches gilt wegen der Sonderregelung in § 15 Abs. 4 BMV-Ä für Laboruntersuchungen. Auch sind zytologische Untersuchungen nicht als gerätebezogene Leistungen einzuordnen.

Voraussetzung ist, dass die ärztlichen Leistungen nach fachlicher Weisung durch einen der beteiligten Vertragsärzte persönlich in seiner Praxis oder in einer gemeinsamen Einrichtung durch einen gemeinsam beschäftigten Arzt erbracht werden. Ist dies der Fall, gilt die Leistung als persönliche Leistung des jeweils anweisenden Arztes, der den Behandlungsvertrag schließt und die Leistung anfordert, sie befundet und insgesamt gegenüber der Kassenärztlichen Vereinigung abrechnet.

Auch ein **MVZ-Träger** kann Gesellschafter einer Leistungserbringergemeinschaft sein, sofern ein in dem MVZ tätiger Arzt über die für die Leistungserbringung erforderliche Qualifikation verfügt.

PRAXISHINWEIS:

Bei qualifikationsgebundenen Leistungen müssen sämtliche in die Leistungserbringung eingebundenen Ärzte über die erforderliche Fachkunde gem. § 11 BMV-Ä verfügen.

Im Rahmen einer **privatärztlichen Behandlung** bestehen gegen die Konstruktion Bedenken. Eine entsprechende Zurechnungsmöglichkeit fremder Leistungen besteht insbesondere nach Maßgabe der GOÄ nicht. Gemäß § 4 Abs. 2 kann der Arzt Gebühren nur für selbständige ärztliche Leistungen berechnen, die er selbst erbracht hat oder die unter seiner Aufsicht nach fachlicher Weisung erbracht wurden. Werden die Leistungen im Wechsel durch die Gesellschafter-Ärzte erbracht, dürfte ein Verstoß gegen den Grundsatz der persönlichen Leistungserbringung vorliegen mit der Folge, dass die „vertretungsweise" erbrachten Leistungen nicht abrechenbar sind. Insbesondere scheitert es hier im Verhältnis der Gesellschafter-Ärzte untereinander an der erforderlichen fachlichen Weisungsmöglichkeit. Anderes kann gelten, wenn der einzelne Gesellschafter-Arzt einen Arzt anstellt und dieser die Leistung erbringt. Auch die Anstellung eines Arztes durch sämtliche Gesellschafter-Ärzte als Arbeitgebergemeinschaft erscheint denkbar (so auch Schiller in Halbe (Hrsg.), a. a. O., Rz. 37 f. mit dem zutreffenden Hinweis, dass bei Anerkennung dieser Konstellation keine Beschränkung auf gerätebezogene Untersuchungen erfolgen müsse).

PRAXISHINWEIS:

Allerdings ist zu berücksichtigen, dass diese Form der Zusammenarbeit als verkappte Teil-BAG angesehen werden könnte, weshalb sich die vorsorgliche Vorlage des Kooperationsvertrages bei der Ärztekammer empfiehlt (vgl. § 24 MBO-Ä).

2. Steuerliche Aspekte

Die **ertragsteuerliche Beurteilung** einer Leistungserbringergemeinschaft ist maßgeblich von der konkreten Ausgestaltung der betreffenden Verträge abhängig. Vielfach wird eine Leistungserbringungsgemeinschaft ähnlich einer Apparategemeinschaft ausgestaltet sein (siehe S. 280) und folgt in dem Fall deren steuerlicher Behandlung (siehe S. 276 f.).

Die Leistungserbringergemeinschaft kann auch allein auf schuldrechtlichen Nutzungsverhältnissen mit dienstvertraglichen Leistungselementen basieren. In diesem Fall ist im Rahmen einer Gesamtbetrachtung zu prüfen, ob es sich entweder um die Erbringung von ärztlichen Leistungen der einzelnen Mitglieder der Leistungserbringergemeinschaft handelt oder aber um eine Nutzungsüberlassung von Ressourcen (Räume, Geräte, Personal) mit den entsprechenden gewerbesteuerlichen Risiken (siehe S. 267 ff.).

In Bezug auf die Erbringung von ärztlichen Leistungen sind Fälle denkbar, in denen das Gesamthonorar für die Behandlung eines Patienten zwischen dem primär für die Behandlung verantwortlichen Arzt (im Folgenden: anweisender Arzt) und dem Arzt, der die für die Behandlung erforderliche gerätebezogene Untersuchungsleistung durchführt (im Folgenden: untersuchender Arzt) aufgeteilt wird.

Wird die Untersuchung durch eines der Mitglieder der Leistungserbringergemeinschaft als selbständig tätiger Arzt durchgeführt und erhält der untersuchende Arzt in dem Rahmen entsprechend getroffener Aufteilungsvereinbarungen einen Anteil am Gesamthonorar, kann die Leistungserbringergemeinschaft ihre Einordnung als steuerneutrale Kostengemeinschaft verlieren und vielmehr als steuerliche Mitunternehmerschaft zu beurteilen sein, da die einzelnen Mitglieder im Rahmen der Leistungserbringungsgemeinschaft mit Gewinnerzielungsabsicht tätig werden. Die steuerliche Behandlung entspräche dann im Wesentlichen der einer BAG (siehe S. 94 ff.). Insbesondere ist für die Annahme einer steuerlichen Mitunternehmerschaft nicht zwingend erforderlich, dass die Gemeinschaft auch zivilrechtlich als Personengesellschaft qualifiziert wird. Das Fehlen eines gemeinsamen Gesellschaftszwecks ist insoweit irrelevant.

Denkbar ist je nach getroffener Aufteilungsvereinbarungen jedoch auch, dass keine Gewinnerzielungsabsicht auf Ebene der Leistungserbringergemeinschaft existiert, sondern nur auf Ebene der einzelnen Ärzte. Dann ist die Honorarverteilung auf Basis getroffener Aufteilungsvereinbarungen lediglich als Durchleitung des Honorars zu verstehen, so dass mangels Gewinnerzielungsabsicht auf Ebene der Gemeinschaft keine Mitunternehmerschaft anzunehmen ist. Jeder Arzt versteuert gesondert seinen Anteil an den (aufgeteilten) Einnahmen.

Neben der ertragsteuerlichen Behandlung stellt sich auch die Frage nach der **umsatzsteuerlichen Beurteilung**. Die Beurteilung muss für jeden Einzelfall anhand der konkreten Umstände getroffen werden.

Wird eine Leistungserbringungsgemeinschaft ähnlich einer Apparategemeinschaft ausgestaltet, folgt sie deren umsatzsteuerlicher Behandlung, so dass regelmäßig § 4 Nr. 29 UStG Anwendung finden dürfte (siehe S. 254 f.).

Wenn die einzelnen Mitglieder im Rahmen der Leistungserbringergemeinschaft gemeinschaftlich mit Gewinnerzielungsabsicht tätig werden, findet die Umsatzsteuerbefreiung des § 4 Nr. 29 UStG keine Anwendung. Zu prüfen ist vielmehr, ob die gerätebezogenen Untersuchungsleistungen als ärztliche Heilbehandlungen nach § 4 Nr. 14 Buchst. a UStG von der Umsatzsteuer befreit sind.

Nicht abschließend geklärt ist insoweit, ob gerätebezogene Untersuchungsleistungen ohne Befundung, die im Ergebnis durch das technische Leistungselement geprägt sind, als ärztliche Heilbehandlung im Bereich der Humanmedizin im Sinne der Befreiungsvorschrift § 4 Nr. 14 Buchst. a UStG eingeordnet werden können. Die Rechtsprechung erkennt medizinische Analysen und Laboruntersuchungen eines Arztes für Laboratoriumsmedizin als ärztliche Heilbehandlungen im Sinne der Umsatzsteuerbefreiung an (vgl. z. B. BFH, Urteil v. 15.3.2007 - V R 55/03, BStBl 2008 II S. 31), obwohl auch diese i. d. R. durch eine technische Leistungskomponente ohne Befundung geprägt werden. Diese Leistungen können im Zweifel auch dem Anwendungsbereich des § 4 Nr. 14 Buchst. a UStG zugerechnet werden (BFH, Urteil v. 18.12.2019 - XI R 23/19, NWB YAAAH-44211, DStR 2020 S. 553; BFH, Urteil v. 22.1.2020 - XI R 24/19, NWB SAAAH-49563, BFH/NV 2020 S. 785). Im Hinblick auf diese Rechtsprechung müssen u. E. auch die Untersuchungsleistungen einer Leistungserbringergemeinschaft, die in vergleichbarer Weise in die Heilbehandlung des Patienten eingebunden sind, dennoch als ärztliche Heilbehandlung von der Umsatzsteuer befreit werden können. Die für die Steuerbefreiung erforderliche Qualifikation des Leistungserbringers dürfte unproblematisch sein, wenn die Mitglieder der Leistungserbringungsgemeinschaft ausschließlich Ärzte sind. Jedenfalls sind Untersuchung und Befundung in tatsächlicher Hinsicht untrennbar miteinander verbunden, so dass beide zusammen ein „therapeutisches Kontinuum" bilden (vgl. EuGH, Urteil v. 13.3.2014 - Rs. C-366/12, NWB IAAAE-59346, DStR 2014 S. 587; Wüst in Wäger, UStG, 3. Aufl. 2024, § 4 Nr. 14 Rz. 64.1; Hölzer in Rau/Dürrwächter, UStG, 210. Lieferung 6.2024, § 4 Nr. 14 Rz. 21 ff.). Zudem handelt es sich um Leistungen im vertragsärztlichen Bereich.

IV. Laborgemeinschaft

1. Rechtliche Aspekte

Literatur: *Möller*, Gründung und Betrieb privatärztlicher Laborgemeinschaften, MedR 1994 S. 10 ff.; *Niggehoff*, in Luxenburger u. a. (Hrsg.), Festschrift 10 Jahre AG Medizinrecht im DAV, Die zahnärztliche Praxislaborgemeinschaft – Zulässigkeit und Problemstellung, 2008, S. 769 ff.; *Taupitz/Neikes*, Laboruntersuchungen als „eigene" Leistung im Sinne der GOÄ, MedR 2008 S. 121 ff.; *Imbeck*, Direktabrechnung durch Laborgemeinschaften – Das Ei des Kolumbus oder ein Irrweg? –, MedR 2009 S. 10 ff.; *Gercke/Leimenstoll*, Abrechnung von Laborleistungen gegenüber Privatpatienten durch an Laborgemeinschaften beteiligten Ärzten – Abrechnungsbetrug?, MedR 2010 S. 695 ff.; *Saliger* in Schulz/Reinhart/Sahan, Festschrift für Imme Roxin, Revision des ärztlichen Abrechnungsbetrugs – am Beispiel der Abrechnung von Laboruntersuchungen als eigene Leistung, 2012, S. 307 ff.; *Fehn*, Zur Straflosigkeit der Abrechnung von in einer Laborgemeinschaft erbrachten Speziallaboruntersuchungen, MedR 2014 S. 377 ff.; detailliert *Peikert* in Rieger/Dahm/Katzenmeier/Stellpflug/Ziegler (Hrsg.), Heidelberger Kommentar Arztrecht Krankenhausrecht Medizinrecht, Oktober 2015, S. 3300, Laborgemeinschaft; *Kusnik/Pfister*, Abrechnungsbetrug bei Laborverfahren mit besonderem Blick auf die persönliche Leistungserbringung, GuP 2017 S. 81 ff.; *Peikert* in Scholz/Treptow (Hrsg.), Beck'sches Formularhandbuch Medizin- und Gesundheitsrecht, 2. Aufl. 2023, Kap. I.II.2, S. 943 ff.

PRAXISHINWEIS:

Ein ausführlicher Gesellschaftsvertrag findet sich bei Peikert in Scholz/Treptow (Hrsg.), Kap. I.II.2, S. 943 ff.

a) Definition, Rechtsgrundlagen

Eine **Laborgemeinschaft** ist ein Zusammenschluss von Ärzten gleicher oder unterschiedlicher Fachrichtung zur gemeinsamen Nutzung von Laboreinrichtungen zwecks Erbringung der in der eigenen Praxis anfallenden Laboratoriumsuntersuchungen.

Im vertragsärztlichen Bereich gilt § 105 Abs. 2 SGB V: *„Die Kassenärztlichen Vereinigungen haben darauf hinzuwirken, dass medizinisch-technische Leistungen, die der Arzt zur Unterstützung seiner Maßnahmen benötigt, wirtschaftlich erbracht werden. Die Kassenärztlichen Vereinigungen sollen ermöglichen, solche Leistungen im Rahmen der vertragsärztlichen Versorgung von Gemeinschaftseinrichtungen der niedergelassenen Ärzte zu beziehen, wenn eine solche Einrichtung medizinischen Erfordernissen genügt."*

Konkretisierend definieren §§ 1a Nr. 14a, 25 Abs. 3 BMV-Ä: *„Laborgemeinschaften sind Gemeinschaftseinrichtungen von Vertragsärzten, welche dem Zweck dienen, laboratoriumsmedizinische Analysen des Kapitels 32.2 EBM regelmäßig in derselben gemeinschaftlichen Betriebsstätte zu erbringen."*

Für den privatärztlichen Bereich bestimmt § 4 Abs. 2 GOÄ: *„Der Arzt kann Gebühren nur für selbständige Leistungen berechnen, die er selbst erbracht hat oder die unter seiner Aufsicht nach fachlicher Weisung erbracht wurden (eigene Leistungen). Als eigene Leistungen gelten auch von ihm berechnete Laborleistungen des Abschnitts M II des Gebührenverzeichnisses (Basislabor), die nach fachlicher Weisung unter der Aufsicht eines anderen Arztes in Laborgemeinschaften [...] erbracht werden."*

Die Laborgemeinschaft gilt als **Unterfall der Apparategemeinschaft**. Früher war sie eine reine Kostengemeinschaft. Jahrzehntelang rechnete der einzelne Gesellschafter die in der Laborgemeinschaft erbrachten Leistungen gegenüber der Kassenärztlichen Vereinigung oder seinen Patienten ab und beteiligte sich im Wege der Umlage an den entstandenen Kosten der Gesellschaft. Bezogen auf das vertragsärztliche System ist dies nun anders. Dort wurde ab dem 1.10.2008 durch Änderung der bundesmantelvertraglichen Bestimmungen (vgl. § 25 Abs. 3 BMV-Ä) die **Direktabrechnung** zwischen den Laborgemeinschaften und den KVen eingeführt (vgl. Peikert, HK-AKM, Rz. 120 f.). Die Laborgemeinschaften müssen gegenüber der KV ihre Kosten durch Vorlage einer Gewinn- und Verlustrechnung nachweisen und erhalten diese (höchstens) nach den Kostensätzen des Anhangs zum Kapitel 32.2 EBM erstattet. Ziel dieser Reform war die Senkung des Anforderungsverhaltens, mithin eine Vorgabe gegen das niedergelassenen Ärzten häufig vorgeworfene sog. Prinzip der selbstinduzierten Nachfrage. Zudem sollten Kopplungsgeschäfte verhindert werden.

Viele Laborgemeinschaften haben die Einführung der Direktabrechnung zum Anlass genommen, die Leistungserbringung für die vertragsärztliche Tätigkeit vollständig einzustellen. Ob durch die Überweisung der Analysen an Laborärzte Kosten eingespart werden, erscheint allerdings fraglich.

§ 25 Abs. 7 BMV-Ä stellt klar, welche Qualitätsanforderungen einzuhalten sind, um die Leistungen gegenüber der KV abrechnen zu können.

Laborärzte sind wegen der Pflicht zur persönlichen Leistungserbringung nicht befugt, den Teil 3 der Befunderhebung aus einer Laborgemeinschaft zu beziehen (BSG, Urteil v. 13.5.2015 - B 6 KA 27/14 R, NWB AAAAF-05027, GesR 2015 S. 731).

b) Rechtsform

Die meisten Laborgemeinschaften sind BGB-Gesellschaften. Da die Laborgemeinschaft als ausgelagerter Praxisteil verstanden wird und ärztliche Praxen jahrzehntelang – und auch heute noch z. B. in Bayern – grds. nicht als juristische Personen betrieben werden durften, schieden die GmbH oder AG als Rechtsform aus. Im Vertragsarztrecht ist die juristische Person – außer als MVZ-Trägerin – nach wie vor nicht anerkannt.

c) Kooperation mit Laborärzten

Viele Laborgemeinschaften arbeiten mit BAGen von Laborärzten oder Labor-MVZ-Trägergesellschaften oder von diesen gesondert unterhaltenen Betriebsgesellschaften zusammen. Oftmals werden Räume, Geräte, Personal, Fahrdienst etc. gemeinsam genutzt und dabei der Laborgemeinschaft vom eigentlichen Laborbetreiber mittels Dienstleistungsvertrag gegen Entgelt zur Nutzung zur Verfügung gestellt. Teilweise verfügen die Laborgemeinschaften nicht (mehr) über eigene Ressourcen. Sogar deren ärztliche Leitung übernimmt ein Laborarzt des Laborbetreibers. Dieser ist an der Zusammenarbeit interessiert, weil er sich die Überweisung von – lukrativen – Spezialuntersuchungen erhofft. In der Vergangenheit wurde dabei z.T. in mehr oder weniger offensichtlicher Form gegen das **berufsrechtliche Verbot der Zuweisung gegen Entgelt verstoßen**.

Der Bundesgerichtshof hat in diesem Zusammenhang festgestellt (Urteil v. 21.4.2005 - I ZR 201/02, NWB AAAAB-96953, MedR 2006 S. 168):

„*1. Ein Laborarzt handelt unlauter i. S. v. §§ 3, 4 Nr. 1 UWG, wenn er niedergelassenen Ärzten die Durchführung von Laboruntersuchungen, die diese selbst gegenüber der Kasse abrechnen können, unter Selbstkosten in der Erwartung anbietet, dass die niedergelassenen Ärzte ihm im Gegenzug Patienten für Untersuchungen überweisen, die nur von einem Laborarzt vorgenommen werden können.*

2. Einem solchen Angebot unter Selbstkosten steht es gleich, wenn die günstigen Preise für die von den niedergelassenen Ärzten abzurechnenden Laboruntersuchungen dadurch ermöglicht werden, dass der Laborarzt einer von ihm betreuten Laborgemeinschaft der niedergelassenen Ärzte freie Kapazitäten seines Labors unentgeltlich oder verbilligt zur Verfügung stellt.“

Die Ausführungen sind auf andere Unterstützungsmaßnahmen übertragbar, so wenn der Laborarzt z. B. unentgeltlich ansonsten vergütungspflichtige Dienstleistungen für die Laborgemeinschaft erbringt.

Hinzuweisen ist auch auf das Urteil des LSG Niedersachsen-Bremen vom 8.6.2016 - L 3 KA 6/13, NWB XAAAF-79997, medstra 2017 S. 115, wonach die Abrechnung des Laborarztes rechtwidrig ist, wenn er für eine Überweisung eine Gegenleistung an den überweisenden Vertragsarzt erbringt. Der Laborarzt verliert infolgedessen seinen Vergütungsanspruch, erhaltenes Honorar muss er zurückzahlen.

Spätestens mit der Einführung der §§ 299a, 299b StGB und der Strafbarkeit der sog. Zuweisung gegen Entgelt hat in der Praxis ein Umdenken eingesetzt. Den (meisten) Laborärzten und auch den (meisten) Zuweisern ist bewusst, dass sie sich bei der Fortführung von Zuwendungsmodellen erheblichen Risiken aussetzen.

PRAXISHINWEIS:

Die Gesellschafter von Laborgemeinschaften sollten sich vergewissern, dass z. B. kooperierende Laborärzte keine unentgeltlichen Dienstleistungen für die Laborgemeinschaft erbringen dürfen. Die Einholung einer Bestätigung des Steuerberaters/Wirtschaftsprüfers der Laborgemeinschaft dient der Überprüfung und zugleich der Vorbeugung eventueller Ermittlungsverfahren.

Gleichzeitig wächst in der Praxis die Sensibilität für weitere Einzelbereiche der Zusammenarbeit von Laborbetreibern mit Laborgemeinschaften. Arbeitsrechtlich wird z. B. der wechselweise Einsatz des Personals beider Seiten über **Gemeinschaftsbetriebe** (vgl. § 1 Abs. 1 Satz 2 BetrVG) abgesichert. Denn die rechtmäßige Abrechnung delegierter Leistungen setzt grds. voraus, dass der Abrechnende bzw. der ärztliche Leiter einer Laborgemeinschaft allem eingesetzten Personal gegenüber weisungsbefugt ist.

d) Exkurs: Speziallabor

Mit Änderung der GOÄ im Jahre 1996 wollte der Gesetzgeber die „Selbstzuweisung“ unterbinden und hierdurch eine wirtschaftlichere/sparsamere Indikationsstellung herbeiführen. Er ging davon aus, dass ein Arzt seinen Patienten eher die Durchführung einer Laboruntersuchung empfiehlt, wenn er selbst von der Leistung wirtschaftlich profitiert. Um dieses Ziel zu erreichen, untersagte er den Bezug von Leistungen der Kapitel M III und IV GOÄ aus Laborgemeinschaften. Im vertragsärztlichen Bereich war dieses Verbot bereits wesentlich früher eingeführt worden.

Immer wieder führt es zu Diskussionen, unter welchen Voraussetzungen ein Arzt die Laboreinrichtung eines Dritten – sei es eines Arztes, einer Laborgemeinschaft oder eines gewerblichen Unternehmens – zur Durchführung von Spezialuntersuchungen nutzen darf (hierzu Peikert, HK-AKM, Rz. 92 f.). § 4 Abs. 2 GOÄ verlangt, dass die Leistungserbringung nach fachlicher Weisung und unter der Aufsicht des abrechnenden Arztes erfolgt (hierzu ausführlich Taupitz/Neikes, MedR 2008 S. 121, 126 f.). Dabei wird von niemandem die Zulässigkeit des Einsatzes nichtärztlichen Hilfspersonals bezweifelt. Bei Nutzung von hochtechnisierten Analyseautomaten stellt sich die höchstrichterlich bisher nicht geklärte Frage, zu welchem Zeitpunkt der Leistungserbringung die persönliche Anwesenheit des Arztes im Labor erfolgen muss, um diesem die Abrechnung der Laborleistungen zu ermöglichen. Es spricht sehr viel dafür, die Leistungen als selbst erbracht und damit abrechnungsfähig einzustufen, wenn der Arzt, dem Weisungsrechte gegenüber dem nichtärztlichen Personal zustehen müssen, zumindest zeitnah nach der automatischen Analyseerbringung persönlich im Labor die Validierung des Messergebnisses vornimmt (so im Ergebnis auch OLG Düsseldorf, Beschluss v. 20.1.2017 - III-1 Ws 482/15, GesR 2017 S. 181; hierzu sowie zu gegenteilige Auffassungen vertretenden Urteilen des LG Köln Kusnik/Pfister, GuP 2017 S. 81 f.; ferner ausführlich Peikert, HK-AKM, Rz. 60 f.; zur Auslegung von Äußerungen und Erklärungen der Bundesärztekammer BGH, Urteil v. 10.5.2017 - 2 StR 438/16, NWB TAAAG-59598, medstra 2017 S. 361, 364, Rz. 23). Die telematische Befundübermittlung in die Praxis des Arztes und die von diesem dort getätigte Freigabe des Befundergebnisses wird allgemein als nicht ausreichend angesehen. Angesichts der Aufhebung des berufsrechtlichen Verbots, Patienten ausschließlich im Rahmen einer Video-Sprechstunde zu behandeln, erscheint dies nicht überzeugend. Eine Anpassung der Gesetzeslage an neue technische Möglichkeiten ist mehr als überfällig.

Das LSG NRW hat mit Urteil vom 28.9.2015 - L 11 KA 35/15, NWB LAAAG-44509, die gemeinsame Nutzung einer Laboreinrichtung durch mehrere Vertragsärzte zur Erbringung von Spezialuntersuchungen wegen fehlender alleiniger Nutzungsmöglichkeit als nicht vom Begriff der ausgelagerten Praxisräume umfasst angesehen. In der Revisionsentscheidung sah das BSG die kooperative Nutzung der Laborressourcen als grds. zulässig an (Urteil v. 8.8.2018 - B 6 KA 24/17 R, NWB GAAAH-04919, MedR 2019 S. 907 ff., mit zustimmender Anm. von Frigger/Schickling). Es äußerte allerdings Zweifel, ob die Laboreinrichtung angesichts der mindestens neun Kilometer betragenden Entfernung zur Praxis des Klägers als ausgelagerte Praxisräume anzuerkennen sei. Letztlich hat es diese Frage offengelassen und die fehlende Abrechnungsfähigkeit darauf gestützt, dass die gemeinschaftlich von mehreren Ärzten genutzte Einrichtung eine Laborgemeinschaft i. S. des § 1a Nr. 14a BMV-Ä sei bzw. sein müsse und diese – und nicht der Kläger – die Leistungen gegenüber der Kassenärztlichen Vereinigung abrechnen müsse.

PRAXISHINWEIS:

Unterschiedliche Staatsanwaltschaften haben sich in den letzten Jahrzehnten immer wieder dafür interessiert, ob die Abrechnungsvoraussetzungen von Laborgemeinschaftsmitgliedern eingehalten werden. Teilweise wird in diesem Zusammenhang die Ansicht vertreten, der Arzt müsse sogar zur ordnungsgemäßen Probenerfassung persönlich im Labor anwesend sein, da die Leistungen ansonsten nicht abrechnungsfähig seien. Trotz obergerichtlicher Entscheidungen dazu (OLG Düsseldorf, a. a. O.), ist das höchstrichterlich abschließend weiterhin nicht geklärt (auch nicht [!] durch die BGH-Entscheidung vom 10.5.2017, a. a. O.).

e) Ausblick

Bei den Laborgemeinschaften könnte es sich um ein „Auslaufmodell“ handeln, da deren Abschaffung im vertragsärztlichen Bereich seit langem diskutiert wird. Aber: Totgesagte leben länger! Privatärztliche Laborgemeinschaften sind weiter sehr verbreitet.

2. Steuerliche Aspekte

Literatur: *Michels/Ketteler-Eising*, Umsatzsteuerliche Regelungen für medizinische Analysen und Abgrenzung zwischen § 4 Nr. 14 UStG und § 4 Nr. 16 UStG, UR 2006 S. 619; *Michels/Ketteler-Eising*, Gewerbesteuer- und Umsatzsteuerrisiken aus der Direktabrechnung von Laborgemeinschaften, GesR 10/2008 S. 510; *Kratsch*, BMF: Beurteilung von ärztlichen Laborleistungen, PFB 04/2009 S. 91; *Ketteler-Eising*, Beurteilung ärztlicher Laborleistungen, PFB 05/2011 S. 120.

a) Ertragsteuerliche Grundsätze

Die Laborgemeinschaft als Sonderform der Praxisgemeinschaft folgt deren ertragsteuerlichen Grundsätzen (siehe S. 253 ff.). In der Regel liegt daher **keine Mitunternehmerschaft** vor.

Bei der Tätigkeit von Laborgemeinschaften handelt es sich steuerlich nach Auffassung der Finanzverwaltung um **Hilfstätigkeiten der ärztlichen Tätigkeit**, die lediglich aus technischen Gründen aus der Einzelpraxis ausgegliedert sind. Die Einnahmen aus einer Laborgemeinschaft bzw. aus Laborleistungen sind daher den Einnahmen aus selbständiger Arbeit der beteiligten Ärzte zuzurechnen. Laborgemeinschaften werden aufgrund der i. d. R. lediglich kostendeckenden Auftragsabwicklung nicht mit Gewinnerzielungsabsicht tätig, so dass insoweit **nicht von gewerblichen Einkünften der Laborgemeinschaften auszugehen** ist (BMF v. 12.2.2009 - IV C 6 – S 2246/08/10001, BStBl 2009 I S. 398).

Kurzzeitig wurde infrage gestellt, ob sich dies durch die ab 1.10.2008 eingeführte Direktabrechnung im vertragsärztlichen Bereich geändert hat. Seit dem 1.10.2008 erfolgt die Abrechnung von Laborgemeinschaften nach § 25 Abs. 3 BMV-Ä bzw. § 28 Abs. 3 EKV auf der Basis der bei der Abrechnung nachzuweisenden Kosten der Laborgemeinschaft, höchstens jedoch nach den Kostensätzen des Anhangs zum Kapitel 32.2. direkt mit der zuständigen Kassenärztlichen Vereinigung. Damit erhält die Laborgemeinschaft nicht mehr Einlagen von ihren Mitgliedern, sondern echte Einnahmen von Dritten.

Die Änderung der Abrechnungsgrundsätze ändert nach Auffassung der Finanzverwaltung an der bisherigen Rechtsauffassung nichts, wenn die Laborgemeinschaft weiterhin lediglich die Kosten gegenüber der gesetzlichen Krankenkasse in der Höhe abrechnet, in der diese ihr tatsächlich entstanden sind (BMF v. 12.2.2009 - IV C 6 - S 2246/08/10001, BStBl 2009 I S. 398, Rz. 8). Allerdings gilt auch weiterhin, dass eine Laborgemeinschaft keine Kosten-/Hilfsgemeinschaft mehr im oben genannten Sinne, sondern eine Mitunternehmerschaft nach § 15 Abs. 1 Satz 1 Nr. 2 i.V. m. § 18 Abs. 4 Satz 2 EStG darstellt, wenn hingegen Gewinne erzielt werden (BMF v. 12.2.2009 - IV C 6 – S 2246/08/10001, BStBl 2009 I S. 398, Rz. 10).

Ob in Laborgemeinschaften nunmehr Gewinne im steuerlichen Sinne erzielt werden, wird letztlich davon abhängen, wie die Abrechnung im Detail konkret ausgestaltet ist. Jedenfalls kann je nach Auslegung des Begriffs „Kosten" im Sinne eines betriebswirtschaftlich kalkulierten Preises nach Abzug der steuerlichen Betriebsausgaben zu einem Gewinn der Laborgemeinschaft führen, wenn auch nicht im betriebswirtschaftlichen, dann doch im steuerlichen Sinne. Konkrete Erfahrungen fehlen derzeit immer noch, so dass ein steuerliches Risiko nicht ausgeschlossen werden kann.

Erbringen Laborgemeinschaften auch **Leistungen an Nichtmitglieder** mit Gewinnerzielungsabsicht, ist unter Beachtung der Grundsätze zur leitenden und eigenverantwortlichen Tätigkeit von Laborärzten die Gewerbesteuerpflicht der Einkünfte zu prüfen. Für die Frage der leitenden und eigenverantwortlichen Tätigkeit bei Laborärzten ist insbesondere die Praxisstruktur, die individuelle Leistungskapazität des Arztes, das in der Praxis anfallende Leistungsspektrum und die Qualifikation der Mitarbeiter zu berücksichtigen. Eine leitende und eigenverantwortliche Tätigkeit liegt im Einzelfall z. B. dann nicht vor, wenn die Zahl der vorgebildeten Arbeitskräfte und die Zahl der täglich anfallenden Untersuchungen eine Eigenverantwortlichkeit ausschließen (BMF v. 12.2.2009 - IV C 6 – S 2246/08/10001, BStBl 2009 I S. 398, Rz. 11). Im Einzelfall kann die Laborgemeinschaft dann als gewerbliche Mitunternehmerschaft zu qualifizieren sein (vgl. hierzu im Einzelnen S. 100 ff., S. 422 ff.).

PRAXISHINWEIS:

Ist eine freiberufliche BAG an einer als gewerblich zu qualifizierenden Laborgemeinschaft beteiligt, ist von einer gewerblichen Infizierung auch der freiberuflichen BAG auszugehen (vgl. ausführlich S. 102 f., einschließlich der Frage, ob sich daraus überhaupt eine Gewerbesteuerpflicht für die BAG ableitet). Aus ertragsteuerlicher Sicht würde es sich daher theoretisch empfehlen, dass nicht die BAG, sondern der einzelne Arzt Mitglied der Laborgemeinschaft wird. Gewerbliche Einnahmen im Sonderbetriebsbereich eines Gesellschafters führen nicht nach § 15 Abs. 3 Nr. 1 EStG zur Abfärbung der gewerblichen Einkünfte auf die Gesellschaft/Gesamthand (BFH, Urteil v. 28.6.2006 - XI R 31/05, BStBl 2007 II S. 378). Allerdings kollidiert dies mit der Umsatzsteuerbefreiung der Laborgemeinschaft gem. § 4 Nr. 29 UStG, wenn nicht die BAG, sondern ausschließlich deren Gesellschafter Mitglied der Laborgemeinschaft sind (vgl. S. 258 f.). Insofern ist es hier notwendig, das Gewerbesteuerrisiko gegen das Umsatzsteuerrisiko abzuwägen.

b) Verfahrensrechtliche Grundsätze

Im Grundsatz erfolgt wie bei der Praxisgemeinschaft eine gesonderte Feststellung der auf den beteiligten Arzt entfallenden Betriebsausgaben der Laborgemeinschaft nach § 1 der Verordnung zu § 180 Abs. 2 AO, solange die Laborgemeinschaft als reine Kosten-/Hilfsgemeinschaft gilt. Die von dem Arzt zu leistenden Kostenumlagen sind dann für den Arzt steuerlich keine Betriebsausgaben und für die Laborgemeinschaft keine Betriebseinnahmen. Die Zuordnung der negativen Einkünfte erfolgt ausschließlich über die gesonderte Feststellung bei der Gewinnermittlung der Praxis.

Die zwischenzeitlich von der Finanzverwaltung teilweise zugelassene Behandlung gezahlter Kostenumlagen als Betriebseinnahmen der Laborgemeinschaften und als Betriebsausgaben der beteiligten Ärzte ist nicht mehr zulässig. Die Umlagezahlungen (Vorauszahlungen, Umlagen für Investitionen usw.) der beteiligten Ärzte an die Laborgemeinschaft sind von dem für die gesonderte Feststellung der Laborgemeinschaft zuständigen Finanzamt den Veranlagungsfinanzämtern der beteiligten Ärzte nachrichtlich mitzuteilen. (OFD Niedersachsen v. 27.1.2011 - G 1401 - 9 - St 254, GewSt-Kartei ND § 2 GewStG Fach 3 Karte S).

Auch eine gesonderte und einheitliche Feststellung der Betriebseinnahmen im Rahmen der Laborgemeinschaft findet nicht statt, da es sich weder zivilrechtlich noch steuerrechtlich um Betriebseinnahmen der Laborgemeinschaft, sondern um solche des jeweiligen Arztes handelt. Die Betriebseinnahmen der beteiligten Praxen werden jedoch im Rahmen der „ESt4B-Mitteilung" nachrichtlich mitgeteilt. Die Einnahmen aus der Laborgemeinschaft oder aus Laborleistungen sind somit unmittelbar den Einnahmen aus selbständiger Arbeit der beteiligten Ärzte zuzurechnen (OFD Frankfurt am Main v. 7.12.2020 - S 2246 A-8-St 517, FMNR620310020, ofix HE EStG/18/17).

PRAXISHINWEIS:

Da im Einzelfall nicht ausgeschlossen werden kann, dass die mitgeteilten Einnahmen bzw. Kosten der Laborgemeinschaft ebenfalls bereits in der Gewinnermittlung der Praxis enthalten sind, ist die steuerliche Erfassung jeweils zu überprüfen, um eine Doppelerfassung von Einnahmen und/oder Kosten zu vermeiden.

c) Umsatzsteuerliche Grundsätze

Die Laborgemeinschaft als Sonderform der Praxisgemeinschaft folgt auch deren umsatzsteuerlichen Grundsätzen (siehe S. 254 ff.). Die sonstigen Leistungen, die **unmittelbar von den beteiligten Ärzten zur Ausführung ihrer steuerfreien Umsätze** verwendet werden, erfüllen i. d. R. insoweit die Voraussetzungen der Umsatzsteuerbefreiungsvorschrift des § 4 Nr. 29 UStG, soweit die Gemeinschaft von ihren Mitgliedern lediglich die genaue Erstattung des jeweiligen Anteils an den gemeinsamen Kosten fordert.

Aus umsatzsteuerlicher Sicht stellte sich bei Einführung der Direktabrechnung die Frage, ob sich daraus umsatzsteuerliche Risiken ergeben. Als Voraussetzung für die Befreiung von der Umsatzsteuer wird gefordert, dass die Gemeinschaft von ihren Mitgliedern lediglich die genaue Erstattung des jeweiligen Anteils an den gemeinsamen Kosten fordern darf. Die Finanzverwaltung vertritt mittlerweile zutreffend die Auffassung, dass auch Laborleistungen gem. § 25 Abs. 3 BMV-Ä, wonach die Laborgemeinschaft für den Arzt die auf ihn entfallenden Analysekosten gegenüber der zuständigen Kassenärztlichen Vereinigung abrechnet, hinsichtlich der dort geforderten „genauen Erstattung des jeweiligen Anteils an den gemeinsamen Kosten" die Voraussetzung des § 4 Nr. 29

UStG erfüllen (Abschnitt 4.14.8 Abs. 5 UStAE; BMF v. 19.7.2022 - III C 3 - S 7189/20/10001:001, BStBl 2022 I S. 1208, unter 3.). Für die Steuerbefreiung ist es unschädlich, wenn die Gemeinschaft den jeweiligen Anteil der gemeinsamen Kosten des Mitglieds direkt im Namen des Mitglieds mit den Krankenkassen abrechnet. Die Leistungsbeziehung zwischen Gemeinschaft und Mitglied bleibt nach Auffassung der Finanzverwaltung weiterhin bestehen. Der verkürzte Abrechnungsweg kann nach der hier vertretenen Auffassung als „Serviceleistung" angesehen werden, die als unselbständige Nebenleistung das Schicksal der Hauptleistung teilt.

PRAXISHINWEIS:

Im Einzelfall – wenn nicht ohnehin die Anwendung von § 4 Nr. 29 UStG unstreitig ist – sollte geprüft werden, ob nicht die Leistung der Laborgemeinschaft als medizinische Analyse im Rahmen eines „therapeutischen Kontinuums" als umsatzsteuerfreie Heilbehandlungsleistung i. S. des § 4 Nr. 14 UStG beurteilt werden kann (zum Begriff „therapeutisches Kontinuum" vgl. Wüst in Wäger, UStG, 3. Aufl. 2024, § 4 Nr. 14 Rz. 64.1; Hölzer in Rau/Dürrwächter, UStG, 210. Lieferung 6.2024, § 4 Nr. 14 Rz. 21 ff.).

Besonderer Aufmerksamkeit bedarf darüber hinaus die umsatzsteuerliche Würdigung der **Kooperation von Laborgemeinschaften mit Laborärzten**. Da die Mitglieder der Laborgemeinschaft i. d. R. selbst ausschließlich oder überwiegend umsatzsteuerfreie ärztliche Leistungen erbringen, kommt der Frage besondere Bedeutung zu, ob aus der Kooperation mit Laborärzten **zusätzliche Umsatzsteuer** entsteht, die von den Ärzten nicht als Vorsteuer in Abzug gebracht werden kann.

Im ersten Schritt ist zu unterscheiden, ob es sich bei den Leistungen des Laborarztes an die Laborgemeinschaft um die Erbringung **medizinischer Laboruntersuchungen/Analysen** handelt, die nach § 4 Nr. 14 Buchst. b UStG steuerfrei sein können, oder ob es sich bei den Leistungen um die **Bereitstellung von Einrichtungen, Geräten und Personal**, eine organisatorische und wirtschaftliche Beratung und andere umsatzsteuerpflichtige Leistungen handelt. Soweit bei den Analysen durch den Laborarzt **Arbeitnehmer der Laborgemeinschaft** eingesetzt werden, ist für die Frage der Höhe des umsatzsteuerlichen Entgeltes zudem zu prüfen, ob es sich seitens der Laborgemeinschaft um eine **nichtsteuerbare Personalbeistellung** oder eine **steuerbare Personalgestellung** nach den Abgrenzungskriterien der Werklieferung an den Laborarzt handelt.

Handelt es sich bei den Leistungen des Laborarztes um die Erbringung medizinischer Laboruntersuchungen/Analysen, fallen diese ab dem 1.1.2009 unter die Umsatzsteuerbefreiungsvorschrift § 4 Nr. 14 Buchst. b Doppelbuchst. bb (ggf. alternativ Doppelbuchst. cc) UStG. Dies gilt auch für die Leistungen klinischer Chemiker. Erforderlich für die Umsatzsteuerbefreiung ist die Teilnahme an der ärztlichen Versorgung nach § 95 SGB V, die Anwendung der Regelungen nach § 115 SGB V, ein Vertrag oder eine Beteiligung an der Versorgung nach § 34 SGB VII (Abschnitt 4.14.5 Abs. 9 UStAE).

Ist der Laborarzt nicht zur Teilnahme an der ärztlichen Versorgung nach § 95 SGB V zugelassen, erfüllt er nicht alle Voraussetzungen für die Anwendung von § 4 Nr. 14 Buchst. b UStG. In dem Fall können die Leistungen auch nach § 4 Nr. 14 Buchst. a UStG umsatzsteuerfrei sein, sofern die medizinischen Analysen im Rahmen einer Heilbehandlungsleistung erbracht werden (Abschnitt 4.14.5 Abs. 9 UStAE).

PRAXISHINWEIS:

Wird der Laborarzt bzw. dessen Gesellschaft als Einrichtung i. S. des § 4 Nr. 14 Buchst. b UStG eingestuft, sind auch dessen eng verbundene Umsätze von der Umsatzsteuer mit befreit. Insofern kann im Einzelfall nach Auffassung der Finanzverwaltung auch eine Überlassung von Einrichtungen und die damit verbundene Gestellung von medizinischem Hilfspersonal des Laborarztes an die Laborgemeinschaft als eng verbundener Umsatz mit von der Umsatzsteuerbefreiung des § 4 Nr. 14 Buchst. b UStG erfasst sein (Abschnitt 4.14.6 Abs. 2 Nr. 5 UStAE). Hier ist aber kritisch zu hinterfragen, ob die Rechtsprechung dieser Auffassung folgen würde. Jedenfalls hat der BFH entschieden, dass die Personalgestellung durch ein Krankenhaus an eine Arztpraxis ein mit dem Betrieb des Krankenhauses eng verbundener Umsatz sein kann, wenn die Personalgestellung für die ärztliche Versorgung der [eigenen] Krankenhauspatienten unerlässlich ist. Ein mit dem Betrieb des Krankenhauses eng verbundener Umsatz kann in Ausnahmefällen sogar dann vorliegen, wenn die Arztpraxis nicht nur die Krankenhauspatienten, sondern auch andere Patienten versorgt. Ob ein derartiger Ausnahmefall vorliegt, kann nur unter Gesamtwürdigung aller Umstände des Einzelfalls beurteilt werden, dürfte aber hinsichtlich der Patienten der Ärzte der Laborgemeinschaft nur schwerlich herzustellen sein (BFH, Urteil v. 18.1.2005 - V R 35/02, BStBl 2005 II S. 507; ebenso FG München, Urteil v. 26.8.2015 - 2 K 1441/12, NWB AAAAF-07947, juris, Rz. 30; BFH, Urteil v. 24.9.2014 - V R 19/11, BStBl 2016 II S. 781). Dies entspricht der Sichtweise des EuGH (EuGH, Urteil v. 10.6.2010 - Rs. C-262/08, NWB NAAAD-46347).

Ausführungen über die Besonderheiten der umsatzsteuerlichen Beurteilung von Laborgemeinschaften und gewerblichen Laborgesellschaften der Zahnärzte siehe S. 265 ff.

V. Praxisverbund – Praxisnetz

1. Rechtliche Aspekte

Literatur: *Rieger*, Vernetzte Praxen – Rechtsbeziehungen zwischen den Beteiligten – berufs-, vertragsarzt- und wettbewerbsrechtliche Aspekte, MedR 1998 S. 75 ff.; *Weimar*, Ärztliche Praxisnetze – Anwaltliche Gestaltung des Gesellschaftsvertrages, MDR 2000 S. 866; *Rieger* in Rieger/Dahm/Katzenmeier/Stellpflug/Ziegler (Hrsg.), Heidelberger Kommentar Arztrecht Krankenhausrecht Medizinrecht, 2001, 4305 – Praxisnetz; *Eisenberg*, Ärztliche Kooperations- und Organisationsformen, 2002; *Walter*, Neue gesetzgeberische Akzente in der hausarztzentrierten Versorgung, NZS 2009 S. 370; *Schütz*, Selektivverträge als Alternative zum Kollektivvertrag, MedR 2015 S. 162 ff.; *Ladurner*, Das Terminservice- und Versorgungsgesetz – TSVG aus vertragsarztrechtlicher Perspektive, MedR 2019 S. 440 ff., 519 ff.; *Schütz* in Halbe (Hrsg.), Handbuch Kooperationen im Gesundheitswesen, Januar 2020, B 1150 – § 140a SGB V – Besondere Versorgung; *Möller/Ruppel* in Ratzel/Luxenburger (Hrsg.), Handbuch Medizinrecht, 4. Aufl. 2021, Kap. 17 Rz. 541 ff; *Scholz* in Becker/Kingreen, SGB V, 8. Aufl. 2022, § 87 b Rz. 8 f.; *Bartha* in

Scholz/Treptow (Hrsg.), Beck'sches Formularhandbuch Medizin- und Gesundheitsrecht, 2. Aufl. 2023, Kap. I.III.2 f., S. 961 ff.

a) Definition

§ 23d Abs. 1 MBO-Ä definiert den **Praxisverbund** wie folgt: *„Ärztinnen und Ärzte dürfen, auch ohne sich zu einer Berufsausübungsgemeinschaft zusammenzuschließen, eine Kooperation verabreden (Praxisverbund), welche auf die Erfüllung eines durch gemeinsame oder gleichgerichtete Maßnahmen bestimmten Versorgungsauftrages oder auf eine andere Art der Zusammenarbeit zur Patientenversorgung, z. B. auf dem Felde der Qualitätssicherung oder Versorgungsbereitschaft, gerichtet ist."*

Gemäß § 23d Abs. 3 MBO-Ä können unter Berücksichtigung weiterer berufsrechtlicher Vorgaben einem Praxisverbund auch Krankenhäuser, Vorsorge- und Rehabilitations-Kliniken und Angehörige anderer Gesundheitsberufe angehören.

Im Rechtsalltag werden die Begriffe „Praxisverbund" und **„Praxisnetz = vernetzte Praxis"** meist synonym verwandt. Die praktische Relevanz dieser Kooperationsform ist von untergeordneter Bedeutung.

Der Praxisverbund ist nicht BAG, sondern eher der Organisationsgemeinschaft angenähert (str., Eisenberg, a. a. O., S. 213: weder BAG noch Organisationsgemeinschaft).

b) Formalia

Der Vertrag über die Errichtung des Praxisverbundes ist der (Landes-)Ärztekammer zum Zweck der Prüfung vorzulegen (§ 23d Abs. 2 MBO-Ä). Ist der Verbund kammerübergreifend tätig, muss jeder Arzt den Vertrag der für ihn zuständigen (Landes-)Ärztekammer einreichen. Ein Genehmigungserfordernis – weder durch die Ärztekammer noch den Zulassungsausschuss oder die KV – besteht nicht.

Der Arzt kann Mitglied in mehreren Praxisverbünden sein.

c) Vertragsarztrechtliche Besonderheiten – Praxisnetze

Das SGB V enthält keine speziellen zusammenhängenden Vorgaben zur Errichtung und zum Betrieb von Praxisnetzen sowie deren Einbindung in das vertragsärztliche Versorgungssystem. Ohne eine Legaldefinition finden Praxisnetze durch Bezugnahmen im SGB V Berücksichtigung.

Gemäß § 87b Abs. 2 Satz 3 SGB V müssen *„für Praxisnetze, die von der Kassenärztlichen Vereinigung anerkannt sind, gesonderte Vergütungsregelungen vorgesehen werden"*. Für entsprechend durch die KV anerkannte Praxisnetze können auch eigene Honorarvolumen als Teil der morbiditätsbedingten Gesamtvergütungen nachgebildet werden. In Umsetzung der Verpflichtung zur Bestimmung der Kriterien und Qualitätsanforderungen für die Anerkennung besonders förderungswürdiger Praxisnetze als Rahmenvorgabe hat die KBV die *„Rahmenvorgabe für die Anerkennung von Praxisnetzen nach § 87b Abs. 4 SGB V“* geschaffen (zuletzt angepasst mit Wirkung zum 15.9.2022). Als Ziel eines Praxisnetzes nennt die Rahmenvorgabe die Steigerung *„der Qualität sowie der Effizienz und Effektivität der vertragsärztlichen Versorgung im Rahmen einer intensivierten fachlichen Zusammenarbeit“*. Anlage 1 der Rahmenvorgaben enthält einen ausführlichen Stufenkatalog mit Nachweisvoraussetzungen. Auf der Basis der Rahmenvorgaben konkretisiert die regionale KV in einer Richtlinie die förmliche Anerkennung von Praxisnetzen, wobei sie in begründeten Fällen von der KBV-Rahmenvorgabe abweichen kann. Zuständig für die Anerkennung des Netzes ist die KV, die zur Registrierung des Netzes eine Meldestelle errichtet.

Ein Praxisnetz wird grds. nur dann anerkannt und ist damit förderativ, wenn die nachfolgend aufgeführten Strukturvorgaben erfüllt sind:

- mindestens 20 und höchstens 100 vertragsärztliche und psychotherapeutische Praxen teilnehmen,
- mindestens 3 Fachgruppen – unter ihnen Hausärzte – vertreten sind,
- die Betriebsstätten ein auf die wohnortnahe Versorgung bezogenes zusammenhängendes Gebiet erfassen,
- als Rechtsform eine Personengesellschaft, eine eingetragene Genossenschaft, ein eingetragener Verein oder eine Gesellschaft mit beschränkter Haftung gewählt wurde,
- das Praxisnetz eine verbindliche Kooperation mit einem nichtärztlichen Leistungserbringer (z. B. Krankenpflege, Physiotherapie) oder einem Krankenhaus unterhält,
- eine Vereinbarung folgender Standards erfolgt ist: Unabhängigkeit gegenüber Dritten, Qualitätsmanagement, Wissens- und Informationsmanagement,
- das Vorhandensein einer eigenen Geschäftsstelle, eines Geschäftsführers und eines ärztlichen Leiters/Koordinators nachgewiesen wird.

Wegen des **hohen Voraufwandes** sehen die interessierten Ärzte das Erfordernis, wonach das Praxisnetz mindestens drei Jahre mit eigener Geschäftsstelle, einem Geschäftsführer und einer ärztlichen Leitung bestanden haben muss, als besonders hinderlich an. Dies gilt umso mehr, als die nach einer möglichen Anerkennung möglicherweise zu bildenden eigenen Honorarvolumen in der Regel nicht zuvor bestimmt und damit transparent sind.

Die Teilnahme am Praxisnetz ist für jeden Vertragsarzt freiwillig. Bei Erfüllung der Voraussetzungen besteht grds. ein **Rechtsanspruch** auf Aufnahme in das Praxisnetz.

Die Bedeutung der Praxisnetze nimmt zu. Waren Ende 2015 lediglich 25 Netze durch die jeweiligen KVen anerkannt, betrug die Anzahl ausweislich der KBV-Statistik im Juli

2024 bereits 91, wobei mit 25 die meisten Praxisnetze in Westfalen-Lippe anerkannt waren (https://www.kbv.de/html/18491.php).

Die nach § 87b Abs. 2 Satz 3 SGB V **anerkannten Praxisnetze** haben mit Inkrafttreten des TSVG am 11.5.2019 eine deutliche Aufwertung erfahren: Ihnen wurde der **MVZ-Gründerstatus** erteilt. Sie sind nun berechtigt, allein oder mit anderen hierzu Befugten MVZ zu errichten oder sich hieran zu beteiligen. Der Gesetzgeber hat mit der Neuregelung die Hoffnung verbunden, die Versorgung in ländlichen unterversorgten Gebieten zu verbessern. Gleichwohl ist der aktuelle oder zukünftig zu erwartende Versorgungsgrad kein Gründungskriterium (zur Entstehungsgeschichte Ladurner, MedR 2019 S. 519 f.; Remplik/Flasbarth in Ratzel/Luxenburger (Hrsg.), a. a. O., Kap. 10 Rz. 107 ff.). Die Notwendigkeit eines eigenen MVZ-Gründerstatus eines anerkannten Praxisnetzes liegt auch und gerade unter Berücksichtigung des Etablierungsaufwandes nicht auf der Hand, zumal die an einem Praxisnetz beteiligten Vertragsärzte auch ohne Netzstruktur den MVZ-Gründerstatus besitzen.

d) Rechtsbeziehungen der Ärzte untereinander

PRAXISHINWEIS:

Anregungen zur Vertragsgestaltung bei Ärztenetzen geben die von Bartha verfassten Muster einer Vereinssatzung sowie einer Genossenschaftssatzung in Scholz/Treptow (Hrsg.), a. a. O., Kap. I.III.2 bzw. I.III.3, S. 961 ff.

Beim Praxisverbund schließen sich die Verbundärzte zusammen, um durch abgestimmte Maßnahmen die Untersuchungs- und Behandlungsqualität zu sichern und zu erhöhen und hierdurch Kosten einzusparen. Die gemeinsame ärztliche Leistungserbringung gegenüber den Patienten ist ebenso wenig Gesellschaftszweck wie das Ziel, die eigene Praxis nach ökonomischen Maximen zu betreiben. Der Praxisverbund kann aber durchaus die **Vorstufe für eine Teil**berufsausübungsgemeinschaft bilden.

Als Rechtsformen sind in der Praxis primär der eingetragene Verein sowie die eingetragene Genossenschaft anzutreffen (vgl. den Überblick der KBV zu von den jeweiligen KVen anerkannten Praxisnetzen (http://www.kbv.de/html/18491.php)). Die aus Haftungsgründen ebenfalls zu empfehlende GmbH bereitet bei häufigem Mitgliederwechsel wegen der Pflicht zur notariellen Beurkundung und Eintragung in das Handelsregister erhebliche tatsächliche Probleme. Die Partnerschaftsgesellschaft scheidet als Rechtsform aus, da die Gesellschafter ihren Beruf nicht in der Gesellschaft ausüben.

Folgende Aspekte sind bei der **Vertragsgestaltung** besonders zu berücksichtigen:

- Definition des Gesellschaftszwecks,
- Konkretisierung von Treue- und Förderpflichten,
- Pflichten der Gesellschafter zur Erbringung von Einlagen und Dienstleistungen,

- Hervorhebung der getrennten Berufsausübung insbesondere mit getrennter Patientenkartei,
- Regelungen zur Geschäftsführung und Vertretung,
- Vorgaben zur Willensbildung/Abstimmung,
- Bestimmungen zur Aufnahme und zum Ausschluss eines Arztes,
- Modalitäten zur Liquidation der Gesellschaft.

Der Praxisverbund kann sich zur organisatorischen Unterstützung einer **Betreibergesellschaft** bedienen. Auch kann er einen **Netzmanager** beschäftigen. Die Mitgliedschaft im Praxisverbund soll grds. allen zur Teilnahme bereiten Ärzten ermöglicht werden (§ 23d Abs. 1 Satz 2 MBO-Ä).

e) Rechtsbeziehungen zu Patienten

Der Patient schließt den **Behandlungsvertrag** nicht mit dem Praxisverbund, sondern mit seinem Arzt. Zum Praxisverbund tritt er in keine rechtliche Beziehung. Demgemäß haftet ausschließlich der behandelnde Arzt und nicht der Praxisverbund und/oder dessen Mitglieder für eine Vertragsverletzung. Etwas anderes kann gelten, wenn die Verbundärzte den Eindruck vermitteln, die ärztliche Leistung gemeinschaftlich zu erbringen (Rechtsscheinhaftung). Dies kommt insbesondere in Betracht, wenn die Mitgliedspraxis Personal des Praxisnetzes zur Durchführung delegierter Hausbesuche einsetzt (Möller/Ruppel in Ratzel/Luxenburger (Hrsg.), a. a. O., Kap. 17 Rz. 566).

2. Steuerliche Aspekte

a) Ertragsteuerliche Grundsätze

Den rechtlichen Aspekten ist zu entnehmen, dass es nicht das Ziel des Praxisverbundes ist, die gemeinsame ärztliche Leistungserbringung gegenüber dem Patienten zu betreiben. Ertragsteuerlich kann demzufolge ein Praxisverbund mangels der Absicht, gemeinschaftlich Gewinne zu erwirtschaften, **keine Mitunternehmerschaft** sein. Dies gilt selbst in den Fällen der Teilnahme an einem Strukturvertrag, der netzintern die Honorarverteilung regelt. In diesen Fällen geht es ebenfalls nicht um eine gemeinsame Gewinnerzielung, sondern nur um die Liquidation der erbrachten Leistungen gegenüber den Patienten der Praxis unter Beachtung des zur Verfügung stehenden Budgets unter Anwendung des EBM oder nach vereinbarten Pauschalen.

Soweit innerhalb eines als GbR organisierten Praxisverbundes Kosten, z. B. für die Verwaltung, entstehen und von den Mitgliedern auszugleichen sind, sind diese **Aufwendungen** wie bei den anderen Formen der Kostengemeinschaft **gesondert festzustellen** und auf die Praxen der Mitglieder als Betriebsausgaben zu verteilen (vgl. S. 253 ff. zur Praxisgemeinschaft als Organisationsgemeinschaft).

Sofern der Praxisverbund als eingetragener Verein, eingetragene Genossenschaft oder sogar GmbH eingetragen ist, können die regelmäßigen Mitgliedsbeiträge und Kostenbeiträge bei entsprechender betrieblicher Veranlassung als Betriebsausgaben der Praxis zu erfassen sein.

b) Umsatzsteuerliche Grundsätze

Im konkreten Einzelfall ist zu prüfen, ob der Praxisverbund umsatzsteuerlich Unternehmer i. S. des § 2 Abs. 1 UStG ist. Hierbei kann auf die Ausführungen zur Praxisgemeinschaft (vgl. ausführlich S. 254 ff.) zurückgegriffen werden. Sofern der Praxisverbund/das Praxisnetz infolge einer Einnahmeerzielungsabsicht als Unternehmer eingestuft wird, ist zu beachten, dass die Leistungen voraussichtlich als nicht für unmittelbare Zwecke der Ausübung der Tätigkeiten nach § 4 Nr. 14 UStG erbracht angesehen werden (vgl. S. 259 ff.) und daher nicht die Voraussetzungen des § 4 Nr. 29 UStG erfüllen.

VI. Ambulante spezialfachärztliche Versorgung

1. Rechtliche Aspekte

Literatur: *Penner,* Der neue § 116b SGB V – Fortsetzung des Kampfes an den Sektorengrenzen?, ZMGR 2012 S. 16 ff.; *Kolb,* Organisation und Abrechnung Ambulanter Spezialfachärztlicher Leistungen (ASV) nach § 116b SGB V, GuP 2013 S. 212 ff.; *Makoski,* Die ASV in der anwaltlichen Beratung – ausgewählte Aspekte, GuP 2014 S. 211 ff.; *Rixen,* Ambulante spezialfachärztliche Versorgung – eine grundrechtsfreie Zone?, GesR 2014 S. 449; *Stollmann,* § 116b SGB V – Die ambulante spezialfachärztliche Versorgung in der Umsetzung, ZMGR 2014 S. 85 ff.; *Stollmann,* Verfahrensfragen des neuen § 116b SGB V, GuP 2014 S. 204 ff.; *Ziegler,* Vertrags- und haftungsrechtliche Fragen der ambulanten spezialfachärztlichen Versorgung, GuP 2014 S. 215 ff.; *Klakow-Franck,* Ambulante spezialfachärztliche Versorgung gem. § 116b SGB V – Stand der Umsetzung und aktuelle Probleme aus Sicht des Gemeinsamen Bundesausschusses (GBA), GesR 2015 S. 577 ff.; *Makoski,* Erste Erfahrungen mit der ambulanten spezialfachärztlichen Versorgung nach § 116b SGB V, GuP 2017 S. 47 ff.; *Makoski,* Handbuch ambulante spezialfachärztliche Versorgung, 2. Aufl. 2018; *Erbguth,* Ambulante spezialfachärztliche Versorgung (ASV) nach § 116b SGB V in der Praxis: Zu den Rechtsfragen in Thesenform, KrV 2019 S. 1 ff.

a) Entwicklungsgeschichte

Seit etwa 2004 verfolgt der Gesetzgeber das Ziel, Krankenhäuser verstärkt in die ambulante Behandlung bestimmter komplexer, schwer therapierbarer Krankheiten einzubinden, ohne dass eine überzeugende versorgungsrelevante Gestaltung gelang. 2012 formulierte der Gesetzgeber daher § 116b SGB V vollständig neu und schuf einen weiteren Leistungsbereich, die **ambulante spezialfachärztliche Versorgung (ASV)**. Danach ist

Krankenhäusern die ambulante Behandlung von Patienten mit Erkrankungen mit besonderen Krankheitsverläufen, seltenen Erkrankungen und Erkrankungszuständen mit entsprechend geringen Fallzahlen und mit hochspezialisierten Leistungen gestattet, wenn sie bestimmte Anforderungen erfüllen und dies einem neuen Gremium, dem erweiterten Landesausschuss der Ärzte und Krankenkassen (Erweiterter Landesausschuss), anzeigen; die gleiche Möglichkeit haben auch Vertragsärzte und MVZ. Bereits 2015 änderte der Gesetzgeber § 116b SGB V erneut und erweiterte insbesondere den Kreis der maßgeblichen Diagnosen im Bereich der onkologischen Erkrankungen. Die nach Maßgabe des gesetzlichen Auftrags vom Gemeinsamen Bundesausschuss zu erlassene Richtlinie (ASV-Richtlinie) trat in der aktuell geltenden Version im Mai 2024 in Kraft (https://www.g-ba.de/richtlinien/80/).

b) Grundlegendes

Durch die ASV erfolgt im Regelfall eine Verbindung von stationärer und ambulanter Versorgung, indem dieselben Ärzte, die einen Patienten bereits im Krankenhaus behandelt haben, auch die ambulante Versorgung sicherstellen können. Zugleich wird die Zusammenarbeit zwischen Krankenhausärzten und niedergelassenen Ärzten institutionalisiert und gestärkt. In Ausnahmefällen kann die ASV allerdings auch ausschließlich zwischen vertragsärztlichen Leistungserbringern praktiziert werden. Die ASV tritt neben die vertragsärztliche Versorgung.

Der Zugang zur ASV setzt die Existenz eines sog. „ASV-Teams" voraus, welches aus einem Teamleiter, einem Kernteam und hinzuzuziehenden Fachärzten besteht. Welche Fachgruppen vertreten sein müssen, hängt von dem jeweiligen Krankheitsbild ab. Während Teamleiter und Kernteam namentlich benannt werden müssen, reicht bei den hinzuzuziehenden Fachgebieten die institutionelle Benennung. Alle Teammitglieder müssen an der Versorgung von GKV-Patienten teilnehmen, d. h. entweder als Vertragsarzt, MVZ oder Plankrankenhaus zugelassen sein. Bei einer BAG nehmen die Gesellschafter persönlich an der ASV teil und nicht die BAG als solche (BSG v. 21.9.2023 - B 3 KR 9/22 R); Gleiches gilt für ein MVZ bezogen auf die dort tätigen Ärzte.

Die Leistungsberechtigung endet, wenn der Leistungserbringer aus der vertragsärztlichen oder der stationären Versorgung ausscheidet. Das Ausscheiden eines Teammitglieds kann in bestimmten Fällen ebenfalls zur Beendigung der Leistungsberechtigung für alle Teammitglieder führen – wenn damit ein notwendiges Fachgebiet nicht mehr vertreten ist. Daher sollte jedes Fachgebiet mindestens doppelt vertreten sein.

c) Formalia

Zuständig für den Zugang zur ASV ist der Erweiterte Landesausschuss (vgl. § 116b Abs. 3 SGB V).

Die Teilnahme an der ASV setzt keinen förmlichen Zulassungsbescheid voraus. Wenn ein ASV-Team die rechtlich geforderten Voraussetzungen erfüllt, zeigt es dies mit den entsprechenden Nachweisen dem zuständigen Erweiterten Landesausschuss an. Dieser prüft die Anzeige. Erhebt er nicht innerhalb von zwei Monaten Beanstandungen, ist das ASV-Team zur Erbringung der ASV-Leistungen berechtigt. Änderungen im ASV-Team sind dem Erweiterten Landesausschuss unverzüglich anzuzeigen.

PRAXISHINWEIS:

Die einzelnen Erweiterten Landesausschüsse stellen unterschiedliche Anforderungen an die einzuhaltenden Formalien. Insofern empfiehlt es sich, frühzeitig zu klären, welche Unterlagen vorgelegt werden müssen.

d) Das ASV-Team

§ 116b Abs. 4 Satz 9 SGB V bestimmt, dass der Gemeinsame Bundesausschuss für die Versorgung bei Erkrankungen mit besonderen Krankheitsverläufen Regelungen zu Vereinbarungen treffen kann, die eine Kooperation zwischen den beteiligten Leistungserbringern in diesem Versorgungsbereich fördern. Für die Versorgung von Patienten mit onkologischen Erkrankungen ist der Erlass von Vorgaben zu Kooperationen zwingend (§ 116b Abs. 4 Satz 10 SGB V). Die Vorlage einer solchen Kooperationsvereinbarung ist grds. Voraussetzung für die Leistungserbringung. Weitere gesetzliche Vorgaben zum ASV-Team, insbesondere zu deren Rechtsnatur, fehlen. Auch die ASV-Richtlinie nimmt keine rechtliche Einordnung vor, enthält jedoch in § 10 Abs. 3 Vorgaben zum zwingenden Inhalt der Vereinbarungen, die die Versorgung von Patienten mit onkologischen Erkrankungen betreffen.

Die rechtliche Einordnung der Kooperation hängt maßgeblich von deren Inhalt ab. Da in den ASV-Teams häufig Krankenhäuser und Vertragsärzte zusammenarbeiten, passen die einzelnen berufsrechtlichen Kooperationsmöglichkeiten zumindest nicht direkt. Es handelt sich vielmehr um ein spezielles sozialrechtliches Konstrukt. Jedenfalls bildet das ASV-Team **keine BAG**, da die Kooperation in keine vertragliche Beziehung zum Patienten tritt. Ob es sich beim ASV-Team um einen losen Verbund im Sinne eines Praxisnetzes handelt oder um eine Kostengemeinschaft in Anlehnung an eine Organisationsgemeinschaft, hängt auch davon ab, wie eng die Zusammenarbeit erfolgt. Denkbar ist auch eine Kooperation auf rein schuldrechtlicher Ebene.

PRAXISHINWEIS:

Abzuraten ist von Kooperationen, bei denen der beteiligte Krankenhausträger das Management der ASV-Versorgung übernimmt und auch sämtliche Kosten z. B. für die externe Beratung, den Außenauftritt, das Dokumentationssystem o. Ä. trägt. Eine solche Konstellation kann vor dem Hintergrund der §§ 299a, 299b StGB angreifbar sein.

e) Behandlungsvertrag, Abrechnung, Haftung

Auch wenn die Überweisung des Patienten in ein bestimmtes ASV-Team erfolgt, wird der Behandlungsvertrag gem. § 630a Abs. 1 BGB nicht mit dem Team insgesamt geschlossen, sondern jedes Teammitglied schließt einen eigenen Behandlungsvertrag mit dem Patienten. Dementsprechend rechnet es seine Leistungen selbst mit den Krankenkassen – ggf. unter Einbindung der Kassenärztlichen Vereinigung – ab.

Die Mitglieder des ASV-Teams haften nicht gesamtschuldnerisch, sondern jedes Mitglied hat grds. lediglich für sein eigenes oder ihm zurechenbares Verhalten Dritter einzustehen. Insofern gelten die allgemeinen Grundsätze der horizontalen Arbeitsteilung. Allerdings kann es schnell passieren, dass der **Rechtsschein gemeinschaftlicher Berufsausübung** entsteht und hieraus eine gesamtschuldnerische Haftung abgeleitet wird (hierzu und zu weiteren möglichen Haftungstatbeständen Ziegler, GuP 2014 S. 215, 219).

PRAXISHINWEIS:

Es ist daran zu denken, dass sämtliche Beteiligte die Teilnahme an der ASV unter Hinweis auf sämtliche übrige Beteiligte ihrer Haftpflichtversicherung melden.

2. Steuerliche Aspekte

Davon ausgehend, dass das ASV-Team in keine vertragliche Beziehung zum Patienten tritt und es sich nicht um eine BAG handelt, sondern um einen losen Verbund im Sinne eines Praxisnetzes oder eine Kostengemeinschaft in Anlehnung an eine Organisationsgemeinschaft, ergeben sich keine steuerlichen Besonderheiten.

Sofern dem ASV-Team aus Krankenhäusern und/oder Vertragsärzten gemeinsame Aufwendungen entstehen und diese auf die Mitglieder umlegt werden, sind diese – wie bei den anderen Formen der Kostengemeinschaft – **ertragsteuerlich** gesondert festzustellen und auf die Praxen der Mitglieder als Betriebsausgaben zu verteilen (vgl. S. 253 ff. zur Praxisgemeinschaft). Solange die Mitglieder jeweils gesondert einen eigenen Behandlungsvertrag abschließen und die Leistungen mit den eigenen Ressourcen (Räume, Geräte, Personal) erbringen, ergeben sich auch keine Zuordnungsprobleme, wie z. B. bei der Teilberufsausübungsgemeinschaft (vgl. S. 197 ff.).

Ebenso sind die **umsatzsteuerlichen** Grundsätze wie bei einer Praxisgemeinschaft zu beachten (vgl. S. 254 ff.). Insbesondere, wenn es sich um reine Verwaltungstätigkeiten handelt, die nicht unmittelbare zur Erbringung der umsatzsteuerfreien Heilbehandlungsleistungen dienen, kann die Anwendung der Umsatzsteuerbefreiung des § 4 Nr. 29 UStG ausgeschlossen sein.

PRAXISHINWEIS:

Sind auch Krankenhäuser am ASV-Team und damit an der Versorgung der Patienten beteiligt, bietet sich hinsichtlich einer gemeinsamen Nutzung von Ressourcen (Personal/Geräte/Räume) umsatzsteuerlich Folgendes an: Anders als bei Ärzten nach § 4 Nr. 14 Buchst. a UStG sind bei Krankenhäusern nach § 4 Nr. 14 Buchst. b UStG auch eng verbundene Umsätze von der Umsatzsteuer befreit. Daher könnte zunächst das Krankenhaus sämtliche Kosten tragen und dann unter sorgfältiger Beachtung der §§ 299a, 299b StGB die Kosten auf die anderen Mitglieder des ASV-Teams umlegen. Die Kostenumlage müsste dann als eng verbundener Umsatz nach § 4 Nr. 14 Buchst. b UStG von der Umsatzsteuer befreit sein, da die Aufwendungen insgesamt für die ärztliche Versorgung der Patienten des ASV-Teams und damit mittelbar der eigenen Krankenhauspatienten unerlässlich sind und die Kostenumlage auf das ASV-Team nicht dazu dient, dem Krankenhaus zusätzliche Einnahmen aus Tätigkeiten zu verschaffen, die im Wettbewerb zu steuerpflichtigen Umsätzen anderer Unternehmer stehen. Zum gleichen Ziel kommt aber auch eine gesonderte Kostenteilungsgemeinschaft nach § 4 Nr. 29 UStG, sofern es sich insbesondere um Leistungen handelt, die für unmittelbare Zwecke der Ausübung der umsatzsteuerfreien Heilbehandlungen bzw. Krankenhausbehandlungen eingesetzt werden (zu den Voraussetzungen des § 4 Nr. 29 UStG und insbesondere der Voraussetzung der Unmittelbarkeit vgl. S. 260 ff.).

VII. Betreiber- und Beteiligungsmodelle

1. Rechtliche Aspekte

Literatur: *Ahrens*, Praxisgemeinschaften in Ärztehäusern mit Fremdgeschäftsführung – Voraussetzungen und Grenzen ärztlichen Unternehmertums, MedR 1992 S. 143 ff.; *Taupitz*, Integrative Gesundheitszentren: neue Formen interprofessioneller ärztlicher Zusammenarbeit, MedR 1993 S. 367 ff.; *Ratzel/Cramer*, Ärztliche MRT-Kooperationen, Orthopädische Mitteilungen 2001 S. 30; *Eisenberg*, Ärztliche Kooperations- und Organisationsformen, 2002, S. 299 ff.; *Reiter*, Ärztliche Berufsausübungsgemeinschaft vs. Organisationsgemeinschaft – Ist die wirtschaftliche Beteiligung eines Dritten an einer Arztpraxis zulässig?, GesR 2005 S. 6 ff.; *Gummert/Meier*, Beteiligung Dritter an den wirtschaftlichen Ergebnissen ärztlicher Tätigkeit, MedR 2007 S. 75 ff.; *Ratzel*, Zusammenarbeit von Ärzten mit Orthopädietechnikern und Sanitätshäusern, GesR 2007 S. 200 ff.; *Ratzel*, Der verkürzte Versorgungsweg – ein Auslaufmodell?, GesR 2009 S. 623 ff.; *Köbler*, Die Beteiligung Berufsfremder an Arztpraxen, Apotheken und anderen Heilberufsunternehmen, 2011; *Wittmann/Koch*, Die Zulässigkeit gesellschaftsrechtlicher Beteiligungen von Ärzten an Unternehmen der Hilfsmittelbranche im Hinblick auf § 128 Abs. 2 SGB V und das ärztliche Berufsrecht, MedR 2011 S. 476 ff.; *Ratzel*, Beteiligung von Ärzten an Unternehmen im Gesundheitswesen, ZMGR 2012 S. 358 ff.; *Schreiner/Rütz*, Arbeitnehmerüberlassung bei Kooperationsvereinbarungen, MedR 2012 S. 373 ff.; *Braun/Püschel*, Die gesellschaftsrechtliche Beteiligung von Ärzten und ihren Verwandten an Unternehmen nichtärztlicher Leistungserbringer, MedR 2013 S. 655; *Dahm* in Schiller/Tsambikakis (Hrsg.), Festschrift Steinhilper, Zulässige Vorteilsnahme oder unzulässige Zuweisung gegen Entgelt, 2013, S. 25 ff.; *Lauber/Peters*, Die Auslegung von § 128 Abs. 2 S. 3 SGB V, GesR 2013 S. 523; *Möller/Tsambikakis* in AG Medizinrecht im DAV/IMR (Hrsg.), Aktuelle Entwicklungen im Medizinstrafrecht, Strafrechtliche Risiken von Kooperationsmodellen, 2013, S. 43 ff.; *Scholz*, Die Unzulässigkeit von Zuwendungen und Vorteilen nach § 73 Abs. 7 und § 128 Abs. 2 Satz 3 SGB V, GesR 2013 S. 12 ff.; *Flasbarth*, Der Vergütungsanspruch des Leistungserbringers bei nachgewiesenen Verstößen gegen § 128 SGB V, KrV 2015 S. 148 ff.; *Ratzel*, Die Prüfung von sektorübergreifenden Kooperationsverträgen durch Clearingstellen – Erfahrungen mit der Bayerischen Clearingstelle, in Jacobs u. a., FS Hermann Plagemann zum 70. Geburtstag, 2020, S. 519 f.; *Rehborn* in D. Prütting (Hrsg.), Medizinrecht, 6. Aufl. 2022, § 31 MBO; *Ratzel* in Ratzel/Lippert/Prütting, 8. Aufl. 2023, § 17.

a) Beschreibung des Phänomens

Unter den vielschichtigen Begriffen **„Betreiber-, Betriebs- oder Kostengesellschaft"** werden Modelle verstanden, in denen Dritte einem Arzt oder mehreren Ärzten im Rahmen eines Gesamtkonzepts gegen Entgelt Ressourcen (Räume und/oder Geräte und/oder Personal) zur Verfügung stellen und ggf. weitergehende Dienstleistungen erbringen.

Beispielhaft sei auf **Gesundheitszentren/Ärztehäuser** hingewiesen, in denen zum einen Ärzte unterschiedlicher, sich häufig ergänzender Fachgebiete und zum anderen auch andere nichtärztliche Gesundheitsberufe (z. B. Physiotherapeuten, Ernährungsberater etc.) unter einem Dach oder in unmittelbarer räumlicher Nähe tätig sind. Der Außenauftritt erfolgt häufig unter einem gemeinsamen Logo. Teilweise besteht eine **einheitliche betriebswirtschaftliche Geschäftsführung** mit zentralen Funktionsbereichen (Buchführung, Personalwesen, Einkauf, Schreibbüro, koordiniertem Abschluss von Versicherungen, Durchführung der Abrechnung und des Inkassos etc.).

Nicht selten wird das Konzept von Apothekern initiiert, die auf diese Weise die Besucherfrequenz ihrer Apotheke absichern wollen.

Ebenfalls in die Kategorie der Betreibermodelle fallen **Kooperationen zwischen Überweisern und Überweisungsempfängern**. Praktiziert werden z. B. Apparategesellschaften in der Rechtsform der GmbH & Co. KG, bei denen die GmbH & Co. KG hochpreisige medizinische Großgeräte an Spezialisten vermietet, die ihrerseits auf Überweisung von anderen Kollegen tätig werden. Diese zuweisenden Kollegen werden als Kommanditisten eingebunden und profitieren über ihre Ergebnisbeteiligung am Überweisungsumfang. Anzutreffen waren derartige Modelle insbesondere auf der Kooperationsebene zwischen Orthopäden und Radiologen, wobei die gesellschaftsrechtlich verbundenen Orthopäden die Geräte aufgrund schuldrechtlicher Vereinbarung an die Radiologen überließen und auf diese Weise die Höhe ihrer Ergebnisbeteiligung durch ihr eigenes Überweisungsverhalten beeinflussen konnten.

Zwischenzeitlich ist festzustellen, dass gewerbliche Dienstleister insbesondere Fachärzten für Orthopädie und Unfallchirurgie die Nutzung einer Infrastruktur ausschließlich für privatärztliche MRT-Leistungen anbieten. Zunächst wirft dies die Frage auf, ob die Orthopäden und Unfallchirurgen über eine besondere MRT-Fachkunde verfügen müssen (vgl. nur das das verneinende Urteil des OLG Nürnberg v. 9.1.2020 - 5 U 634/18,

MedR 2021 S. 147 ff., mit kritischer Anm. Wigge). Zudem ist fraglich, in welchem Umfang die Ärzte persönlich an dem Untersuchungsvorgang mitwirken müssen. Manche Modelle sehen vor, dass die Ärzte bei der Leistungserbringung nicht persönlich anwesend sind.

PRAXISHINWEIS:

Gemäß § 4 Abs. 2 Satz 1 GOÄ kann der Arzt Gebühren nur für selbständige ärztliche Leistungen berechnen, die er selbst erbracht hat oder die unter seiner Aufsicht nach fachlicher Weisung erbracht wurden. Unterstellt man das Vorhandensein einer besonderen MRT-Fachkunde, muss der Arzt gleichwohl bei der Durchführung der Untersuchung persönlich anwesend sein. Nur so kann er auf den aktuellen Gesundheitszustand des Patienten Rücksicht nehmen, den Untersuchungsablauf ggf. hieran anpassen und für Notfallsituationen zur Verfügung stehen. Ein Verstoß gegen den Grundsatz der persönlichen Leistungserbringung lässt den Vergütungsanspruch entfallen (ausführlicher Möller, jurisPR-MedizinR 9/2020, Anm. 1).

b) Zulässigkeitsgrenzen

Heute ist es absolut unstreitig, dass die Eigentumsverhältnisse an den medizinischen Geräten für die Frage der Zulässigkeit freiberuflicher ärztlicher Tätigkeit unerheblich sind. Zutreffend formuliert § 17 Abs. 1 MBO-Ä, dass die Ausübung ambulanter ärztlicher Tätigkeit an die **Niederlassung in einer Praxis** – nicht mehr: in „eigener" Praxis – gebunden ist. Vor diesem Hintergrund ist es nicht zu beanstanden, wenn ein Dritter – und zwar unabhängig von dessen Rechtsform – einem Arzt die Ressourcen zur Berufsausübung zur Verfügung stellt. Insofern darf nicht unberücksichtigt bleiben, dass die Banken sich bei größeren von ihnen finanzierten Investitionen ohnehin das Sicherungseigentum an Geräten und der Praxiseinrichtung einräumen lassen! Instruktiv zur zulässigen Dauer eines Kooperationsvertrages zum Betrieb von Dialysezentren sowie zu berufs- und vertragsarztrechtlichen Fragestellungen OLG Hamm, Urteil vom 4.2.2016 – 17 U 64/14, GesR 2016 S. 227.

Bei der Einschaltung von Betreibergesellschaften wird man die Vereinbarung **umsatzabhängiger Entgelte**, deren Angemessenheit unterstellt, nicht untersagen können. Keinesfalls darf die Vergütung als stille Beteiligung an der Arztpraxis gestaltet werden. Auch darf die Fremdgeschäftsführung nicht so weit reichen, dass der Arzt faktisch in „seiner" Praxis nichts mehr zu sagen hat. Jede Einflussnahme in den Kernbereich der ärztlichen Berufsausübung kann zur Nichtigkeit der gesamten Konstruktion führen. Gleiches gilt, wenn die Belange der ärztlichen Schweigepflicht nicht in dem gebotenen Umfang gewahrt werden. Im Zusammenhang mit der Erbringung von Dienstleistungen, die GKV-Patienten betreffen, ist die Entscheidung des BSG vom 10.12.2008 - B 6 KA 37/07 R, NWB DAAAD-25117, GesR 2009 S. 305, von herausragender praktischer Bedeutung. Das BSG hat entschieden, dass im GKV-Bereich die Weitergabe von Patientendaten nur insoweit zulässig ist, als hierfür eine ausdrückliche gesetzliche Grundlage besteht, die auch nicht durch die Einwilligung der Patienten ersetzt werden kann. Hieraus folgt, dass Vertragsärzte, MVZ-Träger und Krankenhäuser keine Daten von GKV-Patienten an Dienstleistungsunternehmen – insbesondere Abrechnungsstellen – weitergeben dürfen.

PRAXISHINWEIS:

Soweit die Betriebsgesellschaft Dritten im Rahmen ihrer wirtschaftlichen Tätigkeit Personal überlässt, ist § 1 Abs. 1 Satz 1 AÜG zu beachten. Danach ist die Erlaubnis der Bundesagentur für Arbeit einzuholen. Verstöße können mit Geldbuße geahndet werden. Zudem entstehen Arbeitsverhältnisse mit dem Entleiher (§ 10 Abs. 1 AÜG).

c) Beteiligung von Ärzten an Betreibermodellen und sonstigen gewerblichen Unternehmen

§ 3 Abs. 1 Satz 1 MBO-Ä bestimmt, dass Ärzten neben der Ausübung ihres Berufs die Ausübung einer anderen Tätigkeit nur dann untersagt ist, wenn diese andere Tätigkeit mit den ethischen Grundsätzen des ärztlichen Berufs nicht vereinbar ist.

Der Vorstand der BÄK hat am 25.10.2013 *„Hinweise und Erläuterungen zur unternehmerischen Betätigung von Ärztinnen und Ärzten"* (DÄBl. 2013 S. A 2226, 2227) beschlossen, die die Auslegung des § 3 Abs. 1 MBO-Ä maßgeblich beeinflussen, jedoch über dessen Geltungsrahmen deutlich hinausgehen.

Grundsätzlich ist es dem Arzt erlaubt, Unternehmen zu gründen und sich an Unternehmen zu beteiligen, die **keinen Bezug zum Arztberuf** haben. Ein Gründungs- oder Beteiligungsverbot besteht jedoch dann, wenn der Zweck des Unternehmens mit den **ethischen Grundsätzen des ärztlichen Berufs nicht vereinbar** ist oder **gegen die guten Sitten verstößt**. In der erwähnten Stellungnahme führt der Vorstand der BÄK aus, dass Ärzte z. B. ein Hotelunternehmen oder einen Autohandel, nicht jedoch einen Bordellbetrieb gründen dürften.

Ebenfalls zulässig ist die unternehmerische Betätigung, wenn **kein Bezug zur konkreten ärztlichen Berufsausübung** besteht. Beispiele der BÄK, a. a. O., S. A 2228: Augenarzt betreibt Fitnessstudio, Urologe beteiligt sich an einem Augenoptikunternehmen. Als zulässig sieht die BÄK – zu Recht und in Übereinstimmung mit der Rechtsprechung des BGH – auch den Betrieb eines von der dermatologischen Praxis getrennten Kosmetikinstituts durch einen Dermatologen an.

Problematisch wird jede Beteiligung an einem gewerblichen Unternehmen, wenn der Arzt den Gewinn und damit seine Einnahmen durch sein **Überweisungsverhalten** beeinflusst. § 31 Abs. 1 MBO-Ä verbietet es Ärzten, **für die Zuweisung** von Patienten oder Untersuchungsmaterial oder die Verordnung oder den Bezug von Arznei- oder Hilfsmitteln oder Medizinprodukten ein Entgelt oder **Vorteile** zu fordern, sich versprechen oder gewähren zu lassen. Dabei werden Beteiligungen an pharmazeutischen Unternehmen dann als unproblematisch angesehen, wenn der Arzt bei objektiver Betrachtung durch sein Verordnungsverhalten faktisch keinen Einfluss auf die Höhe seines Gewinns nehmen kann (vgl. BÄK, a. a. O., S. A 2229). Die Schutzzwecke dieses **berufsrechtlichen Kernverbots** sind primär in der Wahrung der ärztlichen Unabhängigkeit und damit in dem Schutz des Patienten vor sachfremd motivierten ärztlichen Entscheidungen, aber auch in der Verhinderung unlauteren Wettbewerbs zu sehen.

Eindeutig rechtswidrig ist eine Beteiligung, wenn die Höhe des Gewinns mit der Anzahl der individuell veranlassten Überweisungen korrespondiert (Landesberufsgericht für Heilberufe beim OVG Münster, Urteil v. 6.7.2011 - 6t A 1816/09.T, GesR 2011 S. 733). Größere Beurteilungsschwierigkeiten bereiten Sachverhalte, in denen das konkrete Überweisungsverhalten bei der Ergebnisverteilung nicht unmittelbar berücksichtigt wird. In solchen Fällen kommt es auf die **Bewertung der Gesamtumstände** an. Ein Indiz für die Unzulässigkeit ist z. B., wenn der Gesellschafterkreis ganz oder teilweise aus Zuweisern besteht und sonstige investitionswillige Dritte keine realistische Chance auf den Erwerb einer wesentlichen Beteiligung haben. Auch wenn die Ergebnisbeteiligung nicht direkt von dem individuellen Überweisungsverhalten abhängt, kann sich die Berufsrechtswidrigkeit aus der Gesamthöhe der Ergebnisbeteiligung ergeben, sofern diese durch das Überweisungsverhalten des Arztes spürbar beeinflusst wird. Die Beteiligung naher Verwandter als Treuhänder oder Strohmänner ist ebenfalls unzulässig (zum Ganzen vgl. BÄK, a. a. O., S. A 2229).

Das Verbot der Zuweisung gegen Entgelt ist nicht nur in § 31 MBO-Ä, sondern inzwischen auch in § 73 Abs. 7 SGB V verankert und gilt demgemäß ausdrücklich auch für die **vertragsärztliche Tätigkeit**. Darüber hinaus enthält § 128 Abs. 2 Satz 3 SGB V eine spezielle Verbotsnorm für die Beteiligung an bestimmten Unternehmen von Leistungserbringern. Als unzulässige Zuwendung werden Einkünfte aus Beteiligungen an Unternehmen von Leistungserbringern qualifiziert, die Vertragsärzte durch ihr Verordnungs- oder Zuweisungsverhalten selbst maßgeblich beeinflussen. Da im Gesetzgebungsverfahren das Wort „können" nach dem Wort „beeinflussen" gestrichen wurde, ist die Norm nicht als abstraktes Gefährdungsdelikt konzipiert, sondern stellt auf die **tatsächliche Beeinflussung** ab. In der praktischen Anwendbarkeit des Verbots sind viele Fragen ungeklärt (vgl. die Beispiele bei Ratzel, ZMGR 2012 S. 262). Das Gestaltungsrisiko ist gerade nach Einführung der §§ 299a, 299b StGB hoch!

PRAXISHINWEISE:

Verträge, die gegen das Verbot der Zuweisung gegen Entgelt verstoßen, sind gem. § 134 BGB nichtig! Wettbewerbsrechtliche Unterlassungsansprüche sind denkbar. Das Verhalten kann berufsrechtlich, aber auch vertragsarztrechtlich (siehe § 128 Abs. 5a SGB V) geahndet werden. In schweren Fällen kommt der Entzug der Vertragsarztzulassung in Betracht (§ 95 Abs. 6 Satz 1 SGB V). Zudem kann die Kassenärztliche Vereinigung die Honorarabrechnung sachlich-rechnerisch berichtigen und so – zumindest – die im Zusammenhang mit dem Rechtsverstoß gezahlten Honorare zurückfordern (LSG Niedersachsen-Bremen, Urteil v. 8.6.2016 - L 3 KA 6/13, NWB XAAAF-79997, medstra 2017 S. 115; Flasbarth, KrV 2015 S. 148). Darüber hinaus sind auch strafrechtliche Maßnahmen wegen Abrechnungsbetruges (BGH, Beschluss v. 25.7.2017 - 5 StR 46/17, NWB DAAAG-59573, GesR 2017 S. 639 f.; ferner AG Landsberg am Lech, Urteil v. 16.1.2013 - 6 Ls 200 Js 141129/08, MedR 2013 S. 735) sowie wegen Verstoßes gegen §§ 299a, 299b StGB denkbar.

Unter Ziffer 10 ihrer Zusammenfassung empfiehlt die BÄK (a. a. O., S. A 2229) die Vorlage der Vertragsentwürfe bei der zuständigen (Landes-)Ärztekammer und der Kassenärztlichen Vereinigung. Dem ist aus Gründen der Transparenz uneingeschränkt zuzustimmen. Bedauerlicherweise berichten Ärzte, dass manchmal leider – trotz freundlicher Erinnerungen – mehrere Monate bis zum Erhalt einer sachlichen Stellungnahme vergehen!

Zu den Erfahrungen mit der bayerischen Clearingstelle Ratzel in Jacobs u. a., a. a. O., S. 519 f.

d) Exkurs: Beteiligung Dritter an einer Arztpraxis

Im Zusammenhang mit der Zulässigkeit von Beteiligungsmodellen wird in umgekehrter Richtung die Frage diskutiert, ob sich ein Dritter an einer ärztlichen Praxis wirtschaftlich beteiligen darf. Bezogen auf die Einzelpraxis oder die BAG, findet sich in der MBO-Ä kein ausdrückliches Beteiligungsverbot. Von daher wird vertreten, für gesellschaftsfremde Dritte – ggf. beschränkt auf ärztlich approbierte Personen – sei die Beteiligung zulässig, sofern die Einflussnahme auf die ärztliche Tätigkeit ausgeschlossen werde.

Im Mai 2004 hat der Deutsche Ärztetag durch Einfügung des § 23a MBO-Ä die juristische Person des Privatrechts unter engen Voraussetzungen als Trägerin einer ärztlichen Praxis anerkannt. Gesellschafter dürfen ausschließlich Ärzte oder Angehörige der in § 23b Abs. 1 Satz 1 MBO-Ä genannten Berufe sein. Sie müssen in der Gesellschaft beruflich tätig sein. Die Beteiligung Dritter am Gewinn der Gesellschaft ist untersagt.

Es spricht viel dafür, dass diese Vorgaben Ausfluss einer allgemeinen Rechtsauffassung zur Struktur von ärztlichen Praxen und BAGen sind. Unterstrichen wird dieses Ergebnis durch die Hinweise und Erläuterungen der BÄK zur Niederlassung und beruflichen Kooperation vom 28.3.2008 (DÄBl 2008 S. A-1019). Unter Ziffer 2.2.1 wird betont, dass sämtliche Gesellschafter einer BAG ihren **ärztlichen Beruf aktiv** in der Gesellschaft ausüben müssen. Eine rein finanzielle Beteiligung ist hiermit nicht in Einklang zu bringen. Da die Berufsordnungen der (Landes-)Ärztekammern als Gesetze i. S. des § 134 BGB angesehen werden, ist wegen drohender Vertragsnichtigkeit vor Beteiligungskonstruktionen zu warnen. In diesem Sinne sehen mittlerweile auch Heilberufe- bzw. Kammergesetze der Länder konkrete Beteiligungsverbote vor. So bestimmt etwa § 29 Abs. 3 Satz 2 HeilBG NRW, dass die Führung einer Einzelpraxis oder einer Praxis in Gemeinschaft in der Rechtsform einer juristischen Person des Privatrechts u. a. voraussetzt, dass eine **Ka-**

pitalbeteiligung von Gesellschaftern ohne aktive Tätigkeit in der Gesellschaft ausgeschlossen ist und **Dritte nicht am Gewinn der Gesellschaft beteiligt werden.**

2. Steuerliche Aspekte

a) Ertragsteuerliche Grundsätze

Steuerlich unterscheiden sich die **kapitalistisch orientierten Betreibergesellschaften** grundlegend von den Kostengemeinschaften als Organisationsgemeinschaften (Praxis-, Apparate- und Laborgemeinschaften).

Besteht die Tätigkeit der Betreibergesellschaft lediglich in der Überlassung der Infrastruktur ohne ins Gewicht fallende Sonderleistungen und ohne, dass der Umfang der Tätigkeit eine unternehmerische Organisation erfordert, erzielt diese Einkünfte aus der **Vermietung und Verpachtung von Sachinbegriffen** i. S. des § 21 Abs. 1 Satz 1 Nr. 2 EStG (R 15.7 Abs. 3 EStR).

Ein Sachinbegriff liegt vor, wenn mehrere Wirtschaftsgüter funktionell und technisch so aufeinander abgestimmt sind, dass sie eine wirtschaftliche Einheit bilden (Pfirrmann in Herrmann/Heuer/Raupach, EStG/KStG, 322. Lieferung 11.2023, § 21 EStG Rz. 140; Kulosa in Schmidt, EStG, 43. Aufl. 2024, § 21 Rz. 102). Da die Geräte und Einrichtungen der Praxis zusammen die Infrastruktur, d. h. die Grundlage der Praxis, bilden, ist von einem Sachinbegriff auszugehen.

Eine der Voraussetzungen nach § 15 Abs. 2 EStG für die Annahme einer gewerblichen Betätigung ist, dass sie über den **Rahmen einer privaten Vermögensverwaltung** hinausgeht. Das Vermieten einzelner beweglicher Gegenstände geht aber i. d. R. über den Rahmen einer privaten Vermögensverwaltung nicht hinaus und erfüllt damit nicht alle Voraussetzungen für die Annahme eines Gewerbebetriebes (Wacker in Schmidt, EStG, 43. Aufl. 2024, § 15 Rz. 86). Eine gewerbliche Vermietungstätigkeit ist erst dann – ausnahmsweise – anzunehmen, wenn nach dem Gesamtbild der Verhältnisse im Einzelfall besondere Umstände hinzutreten, die der Tätigkeit als Ganzes das Gepräge einer selbständigen, nachhaltigen, von Gewinnstreben getragenen Beteiligung am allgemeinen wirtschaftlichen Verkehr geben, hinter der die eigentliche Gebrauchsüberlassung des Gegenstandes in den Hintergrund tritt (BFH, Urteil v. 2.5.2000 - IX R 71/96, BStBl 2000 II S. 467).

In der Regel ist das Ziel der Betreibergesellschaft, aus der Überlassung der Wirtschaftsgüter Gewinne zu erwirtschaften und nicht z. B. aus dem An- und Verkauf von Geräten und Einrichtungen. Beschränkt sich die Betreibergesellschaft auf die Beschaffung und Überlassung der Geräte und Einrichtungen bis zu deren weitgehendem wirtschaftlichen Verbrauch, ist nicht von einer gewerblichen Tätigkeit auszugehen. Zur Vermögensverwaltung gehören auch der Erwerb und die Veräußerung der beweglichen Sachen, wenn diese Vorgänge den Beginn und das Ende einer in erster Linie auf Fruchtziehung gerichteten Tätigkeit darstellen (BFH, Urteil v. 10.12.2001 - GrS 1/98, BStBl 2002 II S. 291). Zur Vermögensverwaltung gehören zudem **(unwesentliche) Leistungen wie Pflege, Wartung und Versicherung des vermieteten Objekts**, die im Rahmen einer normalen Vermietungstätigkeit anfallen (BFH, Urteil v. 22.1.2003 - X R 37/00, BStBl 2003 II S. 464).

Übernimmt die Betreibergesellschaft **Sonderleistungen**, z. B. Verwaltung der Praxis, Abrechnungsaufgaben, Wartungsleistungen außerhalb einer normalen Vermietungstätigkeit etc., oder erfordert der Umfang der Betätigung eine unternehmerische Organisation, erzielt die Betreibergesellschaft **gewerbliche Einkünfte**.

Ist an einer vermögensverwaltenden Betreibergesellschaft eine Kapitalgesellschaft oder ein anderer Gewerbetreibender beteiligt, müssen die Einkünfte aus der Investitionsgesellschaft anteilig als gewerblich erfasst werden (sog. Zebragesellschaft). § 15 Abs. 3 Nr. 1 EStG greift nicht, weil nicht die Investitionsgesellschaft, sondern nur der Gesellschafter gewerbliche Einkünfte erzielt (Wacker in Schmidt, EStG, 43. Aufl. 2024, § 15 Rz. 201). Dies darf nicht mit einer gewerblichen Abfärbung einer freiberuflich tätigen Personengesellschaft nach § 15 Abs. 3 Nr. 1 EStG aufgrund einer Beteiligung eines (gewerblichen) Berufsfremden verwechselt werden (BFH, Urteil v. 8.4.2008 - VIII R 73/05, BStBl 2008 II S. 681).

Ist der nutzende Arzt selbst an der vermögensverwaltenden Betreibergesellschaft beteiligt, gehört sein Anteil an den Wirtschaftsgütern zum Betriebsvermögen bzw. Sonderbetriebsvermögen der Praxis (BFH, Urteil v. 10.11.2005 - IV R 29/04, BStBl 2006 II S. 173).

Wird die Betreibergesellschaft als Kapitalgesellschaft (**AG, KGaA, GmbH**) oder als **gewerblich geprägte Personengesellschaft** errichtet, gilt ihre Tätigkeit im vollen Umfang qua Gesetz nach § 2 Abs. 2 Satz 1 GewStG bzw. § 15 Abs. 3 Nr. 2 EStG als **Gewerbebetrieb**.

b) Umsatzsteuerliche Grundsätze

Überlässt die Betreibergesellschaft **Praxisräume**, kann diese Überlassung als Vermietung und Verpachtung von Grundstücken gegen Entgelt steuerfrei gem. § 4 Nr. 12 UStG sein. Da der betreibende Arzt überwiegend umsatzsteuerfreie ärztliche Heilbehandlungsleistungen erbringt, kommt ein Verzicht auf die Steuerbefreiung nach § 9 Abs. 2 UStG nicht in Betracht. Zu prüfen ist allerdings im Einzelfall, ob die Überlassung der Praxisräume im Rahmen eines Vertrages besonderer Art nicht Teil einer komplexen einheitlichen Leistung ist, die insgesamt der Umsatzsteuer unterliegt (vgl. S. 310; Abschnitt 4.12.6 UStAE; BFH, Urteil v. 17.12.2014 - XI R 16/11, BStBl 2015 II S. 427; Englisch in Rau/Dürrwächter, UStG, 210. Lieferung 6.2024, § 4 Nr. 12 Rz. 80).

Die Vermietung und Verpachtung der **Geräte und Einrichtungen sowie ggf. die Überlassung von Personal** gegen Entgelt ist dagegen in vollem Umfang umsatzsteuerpflichtig, verbunden mit der Berechtigung zum vollen Vorsteuerabzug.

PRAXISHINWEIS:

Die Überlassung von Personal durch die Betreibergesellschaft erscheint aus umsatzsteuerlichen Gründen wenig sinnvoll. Die das Personal nutzenden Ärzte/Praxen haben i. d. R. nach § 15 Abs. 2 Nr. 1 UStG keine Berechtigung zum Vorsteuerabzug, soweit das Personal zur Erbringung umsatzsteuerfreier Heilbehandlungen nach § 4 Nr. 14 UStG eingesetzt wird. Die entgeltliche umsatzsteuerpflichtige Arbeitnehmerüberlassung durch die Betreibergesellschaft an die Praxen führt daher infolge der Umsatzsteuerbelastung auch ohne Gewinnaufschlag zu einer Erhöhung der Personalkosten um 19 %. Dieser wirtschaftliche Nachteil erscheint nicht hinnehmbar.

An dieser Beurteilung ändert sich auch dann nichts, wenn auch der nutzende Arzt selbst und außer ihm ausschließlich weitere Ärzte Mitglieder der Betreibergesellschaft sind. Eine Anwendung der Umsatzsteuerbefreiungsvorschrift des § 4 Nr. 29 UStG für Praxis- und Apparategemeinschaften kommt auch nicht für den Fall in Betracht, bei dem ausschließlich ein oder mehrere Mitglieder die Geräte und Einrichtungen nutzt. Ziel der Betreibergesellschaft ist es, Einnahmen mit Gewinnaufschlag aus der Nutzungsüberlassung zu erwirtschaften und nicht Einnahmen aus ärztlicher Tätigkeit durch Verwendung der Geräte und Einrichtungen. Es handelt sich insoweit nicht um eine Organisationsform der ärztlichen Zusammenarbeit mit dem Ziel, die Geräte und Einrichtungen gemeinschaftlich anzuschaffen und jeweils unmittelbar zur Ausführung eigener Umsätze der Mitglieder (insgesamt) einzusetzen sowie von ihren Mitgliedern lediglich die genaue Erstattung des jeweiligen Anteils an den gemeinsamen Kosten zu fordern (vgl. S. 254 ff.). Im Einzelfall ist zu prüfen, ob eine Praxisgemeinschaft oder eine Betreibergesellschaft vorliegt.

PRAXISHINWEIS:

Im Einzelfall kann die Überlassung der Räume und der Geräte und Einrichtungen so eng miteinander verbunden sein, dass diese als Leistungsbündel insgesamt als eine einheitliche (komplexe) Leistung anzusehen ist. Einerseits kann es sich dann bei der Überlassung von z. B. Betriebsvorrichtungen um eine Nebenleistung zur steuerfreien Verpachtung nach § 4 Nr. 12 UStG handeln (vgl. Niedersächsisches FG, Urteil v. 11.6.2020 - 11 K 24/19, NWB SAAAH-57569, EFG 2020 S. 1725, m. w. N., nachfolgend durch BFH bestätigt, Beschluss v. 17.8.2023 - V R 7/23 (V R 22/20), UR 2023 S. 805; BFH, Urteil v. 11.11.2015 - V R 37/14, BStBl 2017 II S. 1259). Anderseits kann infolge der Überlassung der Ressourcen die Überlassung der Räume derart in den Hintergrund gedrängt werden, dass insgesamt keine umsatzsteuerbefreite Vermietung von Räumen mehr vorliegt (vgl. Jansen in Birkenfeld/Wäger, Das große Umsatzsteuer-Handbuch, 102. Lieferung 10.2023, Abschnitt 4.12 UStAE 2017, Rz. 255 ff.; vgl. Englisch in Rau/Dürrwächter, UStG, 210. Lieferung 6.2024, § 4 Nr. 12 UStG Rz. 80 f.; Heidner in Bunjes, UStG, 23. Aufl. 2024, § 4 Nr. 12 Rz. 28; Stadie in Rau/Dürrwächter, UStG, 210. Lieferung 6.2024, Vor §§ 4–9 Rz. 118). Auch in dem Fall verteuert sich infolge des Betreibermodells wie bei den Personalkosten die Miete häufig um 19 % (siehe vorstehenden Praxishinweis). Ob eine einheitliche Leistung vorliegt, die umsatzsteuerlich nur einheitlich beurteilt werden kann, oder ob getrennte Leistungen vorliegen, die umsatzsteuerlich getrennt zu beurteilen sind, ist nach den Umständen des Einzelfalls zu entscheiden.

D. Medizinische Versorgungszentren

I. Rechtliche Aspekte

Literatur: *Behnsen*, Medizinische Versorgungszentren – die Konzeption des Gesetzgebers, Das Krankenhaus 2004 S. 602 ff.; *Hanika*, Medizinische Versorgungszentren und Integrierte Versorgung – Rechtliche Vorgaben und neue Vergütungssysteme, Pflegerecht 2004 S. 433 ff.; *Möller*, Der im zugelassenen Medizinischen Versorgungszentrum (MVZ) angestellte Arzt, GesR 2004 S. 456 ff.; *Wigge*, Medizinische Versorgungszentren nach dem GMG, MedR 2004 S. 123 ff.; *Dahm/Möller/Ratzel*, Rechtshandbuch Medizinische Versorgungszentren, 2005; *Pestalozza*, Kompetentielle Fragen des Entwurfs eines Vertragsarztrechtsänderungsgesetzes, GesR 2006 S. 389 ff.; *Makoski/Möller*, Bürgschaftsprobleme bei der Errichtung von Medizinischen Versorgungszentren, MedR 2007 S. 524 ff.; *Möller*, Auswirkungen des VÄndG auf Medizinische Versorgungszentren, MedR 2007 S. 263 ff.; *Rau* in Rieger/Dahm/Katzenmeier/Stellpflug/Ziegler (Hrsg.), Heidelberger Kommentar Arztrecht Krankenhausrecht Medizinrecht, 2007, 3585 – Das Medizinische Versorgungszentrum; *Basteck*, Die unbeschränkte Verbürgung beschränkt Haftender für die Zulassung medizinischer Versorgungszentren, GesR 2008 S. 14 ff.; *Bäune* in Bäune/Meschke/Rothfuß, Kommentar zur Zulassungsverordnung für Vertragsärzte und Vertragszahnärzte, 2008, Anhang zu § 18; *Dahm*, Die Bürgschaftserklärung nach § 95 Abs. 2 S. 6 SGB V als Gründungsvoraussetzung für die Zulassung eines Medizinischen Versorgungszentrums, MedR 2008 S. 257 ff.; *Lindenau*, Das medizinische Versorgungszentrum, 2008; *Orlowski/Halbe/Karch*, Vertragsarztrechtsänderungsgesetz, 2. Aufl. 2008; *Peikert*, Medizinische Versorgungszentren und Vertragsarztrechtsänderungsgesetz, in Luxenburger/Beeretz u. a. (Hrsg.), Festschrift 10 Jahre AG Medizinrecht im DAV, 2008, S. 389 ff.; *Rehborn*, Bürgschaften für die Gründung Medizinischer Versorgungszentren, in Luxenburger/Beeretz u. a. (Hrsg.) Festschrift 10 Jahre AG Medizinrecht im DAV, 2008, S. 417; *Zwingel/Preißler*, Ärzte-Kooperationen und Medizinische Versorgungszentren – Rechtliche Rahmenbedingungen für Gründung und Betrieb, 2. Aufl. 2008; *Meschke*, MVZ-Trägergesellschaften – Veränderungen auf Gesellschafter- und Trägerebene, MedR 2009 S. 263 ff.; *Scholz*, Ärztliche Weiterbildung in medizinischen Versorgungszentren, in Ahrens/Bar u. a. (Hrsg.), Festschrift für Erwin Deutsch zum 80. Geburtstag, 2009, S. 481 ff.; *Treptow*, Die Mitgliedschaft in der als Medizinisches Versorgungszentrum zugelassenen Ärzte-GmbH, 2011; *Kaya*, Rechtsfragen medizinischer Versorgungszentren auf Gründungs- und Zulassungsebene, 2012; *Scholz/Buchner*, Beschränkung der Berechtigung zur Gründung medizinischer Versorgungszentren nach § 95 Abs. 1a SGB V i. d. F. des GKV-VStG zum Schutz der ärztlichen Unabhängigkeit – verfassungs- und europarechtliche Bewertung, NZS 2012 S. 401 ff.; *Clemens* in Schiller/Tsambikakis (Hrsg.), Festschrift für Steinhilper, Kriminologie und aktuelle Rechtsfragen, 2013, S. 11 ff.; *Klöck*, Das Medizinische Versorgungszentrum im GKV-Versorgungsstrukturgesetz, NZS 2013 S. 368; *Kroel/Baron*, Zur Reichweite des Bestandsschutzes der am 1. Januar 2012 zugelassenen Medizinischen Versorgungszentren, GesR 2013 S. 647 ff.; *Makoski/Krapohl*, Ärztlicher Leiter des MVZ – sozial- und arbeitsrechtliche Fragen, GesR 2013 S. 705 ff., GesR 2014 S. 6 ff.; *Penner/Nolden/Micha*, Der Transfer von MVZ-Vertragsarztstellen – nur noch ein Kinderspiel?, GuP 2013 S. 161 ff.; *Venetis*, Zum Übergang von Arbeitsverhältnissen bei ärztlichen Kooperationen (§ 613a BGB) unter Behandlung des Sonderproblems eines möglichen Zulassungsverzichts für angestellte Ärzte, GesR 2013 S. 143 ff.; *Hampe/Suhr*, Zulassung eines rein zahnärztlichen Medizinischen Versorgungszentrums?, MedR 2014 S. 148 ff.; *Wodarz*, Beteiligung von MVZ an MVZ – zugleich Anmerkung zu SG Marburg, Gerichtsbescheid vom 20. Januar 2014 – S 12 KA 117/13, NZS 2014 S. 531 ff.;

Berner/Strüve, Das GKV-VSG aus Sicht der Versorgungsstruktur, GesR 2015 S. 461 ff.; *Porten*, Die Verlegung von Arztstellen nach dem Versorgungstärkungsgesetz, NZS 2015 S. 732 ff.; *Bäune/Dahm/Flasbarth*, GKV-Versorgungstärkungsgesetz (GKV-VStG), MedR 2016 S. 40 ff.; *Dorra*, Die Privilegierung des MVZ und ihre Zulässigkeit, ZMGR 2016 S. 89 ff.; *Plagemann/Ziegler*, Kommunale Trägerschaft von MVZ, DVBl 2016 S. 1432 ff.; *Schaks*, Das Medizinische Versorgungszentrum nach dem GKV-Versorgungsstärkungsgesetz, NZS 2016 S. 761 ff.; *Steinhilper*, Niederlassungsmöglichkeiten nach dem GKV-VSG, GuP 2016 S. 15; *Zech*, Berechtigung von gemeinnützigen Trägern zur Gründung eines MVZ, MedR 2016 S. 118 ff.; *Jahn* in Halbe (Hrsg.), Handbuch Kooperationen im Gesundheitswesen, Kooperationen von Zahnärzten, Gestaltungsmöglichkeiten und Besonderheiten, November 2017, A-1800; *Ladurner*, Ärzte-ZV, Zahnärzte-ZV, 2017, § 95 SGB V; *Möller*, Das MVZ nach dem GKV-Versorgungsstärkungsgesetz, in Katzenmeier/Ratzel (Hrsg.), Festschrift Dahm, 2017, S. 307 ff.; *Pflugmacher*, Aktuelle Rechtsfragen zum GKV-VSG und dem „3-Jahres-Urteil" des BSG aus Sicht der Krankenhäuser, KrV 2017 S. 107 ff.; *Preißler*, Rechtsprobleme beim Betrieb Medizinischer Versorgungszentren, in Katzenmeier/Ratzel (Hrsg.), Festschrift Dahm, 2017 S. 335 ff.; *Wenner*, Liberalisierung der vertragsärztlichen Tätigkeit – mehr Freiheit oder nur mehr Freiheit für den Missbrauch, in Katzenmeier/Ratzel (Hrsg.), Festschrift Dahm, 2017, S. 517 ff.; *Wigge* in Schnapp/Wigge (Hrsg.), Handbuch des Vertragsarztrechts, 3. Aufl. 2017, § 6 Rz. 141 f.; *Gerdts*, Das MVZ im Nachbesetzungsverfahren, in Ratzel u. a. (Hrsg.), Festschrift 20 Jahre AG Medizinrecht im DAV, 2018, S. 3 ff.; *Kingreen/Kühling*, Kommunen als Trägerinnen Medizinischer Versorgungszentren, DÖV 2018 S. 890 ff.; *Kuhlmann*, Aktuelle Rechtsprechung zur Anstellung von Ärzten in MVZ, ZMGR 2018 S. 3 ff.; *Möller*, Rechtliche Probleme bei Gründung und Betrieb eines Krankenhaus-MVZ, GesR 2018 S. 152 ff.; *Niggehoff* in Sodan (Hrsg.), Handbuch des Krankenversicherungsrechts, 3. Aufl. 2018, S. 602 ff.; *Bördner*, Nichtärztlicher Fremdbesitz von Medizinischen Versorgungszentren, KrV 2019 S. 193 ff.; *Ladurner*, Das Terminservice- und Versorgungsgesetz – TSVG aus vertragsarztrechtlicher Perspektive, MedR 2019 S. 440 ff., 519 ff.; *Netzer-Nawrocki/Meschke*, Der Vertragsarzt im MVZ – Neuigkeiten unter Geltung des TSVG?, GesR 2019 S. 409 ff.; *Ossege*, Beteiligung von Private-Equity-Gesellschaften an zahnärztlichen MVZ-Trägergesellschaften, GesR 2019 S. 281 ff.; *Braun/Walter*, Plausibilitätsprüfungen im MVZ – Zur vermeintlichen Anwendung von § 32 Ärzte-ZV, GuP 2020 S. 68 ff.; *Ladurner/Walter/Jochimsen*, Stand und Weiterentwicklung der gesetzlichen Regelungen zu medizinischen Versorgungszentren (MVZ), Rechtsgutachtachten erstattet dem Bundesministerium für Gesundheit, November 2020, https://www.bundesgesundheitsministerium.de/fileadmin/Dateien/5_Publikationen/Ministerium/Berichte/Stand_und_Weiterentwicklung_der_gesetzlichen_Regelungen_zu_MVZ.pdf; *Schiller/Hartmann* in Halbe (Hrsg.), Handbuch Kooperationen im Gesundheitswesen, April 2020, A-1600 – Heilkunde-GmbH/Ärzte-GmbH; *Kämmerer/Kleiner*, Fremdinvestoren und Fremdkapital bei MVZ – rechtliche Probleme und Lösungsansätze, MedR 2020 S. 531 ff.; *Scholz*, Sanktionen gegenüber Medizinischen Versorgungszentren und den in Medizinischen Versorgungszentren tätigen Ärzten, in Jacobs u. a., Festschrift für Hermann Plagemann zum 70. Geburtstag, 2020, S. 569 ff.; *Willaschek*, MVZ und Kooperationen nach dem TSVG – zwei Aspekte zu angestellten Ärztinnen und Ärzten, GuP 2020 S. 63 ff.; *Remplik/Flasbarth* in Ratzel/Luxenburger (Hrsg.), Handbuch Medizinrecht, 4. Aufl. 2021, Kap. 10; *Ruppel/Haschke*, Reform der Gesellschaft bürgerlichen Rechts und Auswirkungen auf die Vertragsgestaltung, ZMGR 2022 S. 10 ff.; *Sabelleck*, Gewinnabführungs- und Beherrschungsverträge mit Medizinischen Versorgungszentren, GesR 2022 S. 477 ff.; *Altmeppen*, GmbHG, 11. Aufl. 2023; *Ziegler*, GmbH & Co. KG als Kooperationsform von Ärzten und Dritten?, ZMGR 2023 S. 293 ff.; *Pawlita* in Schlegel/Voelzke (Hrsg.), jurisPK-SGB V, 4. Aufl., Stand 17.7.2024, § 95 SGB V Rz. 142 ff.

1. Entstehungsgeschichte

Zum 1.1.2004 hat der Gesetzgeber mit dem Medizinischen Versorgungszentrum (MVZ) einen **neuen Leistungserbringer** im System der gesetzlichen Krankenversicherung geschaffen. Gesetzgeberisches Ziel für die Einführung von MVZ war – in Anlehnung an die ärztlich geleiteten poliklinischen Einrichtungen nach § 311 SGB V a. F. – die Verbesserung der Versorgungsstruktur, indem eine enge Verzahnung ärztlicher und nichtärztlicher Leistungserbringer erfolgen sollte, um den Patienten eine **„Versorgung aus einer Hand“** anzubieten. Außerdem – so die Gesetzesbegründung – helfe die Neuregelung insbesondere jungen Ärzten an der vertragsärztlichen Versorgung teilnehmen zu können, ohne die mit einer Praxisgründung verbundenen wirtschaftlichen Risiken eingehen zu müssen.

Das VÄndG hat die Rahmenbedingungen für MVZ für die Zeit ab dem 1.1.2007 aktualisiert und insbesondere durch die Möglichkeit der Anstellung von Krankenhausärzten in MVZ die Realisierung vieler Krankenhausprojekte gefördert.

Das am 1.1.2012 in Kraft getretene GKV-VStG hat den weiten Kreis der Gründer und die möglichen Gesellschaftsformen eingeschränkt.

Durch das GKV-VSG vom 16.7.2015 wurden das Ein-Fachgebiets-MVZ eingeführt und Kommunen in den Gründerkreis aufgenommen. Auch kann nunmehr der unter Verzicht auf seine Vertragsarztzulassung in ein MVZ-Anstellungsverhältnis wechselnde Gesellschafter für die Dauer dieses Anstellungsverhältnisses noch Gesellschafter der MVZ-Trägergesellschaft bleiben.

Das TSVG hat mit Wirkung vom 11.5.2019 insbesondere die Gründungsberechtigung investorengetragener MVZ modifiziert, die Gründereigenschaft von Praxisnetzen gem. § 87b Abs. 2 Satz 3 SGB V anerkannt sowie bestimmt, dass angestellte Ärzte unter erweiterten Voraussetzungen Gesellschaftsanteile an der Trägergesellschaft erwerben können.

Da Investoren zunehmend kleinere Plankrankenhäuser oder Krankenhäuser mit einem Versorgungsvertrag erwerben und auf diese Weise die Gründungsbefugnis auch für zahnärztliche MVZ erhalten, hat der Gesetzgeber mit § 95 Abs. 1b SGB V die Gründungsberechtigung von Krankenhausträgern ausschließlich für zahnärztliche MVZ in Abhängigkeit von der Versorgungssituation erschwert (zur Begründung BT-Drucks. 19/8351 S. 187 f.; kritisch zur Verfassungsgemäßheit Ladurner, MedR 2019 S. 520 f.).

2. Die zahlenmäßige Situation

Ärztlicher Bereich

Nach Angaben der KBV waren am 31.12.2022 insgesamt 4.574 MVZ zugelassen, was gegenüber dem Vorjahreszeitpunkt einen Zuwachs von 395 bzw. 10 % bedeutet. Am häufigsten beteiligt waren Hausärzte, Chirurgen und Orthopäden sowie fachärztliche Internisten.

43 % der MVZ wurden unter Beteiligung eines Krankenhauses an der Trägerschaft betrieben. In weiteren 43 % der MVZ waren Vertragsärzte an der Trägerschaft beteiligt. Ende 2022 waren in den ärztlichen MVZ 28.140 Ärzte, davon 26.434 im Anstellungsverhältnis tätig. Demgemäß haben 1.706 Ärzte ihre Vertragsarztzulassung behalten. In MVZ, die sich in der Trägerschaft eines Krankenhauses befinden, waren zu mehr als 99 % angestellte Ärzte tätig. Die durchschnittliche MVZ-Größe lag bei ca. 6,2, bei Krankenhaus-MVZ bei ca. 7,3 Ärzten.

Als Rechtsform für die Trägergesellschaft wurde überwiegend die GmbH (3.167 MVZ = 69,24 %) sowie die GbR (673 MVZ = 14,7 %) sowie bei Krankenhaus-MVZ nahezu ausschließlich die GmbH gewählt.

85 % der MVZ befanden sich Kernstädten sowie Ober- und Mittelzentren, lediglich 15 % in ländlichen Gemeinden.

Zahnärztlicher Bereich

Bis zur Einführung des Ein-Fachgebiets-MVZ durch das GKV-VSG im Juli 2015 war die Bedeutung zahnärztlicher MVZ gering. So nahmen am 30.6.2015 lediglich 31 MVZ mit 179 angestellten Zahnärzten an der vertragszahnärztlichen Versorgung teil. Fünf Jahre später, am 30.6.2020, waren bereits 985 MVZ mit 3.055 angestellten Zahnärzten zugelassen (KZBV Jahrbuch 2020 S. 176). 2022 sind es 1.405 MVZ mit 4.183 Zahnärzten (KZBV Jahrbuch 2023 S. 164).

Im vertragszahnärztlichen Bereich war die Bedeutung von MVZ – auch wegen der berufspolitischen Widerstände – eher gering. Darüber hinaus erfüllten rein zahnärztliche MVZ nicht das Merkmal der Fachgebietsübergreiflichkeit. Zudem wurden die bis Februar 2019 geltenden bundesmantelvertraglichen Restriktionen, wonach gem. § 4 Abs. 1 Satz 7 BMV-Z a. F. ein mit einem vollen Versorgungsauftrag zugelassener Vertragszahnarzt maximal zwei vollzeitbeschäftigte Zahnärzte bzw. bis zu vier teilzeitbeschäftigte Zahnärzte anstellen durfte, von manchen Zulassungsgremien auf MVZ übertragen. In der Praxis ist inzwischen anerkannt, dass auch in zahnärztlichen MVZ die Anzahl der angestellten Zahnärzte unbegrenzt sein darf.

Eine weitere Beschränkung wurde aus der Tatsache abgeleitet, dass ein Vertragszahnarzt mit vollem Versorgungsauftrag gem. § 3 Abs. 3 Zahnärzte-ZV lediglich einen in

Vollzeit tätigen oder zwei halbtags zeitlich versetzt eingebundene Vorbereitungsassistenten beschäftigen darf. Auch diese Vorgabe wurde – unabhängig von deren Größe – teilweise auf MVZ angewendet. Argumentiert wurde damit, dass der spezielle Zweck der vertragszahnärztlichen Vorbereitungszeit darin bestehe, den Vorbereitungsassistenten umfassend mit den Rechten und Pflichten eines Vertragszahnarztes vertraut zu machen, wozu auch die Abrechnung gegenüber der KZV zähle. Eine derartige Ausbildung könne nur durch einen in dem MVZ tätigen Vertragszahnarzt erfolgen (vgl. SG Düsseldorf, Beschluss v. 16.5.2017 - S 2 KA 76/17 ER). Nachdem das BSG mit Urteil vom 12.2.2020 (B 6 KA 1/19 R, NWB UAAAH-48051, juris) festgestellt hat, dass maßgeblich für die Anzahl möglicher Vorbereitungsassistenten die **Anzahl der Versorgungsaufträge** ist, ist eine weitere praxisrelevante Beschränkung weggefallen.

PRAXISHINWEIS:

Soll das MVZ originär fachübergreifend mit einem Arzt und einem Zahnarzt errichtet werden, ist zu berücksichtigen, dass die beiden Zulassungsausschüsse nicht gemeinsam entscheiden. Vielmehr ist in einer solchen Konstellation die Zulassung bedingt durch die Zulassung des MVZ durch den jeweils anderen Ausschuss zu erteilen.

3. Vorteile/Nachteile

Zunächst sei mit zwei Vorurteilen aufgeräumt: MVZ sind bei der Abrechnung mit der Kassenärztlichen Vereinigung gegenüber vertragsärztlichen Praxen **nicht privilegiert**! Auch wenn sie häufig in einem Atemzug mit Modellen zur Integrierten Versorgung genannt werden, haben sie hiermit meist nichts zu tun.

Teilweise **wurden** fachübergreifende BAGen in MVZ umgewandelt, um nach fünf Jahren weitere **Vertragsarztzulassungen zu generieren** (§ 103 Abs. 4a Satz 2 SGB V a. F. – zu den Anspruchsvoraussetzungen LSG Nordrhein-Westfalen, Urteil v. 3.5.2017 - L 11 KA 76/14, NWB FAAAG-53233). Allerdings hat der Gesetzgeber diese Bevorzugung mit Inkrafttreten des VÄndG zum 1.1.2007 für die ab diesem Zeitpunkt gegründeten MVZ beseitigt.

Die speziell für die Errichtung eines MVZ sprechenden Gründe sind überschaubar:

Für Vertragsärzte und sonstige gründungsberechtigte natürliche oder juristische Personen besteht – anders als bei ärztlichen/vertragsärztlichen Praxen – die Möglichkeit, mit dem MVZ eine medizinische Einrichtung mit angestellten Ärzten zu betreiben, ohne **persönlich** in dieser Einrichtung medizinische Leistungen erbringen zu müssen. Auch ist den gründungsberechtigten Personen die investive Beteiligung an MVZ-Trägergesellschaften erlaubt, was bei ärztlichen Organisationsformen nach überwiegender Auffassung unzulässig ist. In der Praxis ist vermehrt die investorengeprägte Errichtung von MVZ-Ketten gerade in renditeträchtigen Fachgebieten (z. B. Radiologie, Labor, Dialyse, operative Augenheilkunde, Kardiologie) festzustellen. Anders als bei vertragsärztlichen Praxen kommt die GmbH als Rechtsform in Betracht. Ferner ist die **Anzahl der anzustellenden Ärzte nicht beschränkt**.

Von besonderem wirtschaftlichem Interesse ist die Errichtung eines MVZ für **Krankenhausträger**. Auch insofern ist zu beobachten, dass Krankenhausträger zunehmend speziell Facharztpraxen aufkaufen in der Hoffnung, auf diese Weise die stationäre Belegungsfrequenz und damit langfristig die Sicherung des Klinikstandorts zu gewährleisten (vgl. 4. MVZ-Survey der KBV 2016). Auch wenn die MVZ-Ärzte nach ständiger Rechtsprechung ohne Nachfrage keine konkreten Empfehlungen für ein bestimmtes Krankenhaus aussprechen dürfen, bestehen ausreichend Möglichkeiten, den Pfad in das Trägerkrankenhaus zu ebnen (hierzu Möller, FS Dahm, S. 307, 312). Allerdings kann auch der gegenteilige Effekt eintreten, dass die Patienten ökonomische Anreize für die Empfehlung bestimmter stationärer Maßnahmen befürchten und deshalb andere Einrichtungen aufsuchen.

Für die Gründung eines MVZ sprechen aus der Sicht eines Krankenhausträgers folgende Motive:

- MVZ als wesentlicher Bestandteil des Behandlungspfades ambulant/stationär/ambulant („Einweisungsportal"),
- Schaffung ambulanter Komplementärfunktionen,
- MVZ als Nachbehandler bei verkürzten Liegezeiten (Stichwort: „blutige Entlassung"),
- MVZ als Profitcenter,
- dauerhafte und planungssichere Substitution der wegen Bedarfsabhängigkeit und Drittwiderspruchsmöglichkeit unsicheren Ermächtigungen,
- Anstellung von Krankenhausärzten teilzeitig im MVZ und von MVZ-Ärzten teilzeitig im Krankenhaus,
- Verhinderung des Erwerbs einer Zuweiser-Praxis durch einen Mitbewerber.

Gegen die Errichtung eines MVZ durch einen Krankenhausträger können ebenfalls Argumente angeführt werden:

- Verprellung niedergelassener Vertragsärzte und Reduktion der Einweisungen,
- finanzieller Aufwand durch den Erwerb von Praxen (Vertragsarztzulassungen),
- Unsicherheit der zukünftigen Struktur der ambulanten Versorgung,
- fehlende Kenntnisse der komplexen vertragsarztrechtlichen Vorgaben,
- hausinterne Auseinandersetzungen mit Chefärzten wegen Wegfall/Beschränkung der Ermächtigungen und Entstehen einer Einrichtung für ambulante privatärztliche Tätigkeit,
- Hinterfragung des Kooperationsmodells durch kritische Patienten.

Fazit:

MVZ haben in den vergangenen Jahren stetig an Bedeutung gewonnen und sind aus dem System der vertragsärztlichen Versorgung nicht mehr wegzudenken. Dabei spielen freiberufliche MVZ zunehmend eine durchaus untergeordnete Rolle mit der Folge des Anstiegs der Anzahl angestellter Ärzte. MVZ werden primär in einwohnerstarken Gebieten errichtet. Dass MVZ in unterversorgten Regionen zu einer signifikanten Versorgungsverbesserung geführt hätten, konnte nicht festgestellt werden.

Investoren kaufen kleine Krankenhäuser oder gründen Unternehmen zur Erbringung nichtärztlicher Dialyseleistungen und verschaffen sich auf diese Weise einen Gründerstatus. Sie zahlen Kaufpreise für den Erwerb von Praxen, die die im ärztlichen Bereich üblichen Konditionen oftmals deutlich übersteigen. Wegen der in sämtlichen attraktiven Fächern bestehenden Zulassungsbeschränkungen wird jüngeren Ärztinnen und Ärzten so zunehmend die Chance genommen, sich eine freiberufliche Existenz aufzubauen.

Auf der anderen Seite entstehen Strukturen, die zumindest faktisch direkt oder indirekt Einfluss auf die freie Arztwahl haben können, so wenn z. B. die maßgeblichen orthopädischen Praxen in MVZ eines Radiologie-Konzerns eingebunden werden. Nicht zu Unrecht wird darauf verwiesen, dass derartige Strukturen zu Wettbewerbsverzerrungen führen können (bezogen auf Dialyseleistungen und allgemein kritisch Wenner, FS Dahm, S. 517, 531). So ist es aus der Sicht des Patienten ebenfalls mit einer gewissen Sorge festzustellen, dass Krankenhausträger über MVZ-Strukturen Einfluss auf ihre stationäre Belegungssituation nehmen. So werden nicht nur versorgungsrelevante Facharztpraxen in Krankenhaus-MVZ überführt (vgl. das Beispiel von Wenner, FS Dahm, S. 517, 532: In einer Mittelstadt sind sämtliche Urologensitze in dem MVZ eines Krankenhausträgers vereint), sondern es besteht auch die Tendenz, im Einzugsbereich des Krankenhauses liegende Hausarztpraxen in die MVZ-Struktur einzubringen. Auf diese Weise kann es zu einer Zentralisierung der ambulanten und stationären Versorgung durch Konzern-Krankenhäuser kommen. Insider berichten, dass das häufig personenidentische MVZ- und Krankenhaus-Management Vorgaben des „Cross-Selling" mehr als unterschwellig hervorhebt. Es bleibt weiter zu beobachten, ob vermehrt Fälle bekannt werden, denen zu weit gestellte Indikationen mit dem Ziel stationärer Versorgung zugrunde liegen. Spätestens dann wird der Gesetzgeber Korrekturmaßnahmen ergreifen müssen.

Soweit investorengetragene MVZ unter den Generalverdacht gestellt werden, sich zu sehr an Renditegesichtspunkten zu orientieren, sollte indes nicht verkannt werden, dass auch freiberufliche Praxen betriebswirtschaftlichen Zwängen unterliegen. Wirtschaftlicher Erfolg wird hier oftmals als Qualitätsmerkmal gewertet.

4. Gesetzliche Vorgaben zu MVZ

§ 95 Abs. 1 Satz 2 SGB V beschreibt Medizinische Versorgungszentren als *„ärztlich geleitete Einrichtungen, in denen Ärzte, die in das Arztregister nach Abs. 2 Satz 3 eingetragen sind, als Angestellte oder Vertragsärzte tätig sind"*.

a) Einrichtung

Das Tatbestandsmerkmal der „Einrichtung" ist gesetzlich nicht näher präzisiert. Das BSG fordert eine räumlich und sachlich abgrenzbare Einheit (Urteil v. 13.5.2015 - B 6 KA 25/14 R, NWB KAAAF-02530, GesR 2015 S. 737, 742, Rz. 37). Virtuelle Erscheinungsformen, die lediglich auf dem Papier existieren, reichen zur Annahme einer Einrichtung nicht aus. Hingegen wird man auch bei einem Krankenhaus-MVZ keinen separaten Eingang für das MVZ verlangen müssen. Auch ist es nicht erforderlich, dass sämtliche Ärzte des MVZ in ein und demselben Gebäude oder Gebäudeteil tätig sind (LSG Sachsen-Anhalt, Beschluss v. 15.12.2015 - L 9 KA 18/15 B ER, NWB UAAAF-74499, MedR 2017 S. 184, 187). Allerdings müssen die Vorgaben zum Vertragsarztsitz beachtet werden.

Die räumliche Komponente wird auch dadurch hervorgehoben, dass das MVZ die Zulassung für den Ort der Niederlassung als Medizinisches Versorgungszentrum (Vertragsarztsitz) erhält. Das MVZ muss mithin über eine konkrete Anschrift verfügen, damit die Patienten sich über die Leistungsanbieter informieren und das ihnen zustehende Recht auf freie Arztwahl zwischen Vertragsärzten einerseits und MVZ andererseits auch tatsächlich ausüben können (vgl. § 76 Abs. 1 Satz 1 SGB V).

Die Eigentumsverhältnisse an den materiellen MVZ-Ressourcen sind unerheblich. Diese können grds. gemeinschaftlich mit Dritten genutzt werden, z. B. einer Vertragsarztpraxis oder einem Krankenhaus.

b) Das Ein-Fachgebiets-MVZ

Wegfall der Fachgebietsübergreiflichkeit

Mit Inkrafttreten des GKV-VSG zum 23.7.2015 entfiel das Tatbestandsmerkmal „fachübergreifend" mit der Folge, dass Ein-Fachgebiets-MVZ zulassungsfähig sind. Nach dem Willen des Gesetzgebers können nunmehr reine Hausarzt-MVZ oder arztgruppengleiche Facharzt-MVZ, Zahnarzt-MVZ und Psychologische Psychotherapeuten-MVZ errichtet werden. In der Tat wurden in der Vergangenheit angesichts von Zulassungsbeschränkungen oftmals Fachgebiete zur Gründung von MVZ eingebunden, denen allenfalls eine entfernte Komplementärfunktion in dem Versorgungskonzept des MVZ zukam. Die aus sachgerechten Gründen erfolgte Herabsetzung der Errichtungshürde hat – nicht zuletzt im zahnärztlichen Bereich – zu einem regelrechten MVZ-Gründungsschub geführt.

Mindestanzahl von in MVZ tätigen Ärzten

Theoretisch könnte ein MVZ mit einer halben Vertragsarztzulassung oder einer halben Arztstelle gegründet werden. Auf den ersten Blick ist man geneigt, aus dem Umstand, dass § 95 Abs. 1 Satz 2 SGB V MVZ als Einrichtungen definiert, in welchen „Ärzte" tätig sind, darauf zu schließen, dass dort mindestens zwei Ärzte medizinisch arbeiten müssen. Allerdings ist diese Sichtweise verkürzt, da von „Einrichtungen" die Rede ist und die Wahl des Plurals am Beginn der Definition auch die Verwendung des Plurals in der Folge zwingend erforderte (vgl. Möller/Dahm/Remplik, Kap. 9 Rz. 29 f.). Aus der Entstehungsgeschichte der MVZ ist bekannt, dass dem Gesetzgeber größere Einrichtungen vorschwebten, die eine Versorgung aus einer Hand ermöglichen sollten. Keiner MVZ-relevanten Äußerung des Gesetzgebers kann entnommen werden, dass hieran Abstriche vorgenommen werden und „einzellige" MVZ eingeführt werden sollen. Auch ist zu bedenken, dass bei nur einem im MVZ tätigen Arzt die Regelungen zur ärztlichen Leitung entbehrlich gewesen wären (Steinhilper, GuP 2016 S. 16, 18; vgl. ferner Möller, FS Dahm, S. 307, 310).

Zwei halbe Zulassungen/Arztstellen

Bekanntlich hat das BSG mit Urteil vom 19.10.2011 (B 6 KA 23/11 R, NWB PAAAE-00664, MedR 2012 S. 830, Rz. 16) – in einem obiter dictum – zwei hälftige Vertragsarztsitze/Arztstellen als zur Aufrechterhaltung des MVZ-Betriebs für ausreichend angesehen. Soweit ersichtlich, entspricht dies der Praxis der meisten Zulassungsgremien.

Wer eine lange gerichtliche Auseinandersetzung – mit vermutlich negativem Ausgang – vermeiden will, sollte zur Errichtung eines MVZ mindestens zwei halbe Arztstellen einplanen. Dabei wird es nicht anerkannt, wenn ein und derselbe Arzt mit zwei hälftigen Versorgungsaufträgen oder auf zwei halben Arztstellen im MVZ tätig ist (vgl. Ladurner, § 95 SGB V Rz. 48). Mithin ist es unmöglich, dass ein Vertragsarzt seine Einzelpraxis in eine MVZ-Konstruktion überführt, sofern nicht noch ein weiterer Arzt mit zumindest einem hälftigen Versorgungsauftrag oder einer halben Arztstelle mit eingebunden wird.

Dass eine solche Mini-Einrichtung den Begriff „Zentrum" nutzen darf, wird als vom „Gesetzgeber gebilligte Verbrauchertäuschung" angeprangert (Bäune/Dahm/Flasbarth, MedR 2016 S. 4, 7).

c) Ärztliche Leitung

Welche Funktion der ärztliche Leiter hat und wie seine Rechte und Pflichten ausgestaltet sind, hat der Gesetzgeber nicht einmal ansatzweise beschrieben. Gleichwohl kann das Ziel des Gesetzgebers dahingehend verstanden werden, dass er – vergleichbar der Funktion des Ärztlichen Direktors eines Krankenhauses (z. B. § 31 Abs. 1 Satz 2 KHGG

NRW) – eine **ärztliche Gesamtleitung** institutionalisiert hat. Zu differenzieren ist nach dem vertragsarztrechtlichen und dem arbeitsrechtlichen Status (grundlegend hierzu Makoski/Krapohl, GesR 2013 S. 705 ff. und GesR 2014 S. 6 ff.).

Vertragsarztrecht

Das MVZ muss unter ärztlicher Leitung stehen (§ 95 Abs. 1 Satz 2 SGB V). Der ärztliche Leiter muss in dem MVZ selbst als angestellter Arzt oder als Vertragsarzt tätig sein; er ist in medizinischen Fragen weisungsfrei (§ 95 Abs. 1 Satz 3 SGB V). Der ärztliche Leiter ist Garant für die Unabhängigkeit ärztlicher Entscheidungen.

Es ist als ausreichend anzusehen, wenn der ärztliche Leiter **mindestens halbtags** im MVZ tätig ist (BSG, Urteil v. 11.12.2013 - B 6 KA 39/12 R, NWB SAAAE-61767, GesR 2014 S. 354, Rz. 25). Die Rechtsprechung hat sich bisher nicht mit den Mindestanforderungen an den zeitlichen Umfang der Tätigkeit befasst. Die Vorgaben der Bedarfsplanungs-Richtlinie-Ärzte, wonach eine halbe Stelle einen zeitlichen Umfang von mehr als zehn Wochenarbeitsstunden erfordert, scheidet als Maßstab aus, da der zeitliche Umfang der Mindestsprechstunden (siehe hierzu S. 12 f.) bei einer Halbtagstätigkeit inzwischen 12,5 Wochenstunden beträgt. Hinzu kommen nach der Rechtsprechung des BSG sog. Rüstzeiten von 30 bis 50 % (Urteil v. 13.10.2010 - B 6 KA 40/09 R, NWB XAAAD-61670, GesR 2011 S. 422 f.) mit der Folge, dass sich der zeitliche Umfang an die arbeitsrechtliche Einordnung, die für eine Halbtagstätigkeit mindestens 19,5 Wochenstunden voraussetzt, annähert (für die Relevanz des arbeitsrechtlichen Maßstabs Clemens, FS Steinhilper, S. 11, 18). Sofern darauf abgestellt wird, dass der ärztliche Leiter Mitglied der KV sein müsse, damit er deren Satzungsgewalt unterliege, ist darauf zu verweisen, dass nach Inkrafttreten des GKV-SVSG am 1.3.2017 die KV-Mitgliedschaft an eine Beschäftigung von mindestens zehn Stunden pro Woche gekoppelt ist (§ 77 Abs. 3. Satz 2 SGB V). In den Zeiten seiner Abwesenheit kann der ärztliche Leiter in entsprechender Anwendung des § 32 Abs. 1 Satz 2 Ärzte-ZV vertreten werden.

Nach dem SG Marburg kann der Tätigkeitsort einer ärztlichen Leitung eines MVZ auch eine Nebenbetriebsstätte des MVZ sein, sofern die Leitung stets faktisch in der Lage ist, von ihrem jeweiligen Standort aus, die vollständige und umfassende Kontrolle und Steuerung des MVZ wahrzunehmen. In besonderen Situationen muss auch kurzfristig eine persönliche Präsenz in beiden Betriebsstätten sichergestellt sein. Dies ist regelmäßig der Fall, wenn zwischen Nebenbetriebs- und Hauptbetriebsstätte eine Distanz liegt, die in weniger als 30 Minuten zu überbrücken ist (SG Marburg, Urteil v. 3.5.2023 - S 17 KA 642/22, GesR 2024 S. 34).

Für die Übertragung der Funktion des ärztlichen Leiters wird keine besondere fachliche Qualifikation oder berufliche Erfahrung vorausgesetzt.

§ 95 Abs. 1 Satz 4 SGB V sieht eine **kooperative Leitung** für den Fall vor, dass in dem MVZ, Angehörige unterschiedlicher Berufsgruppen tätig sind (z. B. Ärzte, Zahnärzte, Psychotherapeuten). Manche Zulassungsausschüsse sind großzügiger und lassen eine kooperierende Leitung bereits bei Vorhandensein mehrerer Fachgebiete zu, was aus Gründen der Qualitätssicherung uneingeschränkt zu begrüßen ist.

Ein MVZ muss für eine ordnungsgemäße Leistungserbringung und -abrechnung kontinuierlich über eine (zahn)ärztliche Leitung verfügen. Ist die (zahn)ärztliche Leitung auch nur temporär (etwa bei sofortigem Beschäftigungsverbot in der Schwangerschaft der ärztlichen Leiterin oder bei längerer Krankheitsabwesenheit des ärztlichen Leiters) nicht sichergestellt, kann das zum vollständigen Honorarverlust des MVZ für den betreffenden Leistungszeitraum führen (vgl. SG München, Urteil v. 29.2.2024 - S 49 KA 5037/23, GesR 2024 S. 462 f.).

PRAXISHINWEIS:

Vorsorglich sollte ein stellvertretender ärztlicher Leiter bestimmt und gegenüber der Kassen(zahn)ärztlichen Vereinigung benannt werden, damit im Falle der Verhinderung des ärztlichen Leiters ein Ansprechpartner existiert, insbesondere jedoch die Sammelerklärung unterzeichnet werden kann – vgl. § 1 Abs. 4 Satz 6 HVM Nordrhein i. d. F. ab dem 1.4.2024. Andernfalls muss im Einzelfall unverzüglich ein Vertreter des ärztlichen Leiters bestellt und die Vertretung der K(Z)V angezeigt werden.

Entgegen der früher teilweise von Zulassungsgremien und Kassenärztlichen Vereinigungen vertretenen Ansicht muss der ärztliche Leiter **nicht mit Geschäftsführungsbefugnissen** auf der Ebene der MVZ-Trägergesellschaft ausgestattet sein. Wesentlich ist, dass der ärztliche Leiter in medizinischen Angelegenheiten keinerlei Weisungen der Gesellschafter unterworfen wird. Er muss auch nicht über die Befugnis verfügen, Personal einzustellen oder zu entlassen. Regelmäßig wird der ärztliche Leiter gegenüber den nachgeordneten – angestellten – Ärzten weisungsberechtigt sein. Das Weisungsrecht ist immanent beschränkt durch die Grenze des ärztlichen Fachgebiets, die arbeitsvertragliche Position des nachgeordneten Arztes und dessen Gewissensfreiheit. Ein fachliches Weisungsrecht gegenüber den Angehörigen einer anderen Berufsgruppe (Zahnarzt, Psychologischer Psychotherapeut) ist ausgeschlossen.

Obwohl hierfür keine Rechtsgrundlage existiert, verlangen manche Zulassungsausschüsse, dass der ärztliche Leiter die maßgeblichen Anträge in Zulassungsangelegenheiten unterzeichnet. Praxisrelevant ist die Frage, ob und mit welchen Rechtsfolgen der ärztliche Leiter in die **Abrechnung gegenüber der Kassenärztlichen Vereinigung** eingebunden ist.

Eine Vielzahl von Honorarverteilungsmaßstäben enthält die Verpflichtung, dass der ärztliche Leiter die Sammelerklärung zur Quartalsabrechnung unterschreiben muss. Bestanden zur Frage der Rechtmäßigkeit dieser Vorgabe auf obergerichtlicher Ebene abweichende Beurteilungen (bejahend LSG Nordrhein-Westfalen, Beschluss v. 24.2.2016 - L 11 KA 58/15 B ER, NWB FAAAF-69599, MedR 2016 S. 381, 386; ebenso LSG Baden-Württemberg, Urteil v. 28.10.2020 - L 5 KA 2789/17, NWB LAAAH-68943, juris, wonach der HVM vorschreiben kann, dass die Sammelerklärung sowohl durch den rechtsgeschäftlichen Vertreter des MVZ als auch zusätzlich durch dessen ärztlichen Leiter unterschrieben wird), hat das BSG mit Urteil vom 13.12.2023 zur Klarstellung beigetragen. Sieht ein Honorarverteilungsmaßstab ein Unterschriftenerfordernis der Sammelerklärung zur Quartalsabrechnung durch den ärztlichen Leiter eines MVZ vor, ist dies kein bloßes Formerfordernis, sondern Voraussetzung für das Entstehen des Vergütungsanspruchs (BSG, Urteil v. 13.12.2023 - B 6 KA 15/22 R NWB MAAAJ-66355, GesR 2024 S. 456 f.). Mit der Unterzeichnung ist jedoch nicht die Konsequenz verbunden, dass der ärztliche Leiter gegenüber der Kassenärztlichen Vereinigung für die Richtigkeit der Erklärung haftet mit der Folge, dass er für fehlerhafte Angaben gegebenenfalls mit seinem Privatvermögen einstehen muss. Das BSG hat in seinem Grundsatzurteil vom 21.3.2012 (B 6 KA 22/11 R, NWB ZAAAE-14364, GesR 2012 S. 539) festgestellt, dass der MVZ-Träger für die Einhaltung der vertragsärztlichen Pflichten verantwortlich sei. Gerade die Übernahme der Verantwortung für eine wahrheitsgemäße Quartalsabrechnung sei unteilbar und nicht delegierbar. Den ärztlichen Leiter keinen Honorarrückforderungen auszusetzen, ist nur konsequent, da der MVZ-Träger Inhaber des Vergütungsanspruchs ist und die KV-Honorare vereinnahmt. Nach dem SG Marburg zählen zu den Aufgaben einer ärztlichen Leitung die Steuerung des MVZ hinsichtlich des Personaleinsatzes, der medizinischen Ausrichtung der Abrechnung, der sachlich und rechnerisch richtigen Abrechnung, die Einhaltung der Teilnahme des MVZ am Notdienst und die Einteilung der der im MVZ angestellten Ärzte hierfür, zudem die Prüfung, ob die im MVZ angestellten Ärzte ihren vertragsärztlichen Pflichten nachkommen und ob die Abrechnungsgenehmigungen für die von den angestellten Ärzten erbrachten Leistungen vorliegen, die Vertretung von abwesenden Ärzten gemäß den rechtlichen Bedingungen, die Einhaltung des Wirtschaftlichkeitsgebots bei den ärztlichen Behandlungen einschl. der Verordnung von Arzneimitteln, Heil- und Hilfsmitteln sowie Sprechstundenbedarf, die Einhaltung von Qualitätssicherungs- Hygiene- und weiteren Vorschriften und ferner die Sicherstellung der Nicht-Einflussnahme Dritter in die ärztliche Behandlung (vgl. SG Marburg, Urteil v. 3.5.2023 - S 17 KA 642/22, GesR 2024 S. 34 ff.). Angesichts derartiger Anforderungen und der daraus resultierenden Verantwortung verwundert es nicht, dass angestellte Ärzte eines MVZ zunehmend zurückhaltender bei der Übernahme der Position des ärztlichen Leiters sind; dies jedenfalls dann, wenn sie nicht zugleich in der Verantwortung als Gesellschafter der MVZ-Trägergesellschafter sind bzw. ihnen ggf. weiterreichende Geschäftsführungsbefugnisse für die Gesellschaft eingeräumt sind.

PRAXISHINWEIS:

Allerdings kann sich der ärztliche Leiter für eigenes vertragsärztliches Fehlverhalten disziplinarisch verantworten müssen (instruktiv SG München, Gerichtsbescheid v. 22.1.2021 - S 38 KA 165/19, juris, welches dem ärztlichen Leiter die Gesamtverantwortung für die korrekte Organisation der Behandlung und für die Leistungsabrechnung zuweist; im konkreten Fall war unzureichend dokumentiert worden; das Gericht sah keine Notwendigkeit, dass die KV vorrangig gegen die Ärzte vorgehen musste, die unzureichend dokumentiert hatten; kritisch zu dieser Entscheidung Möller, juris-PraxisReport Medizinrecht 5/2021 Anm. 1).

Ausführlich zu Sanktionsmöglichkeiten gegen MVZ und die in MVZ tätigen Ärzte, Scholz, a. a. O., S. 569, 571 ff.

Über die **Bestellung und Abberufung** des ärztlichen Leiters hat der Gesetzgeber keine Vorgaben gemacht. Bei Beantragung der MVZ-Zulassung muss jedoch ein ärztlicher Leiter benannt werden, da ansonsten die Zulassung nicht erteilt werden darf. Der als ärztlicher Leiter gegenüber dem Zulassungsausschuss benannte, im MVZ tätige Arzt muss gegenüber dem Zulassungsausschuss sein Einverständnis mit der Bestellung erklären. Oftmals enthält der Arbeitsvertrag eine entsprechende Regelung. Nicht selten wird für die Übernahme der Funktion eine gesonderte Vergütung gezahlt. Die Abberufung des ärztlichen Leiters ist sozialrechtlich nicht an die Einhaltung bestimmter Fristen gebunden. Auch prüft der Zulassungsausschuss nicht, ob die Abberufung arbeitsrechtlich rechtmäßig ist.

PRAXISHINWEIS:

Soll wegen Wegfalls des bisherigen ärztlichen Leiters ein Nachfolger bestellt werden, bedarf es hierzu eines förmlichen Beschlusses des Zulassungsausschusses (BSG, Urteil v. 14.12.2011 - B 6 KA 33/10 R, NWB QAAAE-05820, MedR 2012 S. 695, Rz. 10).

Arbeitsrecht

Regelmäßig erfolgt die Einbindung des ärztlichen Leiters auf der Grundlage eines **Arbeitsvertrages.** Im Folgenden seien zwei besonders praxisrelevante Aspekte angesprochen:

Ob der ärztliche Leiter als **leitender Angestellter** einzuordnen ist mit der Folge, dass auf ihn das Kündigungsschutzgesetz nur modifiziert Anwendung findet, hängt von der inhaltlichen Ausgestaltung und vor allem der praktischen Handhabung des Arbeitsverhältnisses ab. Ihm muss gem. § 14 Abs. 2 KSchG eine Personalkompetenz zustehen, die ihn zu selbständiger Einstellung und/oder Entlassung von Arbeitnehmern berechtigt. Diese Befugnis muss auch im Innenverhältnis bestehen, d. h. sie darf sich intern nicht auf ein Vorschlagsrecht beschränken oder lediglich „auf dem Papier stehen“ (BAG, Urteil v. 19.4.2012 - 2 AZR 186/11, NWB EAAAE-23323, NZA 2013 S. 27). In der Praxis stehen angestellten ärztlichen Leitern in MVZ derartige Befugnisse regelmäßig nicht zu, so dass sie meist keine leitenden Angestellten sind.

Von erheblicher Relevanz ist die Frage, ob und gegebenenfalls in welchem Umfang der MVZ-Träger gegenüber dem ärztlichen Leiter im **Innenverhältnis Rückgriff** für Honorarrückforderungen der KV oder bei Regressen nehmen kann. In vielen Arbeitsverträgen finden sich Regelungen, dass der ärztliche Leiter für die Einhaltung der vertragsarztrechtlichen Vorgaben und insbesondere für die ordnungsgemäße Abrechnung verantwortlich sei. Auch wenn das TSVG die Ausschlussfrist für den Erlass von Honorarberichtigungs- und Regressbescheiden von vier auf zwei Jahre reduziert hat, können erhebliche, auch für den MVZ-Träger existenzgefährdende Beträge auflaufen. Auch droht bei einer als gröbliche Pflichtverletzung einzustufenden Fehlabrechnung der Entzug der MVZ-Zulassung mit sich anschließender Insolvenz. Zugunsten des ärztlichen Leiters greifen die von der Rechtsprechung entwickelten **Grundsätze der beschränkten Arbeitnehmerhaftung bei betrieblich veranlasster Tätigkeit.** Die Haftung des ärztlichen Leiters ist abhängig vom Grad seines Verschuldens und einer vorzunehmenden Gesamtabwägung. Eine summenmäßige Begrenzung der Haftung – etwa auf drei Monatsgehälter – nimmt die Rechtsprechung nicht vor.

PRAXISHINWEIS:

Es stellt sich häufig als schwierig heraus, einen Arzt mit der Aufgabe der ärztlichen Leitung zu beauftragen. Um die aus der Sicht des (potenziellen) ärztlichen Leiters bestehenden Haftungsrisiken zu minimieren, empfehlen sich vertragliche Regelungen wie:

- Beschränkung der Haftung auf grobe Fahrlässigkeit oder Vorsatz,
- summenmäßige Haftungsbegrenzungen,
- Ausschlussfristen sowie
- ggf. der Abschluss einer DO-Versicherung.

d) Eintragung in das Arztregister

Im Versorgungszentrum dürfen nur Ärzte tätig werden, die in das Arztregister nach § 95 Abs. 2 Satz 3 Nr. 1 SGB V eingetragen sind. Das Arztregister wird von der Kassenärztlichen Vereinigung für jeden Zulassungsbezirk geführt (§ 1 Abs. 1 Ärzte-ZV). Voraussetzungen für die Eintragung sind:

- die Approbation als Arzt,
- der erfolgreiche Abschluss einer Weiterbildung.

Zuständig für die Eintragung ist das Arztregister des Zulassungsbezirks, in dem der Arzt seinen Wohnort (= Wohnsitz i. S. des § 7 BGB) hat.

e) Tätigkeit als angestellter Arzt oder als Vertragsarzt

Das MVZ wird idealerweise – so die parlamentarische Sichtweise im Gesetzgebungsvorhaben – in der Form der sog. **„Angestelltenvariante"** geführt. Die Tätigkeit eines angestellten Arztes im MVZ setzt die Erteilung einer Anstellungsgenehmigung durch den Zulassungsausschuss voraus.

Die Tatsache, dass Vertragsärzten der Zugang zu Medizinischen Versorgungszentren versagt werden sollte, wurde auf Seiten der Ärzteschaft als „Kampfansage“ betrachtet. Auf deren Initiative wurde der Gesetzesentwurf um die Wörter „oder Vertragsärzte“ ergänzt, ohne dass im Übrigen hinsichtlich Konstruktion und Statik des MVZ, Änderungen vorgenommen worden wären.

In der Tat ist es fragwürdig, ob bei der Eingliederung eines Vertragsarztes insbesondere bei einer MVZ-GmbH noch von freiberuflicher Tätigkeit ausgegangen werden kann.

PRAXISHINWEIS:

Maßgeblich ist die Wahrung der Selbständigkeit i. S. des Kriteriums „persönlich in freier Praxis“ gem. § 32 Abs. 1 Satz 1 Ärzte-ZV. Das ist bei einer Kapitalgesellschaft eigentlich nicht möglich. Da der Gesetzgeber die Kombination Kapitalgesellschaft und zugelassener Arzt aber vorsieht, ist ein geringeres Maß an Selbständigkeit zu fordern. Aber: Die Struktur der Gesellschaft muss nach dem BSG-Urteil vom 29.11.2017 (B 6 KA 31/16 R, NWB RAAAG-80468, GesR 2018 S. 375, 378 f.) einen bestimmenden Einfluss der in ihr tätigen Vertragsärzte sicherstellen. Diese müssen Gesellschafter sein und an der Geschäftsführung teilhaben. Darüber hinaus verlangt das BSG explizit, dass hinsichtlich der Vergütung ein unternehmerisches Risiko bestehen muss, was in der Praxis eine arbeitnehmerähnliche feste Vergütung ausschließt. In der Praxis sind viele Fragen zur Gestaltung der Vergütung nach wie vor ungeklärt.

Seit Inkrafttreten des VÄndG zum 1.1.2007 ist es grds. zulässig, dass ein Vertragsarzt neben seiner freiberuflichen Tätigkeit teilzeitig als angestellter Arzt in einem MVZ beschäftigt ist. Dies gilt allerdings nur, wenn der Vertragsarzt lediglich mit einem hälftigen oder einem Dreiviertel-Versorgungsauftrag an der vertragsärztlichen Versorgung teilnimmt (vgl. hierzu LSG Berlin-Brandenburg, Urteil v. 7.6.2019 - L 24 KA 39/17, NWB GAAAH-30998, MedR 2020 S. 619, 620 f.). Seine vertragsärztliche Tätigkeit darf insgesamt nicht über einen vollen Versorgungsauftrag hinausgehen. Da bedarfsplanungsrechtlich irrelevant, kommt jedoch eine Tätigkeit im sog. Job-Sharing in Betracht.

Ein MVZ-Arzt darf im Rahmen eines Anstellungsverhältnisses nicht auf einer halben hausärztlich-internistischen und einer halben fachärztlich-internistischen Arztstelle tätig sein, da dies nicht mit der gesetzlichen Zuordnung entweder zur hausärztlichen oder zur fachärztlichen Versorgung zu vereinbaren ist (§ 73 Abs. 1a SGB V; BSG, Urteil v. 13.2.2019 - B 6 KA 62/17 T, NWB CAAAH-16094, juris, Rz. 17 ff.).

Eine MVZ-Arztstelle kann auf Antrag des MVZ-Trägers mit Genehmigung des Zulassungsausschusses in eine Vertragsarztzulassung **rückumgewandelt** werden, sofern der Umfang der Tätigkeit des angestellten Arztes zumindest einem hälftigen Versorgungsauftrag entspricht (§ 95 Abs. 9b SGB V). Die gesetzlich nicht vorgesehene Rückumwandlungs- und Ausschreibungsmöglichkeit eines Viertel-Versorgungsauftrages führt in der

Praxis zu erheblichen Einschränkungen bei der Aufteilung von Versorgungsaufträgen (vgl. dazu auch die weiteren Ausführungen in Kapitel F. S. 407 f.).

f) Anforderungen an die Gründer

Hinweis zur Entstehungsgeschichte

Mit Inkrafttreten des **GKV-VStG** zum 1.1.2012 hat der Gesetzgeber den Kreis der MVZ-Gründer maßgeblich beschränkt. Dies ist vor dem Hintergrund zu sehen, dass in der Praxis insbesondere in den kapitalintensiven Fächern (z. B. Labor, Radiologie, operative Augenheilkunde) die Tendenz festzustellen war, dass sich zunehmend nicht zu dem anerkannten Gründerkreis zählende Investoren an MVZ-Trägergesellschaften beteiligten. Realisiert wurden derartige Projekte über den „Umweg" der Errichtung eines in der Rechtsform der juristischen Person betriebenen Unternehmens zur Heilmittelerbringung (§ 124 SGB V – z. B. Physiotherapeuten-GmbH, Pflegedienst-GmbH) oder zur Hilfsmittelerbringung (§ 126 SGB V – Sanitätshaus-GmbH). Wurde ein solches Unternehmen von den gesetzlichen Krankenkassen zur Versorgung von GKV-Patienten zugelassen, erfüllte es den Status eines zugelassenen Leistungserbringers und war berechtigt, MVZ in eigener Trägerschaft zu errichten. Nicht selten wurde offen kommuniziert, dass Ziel des Projekts der Börsengang sei. Aus der Ärzteschaft erhob sich erheblicher Widerstand gegen derartige Beteiligungsmodelle. Der Gesetzgeber hat die Beschränkung des Gründerkreises damit gerechtfertigt, dass derartige Konstruktionen Gefahren für die Unabhängigkeit medizinischer Entscheidungen in sich bergen.

Die zum Zeitpunkt des Inkrafttretens des **GKV-VStG** bestehenden MVZ genießen Bestandsschutz, jedoch ist es deren Trägern verwehrt, weitere neue MVZ zu gründen. Die größeren MVZ-Ketten reagieren auf die neue Rechtslage, indem sie z. B. Krankenhausträger erwerben und auf diesem Weg MVZ-Trägergesellschaften errichten.

Das **TSVG** hat die Gründungsvoraussetzungen für Erbringer nichtärztlicher Dialyseleistungen verschärft, indem ein Fachbezug zu Dialyseleistungen bestehen muss (§ 95 Abs. 1a Satz 2 SGB V; BT-Drucks. 19/8351 S. 187; Ladurner, MedR 2019 S. 519, 521). Durch die Einführung von **Versorgungshöchstquoten für zahnärztliche MVZ in der Trägerschaft von Krankenhäusern** (§ 95 Abs. 1b SGB V; ausführliche Begründung in BT-Drucks. 19/8351 S. 187 ff.; kritisch zur Verfassungsmäßigkeit Ladurner, MedR 2019 S. 519, 522) wurde eine Sonderregelung für den vertragszahnärztlichen Bereich geschaffen. Ziel dieser Vorschrift ist es, unerwünschte Konzentrationsprozesse zu vermeiden und die Zahnarzt-Wahlfreiheit der Patienten zu stärken.

Aktuelle Gründervoraussetzungen

§ 95 Abs. 1a Satz 1 SGB V bestimmt, dass MVZ nunmehr (nur) noch von

- zugelassenen Ärzten (Vertragsärzten, Vertragszahnärzten und zugelassenen Psychotherapeuten),
- zugelassenen Krankenhäusern,
- Erbringern von nichtärztlichen Dialyseleistungen nach § 126 Abs. 3 SGB V,
- gem. § 87b Abs. 2 Satz 3 SGB V anerkannten Praxisnetzen,
- gemeinnützigen Trägern, die aufgrund von Zulassung oder Ermächtigung an der vertragsärztlichen Versorgung teilnehmen, und von
- Kommunen

gegründet werden dürfen.

Die meisten MVZ werden von Vertragsärzten oder Krankenhausträgern errichtet. Bei Vertragsärzten genügt eine Zulassung im Rahmen eines hälftigen oder eines Dreiviertel-Versorgungsauftrags oder als sog. Job-Sharer gem. § 101 Abs. 1 Satz 1 Nr. 4 SGB V. Gründungsberechtigt ist nach dem Gesetzeswortlaut ausschließlich der einzelne Vertragsarzt, nicht jedoch eine BAG.

Eine MVZ-GmbH ist nicht gründungsberechtigt (BSG, Urteil v. 16.5.2018 - B 6 KA 1/17 R, NWB UAAAG-94098, ZMGR 2018 S. 302, 304 f.).

Jeder anerkannte Leistungserbringer ist berechtigt, allein oder gemeinsam mit anderen gründungsberechtigten Leistungserbringern MVZ **bundesweit in unbegrenzter Anzahl** an unterschiedlichen Stellen und in einfacher oder variantenreicher Fachgebietskombination zu errichten.

PRAXISHINWEIS:

Das TSVG hat durch eine Änderung des § 95 Abs. 1a Satz 1 SGB V klargestellt, dass es nicht notwendig ist, für jedes MVZ eine eigene Trägergesellschaft zu errichten. Mehrere MVZ können als selbständige Betriebsstätten einer einzelnen Trägergesellschaft geführt werden. Für jedes MVZ müssen die Zulassungsvoraussetzungen erfüllt sein. Im Einzelfall ist bei der Planung abzuwägen, ob die Errichtung separater Trägergesellschaften aus Gründen der Flexibilität nicht vorteilhafter ist.

Vertragsarztrechtlich unzulässig und deshalb zivilrechtlich unwirksam ist die – verdeckte – **Beteiligung eines Nichtgründungsberechtigten** an einer MVZ-Trägergesellschaft (LG Köln, Urteil v. 1.12.2016 - 5 O 235/15, MedR 2017 S. 498, mit Anm. Dahm).

PRAXISHINWEIS:

„Strohmann-Konstruktionen" sind unzulässig. Gründet ein Vertragsarzt als Strohmann für einen Dritten (etwa einen Apotheker) ein MVZ, sind die erbrachten Leistungen nicht gegenüber der Kassenärztlichen Vereinigung abrechenbar. Erfolgt die Abrechnung gleichwohl, liegt ein Verstoß gegen § 263 Abs. 1 StGB vor (BGH, Urteil v. 19.8.2020 - 5 StR 558/19, NWB TAAAH-61775, GesR 2020

S. 774 ff.; bestätigt durch BVerfG, Beschluss v. 5.5.2021 - 2 BvR 2023/20, NWB KAAAH-80557). Das MVZ riskiert Honorarrückforderungen, Verordnungsregresse sowie den Entzug der Zulassung.

PRAXISHINWEIS:

Manche Zulassungsgremien äußern Bedenken, wenn eine MVZ-GmbH in einen Konzern eingebunden ist und ein Beherrschungs- und Ergebnisabführungsvertrag mit der „Konzern-Mutter" besteht (ausführlich hierzu: Sabelleck, GesR 2022 S. 477 ff.). Da ein Mehrheitsgesellschafter gem. § 37 Abs. 1 GmbHG faktisch ohnehin die Geschäftsführungsmaßnahmen in der Gesellschaft bestimmen kann, führt ein dies bekräftigender, meist aus steuerlichen Gründen geschlossener Vertrag nicht zur Unzulässigkeit der Konstruktion. Lediglich klarstellend könnten Weisungen in ärztlichen Fragen explizit aus dem vertraglichen Geltungsbereich herausgenommen werden.

Auch die Vereinbarung einer Ergebnisabführung ist zulässig. Es entspricht der gesetzlichen Vorgabe, dass der Träger eines Plankrankenhauses berechtigt ist, zum Betrieb eines MVZ eine GmbH zu errichten. Mit der Gesellschafterstellung geht die (selbstverständliche) Berechtigung einher, über die Gewinnverwendung zu entscheiden. Nicht immer wird berücksichtigt, dass das beherrschende Unternehmen analog § 302 AktG verpflichtet ist, die Existenz des beherrschten Unternehmens für die Dauer des Vertrages zu garantieren und demgemäß eventuell auftretende Verluste ausgleichen muss (vgl. nur Altmeppen, a. a. O., Anhang zu § 13 GmbHG Rz. 59, 71 ff., m. w. N.).

Bedenkt man, dass jeder Vertragsarzt in der Entscheidung frei ist, wie er den Gewinn seiner Praxis verwendet, und anerkennt man zudem, dass keinesfalls feststeht, dass von MVZ in Trägerschaft von Beteiligungsgesellschaften Gefahren für die Versorgungsqualität ausgehen (Ladurner/Walter/Jochimsen u. a., a. a. O., S. 74 ff.), erscheint es zwingend, das Verbot einer Gewinnabführung von einer ausdrücklichen gesetzlichen Regelung abhängig zu machen (ebenso Scholz, a. a. O., S. 569, 576).

Indes kann sich die Unzulässigkeit der Gesellschafterstellung unter dem Aspekt des Verbots der Zuweisung gegen Entgelt aus §§ 73 Abs. 7, 128 Abs. 2 SGB V ergeben, wenn der Gesellschafter zu den zuweisenden Ärzten zählt und seinen Gewinn durch sein Zuweisungsverhalten maßgeblich beeinflusst. Nicht jede MVZ-Gründung durch einen zuweisenden Arzt ist unzulässig. In jedem Einzelfall ist zu prüfen, ob eine zulässige wirtschaftliche Betätigung vorliegt. Eine differenzierte Betrachtung ist ebenfalls geboten, wenn Vertragsärzte – z. B. aus steuerlichen Gründen – von ihnen bisher in ihrer Praxis erbrachte Leistungen in ein von ihnen errichtetes MVZ auslagern. Nicht verboten sind rein finanzielle Beteiligungsformen wie die Vereinbarung eines partiarischen Darlehens oder die Einräumung eines Genussrechts, wenn hiermit keine Einflussmöglichkeiten auf wirtschaftliche Entscheidungen des MVZ-Trägers verbunden sind.

Eine Ausnahme von den formalen Beschränkungen ist allerdings für den Fall der Vererbung eines Gesellschaftsanteils an einen Nichtleistungserbringer quasi im Rahmen einer Gnadenquartalsregelung entsprechend § 4 Abs. 3 BMV-Ä anzuerkennen.

Verlust der Gründereigenschaft – „Hybrid-Modell"

Mit dem Verlust der Gründereigenschaft endet grds. auch die Berechtigung zur Beteiligung an einer MVZ-Trägergesellschaft. Gemäß § 95 Abs. 6 Satz 4 SGB V bleibt die Gründereigenschaft nach Abs. 1a Satz 1 jedoch „auch für die angestellten Ärzte bestehen, die auf ihre Zulassung zugunsten der Anstellung in einem medizinischen Versorgungszentrum verzichtet haben, solange sie in dem medizinischen Versorgungszentrum tätig sind und Gesellschafter des medizinischen Versorgungszentrums sind."

§ 95 Abs. 6 Satz 5 SGB V, eingeführt durch das TSVG, sieht die Möglichkeit vor, dass angestellte Ärzte für die Dauer ihrer Tätigkeit im MVZ die Gesellschafteranteile an der MVZ-Gesellschaft auch von ihrem Vorgänger übernehmen können, sofern dieser auf seine Vertragsarztzulassung verzichtet hat.

PRAXISHINWEIS:

Der Gesetzeswortlauf enthält eine Lücke: Die Übertragungsmöglichkeit an weitere Nachfolger in der Anstellung besteht nicht (kritisch Ladurner, MedR 2019 S. 519, 525; Willaschek, GuP 2020 S. 63 ff.; Remplik/Flasbarth in Ratzel/Luxenburger (Hrsg., a. a O., Kap. 10 Rz. 219).

In der Beratungspraxis kommt dem Modell durchaus Relevanz zu (vgl. ausführlich Möller, FS Dahm, S. 307, 315).

PRAXISHINWEIS:

Das Hybrid-Modell kann sich anbieten, um die Vertragsarztzulassungen „abzuschirmen". Wenn z. B. sämtliche Gesellschafter einer MVZ-Trägergesellschaft auf ihre Zulassung zugunsten der Anstellung verzichten, ist es keinem von ihnen möglich, unter „Mitnahme" der Vertragsarztzulassung aus der Gesellschaft auszuscheiden.

Die Konstruktion wird ferner diskutiert im Zusammenhang mit **„Versorgungsmodellen"**: Der ehemalige Vertragsarzt möchte noch möglichst lange investiv an „seinem" MVZ und damit an dessen Gewinn beteiligt bleiben. Häufig wird dabei der Wunsch geäußert, keine ärztlichen Leistungen mehr erbringen zu müssen. Die Tätigkeit soll sich allein auf Verwaltungsaufgaben beschränken.

§ 95 Abs. 6 Satz 4 SGB V „konserviert" zeitlich **befristet für die Dauer des Anstellungsverhältnisses** die Gründereigenschaft nach § 95 Abs. 1a Satz 1 SGB V für das konkrete MVZ (konkreter: die MVZ-Trägergesellschaft). Betreibt eine MVZ-Trägergesellschaft mehrere MVZ, ist offen, ob der ehemalige Vertragsarzt in sämtlichen MVZ tätig sein muss.

Weitere vertragsärztliche Rechte und Pflichten sind mit der Privilegierung nicht verbunden. Insbesondere besteht keine Berechtigung, sich generell an sonstigen MVZ-Trägergesellschaften zu beteiligen.

Die amtliche Begründung spricht explizit von einem **Anstellungsverhältnis**. Das Anstellungsverhältnis muss die arbeitsrechtlichen und vertragsarztrechtlichen Vorgaben erfüllen. Zwar ist die Rede von einem Zulassungsverzicht zugunsten der Anstellung, jedoch ist nicht ersichtlich, dass die Privilegierung – entgegen dem Wortlaut der Norm – nur bei angeordneten Zulassungsbeschränkungen gelten soll, was unter Gleichheitsgesichtspunkten (Art. 3 Abs. 1 GG) ohnehin problematisch wäre. Zudem wäre die Begünstigung für Zahnärzte nicht einschlägig, da für diese keine Zulassungsbeschränkungen gelten. Auch dies wäre eine nicht gerechtfertigte Ungleichbehandlung.

Soll das „Hybrid-Modell" bei bestehenden Zulassungsbeschränkungen realisiert werden, sind die vom BSG im Urteil vom 4.5.2016 (B 6 KA 21/15 R, NWB IAAAF-82619, GesR 2016 S. 771) in zeitlicher Hinsicht vorgegebenen Eckpunkte zu beachten. Da die zeitliche Streckung zur Vermeidung von Umgehungstatbeständen dient, ist es keinesfalls zwingend, die BSG-Grundsätze generell anzuwenden. Bestehen keine Zulassungsbeschränkungen, erscheint es sachgerecht, von vornherein eine Teilzeittätigkeit anzuerkennen, die mit dem Faktor 0,25 im Rahmen der Bedarfsplanung angesetzt wird.

Ein nur zum Schein begründetes Anstellungsverhältnis kann die fortgeführte Gesellschafterstellung nicht vermitteln. Der angestellte Arzt/Zahnarzt wird vielmehr seiner **Sprechstundenverpflichtung** im Rahmen der konkret erteilten Anstellungsgenehmigung nachkommen müssen. Eine lediglich organisatorisch-beratende Tätigkeit – vorgenommen eventuell per Telekommunikation vom Altersruhesitz – erfüllt diese Voraussetzungen nicht. Gleiches gilt für eine reine Verwaltungstätigkeit. Damit sind Konzepte unzulässig, die darauf beruhen, dass der ehemalige Vertragsarzt ohne konkrete eigene ärztliche/zahnärztliche Tätigkeit am Ergebnis der MVZ-Trägergesellschaft partizipiert oder den Gewinn sogar vollständig vereinnahmt.

Auch wenn die gesetzliche Regelung aufgrund ihrer Optionserweiterung uneingeschränkt zu begrüßen ist, kommt man nicht umhin festzustellen, dass die Hybrid-Stellung dann mit elementaren arbeitsrechtlichen Vorgaben kollidieren kann, wenn eine maßgeblich beherrschende Gesellschafterstellung in einer Personengesellschaft besteht. Die für die Anerkennung eines Arbeitsverhältnisses geforderte persönliche Abhängigkeit liegt immer dann nicht vor, wenn der Gesellschafter – ohne Geschäftsführer zu sein – aufgrund der gesellschaftsvertraglichen Regelungen maßgeblich auf die Geschicke der Gesellschaft einwirken kann und damit faktisch das Weisungsrecht des Geschäftsführers unterlaufen wird. Das BAG hat bereits mit Urteil vom 6.5.1998 (5 AZR 612/97, NZA 1998 S. 939) festgestellt, dass ein Gesellschafter, dem mehr als 50 % der Stimmen zustehen, auch dann nicht Arbeitnehmer der Gesellschaft sein kann, wenn er nicht Geschäftsführer ist. Ebenfalls können vertragliche Sonderrechte wie Sperrminoritäten oder Vetorechte der Weisungsunterworfenheit entgegenstehen. Auf die Frage, ob der Gesellschafter, die ihm vertraglich eingeräumte Leitungsmacht tatsächlich ausübt, kommt es hingegen nicht an.

In der Vergangenheit haben die Zulassungsausschüsse die aufgezeigte Kollision der Rechtsvorschriften, soweit ersichtlich, kaum problematisiert. In Bezug auf die zugrundeliegende Rechtsfrage, ob auch ein als Gesellschafter-Geschäftsführer weiterhin selbständig tätiger Arzt angestellter Arzt in „seinem" MVZ sein kann, hat das BSG mit seinem Grundsatzurteil vom 26.1.2022 strukturelle Voraussetzungen herausgestellt und in diesem Sinne Klarheit geschaffen (BSG, Urteil v. 26.1.2022 - B 6 KA 2/21, NWB DAAAJ-15457, MedR 2022 S. 942 f.) Das BSG stellt generell fest, dass es „selbstverständlich" rechtlich möglich ist, gleichzeitig als Angestellter des MVZ tätig zu sein und Anteile an der Betreibergesellschaft zu halten. Dass ein Gesellschafter zugleich abhängig Beschäftigter der Gesellschaft sein kann, ist danach in der Rechtsprechung des BSG seit langem geklärt. Der 6. Senat des BSG stellt dazu auf die Rechtsprechung des 12. BSG-Senats zur Abgrenzung von abhängiger Beschäftigung zur Selbstständigkeit von Gesellschafter-Geschäftsführern ab (st. Rspr; vgl etwa BSG, Urteil v. 7.7.2020 - B 12 R 17/18 R NWB FAAAH-68261, DStR 2021 S. 311 f., m. w. N.). Danach ist ein Gesellschafter-Geschäftsführer nicht per se kraft seiner Kapitalbeteiligung selbständig tätig, sondern muss, um nicht als abhängig beschäftigt angesehen zu werden, über seine Gesellschafterstellung hinaus die Rechtsmacht besitzen, durch Einflussnahme auf die Gesellschafterversammlung die Geschicke der Gesellschaft bestimmen zu können. Eine solche Rechtsmacht ist bei einem Gesellschafter gegeben, der mindestens 50 v. H. der Anteile am Stammkapital hält oder bei einer geringeren Kapitalbeteiligung nach dem Gesellschaftsvertrag über eine die gesamte Unternehmenstätigkeit erfassende Sperrminorität verfügt. Dagegen ist ein GmbH-Gesellschafter, der in der Gesellschaft angestellt und nicht zum Geschäftsführer bestellt ist, regelmäßig abhängig beschäftigt. Er besitzt allein aufgrund seiner gesetzlichen Gesellschafterrechte nicht die Rechtsmacht, seine Weisungsgebundenheit als Angestellter der Gesellschaft aufzuheben. Das Weisungsrecht gegenüber den Angestellten der Gesellschaft obliegt – sofern im Gesellschaftsvertrag nichts anderes vereinbart ist – nicht der Gesellschafterversammlung, sondern ist Teil der laufenden gewöhnlichen Geschäftsführung. Erst wenn Gesellschafter kraft ihrer gesellschaftsrechtlichen Position letztlich auch die Leitungsmacht gegenüber der Geschäftsführung haben, unterliegen sie nicht mehr deren Weisungsrecht (vgl. BSG, Urteil v. 7.7.2020 - B 12 R 17/18 R, a. a. O.).

Eine Anstellungsgenehmigung kann danach auch unter der Voraussetzung, dass ein Vertragsarzt in einem gesperrten Planungsbereich auf seine Zulassung verzichtet, um in „seinem" MVZ tätig zu werden, nur erteilt werden, wenn der betreffende Arzt ein abhängiges Beschäftigungsverhältnis im sozialversicherungsrechtlichen Sinne (§ 7 Abs. 1 SGB IV, § 5 Abs. 1 Nr. 1 SGB V) in dem MVZ anstrebt.

Ist ein Arzt zugleich Gesellschafter der MVZ-Trägergesellschaft, liegt ein Beschäftigungsverhältnis nur vor, wenn er nicht über seine Gesellschafterstellung hinaus die Rechtsmacht besitzt, durch Einflussnahme auf die Gesellschafterversammlung die Geschicke der Gesellschaft bestimmen zu können. Soweit es nach dem Urteil des 6. Senats des BSG vom 26.1.2022 für die Abgrenzung entscheidend auf die Weisungsgebundenheit als Angestellter der Gesellschaft ankommt, muss es als ausreichend angesehen werden, wenn die Einflussnahmemöglichkeit gesellschaftsvertraglich bezogen auf das eigene Beschäftigungsverhältnis jedes Gesellschafters beschränkt wird, jeder Gesellschafter also für den sein Beschäftigungsverhältnis betreffenden Bereich von der Geschäftsführung ausgeschlossen ist. Ein vollständiger Ausschluss von der Geschäftsführung ist danach nicht zu fordern. Dies entspricht auch der zu beobachtenden Verwaltungspraxis jedenfalls einiger Zulassungsausschüsse.

Zu der grundsätzlichen Frage, ob eine (MVZ)GbR aufgrund ihrer Rechtsposition einen Arbeitsvertrag mit einem ihrer Gesellschafter schließen kann, verhält sich das BSG im Urteil vom 26.1.2022 nicht. Nachdem durch das MoPeG seit dem 1.1.2024 in § 705 Abs. 2 BGB n. F. die Rechtsfähigkeit der „rechtsfähigen Gesellschaft“, die nach dem gemeinsamen Willen der Gesellschafter am Rechtsverkehr teilnehmen soll, ausdrücklich anerkannt ist, kann eine solche „Außen-GbR“ mit eigener Rechtspersönlichkeit als Vertragspartnerin auch jedem ihrer Gesellschafter (arbeitsvertraglich) gegenübertreten.

PRAXISHINWEIS:

Die durch die Zulassungsgremien gegenüber einem MVZ zu genehmigende Anstellung eines Arztes, der zugleich Gesellschafter der MVZ-Trägergesellschaft ist, scheidet stets für eine Ein-Mann-MVZ-GmbH aus. Ein abhängiges Beschäftigungsverhältnis im sozialversicherungsrechtlichen Sinne kann in diesen Konstellationen rechtlich nicht dargestellt werden. Bei MVZ-Trägergesellschaften mit mindestens zwei Gesellschaftern können durch Beschränkungen der Geschäftsführung auf gesellschaftsvertraglicher Ebene – insoweit bezogen auf das jeweils eigene Beschäftigungsverhältnis des Gesellschafters – Voraussetzungen geschaffen werden, welche die Annahme eines abhängigen Beschäftigungsverhältnisses rechtfertigen und eine Anstellungsgenehmigung für den jeweiligen Gesellschafter durch den Zulassungsausschuss ermöglichen. Der Ausgestaltung der gesellschaftsvertraglichen Regelungen zur Mitbestimmung und Geschäftsführung gilt besonderes Augenmerk. Der Gesellschaftsvertrag ist in derartigen Konstellationen generell dem Zulassungsausschuss vorzulegen, hier ggf. mit erläuternden Hinweisen des (rechtlichen) Beraters.

g) Rechtsformwahl

Bei Einführung der MVZ ging der Gesetzgeber in § 95 Abs. 1 Satz 3 SGB V a. F. davon aus, dass Medizinische Versorgungszentren sich aller **zulässigen** Organisationsformen bedienen konnten. Die Gesetzesbegründung formuliert: *„Medizinische Versorgungszentren können als juristische Personen, z. B. als GmbH oder als Gesamthandsgemeinschaft (BGB-Gesellschaft) betrieben werden.“*

Das GKV-VStG hat neben einer Dezimierung der möglichen Gründer auch zu einer Beschränkung der möglichen Rechtsformen geführt. § 95 Abs. 1a Satz 3 SGB V nennt abschließend:

- Personengesellschaften,
- eingetragene Genossenschaften,
- Gesellschaften mit beschränkter Haftung
- Öffentlich-rechtliche Rechtsformen

Die Gesetzesbegründung erwähnt als Personengesellschaften die GbR und die PartG. Die Partnerschaftsgesellschaft mit beschränkter Berufshaftung (PartG mbB) als Spezialform einer Partnerschaftsgesellschaft kommt nur dann als MVZ-Trägerin in Betracht, wenn das jeweilige Landesrecht Mindestvorgaben zum Abschluss der erforderlichen Berufshaftpflichtversicherung enthält (§ 32 Abs. 4 HKG Niedersachsen, Art. 18 Abs. 2 BayHKaG, § 31 Abs. 3 HBKG Ba-Wü, § 27 Abs. 5 HmbKGH). Der Gesetzgeber hat Personenhandelsgesellschaften nicht in die als abschließend anzusehende Aufzählung aufgenommen, so dass sich der Streit um die Zulässigkeit der OHG und der GmbH & Co. KG erledigt hat.

Angesichts des eindeutigen Gesetzeswortlauts unmöglich geworden ist die Errichtung eines MVZ durch eine Einzelperson (a. A. Preißler, FS Dahm, S. 335, 339), eine Stiftung oder eine Aktiengesellschaft.

Ein Krankenhausträger in der Rechtsform der GmbH kann MVZ ohne Zwischenschaltung einer Tochtergesellschaft errichten, denn es ist nicht vorgegeben, dass der Gesellschaftszweck zwingend auf den Betrieb eines MVZ beschränkt ist. Für **Kommunen** gilt die Besonderheit, dass sie sich zudem jeder öffentlich-rechtlichen Rechtsform bedienen können, mithin das MVZ auch als Regie- oder Eigenbetrieb führen dürfen (§ 95 Abs. 1a Satz 3 a. E. SGB V – kritisch zur Verfassungsmäßigkeit der Einbindung von Kommunen Schaks, NZS 2016 S. 761, 764). Eingetragene Genossenschaften spielen aufgrund ihrer komplizierten Grundstruktur in der Praxis bisher keine Rolle.

Der Gesetzgeber hat in § 95 Abs. 1a Satz 4 SGB V einen umfassenden Bestandsschutz vorgesehen:

„Die Zulassung von medizinischen Versorgungszentren, die am 1. Januar 2012 bereits zugelassen sind, gilt unabhängig von der Trägerschaft und der Rechtsform des medizinischen Versorgungszentrums unverändert fort."

Den unter den **Bestandsschutz fallenden MVZ** stehen alle Handlungsoptionen offen, sie können freiwerdende Arztstellen nachbesetzen, ihre Fachgebietsangebote erweitern, indem weitere Arztsitze eingebunden werden, sich auf ausgeschriebene Vertragsarztsitze bewerben und Änderungen ihrer Rechtsform oder Trägerstruktur sowie Änderungen auf der Gesellschafterebene vornehmen.

h) Veränderungen auf der Trägerebene

Beitritt

Durch den Beitritt eines gründungsberechtigten Gesellschafters in die MVZ-Trägergesellschaft ändern sich weder deren Rechtsform noch deren Zulassungsstatus. Der Beitritt muss der Registerstelle/dem Zulassungsausschuss lediglich angezeigt werden, damit geprüft werden kann, ob der Beitretende die Voraussetzungen des § 95 Abs. 1a Satz 1 SGB V erfüllt. Ein gesondertes Genehmigungsverfahren ist nicht erforderlich (BSG, Urteil v. 22.10.2014 - B 6 KA 36/13 R, NWB YAAAE-82352, ZMGR 2015 S. 22).

Ausscheiden

Das Ausscheiden eines Gesellschafters aus der MVZ-Trägergesellschaft ist für deren Status grds. unerheblich.

Eine andere Beurteilung ergibt sich bei Personengesellschaften im Falle des **Ausscheidens des vorletzten Gesellschafters.** In diesem Fall vereinen sich – entsprechend der gesetzlichen Regelanordnung gemäß § 712a BGB bzw. bei Existenz einer Fortführungsklausel in vor dem 1.1.2024 (MoPeG) datierenden Gesellschaftsverträgen – sämtliche Gesellschaftsanteile bei der verbleibenden Person, die das MVZ als Einzelunternehmen im Wege der Gesamtrechtsnachfolge fortführt. Da eine Einzelperson kein MVZ-Träger sein darf, führt dies zum Entzug der MVZ-Zulassung. Keine Gesamtrechtsnachfolge liegt vor, wenn die Einzelpraxis auf eine Ein-Mann-GmbH übertragen wird mit der misslichen Folge, dass die MVZ-Zulassung erneut erteilt werden muss (vgl. Netzer-Nawrocki/Meschke, GesR 2019 S. 409, 414).

PRAXISHINWEIS:

Eine aus lediglich zwei natürlichen Gesellschaftern bestehende Personengesellschaft sollte nicht als MVZ-Trägerin gegründet werden.

Vergleichbare Konstellationen können sich beim Wegfall des einzigen Gesellschafters einer MVZ-GmbH ergeben. Auch bei entsprechender Anwendung der Gnadenquartalsregelung gem. § 4 Abs. 3 BMV-Ä sollten die Geschäftsanteile zeitnah an einen gründungsberechtigten Gesellschafter abgetreten werden.

Übertragung von Gesellschaftsanteilen

Innerhalb des Kreises zulässiger Gesellschafter kann über Gesellschaftsanteile grds. frei verfügt werden, ohne dass dies Auswirkungen auf den Zulassungsstatus hat. Eine Ausnahme kann anzunehmen sein, wenn bei der sog. Vertragsarztvariante durch die Abtretung von Gesellschaftsanteilen der Status als „echter Gesellschafter“ quasi unterlaufen wird und tatsächlich ein verkapptes Anstellungsverhältnis vorliegt.

Rechtsformwechsel

Ein Rechtsformwechsel (§§ 190 ff. Umwandlungsgesetz – UmwG) ist für den Zulassungsstatus grds. unerheblich, da die Identität der Gesellschaft gewahrt bleibt. Gesellschaftsidentität war bislang anzunehmen bei dem Wechsel von der GbR in die PartG sowie von der PartG in die GmbH und zurück. Seit dem 1.1.2024 ist durch das MoPeG die Möglichkeit des identitätswahrenden Formwechsels unmittelbar von einer GbR in eine GmbH geschaffen (§ 214 UmwG n. F.). Voraussetzung dafür ist die Eintragung der GbR in das neu geschaffene Gesellschaftsregister als sog. eingetragene GbR („eGbR"; siehe dazu auch Kap. B.I. S. 31 f.). So kann etwa künftig eine eGbR ohne Zwischenschritt über eine PartG in eine GmbH (perspektivisch im Falle einer berufsrechtlichen Freigabe ggf. auch in die GmbH & Co. KG) überführt werden, was namentlich die Überführung einer BAG in ein MVZ bei gewünschter Rechtsform der GmbH erleichtern kann (vgl. Ziegler, ZMGR 2023 S. 293 f.; vgl. zu den sich ergebenden Gestaltungsmöglichkeiten für BAGen, Praxisnetze und MVZ auch Ruppel/Haschke, ZMGR 2022 S. 10 f.).

i) Bürgschaften oder andere Sicherheitsleistungen

§ 95 Abs. 2 Satz 5 SGB V hebt die Gründungschwelle für in der Rechtsform der Gesellschaft mit beschränkter Haftung errichtete MVZ an:

„Für die Zulassung eines medizinischen Versorgungszentrums in der Rechtsform einer Gesellschaft mit beschränkter Haftung ist außerdem Voraussetzung, dass die Gesellschafter entweder selbstschuldnerische Bürgschaftserklärungen oder andere Sicherheitsleistungen nach § 232 des Bürgerlichen Gesetzbuchs für Forderungen von Kassenärztlichen Vereinigungen und Krankenkassen gegen das medizinische Versorgungszentrum aus dessen vertragsärztlicher Tätigkeit abgeben; dies gilt auch für Forderungen, die erst nach Auflösung des medizinischen Versorgungszentrums fällig werden."

Der Gesetzgeber hat durch diese Regelung die juristischen Personen des Privatrechts haftungsrechtlich den als Personengesellschaften organisierten kooperativen Organisationsformen (BAG, MVZ in der Freiberuflervariante) gleichstellen wollen (ausführlich Dahm, MedR 2008 S. 257; Rehborn, FS 10 Jahre AG MedR, S. 417). War die Art der Sicherheitsleistung viele Jahre ausschließlich auf Bürgschaften beschränkt, hat das am 23.7.2015 in Kraft getretene GKV-VSG die Möglichkeit eröffnet, anstelle einer Bürgschaft *„andere Sicherheitsleistungen nach § 232 BGB"* beizubringen (ausführlich Ladurner, § 95 SGB V Rz. 99 f.; Wigge in Schnapp/Wigge, § 6 Rz. 200 f.). In Betracht kommen z. B. die Hinterlegung von Geld oder Wertpapieren, die Verpfändung von Forderungen oder die Bestellung von Hypotheken an inländischen Grundstücken.

Nach richtiger Ansicht gilt die Pflicht zur Sicherheitsleistung generell nicht für vor dem 1.1.2007 zugelassene MVZ-Trägergesellschaften. Weder aus dem Gesetzeswortlaut noch aus der Entstehungsgeschichte lässt sich etwas anderes herleiten (LSG Hessen, Urteil v. 25.4.2012 - L 4 KA 67/10, NWB GAAAE-30057, MedR 2012 S. 834). Eine bestandskräftige MVZ-Zulassung bleibt – wie z. B. eine Baugenehmigung bei geändertem Bebauungsplan – bestehen. Demgemäß kann von deren Gesellschaftern nicht die Beibringung einer selbstschuldnerischen Bürgschaft verlangt werden. Gleiches gilt für den Fall eines Gesellschafterbeitritts und sogar dann, wenn sämtliche Gesellschafter ausgetauscht werden.

Das Bürgschaftspostulat gilt nur für juristische Personen des Privatrechts. Die Bürgschaftserklärung ist von dem jeweiligen Gesellschafter auszuhändigen. Ist Gesellschafterin eine juristische Person, ist diese und sind nicht etwa deren Gesellschafter beibringungspflichtig (BSG, Urteil v. 22.10.2014 - B 6 KA 36/13 R, NWB YAAAE-82352, ZMGR 2015 S. 22). Abschlagszahlungen auf das vertragsärztliche Honorar dürfen nicht allein bei MVZ, die in der Organisationsform einer juristischen Person des Privatrechts betrieben werden und deren Gesellschafter nicht ausschließlich natürliche Personen sind, von der Vorlage einer Bankbürgschaft abhängig gemacht werden (BSG, Urteil v. 7.9.2022 - B 6 KA 10/21 R, NWB GAAAJ-27321, juris).

Kommunen als Träger eines Krankenhauses oder Hochschulkliniken kommen ebenfalls als Gründer von MVZ oder als Gesellschafter von MVZ-Trägergesellschaften in Betracht. Probleme ergeben sich, wenn die Kommune als Gesellschafterin eine Bürgschaftserklärung in unbegrenzter Höhe abgeben muss, da dies gegen Vorgaben des Kommunalrechts verstoßen kann. Das MVZ-Projekt ist möglicherweise allein aufgrund dieses Umstandes zum Scheitern verurteilt!

Das Bürgschaftspostulat stellt insbesondere gemeinnützige Krankenhausträger vor erhebliche Probleme. So wird die Befürchtung vorgetragen, bei Abgabe einer Bürgschaftserklärung zugunsten einer selbst als Alleingesellschafterin betriebenen MVZ-GmbH sei der Verlust der Gemeinnützigkeit zu befürchten. Dies gelte insbesondere dann, wenn die Inanspruchnahme aus der Bürgschaft erfolge.

Verlangt wird eine selbstschuldnerische Bürgschaft gem. § 773 Abs. 1 Nr. 1 BGB, keine Bürgschaft auf erstes Anfordern und erst recht **keine Bankbürgschaft**! Aufgrund der Verbürgung als Selbstschuldner ist die Einrede der Vorausklage ausgeschlossen. Die Bürgschaft darf nach dem Wortlaut des § 95 Abs. 2 Satz 5 SGB V betragsmäßig nicht beschränkt werden. Deshalb muss selbst der Gesellschafter mit einem „Mini-Anteil" eine Bürgschaft in unbeschränkter Höhe beibringen. Diese Unbeschränktheit ist unverhältnismäßig. Zudem ist zu berücksichtigen, dass die Sicherheitsarten des § 232 Abs. 1 BGB notwendigerweise eine Bestimmung der Sicherheitshöhe voraussetzen. Unter Gleichbehandlungsaspekten sollte diese Vorgabe auf die Bürgschaften übertragen werden.

PRAXISHINWEIS:

Der Zulassungsausschuss muss die Bürgschaft fünf Jahre nach dem Ausscheiden aus der GmbH entsprechend der Regelung zur Nachhaftung eines GbR-Gesellschafters, vgl. § 728b Abs. 1 BGB, herausgeben (vgl. BSG, Urteil v. 11.9.2019 - B 6 KA 2/18 R, NWB UAAAH-41065, juris).

j) Gesetzliche Generalverweisung

Zu den rechtlichen Auswirkungen der MVZ-Zulassung heißt es in § 95 Abs. 3 Satz 2 bis 3 SGB V:

„Die Zulassung des medizinischen Versorgungszentrums bewirkt, dass die in dem Versorgungszentrum angestellten Ärzte Mitglieder der für den Vertragsarztsitz des Versorgungszentrums zuständigen Kassenärztlichen Vereinigung sind und dass das zugelassene medizinische Versorgungszentrum insoweit zur Teilnahme an der vertragsärztlichen Versorgung berechtigt und verpflichtet ist. Die vertraglichen Bestimmungen über die vertragsärztliche Versorgung sind verbindlich."

Mit anderen Worten: **Die für Vertragsärzte geltenden Rechte und Pflichten bestimmen den Rahmen auch der MVZ-Tätigkeit! Aber:** Die MVZ-Trägergesellschaft wird nicht Mitglied der zuständigen Kassenärztlichen Vereinigung. Dies ist, und zwar abhängig vom zeitlichen Beschäftigungsumfang, nur bei den angestellten Ärzten der Fall.

k) Status des im MVZ angestellten Arztes

Verwiesen wird zunächst auf die Ausführungen zum angestellten Arzt in Kapitel F.I. S. 394 ff.

Der MVZ-Träger ist vertragsarztrechtlich Adressat der Anstellungsgenehmigung (BSG, Urteil v. 4.5.2016 - B 6 KA 28/15 R, NWB UAAAF-82693, GesR 2016 S. 775). Die angestellten Ärzte müssen in einem **Arbeitsverhältnis** zum MVZ-Träger stehen. Insofern finden auf sie die arbeitsrechtlichen Vorgaben Anwendung. Tarifliche Bedingungen für das Arbeitsverhältnis bestehen je nach Tarifgebundenheit der Parteien. Ein freies Mitarbeiterverhältnis erfüllt die gesetzlichen Voraussetzungen nicht.

Erwirbt der MVZ-Träger eine Arztpraxis, wird regelmäßig ein Betriebsübergang gem. § 613a BGB vorliegen mit der Konsequenz, dass der MVZ-Träger in die bestehenden Arbeitsverhältnisse eintritt, sofern die Mitarbeiter nicht widersprechen.

Seit dem 1.3.2017 (Inkrafttreten des GKV-SVSG) ist derjenige angestellte Arzt, der mindestens zehn Stunden wöchentlich im MVZ beschäftigt ist, Mitglied der KV und unterliegt damit deren Disziplinargewalt. Maßgeblich für die Bemessung der Arbeitszeit sind die Regelungen im Arbeitsvertrag (BT-Drucks. 18/10605).

PRAXISHINWEIS:

Der Antrag auf Nachbesetzung einer vollen oder halben Arztstelle im MVZ muss grds. innerhalb einer Frist von sechs Monaten nach dem Freiwerden der Stelle dem Zulassungsausschuss in vollständiger Form zugegangen sein und alle materiell-rechtlichen Voraussetzungen erfüllen. Die Frist kann in besonderen Fällen um höchstens sechs Monate verlängert werden. Da teilweise vertreten wird, die Nachbesetzung einschließlich der Tätigkeitsaufnahme, zumindest aber die Entscheidung des Zulassungsausschusses müsse innerhalb der Sechs-Monats-Frist erfolgt sein, ist eine möglichst rechtzeitige Antragstellung dringend geboten!

Bei einer 1/4-Stelle gilt für die Nachbesetzung ein etwas großzügigerer Maßstab von ca. einem Jahr (BSG, Urteil v. 4.5.2016 - B 6 KA 28/15 R, NWB UAAAF-82693, GesR 2016 S. 775, 779, Rz. 26).

l) Beschaffung von Zulassungen, Entstehung von Arztstellen

Das MVZ kann die ärztlichen Leistungen durch angestellte Ärzte und/oder Vertragsärzte erbringen.

Soweit für das jeweilige Fachgebiet keine Zulassungsbeschränkungen gelten, ist die Situation einfach. Ist der Arzt zulassungsfähig, kann er eine Vertragsarztzulassung beantragen und auf dieser Grundlage im MVZ tätig werden. Verfügt er bereits über eine Vertragsarztzulassung, kann er deren Verlegung in das MVZ beantragen. Stattdessen kann das MVZ die Genehmigung der Anstellung des Arztes beantragen. Durch die Genehmigung der Anstellung wird eine Arztstelle im MVZ geschaffen.

Der Gesetzgeber hat die MVZ – auch die in kommunaler Trägerschaft – zulassungsrechtlich im Übrigen nicht privilegiert. Bei bestehenden Zulassungsbeschränkungen muss die Besetzung der Fachgebiete im MVZ **bedarfsplanungsneutral** durch Umwandlung einer Vertragsarztzulassung in eine Arztstelle oder durch Einbindung eines Vertragsarztes erfolgen.

Die Generalnorm zur **Umwandlung einer Vertragsarztzulassung** ist § 103 Abs. 4a Satz 1 SGB V:

„Verzichtet ein Vertragsarzt in einem Planungsbereich, für den Zulassungsbeschränkungen angeordnet sind, auf seine Zulassung, um in einem Medizinischen Versorgungszentrum tätig zu werden, so hat der Zulassungsausschuss die Anstellung zu genehmigen, wenn Gründe der vertragsärztlichen Versorgung dem nicht entgegenstehen; …"

PRAXISHINWEIS:

Die Einbindung eines Vertragsarztes in eine MVZ-Struktur wird aufgrund versorgungsrelevanter Vorgaben zunehmend problematisch. § 24 Abs. 7 Satz 1 Ärzte-ZV lässt eine Verlegung des Vertragsarztsitzes nur zu, wenn Gründe der vertragsärztlichen Versorgung dem nicht entgegenstehen.

Entsprechendes gilt gem. § 103 Abs. 4a Satz 1 SGB V bei der Umwandlung einer Vertragsarztzulassung in eine Angestellten-Arztstelle.

In der Praxis ist festzustellen, dass insbesondere Krankenhausträger, aber auch „MVZ-Ketten", die die Errichtung eines MVZ oder dessen Ausbau planen, als Interessenten auf dem Praxismarkt auftreten. Regelmäßig wird zwischen dem MVZ-Träger und dem Praxisinhaber ein Praxisübergabevertrag abgeschlossen. Teilweise werden derzeit wegen der hohen Nachfrage nach Vertragsarztzulassungen **strategisch hohe Preise** gezahlt. Der Inhalt des Praxisübergabevertrages hat sich nach üblichen Standards zu richten, wobei die Vorgaben zum Datenschutz bei der Übertragung der Patientenkartei besonders beachtet werden müssen, um die Nichtigkeit des Gesamtvertrages zu verhindern. Häufig hat der Erwerber ausschließlich Interesse an der Vertragsarztzulassung und nicht an den Ressourcen der Praxis. In diesen Fällen wird oftmals lediglich der „goodwill" (immaterielle Wert) veräußert.

PRAXISHINWEIS:

Der Vorgang der Veräußerung des immateriellen Werts bedarf sowohl für den verzichtenden Vertragsarzt als auch den Erwerber der steuerlichen Begleitung.

Das Verzichts-Modell ist gegenüber der Ausschreibungs-Variante mit Vorteilen verbunden: Es kann keine Einziehung der Vertragsarztzulassung wegen fehlender Versorgungsrelevanz erfolgen, zudem findet keine Ausschreibung des Vertragsarztsitzes mit der Möglichkeit einer Fremdbewerbung statt. Die so geschaffene Arztstelle kann wiederum ohne Einziehungsmöglichkeit und Ausschreibungsnotwendigkeit nachbesetzt werden.

In welchem zeitlichen Umfang und für welche Dauer die Anstellungstätigkeit auszuüben war, musste früher mangels einer bundeseinheitlichen Verwaltungspraxis mit dem jeweils zuständigen Zulassungsausschuss abgeklärt werden. Teilweise wurde eine Tätigkeit lediglich für ein Quartal gefordert. Mit seinem Grundsatzurteil vom 4.5.2016 (B 6 KA 21/15 R, NWB IAAAF-82619, GesR 2016 S. 771, Rz. 24 f.) hat das BSG eine grds. Klarstellung vorgenommen und dem Konzessionshandel einen Riegel vorgeschoben: Die Nachbesetzung einer Arztstelle ist nur dann zulässig, wenn der auf seine Vertragsarztzulassung zugunsten einer Anstellung verzichtende Vertragsarzt die **Absicht hat, für die Dauer von drei Jahren im Anstellungsverhältnis tätig zu sein**. Dabei hat das BSG es zugelassen, dass der angestellte Arzt den zeitlichen Umfang seiner Tätigkeit stufenweise reduziert: Während des ersten Jahres der Tätigkeit muss der ehemalige Vertragsarzt in dem zeitlichen Umfang tätig sein, in welchem er vertragsärztlich tätig war. Bei einem vollen Versorgungsauftrag mithin auf einer vollen Arztstelle, bei einem hälftigen Versorgungsauftrag auf einer halben Arztstelle. In den beiden folgenden Jahren darf er seinen Tätigkeitsumfang jeweils um den bedarfsplanungsrechtlichen Anrechnungsfaktor von etwa 1/4 reduzieren (hierzu Pflugmacher, KrV 2017 S. 107, 110).

Bestand die Absicht einer dreijährigen Tätigkeit, hindern unvorhersehbar eintretende Störungen wie Berufsunfähigkeit oder Tod die Nachbesetzung der Arztstelle nicht. Ergibt sich im Nachhinein, dass die Dreijahresfrist nicht eingehalten werden sollte, kann dies zum Scheitern der Nachbesetzung der Arztstelle führen. Je kürzer die Tätigkeit dauerte, desto höher sind die Anforderungen an den Nachweis der ursprünglichen Absicht auf eine dreijährige Tätigkeit. Ist die Argumentation für den Zulassungsausschuss nicht nachvollziehbar, scheitert die Nachbesetzung.

Das BSG hat in der referierten Entscheidung ferner klargestellt, dass eine Nachbesetzung der durch Umwandlung entstandenen Arztstelle nur in dem Umfang erfolgen darf, in dem der Arzt seine Tätigkeit im MVZ tatsächlich aufgenommen hat.

PRAXISHINWEIS:

Bestehen Zweifel, ob die Vorgabe der dreijährigen Tätigkeit im Anstellungsverhältnis erfüllt werden kann, ist zu prüfen, ob die Durchführung des förmlichen Nachbesetzungsverfahrens zum Ziel führen kann.

Der Erwerber einer Praxis sollte vertraglich Vorsorge treffen, dass der ehemalige Vertragsarzt (Verkäufer) verpflichtet wird, zumindest für die Dauer von drei Jahren im Anstellungsverhältnis tätig zu sein. Scheitert die Nachbesetzung der Arztstelle aus von dem Verkäufer zu vertretenden Gründen, ist eine wirtschaftliche Kompensation vorzusehen.

Die Nachbesetzung einer MVZ-Arztstelle setzt im Übrigen voraus, dass sowohl der ausscheidende Arzt als auch dessen Nachfolger derselben Arztgruppe nach den Vorgaben des Bedarfsplanungsrechts angehören (BSG, Urteil v. 28.9.2016 - B 6 KA 40/15 R, NWB TAAAG-38129, NZS 2017 S. 219 f.).

m) Verlegung von Arztstellen

Das GKV-VSG hat mit der in § 24 Abs. 7 Satz 2 Ärzte-ZV vorgesehenen Möglichkeit der Verlegung von MVZ-Arztstellen eine weitere wesentliche Erleichterung für strukturelle Organisationsmaßnahmen geschaffen (ausführlich Porten, NZS 2015 S. 732). Anstellungsgenehmigungen können verlegt werden, wenn Gründe der vertragsärztlichen Versorgung dem nicht entgegenstehen. Der magere Gesetzeswortlaut ist indes für die Umsetzungspraxis wenig zielführend. Deutlicher wird die Gesetzesbegründung (BT-Drucks. 18/4095 S. 154), wonach die Verlegung der Arztstelle von einem MVZ in ein anderes MVZ Träger- oder Gesellschafteridentität voraussetzt (weitergehend Porten, NZS 2015 S. 732, 735: wirtschaftliche Einheit).

PRAXISHINWEIS:

Mit Urteil vom 30.9.2020 (B 6 KA 18/19 R, NWB FAAAH-65630) hat das BSG die Verlegungsvoraussetzungen schärfer umrissen. Es hat hervorgehoben, dass es dem Gesetzgeber um die Verlegungsmöglichkeit „allein innerhalb einer wirtschaftlichen und zudem gleichzeitig organisatorischen bzw. gesellschaftsrechtlichen Einheit ging“. Keinesfalls sollte einer Kommerzialisierung von Zulassungen und Arztstellen der Boden bereitet werden. Zudem stellt das BSG klar, dass die Verlegung nur bei einer vollständigen Identität der Gesellschafter der beteiligten Trägergesellschaften zulässig ist. In der Entscheidung hat das BSG seine bisherige Rechtsprechung nochmals bekräftigt und ausgeführt, dass die Verlegung nicht genehmigt werden darf, wenn hierdurch das weitere MVZ erst entsteht.

Genehmigt werden sollte auch die Verlegung der einem in Einzelpraxis tätigen Vertragsarzt zugeordneten Arztstelle in ein von diesem Vertragsarzt als MVZ-GmbH betriebenes MVZ. Es wäre ein unverhältnismäßiger Formalismus, wenn der Vertragsarzt seine Einzelpraxis zunächst ebenfalls in eine MVZ-GmbH überführen müsste (im Ergebnis ebenso Dorra, ZMGR 2016 S. 89, 93). Ob es für die Verlegung ausreicht, dass der in Einzelpraxis niedergelassene Vertragsarzt einer von mehreren Gesellschaftern der MVZ-Zielgesellschaft ist, erscheint vor dem Hintergrund der jüngsten BSG-Rechtsprechung zweifelhaft (a. A. Ladurner, § 24 Ärzte-ZV Rz. 116).

n) Das MVZ im Nachbesetzungsverfahren

Ausführlicher zum Nachbesetzungsverfahren Kap. G. S. 428 ff.

§ 103 Abs. 4c Satz 1 SGB V ermöglicht es MVZ-Trägern, sich auf einen ausgeschriebenen Vertragsarztsitz zu bewerben und die vertragsärztliche Tätigkeit durch einen angestellten Arzt im MVZ fortzusetzen. Dem Vorhaben dürfen keine Gründe der vertragsärztlichen Versorgung entgegenstehen. Es ist unschädlich, wenn das MVZ erst durch die Erteilung der Anstellungsgenehmigungen errichtet wird.

Bei der Auswahlentscheidung ist im Interesse einer bestmöglichen Patientenversorgung auf die Person des anzustellenden Arztes abzustellen (BSG, Urteil v. 13.5.2020 – B 6 KA 11/19 R, NWB AAAAH-51924, MedR 2020 S. 1034 ff., Rz. 32).

Ein MVZ kann sich gem. § 103 Abs. 4 Satz 5 Nr. 9 SGB V mit einem **besonderen Versorgungskonzept** bewerben, welches bei der Bewerberauswahl zu berücksichtigen ist. Nach dem Willen des Gesetzgebers (BT-Drucks. 18/4095 S. 109) soll die Bewerbung ohne Nennung eines konkreten Arztes möglich sein, um dem MVZ bei positiver Entscheidung die Arztsuche auf der Grundlage einer gesicherten Rechtsposition zu ermöglichen (ausführlich Ladurner, § 103 SGB V Rz. 113, m. w. N.). In der Praxis kommt dieser Gestaltungsvariante indes (noch) keine Relevanz zu. Mit Urteil vom 15.5.2019 (B 6 KA 5/18 R, NWB YAAAH-32492) hat das BSG zwar das Modell der Konzeptbewerbung an sich für zulässig angesehen, jedoch herausgearbeitet, dass es **keine abstrakte Anstellungsgenehmigung** geben dürfe. Insofern müsse der Gesetzgeber nachbessern und den rechtlichen Rahmen einer solchen Nachbesetzung konkreter gestalten. Es bleibt weiter abzuwarten, ob und wie der Gesetzgeber auf dieses Postulat reagiert.

Im Rahmen der Nachbesetzung muss ferner bedacht werden, dass gem. § 103 Abs. 4c Satz 3, 4 SGB V ein ab dem 1.1.2012 zugelassenes MVZ bei der Bewerberauswahl nachrangig zum Zuge kommt, wenn die Mehrheit der Geschäftsanteile und der Stimmrechte nicht bei Ärzten liegt, die in dem MVZ als Vertragsärzte tätig sind.

PRAXISHINWEIS:

MVZ können sich zwar nicht gem. § 103 Abs. 5 SGB V in die Warteliste eintragen lassen. Eintragungsfähig sind jedoch Ärzte, die eine Anstellung in einem MVZ anstreben (LSG Niedersachsen-Bremen, Urteil v. 24.2.2021 - L 3 KA 16/19, juris, Rz 85).

5. Beendigung von MVZ

a) Beendigung und Entziehung der Zulassung

§ 95 Abs. 7 Satz 1 SGB V, eingefügt durch das TSVG, bestimmt, dass die Zulassung in einem von Zulassungsbeschränkungen betroffenen Planungsbereich endet, wenn die vertragsärztliche Tätigkeit nicht innerhalb von drei Monaten nach Zugang des Beschlusses über die Zulassung aufgenommen wird. Darüber hinaus endet die Zulassung des MVZ mit dem Wirksamwerden eines Verzichts, der Auflösung, dem Ablauf des in § 95 Abs. 6 Satz 3 SGB V bestimmten Befristungszeitraums oder mit dem Wegzug des zugelassenen MVZ aus dem Bezirk des Vertragsarztsitzes (§ 95 Abs. 7 Satz 2 SGB V).

Gemäß § 95 Abs. 6 Satz 1 Var. 1 SGB V ist die **Zulassung zu entziehen**, wenn ihre Voraussetzungen nicht oder nicht mehr vorliegen oder die vertragsärztliche Tätigkeit nicht aufgenommen oder nicht mehr ausgeübt wird oder der Zulassungsinhaber seine vertragsärztlichen Pflichten gröblich verletzt. Liegen die MVZ-Gründungsvoraussetzungen (§ 95 Abs. 1a Satz 1 SGB V) länger als sechs Monate nicht mehr vor, ist die Zulassung ebenfalls zu entziehen.

Speziell: Gröbliche Pflichtverletzung

Drastische Folgen kann die Zulassungsentziehung wegen gröblicher Pflichtverletzungen haben. Das BSG hat in seinem Grundsatzurteil vom 21.3.2012 (B 6 KA 22/11 R, NWB ZAAAE-14364, GesR 2012 S. 539) die restriktive Auffassung der Zulassungsgremien und der Vorinstanzen und damit den Entzug der Zulassung einer MVZ-GmbH bestätigt. Das Urteil ist von herausragender Bedeutung insbesondere für in der Rechtsform der GmbH organisierte MVZ. Die Fehlabrechnung, auf welche die Zulassungsentziehung gestützt wurde, betraf die Abrechnung von Leistungen im Wert von ca. 8.000 € und beschränkte sich auf ein Quartal. Das BSG stellte zunächst fest, dass § 95 Abs. 6 Satz 1 SGB V auch die Rechtsgrundlage für die Entziehung der MVZ-Zulassung sei. Eine gröbliche Pflichtverletzung sei nach ständiger Rechtsprechung anzunehmen, wenn die Verletzung ein Ausmaß erreicht habe, dass das Vertrauen der vertragsärztlichen Institutionen in die ordnungsgemäße Behandlung des Versicherten und/oder in die Richtigkeit der Leistungsabrechnung so stark zerstört ist, dass ihnen eine weitere Zusammenarbeit nicht mehr zugemutet werden könne. **Ein Verschulden sei nicht erforderlich.** Einmal zerstörtes Vertrauen könne nicht durch eine zukünftige gewissenhafte Pflichterfüllung wiederhergestellt werden.

In dem Urteil finden sich grundlegende Ausführungen zu den **unterschiedlichen Ebenen der Verantwortung**:

Für die organisatorischen Abläufe, insbesondere den Einsatz der Ärzte und für die Korrektheit der Abrechnung sei das MVZ selbst verantwortlich. Hierzu zählten die Auswahl und der Einsatz der Ärzte, die Überprüfung des Vorliegens einer Anstellungsgenehmigung, die vorherige Beantragung von Abrechnungsgenehmigungen, die Anzeige notwendiger Vertretungen bei Urlaub, Fortbildung und Krankheit, die Beachtung des Grundsatzes der persönlichen Leistungserbringung sowie die Einhaltung des Wirtschaftlichkeitsgebots. Diese Verantwortung sei unteilbar und nicht delegierbar mit der Folge, dass sich das MVZ nicht durch die Übertragung der Aufgaben auf die Ärzte entlasten könne. **Die korrekte Gestaltung der Leistungserbringung und der Leistungsabrechnung betreffe den Kern der vertragsärztlichen Pflichten.**

Die Verantwortung für die ordnungsgemäße medizinische Behandlung der Patienten obliege in erster Linie den Ärzten. Individuelles Fehlverhalten eines MVZ-Arztes, welches bei einem Vertragsarzt zur Zulassungsentziehung führen könne, erfordere im Regelfall keine Entziehung der MVZ-Zulassung, wenn das Beschäftigungsverhältnis beendet und die Anstellungsgenehmigung widerrufen werde.

Zu beachten sind die weiteren Hinweise des BSG, wonach fehlerhafte Abrechnungen eher als bei einem Vertragsarzt zur Zulassungsentziehung führen können, da der KV kein Disziplinarmittel gegen die MVZ-Trägergesellschaft zustehe.

Im Falle einer Täuschung der Zulassungsgremien hat das BVerfG mit Beschluss vom 26.9.2016 (1 BvR 1326/15, NWB ZAAAF-85710, NZS 2016 S. 942) die Entziehung der Zulassung nicht als unverhältnismäßig angesehen. Es diene der Sicherung des gewichtigen Gemeinwohlbelangs der Funktionsfähigkeit der gesetzlichen Krankenversicherung, ausschließlich geeignete Ärzte zur vertragsärztlichen Versorgung zuzulassen.

Wertung: Gerade bei MVZ, die in der Angestellten-Variante betrieben werden, ist – entgegen der Ansicht des BSG – eine differenzierte Sichtweise geboten. Die Beachtung des Verhältnismäßigkeitsgrundsatzes verlangt eine **einzelfallbezogene Prüfung**, ob die gröbliche Pflichtverletzung zu einem solch erheblichen Vertrauensverlust zu der Kassenärztlichen Vereinigung und/oder den Krankenkassen geführt hat, der auch nicht durch organisatorische Maßnahmen wie der Auswechslung der in der Vergangenheit fehlerhaft handelnden Ärzte und/oder der Geschäftsführung beseitigt werden kann (zutreffend Meschke in Bäune/Meschke/Rothfuß, § 27 Rz. 61). Für diese Auffassung spricht auch, dass ansonsten einem MVZ-Träger, der mehrere MVZ betreibt, konsequenterweise sämtliche Zulassungen zu entziehen wären.

PRAXISHINWEIS:

Nach der Rechtsprechung des BSG (Urteil v. 21.3.2012 - B 6 KA 22/11 R, NWB ZAAAE-14364) hat ein angestellter MVZ-Arzt die Möglichkeit, nach der Entziehung der MVZ-Zulassung wegen gröblicher Pflichtverletzung im bisherigen Planungsbereich vertragsärztlich tätig zu sein, sofern ihm selbst keine gröbliche Pflichtverletzung zur Last fällt.

b) Nachbesetzung der MVZ-Zulassung

Die MVZ-Zulassung selbst ist keiner rechtsgeschäftlichen Verfügung zugänglich. Selbst wenn sämtliche dem MVZ dienenden Wirtschaftsgüter übertragen werden (sog. Asset-Deal), bleibt die Zulassung als höchstpersönlicher öffentlich-rechtlicher, nicht sachbezogener Genehmigungsstatus hiervon unberührt. Unproblematisch ist die Übertragung sämtlicher Gesellschaftsanteile an einen zulässigen Gründer. Diese ist dem Zulassungsausschuss lediglich anzuzeigen.

PRAXISHINWEIS:

Die MVZ-Zulassung ist nicht nachbesetzungsfähig (BSG, Urteil v. 11.10.2017 - B 6 KA 27/16 R, NWB MAAAG-69063, GesR 2012 S. 539 f., Rz. 30).

Verfügen die im MVZ tätigen Ärzte über eine Vertragsarztzulassung, können sie diese „aktivieren" und vertragsärztlich tätig sein. Die Zulässigkeit der Ausschreibung des Vertragsarztsitzes trotz fehlender fortführungsfähiger Praxis, ist ungeklärt.

c) Übertragung der Arztstellen

Der Unternehmenswert eines MVZ ist wesentlich abhängig von der Anzahl und der individuellen Ausgestaltung der vorhandenen Arztstellen. Bei wirtschaftlicher Schieflage der MVZ-Trägergesellschaft ist das Hauptaugenmerk der Beteiligten meist darauf gerichtet, wie die Arztstellen auf einen neuen Rechtsträger übergeleitet werden können. Die Übernahme der Gesellschaftsanteile der notleidenden Gesellschaft kommt dabei regelmäßig nicht in Betracht, da deren Verbindlichkeiten bestehen bleiben. Im Rahmen einer Insolvenz der MVZ-Trägergesellschaft kommt komplizierend hinzu, dass der Insolvenzverwalter nach der Entscheidung des BVerfG vom 22.3.2013 (1 BvR 79/12, GesR 2013 S. 355) nicht berechtigt ist, die MVZ-Trägergesellschaft zu vertreten. Auch scheidet die direkte Übertragung der Arztstellen auf den neuen MVZ-Träger aus Rechtsgründen wegen Fehlens einer Ermächtigungsgrundlage aus (BSG, Urteil v. 23.3.2011 - B 6 KA 8/10 R, NWB TAAAD-88563, GesR 2011 S. 616; ausführlich m. w. N. Penner/Nolden/Micha, GuP 2013 S. 161 f.). Bei Gesellschafteridentität kann § 24 Abs. 7 Satz 2 Ärzte-ZV einschlägig sein.

Als Ausweg bietet sich die Rückumwandlung der Arztstellen in Vertragsarztzulassungen an (zu diesem Aspekt BSG, Urteil v. 21.3.2012 - B 6 KA 22/11 R, NWB ZAAAE-14364, GesR 2012 S. 539, 541, für die Konstellation, dass dem MVZ-Träger die Zulassung entzogen wird; hierzu ferner Wenner, FS Dahm, S. 517, 529).

PRAXISHINWEIS:

Ein Antrag auf Umwandlung einer genehmigten Anstellung in eine Zulassung kann nur so lange wirksam gestellt werden, wie das anstellende MVZ noch zur vertragsärztlichen Versorgung zugelassen ist. Mit der Beendigung der Zulassung des MVZ entfallen bei ihm genehmigten Arztstellen (BSG, Urteil v. 11.10.2017 - B 6 KA 27/16 R, NWB MAAAG-69063).

Die Durchführung des Vorhabens hängt im Übrigen maßgeblich vom guten Willen der Beteiligten (Zulassungsausschuss, Kassenärztliche Vereinigung) ab. Lassen sie den Verzicht der durch Rückumwandlung entstandenen Vertragsarztzulassung zeitgleich zugunsten der Bildung einer (neuen) Arztstelle zu, kann die Zuordnung auf den neuen MVZ-Träger faktisch in einem Akt erfolgen. Schwierigkeiten ergeben sich, wenn zunächst die Ausübung einer (freiberuflichen) vertragsärztlichen Tätigkeit verlangt und die Umwandlung erst nach Ablauf eines oder mehrerer Quartale genehmigt wird.

6. Behandlungsvertrag

Der Behandlungsvertrag (§ 630a Abs. 1 BGB) kommt stets mit dem MVZ-Träger einerseits und dem Patienten andererseits zustande. Wird das MVZ z. B. in der Rechtsform der GmbH betrieben, wird die GmbH Vertragspartnerin. Für den Abschluss des Behandlungsvertrages ist es unerheblich, ob das MVZ mit angestellten Ärzten und/oder mit Vertragsärzten betrieben wird.

Erhalten die im MVZ tätigen Ärzte die Genehmigung, z. B. privatärztliche Leistungen im eigenen Namen und auf eigene Rechnung unter Inanspruchnahme der Ressourcen des MVZ-Trägers zu erbringen, ist zwecks Vermeidung einer Rechtsscheinhaftung gegenüber dem Patienten deutlich hervorzuheben, dass kein Behandlungsverhältnis mit dem MVZ-Träger begründet wird.

7. Abrechnung

Im vertragsärztlichen Bereich rechnet der MVZ-Träger die ärztlichen Leistungen auf der Grundlage des **Einheitlichen Bewertungsmaßstabes** ab. Das MVZ ist abrechnungstechnisch wie eine (fachübergreifende) BAG zu behandeln und insofern weder besser noch schlechter als diese gestellt.

Die für die Zuweisung von Regelleistungsvolumen (RLV) relevanten Bestimmungen sind nur dann auf das MVZ übertragbar, wenn sowohl das MVZ als auch der betroffene Arzt die Voraussetzungen erfüllen. War der Arzt bereits über den maßgeblichen Zeitraum hinaus im selben Planungsbereich wie das MVZ tätig, erhält er den Anfängerstatus nicht (BSG, Urteil v. 24.1.2018 - B 6 KA 23/16 R, NWB VAAAG-85717).

PRAXISHINWEIS:

Verletzen Ärzte die Fortbildungsverpflichtung (§ 95d SGB V), wird das Gesamt-Honorar des MVZ – und nicht etwa nur das von dem Arzt individuell erwirtschaftete Honorar – gekürzt!

Im vertragsärztlichen Bereich dürfen viele Leistungen nur unter der Voraussetzung erbracht und abgerechnet werden, dass die KV zuvor eine Genehmigung erteilt hat. Die rechtzeitige Antragstellung ist dringend zu empfehlen. Gleiches gilt für die Einholung anderer öffentlich-rechtlicher Genehmigungen z. B. nach der Strahlenschutzverordnung. Bei der zeitlichen Planung sind die unterschiedlichen Zuständigkeiten zu berücksichtigen. Eine rückwirkende Genehmigung ist bei statusrelevanten Genehmigungen nicht möglich!

Gegenüber Privatpatienten war umstritten, ob die privaten Krankenversicherer vor dem Hintergrund des § 4 Abs. 2 MB/KK zur Übernahme der Kosten einer MVZ-GmbH verpflichtet sind. Hier hat es bei der Erstattung – soweit ersichtlich – keine Probleme gegeben, wenn die MVZ-GmbH zur vertragsärztlichen Versorgungstätigkeit zugelassen ist und die **Rechnung nach Maßgabe der amtlichen Gebührenordnung (GOÄ)** erstellt wird.

8. Kooperationen

§ 33 Abs. 2 Ärzte-ZV sieht eine weitere praxisrelevante Gestaltungsmöglichkeit vor:

„Die gemeinsame Ausübung vertragsärztlicher Tätigkeit ist zulässig unter allen zur vertragsärztlichen Versorgung zugelassenen Leistungserbringern an einem gemeinsamen Vertragsarztsitz (örtliche Berufsausübungsgemeinschaft). Sie ist auch zulässig bei unterschiedlichen Vertragsarztsitzen der Mitglieder der Berufsausübungsgemeinschaft (überörtliche Berufsausübungsgemeinschaft), wenn die Erfüllung der Versorgungspflicht des jeweiligen Mitglieds an seinem Vertragsarztsitz unter Berücksichtigung der Mitwirkung angestellter Ärzte und Psychotherapeuten in dem erforderlichen Umfang gewährleistet ist sowie das Mitglied und die bei ihm angestellten Ärzte und Psychotherapeuten an den Vertragsarztsitzen der anderen Mitglieder nur in zeitlich begrenztem Umfang tätig werden."

Die Gesetzesbegründung (BT-Drucks. 16/2474 S. 31) hebt hervor, dass selbst ein in der Rechtsform der GmbH geführtes MVZ eine überörtliche BAG mit allen zur vertragsärztlichen Versorgung zugelassenen Leistungserbringern zu gründen berechtigt ist. Ungeklärt ist jedoch, ob ein solcher Zusammenschluss auch dann zulässig ist, wenn das Berufsrecht die Ärztegesellschaft nicht anerkennt. Die Vielfalt an Kooperationsformen wird durch diese Gestaltungsmöglichkeiten deutlich bereichert.

9. Gebühren

Das VÄndG hat die Gebühren für die MVZ-Zulassung sowie die Genehmigung der Anstellung eines Arztes deutlich angehoben.

Bei Antragstellung sind folgende Gebühren zu entrichten:

- MVZ-Zulassung – 100 €
- Anstellungsgenehmigung – 120 €.

Darüber hinaus werden nach unanfechtbar gewordener Zulassung und nach erfolgter Genehmigung der Anstellung jeweils 400 € als Verwaltungsgebühren erhoben.

II. Steuerliche Aspekte

Literatur: *Wied*, Steuerliche Zulässigkeit der Nur-Tantieme, NWB 2001 S. 2767; *Welper*, Medizinisches Versorgungszentrum, NWB 2006 S. 3007; *Michels/Ketteler-Eising*, Steuerliche Fragestellungen bei der Gründung Medizinischer Versorgungszentren, MedR 2007 S. 28; *Herlinghaus*, Betriebsbegriff und „Gesamtplan" bei Unternehmensveräußerungen und -umstrukturierungen, FR 2014 S. 441; *Förster/Förster*, Zurückbehaltung und Ausgliederung von wesentlichen Betriebsgrundlagen bei der Übertragung von Mitunternehmeranteilen, FR 2016 S. 596; *Patt*, Bargründung oder Barkapitalerhöhung mit Sachagio bei Kapitalgesellschaften, GmbH-StB 2017 S. 148; *Patt*, Fehlgeschlagene Sacheinlage in eine Kapitalgesellschaft, EStB 2019 S. 9; *Wollweber/Vitale*, Haftungsrisiken in typischen Umgestaltungssituationen, GmbH-StB 2020 S. 184; *Werthebach*, Gestaltungsprobleme bei Umwandlungen im Hinblick auf Sonderbetriebsvermögen, FR 2021 S. 341; *Jordan*, Implikationen des Entwurfs eines JStG 2024 für die Umstrukturierungspraxis, NWB 2024 S. 189; *Kraft*, Versagung der Buchwertübertragung von Wirtschaftsgütern zwischen beteiligungsidentischen Schwesterpersonengesellschaften verfassungswidrig, NWB 2024 S. 460; *Lämmle*, § 6 Abs. 5 Satz 3 EStG verfassungswidrig – Wie reagiert der Gesetzgeber?, DStR 2024 S. 1389; *Liedgens/Veil*, Übertragungen von Einzelwirtschaftsgütern zwischen Schwesterpersonengesellschaften nach dem Beschluss des BVerfG, DB 2024 S. 1025.

1. Grundzüge der Gründung eines MVZ

a) Allgemeine Anmerkungen

Die arztrechtlichen Rahmenbedingungen medizinischer Versorgungszentren und die verschiedenen Möglichkeiten der Ausgestaltung erfordern eine differenzierte Betrachtung für die steuerliche Beurteilung. Hierbei sind grundsätzlich folgende Aspekte zu berücksichtigen:

- die Organisationsform des MVZ,
- die Tätigkeit als angestellter Arzt oder als Vertragsarzt und
- die Person der MVZ-Gründer.

Da sich medizinische Versorgungszentren nach § 95 Abs. 1a SGB V grundsätzlich der Rechtsform einer **Personengesellschaft (GbR, PartG)**, einer eingetragenen Genossenschaft oder einer **Gesellschaft mit beschränkter Haftung (GmbH)** bedienen können oder in einer öffentlich-rechtlichen Rechtsform möglich sind (vgl. S. 333 ff.), ergeben sich aus der gewählten Rechtsform unterschiedliche steuerliche Sichtweisen.

Unabhängig von der Organisationsform kann nach § 95 Abs. 1 Satz 2 SGB V ein Arzt in einem medizinischen Versorgungszentrum sowohl als Angestellter als auch als Vertragsarzt tätig sein (vgl. S. 325 ff.). Dies führt jeweils zu einer **Angestellten-Variante** und einer **Vertragsarzt-Variante**.

Als Gründer und Betreiber medizinischer Versorgungszentren kommen zudem nicht nur zugelassene Vertragsärzte in Betracht, sondern auch zugelassene Krankenhäuser, anerkannte Praxisnetze nach § 87b Abs. 2 Satz 3 SGB V, Erbringer nichtärztlicher Dialyseleistungen nach § 126 Abs. 3 SGB V oder gemeinnützige Träger, die aufgrund von Zulassung oder Ermächtigung an der vertragsärztlichen Versorgung teilnehmen, oder Kommunen. Für diese weiteren Leistungserbringer stellen sich allerdings bei der Gründung medizinischer Versorgungszentren nur selten besondere steuerliche Fragen, sondern eher für die laufende Besteuerung, da diese i. d. R. über keine einzubringende Praxis verfügen.

Die steuerliche Darstellung wird sich daher auf die folgenden Alternativen bei Gründung durch Vertragsärzte bei Übertragung der ganzen Praxis bzw. des ganzen Anteils an einer Berufsausübungsgemeinschaft konzentrieren, wobei hier steuerlich die PartG der GbR gleichzusetzen ist:

- MVZ-GbR in der Vertragsarzt-Variante,
- MVZ-GbR in der Angestellten-Variante,
- MVZ-GmbH in der Angestellten-Variante,
- MVZ-GmbH in der Vertragsarzt-Variante.

Im Anschluss werden die Probleme im Zusammenhang mit der MVZ-Gründung aufgezeigt, die sich bei der Übertragung nur einer Vertragsarztzulassung aus einer Berufsausübungsgemeinschaft oder einzelner Tätigkeiten am Beispiel der Verlagerung nur der vertragsärztlichen Tätigkeit ergeben.

b) Gründung einer MVZ-GbR in der Vertragsarzt-Variante

In der Vertragsarzt-Variante ist die Gesellschafterstellung des Vertragsarztes bei Gründung einer MVZ-GbR aus steuerlicher Sicht unproblematisch.

Wird lediglich eine bestehende Berufsausübungsgemeinschaft in der Rechtsform der GbR oder PartG vertragsarztrechtlich in eine MVZ-GbR bzw. MVZ-PartG „umgewandelt“, ohne dass sich die Gesellschaftsrechte (Vermögensbeteiligung, Gewinnbezugsrechte, Mitbestimmungsrechte) der einzelnen Gesellschafter ändern, ist der Vorgang mangels Übertragungsvorgängen steuerlich unbeachtlich (vgl. hierzu S. 240 f.).

Erfolgt die Gründung einer MVZ-GbR dagegen z. B. durch Zusammenlegung (Einbringung) mehrerer Einzelpraxen und/oder Berufsausübungsgemeinschaft, empfiehlt sich steuerlich, die ganze Praxis bzw. den gesamten Anteil an einer Berufsausübungsgemeinschaft mit allen wesentlichen Betriebsgrundlagen gegen Gewährung von Gesellschaftsrechten an der MVZ-GbR auf Antrag zu **Buchwerten nach § 24 UmwStG** steuerneutral einzubringen (vgl. ausführlich S. 111 ff.).

c) Gründung einer MVZ-GbR in der Angestellten-Variante

Das BSG hat entschieden, dass die Anstellung eines Arztes in einem MVZ nur genehmigt werden kann, wenn der Arzt dort im sozialversicherungsrechtlichen Sinne eine abhängige Beschäftigung und keine selbstständige Tätigkeit ausübt (BSG, Urteil v. 26.01.2022 - B 6 KA 2/21 R, NWB DAAAJ-15457). Eine MVZ-GbR in der Angestellten-Variante, d. h. ein MVZ in der Rechtsform der GbR, bei der die Ärzte als Gesellschafter den Status eines angestellten Arztes im vertragsarztrechtlichen Sinne innehaben, ist daher zulassungsrechtlich nur bedingt möglich (vgl. S. 332 f.). Soweit der Status als angestellter Arzt nur insoweit möglich ist, als der Arzt nicht Gesellschafter der MVZ-GbR ist, erübrigt sich grundsätzlich die steuerliche Betrachtung in Bezug auf die Gründung. Die einzige Möglichkeit besteht dann in der Veräußerung der Praxis oder des gesamten Anteils an einer Berufsausübungsgemeinschaft an die MVZ-GbR mit der Folge, dass ein entsprechender Veräußerungsgewinn zu versteuern ist. Dieser Veräußerungsgewinn kann unter den Voraussetzungen der §§ 16, 34 EStG steuerlich begünstigt sein (Veräußerungsfreibetrag; „halber" Steuersatz, Fünftelregelung, vgl. S. 158 ff.). Eine der Voraussetzungen zur Anwendung der §§ 16, 34 EStG ist die Einstellung der selbständigen ärztlichen Tätigkeit in dem bisherigen örtlichen Wirkungskreis wenigstens für eine gewisse Zeit. Eine anschließende nichtselbständige Tätigkeit als angestellter Arzt (ohne Gesellschafterstellung) im Rahmen der MVZ-GbR mit Einkünften i. S. des § 19 EStG steht dem aber nicht entgegen (siehe S. 160 f.).

Geht man durch Gestaltung im Einzelfall davon aus, dass ein Arzt auch als Gesellschafter einer MVZ-GbR vertragsarztrechtlich den Status eines angestellten Arztes erlangen kann (vgl. S. 332 f.), kann der Arzt im Einzelfall auch steuerlich eine Mitunternehmerstellung in der MVZ-GbR erlangen (zu den Voraussetzungen einer Mitunternehmerstellung vgl. S. 98). In diesem Fall kann die **ganze Praxis oder der gesamte Anteil an einer Berufsausübungsgemeinschaft** mit allen wesentlichen Betriebsgrundlagen gegen Gewährung von Gesellschaftsrechten an der MVZ-GbR auf Antrag zu Buchwerten nach **§ 24 UmwStG** ohne Aufdeckung stiller Reserven eingebracht werden (siehe S. 111 ff.). Dies wäre allerdings nur notwendig, wenn nicht eine BAG-GbR unter unveränderter Fortführung der Gesellschaft rein vertragsarztrechtlich in eine MVZ-GbR in der Angestellten-Variante umgewandelt wird. Erfolgt die „Umwandlung" unter gesellschaftsrechtlicher Fortführung der GbR ohne Änderung der Gesellschaftsrechte (Vermögensbeteiligung, Gewinnbezugsrechte, Mitbestimmungsrechte) der einzelnen Gesellschafter, ist der Vorgang steuerlich unbeachtlich.

Soweit in der Vergangenheit MVZ-GbRs in der Angestellten-Variante zugelassen wurden oder noch werden, ist zu beachten, dass bei einem Arzt, der neben seiner Tätigkeit im Rahmen seiner vertragsarztrechtlichen Anstellungsgenehmigung zugleich Mitunternehmer der MVZ-GbR ist, nach § 18 Abs. 4 Satz 2 i.V. m. § 15 Abs. 1 Satz 1 Nr. 2 2. Halbsatz EStG die Vergütungen für seine Tätigkeit im Dienste der MVZ-GbR zu den Einkünften aus der Mitunternehmerschaft zählen und somit steuerlich keine Einkünfte als Angestellter aus nichtselbständiger Tätigkeit nach § 19 EStG vorliegen, sondern Sonderbetriebseinnahmen.

d) Gründung einer MVZ-GmbH in der Angestellten-Variante

Bei der Gründung einer MVZ GmbH kann der ehemalige Vertragsarzt gem. § 95 Abs. 6 Satz 4 SGB V nach einem Verzicht zum Zwecke der Anstellung zu Gunsten des MVZ dann Gesellschafter der MVZ-GmbH sein, soweit der Arzt dort trotz seiner Gesellschafterstellung, einer abhängigen Beschäftigung im sozialversicherungsrechtlichen Sinne nachgeht (vgl. S. 325 ff.). Ungeklärt ist allerdings, ob eine Beteiligung an der MVZ-GmbH für den ehemaligen Vertragsarzt möglich ist, wenn die MVZ-GmbH mehrere MVZ betreibt und der ehemalige Vertragsarzt nur in einem dieser MVZ tätig wird.

Kann oder will ein Arzt nicht Gesellschafter der MVZ-GmbH werden, bleibt für eine Gestaltung nur die **Veräußerung** der Einzelpraxis bzw. des (gesamten) Anteils an einer Berufsausübungsgemeinschaft an die MVZ-GmbH, die ggf. unter den Voraussetzungen der §§ 16, 34 EStG begünstigt ist (siehe S. 158 ff.).

Die Gründung einer MVZ-GmbH kann entweder als Bargründung durch Leistung einer Bareinlage oder als Sachgründung durch Leistung einer Sacheinlage ausgestaltet werden.

Die Bargründung durch Leistung einer Bareinlage ist steuerlich unbeachtlich. Die Zahlung in Geld ist steuerneutral und führt für den Gesellschafter zu Anschaffungskosten auf die Beteiligung. Hat der Gesellschafter im Rahmen der Gründung ein Agio zu leisten, wird die nicht in das Nennkapital geleistete Einlage in dem steuerlichen Einlagekonto der Gesellschaft nach § 27 KStG ausgewiesen. Dieses Agio führt ebenfalls zu Anschaffungskosten auf die Beteiligung.

Wird der Vertragsarzt mit seinem Verzicht auf seine vertragsärztliche Zulassung zu Gunsten der Erteilung der erforderlichen Anstellungsgenehmigung im MVZ **Gesellschafter der MVZ-GmbH**, bietet es sich für eine Gestaltung an, im Zeitpunkt des Wirksamwerdens der erteilten Anstellungsgenehmigung im MVZ die ganze Praxis bzw. den (gesamten) Anteil an einer Berufsausübungsgemeinschaft mit allen funktional-wesentlichen Betriebsgrundlagen gegen Gewährung von Gesellschaftsrechten nach **§ 20 UmwStG zu Buchwerten** in die GmbH einzubringen.

PRAXISHINWEIS:

In der Praxis hat es sich bewährt, die MVZ-GmbH für das Verfahren vor dem Zulassungsausschuss zunächst im Rahmen einer Bargründung ohne Geschäftsbetrieb zu errichten. Mit Wirkung zu dem Zeitpunkt, zu dem der MVZ-GmbH der Betrieb des MVZ vom Zulassungsausschuss genehmigt wurde, wird dann eine Barkapitalerhöhung durchgeführt, verbunden mit Übertragung des entsprechenden Praxisvermögens im Rahmen eines korporativen Sachagios unter Erfassung des Agios in die Rücklage gem. § 272 Abs. 2 Nr. 1 HGB (vgl. AEUmwStG 2006 Rz. E 20.09; zur Abgrenzung zwischen schuldrechtlichem und korporativen Sachagio Patt, GmbH-StB 2017 S. 148; Wollweber/Vitale, GmbH-StB 2020 S. 184).

Wird ein Betrieb, Teilbetrieb oder Mitunternehmeranteil gegen Gewährung neuer Anteile an der Gesellschaft in eine GmbH eingebracht, ist nach **§ 20 Abs. 2 Satz 1 UmwStG** das eingebrachte Betriebsvermögen im **Grundsatz** mit dem **gemeinen Wert** zu bewerten. Nach **§ 20 Abs. 2 Satz 2 UmwStG** darf aber **auf Antrag** davon abweichend das eingebrachte Betriebsvermögen einheitlich mit seinem **Buchwert** oder einem Zwischenwert angesetzt werden. Voraussetzung ist, dass

1. das übertragene Betriebsvermögen später bei der übernehmenden GmbH der Besteuerung nach dem Körperschaftsteuergesetz unterliegt.
2. die Passivposten des eingebrachten Betriebsvermögens die Aktivposten nicht übersteigen; dabei ist das Eigenkapital nicht zu berücksichtigen,
3. das Recht der Bundesrepublik Deutschland hinsichtlich der Besteuerung des Gewinns aus der Veräußerung des eingebrachten Betriebsvermögens bei der übernehmenden Gesellschaft nicht ausgeschlossen oder eingeschränkt wird und
4. der gemeine Wert von sonstigen Gegenleistungen, die neben den neuen Gesellschaftsanteilen gewährt werden, nicht mehr betragen darf als a) 25 % des Buchwerts des eingebrachten Betriebsvermögens oder b) 500.000 €, höchstens jedoch den Buchwert des eingebrachten Betriebsvermögens.

Zudem ist zu beachten, dass nach § 1 Abs. 4 UmwStG die Einbringung nur unter § 20 UmwStG fällt, wenn das Recht der Bundesrepublik Deutschland hinsichtlich der Besteuerung des Gewinns aus der Veräußerung der erhaltenen Anteile nicht ausgeschlossen oder beschränkt wird (vgl. Graw in Rödder/Herlinghaus/van Lishaut, UmwStG, 3. Aufl. 2019, § 1 Rz. 171).

Die Voraussetzungen der Besteuerung nach dem Körperschaftsteuergesetz und dem Besteuerungsrecht der Bundesrepublik Deutschland dürfte bei der MVZ GmbH i. d. R. erfüllt sein, da die MVZ GmbH nicht grenzüberschreitend gegründet wird und die Ärzte i. d. R. ihren Wohnsitz in der Bundesrepublik Deutschland haben.

Der Antrag ist nach § 20 Abs. 2 Satz 3 UmwStG spätestens bis zur erstmaligen Abgabe der steuerlichen Schlussbilanz bei dem für die Besteuerung der übernehmenden Gesellschaft zuständigen Finanzamt zu stellen.

PRAXISHINWEIS:

Verantwortlich für den Buchwertansatz und den Buchwertantrag ist steuerlich die übernehmende Gesellschaft, d. h. die MVZ-GmbH. Wählt die MVZ-GmbH einen anderen Wertansatz und/oder unterlässt den Buchwertantrag, ist ausschließlich dieser Wertansatz bei der MVZ-GmbH maßgeblich für die Besteuerung eines Einbringungsgewinns durch den Einbringenden. Bereits durchgeführte Veranlagungen des Einbringenden sind ggf. gem. § 175 Abs. 1 Satz 1 Nr. 2 AO zu ändern (AEUmwStG 2006 Rz. 20.23).

In der vertraglichen Gestaltung ist es daher erforderlich, den Einbringenden hinsichtlich der Bewertung nach § 20 Abs. 2 Satz 2 UmwStG zum Buchwert abzusichern. Die MVZ GmbH muss entsprechend verpflichtet sein, der Interessens-/Weisungslage des Einbringenden entsprechend den Buchwertansatz zu wählen und den Buchwertantrag zu stellen (mit Schadensersatzandrohung).

Erhält der Einbringende für die Einbringung seines Betriebes, Teilbetriebes oder Mitunternehmeranteils neue Anteile an der Gesellschaft, ist dies aus ertragsteuerlicher Sicht ein veräußerungs- bzw. tauschähnlicher Vorgang. Aufgrund der i. d. R. bestehenden Möglichkeit, das eingebrachte Betriebsvermögen mit dem Buchwert zu bewerten, kann die **Einbringung auf Antrag steuerneutral** ohne Aufdeckung der stillen Reserven realisiert werden. Der Wert, mit dem die übernehmende Gesellschaft das eingebrachte Betriebsvermögen ansetzt, gilt nach § 20 Abs. 3 Satz 1 UmwStG für den Einbringenden als Veräußerungspreis und als Anschaffungskosten der Gesellschaftsanteile. Entspricht der Veräußerungspreis dem Buchwert, gilt der Betrieb, Teilbetrieb oder Mitunternehmeranteil im Ergebnis als zum Buchwert veräußert.

Voraussetzung für die Anwendung von § 20 UmwStG ist, dass **sämtliche funktional wesentliche Betriebsgrundlagen** des Betriebes, Teilbetriebes oder Mitunternehmeranteils in einem einheitlichen Vorgang auf die übernehmende Kapitalgesellschaft übertragen werden (BFH, Urteil v. 29.11.2017 - I R 7/16, BStBl 2019 II S. 738). Wirtschaftsgüter im Rahmen der Anwendung des § 20 UmwStG sind nur insoweit einzubeziehen, als sie funktional wesentlich sind (Herlinghaus in Rödder/Herlinghaus/van Lishaut, UmwStG, 3. Aufl. 2019, § 20 Rz. 62; Schmitt in Schmitt/Hörtnagl, UmwG, UmwStG, 10. Aufl. 2024, UmwStG § 20 Rz. 13, 22). Nur quantitativ wesentliche Betriebsgrundlage, weil in ihnen erhebliche stille Reserven ruhen, bleiben – anders als bei §§ 16, 34 EStG – bei der Betrachtung des § 20 UmwStG unberücksichtigt (rein funktionale Betrachtungsweise). Dies gilt auch für funktional wesentliche Betriebsgrundlagen, die sich im **Sonderbetriebsvermögen eines Gesellschafters** befinden (vgl. AEUmwStG 2006 Rz. 20.06; Schmitt in Schmitt/Hörtnagl, UmwG, UmwStG, 10. Aufl. 2024, § 20 UmwStG Rz. 69; Herlinghaus in Rödder/Herlinghaus/van Lishaut, UmwStG, 3. Aufl. 2019, § 20 Rz. 116). Bei der Anwendung von § 20 UmwStG ist es – anders als bei einer Einbringung nach § 24 UmwStG – somit nicht möglich, (funktional) wesentliche Betriebsgrundlagen zurückzubehalten und der MVZ-GmbH nur zur Nutzung zu überlassen, da zu einer GmbH kein Sonderbetriebsvermögen gebildet werden kann. Eine Einbringung aller funktional wesentlichen Betriebsgrundlagen einschließlich etwaiger funktional wesentlichen Betriebsgrundlagen im Sonderbetriebsvermögen der Praxis in das Vermögen der MVZ-GmbH ist daher erforderlich.

Die **Zurückbehaltung funktional-wesentlicher Betriebsgrundlagen** hat zur Folge, dass die im eingebrachten Vermögen ruhenden **stillen Reserven aufzudecken** und zu versteuern sind. Bei der Einbringung zurückbehaltener Wirtschaftsgüter sind grds. als entnommen zu behandeln mit der Folge der Versteuerung der enthaltenen stillen Reserven, es sei denn, dass die Wirtschaftsgüter steuerneutral in ein anderes Betriebsvermögen z. B. nach § 6 Abs. 5 EStG überführt werden.

PRAXISHINWEISE:

Für den Fall, dass vor der Einbringung eine funktional-wesentliche Betriebsgrundlage des einzubringenden Betriebs unter Aufdeckung der stillen Reserven veräußert wird und die Veräußerung auf Dauer angelegt ist, hat der BFH zur Anwendbarkeit des § 24 Abs. 1 UmwStG entschieden, dass dem weder § 42 AO noch die Rechtsfigur des Gesamtplans entgegensteht. Die gleiche Auffassung hat der BFH im Fall der „Auslagerung" einer wesentlichen Betriebsgrundlage aus einem einzubringenden Mitunternehmeranteil vor einer Einbringung nach § 20 UmwStG vertreten. Maßgeblicher Zeitpunkt für die Beurteilung, ob ein Wirtschaftsgut eine wesentliche Betriebsgrundlage des einzubringenden Betriebs im Rahmen des § 20 UmwStG bzw. § 24 Abs. 1 UmwStG darstellt, ist in Fällen der Einbringung durch Einzelrechtsnachfolge der Zeitpunkt der tatsächlichen Einbringung (vgl. BFH, Urteil v. 25.11.2009 - I R 72/08, BStBl 2010 II S. 471, Rz. 23; BFH, Urteil v. 9.11.2011 - X R 60/09, BStBl 2012 II S. 638; BFH, Urteil v. 9.12.2014 - IV R 29/14, BStBl 2019 II S. 723, Rz. 21 ff.). Der BFH legt § 20 UmwStG bzw. § 24 UmwStG bei der Prüfung insoweit nicht zeitraumbezogen, sondern zeitpunktbezogen aus (vgl. entsprechend zur Anwendung von § 6 Abs. 3 EStG BFH, Urteil v. 10.9.2020 - IV R 14/18, BStBl 2021 II S. 367). Maßgeblich wäre somit allein der Zeitpunkt der tatsächlichen Einbringung i. S. der Übertragung des (wirtschaftlichen) Eigentums bzw. der Zeitpunkt des Abschlusses des dinglichen Einbringungsvertrags (vgl. BFH, Urteil v. 9.11.2011 - X R 60/09, BStBl 2012 II S. 638, Rz. 32 f.; Herlinghaus in Rödder/Herlinghaus/van Lishaut, UmwStG, 3. Aufl. 2019, § 20 Rz. 104; Schmitt in Hörtnagl/Schmitt, UmwStG, 10. Aufl. 2024, § 20 Rz. 75; Menner in Haritz/Menner/Bilitewski, UmwStG, 6. Aufl. 2024, § 20 Rz. 164; Herlinghaus, FR 2014 S. 441; Förster/Förster, FR 2016 S. 596). Nicht maßgeblich wäre dagegen lediglich die schuldrechtliche Verpflichtung zur (zukünftigen) Einbringung.

Aufgrund der zeitpunktbezogenen Betrachtung müssten im Grundsatz auch vorgelagerte Ausgliederungen von funktional wesentlichen Betriebsgrundlagen nach § 6 Abs. 5 EStG zum Buchwert, d. h. nicht gewinnrealisierend, vor einer Einbringung nach § 20 UmwStG zu Buchwerten möglich sein, wenn diese auf Dauer angelegt sind (vgl. Werthebach, FR 2021 S. 341, m. w. N.).

Aufgrund der ablehnenden Haltung der Finanzverwaltung (vgl. AEUmwStG 2006 Rz. 20.07) und dem Beharren auf der „Gesamtplanrechtsprechung" (die es in dieser Form, wie sie sich die Finanzverwaltung wünscht, nicht gibt) sollte aber bei der Beratung zurückhaltend mit einer Auslagerung funktional wesentlicher Betriebsgrundlagen umgegangen werden.

Besondere Probleme bereitet die **verdeckte („verschleierte") Sachgründung**, d. h. die Übertragung der Praxis bzw. eines Anteils an einer Berufsausübungsgemeinschaft ohne Gewährung neuer Anteile an der übernehmenden Gesellschaft. **§ 20 UmwStG** ist auf verdeckte („verschleierte") Sachgründungen **nicht anzuwenden** (AEUmwStG 2006

E 20.10; BFH, Urteil v. 1.7.1992 - I R 5/92, BStBl 1993 II S. 131; Patt, EStB 2019 S. 9; Herlinghaus in Rödder/Herlinghaus/van Lishaut, UmwStG, 3. Aufl. 2019, § 20 Rz. 22; Nitzschke in Brandis/Heuermann, Ertragsteuerrecht, 172. EL 07.2024, § 20 UmwStG Rz. 29, m. w. N.). Der Gesellschafter realisiert ein entsprechendes Veräußerungsgeschäft unter Aufdeckung der stillen Reserven. Ist der vereinbarte Kaufpreis unangemessen niedrig oder der Veräußerungsvorgang erfasst nicht alle eingebrachten Wirtschaftsgüter (z. B. den Praxiswert), ist hinsichtlich des unentgeltlichen Teils eine verdeckte Einlage in die Kapitalgesellschaft anzunehmen und die stillen Reserven sind ebenfalls aufzudecken (BFH, Urteil v. 14.1.1993 - IV R 121/91, BFH/NV 1993 S. 525).

Setzt die GmbH im Falle der Einbringung nach § 20 UmwStG den **gemeinen Wert oder Zwischenwerte** an, so ist der beim Einbringenden entstehende **Gewinn nach § 20 UmwStG** i. V. m. den für die Veräußerung des Einbringungsgegenstandes geltenden allgemeinen Vorschriften **zu versteuern**. Der angesetzte Wert gilt dabei für den Einbringenden als Veräußerungspreis und als Anschaffungskosten der GmbH-Anteile. In den Fällen des **Ansatzes der gemeinen Werte** kommt zudem nach § 20 Abs. 4 UmwStG die **Anwendung von § 16 Abs. 4 und § 34 EStG** unter zwei weiteren Voraussetzungen in Betracht. Zum einen muss es sich bei dem Einbringenden um eine natürliche Person handeln und zum anderen darf es sich nicht um die Einbringung von nur Teilen eines Mitunternehmeranteils handeln (in Anlehnung an § 16 Abs. 1 Satz 1 Nr. 2 EStG).

PRAXISHINWEIS:

Im Einzelfall sollte in Betracht gezogen werden, ob nicht der Verzicht auf eine Buchwertfortführung, sondern der Ansatz der gemeinen Werte und die Aufdeckung sämtlicher stiller Reserven in der Gesamtbetrachtung zu einem günstigeren Ergebnis führt, insbesondere, wenn bereits im Rahmen der Einbringung ein steuerbegünstigter Veräußerungsgewinn nach § 20 Abs. 4 UmwStG i. V. m. §§ 16, 34 Abs. 3 EStG (56 % des Durchschnittssteuersatzes) realisiert werden kann. Hiervon betroffen dürften insbesondere die Fälle sein, in denen ein Arzt, der das 55. Lebensjahr vollendet hat, Gesellschafter der MVZ-GmbH wird, aber sein Ausscheiden schon absehbar ist (vgl. Beispiel S. 357 f.).

Bei Anwendung von § 20 Abs. 4 UmwStG i. V. m. §§ 16, 34 Abs. 3 EStG ist allerdings im Zweifel bei normenspezifischer Auslegung des Begriffs wesentlicher Betriebsgrundlage davon auszugehen, dass allein die Aufdeckung sämtlicher stiller Reserven in den funktional wesentlichen Betriebsgrundlagen (in Auslegung des § 20 UmwStG zur wesentlichen Betriebsgrundlage) nicht ausreicht, sondern auch die Aufdeckung sämtlicher stiller Reserven in den quantitativ wesentlichen Betriebsgrundlagen (in Auslegung des § 34 UmwStG zur wesentlichen Betriebsgrundlage) gefordert wird (vgl. zur Thematik Herlinghaus in Rödder/Herlinghaus/van Lishaut, UmwStG, 3. Aufl. 2019, § 20 Rz. 63). Gleiches gilt, wenn vor der Einbringung eine wesentliche Betriebsgrundlage aus dem (Sonder)Betriebsvermögen des Betriebes oder der Mitunternehmerschaft zu Buchwerten nach § 6 Abs. 5 EStG in ein anderes (Sonder)Betriebsvermögen überführt oder übertragen wird (vgl. zu einer ähnlichen Konstellation BFH, Urteil v. 9.12.2014 - IV R 36/13,

BStBl 2015 II S. 529; vgl. umfassend Schulze zur Wiesche in Schröder/Muuss, Handbuch der steuerlichen Betriebsprüfung, 3. Lieferung 02.2024, E. Bilanz-/Ertragsteuerrecht, Betriebsveräußerung und Betriebsaufgabe im Ertragsteuerrecht, Rz. 116).

Bei der Buchwertfortführung gehen die stillen Reserven aus der Praxis auf die MVZ-GmbH als neues Steuersubjekt über. Die latente Steuerbelastung aus den stillen Reserven verteilt sich dann gleichmäßig auf alle Gesellschafter der MVZ-GmbH und nicht mehr allein auf den Einbringenden. Die Einbringung zu Buchwerten kann somit zu ungewollten Vermögensverschiebungen zwischen den Beteiligten führen. Die MVZ-GmbH verfügt zudem nur über ein eingeschränktes Abschreibungspotenzial.

PRAXISHINWEIS:

Sofern Einbringungen verschiedener Einbringender teilweise zu Buchwerten und teilweise zu gemeinen Werten erfolgen, ist im Einzelfall zu prüfen, ob eine inkongruente Gewinnverteilung der einzelnen Gesellschafter sachgerecht ist. Insofern kann die Steuerersparnis aus dem Abschreibungspotential im Rahmen der Gewinnverteilung dem/den Einbringenden zugeordnet werden, der/die infolge des Wertansatzes mit dem gemeinen Wert einen entsprechenden Einbringungsgewinn zu versteuern hatte bzw. im Umkehrschluss die Steuerbelastung auf den anteiligen Gewinn ohne Abschreibungspotential dem Einbringenden, der infolge des Buchwertansatzes keinen Einbringungsgewinn zu versteuern hatte (zur Thematik der Notwendigkeit eines Ausgleichs zwischen mehreren Einbringungen mit weiteren Lösungsüberlegungen vgl. Widmann in Widmann/Mayer, Umwandlungsrecht, 203. EL 02.2023, § 20 UmwStG Rz. 978 ff., 1290 ff.).

Die steuerliche Anerkennung einer inkongruenten Gewinnausschüttung setzt dabei nach Auffassung der Finanzverwaltung zunächst voraus, dass eine vom Anteil am Grund- oder Stammkapital abweichende Gewinnverteilung zivilrechtlich wirksam bestimmt ist. Bei der MVZ GmbH kann dies nach Auffassung der Finanzverwaltung nur unmittelbar konkret in der Satzung verankert werden oder über eine Klausel, nach der alljährlich mit Zustimmung der beeinträchtigten Gesellschafter oder einstimmig über eine von der satzungsmäßigen Regelung abweichende Gewinnverteilung beschlossen werden kann, und der Beschluss ist mit der in der Satzung bestimmten Mehrheit gefasst worden (a. A. BFH, Urteil v. 28.9.2022 - VIII R 20/20, NWB AAAAJ-29225, DStR 2022 S. 2606, wonach entgegen BMF-Schreiben vom 17.12.2013 - IV C 2 – S 2750-a/11/10001, BStBl 2014 I S. 63 bereits ein punktuell satzungsdurchbrechender Beschluss über eine inkongruente Vorabausschüttung, der von der Gesellschafterversammlung einstimmig gefasst worden ist und von keinem Gesellschafter angefochten werden kann, als zivilrechtlich wirksamer Ausschüttungsbeschluss der Besteuerung zugrunde zu legen ist).

Die Grundsätze des § 42 AO sind nach Auffassung der Finanzverwaltung allerdings zu beachten. Nach § 42 Abs. 2 AO liegt ein Missbrauch vor, wenn eine unangemessene rechtliche Gestaltung gewählt wird, die beim Steuerpflichtigen oder einem Dritten im Vergleich zu einer angemessenen Gestaltung zu einem gesetzlich nicht vorgesehenen Steuervorteil führt. Von einem solchen Missbrauch ist bei Vereinbarung einer inkongruenten Gewinnausschüttung nicht auszugehen, wenn für die vom gesetzlichen Verteilungsschlüssel abweichende Gewinnverteilung beachtliche wirtschaftlich vernünftige außersteuerliche Gründe nachgewiesen werden. Diese Prüfung ist unter Zugrundelegung der besonderen Umstände des Einzelfalls vorzunehmen. Ein Indiz für eine unangemessene Gestaltung kann sein, wenn die Gewinnverteilungsabrede nur kurzzeitig gilt oder wiederholt geändert wird (BMF, Schreiben v. 17.12.2013 - IV C 2-S 2750-a/11/10001, BStBl 2014 I S. 63).

Die Tatsache, dass die Einbringungen zu Buchwerten und zu gemeinen Werten unterschiedliche steuerliche und damit wirtschaftliche Folgen auslösen, dürfte es unter fremden Dritten rechtfertigen, aus wirtschaftlich vernünftiger Sicht eine inkongruente Gewinnverteilung hinsichtlich der Zuordnung der Steuerbelastung auf Ebene der MVZ-GmbH zu vereinbaren.

Durch die **Einbringung zu Buchwerten** (oder Zwischenwerten) entstehen allerdings **sperrfristbehaftete Anteile**. Die Veräußerung dieser Anteile innerhalb von sieben Jahren nach der Einbringung löst dann rückwirkend (teilweise) die Besteuerung eines Einbringungsgewinns zum vollen Steuersatz aus (§ 22 UmwStG). Damit kommt das Teileinkünfteverfahren (Steuerpflicht des Gewinns nur zu 60 %) bei der Veräußerung sperrfristbehafteter Anteile nur anteilig zur Anwendung, wobei sich der nachteilige Effekt pro abgelaufenem Zeitjahr um $^1/_7$ abmildert, bis die sieben Jahre abgelaufen sind.

Wählt der Einbringende den Ansatz der gemeinen Werte (bzw. die Veräußerung), zieht er zeitlich die Veräußerungsgewinnbesteuerung vor und verschafft gleichzeitig der MVZ-GmbH dafür zusätzliches Abschreibungspotenzial zur Verminderung des laufenden steuerlichen Gewinns. Dies ist dann sinnvoll, wenn sich aus einer sofortigen Besteuerung der stillen Reserven im Rahmen der Gründung der MVZ-GmbH und bei einer späteren Besteuerung der Veräußerung der Anteile an der MVZ-GmbH unter Berücksichtigung einer kalkulatorischen Verzinsung keine erheblichen Nachteile ergeben. Der Buchwertansatz wirkt insoweit nur wie eine Stundung der Steuern aus den stillen Reserven.

BEISPIEL Der 57-jährige Arzt A bringt seine Einzelpraxis mit allen wesentlichen Betriebsgrundlagen (Buchwert 100.000 €, gemeiner Wert 275.000 €) im Jahr 01 in eine MVZ-GmbH gegen Gewährung einer 20%igen Beteiligung ein. Es ist bereits absehbar, dass A seinen Anteil an der MVZ-GmbH nach Ablauf von fünf Zeitjahren nach der Einbringung (Jahr 05) veräußern wird. § 34 Abs. 3 EStG wurde von A bisher noch nicht in Anspruch genommen.

Bringt A seine Einzelpraxis zu **Buchwerten** ein, setzt die MVZ-GmbH die Wirtschaftsgüter in ihrer Bilanz mit 100.000 € an und es entstehen sperrfristbehaftete Anteile mit Anschaffungskosten i. H. v. 100.000 €. Bei einer Veräußerung für 275.000 € nach fünf Jahren entsteht ein Veräußerungsgewinn i. H. von 175.000 €, auf den § 22 UmwStG Anwendung findet. Der Gewinn ermittelt sich wie folgt (aus Vereinfachungsgründen ohne Einbringungs-/Veräußerungskosten und ohne Wertveränderung):

Einbringungsgewinn I nach § 22 Abs. 1 UmwStG	
(rückwirkend im Jahr 01 als nicht begünstigter Gewinn nach § 16 EStG zu versteuern)	
Gemeiner Wert im Zeitpunkt der Einbringung	275.000 €
Wert des Betriebsvermögens bei Einbringung	100.000 €
	175.000 €
Je abgelaufenes Zeitjahr nach dem	
Einbringungszeitpunkt zu kürzen um ein Siebtel	
5 Zeitjahre x 1/7 = 5/7 von 175.000 €	125.000 €
Einbringungsgewinn I (Jahr 01)	50.000 €

Veräußerungsgewinn nach § 17 EStG (zu besteuern im TEV)

Veräußerungspreis		275.000 €
./. Anschaffungskosten nach § 20 UmwStG	100.000 €	
Korrekturbetrag nach § 22 Abs. 1 Satz 4 UmwStG	50.000 €	150.000 €
Veräußerungsgewinn i. S. d. § 17 EStG		125.000 €
davon steuerpflichtig im Teileinkünfteverfahren (60 %)		75.000 €

Unter den Voraussetzungen des § 23 UmwStG kann bei der MVZ-GmbH der Einbringungsgewinn wirtschaftsgutbezogen zur Aufstockung der Buchwerte angesetzt werden. Problematisch ist dann insbesondere der Fall, wenn einzelne eingebrachte Wirtschaftsgüter bereits aus dem Betriebsvermögen der MVZ-GmbH ausgeschieden sind.

Bringt A seine Einzelpraxis zum **gemeinen Wert** ein, setzt die MVZ-GmbH die Wirtschaftsgüter in ihrer Bilanz mit 275.000 € an und der entstehende Veräußerungsgewinn i. H. von 175.000 € (275.000 € ./. 100.000 €) ist steuerbegünstigt nach § 20 Abs. 4 UmwStG, §§ 16, 34 EStG. Bei einer Veräußerung zu 275.000 € nach fünf Jahren entsteht aufgrund der Anschaffungskosten i. H. von 275.000 € kein Veräußerungsgewinn. Das Vorziehen der Besteuerung der stillen Reserven nach §§ 16, 34 EStG führt für die MVZ-GmbH zu einem um 125.000 € (175.000 € Wertansatz ./. Aufstockung i. H. von 50.000 € aus der Veräußerung nach fünf Jahren) erhöhten Ansatz der Wirtschaftsgüter in der Bilanz und damit zu einem höheren Abschreibungspotenzial.

Unterstellt man nun zur Vereinfachung einen Grenzsteuersatz von 42 %, errechnet sich bei der **Buchwerteinbringung** eine **Gesamtsteuerbelastung von 52.500 €** (Einbringungsgewinn 50.000 € * 42 % + Veräußerungsgewinn im Teileinkünfteverfahren 75.000 € x 42 %). Bei der **Einbringung zum gemeinen Wert** dagegen errechnet sich unter Berücksichtigung eines Freibetrages nach § 16 Abs. 4 EStG von 6.000 € (45.000 € ./. (175.000 € ./. 136.000 €)) nur eine **Steuerbelastung von rd. 37.000 €** (175.000 € ./. 6.000 € = 169.000 € x rd. 38 % – 40 % Durchschnittssteuersatz unterstellt x 56 %). Die Einbringung zum gemeinen Wert wäre daher bereits ohne den positiven Effekt aus den zukünftigen Abschreibungen günstiger.

Das Beispiel zeigt, dass im Einzelfall genau geplant und berechnet werden muss, ob entweder die Einbringung zu Buchwerten oder zum gemeinen Wert zum voraussichtlich optimalen Ergebnis führt. Hierbei sind allerdings noch Liquiditäts- und Zinseffekte zu berücksichtigen.

e) Gründung einer MVZ-GmbH in der Vertragsarzt-Variante

Im Grundsatz könnte sich aus steuerlicher Sicht die Gründung einer MVZ-GmbH in der Vertragsarzt-Variante genauso vollziehen wie die Gründung einer MVZ-GmbH in der Angestellten-Variante (vgl. S. 351 ff.). Wird eine Buchwertfortführung ohne Aufdeckung der stillen Reserven angestrebt, bringt im Idealfall der Arzt seine ganze Praxis bzw. seinen gesamten Anteil an einer Berufsausübungsgemeinschaft mit allen funktional wesentlichen Betriebsgrundlagen nach § 20 UmwStG in eine MVZ-GmbH ein. In diesem Fall wirft die Beibehaltung des öffentlich-rechtlichen Zulassungsstatus als Vertragsarzt die – nicht anschließend geklärten – Fragen auf, ob dies

- als unzulässige Zurückbehaltung einer funktional wesentlichen Betriebsgrundlage anzusehen ist und

- die Vergütung des Vertragsarztes für seine Tätigkeit im MVZ der GmbH nach den Umständen des Einzelfalls zu einer Fortsetzung einer selbständigen (freiberuflichen oder gewerblichen) Tätigkeit führt und
- dadurch die Anwendung von § 20 UmwStG verhindert wird.

PRAXISHINWEIS:

Aufgrund der nachfolgend dargestellten offenen steuerlichen Rechtsfragen sollten unter Einbindung der entsprechenden medizinrechtlichen Beratung aus steuerlicher Sicht andere, sichere Alternativen im Rahmen der gestaltenden Beratung erwogen werden. Einerseits wäre aus medizinrechtlicher Sicht insbesondere zu klären, ob nicht die Gründung einer MVZ-GmbH in der Angestellten-Variante umsetzbar ist, weil sich in dieser die nachfolgend dargestellten steuerlichen Fragen nicht stellen und diese daher rechtssystematisch zu bevorzugen ist. Andererseits kann alternativ die Gründung einer Mitunternehmerschaft in Form einer Berufsausübungsgemeinschaft zwischen dem Vertragsarzt und der (gesonderten) MVZ GmbH erwogen werden (vgl. ausführlich mit Beispielen S. 223 ff.).

Durch das Urteil des BSG vom 29.11.2017 (B 6 KA 31/16 R, NWB RAAAG-80468) ist die MVZ-GmbH in der Vertragsarzt-Variante („Freiberufler MVZ-GmbH") höchstrichterlich anerkannt worden. Für den vertragsarztrechtlichen Status als angestellter Arzt oder Vertragsarzt ist entscheidend, ob der Arzt als Gesellschafter dort im sozialversicherungsrechtlichen Sinne eine abhängige Beschäftigung und keine selbstständige Tätigkeit ausübt (= Status als angestellter Arzt) oder als selbständig im sozialversicherungsrechtlichen Sinne anzusehen ist (= Status als Vertragsarzt; vgl. BSG, Urteil v. 26.1.2022 - B 6 KA 2/21 R, NWB DAAAJ-15457; vgl. S. 325 f.).

aa) Zur Beibehaltung des Status als Vertragsarzt

Die Einbringung eines Betriebs oder Mitunternehmeranteils i. S. des § 20 UmwStG liegt nur dann vor, wenn sämtliche Wirtschaftsgüter, die zu den funktional wesentlichen Betriebsgrundlagen des Betriebs gehören, auf die übernehmende Gesellschaft übertragen werden (AEUmwStG 2006, Rz. 20.06; vgl. S. 353 f.).

Nach Auffassung der Finanzverwaltung ist der Fall der Einbringung einer Einzelpraxis unter Zurückbehaltung der Vertragsarztzulassung als Sonderfall im Sinne der BFH-Rechtsprechung (BFH, Urteil v. 9.8.2011 - VIII R 13/08, BStBl 2011 II S. 875, Rz. 25) zu betrachten. Die Vertragsarztzulassung ist in dem Einbringungsfall gerade nicht – wie bei der Veräußerung einer gesamten Praxis – im übertragenden Geschäftswert enthalten, sondern soll als ein vom Geschäftswert abgetrennter Vorteil beim Einbringenden verbleiben. Das bedeutet für diesen Fall, dass § 20 UmwStG keine Anwendung findet, weil nicht alle funktional wesentlichen Betriebsgrundlagen vom Einbringenden auf die MVZ GmbH übertragen werden (LfS Niedersachsen, Verfg. v. 21.2.2022 - S 2134a-6-St 222/St 221, ESt-Kartei ND EStG § 5 Fach Nr. 2.2 Karte Kontroll-Nr. 2381, NWB YAAAJ-35869).

Nach der hier vertretenen Auffassung ist – entgegen der Auffassung der Finanzverwaltung – zwischen dem öffentlich-rechtlichen Status als Vertragsarzt und dem Wirtschaftsgut „wirtschaftlichen Vorteil aus der Vertragsarztzulassung" zu differenzieren (vgl. ausführlich Ketteler-Eising/Peplowski, DStR 2020 S. 2469). Der öffentlich-rechtliche Status als Vertragsarzt kann hiernach originär kein Wirtschaftsgut sein. Ein Wirtschaftsgut setzt keine Verkehrsfähigkeit (Einzelveräußerbarkeit) voraus, ausreichend ist eine Übertragungsfähigkeit mit dem ganzen Betrieb (BFH, Urteil v. 9.8.2011 - VIII R 13/08, BStBl 2011 II S. 875, Rz. 14, 21 ff.). Während z. B. eine Güterfernverkehrsgenehmigung mit dem Betrieb übertragbar ist, ist aber gerade die Zulassung zur vertragsärztlichen Versorgung im Grundsatz nicht mit der Praxis übertragbar, sondern unterliegt unabhängig vom Verkauf der Praxis einem gesonderten öffentlich-rechtlichen Nachbesetzungsverfahren vor dem Zulassungsausschuss. Der öffentlich-rechtliche Status als Vertragsarzt selbst kann daher kein Wirtschaftsgut im steuerlichen Sinne sein.

Die GmbH erhält im Rahmen des Zulassungsverfahrens eine eigenständige Zulassung zur Teilnahme an der vertragsärztlichen Versorgung als Medizinisches Versorgungszentrum. Nach der vorstehenden Auffassung des BSG (Urteil v. 29.11.2017, a. a. O., Rz. 36) tritt bei der Tätigkeit eines Vertragsarztes im MVZ das zugelassene MVZ selbst und nicht der Vertragsarzt der kassenärztlichen Vereinigung als Rechtssubjekt entgegen. Der Vertragsarzt wird zwingend im MVZ der MVZ-GmbH tätig und nur die MVZ-GmbH ist zur Abrechnung der erbrachten Leistungen berechtigt. Häufig wird daher davon gesprochen, dass die Zulassung als Vertragsarzt „ruht" und von der Zulassung des MVZ „überlagert" wird (vgl. Ketteler-Eising/Peplowski, DStR 2020 S. 2469, m. w. N.).

Der „mit der Vertragsarztzulassung verbundene wirtschaftliche Vorteil" kann sich dagegen in Sonderfällen zu einem selbständigen Wirtschaftsgut konkretisieren (BFH, Urteil v. 9.8.2011 - VIII R 13/08, BStBl 2011 II S. 875; BFH, Urteil v. 21.2.2017 - VIII R 56/14, BStBl 2017 II S. 694, Rz. 24; weitere Einzelheiten siehe S. 156 ff.). Im Vordergrund steht dabei u. E. insbesondere das Leistungs- und Abrechnungsvolumen (vgl. hierzu BFH, Urteil v. 21.2.2017 - VIII R 24/16, BFH/NV 2017 S. 899, Rz. 44). Der wirtschaftliche Vorteil aus der Vertragsarztzulassung kann bei einer Personengesellschaft Gesamthandsvermögen der Personengesellschaft oder Sonderbetriebsvermögen eines Gesellschafters sein (BFH, Urteil v. 21.2.2017 - VIII R 24/16, Rz. 41 ff.). Dies gilt folglich unabhängig davon, dass auch in diesem Fall der öffentlich-rechtliche Status als Vertragsarzt ausschließlich dem Gesellschafter als natürliche Person erteilt wird und nicht der Berufsausübungsgemeinschaft. Die Berufsausübungsgemeinschaft selbst erhält sogar, anders als bei einem MVZ, unmittelbar keinen Status als Leistungserbringer, auch wenn die Leistungen der Vertragsärzte im Rahmen der gemeinsamen Berufsausübungen gemeinsam abgerechnet werden. Da mit Gründung der MVZ-GmbH auch im Falle der Vertragsarzt-Variante insbesondere das Leistungs- und Abrechnungsvolumen durch die eigenständige Zulassung des MVZ wirtschaftlich auf die Ebene der MVZ-GmbH übergegangen ist, ist nach der hier vertretenen Auffassung durch die Verpflichtung zukünftig ausschließlich im MVZ der MVZ-GmbH vertragsärztlich tätig zu werden auch das funktional wesentliche Wirtschaftsgut „wirtschaftliche Vorteil aus der Vertragsarztzulassung“ mit Übertragung der Einzelpraxis/des Anteils an einer Berufsausübungsgemeinschaft als Teil des Praxiswertes auf die MVZ-GmbH übergegangen.

Der „wirtschaftliche Vorteil aus der Vertragsarztzulassung“ kann der MVZ-GmbH durch den Vertragsarzt durch dessen Ausscheiden aus dem MVZ wieder entzogen werden. Dies wäre aber auch bei der Angestellten-Variante durch eine Rückumwandlung möglich (vgl. S. 14, S. 326 f., S. 345 f.). Somit bedeutet dies nach der hier vertretenen Auffassung in der Vertragsarzt-Variante nicht, dass mit Gründung der MVZ GmbH nicht sämtliche Wirtschaftsgüter, die zu den funktional wesentlichen Betriebsgrundlagen des Betriebs gehören, auf die übernehmende Gesellschaft übertragen werden (vgl. ausführlich Ketteler-Eising/Peplowski, DStR 2020 S. 2469).

PRAXISHINWEIS:

Ob die Beibehaltung des öffentlich-rechtlichen Status als Vertragsarzt steuerrechtlich zu einer Zurückbehaltung einer funktional wesentlichen Betriebsgrundlage führt, ist höchst strittig. Eine Einigung über eine einheitliche Auffassung durch die Finanzverwaltung ist nach dem Kenntnisstand des Autors bisher gescheitert. Sofern hier von der Zurückhaltung einer funktional wesentlichen Betriebsgrundlage ausgegangen wird, führt dies dazu, dass § 20 UmwStG nicht anwendbar ist und eine Übertragung einer Einzelpraxis/eines Anteils an einer Berufsausübungsgemeinschaft auf die MVZ-GmbH zur Aufdeckung der stillen Reserven führt. Ebenfalls ungeklärt ist, ob in diesem Fall §§ 16, 34 EStG auf die Aufdeckung der stillen Reserven Anwendung finden. Zudem besteht dann im Einzelfall möglicherweise auch das Risiko einer Betriebsaufspaltung. Aufgrund der hohen Auswirkungen und der nicht abschließend geklärten Rechtslage empfiehlt sich dringend die Einholung einer verbindlichen Auskunft (vgl. ausführlich Ketteler-Eising/Peplowski, DStR 2020 S. 2469).

bb) Zur Vergütung des Vertragsarztes für seine Tätigkeit im MVZ der GmbH

Ausgehend von der Rechtsprechung des BSG (BSG, Urteil v. 29.11.2017 - B 6 KA 31/16 R, NWB RAAAG-80468; BSG, Urteil v. 26.1.2022 - B 6 KA 2/21 R, NWB DAAAJ-15457) bedarf es vertragsarztrechtlich der **Abgrenzung** der Tätigkeit eines **Vertragsarztes** im MVZ einerseits und eines **Angestellten** im MVZ andererseits nach dem sozialversicherungsrechtlichen Status (vgl. S. 332 f.).

Aus steuerlicher Sicht ist zunächst das Verhältnis zwischen Sozialversicherungsrecht und Steuerrecht zu beachten. Die Frage der Selbständigkeit natürlicher Personen ist für die Einkommen-, die Gewerbe- und die Umsatzsteuer grds. nach denselben Grundsätzen zu beurteilen. Dabei kommt der jeweiligen sozial- und arbeitsrechtlichen Beurteilung zwar indizielle Bedeutung zu, eine rechtliche Bindung besteht aber nicht (BFH, Urteil v. 20.10.2010 - VIII R 34/08, NWB CAAAD-61009, DStR 2011 S. 911, Rz. 22).

Nach § 1 Abs. 2 LStDV liegt ein Dienstverhältnis vor, wenn der Angestellte (Beschäftigte) dem Arbeitgeber seine Arbeitskraft schuldet. Dies ist der Fall, wenn die tätige Person in der Betätigung ihres geschäftlichen Willens unter der Leitung des Arbeitgebers steht oder im geschäftlichen Organismus des Arbeitgebers, dessen Weisungen zu folgen, verpflichtet ist. Die Frage, ob ein Steuerpflichtiger eine Tätigkeit selbständig oder nichtselbständig ausübt, ist nach ständiger Rechtsprechung anhand einer Vielzahl in Betracht kommender Merkmale nach dem Gesamtbild der Verhältnisse zu beurteilen. Für eine nichtselbständige Tätigkeit können insbesondere persönliche Abhängigkeit, Weisungsgebundenheit, feste Arbeitszeiten und Bezüge, Anspruch auf Urlaub und auf sonstige Sozialleistungen, Überstundenvergütung sowie Fortzahlung der Bezüge im Krankheitsfall und Eingliederung in den Betrieb sprechen. Für persönliche Selbständigkeit hingegen sprechen Selbständigkeit in der Organisation und der Durchführung der Tätigkeit, Unternehmerinitiative, Bindung nur für bestimmte Tage an den Betrieb, geschäftliche Beziehungen zu mehreren Vertragspartnern sowie Handeln auf eigene Rechnung und Eigenverantwortung. Ferner ist auch steuerrechtlich zu beachten, dass auch die Beteiligungsquote eines Gesellschafter-Geschäftsführers Anlass geben kann, dessen Tätigkeit als Selbständige zu beurteilen. GmbH-Gesellschafter können Selbständige sein, wenn sie zugleich Geschäftsführer der Gesellschaft sind und mindestens 50 % des Stammkapitals innehaben (BFH, Urteil v. 2.12.2005 - VI R 16/03, NWB AAAAB-75604, DStR 2006 S. 365; BFH, Urteil v. 20.10.2010 - VIII R 34/08, NWB CAAAD-61009, DStR 2011 S. 911, Rz. 20 f., m. w. N.). Als ein Einzelmerkmal von vielen kommt dem Umstand der Mehrheitsbeteiligung allerdings auch nicht die Bedeutung zu, dass bei einer Mehrheitsbeteiligung regelmäßig - also das Ergebnis vorprägend - von einer selbständigen Tätigkeit des Geschäftsführers auszugehen wäre (BFH, Urteil v. 23.4.2009 - VI R 81/06, BStBl 2012 II S. 262; BFH, Urteil v. 29.3.2017 - I R 48/16, NWB AAAAG-55060, Rz. 9 ff.; Geserich in Brandis/Heuermann, Ertragsteuerrecht, 172. EL 07. 2024, § 19 EStG Rz. 18; Stapperfend in Herrmann/Heuer/Raupach, EStG/KStG, 326. Lieferung 06.2024, § 15 EStG Rz. 1036; Eisgruber in Kirchhof/Seer, EStG, 23. Aufl. 2024, § 19 Rz. 27; Krüger in Schmidt, EStG, 43. Aufl. 2024, § 19 Rz. 35; Lammers in Herrmann/Heuer/Raupach, EStG/KStG, 326. Lieferung 06.2024, § 19 EStG Rz. 8, 26; a. A. Kratzsch in Lenski/Steinberg, GewStG, 152. Lieferung 07.2024, § 2 Rz. 166, 195 der auf Grundlage der BFH-Urteile v. 2.12.2005 und 20.10.2010 i. d. R. von einer selbständigen Tätigkeit des beherrschenden Gesellschafter-Geschäftsführers auszugehen scheinen).

PRAXISHINWEIS:

Im Regelfall sollte – um steuerrechtliche Probleme zu vermeiden – für den Gesellschafter, der als Vertragsarzt im MVZ der MVZ-GmbH tätig ist, eine nichtselbständige Tätigkeit i. S. des § 19 EStG angestrebt werden und insofern insbesondere ein schriftlicher Arbeitsvertrag mit Regelungen zur Weisungsgebundenheit, feste Arbeitszeiten und Bezüge, Anspruch auf Urlaub und auf sonstige Sozialleistungen, Überstundenvergütung sowie Fortzahlung der Bezüge im Krankheitsfall und Eingliederung in den Betrieb usw. geschlossen werden. Sofern davon auszugehen ist, dass der

Vertragsarzt durch seine Vergütung für seine Tätigkeit als Vertragsarzt im MVZ der GmbH eine selbständige Tätigkeit im steuerrechtlichen Sinne fortführt, muss das Risiko gesehen werden, dass die Voraussetzungen des § 20 UmwStG für eine Einbringung zu Buchwerten unter Umständen nicht vorliegen. Wie auch bei der Anwendung von § 16 EStG kann angenommen werden, dass die Einbringung nach § 20 UmwStG die Einstellung der selbständigen (freiberuflichen) Tätigkeit im örtlichen Wirkungskreis für eine gewisse Zeit erfordert (vgl. zu § 16 EStG ausführlich S. 159 ff.). Nur in dem Fall ist davon auszugehen, dass in Bezug auf den ideellen Praxiswert (Goodwill) als funktional wesentliche Betriebsgrundlage dieser tatsächlich auch vollständig und definitiv auf die MVZ-GmbH übergegangen ist und nicht zum Teil in der selbständigen Tätigkeit des Vertragsarztes verbleibt. Im Zusammenhang mit einer Veräußerung nach § 16 EStG hat der BFH entschieden, dass es grds. unschädlich ist, wenn der Veräußerer als Arbeitnehmer oder als freier Mitarbeiter im Auftrag und für Rechnung des Erwerbers tätig wird, denn der Erwerber ist trotzdem zivilrechtlich und wirtschaftlich in der Lage, die Beziehungen zu den früheren Mandanten (bzw. hier Patienten) des Veräußerers zu verwerten (vgl. BFH, Beschluss v. 11.2.2020 - VIII B 131/19, NWB BAAAH-43734, DStR 2020 S. 486, Rz. 24; BFH, Urteil v. 21.8.2018 - VIII R 2/15, BStBl 2019 II S. 64, Rz. 18). Ob diese Sichtweise auch auf die Vergütungsvereinbarung des Vertragsarztes für seine Tätigkeit im MVZ der GmbH übertragbar ist, ist ungeklärt und kann nur im Einzelfall beurteilt werden. Nach den Umständen des Einzelfalls wird es insbesondere darauf ankommen, ob die Tätigkeit „auf Rechnung der MVZ GmbH" ausgeübt wird und damit die MVZ GmbH zivilrechtlich und wirtschaftlich in der Lage ist die Patientenbeziehungen zu verwerten oder ob der Vertragsarzt die wirtschaftlichen Grundlagen seiner Praxis aus steuerlicher Sicht nicht definitiv an die MVZ-GmbH übertragen hat und er sie weiterhin auf eigene Rechnung nutzt (BFH, Urteil v. 18.5.1994 - I R 109/93, BStBl 1994 II S. 925, Rz. 13).

Im Übrigen wird man die Vergütungsvereinbarung steuerrechtlich auf eine verdeckte bzw. faktische Mitunternehmerschaft hin überprüfen müssen, d. h., ob das MVZ tatsächlich auf gemeinsame Rechnung und Gefahr der MVZ-GmbH und des Vertragsarztes betrieben wird (vgl. Wacker in Schmidt, EStG, 43. Aufl. 2024, § 15 Rz. 288; Krumm in Kirchhof/Seer, EStG, 23. Aufl. 2024, § 15 Rz. 214 ff. und Rz. 173 ff.; Hennrichs in Tipke/Lang, Steuerrecht, 24. Aufl. 2020, Besteuerung von Mitunternehmerschaften, Rz. 10.32; Haep in Herrmann/Heuer/Raupach, EStG/KStG, 326. Lieferung 06.2024, § 15 EStG Rz. 340). In dem Fall wird aber weiter steuerlich zu prüfen sein, ob die Einbringung steuerrechtlich nach § 24 UmwStG in die gemeinsame Mitunternehmerschaft erfolgt ist und ob nicht auf die MVZ-GmbH ein Mitunternehmeranteil nach § 20 UmwStG übertragen wurde.

Vergütungen („Gehaltszahlungen") an den (beherrschenden) Gesellschafter-Geschäftsführer können aber auch als Einkünfte aus Kapitalvermögen (verdeckte Gewinnausschüttungen) zu qualifizieren sein, wenn den Zahlungen keine klaren, eindeutigen und im Vorhinein abgeschlossenen Vereinbarungen zu fremdüblichen Bedingungen zugrunde liegen (BFH, Urteil v. 29.3.2017 - I R 48/16, NWB AAAAG-55060). Diese gilt insbesondere, wenn der Vergütung an den Vertragsarzt die Vereinbarung einer Nur-Gewinntantieme (bzw. einer Nur-Rohgewinntantieme) zugrunde liegt. Diese ist als unüblich anzusehen und führt daher grds. zu einer verdeckten Gewinnausschüttung (BFH,

Urteil 2.12.1992 - I R 54/91, BStBl 1993 II S. 311; OFD Düsseldorf v. 17.6.2004 - S 2742 A-St 13, NWB IAAAB-23805; Wied, NWB 2001 S. 2767; Schröders in Braun/Günther, Das Steuer-Handbuch, 96. Lieferung 10.2023, Verdeckte Gewinnausschüttung, Einzelfälle, Tantiemen).

PRAXISHINWEIS:

Bei der Prüfung, ob bei Gründung einer MVZ-GmbH in der Vertragsarzt-Variante eine Einbringung zum Buchwert nach § 20 UmwStG möglich ist, muss zwingend auch die vertraglich vereinbarte (und vom Zulassungsausschuss genehmigte) Regelung zur zukünftigen Vergütung des Vertragsarztes in die Beurteilung mit einbezogen werden. Stellt sich die Vergütung als Arbeitslohn i. S. des § 19 EStG oder („nur") als Einkünfte aus Kapitalvermögen i. S. des § 20 EStG aus der Beteiligung an der MVZ-GmbH dar, dürfte dies unproblematisch für die Anwendung von § 20 UmwStG dar. Setzt dagegen der Vertragsarzt eine selbständige (freiberufliche) Tätigkeit im steuerlichen Sinne fort, sollte von einer Gefährdung der Anwendung von § 20 UmwStG ausgegangen werden.

f) Gründung durch Verlagerung ausschließlich der vertragsärztlichen Tätigkeit

Gestaltungsüberlegungen für Kooperationsmodelle können auch darin bestehen, lediglich die vertragsärztliche Tätigkeit einer Praxis im Rahmen eines MVZ abzuwickeln und die privatärztliche Tätigkeit persönlich weiterzuführen.

Dies wird i. d. R. allerdings zur Aufdeckung stiller Reserven in der vertragsärztlichen Tätigkeit führen, weil eine Fortführung der Buchwerte steuerlich nicht möglich ist. Zudem ergeben sich im Einzelfall erhebliche umsatzsteuerliche Risiken (vgl. S. 181 ff.).

aa) Zur Anwendbarkeit des Umwandlungssteuergesetzes

Eine Anwendung der §§ 20 oder 24 UmwStG scheitert in diesem Fall, da insgesamt kein Betrieb, Teilbetrieb oder Mitunternehmeranteil auf das MVZ übertragen wird.

Das Umwandlungssteuergesetz setzt die Übertragung eines Teils einer Praxis bzw. eines Praxisanteils ohne Realisation stiller Reserven einer Übertragung einer ganzen Praxis oder eines Anteils an einer Berufsausübungsgemeinschaft nur gleich, wenn es sich bei dem ausgelagerten Teil um einen Teilbetrieb im umwandlungssteuerlichen Sinne handelt. Die vertragsärztliche Tätigkeit stellt im Rahmen einer ärztlichen Praxis aber regelmäßig keinen Teilbetrieb dar (siehe S. 162 f.).

Die Einbringung eines Betriebes in eine MVZ-GmbH erfordert nach § 20 UmwStG, dass alle wesentlichen Betriebsgrundlagen eingebracht werden (AEUmwStG 2006, a. a. O., Tz. 20.06 f.). Dies ist nicht der Fall, wenn nur der vertragsärztliche Teil einer Praxis eingebracht wird, der privatärztliche Teil aber zurückgehalten wird.

Für die Anwendung des § 24 UmwStG ist hingegen bei Gründung einer MVZ-GbR nicht erforderlich, dass alle wesentlichen Betriebsgrundlagen in das Gesamthandsvermögen der Mitunternehmerschaft übertragen werden. Ausreichend für die Anwendung des

§ 24 UmwStG kann auch die Übertragung in das Sonderbetriebsvermögen des jeweiligen Gesellschafters sein (AEUmwStG 2006, a. a. O., Tz. 24.05 f.). Naheliegend wäre es daher zu überlegen, die vertragsärztliche Tätigkeit in das Gesamthandsvermögen einer MVZ-GbR einzubringen und die privatärztliche Tätigkeit, d. h. die restlichen wesentlichen Betriebsgrundlagen, in das Sonderbetriebsvermögen des Gesellschafters bei der MVZ-GbR.

Nach der hier vertretenen Auffassung bestehen jedoch gewisse Restrisiken, die diese Möglichkeit im Einzelfall in Frage stellen. Je nach Umfang und Verhältnis der in das Gesamthandsvermögen eingebrachten und der zurückbehaltenen Wirtschaftsgüter, insbesondere des Praxiswertes der privatärztlichen Tätigkeit, kann zweifelhaft sein, ob diese steuerliches Sonderbetriebsvermögen beim medizinischen Versorgungszentrum werden können oder nicht vielmehr Betriebsvermögen einer **gesonderten privatärztlichen Praxis** bleiben (BFH, Urteil v. 9.2.1978 - IV R 85/77, BStBl 1979 II S. 111).

Wird gesondert von der vertragsärztlichen Tätigkeit im Rahmen des medizinischen Versorgungszentrums eine erhebliche privatärztliche Tätigkeit ausgeübt, dürfte nach diesen Überlegungen eine Zuordnung des privatärztlichen Teils des Praxiswertes zum Sonderbetriebsvermögen der MVZ-GbR im Einzelfall schwierig sein. Vielmehr entsteht im Einzelfall unter Umständen eine von der Beteiligung an der MVZ-GbR abzugrenzende privatärztliche Praxis. Wenn aber mit dem Praxiswert aus der privatärztlichen Tätigkeit einer Praxis wesentliche Betriebsgrundlagen in dieser Form nicht in das Sonderbetriebsvermögen zur MVZ-GbR eingebracht werden, kommt § 24 UmwStG nicht zur Anwendung.

PRAXISHINWEIS:

Im Fall der Gründung einer MVZ-GbR bestehen aus steuerlicher Sicht keine zwingenden Gründe, nicht auch die privatärztliche Tätigkeit zu vergesellschaften. Unbenommen bleibt es dann, im Rahmen der Gewinnverteilung zu regeln, dass Gewinn aus einer privatärztlichen Tätigkeit abweichend von den Gewinnen aus einer vertragsärztlichen Tätigkeit verteilt werden. Dies vermeidet auch umsatzsteuerliche Risiken für den Fall, dass Ressourcen der MVZ-GbR, wie Geräte und Personal, für die privatärztliche Tätigkeit eingesetzt werden (vgl. S. 202 ff.).

bb) Zur Anwendbarkeit von § 6 Abs. 5 EStG

Bei der Übertragung einzelner Wirtschaftsgüter in eine MVZ-GmbH oder in eine Mitunternehmerschaft, an der eine GmbH, ggf. eine MVZ-(Träger-)GmbH oder eine Krankenhaus gGmbH, beteiligt ist, ist infolge der Sperrklausel des § 6 Abs. 5 Satz 5 EStG insoweit der Teilwert anzusetzen und eine Buchwertfortführung nicht möglich (siehe nachfolgend unter g) aa), S. 366 f.). Der Teilwert ist ebenfalls anzusetzen, wenn einzelne Wirtschaftsgüter aus dem Gesamthandsvermögen einer Mitunternehmerschaft in das Gesamthandsvermögen einer anderen Mitunternehmerschaft übertragen werden (siehe S. 147). Werden im Rahmen der Übertragung einzelner Wirtschaftsgüter auch

Verbindlichkeiten mit übernommen, sind diese zudem als Gegenleistung, d. h. als Entgelt, anzusehen (Kulosa in Schmidt, 43. Aufl. EStG 2024, § 6 Rz. 786; BMF, Schreiben v. 8.12.2011 - IV C 6 – S 2241/10/10002, BStBl 2011 I S. 1279, Rz. 15) mit der Folge einer entgeltlichen oder teilentgeltlichen Überführung und der Aufdeckung stiller Reserven.

Begünstigt ist damit nach § 6 Abs. 5 EStG lediglich die Überführung einzelner Wirtschaftsgüter unentgeltlich oder gegen Gewährung von Gesellschaftsrechten aus einer Berufsausübungsgemeinschaft in das Sonderbetriebsvermögen bei einer MVZ-GbR oder aus einer Einzelpraxis in das Gesamthandsvermögen einer MVZ-GbR ohne Beteiligung einer GmbH bzw. das Sonderbetriebsvermögen einer MVZ-GbR.

g) Gründung durch Verlagerung einzelner Vertragsarztsitze

Zu unterscheiden sind steuerrechtlich hier zwei Fälle:

- Verlagerung einzelner Vertragsarztsitze zur Gründung eines gesonderten MVZ
- Verlagerung einzelner Vertragsarztsitze im Rahmen der Gründung einer Berufsausübungsgemeinschaft mit dem MVZ als neuem Mitunternehmer.

aa) Verlagerung einzelner Vertragsarztsitze zur Gründung eines gesonderten MVZ

Werden einzelne Vertragsarztsitze auf eine MVZ-GbR oder eine MVZ-GmbH übertragen, scheitert die Anwendung der §§ 20 und 24 UmwStG an der Tatsache, dass eine einzelne Vertragsarztzulassung keinen Betrieb, Teilbetrieb oder Mitunternehmeranteil darstellen.

Die Übertragung einzelner Wirtschaftsgüter zum Buchwert aus dem Gesamthandsvermögen einer Mitunternehmerschaft (z. B. einer Berufsausübungsgemeinschaft) in das Gesamthandsvermögen einer anderen Mitunternehmerschaft (MVZ-GbR) ist zudem in § 6 Abs. 5 EStG bisher nicht vorgesehen (vgl. S. 147).

Erhöht oder begründet sich durch die Übertragung einzelner Wirtschaftsgüter aus einem Betriebsvermögen unmittelbar oder mittelbar der Anteil einer GmbH – hier einer MVZ-GmbH oder z. B. einer Krankenhaus gGmbH als Gesellschafter einer MVZ-GbR – an dem Wirtschaftsgut, ist gem. § 6 Abs. 5 Satz 5 EStG ebenfalls der Teilwert anzusetzen und die stillen Reserven werden aufgedeckt.

Steuerneutral möglich wäre lediglich (jeweils ohne Beteiligung einer Kapitalgesellschaft)

- die Übertragung des mit der Vertragsarztzulassung verbundenen wirtschaftlichen Vorteils aus dem Gesamthandsvermögen einer Mitunternehmerschaft (Berufsausübungsgemeinschaft) in das steuerliche Sonderbetriebsvermögen bei einer MVZ-GbR als Mitunternehmerschaft nach § 6 Abs. 5 Satz 3 Nr. 2 EStG.

- die Überführung oder Übertragung des mit der Vertragsarztzulassung verbundenen wirtschaftlichen Vorteils aus dem steuerlichen Sonderbetriebsvermögens einer Mitunternehmerschaft (Berufsausübungsgemeinschaft) in das Sonderbetriebsvermögen oder Gesamthandsvermögen bei einer anderen Mitunternehmerschaft (MVZ-GbR) nach § 6 Abs. 5 Satz 3 Nr. 2 EStG.
- die Überführung oder Übertragung des mit der Vertragsarztzulassung verbundenen wirtschaftlichen Vorteils aus einem steuerlichen Betriebsvermögen (Einzelpraxis) in das Sonderbetriebsvermögen oder Gesamthandsvermögen bei einer anderen Mitunternehmerschaft (MVZ-GbR) nach § 6 Abs. 5 Satz 3 Nr. 2 EStG.

Dies gilt unabhängig davon, ob das MVZ in der Angestellten-Variante oder der Vertragsarztvariante betrieben wird.

PRAXISHINWEIS:

Nach Auffassung des BVerfG verstößt § 6 Abs. 5 Satz 3 EStG i. d. F. vom 20.12.2001 gegen Art. 3 Abs. 1 GG insoweit, als dass die Vorschrift keine Buchwertübertragung von Wirtschaftsgütern zwischen **beteiligungsidentischen Schwesterpersonengesellschaften** zulässt. Der Gesetzgeber ist verpflichtet, den festgestellten Verfassungsverstoß rückwirkend für Übertragungsvorgänge nach dem 31.12.2000 zu beseitigen (BVerfG, Beschluss v. 28.11.2023 - 2 BvL 8/1, DStR 2024 S. 155; vgl. z. B. Jordan, NWB 2024 S. 189; Kraft, NWB 2024 S. 460; Liedgens/Veil, DB 2024 S. 1025; Lämmle, DStR 2024 S. 1389). Nach dem Entwurf des Jahressteuergesetzes 2024 ist die Einführung einer neuen Nr. 4 in § 6 Abs. 5 Satz 3 EStG geplant. Diese hat nach dem Referentenentwurf folgenden Wortlaut: *„4. unentgeltlich zwischen den Gesamthandsvermögen verschiedener Mitunternehmerschaften derselben, identisch beteiligten Mitunternehmer“*. Nach der Gesetzesbegründung (Bearbeitungsstand 8.5.2024 07:30) liegt eine Beteiligungsidentität an Mitunternehmerschaften für Zwecke des § 6 Abs. 5 Satz 3 Nr. 4 EStG nicht vor, wenn unmittelbar oder mittelbar und zivilrechtlich oder nur wirtschaftlich eine natürliche Person oder eine Körperschaft, Personenvereinigung oder Vermögensmasse nur an einer der beiden Mitunternehmerschaften beteiligt ist. Offen – jedenfalls aus der Gesetzesbegründung nicht erkennbar – ist, ob aus Sicht des Gesetzgebers eine Personenidentität ausreicht, d. h., dass an beiden Mitunternehmerschaft vollständig die gleichen Mitunternehmer beteiligt sind, oder ob mit „identisch beteiligt“ tatsächlich die prozentual gleiche Beteiligungshöhe der jeweiligen Mitunternehmer gemeint ist.

BEISPIEL Die Berufsausübungsgemeinschaft A, B, C & D verfügt neben den jeweils vollen Vertragsarztzulassungen von A, B, C & D über mehrere Arztstellen, die mit angestellten Ärzten besetzt sind. A, B, C und D möchten eine Kooperation mit einem Krankenhaus auf Basis einer gesonderten MVZ-GmbH eingehen. Hierzu gründen A, B, C und D und das Krankenhaus eine MVZ-GmbH. Vertragsarztrechtlich wird im Vorfeld für eine gewisse Dauer eine halbe Arztstelle der Berufsausübungsgemeinschaft, auf der E als angestellter Arzt tätig ist, in eine halbe Vertragsarztzulassung zu Gunsten des E rückumgewandelt, der für diesen kurzen Zeitraum Gesellschafter der Berufsausübungsgemeinschaft wird oder in Praxisgemeinschaft mit der Berufsausübungsgemeinschaft tätig wird. Anschließend verzichtet E auf diese neue halbe Vertragsarztzulassung zu Gunsten einer Anstellung im MVZ der GmbH wieder. Zudem verzichtet A auf eine halbe Vertragsarztzulassung zu Gunsten einer Anstellung im MVZ der GmbH. Steuerrechtlich führt der Vorgang zur Aufdeckung der stillen Reserven in Höhe des Wertes des übertragenen immateriellen Vermögens („wirtschaftlicher Vorteil aus der Vertragsarztzulassung" bzw. Goodwill).

Zudem ergeben sich im Einzelfall **erhebliche umsatzsteuerliche Risiken** (vgl. S. 178 ff.).

bb) Verlagerung einzelner Vertragsarztsitze im Rahmen der Gründung einer Berufsausübungsgemeinschaft mit dem MVZ als neuem Mitunternehmer

Von der Verlagerung einzelner Vertragsarztsitze zur Gründung eines gesonderten MVZ ist die Verlagerung einzelner Vertragsarztsitze im Rahmen der Gründung einer Berufsausübungsgemeinschaft mit dem MVZ als neuem Mitunternehmer zu unterscheiden. Nach der hier vertretenen Auffassung führt die vertragsarztrechtliche Verlagerung von Zulassungen innerhalb des Gesellschafterkreises einer Berufsausübungsgemeinschaft steuerrechtlich nicht zur Verlagerung von Wirtschaftsgütern zwischen den Mitunternehmern. Die Zulassungen sind und bleiben insoweit nur wertbildender Faktor des ideellen Praxiswertes (Goodwill), der i. d. R. als Wirtschaftsgut dem Gesamthandsvermögen der Berufsausübungsgemeinschaft zuzurechnen ist (vgl. S. 156 ff.). Selbst wenn man entgegen der BFH-Rechtsprechung ein Wirtschaftsgut annehmen würde, wäre dies nach der BFH-Rechtsprechung das Wirtschaftsgut „wirtschaftlicher Vorteil aus der Vertragsarztzulassung". Dieses Wirtschaftsgut ist aber in aller Regel aus steuerlicher Sicht – wie der Goodwill – ebenfalls Gesamthandsvermögen der Berufsausübungsgemeinschaft (vgl. S. 157 f.).

BEISPIEL ▸ Die Berufsausübungsgemeinschaft A, B, C & D (je 25 %) in GbR verfügt neben den jeweils vollen Vertragsarztzulassungen von A, B, C & D über mehrere Arztstellen, die mit angestellten Ärzten besetzt sind. A und B möchten ihre Beteiligung in einer gemeinsamen MVZ GbR bündeln. Hierzu bringen A und B jeweils ihre 25 % Gesellschaftsanteile (Mitunternehmeranteile) an der Berufsausübungsgemeinschaft in die MVZ A & B GbR ein. Die Einbringung erfolgt gegen Gewährung von jeweils 50 % neuen Gesellschaftsrechten (Mitunternehmerstellung) an der MVZ A & B GbR. Gesellschafter der Berufsausübungsgemeinschaft sind durch die Übertragung der jeweils 25 % Gesellschaftsanteile von A und B auf die A & B MVZ-GbR anschließend die MVZ A & B GbR zu 50 % und C und D zu je 25 %. Gesellschafter der MVZ A & B GbR sind zu je 50 % A und B, so dass A und B ihre bisherige Beteiligung von 25 % an der Berufsausübungsgemeinschaft nun mittelbar über die MVZ A & B GbR halten.

Vertragsarztrechtlich wird das MVZ der A & B GbR in der Vertragsarzt-Variante auf Grundlage der Vertragsarztzulassung von A und B genehmigt, die fortan ihre Tätigkeit als Vertragsärzte im MVZ der A & B GbR ausüben. Da die MVZ A & B GbR sich aber wiederum vertragsarztrechtlich mit C und D zur gemeinsamen Berufsausübung zusammengeschlossen hat, erfolgt die Abrechnung sämtlicher Leistungen weiterhin auf Basis einer Abrechnung der Berufsausübungsgemeinschaft.

Steuerrechtlich liegt hier ein Fall der Einbringung von Mitunternehmeranteilen gegen Gewährung einer Mitunternehmerstellung nach § 24 UmwStG vor, der auf Antrag zu Buchwerten ohne Aufdeckung stiller Reserven erfolgen kann. Auch wenn vertragsarztrechtlich die Vertragsarztzulassungen von A und B „ruhen" und durch die Zulassung des MVZ der MVZ A & B GbR

„überlagert" werden (vgl. S. 359 ff.), bleibt der mit den Vertragsarztzulassungen verbundene wirtschaftliche Vorteil steuerrechtlich unverändert gesamthänderisches Betriebsvermögen der Berufsausübungsgemeinschaft A, B, C & D bzw. neu MVZ A & B GbR, C und D Berufsausübungsgemeinschaft in GbR, wie bereits zuvor.

Wird eine MVZ-GmbH Mitunternehmer der Berufsausübungsgemeinschaft, gehört das immaterielle Vermögen steuerrechtlich ebenfalls weiterhin zum gesamthänderisch gebundenen Betriebsvermögen der Mitunternehmerschaft. Somit kann § 24 UmwStG auch hier zur Anwendung kommen.

BEISPIEL Die Berufsausübungsgemeinschaft A, B, C & D (je 25 %) verfügt neben den jeweils vollen Vertragsarztzulassungen von A, B, C & D über mehrere Arztstellen, die mit angestellten Ärzten besetzt sind. A, B, C und D möchten eine Kooperation mit einem Krankenhaus eingehen.

Hierzu gründet das Krankenhaus als Alleingesellschafter eine GmbH, die einen Antrag auf Zulassung eines MVZ zur vertragsärztlichen Versorgung stellt. Vertragsarztrechtlich wird im Vorfeld für eine gewisse Dauer eine halbe Arztstelle der Berufsausübungsgemeinschaft, auf der E als angestellter Arzt tätig ist, in eine halbe Vertragsarztzulassung zu Gunsten des E rückumgewandelt, der für diesen kurzen Zeitraum Gesellschafter der Berufsausübungsgemeinschaft wird. Anschließend verzichtet E auf diese neue halbe Vertragsarztzulassung zu Gunsten einer Anstellung im MVZ der GmbH wieder. Zudem verzichtet A auf eine halbe Vertragsarztzulassung zu Gunsten einer Anstellung im MVZ der GmbH.

Die MVZ-GmbH tritt zeitgleich mit der Zulassung des MVZ der Berufsausübungsgemeinschaft A, B, C & D als neuer Gesellschafter mit einer Beteiligung von 20 % bei und leistet hierzu eine Zuzahlung in das Betriebsvermögen der Berufsausübungsgemeinschaft, die dort zur Finanzierung des Erwerbs von neuem Anlagevermögen und weiterer Praxen eingesetzt wird. An der „neuen" Berufsausübungsgemeinschaft A, B, C, D und MVZ-GmbH sind dann alle Gesellschafter zu je 20 % beteiligt.

Steuerrechtlich liegt ein Fall der Zuzahlung in das Betriebsvermögen nach § 24 UmwStG vor, der auf Antrag zu Buchwerten ohne Aufdeckung stiller Reserven erfolgen kann. A, B, C und D bringen ihre Mitunternehmeranteile in eine um die MVZ-GmbH erweiterte Mitunternehmerschaft ein (vgl. S. 112 ff.). Auch die MVZ-GmbH kann insoweit Beteiligter an einer Einbringung nach § 24 UmwStG sein (vgl. S. 223). Auch wenn vertragsarztrechtlich die Arztstellen der MVZ-GmbH zugeordnet werden, bleibt der mit den Arztstellen verbundene wirtschaftliche Vorteil steuerrechtlich unverändert gesamthänderisches Betriebsvermögen der Berufsausübungsgemeinschaft A, B, C & D bzw. neu A, B, C, D und MVZ-GmbH.

Steuerrechtlich kann jedenfalls nach der hier vertretenen Auffassung die steuerrechtliche Beurteilung der Anwendung von § 24 UmwStG nicht davon abhängen, ob der neue Mitunternehmer, der eine Zuzahlung in das Betriebsvermögen der Gesellschaft leistet, eine MVZ GmbH oder eine natürliche Person ist. Wäre entweder ein neuer Arzt beigetreten und hätte eine halbe Zulassung im Ausschreibungs-/Nachbesetzungsverfahren von A zugesprochen erhalten oder wäre ein bisher angestellter Arzt als Gesellschafter der Berufsausübungsgemeinschaft beigetreten und seine Arztstelle wäre in eine Vertragsarztzulassung zu seinen Gunsten rückumgewandelt worden, würde die

Anwendung von § 24 UmwStG auch nicht in Frage stehen. § 24 UmwStG enthält zur Person des Einbringenden keine Beschränkung (vgl. S. 223; Rasche in Rödder/Herlinghaus/van Lishaut, UmwStG, 3. Aufl. 2019, § 24 UmwStG Rz. 75; Schrameyer in Lippross/Seibel, Basiskommentar Steuerrecht, 144. Lieferung 06.2024, § 24 UmwStG Rz. 56; Schmitt in Schmitt/Hörtnagl, UmwStG, 10. Aufl. 2024, UmwStG § 24 Rz. 104).

PRAXISHINWEIS:

Zu beachten ist, dass zu den vorstehenden Beispielen keine Rechtsprechung, keine Verlautbarung der Finanzverwaltung und keine tiefergehende Auseinandersetzung mit dem Thema in der Literatur existieren. Auch wenn die Argumentation in sich schlüssig ist, kann eine anderweitige Auffassung der Finanzverwaltung nicht ausgeschlossen werden. **Im Einzelfall** empfiehlt sich bei einer entsprechenden Gestaltung daher ein **Antrag auf Erteilung einer verbindlichen Auskunft.**

2. Grundzüge der laufenden ertragsteuerlichen Beurteilung

a) Grundsätzliches zur MVZ-GbR

Sind an einer MVZ-GbR ausschließlich freiberuflich tätige Vertragsärzte beteiligt, erzielen diese wie im Fall einer BAG im Rahmen einer leitenden und eigenverantwortlichen Tätigkeit Einkünfte aus selbständiger Arbeit gem. § 18 EStG, so dass auf die Ausführungen zur BAG verwiesen werden kann (vgl. S. 94 ff.). Erhält ein Gesellschafter der MVZ-GbR ein Gehalt aus einem Arbeitsvertrag mit der MVZ GbR für seine Tätigkeit, rechnet dieses nach § 18 Abs. 4 Satz 2 EStG i. V. m. § 15 Abs. 1 Satz 1 Nr. 2 EStG ebenfalls zu den Einkünften aus selbständiger Arbeit. Gehälter angestellter Ärzte, die nicht Gesellschafter der MVZ-GbR sind, führen für diese zu Einkünften aus nichtselbständiger Arbeit nach § 19 EStG und für die MVZ-GbR zu Betriebsausgaben.

Sind an der MVZ-GbR auch Nicht-Ärzte beteiligt, z. B. ein Krankenhaus, ist insgesamt von einem Gewerbebetrieb auszugehen (H 15.6 EStH 2022 „Gesellschaft“, siehe auch S. 100).

Eine MVZ-GbR erfüllt auch nicht die Voraussetzungen zur Befreiung von der Gewerbesteuer nach **§ 3 Nr. 20 GewStG**, denn ein MVZ ist kein Krankenhaus, Heim und keine andere Einrichtung zur vorübergehenden Aufnahme pflegebedürftiger Personen bzw. zur ambulanten Pflege kranker und pflegebedürftiger Personen, analog den ambulanten Vorsorge- und Rehabilitationseinrichtungen (BFH, Urteil v. 22.11.2003 - I R 65/02, BStBl 2004 II S. 300; BFH, Urteil v. 8.9.1994 - IV R 85/93, BStBl 1995 II S. 67).

Dies ist insbesondere dann unbefriedigend, wenn freiberuflich tätige Vertragsärzte eine MVZ-GbR zusammen mit einer Krankenhaus gGmbH gründen, welches die Voraussetzungen des § 3 Nr. 20 Buchst. b GewStG erfüllt. Bei einer Betriebsaufspaltung erstreckt sich die Gewerbesteuerbefreiung der Betriebskapitalgesellschaft auch auf die Vermietungs- oder Verpachtungstätigkeit des Besitzunternehmens (BFH, Urteil

v. 29.3.2006 - X R 59/00, BStBl 2006 II S. 661). Diese Rechtsprechung dürfte vermutlich nicht übertragbar sein. Die Tatsache, dass die gGmbH ausschließlich nach § 3 Nr. 20 Buchst. b GewStG gewerbesteuerfreie Einkünfte erzielt, führt zunächst nicht zugleich dazu, dass die Merkmale der Freiberuflichkeit bei allen Gesellschaftern der MVZ-GbR vorliegen. Ferner übt die MVZ-GbR als gesondertes Unternehmen eine Tätigkeit aus, die nicht von § 3 Nr. 20 GewStG erfasst wird. Es bleibt nur zu hoffen, dass irgendwann § 3 GewStG um eine Befreiungsvorschrift für medizinische Versorgungszentren erweitert wird.

Übt die MVZ-GbR im Rahmen ihrer Tätigkeit selbst eine nicht unwesentliche (H 15.8 Abs. 5 EStH 2022„geringfügige gewerbliche Tätigkeit") gewerbliche Tätigkeit aus oder erzielt gewerbliche Einkünfte aus einer Beteiligung als Mitunternehmer an einer anderen Personengesellschaft, erzielt die MVZ-GbR nach § 15 Abs. 3 Nr. 1 EStG insgesamt Einkünfte aus Gewerbebetrieb (Abfärbe-/Infektionstheorie, siehe ausführlich S. 100 ff.). Der Gewinn der MVZ-GbR ist gesondert und einheitlich zu ermitteln und auf die Beteiligten aufzuteilen.

b) Grundsätzliches zur MVZ-GmbH

Die Besteuerung der MVZ-GmbH unterscheidet sich grundlegend von der laufenden ertragsteuerlichen Beurteilung eines MVZ oder einer Berufsausübungsgemeinschaft in der Rechtsform einer Personengesellschaft. Sie folgt insoweit dem Besteuerungsrecht für Kapitalgesellschaften als eigenständigem Steuersubjekt nach dem Körperschaftsteuergesetz. Ihre Tätigkeit gilt nach § 2 Abs. 2 Satz 1 GewStG kraft Rechtsform stets als Gewerbebetrieb und unterliegt damit grundsätzlich der Gewerbesteuer. Eine MVZ-GmbH erfüllt auch nicht die Voraussetzungen zur Befreiung von der Gewerbesteuer nach § 3 Nr. 20 GewStG (vgl. S. 370). Eine Kapitalgesellschaft kann zudem die Merkmale eines freien Berufes nicht erfüllen, so dass die Gewerbesteuerpflicht auch jede Mitunternehmerschaft betrifft, an der neben freiberuflich tätigen Mitunternehmern eine Kapitalgesellschaft beteiligt ist. Dies gilt auch dann, wenn an der Kapitalgesellschaft ausschließlich Gesellschafter beteiligt sind, die selbst persönlich die Voraussetzungen für die Annahme einer freiberuflichen Tätigkeit erfüllen (BFH, Urteil v. 8.4.2008 - VIII R 73/05, BStBl 2008 II S. 681; BFH, Urteil v. 3.12.2003 - IV B 192/03, BStBl 2004 II S. 303).

Die MVZ-GmbH als Kapitalgesellschaft ermittelt ihren Gewinn nach § 5 Abs. 1 EStG durch bilanziellen Betriebsvermögensvergleich.

Ausschüttungen der MVZ-GmbH führen bei den Gesellschaftern grundsätzlich zu Einkünften aus Kapitalvermögen. Sie unterliegen nach § 43 Abs. 1 Nr. 1 EStG dem Einbehalt von Kapitalertragsteuer, mit dem die Besteuerung bei den beteiligten Ärzten als natürliche Personen grundsätzlich abgegolten ist (25 % Abgeltungsteuer zzgl. SolZ und ggf. KiSt, § 32d EStG). Die Abgeltungswirkung tritt jedoch nach § 43 Abs. 5 Satz 2 EStG nicht ein, wenn die Beteiligung an der MVZ-GmbH bei dem beteiligten Arzt Betriebsvermögen darstellt und die Gewinnausschüttungen demnach zu den Einkünften aus § 18 EStG (oder § 15 EStG) rechnet. In dem Fall greift aber § 3 Nr. 40 EStG ein, so dass die Gewinnausschüttungen zu 40 % steuerfrei sind und daher nur zu 60 % der Besteuerung unterliegen. Dadurch wird eine Steuerbelastung erreicht, die sich i. d. R. nur unwesentlich von der Belastung mit der pauschalen Abgeltungssteuer unterscheidet.

Ist Gesellschafter einer MVZ-GmbH eine andere Kapitalgesellschaft, z. B. ein Krankenhaus, kann bei der Körperschaftsteuer § 8b KStG zu Anwendung kommen, wenn die Beteiligung zu Beginn des Kalenderjahres mindestens 10 % des Grund- oder Stammkapitals betragen hat, so dass im Ergebnis Gewinnausschüttungen der MVZ-GmbH beim Krankenhaus als Gesellschafter nur zu 5 % steuerpflichtig sind. Wenn die Beteiligung zu Beginn des Erhebungszeitraums mindestens 15 % des Grund- oder Stammkapitals beträgt, kommt zudem das gewerbesteuerliche **Schachtelprivileg** (§ 8 Nr. 5 GewStG, § 9 Nr. 2a GewStG) in Betracht, so dass die Gewinnausschüttungen beim Gesellschafter nicht nochmals der Gewerbesteuer unterliegen.

Der angestellte Arzt erzielt aus seiner Tätigkeit Einkünfte aus nichtselbständiger Arbeit i. S. des § 19 EStG.

c) Vergütung des Vertragsarztes in der MVZ GmbH in der Vertragsarztvariante

Wie bereits im Rahmen der Gründung einer MVZ GmbH in der Vertragsarzt-Variante dargestellt, sind hier drei Fälle denkbar. Die Vergütung kann sich bei der steuerlichen Beurteilung darstellen als

- Arbeitslohn i. S. des § 19 EStG (z. B. Arbeitsvertrag als Geschäftsführer, ärztlicher Leiter oder Arzt)
- (offene oder verdeckte) Gewinnausschüttung i. S. des § 20 EStG (z. B. Nur-Gewinntantieme)
- Einkünfte aus einer selbständigen (gewerblichen oder freiberuflichen) Tätigkeit i. S. des §§ 18 oder 15 EStG.

Welche Einkunftsart konkret vorliegt, lässt sich nur unter den Umständen des Einzelfalls beurteilen (vgl. S. 361 ff.).

Sofern sich die Vergütung des Vertragsarztes **ausschließlich** als **Einkünfte aus Kapitalvermögen nach § 20 EStG** darstellt, kann dies mit **steuerlichen Nachteilen** verbunden sein. In dem Fall würden sämtliche Einkünfte des Vertragsarztes aus der MVZ-GmbH (Vergütung + sonstige Ausschüttungen) nach § 32d EStG zu besteuern sein. Sofern keine anderweitigen Einkünfte außerhalb von § 20 EStG vorliegen, geht der Progressionsvorteil des § 32a EStG und auch der Sonderausgabenabzug ins Leere.

Sofern Einkünfte aus einer **selbständigen Tätigkeit** vorliegen, dürften diese mutmaßlich zu den Einkünften aus einer **freiberuflichen Tätigkeit i. S. des § 18 EStG** gehören. Die Vergütung wird insoweit für eine Tätigkeit als Vertragsarzt im MVZ gezahlt. Damit entspringen sie originär einer ärztlichen Tätigkeit.

3. Grundzüge der laufenden umsatzsteuerlichen Beurteilung

Nach Auffassung der Finanzverwaltung (Abschnitt 4.14.5 Abs. 10 UStAE) erbringen MVZs, die an der vertragsärztlichen Versorgung nach § 95 SGB V teilnehmen, steuerfreie Leistungen nach § 4 Nr. 14 Buchst. b Satz 2 Doppelbuchst. bb UStG. Die an einem MVZ als selbständige Unternehmer tätigen Ärzte erbringen dagegen steuerfreie Leistungen i. S. des § 4 Nr. 14 Buchst. a UStG, wenn sie ihre Leistungen gegenüber dem MVZ erbringen. Die Finanzverwaltung ordnet damit das MVZ offenbar grundsätzlich in die Kategorie der Krankenhäuser, Zentren für ärztliche Heilbehandlung und Diagnostik oder Befunderhebung etc. ein (vgl. ausführlich S. 165 ff.). Dies gilt unabhängig von der Rechtsform und der ertragsteuerlichen Qualifizierung der Einkünfte (Abschnitt 4.14.7 UStAE).

Unerheblich ist – insbesondere auch in den Vertragsarzt-Varianten – insofern, ob eine direkte Leistungsbeziehung zwischen dem Patienten als Leistungsempfänger und dem tätigen Arzt als Leistenden besteht oder das MVZ zwischengeschaltet ist, da die Umsatzsteuerbefreiung nicht voraussetzt, dass der Arzt als umsatzsteuerlicher Unternehmer die Umsätze gegenüber einem Patienten als Leistungsempfänger erbringt und mit ihm oder seiner Krankenkasse hierüber abrechnet (siehe S. 171 **Rechtsform** mit Hinweis auf BFH, Urteil v. 25. 11. 2004 - V R 44/02, BStBl 2005 II S. 190). Hinsichtlich ärztlicher Leistungen dürften sich daher i. d. R. keine umsatzsteuerlichen besonderen Fragestellungen ergeben.

PRAXISHINWEIS:

Die Auffassung der Finanzverwaltung, die Leistungen eines MVZ grundsätzlich nach § 4 Nr. 14 Buchst. b Satz 2 Doppelbuchst. bb UStG von der Umsatzsteuer zu befreien, erscheint insofern fraglich, als ein MVZ in der Praxis die verschiedensten Ausprägungen annehmen kann. Für ein dem gesetzgeberischen Grundgedanken folgend im Sinne einer „Poliklinik" organisiertes MVZ mit einer Vielzahl von Fachrichtungen und Ärzten sowie ggf. einer Klinikkonzession nach § 30 GewO mag es zutreffen, das MVZ einem Krankenhaus gleichzusetzen und daher nach § 4 Nr. 14 Buchst. b Satz 2 Doppelbuchst. bb UStG von der Umsatzsteuer zu befreien. Eine Vielzahl von MVZ dagegen sind mit Ausnahme des vertragsarztrechtlichen Status nicht von einer Berufsausübungsgemeinschaft zu unterscheiden. Derartige MVZ dürften weiterhin entgegen der geäußerten Verwaltungsauffassung nach § 4 Nr. 14 Buchst. a UStG von der Umsatzsteuer zu befreien sein. In der Praxis dürfte dies in Bezug auf die umsatzsteuerliche Beurteilung der ärztlichen Leistungen jedoch nebensächlich sein, sofern zumindest eine der beiden Befreiungsvorschriften zur Anwendung kommt.

4. Gesellschaftereintritt, -wechsel und -austritt

Der Gesellschaftereintritt, -wechsel und -austritt vollzieht sich bei der **MVZ-GbR** nach den gleichen Grundsätzen wie bei der Berufsausübungsgemeinschaft (vgl. ausführlich S. 121 ff.). Bei der **MVZ-GmbH** dagegen gelten – wie auch bei der laufenden ertragsteuerlichen Beurteilung – grundlegend andere Besteuerungsgrundsätze.

a) Gesellschafterbeitritt, -wechsel und -austritt bei einer MVZ GmbH

aa) Gesellschaftereintritt

Für den Beitritt eines Gesellschafters zu einer bestehenden MVZ-GmbH bieten sich mehrere Möglichkeiten an:

- Erwerb von Anteilen anderer Gesellschafter,
- Beitritt im Rahmen einer effektiven Kapitalerhöhung,
- Erwerb eigener Anteile von der GmbH (falls vorhanden).

(1) Erwerb von Anteilen anderer Gesellschafter

Der Beitritt kann sich als Veräußerung von Anteilen der bisherigen Gesellschafter vollziehen.

BEISPIEL An der MVZ-GmbH sind die Dres. A, B, C und D zu je einem Viertel beteiligt. Im Rahmen des geplanten Beitritts veräußern die Gesellschafter jeweils 5 % Anteile an der GmbH an Dr. E, so dass alle fünf Gesellschafter nunmehr zu 20 % an der MVZ-GmbH beteiligt sind.

Aufgrund der Beteiligung von i. d. R. mehr als einem Prozent an der GmbH liegt ertragsteuerlich ein **Veräußerungsgeschäft von Anteilen an Kapitalgesellschaften** i. S. des § 17 EStG vor, soweit es sich nicht um **sperrfristverhaftete Anteile** i. S. des § 22 UmwStG handelt.

Die im Rahmen einer Einbringung nach § 20 UmwStG zu einem Wert unter dem gemeinen Wert ausgegebenen Anteile an der aufnehmenden Gesellschaft sind über einen Zeitraum von sieben Jahren nach § 22 UmwStG sperrfristverhaftet. Eine Veräußerung innerhalb der Sperrfrist führt zur rückwirkenden Versteuerung eines Gewinns i. S. des § 16 EStG (Einbringungsgewinn I) auf den Zeitpunkt der Einbringung (vgl. ausführlich S. 357 ff.). Im Ergebnis erfolgt somit eine Aufteilung des Veräußerungsgewinns auf einen Teil, der rückwirkend auf die Einbringung nach § 16 EStG (ohne Begünstigung) voll zu versteuern ist (Einbringungsgewinn I) und einen Teil, der bei Veräußerung als Gewinn i. S. des § 17 EStG im Teileinkünfteverfahren zu 60 % zu versteuern ist.

Gehören die **Anteile zu einem Betriebsvermögen**, führt die Veräußerung zu einem entsprechenden betrieblichen Veräußerungsgewinn. Auch in diesem Fall greift aber das Teileinkünfteverfahren.

Der Erwerber hat Anschaffungskosten auf die Beteiligung, die er entsprechend dann geltend machen kann, wenn er selbst die Beteiligung wiederum nach § 17 EStG veräußert.

PRAXISHINWEIS:

Aus Sicht des Veräußerers kann die Veräußerung von Anteilen an einer MVZ-GmbH gegenüber der Veräußerung einer Beteiligung einer Berufsausübungsgemeinschaft steuerliche Vorteile bieten, weil der gesamte Gewinn im Teileinkünfteverfahren unabhängig vom Lebensalter und in voller Höhe nur zu 60 % steuerpflichtig ist. Für den Erwerber ergeben sich aber erhebliche steuerliche Nachteile beim Erwerb von Anteilen an einer MVZ-GmbH gegenüber der Veräußerung einer Beteiligung einer Berufsausübungsgemeinschaft. Die Anschaffungskosten für Anteile an einer MVZ-GmbH werden steuerlich erst bei deren (Weiter-)Veräußerung wirksam. Die Anschaffungskosten für eine Beteiligung an einer Berufsausübungsgemeinschaft können dagegen vom Erwerber über Abschreibungen in den Jahren nach der Anschaffung unmittelbar steuerlich geltend gemacht werden. Durch die damit einhergehende Steuerentlastung entspannt sich die Finanzierungssituation eines Erwerbers. Bei der Rechtsformwahl muss daher auch immer die Situation des potenziellen zukünftigen Erwerbers bedacht werden, weil sich eine MVZ-GmbH im Hinblick auf die Veräußerung an niederlassungswillige Ärzte als „Ladenhüter" erweisen kann, wohingegen bei einer geplanten Veräußerung an ein Krankenhaus dieser Aspekt häufig keine wesentliche Rolle spielt und die MVZ-GmbH sogar von strategischem Vorteil ist.

(2) Beitritt im Rahmen einer effektiven Kapitalerhöhung

Der Beitritt kann ebenso im Rahmen einer effektiven Kapitalerhöhung erfolgen. Die im Rahmen eines satzungsändernden Gesellschafterbeschlusses festzulegende Zuführung **neuen Kapitals gegen Gewährung neuer Gesellschaftsrechte** wird dabei von dem beitretenden Gesellschafter übernommen. Die Einlage des beitretenden Gesellschafters wird sich i. d. R. dabei aufteilen in Bezug auf den Nennwert der neuen Anteile und ein Agio (Ausgabeaufgeld) zur Abgeltung der stillen Reserven in der GmbH. Wie bei der Gründung der Kapitalgesellschaft kann die Einlage des beitretenden Gesellschafters aus einer Bareinlage oder einer Sacheinlage bestehen. Der beitretende Gesellschafter hat entsprechend seiner Einlage Anschaffungskosten auf die Beteiligung. Ist Gegenstand einer Sacheinlage ein Betrieb, Teilbetrieb oder Mitunternehmeranteil, bietet sich die Möglichkeit der Anwendung von § 20 UmwStG (vgl. S. 351 ff.).

Auf Ebene der GmbH ist die Kapitalerhöhung steuerneutral. Ein Agio ist im steuerlichen Einlagekonto i. S. des § 27 KStG als Zugang zu erfassen (§ 20 Abs. 3 Satz 3 UmwStG).

Für die Altgesellschafter stellt sich die Kapitalerhöhung zugunsten des beitretenden Gesellschafters grundsätzlich als **Verfügung über ihre Bezugsrechte** dar. Soweit der beitretende Gesellschafter allerdings an die Altgesellschafter kein Entgelt für die Verfügung über die Bezugsrechte zahlt, sondern eine wertverhältniswahrende Einzahlung in die Kapitalrücklage der GmbH leistet, folgt die steuerrechtliche auch der zivilrechtlichen Beurteilung. Insofern kann auch bei Berücksichtigung des wirtschaftlichen Gehaltes des Vorgangs nicht von einer entgeltlichen Veräußerung der Bezugsrechte die Rede sein. Die Altgesellschafter realisieren weder einen Vermögenswert, denn ihnen ist nichts zugeflossen, noch hat sich der Wert ihrer Geschäftsanteile verändert. Die Zahlung in die GmbH gleicht insoweit nur das aus, was an stillen Reserven der GmbH auf den beitretenden Gesellschafter übergeht bzw. was die Altgesellschafter durch die Übernahme des neuen Gesellschaftsanteils durch den beitretenden Gesellschafter an stillen Reserven verloren haben (BFH, Urteil v. 13.10.1992 - VIII R 3/89, BStBl 1993 II S. 477, Rz. 21). Somit stellt sich der Vorgang **nicht als entgeltliche Veräußerung der Bezugsrechte** dar. Im Falle sperrfristverhafteter Anteile i. S. des § 22 UmwStG (vgl. S. 357 ff.) liegt bei derartigen wertverhältniswahrenden Kapitalerhöhungen mit Agio in die Kapitalrücklage ebenfalls keine Veräußerung i. S. des § 22 UmwStG vor (Stangl in Rödder/Herlinghaus/van Lishaut, UmwStG, 3. Aufl. 2019, § 22 Rz. 572; Schmitt in Schmitt/Hörtnagl, UmwStG, 10. Aufl. 2024, § 22 Rz. 186).

PRAXISHINWEIS:

Soweit jedoch den Altgesellschaftern in unmittelbaren zeitlichem Zusammenhang mit der Einzahlung des Agio ein Betrag wieder ausgezahlt wird, z. B. über Ausschüttungen, kann ein Missbrauch rechtlicher Gestaltungsmöglichkeiten i. S. des § 42 AO vorliegen (BFH, Urteil v. 13.10.1992 - VIII R 3/89, BStBl 1993 II S. 477).

BEISPIEL Die Gesellschafter der A, B & C MVZ-GmbH mit einem Stammkapital von 60.000 € und einem Teilwert von 750.000 € planen die Aufnahme des Dr. D als weiteren Gesellschafter mit einem Anteil von 25 %. Es wird beschlossen, das Stammkapital um 20.000 €, verbunden mit einem Agio i. H. von 230.000 € zu erhöhen. Dr. D zahlt entsprechend in die Gesellschaft 250.000 € ein und das Geld wird für Neuinvestitionen bzw. Rückzahlung von Bankdarlehen verwendet. Der Vorgang ist für die Altgesellschafter steuerneutral.

BEISPIEL Die Gesellschafter der A, B & C MVZ-GmbH mit einem Stammkapital von 60.000 € und einem Teilwert von 750.000 € planen die Aufnahme des Dr. D als weiteren Gesellschafter mit einem Anteil von 25 %. Da Dr. D über eine eigene Praxis verfügt, wird beschlossen, diese im Rahmen einer Sachkapitalerhöhung mit einer Erhöhung des Stammkapitals um 20.000 € in der Ärzte-Gesellschaft mbH einzubringen. Der Buchwert der Praxis beläuft sich auf 40.000 €, der Teilwert auf 300.000 €. Da der Teilwert der Praxis nicht dem anteiligen Teilwert an der Ärzte-Gesellschaft mbH entsprechen würde, erhält Dr. D von der GmbH neben den neuen Anteilen noch eine Zahlung i. H. von 50.000 €. Da der gemeine Wert der neben den neuen Anteilen gewährten Zuzahlung i. H. von 50.000 € höher liegt als der Buchwert der Praxis i. H. von 40.000 €, sind die Buchwerte um 10.000 € aufzustocken sowie die stillen Reserven von Dr. D aufzudecken und zu versteuern. Die Anschaffungskosten der Anteile von Dr. D an der MVZ-GmbH belaufen sich auf 0 €. Bei der Bemessung der Anschaffungskosten durch den Wertansatz der MVZ-GmbH für das übertragene Betriebsvermögen i. H. von 50.000 € ist insoweit der gemeine Wert der gewährten Wirtschaftsgüter (Zuzahlung) i. H. von 50.000 € wieder in Abzug zu bringen. Für die Altgesellschafter ist der Vorgang steuerneutral.

PRAXISHINWEIS:

Im vorstehenden Beispiel ist in der Praxis zu beachten, dass bei einem Wertansatz der übertragenen Wirtschaftsgüter von 50.000 € in der Bilanz der MVZ-GmbH und einem Teilwert von 300.000 € insgesamt 250.000 € stille Reserven auf die MVZ-GmbH übergegangen sind.

(3) Erwerb eigener Anteile von der GmbH

Sollte die Ärzte-Gesellschaft über eigene Anteile verfügen, kann der Beitritt auch durch die Veräußerung dieser Anteile an den neuen Gesellschafter erfolgen.

Veräußert eine Kapitalgesellschaft eigene Anteile an einen bislang an der Gesellschaft nicht Beteiligten, führte dies bis einschließlich 2009 zu einem Veräußerungsgewinn/-verlust für die Gesellschaft. Seit der Änderung der bilanziellen Behandlung eigener Anteile bei Kapitalgesellschaften durch das Bilanzmodernisierungsgesetz (BilMoG) wird der Erwerb bzw. die Veräußerung eigener Anteile bilanziell wie eine Eigenkapitalherabsetzung bzw. Kapitalerhöhung erfasst. Mangels besonderer steuergesetzlicher Regelung entsteht damit bei Veräußerung eigener Anteile auf Seiten der Kapitalgesellschaft ebenfalls kein steuerlicher Veräußerungsgewinn/-verlust mehr (siehe auch Beck'scher Bilanzkommentar, 13. Aufl. 2022, § 272 HGB Rz. 141 ff. und Bruckmeier/Zwirner/Künkle, DStR 2010 S. 1640; das BMF, Schreiben v. 27.11.2013 - IV C 2 – S 2742/07/10009, BStBl 2013 I S. 1615 betreffend die steuerrechtliche Behandlung des Erwerbs eigener Anteile ist aber zu beachten).

bb) Gesellschafterwechsel

Die Veräußerung der gesamten Anteile eines Gesellschafters an einen neu eintretenden Gesellschafter vollzieht sich steuerlich wie die partielle Veräußerung von Anteilen (siehe S. 374 f.). Das Steuerrecht unterscheidet insoweit nicht zwischen der Veräußerung der gesamten Beteiligung an einer Kapitalgesellschaft und der partiellen Veräußerung von Anteilen an einer Kapitalgesellschaft.

cc) Gesellschafteraustritt

In aller Regel erfolgt das Ausscheiden eines Gesellschafters aus einer MVZ-GmbH durch Veräußerung der gesamten Anteile an der Gesellschaft an einen oder anteilig an alle Gesellschafter bzw. einen neu beitretenden Gesellschafter (siehe S. 354 f.).

Im Grundsatz wäre es auch denkbar, dass das Ausscheiden durch den Erwerb eigener Geschäftsanteile durch die GmbH oder die Einziehung der Anteile gegen eine entsprechende angemessene Abfindung erfolgt. Nach herrschender Meinung dürften diese Fälle aber aus Sicht des ausscheidenden Gesellschafters ebenfalls zu einem steuerpflichtigen Gewinn i. S. des § 17 EStG führen (vgl. Levedag in Schmidt, EStG, 43. Aufl. 2024, § 17

Rz. 29 f.). Dies betrifft auch den Sonderfall der Kapitalherabsetzung zu Lasten des Geschäftsanteils des ausscheidenden Gesellschafters. Insoweit entsteht ein Herabsetzungsgewinn oder -verlust nach § 17 Abs. 4 EStG (vgl. Levedag in Schmidt, EStG, 43. Aufl. 2024, § 17 Rz. 230 ff.).

b) Unentgeltliche Übertragungsvorgänge

Bei der unentgeltlichen Übertragung der Anteile zwischen natürlichen Personen, z. B. bei einer Schenkung vom Vater an den Sohn, fehlt es an einem entsprechenden entgeltlichen Veräußerungsgeschäft, so dass keine Veräußerung i. S. des § 17 EStG vorliegt. Der Erwerber tritt dann jedoch in die steuerliche Rechtsstellung des bisherigen Anteilsinhabers ein. Bei einer teilentgeltlichen Veräußerung ist der Vorgang nach der Trennungstheorie aufzuteilen in ein entgeltliches Veräußerungsgeschäft i. S. des § 17 Abs. 1 EStG und eine voll unentgeltliche Übertragung (BFH, Urteil v. 12.12.2023 - IX R 15/23, NWB UAAAJ-64151, BFH/NV 2024 S. 664; Gosch in Kirchhof/Seer, EStG, 23. Aufl. 2024, § 17 Rz. 39). Die unentgeltliche Anteilsübertragung an eine andere Kapitalgesellschaft als verdeckte Einlage steht dagegen nach § 17 Abs. 1 Satz 2 EStG einem voll entgeltlichen Veräußerungsgeschäft gleich.

c) Beendigung der MVZ-GmbH

Die Beendigung der MVZ-GmbH erfolgt durch die Liquidation der GmbH und führt zu einem entsprechenden Liquidationsgewinn oder -verlust auf Ebene der Gesellschaft sowie auf Ebene der Gesellschafter i. S. des § 17 Abs. 4 EStG. Soweit neben der Rückzahlung von Nennkapital noch weitere Auszahlungen getätigt werden, unterliegen diese als Kapitaleinkünfte nach § 20 Abs. 1 Nr. 2 EStG der Einkommensteuer.

E. Konsiliararzt- und Belegarzttätigkeit

I. Konsiliarärztliche Tätigkeit

Literatur: *Bender*, Der Einsatz „selbständiger Drittärzte" als abrechenbare Krankenhausleistung?, KH 2009 S. 563 ff.; *Makoski*, Zusammenarbeit zwischen Krankenhäusern und Vertragsärzten – sozialrechtlich erwünscht, berufsrechtlich verboten?, MedR 2009 S. 376 ff.; *Wagener/Haag*, Ambulantes Operieren im Krankenhaus durch Vertragsärzte – Ist verboten, was nicht ausdrücklich erlaubt ist?, MedR 2009 S. 72 ff.; *Clemens*, Ambulante und stationäre Operationen am Krankenhaus durch niedergelassene Ärzte („Honorarärzte")?, MedR 2011 S. 770 ff.; *Möller/Makoski*, Der Honorararzt im Krankenhaus. Möglichkeiten und Grenzen, GesR 2012 S. 647 ff.; *Porten*, Handbuch Honorararztrecht, 2014; *Quaas/Zuck/Clemens*, Medizinrecht, 3. Aufl. 2014; *Halbe*, Moderne Versorgungsstrukturen: Kooperation oder Korruption, MedR 2015 S. 168 ff.; *Hanau*, Der rechtliche Status von Honorarärzten im Krankenhaus, MedR 2015 S. 77 ff.; *Porten*, Zur Eingehung von „Scheinarbeitsverträgen" im Gesundheitswesen, MedR 2015 S. 327 ff.; *Pragal/Handel*, Der Regierungsentwurf zur Bekämpfung der Korruption im Gesundheitswesen – ein großer Wurf mit kleinen Schwächen, medstra 2015 S. 337 ff., 2016 S. 22 ff.; *Clausen*, Die Tätigkeit des niedergelassenen Arztes im Krankenhaus nach der Honorararzt-Entscheidung des BGH vom 16.10.2014 (III ZR 85/14) – Was nun?, ZMGR 2016 S. 82 ff.; *Dann/Scholz*, Der Teufel steckt im Detail – Das neue Anti-Korruptionsgesetz für das Gesundheitswesen, NJW 2016 S. 2077 ff.; *Diepenbrock*, Selbständigkeit und Arbeitnehmereigenschaft im Sozialrecht, NZS 2016 S. 127 ff.; *Makoski/Krapohl*, Kooperation zwischen Krankenhausträgern und Berufsausübungsgemeinschaften – Sozialversicherungsrechtliche Fragen, GesR 2016 S. 616 ff.; *Schneider*, Das Gesetz zur Bekämpfung der Korruption im Gesundheitswesen und die Angemessenheit der Vergütung von HCP, medstra 2016 S. 195 ff.; *Bohle* in Huster/Kaltenborn, Krankenhausrecht, 2. Aufl. 2017, § 9 Rz. 26 f. *Eufinger*, Strafbarkeitsrisiken des Honorararztmodells in Krankenhäusern, MedR 2017 S. 296 ff.; *Schäfer-Gölz* in Halbe (Hrsg.), Handbuch Kooperationen im Gesundheitswesen, März 2017, C 1300 – Systematische Konsiliararzttätigkeit; *Ufer*, Der Honorararzt – ein Auslaufmodell? (Straf-)Rechtliche Schwierigkeiten in der Gestaltung der honorarärztlichen Tätigkeit, ZMGR 2017 S. 3 ff.; *Penner*, Wann ist die Zuführung von Patienten nach den §§ 299a, b StGB strafbar? Aspekte gesundheitsrechtlicher Verunsicherung, in AG Medizinrecht im DAV/IMR (Hrsg.), 9. Düsseldorfer Medizinstrafrechtstag 2019, S. 119 ff.; *Ratzel/Luxenburger* in Ratzel/Luxenburger (Hrsg.), Handbuch Medizinrecht, 4. Aufl. 2021, Kap. 22 Rz. 34 ff; *Dieners* (Hrsg.), Compliance im Gesundheitswesen, 4. Aufl. 2022.

1. Rechtliche Aspekte

a) „Echter" Konsiliararzt

Eine gesetzliche Definition des Konsiliararztes existiert nicht. Nach ärztlichem Sprachgebrauch versteht man in Anlehnung an Nr. 60 GOÄ unter einem **Konsil** die Beratung zweier oder mehrerer Ärzte nach vorangegangener Untersuchung des Patienten zur Stellung der Diagnose und Festlegung des Behandlungsplans. Wesentliches Merkmal einer konsiliarärztlichen Tätigkeit ist die Hinzuziehung im Einzelfall (so ausdrücklich

BSG, Urteil v. 4.6.2019 - B 12 R 11/18 R, NWB YAAAH-30094, GesR 2019 S. 700 ff., Rz. 17).

Die Einbindung von Konsiliarärzten spielt eine besondere Rolle bei der stationären Behandlung. Für Krankenhausträger ergibt sich die Notwendigkeit zur Einschaltung von Konsiliarärzten aus ihrer Verpflichtung, im Rahmen ihrer Leistungsfähigkeit sämtliche zur Versorgung ihrer stationären Patienten erforderlichen Leistungen zu erbringen. Sind die Krankenhausärzte für bestimmte Fragestellungen nicht ausreichend qualifiziert oder fehlt ihnen die erforderliche Erfahrung, besteht die Verpflichtung, externen Rat einzuholen. Die konsiliarischen Leistungen sind allgemeine Krankenhausleistungen i. S. des § 2 Abs. 2 Satz 2 Nr. 2 KHEntgG. Von zunehmender Bedeutung ist die Telemedizin, indem die Expertise von Externen – etwa im Rahmen eines Zweitmeinungsmodells – eingeholt wird.

Der Konsiliararztvertrag ist seiner Rechtsnatur nach Dienstvertrag zwischen dem Arzt und dem Krankenhausträger (§§ 611 ff. BGB). Der Konsiliararzt wird freiberuflich tätig und steht daher nicht in einem Arbeitsverhältnis oder arbeitnehmerähnlichen Verhältnis zum Krankenhausträger.

Bei Regelleistungspatienten rechnet der Konsiliararzt mit dem Krankenhausträger, bei Wahlleistungspatienten mit diesen und beim gespaltenen Krankenhausaufnahmevertrag mit der Kassenärztlichen Vereinigung ab, sofern er an der vertragsärztlichen Versorgung teilnimmt (Ratzel/Luxenburger in Ratzel/Luxenburger (Hrsg.), a. a. O., Rz. 35 f.). Gegenüber Wahlleistungspatienten erfolgt die Abrechnung zwingend nach den Vorgaben der GOÄ. Dabei unterliegt der Konsiliararzt, auch soweit er außerhalb des Krankenhauses tätig wird, der 15%igen Minderungspflicht des § 6a Abs. 1 Satz 2 GOÄ (BGH, Urteil v. 13.6.2002 - II ZR 186/01, NJW 2002 S. 2948).

PRAXISHINWEIS:

Die Vertragsparteien sind bei der Gestaltung ihres Innenverhältnisses nach gefestigter Rechtsprechung (BGH, Urteil v. 12.11.2009 - III ZR 110/09, NWB BAAAD-33997, MedR 2010 S. 555) nicht an die GOÄ gebunden, können diese jedoch zugrunde legen.

In vielen Fällen wird zwischen dem Krankenhausträger und dem Konsiliararzt ein Rahmenvertrag geschlossen, der die Details der Leistungserbringung sowie die Modalitäten der Vergütung regelt.

PRAXISHINWEIS:

Das Beispiel eines „klassischen" Konsiliararztvertrages mit weiteren Hinweisen findet sich im Musterformular von Tigges in BeckOF Medizinrecht, Form. 1.2.4 beck-online.

Haftungsrechtlich ist der Konsiliararzt beim totalen Krankenhausaufnahmevertrag mangels einer eigenen vertraglichen Beziehung zum Patienten Erfüllungsgehilfe des Krankenhausträgers, der für den Fehler des Konsiliararztes vertraglich über § 278 Satz 1

BGB haftet (BGH, Urteil v. 21.1.2014 - VI ZR 78/13, NWB HAAAE-55350, MedR 2014 S. 752). Gegenüber Wahlleistungspatienten haftet der Konsiliararzt aus dem zugrunde liegenden Behandlungsvertrag. Deliktisch ist der Konsiliararzt sowohl gegenüber GKV-Patienten als auch gegenüber Wahlleistungspatienten uneingeschränkt haftbar.

b) Honorararzt als „unechter" Konsiliararzt

In jüngerer Zeit intensiv diskutiert wurde das Phänomen der Einbindung von Honorarärzten in die Erbringung von stationären und ambulanten Krankenhausleistungen. Teilweise wurde und wird die Debatte auch unter den tendenziell negativen, aber gleichwohl plakativen Begriffen wie „unechter" oder „schwarzer" Konsiliararzt geführt.

Unter einem **Honorararzt** ist ein Arzt zu verstehen, der im stationären und/oder ambulanten Bereich ärztliche Leistungen für einen Krankenhausträger erbringt, ohne bei diesem angestellt oder als Belegarzt oder als Konsiliararzt tätig zu sein. Dabei kann eine Unterteilung in Honorarvertretungsärzte und Honorarkooperationsärzte vorgenommen werden. Während der Honorarvertretungsarzt, ohne in eigener Praxis tätig zu sein, vor allem in Fällen von Engpässen eingesetzt wird, betreut der Honorarkooperationsarzt auch – oder ausschließlich – Patienten, die von ihm oder seinen Praxiskollegen zur stationären Behandlung eingewiesen wurden.

Lange Zeit war strittig, ob ein Krankenhausträger die Krankenhausleistungen nur mit fest angestellten Ärzten oder auch mit freiberuflichen Honorarkräften erbringen durfte. Der Gesetzgeber hat diese Frage mit Wirkung zum 1.1.2013 geklärt und § 2 Abs. 1 Satz 1 KHEntgG dahin ergänzt, dass die Erbringung allgemeiner Krankenhausleistungen *„auch durch nicht fest angestellte Ärztinnen und Ärzte"* erfolgen kann. Damit ist der Einsatz von Honorarärzten, sofern auch die sonstigen krankenhausrechtlichen Vorgaben erfüllt sind, vom Grundsatz her zulässig (zutreffend OVG Lüneburg, Urteil v. 12.6.2013 - 13 LC 173/10, GesR 2013 S. 483). Dabei ist es entgegen der Entscheidung des LSG Baden-Württemberg (Urteil v. 17.4.2013 - L 5 R 3755/11, NWB EAAAE-36974, MedR 2014 S. 192) nicht erforderlich, dass der Honorararzt neben der Tätigkeit im Krankenhaus in eigener Praxis niedergelassen ist.

Das BSG hat mit Urteil vom 4.6.2019 - B 12 R 11/18 R, NWB YAAAH-30094, GesR 2019 S. 700 ff. sowie in mehreren weiteren Entscheidungen vom selben Tag, **strenge Maßstäbe** für eine **sozialversicherungsfreie** honorarärztliche Tätigkeit aufgestellt. Konkret ging es um eine Fachärztin für Anästhesie, die für stationäre und ambulante Patienten von zwei Krankenhäusern nicht nur im Einzelfall, sondern im Rahmen von Tag- und Bereitschaftsdiensten ärztliche Leistungen erbrachte. Das BSG stellte fest: Sofern der Arzt einem Weisungsrecht des Klinikträgers unterliegt und bei Ausübung seiner Dienstleistung in den Betriebsablauf des Krankenhauses eingebunden ist, ist von einer sozialversicherungspflichtigen Beschäftigung i. S. des § 7 Abs. 1 SGB IV auszugehen, ohne dass es auf die davon evtl. abweichende arbeitsrechtliche Einordnung ankommt.

In der Praxis ist festzustellen, dass viele Krankenhausträger die Kooperation mit Honorarärzten nur noch auf der Grundlage von Arbeitsverträgen durchführen. Selbst ein Kooperationsvertrag mit einer Gruppe von Ärzten (z. B. einer BAG, hierzu Makoski/Krapohl, GesR 2016 S. 616) wird oftmals kritisch gesehen.

PRAXISHINWEIS:

Zunehmend leiten die Sozialversicherungsträger Prüfungsverfahren ein, die teilweise zu erheblichen Nachzahlungen und der Einleitung von Ermittlungsverfahren wegen des Verdachts des Vorenthaltens und Veruntreuens von Arbeitsentgelt (§ 266a StGB) führen. Um die Strafbarkeitsrisiken auszuschließen, bietet sich die Durchführung eines Anfrageverfahrens gem. § 7a Abs. 1 SGB IV bei der Deutschen Rentenversicherung Bund an. Auch die Frage der Lohnsteuerpflichtigkeit kann durch Einholung einer Auskunft beim zuständigen Betriebsstättenfinanzamt geklärt werden (§ 42e EStG).

Die Einbindung von Honorarärzten hat durch zwei weitere Entwicklungen erheblich an Attraktivität verloren:

Zunächst ist auf das Urteil des BGH vom 16.10.2014 - III ZR 85/14, NWB NAAAF-01797, NJW 2015 S. 1375, hinzuweisen, in welchem der BGH festgestellt hat, dass Honorarärzte nicht in die sog. Wahlarztkette einbezogen sind. Da der BGH für den Abschluss einer wirksamen Wahlleistungsvereinbarung das Vorliegen eines Anstellungs- oder Beamtenverhältnisses verlangt, werden Honorararztverträge auch aus diesem Grund in Anstellungsverträge umgewandelt. Viele Krankenhausträger nutzen die Situation, um die Verträge zu ihren Gunsten zu ändern. Die Einräumung des Liquidationsrechts überschreitet jedoch in vielen Fällen die Gestaltungsgrenzen (hierzu Clausen, ZMGR 2016 S. 82, 86).

Von mindestens ebenso großer Bedeutung war die Einführung der §§ 299a, b StGB (in Kraft getreten am 4.6.2016, vgl. hierzu S. 21 f.). Unstreitig ist der Abschluss eines Vertrages, der eine Verdienstmöglichkeit einräumt, als Vorteil i. S. des § 299a Nr. 1 StGB einzustufen (vgl. nur Ufer, ZMGR 2017 S. 3, 6). Hinzukommen muss indes der Abschluss einer Unrechtsvereinbarung, wonach die Vergütung gerade für die Zuführung von Patienten gezahlt wird (ausführlich Dann/Scholz, NJW 2016 S. 2077, 2078). Mit der Strafbarkeit von Korruption wollte der Gesetzgeber aber nicht jede (medizinisch sinnvolle) Zusammenarbeit zwischen Krankenhäusern und Vertragsärzten kriminalisieren. Lesenswert ist die Gesetzesbegründung (BT-Drucks. 18/6446 S. 18), in der es insofern heißt:

„Die Gewährung von Vorteilen, die ihren Grund ausschließlich in der Behandlung von Patienten oder anderen heilberuflichen Leistungen finden, kann den Tatbestand nicht erfüllen. Davon zu unterscheiden ist allerdings der Fall, dass eine Verdienstmöglichkeit, etwa

durch Zuweisung eines Patienten, verschafft wird, und darin eine verabredete Gegenleistung für eine vorausgegangene Zuweisung seitens des Vorteilsnehmers liegt. Darin ist ein Verstoß gegen das berufsrechtliche Verbot der Zuweisung gegen Entgelt zu sehen, das durch eine berufsrechtliche Zusammenarbeit gerade nicht umgangen werden darf (§ 18 MBO).

Soweit Verdienstmöglichkeiten im Rahmen der beruflichen Zusammenarbeit eingeräumt werden, ist zu berücksichtigen, dass die berufliche Zusammenarbeit gesundheitspolitisch grundsätzlich gewollt ist und auch im Interesse des Patienten liegt [...], so etwa Kooperationsvereinbarungen über die Durchführung von vor- und nachstationären Behandlungen (§ 115a SGB V), über die Durchführung ambulanter Behandlungen (§ 115b SGB V) und über die Durchführung ambulanter spezialfachärztlicher Versorgung (§ 116b SGB V) sowie die in den §§ 140a SGB V ff. geregelte sektorenübergreifende Versorgungsform (integrierte Versorgung), bei der Leistungserbringer aus verschiedenen Versorgungsbereichen (beispielsweise Arzt und Krankenhaus) bei der Behandlung von Patienten miteinander kooperieren. Die ***Gewährung angemessener Entgelte für die in diesem Rahmen erbrachten heilberuflichen Leistungen und dementsprechend die Verschaffung entsprechender Verdienstmöglichkeiten sind zulässig****; dies gilt beispielsweise bei einem angemessenen Entgelt für eine ambulante Operation in einem Krankenhaus durch einen niedergelassenen Vertragsarzt nach § 115b Absatz 1 Satz 4 SGB V, der den Patienten dem Krankenhaus zuvor zugewiesen hat (zur Vereinbarkeit mit dem sozialrechtlichen Verbot von Zuweisungsprämien, Nebendahl, in Spickhoff, Medizinrecht, 2. Auflage 2014, § 73 SGB V, Rz. 20).* ***Ohne Hinzutreten weiterer Umstände kann die Honorierung heilberuflicher Leistungen im Rahmen zulässiger beruflicher Zusammenarbeit grundsätzlich nicht den Verdacht begründen****, dass die Einräumung der zugrundeliegenden Verdienstmöglichkeit als Gegenleistung für die Zuweisung des Patienten erfolgen soll und eine Unrechtsvereinbarung vorliegt.“* [Eigene Hervorhebung]

Gerade in den Fällen, in denen der niedergelassene Arzt seine Patienten in das Krankenhaus einweist und dort gegen eine vom Krankenhaus gezahlte Vergütung operiert, stellt sich die Frage, ob die Vergütung auch Bestandteile für die Zuweisung enthält und deshalb von einem unzulässigen, ggf. strafbaren Vorteil auszugehen ist. Da keine rechtlichen Vorgaben zur Bestimmung einer konkreten Vergütungshöhe bestehen, dürfen die Krankenhäuser diese mit Kooperationspartnern (grds.) frei vereinbaren. Die Frage der Angemessenheit der Vergütung gehört zu den umstrittensten Fragen von Krankenhauskooperationen. Es existiert eine Fülle von Literaturmeinungen und Stellungnahmen (vgl. nur Schneider, medstra 2016 S. 195 f.; vgl. ferner *BÄK*, Hinweise und Erläuterungen zu Kooperationen zwischen Krankenhäusern und niedergelassenen Ärztinnen und Ärzten, A 2 (Stand: 17.6.2016, abrufbar unter http://www.bundesaerztekammer.de/fileadmin/user_upload/downloads/pdf-Ordner/Recht/Kooperationen.pdf; Hinweise der Deutschen Krankenhausgesellschaft zur Umsetzung des Gesetzes zur Bekämpfung von Korruption im Gesundheitswesen, Stand 21.6.2016 S. 11; zu einzelnen möglichen Parametern ausführlich Ufer, ZMGR 2017 S. 3, 8). Mangels einer gesetzlichen Regelung wird man keine allgemeingültige Obergrenze der Angemessenheit festlegen können. Maßgeblich ist vielmehr eine Bewertung der Gesamtumstände. Eine höchstrichterliche Klärung steht noch aus. Bis zu einer solchen Klärung bleibt eine nicht unerhebliche Rechtsunsicherheit.

PRAXISHINWEIS:

Bei Begründung eines Anstellungsverhältnisses sollte vertraglich eine leitende Position vereinbart werden, um ggf. eine höhere Vergütung zu rechtfertigen, ausführlich Ratzel/Luxenburger in Ratzel/Luxenburger, a. a. O., Kap. 22 Rz. 46, dort auch überzeugende Aspekte zur Angemessenheit der Vergütung.

Die Mitwirkung von Honorarkooperationsärzten bei der Erbringung von Krankenhausleistungen findet nicht nur im stationären, sondern auch im ambulanten Bereich statt. § 115a Abs. 1 SGB V gestattet es den Krankenhausträgern, die vor- und nachstationären Leistungen *„auch durch hierzu ausdrücklich beauftragte niedergelassene Vertragsärzte in den Räumen des Krankenhauses oder der Arztpraxis zu erbringen“*. Gerade die Durchführung solcher Leistungen in der Arztpraxis kann im Einzelfall schwierig von der ambulanten vertragsärztlichen Versorgung abzugrenzen sein, zumal für den Krankenhausträger auch das Problem besteht, die stationäre Behandlungsnotwendigkeit zu begründen (siehe zur Abgrenzung zwischen ambulanter und vorstationärer Behandlung BSG, Urteil v. 17.9.2013 - B 1 KR 21/12 R, NWB HAAAE-57119; BSG, Urteil v. 14.10.2014 - B 1 KR 28/13 R, NWB GAAAE-85540). Darüber hinaus können Krankenhausträger niedergelassene Vertragsärzte auf der Grundlage des § 115b SGB V bei ambulant im Krankenhaus durchführbaren Operationen und stationsersetzenden Eingriffen einsetzen.

PRAXISHINWEIS:

Es ist unabdingbar, dass sowohl mit der Haftpflichtversicherung des Krankenhausträgers als auch derjenigen des Honorararztes die Voraussetzungen für einen ausreichenden Versicherungsschutz geklärt werden.

2. Steuerliche Aspekte

Literatur: *Hagen/Luckee*, Liquidationseinnahmen der Chefärzte und deren Mitarbeiter, NWB 2006, S. 2337; *Ketteler-Eising*, Ist die konsiliarärztliche Tätigkeit umsatzsteuerfrei?, PFB 08/2011 S. 213; *Sedlaczek*, Der BFH entschärft das Umsatzsteuerrisiko für Konsiliar- und Belegärzte, PFB 01/2012 S. 9.

a) Ertragsteuerliche Grundsätze

Ertragsteuerlich dürfte i. d. R. der „echte“ Konsiliararztvertrag entsprechend der juristischen Bewertung (vgl. S. 380) als Rahmenvertrag aus steuerlicher Sicht kein Arbeitsvertrag sein, sondern ein Dienstvertrag. Der Konsiliararzt erzielt somit Einkünfte aus einer freiberuflichen Tätigkeit im Rahmen seiner freiberuflichen Einkünfte aus der eigenen Praxis und ist nicht im Rahmen einer konsiliarärztlichen Tätigkeit als Arbeitnehmer des Krankenhauses tätig.

Der Konsiliararzt schuldet eine Dienstleistung und nicht seine Arbeitskraft im Allgemeinen. Der Konsiliararzt ist gegenüber dem Krankenhaus ebenso nicht weisungsgebunden und wird ohne feste Arbeitszeiten und Urlaubsanspruch tätig. In den meisten Fällen erfolgt zwischen dem Konsiliararzt und dem Krankenhaus vielmehr eine Abstimmung der konkreten Zeiten im Einzelfall. Die konsiliarärztliche Tätigkeit ist insoweit eine freiberufliche Nebentätigkeit eines Arztes, der im Hauptberuf eine selbständige Tätigkeit in eigener Praxis ausübt. Die Ausgangssituation ist insoweit gegenüber einem Chefarzt, der häufig Arbeitnehmer des Krankenhauses ist, eine völlig andere (zu wahlärztlichen Leistungen eines Chefarztes, vgl. Hagen/Lucke, NWB 2006 S. 2337). In diesem Zusammenhang ist es daher unerheblich, dass die Abrechnung der konsiliarärztlichen Leistungen nur zum Teil direkt gegenüber dem Patienten – d. h. i. d. R. bei Patienten, die gem. § 22 BPflV wahlärztliche Leistungen vereinbart haben – abgerechnet werden.

Vor dem Hintergrund der sozialversicherungsrechtlichen Rechtsprechung und den strengen Maßstäben zur Abgrenzung einer abhängigen Beschäftigung (BSG, Urteil v. 4.6.2019 - B 12 R 11/18 R, NWB YAAAH-30094, GesR 2019 S. 700 ff., vgl. auch S. 381 f.) sollten die Verträge allerdings im Detail auf eine verdeckte Arbeitnehmerstellung geprüft werden. Auch ist ein sozialversicherungsrechtliches Statusfeststellungsverfahren (§ 7a Abs. 1 SGB IV) bzw. eine lohnsteuerliche Anrufungsauskunft (§ 42e EStG) im Einzelfall zu empfehlen.

b) Umsatzsteuerliche Grundsätze

Ein Konsiliararzt erbringt – soweit er selbständig als Unternehmer tätig wird – aufgrund seiner beruflichen Qualifikation i. d. R. eine umsatzsteuerfreie Heilbehandlungsleistung nach § 4 Nr. 14 Buchst. a UStG (vgl. S. 165 ff.), soweit seine Leistung mit einem therapeutischen Ziel verbunden ist.

Eine direkte Leistungsbeziehung zwischen dem Patienten als Leistungsempfänger und dem Konsiliararzt als Leistenden ist nicht erforderlich, da die Steuerbefreiung nach § 4 Nr. 14 Buchst. a UStG nicht voraussetzt, dass der Arzt als umsatzsteuerlicher Unternehmer die Umsätze gegenüber einem Patienten als Leistungsempfänger erbringt und mit ihm oder seiner Krankenkasse hierüber abrechnet (BFH, Urteil v. 25.11.2004 - V R 44/02, BStBl 2005 II S. 190; BFH, Urteil v. 2.9.2010 - V R 47/09, BStBl 2011 II S. 195; Abschnitt 4.14.1 Abs. 4 Satz 3 UStAE).

II. Belegärztliche Tätigkeit

1. Rechtliche Aspekte

Literatur: *Nebendahl* in Luxenburger/Beeretz u. a. (Hrsg.), Festschrift 10 Jahre AG Medizinrecht, Haftungsbeziehungen bei der Behandlung durch Belegärzte und Beleghebammen in Fällen der „Rollenkonfusion", 2008, S. 265 ff.; *Makoski*, Belegarzt mit Honorarvertrag – Modell der Zukunft?, GesR 2009 S. 225 ff.; *Baur*, Chefarzt- und Belegarztvertrag, 2. Aufl. 2010; *Bäune*, Die persönliche Leistungserbringung im Krankenhaus, MedR 2014 S. 76 ff.; *Bohle* in Huster/Kaltenborn, Krankenhausrecht, 2. Aufl. 2017, § 9 Rz. 4 f.; *Geier* in Schiller, Bundesmantelvertrag Ärzte, 2. Aufl. 2020, §§ 38 f.; ausführlich und praxisnah *Kallenberg* in Halbe (Hrsg.), Handbuch Kooperationen im Gesundheitswesen, Oktober 2020, C 1500 – Belegarzttätigkeit; *Ratzel/Luxenburger* in Ratzel/Luxenburger (Hrsg.), Handbuch Medizinrecht, 4. Aufl. 2021, Kap. 22 Rz. 5 ff; *Lüders* in Scholz/Treptow (Hrsg.), Beck'sches Formularbuch Medizin- und Gesundheitsrecht, 2. Aufl. 2022, Kap. C.II.1. S. 233 ff.

a) „Klassischer" Belegarzt = ohne Honorarvertrag

Rechtstatsachen

Die Anzahl der Belegärzte und diejenige der belegärztlichen Behandlungsfälle ist rückläufig. Die HNO-Ärzte, gefolgt von den Orthopäden/Chirurgen, sind die wesentlichsten Facharztgruppen, deren Anteil zusammen mehr als 50 % der Belegärzte ausmacht. Die abnehmende Attraktivität der belegärztlichen Tätigkeit wird mit der hohen Arbeitsbelastung und der zu geringen Vergütung begründet (detailliert zur Statistik und zur Zukunft des Belegarztwesens Kallenberg, a. a. O., Rz. 13 ff.).

Definition

§ 121 Abs. 2 SGB V definiert **Belegärzte** seit jeher als *„nicht am Krankenhaus angestellte Vertragsärzte, die berechtigt sind, ihre Patienten (Belegpatienten) im Krankenhaus unter Inanspruchnahme der hierfür bereitgestellten Dienste, Einrichtungen und Mittel vollstationär oder teilstationär zu behandeln, ohne hierfür vom Krankenhaus eine Vergütung zu erhalten"*.

Diese Definition findet sich identisch auch in § 18 Abs. 1 Krankenhausentgeltgesetz – KHEntgG). Wesentliche Tatbestandselemente sind mithin die fehlende Anstellung des Belegarztes beim Krankenhausträger sowie der Umstand, dass der Krankenhausträger für die belegärztlichen Leistungen nicht vergütungspflichtig ist. Diese überkommene vertragsärztlich geprägte Begriffsbestimmung gilt entsprechend für ausschließlich **privatärztlich tätige Belegärzte** an Privatkliniken (BGH, Urteil v. 8.11.2005 - VI ZR 319/04, NWB OAAAC-02931, MedR 2006 S. 290).

Mit Wirkung zum 1.4.2009 hat sich durch Einführung des sog. Belegarztes mit Honorarvertrag eine maßgebliche Änderung ergeben (§ 121 Abs. 5 SGB V). Krankenhausträger und Belegarzt können nunmehr zur Vergütung der belegärztlichen Leistungen einen Honorarvertrag schließen. Zum Belegarzt mit Honorarvertrag siehe unten II.1.b S. 389 ff.).

Der Belegarzt im Sinne des SGB V und des KHEntgG muss **Vertragsarzt** sein und darf nicht in einem Anstellungsverhältnis zum Krankenhausträger stehen. Eine Belegarztanerkennung ist grds. auch mit einem hälftigen Versorgungsauftrag möglich. Ein MVZ-Träger ist berechtigt, über seine angestellten Ärzte oder die im MVZ tätigen Vertragsärzte eine belegärztliche Funktion auszuüben (BSG, Urteil v. 23.3.2011 - B 6 KA 15/10 R, NWB YAAAH-25163, GesR 2011 S. 435).

Unter bestimmten Voraussetzungen können in gesperrten Planungsbereichen **Sonderbedarfszulassungen** für die belegärztliche Tätigkeit erteilt werden (§ 103 Abs. 7 SGB V, hierzu Ratzel/Luxenburger, a. a. O., Kap. 22 Rz. 16 ff.).

Zuständig für die Anerkennung als Belegarzt ist die für den Vertragsarztsitz zuständige Kassenärztliche Vereinigung im Einvernehmen mit den Landesverbänden der Krankenkassen und den Verbänden der Ersatzkassen (§ 40 Abs. 2 Satz 1 BMV-Ä). Soweit die Voraussetzungen der §§ 39, 40 BMV-Ä erfüllt sind, besteht ein Rechtsanspruch auf Erteilung der Belegarztanerkennung (BSG, Urteil v. 17.3.2021 - B 6 KA 6/20 R, NWB DAAAH-82405, MedR 2021 S. 1115).

Die stationäre Tätigkeit darf nicht den Schwerpunkt der vertragsärztlichen Tätigkeit bilden. Die Anerkennung kann ab dem 1.1.2013 entgegen der bis dahin geltenden Rechtslage auch für mehrere Krankenhäuser ausgesprochen werden (§ 39 Abs. 4 BMV-Ä). Der Belegarzt muss das Belegkrankenhaus von seinem Praxissitz aus regelmäßig innerhalb von 30 Minuten erreichen können (**Residenzpflicht**, BSG, Urteil v. 17.3.2021 - B 6 KA 6/20 R, NWB DAAAH-82405, MedR 2021 S. 1115). Voraussetzung für die Anerkennung als Belegarzt ist ferner die Aufnahme des Krankenhauses in den **Krankenhausplan** des Landes, sofern nicht ein Versorgungsvertrag nach § 109 SGB V abgeschlossen wurde. Darüber hinaus muss die Belegabteilung als solche im Krankenhausplan ausgewiesen sein.

Belegärztegemeinschaft

In der Praxis sind nicht selten Konstellationen anzutreffen, in denen mehrere Ärzte in ein **kooperatives Belegarztsystem** eingebunden sind (vgl. § 121 Abs. 1 Satz 2 SGB V). Ihnen stehen dann dieselben Rechtsformen zur Organisation ihrer Zusammenarbeit zur Verfügung wie bei ausschließlich ambulanter ärztlicher Tätigkeit. Schließen sich mehrere Belegärzte in der Rechtsform der BGB-Gesellschaft zu einer Belegarztgemeinschaft zusammen und sind sie zu gleichen Teilen am Ergebnis beteiligt, gilt dieser Maßstab grds. auch für den Haftungsausgleich im Innenverhältnis. Hat allein ein Belegarzt-Gesellschafter einen Schaden schuldhaft verursacht, kann dies im Rahmen des Gesamtschuldner-Innenausgleichs zur Alleinhaftung des jeweiligen Gesellschafters führen (BGH, Beschluss v. 9.6.2008 - II ZR 268/07, NWB RAAAC-91292, GesR 2008 S. 631).

PRAXISHINWEIS:

Treten mehrere Belegärzte eines kooperativen Belegarztsystems als „Belegarztgemeinschaft" auf und wird nach außen der Eindruck einer gemeinschaftlichen Berufsausübung erweckt, bejaht die Rechtsprechung eine gesamtschuldnerische Haftung sämtlicher Belegärzte, auch wenn einzelne von ihnen den Patienten nie gesehen haben (BGH, Urteil v. 8.11.2005 - VI ZR 319/04, NWB OAAAC-02931, MedR 2006 S. 290)!

Rechtsbeziehung zum Krankenhausträger

Die Rechtsbeziehung zwischen dem Belegarzt und dem Krankenhausträger wird maßgeblich geprägt durch den **Belegarztvertrag**.

PRAXISHINWEIS:

Anregungen zur Vertragsgestaltung gibt das Muster eines Belegarztvertrages von Tigges in Beck-OF Medizinrecht, Form. 1.2.3 beck-online, mit weiteren rechtlichen Anmerkungen.

Nach ständiger Rechtsprechung des BGH handelt es sich bei einem Belegarztvertrag um einen Dauervertrag atypischen Inhalts (Urteil v. 20.7.2006 - III ZR 145/05, NWB LAAAB-98406, MedR 2006 S. 654). Arbeitsrechtliche Vorschriften finden auf das Rechtsverhältnis keine Anwendung. Der Belegarzt unterliegt im Hinblick auf seine ärztliche Tätigkeit keinerlei Weisungen des Krankenhausträgers. Regelmäßig konkretisiert der Belegarztvertrag die Pflichten des Arztes dahin, dass dieser persönlich, durch genehmigte angestellte Ärzte oder durch seinen Vertreter zur Sicherstellung der umfassenden medizinischen Betreuung seiner Patienten „rund um die Uhr" verpflichtet ist. Dies setzt die Einrichtung eines **Bereitschaftsdienstes** voraus. In der Praxis wird hierbei oftmals – gegen Kostenerstattung – auf ohnehin diensthabende Krankenhausärzte zurückgegriffen.

PRAXISHINWEIS:

Enthält der Belegarztvertrag keine Kündigungsfristen, ist i. d. R. davon auszugehen, dass eine Kündigungsfrist von sechs Monaten angemessen ist, um der anderen Vertragspartei Gelegenheit zu geben, die im Hinblick auf die Kündigung notwendigen Dispositionen zu treffen (BGH, Urteil v. 20.7.2006 - III ZR 145/05, NWB LAAAB-98406, MedR 2006 S. 654).

Rechtsbeziehung zum Patienten

Wird ein Patient zur stationären Betreuung in eine Belegabteilung aufgenommen, kommt – und zwar unabhängig von dessen Versichertenstatus – ein sog. **gespaltener Krankenhausaufnahmevertrag** zustande. Hiernach schulden der Krankenhausträger Unterbringung, Verpflegung und pflegerische Versorgung (auch als sog „Hotelleistungen" bezeichnet) und der Belegarzt die medizinische Behandlung.

PRAXISHINWEIS:

Der Belegarzt ist verpflichtet, die vertraglich von ihm geschuldete Hauptleistung persönlich zu erbringen. Eine Vertretung ist nach allgemeinen vertragsärztlichen Grundsätzen zulässig (vgl. § 32 Abs. 1 Ärzte-ZV).

Bei Privatpatienten liquidiert der Belegarzt selbst die erbrachten ärztlichen Leistungen unter Anwendung der Gebührenordnung für Ärzte (GOÄ). Gemäß § 6a Abs. 1 Satz 2 GOÄ sind die Gebühren der Belegärzte für die von ihnen erbrachten Leistungen um 15 % zu mindern.

Die Abrechnung für die Behandlung von GKV-Patienten erfolgt gegenüber der Kassenärztlichen Vereinigung.

Gegenüber den Patienten haftet der Belegarzt nach den allgemein geltenden Grundsätzen für eigenes oder ihm zurechenbares ärztliches Fehlverhalten Dritter. Der Krankenhausträger haftet für ärztliches Fehlverhalten nur, sofern ein ihm vorwerfbares **Organisationsverschulden** vorliegt.

Rechtsbeziehung zur Kassenärztlichen Vereinigung

Der Belegarzt führt die Behandlung seiner Belegpatienten, soweit es sich um GKV-Versicherte handelt, im Rahmen seines **vertragsarztrechtlichen Versorgungsauftrages** unter Beachtung des Wirtschaftlichkeitsgebots sowie des Grundsatzes zur persönlichen Leistungserbringung durch. Genehmigte angestellte Ärzte dürfen in die Leistungserbringung eingebunden werden.

Die Vergütung der belegärztlichen Leistungen erfolgt aus der Gesamtvergütung (§ 121 Abs. 3 SGB V). Bestimmungen zur Gesamtvergütung finden sich in § 85 Abs. 1 SGB V. Demgemäß entrichten die Krankenkassen mit befreiender Wirkung den in den Gesamtverträgen vereinbarten Betrag an die Kassenärztliche Vereinigung. Gesetzlich nicht geregelt sind Art und Höhe der belegärztlichen Leistungen. Diese richten sich im Wesentlichen vielmehr nach Kapitel 36 des Einheitlichen Bewertungsmaßstabs (vgl. ausführlich Kallenberg, a. a. O., C 1500 Rz. 150 f.).

b) Belegarzt mit Honorarvertrag

Zum 1.4.2009 hat der Gesetzgeber den „Belegarzt mit Honorarvertrag" geschaffen (ausführlich Makoski, GesR 2009 S. 225), indem § 121 SGB V um einen neuen Abs. 5 ergänzt wurde: *„Abweichend von der Vergütungsregelung in Abs. 2 bis 4 können Krankenhäuser mit Belegbetten zur Vergütung der belegärztlichen Leistungen mit Belegärzten Honorarverträge schließen."*

Ziel des Gesetzgebers war es, gleiche Wettbewerbsbedingungen zwischen Krankenhäusern mit Haupt- und Belegabteilungen zu schaffen, indem den Krankenhäusern ein

Wahlrecht eingeräumt wurde, den Vertragsarzt entweder nach dem bisherigen System oder auf der Grundlage eines Honorarvertrages mit der stationären Leistungserbringung zu beauftragen. Im letzteren Fall werden die von dem Belegarzt erbrachten Leistungen nicht als solche des vertragsärztlichen Systems eingeordnet, obwohl die Leistungserbringung zwangsläufig an den Vertragsarztstatus gebunden ist. Auf der Finanzierungsebene des Krankenhausträgers gilt, dass dieser für die von einem Honorarbelegarzt erbrachten Leistungen die Fallpauschalen i. H.von 80 % abrechnet (§ 18 Abs. 3 Satz 1 KHEntgG).

Die Regelung führt allein zu einer Beschränkung auf nur einen Vergütungsschuldner für die Gesamtleistung (Belegarzt und Belegkrankenhaus). Explizit möglich nach § 121 Abs. 5 SGB V ist eine Abweichung von den „Vergütungsregelungen“ in Absatz 2 bis 4, wonach Krankenhäuser mit Belegbetten zur Vergütung der belegärztlichen Leistungen mit Belegärzten Honorarverträge schließen können. Die gesetzliche Definition des Belegarztes als nicht am Krankenhaus angestellter Arzt bleibt davon unberührt. Auch der sog. „Honorar-Belegarzt“ behält den gesetzlich definierten Status als Belegarzt bei. Nachdem aber auch seine Leistungen einheitlich über das Krankenhaus abgerechnet werden, bedarf es eines Honorarvertrages, in dem die Aufteilung der Vergütung zu vereinbaren ist. Auch wenn der Status eines Honorar-Belegarztes als nicht am Krankenhaus angestellter Arzt schon per gesetzlicher Definition nicht infrage steht, sollte im Rahmen der Ausgestaltung des Vertrages zwischen Krankenhausträger und Belegarzt, auch und gerade im Hinblick auf die Honorarverteilungsabrede, größter Wert auf die Wahrung der selbständigen Tätigkeit des Belegarztes gelegt werden.

PRAXISHINWEIS:

Je nach Einbindungsgrad des Belegarztes in die Organisations- und Ablaufstrukturen des Krankenhausträgers ist die Annahme eines Beschäftigungsverhältnisses nicht völlig ausgeschlossen. Die Vertragsparteien sind daher weiterhin gut beraten, die vom BSG mit Urteil vom 4.6.2019 - B 12 R 11/18 R, NWB YAAAH-30094, GesR 2019 S. 700 ff., aufgestellten strengen Maßstäbe für eine sozialversicherungsfreie Tätigkeit in dem Dienstvertrag nicht nur besonders zu betonen, sondern auch zu praktizieren.

Der Honorar-Belegarzt erhält keine originäre Vergütung durch das abrechnende Krankenhaus für gegenüber diesem erbrachte Leistungen. Vielmehr ist er an der Vergütung, welche das Krankenhaus im Rahmen der Abrechnung der Gesamtleistung erhält, angemessen zu beteiligen. Es kann daher auch dahinstehen, ob die Vertragsparteien bei der Festlegung der Beteiligungsvergütung an die GOÄ gebunden sind. Dies im Ergebnis jedenfalls auch unter Berücksichtigung der Rechtsprechung des BGH zur Anwendbarkeit der GOÄ als zwingendes ärztliches Preisrecht (vgl. BGH, Urteil v. 4.4.2024 - III ZR 38/23, NWB HAAAJ-66267, GuP 2024 S. 122) zu verneinen. Um wechselseitig Planungssicherheit zu schaffen, bietet sich die Vereinbarung von – ggf. an bestimmte Parameter geknüpfte – Pauschalen an, wie sie sich auch ansonsten in Kooperationsverträgen zwischen Krankenhausträgern und niedergelassenen Ärzten herausgebildet haben. Für den Belegarzt wird dabei regelmäßig das Honorar eine wesentliche Orientierungsgröße liefern, welches er für die jeweilige Leistung bei einer eigenständigen Abrechnung als „klassischer „Belegarzt" erhalten hätte bzw. erhalten würde.

Ungeklärt ist, ob der Honorar-Belegarzt seine gegenüber Selbstzahler-Patienten erbrachten Leistungen selbst abzurechnen berechtigt ist (vgl. die Nachweise bei Bäune, MedR 2014 S. 76, 84, Fn. 71). Da auch der Honorar-Belegarzt kein Angestellter des Krankenhauses ist und sich hinsichtlich seines Status nicht von einem herkömmlichen Belegarzt unterscheidet und auch in dieser Konstellation ein Behandlungsvertrag zwischen dem Patienten und dem Honorar-Belegarzt zustande kommt, sprechen gute Argumente für die Zulässigkeit eines solchen Vorgehens. Das Honorar ist in diesen Fällen gem. § 6a Abs. 1 GOÄ um 15 % zu mindern und nicht wie bei einem Krankenhausarzt um 25 %.

2. Steuerliche Aspekte

a) Ertragsteuerliche Grundsätze beim „klassischen" Belegarzt ohne Honorarvertrag

Ausgangspunkt für die steuerliche Beurteilung der Tätigkeit als Belegarzt ist i. d. R. ein gespaltenes Vertragsverhältnis, d. h. auf der einen Seite der Vertrag zwischen dem Belegarzt und dem Patienten über die Erbringung belegärztlicher Leistungen (medizinische Behandlung) und auf der anderen Seite der Vertrag zwischen dem Krankenhaus und dem Patienten über die weiteren allgemeinen Krankenhausleistungen (Unterbringung, Verpflegung und pflegerische Versorgung). Beide Leistungen werden getrennt mit dem Patienten oder seiner Krankenkasse, d. h. dem eintretenden Kostenträger, abgerechnet.

Der Belegarzt ist verpflichtet, dem Krankenhaus die im Zusammenhang mit den belegärztlichen Leistungen entstehenden nicht pflegesatzfähigen Kosten (i. d. R. Überlassung von Räumen, Geräten, Personal und ggf. Material) zu erstatten, unter Umständen zuzüglich eines Vorteilsausgleichs.

Der Arzt erzielt im Rahmen der Erbringung seiner belegärztlichen Leistungen Einkünfte aus freiberuflicher Tätigkeit i. S. des § 18 EStG.

b) Ertragsteuerliche Grundsätze beim Belegarzt mit Honorarvertrag

Ausgangspunkt für die steuerliche Beurteilung der Tätigkeit als Belegarzt mit Honorarvertrag sind die Regelungen im Honorarvertrag mit dem Krankenhaus. Je nach Ausgestaltung des Verhältnisses zwischen Belegarzt und Krankenhaus ist im Einzelfall zu prüfen, ob aus steuerlicher Sicht die Merkmale einer selbständigen freiberuflichen Tätigkeit i. S. des § 18 EStG oder einer nichtselbständigen Arbeit i. S. des § 19 EStG, insbesondere im Hinblick auf den Einbindungsgrad in die Organisations- und Ablaufstrukturen des Krankenhausträgers und die Vergütungsregelungen, überwiegen (im Einzelnen H 19.0 LStH „Allgemeines“, vgl. auch die Rechtsprechung und Verwaltungsauffassung zur Einordnung wahlärztlicher Leistungen eines Chefarztes, OFD Rheinland v. 28.4.2006 - S 2331 - 1000 -St 2, NWB IAAAB-83266, NWB-EN Heft 20/2006 S. 1656; BFH, Urteil v. 5.10.2005 - VI R 152/01, BStBl 2006 II S. 94).

c) Umsatzsteuerliche Grundsätze

Handelt es sich bei den belegärztlichen Leistungen um selbständig erbrachte ärztliche Heilbehandlungsleistungen i. S. des § 4 Nr. 14 Buchst. a UStG, sind diese umsatzsteuerfrei. Dies gilt auch für Heilbehandlungsleistungen eines selbständigen Belegarztes, die in einem Krankenhaus erbracht werden (Abschnitt 4.14.2 Abs. 2 Satz 2 UStAE; BFH, Urteil v. 18.8.2011 - V R 27/10, NWB FAAAD-94167, BFH/NV 2011 S. 2214 ff.).

d) Kooperatives Belegarztwesen

Bilden Belegärzte in Kooperation ein Team, um das Wissen und Können mehrerer spezialisierter Ärzte zu vereinen, ergibt sich die steuerliche Beurteilung aus dem Vertrag im Einzelfall. In der Regel bleibt vertraglich jeder Belegarzt für die von ihm eingewiesenen oder ihm zugewiesenen Patienten verantwortlich. Erfolgt die Abrechnung der belegärztlichen Leistungen und die Kostenabrechnung mit dem Krankenhaus unmittelbar durch den Belegarzt, sind gegenüber der steuerlichen Beurteilung eines einzelnen Belegarztes keine Besonderheiten zu beachten. Die Kooperation beschränkt sich dann auf die Sicherstellung und Koordination der Patientenversorgung und die gegenseitige Unterstützung bei der belegärztlichen Tätigkeit im Sinne einer Organisationsgemeinschaft. Gemeinsame Betriebsausgaben hierfür sind nach § 1 der Verordnung zu § 180 Abs. 2 AO gesondert festzustellen.

Beinhaltet die Kooperation der Belegärzte daneben auch Elemente des gemeinsamen Wirtschaftens im Sinne einer Gewinnerzielungsabsicht auf Ebene der Kooperation (Gesellschaft), ist nach den Grundsätzen der BAG bzw. der Teilberufsausübungsgemeinschaft als Mitunternehmerschaft zu verfahren (vgl. S. 94 ff. und S. 197 ff.).

Für ein (reines) Belegkrankenhaus, in dem die ärztlichen Leistungen ausschließlich von einem Belegarzt mit Liquidationsberechtigung erbracht und berechnet werden, kommt die Steuerfreiheit gem. § 4 Nr. 14 Buchst. b UStG in Betracht. Nach § 4 Nr. 14 Buchst. b UStG erfordert dies, dass es sich um ein zugelassenes Krankenhaus nach § 108 SGB V, eine mit zugelassenen Krankenhäusern in sozialer Hinsicht vergleichbare Privatklinik oder ein Zentrum für ärztliche Heilbehandlung und Diagnostik oder Befunderhebung, das an der vertragsärztlichen Versorgung nach § 95 SGB V teilnimmt oder für das die

Regelungen nach § 115 SGB V gelten, handelt. Es sind dann alle Leistungen von der Umsatzsteuer befreit, soweit es sich der Art nach um Leistungen handelt, auf die sich die Zulassung, der Vertrag oder die Regelung nach dem Sozialgesetzbuch jeweils bezieht.

PRAXISHINWEIS:

Der BFH hat zwischenzeitlich entschieden, dass § 4 Nr. 14 Buchst. b UStG in der ab 2009 geltenden Fassung nicht im Einklang mit den zwingend umzusetzenden Vorgaben des Unionsrechts steht. Im Zweifel kann sich das Belegkrankenhaus daher unmittelbar auf Art. 132 Abs. 1 Buchst. b MwStSystRL berufen (BFH, Urteil v. 23.10.2014 - V R 20/14, BStBl 2016 II S. 785; BFH, Urteil v. 18.3.2015 - XI R 38/13, BStBl 2016 II S. 793). Voraussetzung für die Umsatzsteuerbefreiung ist dann aber, dass das (privatrechtliche) Belegkrankenhaus mit öffentlich-rechtlichen Krankenhäusern in sozialer Hinsicht vergleichbar ist. Dies kam nach alter Rechtlage (§ 4 Nr. 16 Buchst. b UStG 1980 i. V. m. § 67 Abs. 2 AO 1977) für ein (reines) Belegkrankenhaus, in dem die ärztlichen Leistungen ausschließlich von einem Belegarzt mit Liquidationsberechtigung erbracht und berechnet werden, nur in Betracht, wenn mindestens 40 % der jährlichen Pflegetage auf Patienten entfallen, deren ärztliche Behandlung der Belegarzt über die GKV-Vergütung oder entsprechend den für Kassenabrechnungen geltenden Vergütungssätzen abrechnete (BFH, Urteil v. 25.11.1993 - V R 64/89, BStBl 1994 II S. 212). Der Gesetzgeber hat zwischenzeitlich reagiert und mit Wirkung zum 1.1.2020 § 4 Nr. 14 Buchst. b Satz 2 Doppelbuchst. aa UStG neu gefasst. Rechnet eine Privatklinik entsprechend § 17b Abs. 1 KHG Fallpauschalen ab, ist im Rahmen der nach § 4 Nr. 14 Buchst. b Satz 2 Doppelbuchst. aa UStG n. F. vorzunehmenden Vergleichsberechnung nach Auffassung des BFH weder als „schädlich" oder „unschädlich" i. S. des § 67 Abs. 1 AO zu berücksichtigen, ob ein im Krankenhaus tätiger Belegarzt seine Leistungen nach GOÄ oder nach Kassengrundsätzen abgerechnet hat. Vielmehr sind bei Tätigkeit eines Belegarztes die von der Privatklinik gegenüber den Patienten abgerechneten Entgelte für Krankenhausleistungen mit den jeweiligen gem. § 18 Abs. 2 Satz 1 KHEntgG geminderten Fallpauschalen eines Krankenhauses im Anwendungsbereich des KHEntgG zu vergleichen. Dafür, ob Krankenhausbehandlungen und ärztliche Heilbehandlungen sowie damit eng verbundene Umsätze von einer Privatklinik unter sozial vergleichbaren Bedingungen wie die einer öffentlich-rechtlichen Einrichtung erbracht wurden, ist im Rahmen von Art. 132 Abs. 1 Buchst. b MwStSystRL darauf abzustellen, ob eine Privatklinik – einen entsprechenden Bedarf vorausgesetzt – die Voraussetzungen für die Zulassung nach § 108 SGB V erfüllt hätte (BFH, Urteil v. 23.1.2019 - XI R 15/16, NWB OAAAH-12516, DStR 2019 S. 866). Auch der EuGH betont, dass die zuständigen Behörden eines Mitgliedstaats bei der Prüfung der Frage der Vergleichbarkeit in sozialer Hinsicht berücksichtigen können, dass diese Heilbehandlungen im Rahmen von Vereinbarungen mit den Behörden dieses Mitgliedstaats zu den in diesen Vereinbarungen festgelegten Preisen durchgeführt werden, deren Kosten teilweise von den Trägern der sozialen Sicherheit dieses Mitgliedstaats getragen werden (EuGH, Urteil v. 5.3.2020 - Rs. C-211/18, NWB WAAAH-70295, DStR 2020 S. 588). Diese für ein reines Belegkrankenhaus entwickelten Grundsätze dürfte vermutlich auch auf Krankenhäuser anwendbar sein, bei denen ein Großteil der ärztlichen Leistungen von Belegärzten erbracht werden (vgl. so möglicherweise BFH, Beschluss v. 15.12.2016 - V B 102/16, NWB QAAAG-39569, BFH/NV 2017 S. 631).

F. Der angestellte Arzt in der (Vertrags-)Arztpraxis und im MVZ

I. Rechtliche Aspekte

Literatur: *Möller*, Der im zugelassenen Medizinischen Versorgungszentrum (MVZ) angestellte Arzt, GesR 2004 S. 456 ff.; *Bäune* in Bäune/Meschke/Rothfuß, Kommentar zur Zulassungsverordnung für Vertragsärzte und Vertragszahnärzte, 2008, §§ 32a, 32b; *Fritz*, in Luxenburger/Beeretz u. a. (Hrsg.), Festschrift 10 Jahre Arbeitsgemeinschaft Medizinrecht im DAV, Angestellter Arzt versus ärztlicher Gesellschafter in der Gemeinschaftspraxis, 2008, S. 721 ff.; *Kleinke/Eickmann*, Der niedergelassene Arzt als Arbeitgeber, 2009; *Schäfer-Gölz*, Rechtsfragen um den angestellten Arzt, ZMGR 2009 S. 190 ff.; *Venetis*, Zum Übergang von Arbeitsverhältnissen bei ärztlichen Kooperationen (§ 613a BGB) unter Behandlung des Sonderproblems eines möglichen Zulassungsverzichts für angestellte Ärzte, GesR 2013 S. 143 ff.; *Ladurner*, Ärzte-ZV, Zahnärzte-ZV, 2017; *Pflugmacher*, Aktuelle Rechtsfragen zum GKV-VSG und dem „3-Jahres-Urteil" des BSG aus Sicht der Krankenhäuser, KrV 2017 S. 107 ff.; *Kuhlmann*, Aktuelle Rechtsprechung zur Anstellung von Ärzten in MVZ, ZMGR 2018 S. 3 ff.; *Schäfer-Gölz*, Anstellung von Ärztinnen und Ärzten in der vertragsärztlichen Berufsausübungsgemeinschaft (BAG) – Zum obiter dictum im Urteil des BSG vom 4.5.2016 - B 6 KA 24/15 R, Ratzel u. a. (Hrsg.), FS 20 Jahre AG Medizinrecht im DAV, 2018, S. 343 ff.; *Willaschek*, MVZ und Kooperationen nach dem TSVG – zwei Aspekte zu angestellten Ärztinnen und Ärzten, GuP 2020 S. 63 ff.; *Kremer/Wittmann*, Vertragsärztliche Zulassungsverfahren, 3. Aufl. 2018, Rz. 1662 ff.; *Schmidt*, Zur Zulässigkeit des „Huckepackverfahrens" zur Übertragung von Arztstellen für angestellte Ärzte auf einen neuen Praxisinhaber bei Verzicht des anstellenden Arztes gemäß § 103 Abs. 4a und 4b SGB V, ZMGR 2021 S. 10 ff.; *Kilian* in D. Prütting (Hrsg.), Medizinrecht, 6. Aufl. 2022, § 19 MBO-Ä; grundlegend *Steinhilper* in Halbe (Hrsg.), Handbuch Kooperationen im Gesundheitswesen, Mai 2021, A 1300 – Angestellte Ärzte in der vertragsärztlichen Versorgung; *Kassenärztliche Vereinigung Bayerns*, „Allgemeine Information zum Thema Anstellung eines Arztes bei einem Vertragsarzt/einer BAG/einem MVZ", Stand 9.8.2023, https://www.kvb.de/fileadmin/kvb/Kuenftige/Zulassung-DS/KVB-Merkblatt-Anstellung-von-Aerzten.pdf.

1. Grundsätzliches

Die Anzahl der angestellten Fachärzte in freiberuflichen Praxen und MVZ nimmt aus unterschiedlichen Gründen stetig zu. Am 31.12.2023 waren laut Bundesarztregister in Vertragsarztpraxen 21.823 Ärzte im Angestelltenverhältnis tätig, 4,2 % mehr als im Vorjahr. Hinzu kommen 27.448 angestellte Ärzte in MVZ, Einrichtungen nach § 402 Abs. 2 SGB V, KV-Eigeneinrichtungen und kommunalen Eigeneinrichtungen. Nicht gesondert ausgewiesen sind dabei die Teilzeitarbeitsverhältnisse.

Als **Vorteile** eines Anstellungsverhältnisses werden die Ausübung des ärztlichen Berufs ohne wirtschaftliches Risiko, die Befreiung von Verwaltungsaufwand, regelmäßige Arbeitszeiten und die Möglichkeit zur Inanspruchnahme von gesetzlichen Vorteilen wie

z. B. Mutterschutz, Elternzeit und Elterngeld angeführt. Anstellungsverhältnisse werden insbesondere von Ärztinnen einer selbständigen Tätigkeit vorgezogen. Auch wird ein Anstellungsverhältnis nicht selten als Möglichkeit zum wechselseitigen Kennenlernen vor der Begründung eines Gesellschaftsverhältnisses gewählt.

In der privatärztlichen Praxis war es auch vor der Liberalisierung des ärztlichen Berufsrechts zulässig, Ärzte anzustellen, wobei keinerlei berufsrechtliche Beschränkungen hinsichtlich der Anzahl oder Vorgaben zur Qualifikation der angestellten Ärzte existierten. Allerdings musste Fachgebietsgleichheit zwischen dem anstellenden und dem angestellten Arzt bestehen.

Bei einer **BAG** wird der Anstellungsvertrag mit dieser und nicht mit einem Gesellschafter geschlossen. Die Tätigkeit des angestellten Arztes kann auf bestimmte Bereiche der Praxis beschränkt sein. So ist es denkbar, ein Anstellungsverhältnis ausschließlich für den privatärztlichen oder den vertragsärztlichen Teil der Praxis oder eine bestimmte Betriebsstätte zu begründen. Möglich erscheint es auch, dass ein Arzt für den vertragsärztlichen Teil angestellt wird und für die privatärztliche Tätigkeit als Gesellschafter eingebunden ist. Insofern ist auf § 95 Abs. 6 Satz 4 SGB V hinzuweisen, der – allerdings für MVZ (vgl. hierzu S. 380 ff.) – ausdrücklich bestimmt, dass ein Vertragsarzt zugleich Gesellschafter und auch Angestellter der Trägergesellschaft sein kann.

Es versteht sich von selbst, dass bei der Gestaltung des Anstellungsvertrages und dessen Durchführung arbeitsrechtliche und sozialversicherungsrechtliche Vorgaben zu beachten sind. Für den in einer Arztpraxis angestellten Arzt gilt grds. das allgemeine Arbeitsrecht. Regelmäßig erfolgt die Anstellung auf der Grundlage eines schriftlichen Vertrages, der die Rechte und Pflichten der Parteien regelt. Die Parteien des Arbeitsverhältnisses sind meist nicht tarifgebunden. Die Grenzen des Arbeitszeitgesetzes sind zu beachten mit der Folge, dass die tägliche Arbeitszeit grds. auf acht Stunden begrenzt ist und die Wochenarbeitszeit im Durchschnitt 48 Stunden nicht überschreiten darf. Die bei einem Vertragsarzt, einer BAG oder einem MVZ angestellten Ärzte sind abhängig Beschäftigte im sozialversicherungsrechtlichen Sinne. Besonderheiten ergeben sich für MVZ in Gesellschafter-Angestellten-Konstellationen, in denen der/die Gesellschafter zugleich als genehmigte angestellte Ärzte im eigenen MVZ tätig werden sollen (vgl. dazu ausführlicher unter D. MVZ S. 330 ff.). Aber auch für das MVZ begründen die entsprechenden Regelungen im SGB V keinen eigenständigen Begriff des „Angestellten" im MVZ bzw. der „Anstellung" im MVZ, sondern setzen diesen – in Abgrenzung zur selbständigen Tätigkeit des Vertragsarztes – voraus (BSG, Urteil v. 26.1.2022 - B 6 KA 2/21 R, NWB DAAAJ-15457, MedR 2022 S. 942).

Berufsrechtlich sind mit Ausnahme der Anzeige der Begründung des Anstellungsverhältnisses an die Ärztekammer (§ 19 Abs. 1 Satz 3 MBO-Ä) keine besonderen Formalien einzuhalten, insbesondere bedarf es keiner Genehmigung der Anstellung durch die Ärztekammer. Gemäß § 24 MBO-Ä soll der Arbeitsvertrag der Ärztekammer vorgelegt werden, damit die Wahrung der beruflichen Belange geprüft werden kann.

§ 19 Abs. 4 MBO-Ä bestimmt, dass die Patienten über die in der Praxis angestellten Ärzte in geeigneter Weise zu informieren sind. Dies kann in mannigfacher Weise – z. B. durch einen Aushang in den Praxisräumen, auf einem Flyer oder durch einen entsprechenden Hinweis auf dem Praxisschild – geschehen. Erweckt der Außenauftritt den Eindruck, der angestellte Arzt sei selbständig als „Mitinhaber" der Praxis tätig, kann er – je nach Lage des Falles – als „Scheingesellschafter" **aus Grundsätzen der Anscheinshaftung persönlich in Anspruch genommen werden** (vgl. BGH, Urteil v. 16.4.2008 - VIII ZR 230/07, NWB VAAAC-81374, NJW 2008 S. 2330).

Keine freie Mitarbeit

Weder das ärztliche Berufsrecht noch das Vertragsarztrecht lassen im Rahmen der Patientenbetreuung den sog. freien Mitarbeiter zu (vgl. in diesem Sinne klarstellend BSG, Urteil v. 26.10.2022 - B 6 KA 2/21, NWB DAAAJ-15457, GesR 2022 S. 518). Unter Berücksichtigung der höchstrichterlichen Rechtsprechung kann selbst für besondere Fälle der Nutzungsüberlassung sowie insbesondere die Praxisvertretung nicht mehr generell von einem freien Mitarbeiterverhältnis bzw. einer Honorartätigkeit, sondern muss mittlerweile grundsätzlich von einem sozialversicherungspflichtigen Beschäftigungsverhältnis ausgegangen werden (vgl. etwa BSG, Urteil v. 12.12.2023 - B 12 R 10/21 R, SozR 4-2400 § 7 Nr 72; BSG, Beschluss v. 23.6.2020 - B 12 R 11/20 B, NWB BAAAH-55771, juris). Es existiert ein numerus clausus der Tätigkeitsform: Entweder freiberufliche Niederlassung in Einzelpraxis, BAG oder auch MVZ einerseits oder Anstellung andererseits. In diese Wertung reiht sich auch die sog. Pool-Arzt-Entscheidung des BSG ein, wonach ein nicht (mehr) zur vertragszahnärztlichen Versorgung zugelassener Zahnarzt, der als sog. Pool-Arzt von der KZV organisierte Notdienste ableistet und hierbei in deren organisierte Abläufe eingegliedert ist, ohne hierauf nachhaltig unternehmerisch Einfluss nehmen zu können, nicht selbständig, sondern sozialversicherungspflichtig tätig ist (BSG Urteil v. 24.10.2023 - B 12 R 9/21 R, NWB UAAAJ-58475, GesR 2024 S. 246 ff.; instruktiv kritisch zu den Auswirkungen Baade/Reiserer, DStR 2023 S. 2624).

PRAXISHINWEIS:

Achtung:

Ein ausschließlich zeitlich befristet als Vertreter tätiger Arzt (Befristungszeitraum im konkreten Fall: 1.10. bis 31.12.2015), der einbestellte Patienten behandelt und in die bereitgestellte Praxis-Infrastruktur organisatorisch, personell und sachlich vollständig eingebunden ist sowie nach Stunden bezahlt wird, unterliegt als Beschäftigter der Sozialversicherungspflicht (LSG Berlin-Brandenburg, Beschluss v. 17.2.2020 - L 9 BA 92/18, GesR 2020 S. 465 f.).

Anstellung fachgebietsfremder Ärzte – Probleme mit der Privatliquidation

§ 19 Abs. 2 MBO-Ä sieht die Möglichkeit zur Anstellung auch fachgebietsfremder Ärzte vor, sofern die Patientenbehandlung regelmäßig nur von Ärzten verschiedener Fachgebiete gemeinschaftlich durchgeführt werden kann. Dies ist z. B. der Fall, wenn der Operateur einen Anästhesisten anstellt. Viele Ärztekammern haben diese Beschränkung nicht in ihre Berufsordnung übernommen, sondern lassen die generelle Anstellung fachgebietsfremder Ärzte zu.

Nach § 4 Abs. 2 Satz 1 GOÄ ist der Praxisinhaber berechtigt, z. B. auch die Leistungen eines angestellten Arztes abzurechnen, sofern diese unter seiner Aufsicht nach fachlicher Weisung erbracht wurden. Ein fachliches Weisungsrecht kann indes bei fachgebietsfremden Leistungen i. d. R. nicht ausgeübt werden. Da der Praxisinhaber die für ihn fachfremden Leistungen nicht im eigenen Namen abrechnen dürfe, hält die BÄK (Hinweise und Erläuterungen zur Niederlassung und beruflichen Kooperation – Stand: 28.3.2008, DÄBl 2008 S. A-1019, 1023) es in dieser Konstellation für erforderlich, dem angestellten Arzt – vergleichbar einem Chefarzt – **ein eigenes Liquidationsrecht** einzuräumen mit der Folge, dass der angestellte Arzt die von ihm erbrachten privatärztlichen Leistungen im eigenen Namen und auf eigene Rechnung abrechnet. Der Praxisinhaber könne hieraus keine Gewinne erzielen, jedoch könne ihm ein Nutzungsentgelt zuzüglich eines Vorteilsausgleichs zugebilligt werden.

Leitungsmacht

§ 19 Abs. 1 MBO-Ä verpflichtet den Arzt, seine Praxis persönlich auszuüben. Die Beschäftigung ärztlicher Mitarbeiter setzt die Leitung der Praxis durch den niedergelassenen Arzt voraus. Der Arzt als Praxisinhaber hat die maßgeblichen Entscheidungen persönlich zu treffen. Bei der Auswahl der anzustellenden Ärzte muss er sich vergewissern, dass diese den ihnen zu übertragenden Aufgaben gewachsen sind. Er muss sie anleiten und – zumindest stichprobenhaft – überwachen. Der Praxisinhaber trägt die uneingeschränkte persönliche Verantwortung für sämtliche Praxisbelange. Er muss Ansprechstelle für die Patienten sein, die in der Lage sein müssen, sich bei ihm über das Verhalten der angestellten Ärzte beschweren zu können.

Auch der angestellte Arzt übt einen seiner Natur nach freien Beruf aus (vgl. § 1 Abs. 2 BÄO, § 1 Abs. 1 Satz 3 MBO-Ä). Dies ändert nichts daran, dass dem Praxisinhaber die Leitungsmacht zusteht. Die Ausübung eines seiner Natur nach freien Berufs schließt indes die Erteilung von Weisungen nicht generell aus. Dies gilt primär für den nichtmedizinischen – z. B. organisatorischen – Bereich. Grundsätzlich wird man dem oder den Praxisinhabern auch zugestehen müssen, verbindlich festzulegen, welche von mehreren anerkannten medizinischen Methoden in der Praxis zum Einsatz gelangen. Eine Grenze des Weisungsrechts ist die Gewissensentscheidung des angestellten Arztes.

Haftung

Da die Behandlungsverträge gem. § 630a Abs. 1 BGB mit dem Praxisinhaber als anstellendem Arzt und nicht mit dem angestellten Arzt abgeschlossen werden, besteht für diesen grds. **kein vertragliches**, sondern **ausschließlich ein deliktisches Haftungsrisiko**.

Aus § 21 MBO-Ä folgt, dass der Arzt verpflichtet ist, sich hinreichend gegen die aus seiner beruflichen Tätigkeit möglichen Haftpflichtansprüche zu versichern. Im Regelfall wird der angestellte Arzt über die Berufshaftpflichtversicherung seines Arbeitgebers mitversichert.

PRAXISHINWEIS:

Dem angestellten Arzt ist dringend zu empfehlen, sich zu vergewissern, dass für die Dauer seiner Tätigkeit ausreichender Versicherungsschutz besteht. Zu bedenken ist, dass die zuständige Behörde bei unzureichendem Versicherungsschutz das Ruhen der Approbation anordnen kann (§ 6 Abs. 1 Nr. 5 BÄO).

Nicht praxisfern sind Konstellationen, in welchen der angestellte Arzt unwirtschaftlich behandelt hat. Von Ausnahmefällen abgesehen, kann der angestellte Arzt weder von einem Patienten noch einer privaten Krankenversicherung noch von der Kassenärztlichen Vereinigung oder einer gesetzlichen Krankenkasse in Anspruch genommen werden. Ansprüche sind stets gegen den Praxisinhaber zu richten. Diesem ist es nach allgemeinen arbeitsrechtlichen Grundsätzen möglich, den angestellten Arzt in Rückgriff zu nehmen.

Für die Haftung des Arztes **gegenüber seinem Arbeitgeber** gelten die von der Rechtsprechung herausgearbeiteten **Grundsätze zum innerbetrieblichen Schadensausgleich**. Die Haftung des Arztes ist dabei abhängig vom Grad seines individuellen Verschuldens. Bei leichtester Fahrlässigkeit haftet der Arzt nicht. Bei mittlerer Fahrlässigkeit erfolgt eine Aufteilung des Schadens nach Billigkeits- und Zumutbarkeitsgesichtspunkten. Nur bei gröbster Fahrlässigkeit und bei Vorsatz haftet der Arbeitnehmer unbeschränkt. Im Einzelfall kann es aber auch bei grober Fahrlässigkeit zu einer Haftungserleichterung kommen, wenn der Verdienst außer Verhältnis zum Schadensrisiko steht (Weidenkaff in Grüneberg, BGB, 83. Aufl. 2024, § 611 Rz. 156 ff.).

Vergütung

Gemäß § 19 Abs. 3 Satz 1 MBO-Ä muss die Vergütung angestellter Ärzte angemessen sein. Bei einer Anlehnung an die Vergütungssätze im öffentlichen Dienst wird der Angemessenheitsgrundsatz regelmäßig gewahrt.

Die Vergütungsvereinbarung kann so gefasst werden, dass sie aus einem festen und einem flexiblen Vergütungsbestandteil besteht (Kilian in D. Prütting (Hrsg.), a. a. O., § 19 MBO-Ä Rz. 15).

PRAXISHINWEIS:

Bei der Vertragsgestaltung ist § 23 Abs. 2 MBO-Ä zu beachten, wonach auch in einem Arbeitsverhältnis keine Vergütung vereinbart werden darf, die die Unabhängigkeit der medizinischen Entscheidung des Arztes beeinträchtigt. Hierdurch soll auch für angestellte Ärzte verhindert werden, dass Indikationen großzügiger gestellt werden und letztlich eine Kommerzialisierung der ärztlichen Tätigkeit eintritt. Ein Verstoß gegen die entsprechende berufsrechtliche Regelung führt zur Nichtigkeit der Vergütungsregelung.

Teilnahme am allgemeinen Notfalldienst

Die Satzungen/Notfalldienstordnungen können vorsehen, dass auch angestellte Ärzte verpflichtet sind, am ärztlichen Notfall- oder Bereitschaftsdienst teilzunehmen. Bei Teilzeittätigkeit erfolgt regelmäßig eine dem zeitlichen Umfang der Tätigkeit entsprechende geringere Einteilung.

2. Besonderheiten im Vertragsarztrecht

PRAXISHINWEIS:

Vor dem Hintergrund möglicherweise unterschiedlicher Verwaltungspraxen der Kassenärztlichen Vereinigungen und Zulassungsgremien sollte vor Durchführung insbesondere komplizierter Vorhaben eine Auskunft zur Realisierbarkeit eingeholt werden.

Hilfreich sind themenbezogene Veröffentlichungen der Kassenärztlichen Vereinigungen. Hervorzuheben ist die ausführliche Stellungnahme der Kassenärztlichen Vereinigung Bayerns „Allgemeine Information zum Thema Anstellung eines Arztes bei einem Vertragsarzt/einer BAG/einem MVZ“, Stand 9.8.2023 (https://www.kvb.de/fileadmin/kvb/Kuenftige/Zulassung-DS/KVB-Merkblatt-Anstellung-von-Aerzten.pdf).

a) Allgemeines

Das BSG hat bereits mit Urteil vom 20.9.1995 (6 Rka 37/94, MedR 1996 S. 470) betont, dass die Stellung des angestellten Arztes trotz fehlender Vertragsarztzulassung eher derjenigen eines Partners in einer BAG entspreche als derjenigen eines Assistenten. Der angestellte (Zahn-)Arzt dürfe selbständig und ohne Abhängigkeit von Weisungen und Aufsicht des Praxisinhabers Versicherte behandeln (vgl. auch § 15 Abs. 1 Satz 1 bis 2 BMV-Ä). In der Folgezeit wurde die Rechtsstellung des angestellten Arztes zunehmend gestärkt.

§ 1a Nr. 8 BMV-Ä definiert den angestellten Arzt als *„Arzt mit genehmigter Beschäftigung in einer Arztpraxis oder einem MVZ gemäß § 95 Abs. 9 SGB V bzw. § 95 Abs. 1 SGB V“.*

Bis zum Inkrafttreten des VÄndG zum 1.1.2007 war die Anstellung von Ärzten in Vertragsarztpraxen nur in äußerst beschränktem Umfang – von „Altfällen“ abgesehen, regelmäßig ausschließlich im Rahmen des sog. Job-Sharing gem. § 101 Abs. 1 Satz 1 Nr. 5

SGB V sowie in Assistentenverhältnissen – zulässig. Bis dahin konnten nur Medizinische Versorgungszentren (MVZ) davon profitieren, dass ein Vertragsarzt in einem gesperrten Planungsbereich auf seine Vertragsarztzulassung verzichtet, um zukünftig als angestellter Arzt im MVZ tätig zu sein. Mit dem Vertragsarztrechtsänderungsgesetz hat der Gesetzgeber das Spektrum der Leistungserbringung im vertragsärztlichen Bereich durch die grds. Anerkennung von angestellten Ärzten maßgeblich geändert, wobei gem. § 95 Abs. 9 SGB V zwischen zulassungsgesperrten und nicht zulassungsgesperrten Planungsbereichen zu unterscheiden ist.

Genehmigung

Die Tätigkeit eines angestellten Arztes im vertragsärztlichen Bereich einer Praxis bedarf – auch wenn für das entsprechende Fachgebiet keine Zulassungsbeschränkungen angeordnet sind – der vorherigen **Genehmigung durch den Zulassungsausschuss** (§ 32b Abs. 2 Satz 1 Ärzte-ZV). Die Anstellungsgenehmigung ist von dem Arbeitgeber und nicht von dem anzustellenden Arzt zu beantragen.

Im Rahmen des Antragsverfahrens ist der **Anstellungsvertrag** vorzulegen. Ob den Zulassungsgremien ein umfassendes Prüfungsrecht zusteht oder diese auf die Beanstandung von Verstößen gegen das Vertragsarztrecht beschränkt sind, ist umstritten (ein allgemeines Prüfungsrecht zu Recht ablehnend Ladurner, § 32b Ärzte-ZV Rz. 39). Aus rein pragmatischen Gründen erfolgt in der Praxis wegen des mit einem Widerspruchsverfahren verbundenen Zeit- und Kostenaufwands auch bei als unrichtig angesehenen Beanstandungen die gewünschte Vertragsänderung, um die zeitgerechte Erteilung der Anstellungsgenehmigung durch den Zulassungsausschuss nicht zu gefährden. Eine strenge Genehmigungsvoraussetzung ergibt sich aus § 95e SGB V, wonach der Antragsteller für die Praxis den Nachweis des Versicherungsschutzes in der Berufshaftpflichtversicherung auch bezogen auf den angestellten Arzt durch Vorlage einer Versicherungsbescheinigung zu erbringen hat.

Eine besondere Prüfungspflicht der Zulassungsgremien ergibt sich in MVZ-Konstellationen, in denen für den Gesellschafter die Anstellung im MVZ beantragt wird (vgl. hierzu näher unter S. 380 ff.). Die Zulassungsgremien haben in diesen Fällen vor der Erteilung einer Anstellungsgenehmigung, die ihnen vorgelegten Anstellungsverträge sowie den Gesellschaftsvertrag darauf zu überprüfen, ob die dem Arzt gesellschaftsvertraglich eingeräumten Mitwirkungsmöglichkeiten einer abhängigen Beschäftigung entgegenstehen (BSG, Urteil v. 26.1.2022 - B 6 KA 2/21 R, NWB DAAAJ-15457, MedR 2022 S. 942). Es gibt keine rechtlich überzeugende Begründung, die Anstellung nur zum Beginn eines Quartals zu genehmigen. Als statusbegründender Akt kann die Genehmigung allerdings nicht rückwirkend erteilt werden. Die Genehmigung betrifft eine konkrete Person, scheidet diese aus dem Arbeitsverhältnis aus, ist für den Nachfolger eine erneute Genehmigung zu beantragen.

Der angestellte Arzt erhält eine eigene lebenslange Arztnummer = LANR (vgl. §§ 1a Nr. 31, 37a Abs. 1 BMV-Ä), die bei der Verordnung ärztlicher Leistungen sowie der Abrechnung – ebenso wie die Betriebsstättennummer – anzugeben ist.

Grundsätzlich entfaltet eine durch die Zulassungsgremien erteilte Anstellungsgenehmigung als Statusentscheidung Drittbindungswirkung in dem Sinne, dass Behörden und Gerichte die dort getroffenen Regelungen, solange sie Bestand haben, als verbindlich hinzunehmen und ohne Prüfung der Rechtmäßigkeit ihren Entscheidungen zugrunde zu legen haben. In diesem Sinne müssen die Genehmigungsadressaten nicht befürchten, dass eine Fehleinschätzung der Zulassungsgremien hinsichtlich des arbeitsrechtlichen Status des angestellten Arztes und eine in dessen Folge unzutreffend erteilte Anstellungsgenehmigung beispielsweise zu sachlich-rechnerischen Richtigstellungen und entsprechenden Honorarrückforderungen der zuständigen KV führt (BSG, Urteil v. 26.1.2022 - B 6 KA 2/21 R, NWB DAAAJ-15457, MedR 2022 S. 942, m. w. N. zur Drittwirkung von Statusentscheidungen).

Zuordnung der Arztstelle

Das BSG hat mit Urteil vom 4.5.2016 - B 6 KA 24/15 R, NWB IAAAF-81284, MedR 2017 S. 168, 169, klargestellt, dass bei BAGen – wie auch bei MVZ – die Zuordnung der Anstellungsgenehmigung zur BAG und nicht zu einem Gesellschafter der BAG erfolgt. Konsequenterweise ändert sich die Anstellungsgenehmigung nicht, wenn Gesellschafter der BAG beitreten oder aus der fortgeführten BAG ausscheiden. Diese Rechtsfolge muss auch für die aus zwei Personen bestehende BAG beim Ausscheiden des vorletzten Gesellschafters eintreten, sofern die Praxis von einem Arzt – auf der der Grundlage einer gesellschaftsvertraglichen Fortsetzungsklausel bzw. nach dem MoPeG mit der Rechtsfolge des §§ 712a Abs. 1 BGB („Gesamtrechtsnachfolge“) – fortgeführt wird. Umgekehrt erfolgt die Anstellungsgenehmigung bezogen auf den anzustellenden Arzt streng personengebundenen, d. h. sie wird dem Vertragsarzt, der BAG oder dem MVZ nicht in der Weise pauschal erteilt, dass eine Berechtigung besteht, die Stelle beliebig durch einen selbst auszuwählenden Arzt zu besetzen bzw. die Stellenbesetzung auszutauschen (BSG, Urteil v. 4.11.2021 - B 6 KA 13/20 R, NWB WAAAI-59069, GesR 2022 S. 777).

PRAXISHINWEIS:

Einige Kassenärztliche Vereinigungen ermöglichen nach wie vor die Zuordnung der Anstellungsgenehmigung zu einem bestimmten BAG-Gesellschafter, sofern sämtliche BAG-Gesellschafter zustimmen. Eine solche individualisierte Zuordnung kann insbesondere wichtig sein im Zusammenhang mit dem Ausscheiden von Gesellschaftern.

PRAXISHINWEIS:

Da der mit der Einbindung eines angestellten Arztes verbundene finanzielle Aufwand – in gesperrten Gebieten sind dies primär die durch den Erwerb der Praxis einschließlich der Zulassung entstehenden Kosten – meist von der BAG getragen wird, ist ggf. im Innenverhältnis der Gesellschafter ein Ausgleich vorzunehmen, wenn ein Gesellschafter unter „Mitnahme“ der Anstellungsgenehmigung aus der BAG ausscheidet. Umgekehrt ist dem Umstand durch entsprechende vertragliche Regelungen Rechnung zu tragen, wenn ein Gesellschafter den Erwerb einer Praxis aus eigenen Mitteln getätigt hat und berechtigt sein soll, die Arztstelle im Falle seines Ausscheidens aus der BAG „mitzunehmen“.

Status des angestellten Facharztes

Die Erteilung der Anstellungsgenehmigung setzt die Eintragung des anzustellenden Arztes in das Arztregister voraus. Die Anstellungsgenehmigung darf **nicht erteilt werden**, wenn der anzustellende Arzt aus gesundheitlichen oder sonstigen in seiner Person liegenden Gründen nicht nur vorübergehend gehindert ist, die vertragsärztliche Tätigkeit auszuüben. Der Status des angestellten Arztes ist bei Ausübung der ärztlichen Tätigkeit demjenigen eines Vertragsarztes angenähert.

Seit dem 1.3.2017 (Inkrafttreten des GKV-SVSG) ist derjenige angestellte Arzt, der mindestens zehn Stunden wöchentlich beschäftigt ist, Mitglied der KV (§ 77 Abs. 3 SGB V) und unterliegt damit deren Disziplinargewalt. Maßgeblich für die Bemessung der Arbeitszeit sind die Regelungen im Arbeitsvertrag (BT-Drucks. 18/10605). Gegen Ärzte, die weniger als zehn Stunden wöchentlich beschäftigt sind, kann die Kassenärztliche Vereinigung keine Disziplinarmaßnahmen ergreifen. Ist die vertragsärztliche Pflichtverletzung jedoch – auch – dem anstellenden Vertragsarzt zuzurechnen, können sich die Disziplinarmaßnahmen möglicherweise gegen diesen richten. Gegebenenfalls kann es zum Widerruf der Anstellungsgenehmigung kommen.

Nach der Änderung des § 35 Abs. 2 BMV-Ä mit Wirkung zum 1.10.2013 sind **auch angestellte Ärzte berechtigt, Bescheinigungen und Verordnungen auszustellen**. Es ist nicht mehr erforderlich, dass dies persönlich durch den anstellenden Vertragsarzt erfolgt.

Bedarfsplanung, Aufteilung der Anstellungsgenehmigung

Die Anstellung von Ärzten ist an die Beachtung der Bedarfsplanungs-Richtlinie gebunden. Angestellte Ärzte werden bei der Bedarfsplanung entsprechend ihrer vertraglich für die Betreuung von GKV-Patienten geschuldeten Arbeitszeit berücksichtigt. Bei einer Beschäftigung mit mehr als 30 Stunden wöchentlich erfolgt eine Anrechnung mit dem Faktor 1,0, bei mehr als 20 bis maximal 30 Wochenstunden mit dem Faktor 0,75, bei mehr als zehn und weniger als 20 Wochenstunden mit dem Faktor 0,5 und bei höchstens zehn Wochenstunden mit dem Faktor 0,25 (§ 58 Abs. 2 Satz 4 BedarfsplRL).

Bei der Besetzung der Arztstelle besteht in zeitlicher Hinsicht weitgehende Flexibilität. Eine Vollzeitstelle kann in bis zu vier Teilzeitstellen mit einer vertraglich vereinbarten Arbeitszeit von jeweils bis zu zehn Stunden wöchentlich aufgeteilt werden. Hierdurch wird es möglich, z. B. mehrere Spezialisten in zeitlich beschränktem Umfang in die Patientenversorgung einzubinden. So ist es als zulässig anzusehen, dass z. B. ein an der fachärztlichen Versorgung teilnehmender Internist die ihm zugeordnete Arztstelle mit bis zu vier Fachärzten mit unterschiedlichen internistischen Schwerpunkten besetzt. Relevant ist die Aufteilung auch für Krankenhausärzte, die nunmehr auf Teilzeitbasis in eine mit dem Krankenhaus kooperierende Praxis eingebunden werden können.

Fachgebietsverschiedenheit

Vertragsarztrechtlich ist grds. auch die Anstellung von fachgebietsfremden Ärzten zulässig (§ 95 Abs. 9 SGB V). Mit Wirkung ab dem 1.10.2013 ist auch die **Anstellung eines fachgebietsfremden Facharztes möglich, der nur auf Überweisung in Anspruch genommen werden kann** (z. B. Fachärzte für Laboratoriumsmedizin, Radiologie, Pathologie). Die in § 19 Abs. 2 MBO-Ä enthaltene Beschränkung, wonach die Anstellung fachgebietsfremder Ärzte voraussetzt, dass die Patientenbehandlung regelmäßig nur von Ärzten verschiedener Fachgebiete gemeinschaftlich durchgeführt werden kann, wurde nicht in das Vertragsarztrecht übernommen.

Die durch einen fachgebietsfremden Arzt im Rahmen dessen Fachgebietes erbrachten Leistungen werden dem Praxisinhaber als von diesem grds. abrechnungsfähig zugerechnet. Gleiches gilt bei Leistungen, für welche ausschließlich der angestellte Arzt qualifiziert ist. Der anstellende Vertragsarzt hat die Notwendigkeit der für ihn fachfremden Leistungen abrechnungstechnisch zu verantworten.

Vertragsärztliche Pflichten

Der angestellte Arzt muss die vertragsärztlichen Pflichten erfüllen, der ihn anstellende Vertragsarzt hat ihn hierzu anzuhalten (so ausdrücklich § 32b Abs. 3 Ärzte-ZV).

Als wesentliche Pflichten sind beispielhaft zu nennen: Präsenzpflicht, Einhaltung der Fachgebietsgrenzen, Verbot der Behandlungsablehnung aus sachwidrigen Gründen, Verbot der unzulässigen Delegation ärztlicher Leistungen, Beachtung des Wirtschaftlichkeitsgebots, Fortbildungspflicht.

Gesondert hervorzuheben ist die **Sprechstundenverpflichtung** auch der angestellten Ärzte, deren Umfang mit dem Versorgungsauftrag korrespondiert. Es obliegt dem anstellenden Arzt sicherzustellen, dass mindestens Sprechstunden in einem Umfang – ggf. parallel oder überlappend – angeboten werden, der sich aus der Addition der den einzelnen Versorgungsaufträgen zugeordneten Zeitkontingente ergibt. Bei einer vollen Arztstelle sind dies 25 Stunden wöchentlich; bei einer zeitlich reduzierten Arztstelle sind die anteiligen Sprechstundenzeiten anzubieten (§ 19a Abs. 1 Satz 4 Ärzte-ZV, § 17 Abs. 1a Satz 4 BMV-Ä – ausführlicher zur Sprechstundenverpflichtung Einleitung S. 12 f.). Zu den Mindestsprechstundenzeiten ist noch ein Zeitkontinent für Begleitleistungen (Verwaltung, Abrechnung, Erstellung von Arztbriefen und Gutachten etc.) zu addieren, die das BSG pauschal mit 30 % bis 50 % bestimmt hat (BSG, Urteil v.

13.10.2010 - B 6 KA 40/09 R, NWB XAAAD-61670, juris, Rz. 21; kritisch zu diesem zu generalisierenden Ansatz Möller, GesR 2020 S. 286, 287).

Qualifikationsgebundene Leistungen

Im vertragsärztlichen Bereich ist die Erbringung und Abrechnung einer Vielzahl von Untersuchungs- und Behandlungsleistungen (z. B. Ultraschall, Speziallabor) von der Erteilung individueller Genehmigungen abhängig. Bei solchen qualifikationsgebundenen Maßnahmen muss der angestellte Arzt, der solche Leistungen eigenständig erbringt, persönlich über die erforderliche Qualifikation verfügen (§§ 11, 14 Abs. 1 Satz 2 BMV-Ä). Als zulässig wird es auch angesehen, wenn der angestellte Arzt Leistungen, für welche ausschließlich der Praxisinhaber qualifiziert ist, unter dessen Leitung erbringt. Bei längerer Abwesenheit des Praxisinhabers sind Zuordnungsprobleme vorprogrammiert.

Regelleistungsvolumen

Die Zuweisung des RLV erfolgt praxisbezogen. Die Höhe des RLV einer Praxis ergibt sich aus der Addition der jeweiligen individuellen RLV. Der angestellte Arzt, dessen Status dem eines Vertragsarztes entspricht (also nicht der Job-Sharer), erhält ein eigenes RLV, welches in die Bildung des Praxis-RLV einfließt. Bei der Ermittlung ist der – auch zeitliche – Umfang seiner Tätigkeit im Genehmigungsbescheid zu berücksichtigen. Beträgt die wöchentliche Arbeitszeit mehr als 30 Stunden, besetzt der angestellte Arzt bedarfsplanungsmäßig eine volle Stelle. Im Rahmen der Abrechnung muss damit gerechnet werden, dass lediglich ein entsprechend verringertes RLV berücksichtigt wird.

PRAXISHINWEIS:

Leistungen, die angestellte Ärzte außerhalb des in der Anstellungsgenehmigung festgelegten zeitlichen Rahmens erbringen, sind nicht abrechnungsfähig.

Aber: Die zeitlichen Plausibilitätsvorgaben für Vertragsärzte (Quartalszeitprofil: voller Versorgungsauftrag 780 h = 60 h/w, halber Versorgungsauftrag 390 h = 30 h/w) gelten wegen § 106d Abs. 2 Satz 2 SGB V auch für angestellte Ärzte (BSG, Urteil v. 31.10.2019 - B 6 KA 9/18 R, NWB WAAAH-43069, juris).

Zahlenmäßige Beschränkung

Ausschließlich für die vertragsärztliche – mithin nicht die privatärztliche – Tätigkeit existieren zahlenmäßige Beschränkungen für die Anstellung (§ 14a Abs. 1 Satz 2 BMV-Ä). Diese sind vor dem Hintergrund zu verstehen, dass der Vertragsarzt verpflichtet ist, seine Praxis persönlich zu führen. Für einen mit einem vollständigen Versorgungsauftrag zugelassenen Vertragsarzt – bei BAGen erfolgt eine Multiplikation nach Maßgabe der Anzahl der Gesellschafter sowie des Umfangs der jeweiligen Versorgungsaufträge – dürfen grds. nicht mehr als drei vollzeitig beschäftigte Ärzte oder Teilzeitangestellte in einem entsprechenden zeitlichen Umfang tätig sein. Die Anzahl erhöht sich auf vier Ärzte in medizinisch-technischen Fachgebieten. Der Zulassungsausschuss kann eine Erhöhung der Anzahl der beschäftigten Ärzte genehmigen, wenn der Arzt nachweist, durch welche Vorkehrungen die persönliche Leitung der Praxis gewährleistet ist. Von einer vollzeitigen Tätigkeit ist bei einem wöchentlichen Beschäftigungsumfang von mehr als 30 Wochenstunden auszugehen. Die darunter liegende Wochenarbeitszeit ist als Teilzeittätigkeit einzuordnen.

Vertragsärzte mit einem auf die Hälfte reduzierten Versorgungsauftrag können zwei angestellte Ärzte mit einem Wochenstundenkontingent von jeweils nicht mehr als 30 Stunden anstellen. Manche Zulassungsausschüsse lassen lediglich eine Arbeitszeit von 20 Wochenstunden zu.

PRAXISHINWEIS:

Es kann sich anbieten, die Arbeitszeit des angestellten Arztes auf dessen privat- und vertragsärztliche Tätigkeit aufzuteilen.

Überschreitet die Anzahl der anzustellenden Ärzte die rechtlichen Vorgaben, kommt die Errichtung eines MVZ in Betracht, da bei MVZ die Anzahl der anzustellenden Ärzte unbeschränkt ist.

Einsatz in Berufsausübungsgemeinschaften und Zweigpraxen

Regelmäßig wird der angestellte Arzt am Vertragsarztsitz „seines" Vertragsarztes tätig werden. § 33 Abs. 2 Ärzte-ZV sieht vor, dass der angestellte Arzt in die Erfüllung des Versorgungsauftrages „seines" Vertragsarztes eingebunden wird. Dies gilt auch bei einer Tätigkeit an einer weiteren Betriebsstätte der BAG. Diese darf indes nicht eigenverantwortlich und ausschließlich durch einen angestellten Arzt betrieben werden. Die primäre Leitungsmacht muss durch den Vertragsarzt und nicht durch den angestellten Arzt ausgeübt werden.

Weniger stringent sind die Voraussetzungen für die Beschäftigung eines angestellten Arztes in einer Zweigpraxis gem. §§ 24 Abs. 3, 4 Ärzte-ZV i. V. m. den bundesmantelvertraglichen Bestimmungen (§ 15a Abs. 6 BMV-Ä). Hiernach ist die Beschäftigung eines angestellten Arztes allein zur Durchführung der Behandlung in der Zweigpraxis nur gestattet, wenn dies von der Zweigpraxisgenehmigung umfasst ist. Wird der angestellte Arzt nur zeitweise in der Zweigpraxis tätig, ist hierfür keine Genehmigung erforderlich.

Zulässigkeit von Vertretungen

Die Vertretungsmöglichkeit angestellter Fachärzte ist nunmehr ausdrücklich in § 32b Abs. 6 Ärzte-ZV geregelt. Demgemäß kommt – wie bei Vertragsärzten – eine Vertretung primär im Krankheitsfall und bei Urlaub des angestellten Arztes in Betracht. Die Dauer der Vertretung ist auf drei Monate während eines Zeitraums von zwölf Monaten beschränkt. Dauert die Vertretung länger als eine Woche ist sie der Kassenärztlichen Vereinigung mitzuteilen. Eine angestellte Ärztin kann sich in unmittelbarem zeitlichen Zusammenhang mit einer Entbindung bis zu einer Dauer von zwölf Monaten vertreten lassen.

Weiterhin kommt eine Vertretung während der Zeiten der Erziehung von Kindern bis zu einer Dauer von 36 Monaten sowie während der Pflege eines nahen Angehörigen in häuslicher Umgebung bis zu einer Dauer von bis zu sechs Monaten in Betracht. Jede der vorgenannten Vertretungen bedarf der vorherigen Genehmigung durch die Kassenärztliche Vereinigung.

In jedweder Vertretungskonstellation bleibt zu berücksichtigen, dass insbesondere aufgrund der notwendigen Eingliederung in den Praxisbetrieb im Zweifel ein sozialversicherungspflichtiges Beschäftigungsverhältnis anzunehmen ist (BSG, Urteil v. 19.10.2021 - B 12 R 1/21 R, NWB DAAAI-58086, NZS 2022 S. 542).

PRAXISHINWEIS:

Das BSG hat mit Urteil v. 14.7.2021 - B 6 KA 15/20 R, NWB NAAAH-90840 entschieden, dass Kinder bis zur Vollendung ihres 18. Lebensjahres unter § 32 Abs. 2 Satz 2 Nr. 2 Ärzte-ZV fallen. Zudem hat das BSG festgestellt, dass die Möglichkeit zur Beschäftigung einer Entlastungsassistenz für jedes Kind besteht. Bei der parallelen Erziehung mehrerer Kinder besteht der Genehmigungsanspruch allerdings nur einmal mit der Folge, dass nicht genutzte Zeiten nicht auf später „verschoben" werden können.

Änderung des zeitlichen Umfangs der Arbeitszeit

Der zulässige Umfang der Arbeitszeit des angestellten Arztes ergibt sich aus dem Genehmigungsbescheid des Zulassungsausschusses.

Soll dessen Arbeitszeit in einem zulassungsgesperrten Planungsbereich in einem bedarfsplanungsrechtlich relevanten Umfang erhöht werden, ist zuvor die Genehmigung des Zulassungsausschusses einzuholen. Eine entsprechende Reduzierung ist dem Zulassungsausschuss – lediglich – mitzuteilen. Wirkt sich die Änderung ausschließlich auf den privatärztlichen Teil der Tätigkeit aus (z. B. Einführung einer Privatsprechstunde), ist dies für das vertragsärztliche System unerheblich.

PRAXISHINWEIS:

Bei Überschreitung der genehmigten Arbeitszeit (z. B. vollzeitige Tätigkeit im GKV-Bereich auf einer halben Arztstelle) muss mit Honorarrückforderungen gerechnet werden. Es ist zu beachten, dass aufgrund der lebenslangen Arztnummer eine für eine Plausibilitätsprüfung notwendige Zuordnung der erbrachten Leistungen erfolgen kann.

Wegfall der Arztstelle

In der Praxis kommt es immer wieder vor, dass ein Anstellungsverhältnis endet und nicht unmittelbar im Anschluss hieran ein Folgearbeitsverhältnis begründet werden kann. In seinem vielbeachteten Grundsatzurteil vom 19.10.2011 (B 6 KA 23/11, NWB PAAAE-00664, MedR 2012 S. 830) hat das BSG entschieden, dass eine frei gewordene (MVZ-)Arztstelle grds. **innerhalb von sechs Monaten** nachbesetzt sein muss. Allerdings wird dem Zulassungsausschuss die Befugnis eingeräumt, in besonderen Fällen des

Misslingens der rechtzeitigen Nachbesetzung trotz erkennbar ernstlicher Bemühungen die Frist um höchstens weitere sechs Monate zu verlängern. Dies gilt für jedwede Angestellten-Arztstelle auch bei einem Vertragsarzt oder einer BAG (LSG NRW, Urteil v. 11.5.2022 - L 11 KA 17/20, NWB AAAAJ-23720, juris).

PRAXISHINWEIS:

Der Antrag auf Nachbesetzung einer vollen oder halben Arztstelle im MVZ muss grds. innerhalb einer Frist von sechs Monaten nach dem Freiwerden der Stelle dem Zulassungsausschuss in vollständiger Form zugegangen sein und alle materiell-rechtlichen Voraussetzungen erfüllen. Die Frist kann in besonderen Fällen um höchstens sechs Monate verlängert werden.

Bei einer 1/4-Stelle gilt ein etwas großzügigerer Maßstab von ca. einem Jahr (BSG, Urteil v. 4.5.2016 - B 6 KA 28/15 R, NWB UAAAF-82693, GesR 2016 S. 775, 779).

PRAXISHINWEIS:

Bei der Nachfolgebesetzung sind ernsthafte Bemühungen vorzunehmen, einen Nachfolger zu finden. Diese sollten genauestens dokumentiert werden, um dem Zulassungsausschuss die erfolgten Aktivitäten nachzuweisen. Der Verlängerungsantrag ist rechtzeitig vor Ablauf der Sechs-Monats-Frist zu stellen, da die Entscheidung in einer Sitzung des Zulassungsausschusses erfolgt. Man sollte sich nicht darauf verlassen, dass der Zulassungsausschuss bei der Verlängerung die Höchstfrist bewilligt.

Rückumwandlung zulässig

Der Gesetzgeber hatte ursprünglich den Statuswechsel nur in eine Richtung, nämlich von der Vertragsarztzulassung zur Arztstelle und nicht die Rückumwandlung von der Arztstelle zur Vertragsarztzulassung vorgesehen. Mit Wirkung vom 1.1.2012 bestimmen § 95 Abs. 9b SGB V und insofern gleichlautend § 32b Abs. 5 Ärzte-ZV, dass eine genehmigte Anstellung auf Antrag des anstellenden Arztes in eine Zulassung umzuwandeln ist, sofern der zeitliche Umfang der Tätigkeit des angestellten Arztes mindestens einem halben Versorgungsauftrag entspricht. Durch das TSVG wurde § 95 Abs. 9b SGB V dahingehend ergänzt, dass auch die Umwandlung einer genehmigten Anstellung in eine Zulassung möglich ist, wenn sie einem Dreiviertel-Versorgungsauftrag entspricht. Während ein Teilversorgungsauftrag eines Vertragsarztes im Umfang eines Viertels grundsätzlich ausschreibungsfähig ist, scheitert die (Rück-)Umwandlung einer Einviertel-Arztstelle (Anstellungsgenehmigung) zum Zwecke der Ausschreibung und Nachbesetzung an einem systematischen Strickfehler. So ist eine genehmigte Anstellung auf Antrag des anstellenden Vertragsarztes in eine Zulassung umzuwandeln, sofern der Umfang der Tätigkeit des handelnden Arztes einem ganzen, einem halben oder einem dreiviertel Versorgungsauftrag entspricht (§ 95 Abs. 9b SGB V). Die Gesetzessystematik geht davon aus, dass nur eine Zulassung, mindestens also im Umfang eines halben Versorgungsauftrages, ausschreibungsfähig ist und eine Angestellten-Arztstelle selbst nur zum Zwecke der Ausschreibung zuvor in eine Zulassung umgewandelt werden muss. Die damit rechtlich unmögliche Ausschreibung eines Viertel-Versorgungsauftrages scheitert damit schlicht an dem Vorbehalt der Ausschreibung als „Zulassung“. System- und praxisgerecht wäre die Möglichkeit zur Ausschreibung abstrakt eines Viertel-Versorgungsauftrages. Aufgrund der Vielzahl der zu beobachtenden Sachverhalte im Zusammenhang mit der Aufteilung von Versorgungsaufträgen in wachsenden Praxisstrukturen besteht hier gesetzgeberischer Änderungsbedarf.

Beantragt der anstellende Vertragsarzt nicht zugleich bei der Kassenärztlichen Vereinigung die Durchführung des Nachbesetzungsverfahrens nach § 103 Abs. 3a SGB V, wird der bisher angestellte Arzt Inhaber der Vertragsarztzulassung. Zu beachten ist, dass das **Umwandlungsrecht bei einer länger als sechs Monate dauernden Vakanz erlöschen kann** (ausführlich Ladurner, § 32b Ärzte-ZV Rz. 50 f.).

PRAXISHINWEIS:

Auf die Umwandlung besteht ein Rechtsanspruch. Sie kann nicht etwa mit dem Hinweis versagt werden, die Zulassung sei aus Versorgungsgesichtspunkten nicht erforderlich.

Der angestellte Arzt muss mit dem Umwandlungsvorgang einverstanden sein, da die erfolgreiche Durchführung des Vorhabens davon abhängt, dass er einen Antrag auf Zulassung zur vertragsärztlichen Versorgung stellt.

PRAXISHINWEIS:

Die gesetzliche Regelung erweitert die Gestaltungsmöglichkeiten. So können Vertragsarzt und Angestellter ohne komplizierte gesellschaftsrechtliche Konstruktion prüfen, ob eine Basis für eine spätere Einbindung des angestellten Arztes als Gesellschafter, Praxisgemeinschaftspartner oder Praxisübernehmer in Betracht kommt.

Der angestellte Arzt kann das Nachbesetzungsverfahren rechtlich nicht verhindern, sich aber auf die Ausschreibung bewerben und ist bei mindestens dreijähriger Dauer des Angestelltenverhältnisses gem. § 103 Abs. 4 Satz 5 Nr. 6 SGB V im Nachbesetzungsverfahren privilegiert.

PRAXISHINWEIS:

Es ist damit zu rechnen, dass die Zulassungsgremien nach erfolgter Umwandlung verlangen, dass der neu zugelassene Vertragsarzt seine vertragsärztliche Tätigkeit noch für eine bestimmte Zeit am bisherigen Praxissitz oder in dessen unmittelbarer Nähe ausübt und erst zu einem späteren Zeitpunkt auf seine Vertragsarztzulassung zum Zwecke der Anstellung verzichten kann. Für diesen Fall muss vorgesorgt werden, um die Ausübung vertragsärztlicher Tätigkeit zu ermöglichen. Der Antrag auf Verlegung des Vertragsarztsitzes darf im Übrigen gem. § 24 Abs. 7 Satz 1 Ärzte-ZV nur genehmigt werden, wenn der Verlegung keine Versorgungsgründe entgegenstehen (zu den Anforderungen an die Verlegung eines Vertragsarztsitzes vgl. BSG, Urteil v. 3.8.2016 - B 6 KA 31/15 R, NWB OAAAF-88255, MedR 2017 S. 412).

Das Schicksal der MVZ-Arztstelle bei Entziehung der MVZ-Zulassung wegen gröblicher Pflichtverletzung

Aus der Rechtsprechung des BSG (Urteil v. 21.3.2012 - B 6 KA 22/11 R, NWB ZAAAE-14364, GesR 2012 S. 539 ff., Rz. 30) ergibt sich, dass ein angestellter MVZ-Arzt die Möglichkeit haben muss, nach der Entziehung der MVZ-Zulassung wegen gröblicher Pflichtverletzung im bisherigen Planungsbereich vertragsärztlich tätig sein zu können, sofern ihm selbst keine gröbliche Pflichtverletzung zur Last fällt. Diese von der Rechtsprechung entwickelten Grundsätze sind auch auf Arztstellen bei Vertragsärzten zu übertragen.

b) Anstellung in einem nicht gesperrten Planungsbereich

Existieren für ein Fachgebiet in einem Planungsbereich keine Zulassungsbeschränkungen, besteht bei Vorliegen der Voraussetzungen ein Rechtsanspruch auf die Erteilung der Anstellungsgenehmigung. Die Genehmigung ist unmittelbar beim Zulassungsausschuss zu beantragen. Der Antrag auf Anstellungsgenehmigung kann einen viertel, halben, dreiviertel oder vollen Versorgungsauftrag umfassen.

Werden später Zulassungsbeschränkungen für das entsprechende Fachgebiet eingeführt, hat dies keine Auswirkungen auf die bereits erteilte Anstellungsgenehmigung.

c) Anstellung in einem gesperrten Planungsbereich nach dem „Umwandlungsmodell“

Rechtsgrundlage

§ 103 Abs. 4b SGB V bestimmt:

„Verzichtet ein Vertragsarzt in einem Planungsbereich, für den Zulassungsbeschränkungen angeordnet sind, auf seine Zulassung, um bei einem Vertragsarzt als nach § 95 Abs. 9 Satz 1 angestellter Arzt tätig zu werden, so hat der Zulassungsausschuss die Anstellung zu genehmigen; [...]. *Die Nachbesetzung der Stelle eines nach § 95 Abs. 9 Satz 1 angestellten Arztes ist möglich, auch wenn Zulassungsbeschränkungen angeordnet sind.“*

Motiv für den Gesetzgeber, die Umwandlung einer Vertragsarztzulassung in ein Anstellungsverhältnis zu ermöglichen, war es, Ärztinnen und Ärzten die Möglichkeit einzuräumen, ihren Beruf als Angestellte und mithin ohne Übernahme eines wirtschaftlichen Risikos ausüben zu können.

Verzicht

Der Verzicht auf die Zulassung richtet sich nach § 28 Abs. 1 Satz 1 und 2 Ärzte-ZV. Soweit dies von den Zulassungsgremien anerkannt wird, ist dringend zu empfehlen, die Verzichtserklärung mit der Bedingung zu versehen, dass die Anstellungsgenehmigung bestandskräftig erteilt wird! Ansonsten besteht die Gefahr, dass die Vertragsarztzulassung endet und die Tätigkeit als angestellter Arzt ggf. nicht aufgenommen werden kann oder im Falle des Widerspruchs eingestellt werden muss.

Genehmigung durch den Zulassungsausschuss

Auf die Erteilung der Genehmigung besteht grds. ein Rechtsanspruch. Allerdings bestimmt § 103 Abs. 4b SGB V, das der Umwandlung der Vertragsarztzulassung in eine Anstellung keine Versorgungsgründe entgegenstehen dürfen. Relevant wird diese Regelung, wenn der Vertragsarztsitz und die „Zielpraxis" räumlich erheblich auseinander liegen. Wann dies der Fall ist, hängt maßgeblich von den regionalen Besonderheiten und auch von dem jeweiligen Fachgebiet ab.

Nachbesetzung der Arztstelle unter Berücksichtigung des „Drei-Jahres-Urteils" des BSG vom 4.5.2016

Endet das Anstellungsverhältnis nach erfolgter Tätigkeitsaufnahme (vgl. SG München, Urteil v. 29.3.2017 - S 38 KA 1263/15), kann die Arztstelle nachbesetzt werden. Hierzu ist – anders als bei der Nachbesetzung einer Vertragsarztzulassung im gesperrten Planungsbereich – kein (kompliziertes) Ausschreibungsverfahren durchzuführen. Es ist lediglich beim Zulassungsausschuss der Antrag auf Genehmigung der Anstellung einer anderen Ärztin/eines anderen Arztes zu stellen. Liegen die Genehmigungsvoraussetzungen in der Person des Nachfolgers vor, hat dieser die Anstellungsgenehmigung zu erteilen, ohne dass ein gesondertes Auswahlverfahren durchzuführen ist. Auch hierin liegt ein wesentlicher Vorteil der Umwandlung.

In der Praxis konnte festgestellt werden, dass die Gestaltungsvariante des Verzichts zugunsten der Anstellung vielfach genutzt wurde, um letztlich Zulassungen ohne Durchführung eines komplizierten Nachbesetzungsverfahrens zu erwerben. Der auf seine Zulassung zugunsten der Anstellung verzichtende Vertragsarzt sollte und wollte häufig nur für eine äußerst kurze Dauer beschäftigt werden, um die so geschaffene Arztstelle zeitnah mit einer jüngeren Ärztin/einem jüngeren Arzt nachzubesetzen. Mit seinem Grundsatzurteil vom 4.5.2016 (B 6 KA 21/15 R, NWB IAAAF-82619, GesR 2016 S. 771, Rz. 24 f.) hat das BSG dieser Praxis einen Riegel vorgeschoben. Die Nachbesetzung einer Arztstelle ist nur dann zulässig, wenn der auf seine Vertragsarztzulassung zugunsten einer Anstellung verzichtende Vertragsarzt die **Absicht hatte, für die Dauer von drei Jahren im Anstellungsverhältnis tätig zu sein**. Nur dann, wenn der Arzt seine Tätigkeit aufgrund von Umständen einstellt, die ihm im Zeitpunkt des Verzichts auf seine Vertragsarztzulassung noch nicht bekannt waren, bleibt das Nachbesetzungsrecht erhalten (BSG, Beschluss v. 13.5.2020 - B 6 KA 29/19 B, NWB QAAAH-51868, juris, Rz. 19).

Dabei hat das BSG es zugelassen, dass der angestellte Arzt den zeitlichen Umfang seiner Tätigkeit stufenweise reduziert. Während des ersten Jahres der Tätigkeit muss der ehemalige Vertragsarzt in dem zeitlichen Umfang tätig sein, in welchem er vertragsärztlich tätig war: Bei einem vollen Versorgungsauftrag mithin auf einer vollen Arztstelle, bei einem hälftigen Versorgungsauftrag auf einer halben Arztstelle. In den beiden folgenden Jahren darf er seinen Tätigkeitsumfang jeweils um den bedarfsplanungsrechtlichen Anrechnungsfaktor von (etwa) einem Viertel reduzieren (hierzu Pflugmacher, KrV 2017 S. 107, 110).

PRAXISHINWEIS:

Verzichtet ein Vertragsarzt, dem eine Arztstelle zugeordnet ist, auf seine Vertragsarztzulassung zugunsten der Anstellung, gilt die Drei-Jahres-Frist nach richtiger Ansicht nicht für die bereits vorhandene Arztstelle. Eine Abklärung mit dem Zulassungsausschuss wird empfohlen!

Bestand die Absicht einer dreijährigen Tätigkeit, hindern unvorhersehbar eintretende Störungen wie Berufsunfähigkeit oder Tod die Nachbesetzung der Arztstelle nicht. Ergibt sich im Nachhinein, dass die Drei-Jahres-Frist nicht eingehalten werden sollte, kann dies zum Scheitern der Nachbesetzung der Arztstelle führen. Je kürzer die Tätigkeit dauerte, desto höher sind die Anforderungen an den Nachweis der ursprünglichen Absicht auf eine dreijährige Tätigkeit. Ist die Argumentation für den Zulassungsausschuss nicht nachvollziehbar, scheitert die Nachbesetzung.

Das BSG hat ferner klargestellt, dass eine Nachbesetzung der durch Umwandlung entstandenen Arztstelle nur in dem Umfang erfolgen darf, in dem der Arzt seine Tätigkeit tatsächlich aufgenommen hat.

Kauf der Praxis des zukünftigen Angestellten

Regelmäßig ist ein Vertragsarzt, der einer ärztlichen Tätigkeit auf freiberuflicher Basis nachgegangen ist, nur dann zur Umwandlung der Vertragsarztzulassung in eine Anstellung bereit, wenn ihm seine bisherige Praxis abgekauft wird. Aus rein strategischen Gründen werden teilweise – je nach Fachgebiet – relativ hohe Kaufpreise gezahlt, auch wenn es letztlich nur darum geht, die Vertragsarztzulassung überzuleiten. Vor dem Hintergrund von Regelleistungsvolumina ist zu prüfen, ob in der Praxis des anstellenden Arztes eine genügend große Fallzahl vorhanden ist.

PRAXISHINWEIS:

Aus der Sicht der Erwerberpraxis kann es sich anbieten, die Fälligkeit zumindest eines Teils der Kaufpreisforderung davon abhängig zu machen, dass die Arztstelle nicht nur entsteht, sondern auch bestandskräftig nachbesetzt wird.

Ein Kaufvertrag, der ausschließlich auf die Übertragung der Vertragsarztzulassung abzielt, stellt einen unzulässigen Konzessionshandel dar und ist nichtig. Dem ehemaligen Vertragsarzt stehen auch keine bereicherungsrechtlichen Ansprüche zu (LAG Hamm, Urteil v. 22.4.2016 - 10 Sa 796/15, ZMGR 2016 S. 407).

Nachbesetzung der Zulassung mit Anstellungsgenehmigung im „Huckepack“

Im Falle der Ausschreibung eines Vertragsarztsitzes ist die Arztstelle bei einer **Einzelpraxis** von der Ausschreibung grds. mitumfasst. Etwas anderes gilt bei einer BAG, da die Anstellungsgenehmigung dieser und nicht einem ihrer Gesellschafter zugeordnet ist, sofern nicht die Gesellschafter einvernehmlich eine individuelle Zuordnung vornehmen und der Zulassungsausschuss dies akzeptiert. Zum „Huckepackverfahren" detaillierter Schmidt, ZMGR 2021 S. 10 ff.

Bewertung

Im Einzelfall mag es gute Argumente dafür geben, eine Vertragsarztzulassung in eine Arztstelle umzuwandeln. Dies kann insbesondere sinnvoll sein bei sog. Junior-Partnerschaften, die schon bisher in Anlehnung an ein Anstellungsverhältnis gestaltet waren.

Ob es sich für die Zielpraxis lohnt, Aufwendungen für den Erwerb einer Vertragsarztzulassung zu tätigen, ist im Einzelfall – insbesondere vor dem Hintergrund der aktuellen BSG-Rechtsprechung – genauestens zu analysieren.

d) Anstellung in einem gesperrten Planungsbereich im Job-Sharing

Unberührt von der gesetzlichen Möglichkeit der Zulassungsumwandlung bleibt die Begründung eines sog. Job-Sharing-Anstellungsverhältnisses gem. § 101 Abs. 1 Satz 1 Nr. 5 SGB V. Erforderlich ist Fachgebietsidentität oder zumindest übereinstimmende Facharztkompetenz zwischen anstellendem Vertragsarzt und angestelltem Arzt. Wird das Anstellungsverhältnis mit einer BAG begründet, genügt Fachidentität zu einem der Vertragsärzte (zu den Anstellungsvoraussetzungen vgl. § 58 Bedarfsplanungs-Richtlinie-Ärzte).

Nachteilig für die Begründung einer Job-Sharing-Anstellung ist die Beschränkung des Leistungsumfangs der Praxis. Der Zulassungsausschuss hat auf der Grundlage der Abrechnungsbescheide der letzten vier Quartale ein Gesamtpunktzahlvolumen festzulegen. Bei Überschreitung des zulässigen Praxisumfangs wird die Honorarabrechnung um den Überschreitungsumfang gekürzt. Auch im Rahmen der Job-Sharing-Anstellung wird das Gesamtpunktzahlvolumen der Praxis nur um 3,0 % erhöht. Bezugsgröße ist das Gesamtpunktzahlvolumen des entsprechenden Vorjahresquartals. Dieses ist durch die Anzahl der in der BAG tätigen Ärzte zu dividieren (zu den Abrechnungsbeschränkungen, Ladurner, § 101 SGB V Rz. 89; Steinhilper in Halbe, A 1300 Rz. 31 f.). § 101 Abs. 1 Satz 1 Nr. 6 SGB V i. V. m. § 43 Abs. 1 Satz 4 Bedarfsplanungs-Richtlinie-Ärzte ermöglicht bei unterdurchschnittlichem Praxisumfang Ausnahmen von der Leistungsbeschränkung.

Bei einer (teilweisen) Aufhebung der Zulassungsbeschränkungen werden zunächst Job-Sharing-Gesellschafter privilegiert, da deren Zulassungen im Rahmen des von dem Landesausschuss bestimmten zahlenmäßigen Umfangs zu Vollzulassungen erstarken. Erst wenn sämtliche Job-Sharing-Zulassungen den Status von Vollzulassungen erhalten haben, entfallen für angestellte Ärzte die Abrechnungsbeschränkungen. Reicht der zahlenmäßige Umfang nicht für sämtliche Anstellungsverhältnisse, so werden diese in der

Reihenfolge der längsten Dauer ihres Bestehens berücksichtigt. Regelmäßig verbessert sich durch das Job-Sharing die Position des angestellten Arztes bei der Auswahl unter mehreren Bewerbern im Nachbesetzungsverfahren.

PRAXISHINWEIS:

Es besteht keine rechtliche Verpflichtung der KVen, eine Job-Sharing-BAG oder eine Praxis mit Job-Sharing-Angestellten bei der Förderung kooperativer Behandlungsformen zu berücksichtigen (so BSG, Urteil v. 17.3.2021 - B 6 KA 32/19 R, NWB FAAAH-78289).

3. Spezifische Hinweise zum Inhalt des Arbeitsvertrages

Vorlage der Approbationsurkunde im Original

Der Arbeitgeber muss sich vergewissern, dass der anzustellende Arzt über eine Approbation verfügt. Der Arbeitsvertrag sollte die Verpflichtung enthalten, dass die Approbationsurkunde vor Beginn des Arbeitsverhältnisses im Original vorgelegt wird.

Tätigkeitsort

Auch wenn der Arbeitgeber im Rahmen seines Direktionsrechts grds. den Ort der Leistungserbringung bestimmen kann, sollte die Verpflichtung, an mehreren – insbesondere weiter voneinander entfernt liegenden – Tätigkeitsorten eingesetzt zu werden, einvernehmlich vereinbart werden.

Anstellungsgenehmigung

Die vertragsarztrechtliche Anstellungsgenehmigung ist im GKV-Bereich Voraussetzung für die Behandlung von Patienten. Vor diesem Hintergrund ist der angestellte Arzt zu verpflichten, alles zu unterlassen, was den Bestand der Anstellungsgenehmigung gefährdet. Darüber hinaus ist zu empfehlen, die Aufrechterhaltung der Anstellungsgenehmigung als Geschäftsgrundlage für das Beschäftigungsverhältnis zu vereinbaren.

Vergütung

Regelmäßig erfolgt die Vergütung auf der Grundlage eines festen Monatsgehalts. Die Verweisung auf einen bestimmten Tarifvertrag ist selbstverständlich zulässig, jedoch eher unüblich. Um den angestellten Arzt zu motivieren, kann zusätzlich zu dem Festgehalt eine variable Vergütung vereinbart werden. Diese kann sich z. B. an individuellen Patientenkontakten oder dem wirtschaftlichen Erfolg einer Abteilung oder der Gesamtpraxis orientieren. Die Beteiligung am Ergebnis der Praxis will aber wegen der damit einhergehenden Verpflichtung zur Rechnungslegung gut überlegt sein. Im Zweifel ist aus Praktikabilitätsgründen einer umsatzbezogenen Regelung der Vorzug vor einer gewinnbezogenen einzuräumen. Zudem ist zu bedenken, dass die Frage der Zielerreichung streitanfällig ist.

PRAXISHINWEIS:

Der variable Vergütungsbestandteil darf nicht die medizinische Unabhängigkeit der medizinischen Entscheidungen des Arztes beeinflussen (§ 23 Abs. 2 MBO-Ä).

Teilnahme am Notfalldienst

PRAXISHINWEIS:

Es kann im Interesse sämtlicher Beteiligter liegen, dass der angestellte Arzt nicht persönlich am Notfall- oder Bereitschaftsdienst teilnimmt. Dann sollte individualvertraglich geregelt werden, dass an seiner Stelle auf Kosten des Arbeitgebers ein qualifizierter Vertreter tätig wird. Absolviert der angestellte Arzt den Notfalldienst persönlich, ist eine Regelung über den Arbeitszeitausgleich vorzusehen.

Kündigungsfrist

Die Dauer der Kündigungsfrist kann im Rahmen der gesetzlichen Mindestfristen frei vereinbart werden. Aus der Sicht des Praxisinhabers ist zu bedenken, dass die Nachbesetzung der Arztstelle grds. innerhalb von sechs Monaten nach Beendigung des vormaligen Beschäftigungsverhältnisses erfolgen muss, da ansonsten die Gefahr deren Wegfalls besteht. Eine Kündigungsfrist von drei Monaten zum Quartalsende kann – je nach individueller Situation – sachgerecht sein.

Nebentätigkeiten

Sofern die Erbringung der Arbeitsleistung oder sonstige Interessen des Arbeitgebers nicht leiden, darf der angestellte Arzt außerhalb der Dienstzeit durchaus Nebentätigkeiten ausüben. Er ist ohne entsprechende arbeitsvertragliche Regelung nicht einmal verpflichtet, seinen Arbeitgeber hiervon zu informieren. Bei einer Teilzeittätigkeit kann möglicherweise kein berechtigtes Interesse des Arbeitgebers an einem Nebentätigkeitsverbot bestehen.

Annahme von Vorteilen

Auch für angestellte Ärzte gilt das berufsrechtliche Verbot der Zuweisung gegen Entgelt (§ 31 MBO-Ärzte). Angestellte Ärzte machen sich zudem gem. §§ 299, 299a StGB strafbar, wenn sie geldwerte Geschenke oder andere Vorteile durch die ein Dritter (z. B. ein auf Zuweisung tätiger Arzt oder ein pharmazeutisches Unternehmen) sie zu einem bestimmten Verhalten veranlassen will, annehmen. Sie sind verpflichtet, derartige Angebote abzulehnen und ihren Arbeitgeber zu informieren. Der Verstoß gegen das Schmiergeldverbot kann eine fristlose Kündigung rechtfertigen.

Angesichts der zunehmenden Relevanz des Verbots kann sich – obwohl rechtlich nicht erforderlich – die ausdrückliche Hervorhebung im Arbeitsvertrag aus Warnzwecken empfehlen.

Nachvertragliches Wettbewerbsverbot

In entsprechender Anwendung der §§ 60, 61 HGB ist es dem angestellten Arzt während des Bestands des Arbeitsverhältnisses untersagt, seinem Arbeitgeber Wettbewerb zu machen. Mit der Beendigung des Arbeitsverhältnisses erlischt dieses Verbot mit der Folge, dass der Arbeitnehmer grds. frei ist, in Wettbewerb zu seinem früheren Arbeitgeber zu treten, indem er z. B. eine eigene Praxis eröffnet oder sich – ggf. gegen Erfolgsbeteiligung – anstellen lässt.

Die nachvertragliche Wettbewerbstätigkeit kann durch einen der Schriftform unterliegenden Vertrag eingeschränkt werden. Das Wettbewerbsverbot ist nur wirksam, wenn dem Arbeitnehmer die das Verbot enthaltende Urkunde ausgehändigt wurde.

Das Wettbewerbsverbot muss einem berechtigten Interesse des Arbeitgebers dienen und darf nicht lediglich darauf ausgerichtet sein, dem Arbeitnehmer das zukünftige berufliche Fortkommen zu erschweren (vgl. § 74a Abs. 1 Satz 1 HGB).

Der *sachliche* Umfang des Verbots ergibt sich aus dem Tätigkeitsspektrum des angestellten Arztes. In *zeitlicher* Hinsicht kann das Verbot wirksam maximal auf zwei Jahre vereinbart werden. Die *örtliche* Reichweite darf den Einzugsbereich der Praxis nicht überschreiten.

Die Wirksamkeit des Wettbewerbsverbots hängt zudem zwingend von der Vereinbarung einer Karenzentschädigung ab. Dies gilt lediglich dann nicht, wenn das Wettbewerbsverbot nach Vertragsende und ohne Zusammenhang mit der Beendigung des Arbeitsverhältnisses vereinbart wird. Die Entschädigung muss für die Dauer des Verbots mindestens die Hälfte der vom Arbeitgeber zuletzt gezahlten vertragsgemäßen Leistungen betragen (§ 74 Abs. 2 HGB). Der Arbeitnehmer muss sich hierauf dasjenige anrechnen lassen, was er durch anderweitige Verwertung seiner Arbeitskraft erwirbt oder zu erwerben böswillig unterlässt. Dem Arbeitnehmer steht es grds. frei, eine schlechter bezahlte Stelle anzunehmen oder eine zusätzliche Weiterbildung zu absolvieren, sofern dies vernünftigem Ermessen entspricht. Ab Vollendung des 63. Lebensjahres kann es möglicherweise nicht als böswillig anzusehen sein, wenn das Bemühen um eine weitere Beschäftigung eingestellt wird.

Verkauft ein Arzt seine Praxis, um auf diese Weise eine Arztstelle zu schaffen, kann in dem Praxisübergabevertrag für den Fall der Beendigung des Anstellungsverhältnisses ein Wettbewerbsverbot ohne gesonderte Entschädigung vereinbart werden. Der Prüfungsmaßstab für den Inhalt des Konkurrenzverbots richtet sich nach den für Praxiskaufverträge entwickelten Regeln.

PRAXISHINWEIS:

Es erscheint zulässig, den Beginn des Verbots auf den Zeitpunkt der Beendigung des Anstellungsverhältnisses festzulegen (vgl. OLG Frankfurt/Main, Beschluss v. 18.1.2002 - 13 W 4/02).

4. Beschäftigung von Assistenten

Bei der Beschäftigung von Assistenten sind diverse Konstellationen zu unterscheiden. Auch insofern gilt, dass deren Einsatz im vertragsärztlichen Bereich deutlich umfassender reglementiert ist als in der Privatpraxis. § 1a Nr. 9 BMV-Ä führt als anzuerkennende Assistenten Weiter- und Sicherstellungsassistenten auf. Letztere sind mit Entlastungsassistenten gleichzusetzen. Im vertragszahnärztlichen Bereich kommt dem Einsatz von Vorbereitungsassistenten erhebliche Bedeutung zu.

Weiterbildungsassistent

Unter einem Weiterbildungsassistenten ist ein Arzt zu verstehen, der nach Erteilung seiner Approbation oder Berufserlaubnis die in der Weiterbildungsordnung vorgegebene Zeit in einer zugelassenen Weiterbildungsstätte ableistet. Die Weiterbildung erfolgt auf der Grundlage eines zivilrechtlichen, regelmäßig für die Dauer der Weiterbildung befristeten Arbeitsvertrages. Die Weiterbildung muss sich nicht stets auf das gesamte Fachgebiet erstrecken, sondern kann sich auf einen Schwerpunkt oder die Leistungen einer fakultativen Weiterbildung beschränken. Es ist nicht gerade selten, dass sich Ärzte nach ihrer Facharztanerkennung in Spezialbereichen weiterbilden lassen. Dabei versteht es sich von selbst, dass im Falle der auf bestimmte Leistungen beschränkten Weiterbildung diese im Vordergrund stehen muss und der Weiterbildungsassistent nicht primär zur Entlastung seines Weiterbilders im allgemeinen Praxisbetrieb eingesetzt wird.

Unabdingbar für die Durchführung der Weiterbildung ist, dass der Arzt über eine Weiterbildungsbefugnis nach Maßgabe der Vorgaben der Weiterbildungsordnung verfügt. Weiterhin müssen die Räumlichkeiten, in denen die Weiterbildung erfolgt, als Weiterbildungsstätte anerkannt sein. Dieses Erfordernis ist auch bei Zweigpraxen und weiteren Betriebsstätten zu beachten.

Der Einsatz des Weiterbildungsassistenten bedarf im vertragsärztlichen Bereich der vorherigen Genehmigung der Kassenärztlichen Vereinigung (§ 32 Abs. 2 Satz 1 Ärzte-ZV). Auf die – befristet zu erteilende –- Genehmigung besteht ein Rechtsanspruch. Allerdings darf die Beschäftigung des Assistenten nicht zu einer Vergrößerung des Umfangs der Vertragsarztpraxis oder zur Aufrechterhaltung eines übergroßen Praxisumfangs führen. Ohne Vorliegen einer Genehmigung können die von dem Weiterbildungsassistenten erbrachten Leistungen sachlich-rechnerisch berichtigt werden.

PRAXISHINWEISE:

Das Arbeitsverhältnis mit einem Weiterbildungsassistenten kann für die Dauer der Weiterbildung befristet werden. Fehlt es allerdings an einer strukturierten Weiterbildung, kann die Befristung unwirksam sein (BAG, Urteil v. 14.6.2017 - 7 AZR 597/15, NWB ZAAAG-60162).

Die Weiterbeschäftigung des Weiterbildungsassistenten nach Abschluss der Weiterbildung ist bis zum Zeitpunkt der Entscheidung des Zulassungsausschusses zulässig (§ 32 Abs. 2 Satz 3 Ärzte-

ZV), wenn der Weiterbildungsassistent einen Antrag auf Zulassung zur vertragsärztlichen Versorgung gestellt hat.

Entlastungsassistent

§ 32 Abs. 2 Satz 2 Nr. 1 Ärzte-ZV sieht die Beschäftigung eines Assistenten auch „aus Gründen der Sicherstellung der vertragsärztlichen Versorgung" vor. Die Voraussetzungen sind praxisbezogen festzustellen. Regelmäßig werden in der Person des Praxisinhabers Gründe – wie z. B. eine längere Erkrankung – vorliegen, die den Einsatz des Assistenten erfordern. Anerkannt werden ferner die vorübergehende berufspolitische Tätigkeit oder die vorübergehende wissenschaftliche Betätigung des Vertragsarztes. Praxisrelevant sind auch Konstellationen, in denen z. B. die Nachbarpraxis geschlossen wird und der hierdurch entstehende Patientenzulauf durch den Praxisinhaber allein nicht bewältigt werden kann.

Während der Zeiten der Erziehung von Kindern kann die Beschäftigung eines Assistenten für bis zu 36 Monate erfolgen, wobei dieser Zeitraum nicht zusammenhängend genommen werden muss (§ 32 Abs. 2 Satz 2 Nr. 2 Ärzte-ZV). Eine Verlängerung ist auf Antrag möglich.

Privilegiert für die Einbindung eines Assistenten ist ferner die Pflege eines nahen Angehörigen in häuslicher Umgebung bis zu einer Dauer von sechs Monaten (§ 32 Abs. 2 Satz 2 Nr. 3 Ärzte-ZV). Auf Antrag ist ebenfalls eine Verlängerung möglich.

PRAXISHINWEIS:

Bei der Beschäftigung von Praxisassistenten ist die vorherige Genehmigung der Kassenärztlichen Vereinigung – nicht des Zulassungsausschusses – zwingend (§ 32 Abs. 2 Satz 1 Ärzte-ZV). Ohne Genehmigung erbrachte Leistungen darf die Kassenärztliche Vereinigung nicht vergüten.

5. Sondersituation Vertragszahnarztrecht

Im vertragszahnärztlichen Bereich sind die restriktiveren Vorgaben zur **Anzahl der zulässigen angestellten Zahnärzte** gelockert worden. Gemäß § 9 Abs. 3 BMV-Z darf ein Vertragszahnarzt ab dem 5.2.2019 **drei vollzeitbeschäftigte Zahnärzte** bzw. teilzeitbeschäftigte Zahnärzte in einer Anzahl, welche im zeitlichen Umfang höchstens der Arbeitszeit von drei vollzeitbeschäftigten Zahnärzten entspricht, anstellen. Bei Nachweis besonderer Vorkehrungen zur persönlichen Praxisführung ist auch die Anstellung von vier vollzeitbeschäftigten Zahnärzten möglich. Bei einer Teilzulassung gem. § 19a Abs. 2 Zahnärzte-ZV können ein vollzeitbeschäftigter Zahnarzt bzw. teilzeitbeschäftigte Zahnärzte in einer Anzahl, welche im zeitlichen Umfang höchstens der Arbeitszeit von einem vollzeitbeschäftigten Zahnarzt entspricht, angestellt werden. Auch im vertragszahnärztlichen Bereich kann der Zulassungsausschuss eine Erhöhung der Anzahl genehmigen.

Weiterbildungs- oder Entlastungsassistenten werden bei der Anstellungsquote nicht mitgezählt.

Da bei Vertragszahnärzten keine Zulassungsbeschränkungen existieren, ist eine Unterscheidung nach gesperrten und nicht gesperrten Planungsbereichen überflüssig. Auch im vertragszahnärztlichen Bereich sind Weiterbildungs- und Entlastungsassistenten anerkannt.

Eine Besonderheit stellt der **Vorbereitungsassistent** dar. Hierunter ist ein Zahnarzt zu verstehen, der die für die Eintragung in das Zahnarztregister vorgeschriebene zweijährige Mindestvorbereitungszeit vollständig oder zumindest für die Dauer von sechs Monaten bei einem oder mehreren Vertragszahnärzten ableistet (§ 3 Abs. 2 und 3 Zahnärzte-ZV). Zweck der Vorbereitungszeit ist es, dem Assistenten Erfahrungen in der Praxis eines niedergelassenen Vertragszahnarztes zu vermitteln, bevor er selbst als Vertragszahnarzt zugelassen werden kann.

PRAXISHINWEIS:

Die Anzahl der Vorbereitungsassistenten wird durch die Anzahl der Versorgungsaufträge begrenzt (BSG, Urteil v. 12.2.2020 - B 6 KA 1/19 R, NWB UAAAH-48051, juris).

Die Beschäftigung eines Vorbereitungsassistenten darf nicht zur Vergrößerung oder der Aufrechterhaltung einer übergroßen Vertragszahnarztpraxis führen.

II. Steuerliche Aspekte

Literatur: *Michels/Ketteler-Eising,* Anstellung von Ärzten in der Praxis, PFB 9/2008 S. 226; *Paschhoff,* Steuerliche Fallstricke bei der Anstellung von (Zahn-)Ärzten, PFB 11/2013 S. 304.

1. Anstellung von Ärzten aus Sicht der Ärzte (Arbeitnehmer)

Ein angestellter Arzt erzielt infolge seines abhängigen Beschäftigungsverhältnisses Einkünfte aus nichtselbständiger Arbeit nach § 19 EStG. Auf die Einzelheiten der Besteuerung von Arbeitnehmern soll an dieser Stelle verzichtet werden, da diese im Zusammenhang mit der steuerlichen Erörterung ärztlicher Kooperationen in keinem engeren Zusammenhang steht.

PRAXISHINWEIS:

Grundsätzlich dürften angestellte Ärzte Mitglied eines ärztlichen Versorgungswerks anstelle der gesetzlichen Rentenversicherung sein. Die Befreiung von der Versicherungspflicht in der gesetzlichen Rentenversicherung ist allerdings auf die ihrer Erteilung zugrundeliegende „jeweilige" Beschäftigung oder selbständige Tätigkeit beschränkt. Eine früher erteilte Befreiung entfaltet bei einem Wechsel der Beschäftigung hinsichtlich des neuen Beschäftigungsverhältnisses auch dann keine Wirkung, wenn hierbei dieselbe oder eine vergleichbare berufliche Tätigkeit verrichtet wird (BSG, Urteil v. 31.10.2012 - B 12 R 3/11 R, NWB ZAAAE-35259; BSG, Urteil v. 31.10.2012 - B 12 R 5/10 R, NWB NAAAE-34586). Zu Beginn der Aufnahme einer neuen Beschäftigung sollte der angestellte Arzt daher tunlichst darauf achten, einen neuen Antrag auf Befreiung von der gesetzlichen Rentenversicherung zu stellen.

2. Anstellung von Ärzten aus Sicht der Praxen (Arbeitgeber) – Gewerbesteuerrisiko

Die Anstellung von Ärzten führt aus Sicht der Praxen (Arbeitgeber) zu dem Risiko, Einkünfte aus Gewerbebetrieb zu erzielen und damit der Gewerbesteuer zu unterliegen.

Wesentliches Merkmal der freiberuflichen Tätigkeit zur Abgrenzung gegenüber der gewerblichen Tätigkeit ist nach der ständigen Rechtsprechung die unmittelbare, persönliche und individuelle Arbeitsleistung des Freiberuflers (z. B. BFH, Urteil v. 21.3.1995 - XI R 85/93, BStBl 1995 II S. 732). Ein Angehöriger eines freien Berufes ist nach § 18 Abs. 1 Nr. 1 Satz 3 EStG aber auch noch dann freiberuflich und nicht gewerblich tätig, wenn er sich bei der Erledigung der Aufträge der Mithilfe fachlich vorgebildeter Arbeitskräfte bedient, vorausgesetzt, er wird weiterhin

- aufgrund eigener Fachkenntnisse
- leitend und
- eigenverantwortlich

tätig. Voraussetzung dafür ist, dass der Praxisinhaber aufgrund seiner Fachkenntnisse durch regelmäßige und eingehende Kontrolle maßgeblich auf die Tätigkeit seines angestellten Fachpersonals – patientenbezogen – Einfluss nimmt, so dass die Leistung den „Stempel der Persönlichkeit" des Steuerpflichtigen trägt (BFH, Urteil v. 16.7.2014 - VIII R 41/12, BStBl 2015 II S. 216; H 15.6 EStH „Mithilfe anderer Personen"). Bei BAGen ist es ausreichend, wenn sich die gemeinsam tätigen Berufsträger die mit der Leitung des Unternehmens und der eigenverantwortlichen Bearbeitung der Aufträge verbundenen Aufgaben untereinander aufteilen und jeder von ihnen in seinem Aufgabenbereich aufgrund seiner Fachkenntnis leitend und eigenverantwortlich tätig ist. Dabei ist es nicht erforderlich, dass jedem Gesellschafter von Anfang an ein bestimmter Aufgabenbereich zugewiesen wird. Die Aufgabenverteilung kann von Fall zu Fall erfolgen. Auch der Umfang der Tätigkeit eines einzelnen Gesellschafters spielt keine Rolle. Wesentlich ist, dass jeder einzelne Mitunternehmer für sich bei den von ihm wahrgenommenen Aufgaben leitend und eigenverantwortlich tätig wird (BFH, Urteil v. 20.4.1989 – IV R 299/83, BStBl 1989 II S. 727; vgl. Brandt in Herrmann/Heuer/Raupach, EStG/KStG, 326. Lieferung 6.2024, § 18 EStG Rz. 231 m. w. N.).

Erbringen die Gesellschafter einer BAG (Personengesellschaft) ihre Leistungen teilweise freiberuflich und teilweise – und sei es auch nur in dem Aufgabenbereich eines Gesellschafters – aufgrund der Mithilfe fachlich vorgebildeter Arbeitskräfte gewerblich, ist ihre Tätigkeit nach § 15 Abs. 3 Nr. 1 EStG insgesamt als gewerblich zu qualifizieren

(„**Abfärbetheorie**", vgl. S. 100 f.). Damit unterliegen alle Einkünfte der Gewerbesteuer (BFH, Urteil v. 4.7.2007 - VIII R 77/05, NWB IAAAC-63045, BFH/NV 2008 S. 53). Bei einem Arzt in einer Einzelpraxis kann dagegen eine getrennte Beurteilung verbunden mit einer Aufteilung der Einkünfte in freiberufliche und gewerbliche Einkünfte je nach Einzelfall möglich sein, z. B. bei einem getrennten Patientenklientel, abgrenzbaren Aufträgen und insbesondere einer örtlichen Trennung (vgl. BFH, Urteil v. 8.10.2008 - VIII R 53/07, BStBl 2009 II S. 143; BFH, Urteil v. 25.10.1963 - IV 373/60 U, BStBl 1963 III S. 595).

a) „Fachlich vorgebildete Arbeitskräfte"

Nach Wortlaut und Wortsinn des § 18 Abs. 1 Nr. 1 Satz 3 EStG bedeutet „fachlich vorgebildet" weder, dass die Arbeitskräfte eine der Ausbildung des Berufsträgers gleichwertige Berufsausbildung aufweisen, noch, dass ihre Tätigkeit mit der des Berufsträgers identisch sein muss. Unter fachlich vorgebildeten Arbeitskräften sind vielmehr auch solche zu verstehen, die eine gegenüber dem Berufsträger weniger qualifizierte Berufsausbildung haben. Mit Mithilfe fachlich vorgebildeter Arbeitskräfte ist eine Tätigkeit gemeint, die die Arbeit des Berufsträgers jedenfalls in Teilbereichen ersetzt und nicht nur von untergeordneter Bedeutung ist. Bei einem Arzt für Laboratoriumsmedizin z. B. zählen MTA-Labor zu den fachlich vorgebildeten Arbeitskräften. Sie dürfen nach § 9 Abs. 1 Nr. 1 MTA-Gesetz medizinische und chemische Untersuchungen nach Standardverfahren durchführen, wobei sie insoweit nicht auf untergeordnete Tätigkeiten beschränkt sind (BFH, Urteil v. 21.3.1995 - XI R 85/93, BStBl 1995 II S. 732 m. w. N.).

Als Arbeitskräfte i. S. des § 18 Abs. 1 Nr. 1 Satz 3 EStG sind nicht nur die im Betrieb des Freiberuflers abhängig beschäftigten Arbeitnehmer, sondern auch Subunternehmer bzw. freie Mitarbeiter anzusehen (BFH, Urteil v. 14.3.2007 - XI R 59/05, NWB BAAAC-45758, BFH/NV 2007 S. 1319; H 15.6 EStH „Mithilfe anderer Personen").

PRAXISHINWEIS:

Mangelt es einem (Schein-)Gesellschafter an ausreichend Mitunternehmerrisiko und/oder Mitunternehmerinitiative, so dass er nicht als Mitunternehmer der Mitunternehmerschaft anzusehen ist (vgl. S. 98 ff.), gilt er i. S. des § 18 Abs. 1 Nr. 1 Satz 3 EStG als fachlich vorgebildete Arbeitskraft. Ein (Schein-)Gesellschafter wird dann, wenn er nicht durch regelmäßige und eingehende Kontrolle fachlich durch die Mitunternehmer-Gesellschafter überwacht wird, genauso wie ein Angestellter oder freier Mitarbeiter beurteilt. Ein (Schein-)Gesellschafter kann daher dazu führen, dass die Einkünfte einer BAG insgesamt als gewerblich eingestuft werden (BFH, Urteil v. 3.11.2015 - VIII R 62/13, BStBl 2016 II S. 381, vgl. vorgelagert betreffend die Mitunternehmerstellung eines (Schein-)Gesellschafters BFH, Urteil v. 3.11.2015 - VIII R 63/13, BStBl 2016 II S. 383).

b) „Aufgrund eigener Fachkenntnisse“

Um leitend und eigenverantwortlich tätig sein zu können, ist es für die Überwachung fachlich vorgebildeter Arbeitskräfte zwingend erforderlich, dass der Arzt aufgrund eigener Fachkenntnisse in der Lage sein muss, diese Überwachung tatsächlich auch wahrnehmen zu können. Die eigenen Fachkenntnisse müssen sich dabei auf das gesamte Leistungsspektrum der Praxis beziehen (vgl. BFH, Urteil v. 21.2.2017 - VIII R 45/13, BStBl 2018 II S. 4). Insbesondere in den Fällen, in denen Ärzte anderer Fachrichtungen angestellt werden, ist eine Tätigkeit aufgrund eigener Fachkenntnisse nur denkbar, wenn sich der Angestellte auf eine Tätigkeit in Bereichen beschränkt, die der Praxisinhaber aufgrund seiner Fachkunde noch überwachen kann. Maßgeblich dürfte sich das mögliche Spektrum nach den Inhalten der jeweils für den Praxisinhaber geltenden Aus- und Weiterbildungsordnung bzw. evtl. Zusatzqualifikationen richten. Andernfalls ist eine eigenverantwortliche Tätigkeit nicht denkbar. Auf die Frage, ob der Arzt die Leistungen nur privatärztlich oder auch vertragsärztlich erbringen und abrechnen darf, kann es dabei nicht ankommen.

BEISPIEL ▸ Die chirurgisch tätige BAG A, B und C, von denen keiner Facharzt für Anästhesiologie (Anästhesist) ist, beschäftigt für den Bereich ambulanter Operationen einen eigenen Anästhesisten als angestellten Arzt. Die BAG kann vermutlich mangels eigener Fachkenntnisse nicht mehr aufgrund eigener Fachkenntnisse tätig sein. Die BAG erzielt, falls eine fachliche Überwachung nicht möglich ist, insgesamt gewerbliche Einkünfte. Im Einzelfall ist allerdings für einen Gegenbeweis zu prüfen, ob die Inhaber-Ärzte aufgrund der Inhalte ihrer Aus- und Weiterbildung für die konkreten Operationen auch zur Erbringung der Anästhesien, z. B. Lokal- und Regionalanästhesien, selbst befähigt wären.

Bei einer BAG ist es ausreichend, wenn der jeweilige Gesellschafter, bezogen auf seinen Aufgabenbereich, die notwendige Fachkenntnis besitzt, um noch aufgrund eigener Fachkenntnisse tätig sein zu können.

BEISPIEL ▸ Die fachübergreifende BAG, bestehend aus den Fachärzten für Radiologie A, B und C und dem Facharzt für Radiologie und Nuklearmedizin D, beschäftigt für den Aufgabenbereich von D einen weiteren Facharzt für Nuklearmedizin als angestellten Arzt. D kann noch aufgrund seiner eigenen Fachkenntnisse unter Mithilfe des angestellten Nuklearmediziners als fachlich vorgebildete Arbeitskraft leitend und eigenverantwortlich tätig sein.

BEISPIEL ▸ Gesellschafter einer orthopädischen BAG sind die Orthopäden A, B, C und D. A und B verfügen über eine Zusatzweiterbildung zur Erbringung fachgebundener MRT mit entsprechender Qualitätssicherungsgenehmigung. In der Praxis ist ein Facharzt für Radiologie als Angestellter tätig. Dieser erbringt ausschließlich Leistungen, die auch von der Zusatzweiterbildung von A und B abgedeckt sind und daher auch von A und B erbracht und abgerechnet werden dürfen. Weitergehende radiologische Leistungen, die A und B nicht erbringen dürften, werden von dem angestellten Radiologen nicht erbracht. Aufgrund eigener Fachkenntnisse von A und B kann die BAG unter Mithilfe des angestellten Radiologen als fachlich vorgebildete Arbeitskraft leitend und eigenverantwortlich tätig sein.

BEISPIEL Gesellschafter einer BAG sind die beiden Fachärzte für Innere Medizin mit Schwerpunkt Kardiologie (Kardiologen) A und B. In der Praxis ist ein Facharzt für Innere Medizin und Angiologie (Angiologe) als Angestellter tätig. Aufgrund der im Rahmen der Weiterbildung vermittelten Fachkenntnisse können A und B als Kardiologen aufgrund eigener Fachkenntnisse unter Mithilfe des angestellten Angiologen als fachlich vorgebildete Arbeitskraft leitend und eigenverantwortlich tätig sein.

c) „Leitend"

Unter einer leitenden Tätigkeit ist insbesondere die Festlegung der Grundzüge für die Organisation der Tätigkeitsbereiche, insbesondere die Organisation des Sach- und Personalbereichs, die Arbeitsplanung, die Arbeitsverteilung, die Erteilung von Ratschlägen und Besprechung von Zweifelsfällen, die dienstliche Aufsicht über die Mitarbeiter und deren Anleitung sowie die stichprobenweise Überprüfung der Ergebnisse zu verstehen (vgl. z. B. BFH, Urteil v. 30.9.1999 - V R 56/97, NWB PAAAA-97012, BFH/NV 2000 S. 284).

d) „Eigenverantwortlich"

Die Tatbestandsmerkmale „leitend" und „eigenverantwortlich" stehen selbständig nebeneinander. Auch eine besonders intensive leitende Tätigkeit vermag daher die eigenverantwortliche Tätigkeit nicht zu ersetzen (BFH, Urteil v. 20.12.2000 - XI R 8/00, BStBl 2002 II S. 478; FG Köln, Urteil v. 27.2.2024 - 11 K 1719/15, NWB XAAAJ-64928, EFG 2024 S. 863, Rz. 29, NZB eingelegt Az. des BFH: VIII B 25/24). Der Arzt muss auch die fachliche Verantwortung der Arbeitsergebnisse der Mitarbeiter tragen können.

Eine aufgrund eigener Fachkenntnisse eigenverantwortliche Tätigkeit liegt nur vor, wenn die persönliche Teilnahme des Berufsträgers an der praktischen Arbeit in ausreichendem Umfang gewährleistet ist. Die Eigenverantwortlichkeit erschöpft sich nicht darin, nach außen die Verantwortung für die ordnungsgemäße Durchführung des einzelnen Auftrags zu tragen. Die Ausführung jedes einzelnen Auftrags muss vielmehr dem Steuerpflichtigen selbst und nicht den qualifizierten Mitarbeitern zuzurechnen sein. Eine gelegentliche fachliche Überprüfung der Mitarbeiter genügt daher im Grundsatz nicht. In welchem Umfang der Berufsträger allerdings selbst tätig sein muss, hängt vom jeweiligen Berufsbild ab (BFH, Urteil v. 8.10.2008 - VIII R 53/07, BStBl 2009 II S. 143, m.w.N.; BFH, Urteil v. 30.9.1999 - V R 56/97, NWB PAAAA-97012, BFH/NV 2000 S. 284). Allein die Annahme einer „Eigenverantwortlichkeit" nach berufsrechtlichen, d.h. hier arzt- oder vertragsarztrechtlichen, Bestimmungen reicht hier nicht aus (so auch z. B. Brandt in Herrmann/Heuer/Raupach, EStG/KStG, 326. Lieferung 6.2024, § 18 EStG Rz. 232).

Der BFH hat in diesem Zusammenhang mehrfach klargestellt, dass es eine exakte Grenze, die Maßstab für die Bejahung der Eigenverantwortlichkeit eines Arztes sein kann, nicht gibt, sondern dass es immer auf die Verhältnisse des Einzelfalles ankommt

(BFH, Beschluss v. 15.9.2004 - XI B 26/04, NWB QAAAB-40231, BFH/NV 2005 S. 200; BFH, Urteil v. 29.4.2002 - IV B 29/01, BStBl 2002 II S. 581). Hierfür sind insbesondere die Praxisstruktur, die individuelle Leistungskapazität des Arztes, das in der Praxis anfallende Leistungsspektrum und die Qualifikation der Mitarbeiter zu berücksichtigen. Eine eigenverantwortliche Tätigkeit liegt im Einzelfall z. B. dann nicht vor, wenn die Zahl der vorgebildeten Arbeitskräfte und die Zahl der täglich anfallenden Untersuchungen eine Eigenverantwortlichkeit ausschließen (BMF v. 12.2.2009 - IV C 6 - S 2246/08/10001, BStBl 2009 I S. 398). Diese Kriterien sind im Zweifel bei einer finanzgerichtlichen Auseinandersetzung mit der Finanzverwaltung vom Finanzgericht als Tatsacheninstanz zu ermitteln und zu bewerten sowie ggf. beim BFH einer Revision zu unterziehen.

So hat sich z. B. das FG des Landes Sachsen-Anhalt (Urteil v. 24.8.2006 - 1 K 30035/02, NWB KAAAC-34917, EFG 2007 S. 587) bei einem Fall, in dem ein Zahnarzt einen weiteren approbierten Zahnarzt angestellt hatte, sehr intensiv mit der Frage des Berufsbildes auseinandergesetzt.

Das FG hält es zutreffend für falsch, den Begriff „eigenverantwortlich" in § 18 Abs. 1 Nr. 1 Satz 3 EStG in Bezug auf das Berufsbild des (Zahn-)Arztes allgemein nur über die Beteiligung des Arztes an jedem einzelnen Auftrag in allen Phasen der Erbringung zu definieren. Eine solche Orientierung würde bei konsequenter Anwendung zu offensichtlich sachwidrigen Ergebnissen führen.

Das Berufsbild des Arztes ist gekennzeichnet durch mannigfaltige Unterstützung durch angestellte Arzt- bzw. Zahnarzthelfer, medizinisch-technische Assistenten oder Angehörige ähnlicher Berufe. Diese erledigen regelmäßig einen Teil der in einer Praxis anfallenden (Teil-)Aufgaben eigenständig und häufig in eigener Verantwortung. Zu den Aufgaben gehören vielfältige medizinische Hilfsdienste, beispielsweise die Blutdruckmessung, die Blutabnahme, biochemische und bakteriologische Untersuchungen von Blutproben, Gewebeproben, mit technischen Hilfsmitteln vorzunehmende Überprüfungen der Augen, der Lungenfunktion, des Hörvermögens, Allergietests, Röntgenaufnahmen und dergleichen mehr. Diese Aufgaben werden i. d. R. erledigt, ohne dass der Arzt ständig anwesend ist und die Tätigkeit überwacht. Vielmehr werden diese Tätigkeiten häufig erbracht, während der Arzt sich in einem anderen Behandlungsraum befindet. Der Arzt begleitet somit i. d. R. nicht sämtliche Arbeitsschritte der Untersuchung und Behandlung. Nimmt der Arzt aber – wie regelmäßig – nur das Ergebnis zur Kenntnis, um darauf aufbauend tätig zu werden, ist das bei restriktiver Auslegung keine Kontrolle in jedem Einzelfall. Wäre dies aber erforderlich, wäre im Ergebnis kein Arzt mehr freiberuflich tätig, wenn allein die berufsübliche Beschäftigung von Arzthelfern zu gewerblichen Einkünften führt. Dies kann aber nicht einer sinnhaften Auslegung von § 18 Abs. 1 Nr. 1 Satz 3 EStG entsprechen. Hiervon geht offensichtlich auch die Finanzverwaltung nicht aus. Wenn die Beschäftigung eines Mitarbeiters dem Arzt eine nennenswerte Entlastung und Hilfe sein soll, muss er sich grds. auf diese Zuarbeiten verlassen können und lediglich stichprobenartig Kontrollen vornehmen. In der Praxis erwartet niemand, dass der behandelnde Arzt diese begleitenden Maßnahmen und Voruntersuchungen in allen Schritten verfolgt und begleitet; das geschieht auch nicht (vgl. so zutreffend FG des Landes Sachsen-Anhalt, Urteil v. 24.8.2006 - 1 K 30035/02, NWB KAAAC-34917, EFG 2007 S. 587; wohl auch BFH, Urteil v. 25.10.1963 - IV 373/60 U, BStBl 1963 III S. 595).

In gleicher Weise hat das FG des Landes Sachsen-Anhalt und nachgehend auch der BFH im Falle einer BAG für Anästhesie in der Rechtsform einer GbR, die einen mobilen Anästhesiebetrieb unterhielt und über keine eigenen Praxisräume verfügte, entschieden (FG des Landes Sachsen-Anhalt, Urteil v. 28.3.2012 - 2 K 336/12, NWB GAAAE-23921, und nachgehend BFH, Urteil v. 16.7.2014 - VIII R 41/12, BStBl 2015 II S. 216). Diese hatte einfach gelagerte Anästhesien teilweise durch eine angestellte Anästhesistin durchführen lassen, die infolge der mobilen Tätigkeit bei der unmittelbaren Durchführung aufgrund der räumlichen Distanz aber nicht mehr durch die Praxisinhaber überwacht werden konnte. Der BFH teilte hier die Auffassung des FG. Führt wie in dem entschiedenen Fall nach der Sachverhaltsfeststellung ein selbständiger Arzt die jeweils anstehenden Voruntersuchungen bei den Patienten durch, legt er für den Einzelfall die Behandlungsmethode fest und behält er sich die Behandlung „problematischer Fälle“ vor, ist die Erbringung der ärztlichen Leistung durch angestellte Ärzte regelmäßig als Ausübung leitender, eigenverantwortlicher freiberuflicher Tätigkeit im Rahmen des § 18 Abs. 1 Nr. 1 Satz 3 EStG anzusehen. Soweit das Finanzamt im Ergebnis die unmittelbare Ausführung der Anästhesietätigkeit durch die Gesellschafter als unverzichtbare Voraussetzung für die Annahme einer eigenverantwortlichen und leitenden ärztlichen Tätigkeit ansieht, überdehnt es die Anforderungen des § 18 Abs. 1 Nr. 1 Satz 3 EStG und würde damit den Einsatz fachlich vorgebildeten Personals im Bereich der Heilberufe im Ergebnis ausschließen, obwohl der Gesetzgeber keinen Bereich der freien Berufe i. S. des § 18 Abs. 1 Nr. 1 EStG nach Wortlaut und Zweck der Vorschrift von dieser Möglichkeit des Einsatzes fachlich vorgebildeter Mitarbeiter hat ausschließen wollen.

Auch einem angestellten Arzt können nach den dargestellten Grundsätzen Teile der Patientenbehandlung übertragen werden. Es ist nicht erforderlich, dass der niedergelassene Arzt bei der Bearbeitung von einfachen Aufträgen teilweise oder gar im Wesentlichen selbst mit Hand anlegt. Erforderlich für eigenverantwortliches Handeln bleibt aber dann insbesondere, dass die Arbeitsleistung der Mitarbeiter als solche des niedergelassenen Arztes erkennbar sein muss und er nicht nur die organisatorische, sondern auch die personale, rechtliche und ethische Verantwortung trägt (BFH, Urteil v. 1.2.1990 - IV R 140/88, BStBl 1990 II S. 507). Entsprechend kann auch ein niedergelassener Zahnarzt, der einen einzigen weiteren approbierten Zahnarzt beschäftigt, nach diesen Grundsätzen noch eigenverantwortlich i. S. des § 18 Abs. 1 Nr. 1 Satz 3 EStG tätig sein, wenn feststeht, dass der niedergelassene Arzt die Behandlung verantwortet und maßgeblich prägt, so dass in der Wahrnehmung er und nicht sein angestellter Arzt Bezugsperson des Patienten ist (vgl. FG des Landes Sachsen-Anhalt v. 24.8.2006 - 1 K 30035/02, NWB KAAAC-34917, EFG 2007 S. 587).

Allein die Verantwortung nach außen zu tragen, dürfte aber im Einzelfall nicht ausreichen (FG Niedersachen, Urteil v. 19.6.2007 - 6 K 10865/03, NWB NAAAC-63655, DStRE 2008 S. 337). Die Arbeitsleistung des angestellten Arztes muss tatsächlich den „Stempel der Persönlichkeit" des niedergelassenen Arztes tragen. Dies ist beispielsweise dann nicht der Fall, wenn z. B. angestellte Ärzte sowohl die Anamnese als auch den Großteil der anfallenden Patientenbehandlungen eigenständig durchführen und dabei lediglich stichprobenartig überwacht werden (BFH, Urteil v. 14.5.2019 - VIII R 35/16, BStBl 2019 II S. 505; BFH, Beschluss v. 31.8.2005 - IV B 205/03, NWB UAAAB-70214, BFH/NV 2006 S. 48, BFH, Urteil v. 20.12.2000 - XI R 8/00, BStBl 2002 II S. 478, jeweils m. w. N.). Darüber hinaus ist auch die zunehmende Zahl der Aufträge und die Anzahl fachlich vorgebildeter Mitarbeiter und damit die für den niedergelassenen Arzt je Auftrag zur Verfügung stehende Zeit Indiz eines Gewerbebetriebes (Brandt in Herrmann/Heuer/Raupach, EStG/KStG, 326. Lieferung 6.2024, § 18 EStG Rz. 234; Wacker in Schmidt, EStG, 43. Aufl. 2024, § 18 Rz. 28, jeweils m. w. N.).

Etwas anderes gilt zudem sicherlich bei den „technisierten" Arztberufen wie z. B. bei einem Facharzt für Laboratoriumsmedizin. Das Berufsbild dieser Fachgruppe entspricht weniger dem Leitbild des freiberuflichen Arztes in eigener Praxis, das durch ein persönliches Arzt-Patienten-Vertrauensverhältnis gekennzeichnet ist. Diese Fachgruppe lässt sich daher weniger nach den oben dargestellten Kriterien beurteilen. Hier kommen der Anzahl der Untersuchungen, der Anzahl der Arbeitskräfte und infolgedessen der zur Befundung zur Verfügung stehenden Zeit, bezogen auf die einzelne Analyse, erheblichere Bedeutung zu. Der Umfang der Praxis eines Arztes für Laboratoriumsmedizin lässt sich nicht beliebig vergrößern, ohne dass seine Freiberuflichkeit infrage gestellt ist. Für die eigenverantwortliche Tätigkeit muss ein Laborarzt als Praxisinhaber nach den für diesen Bereich entwickelten spezifischen Kriterien jeden eingegangenen Untersuchungsauftrag nach Inhalt und Fragestellung zur Kenntnis nehmen, die Bearbeitung durch die zuständigen Abteilungen sowie die Auswahl und Anwendung der Untersuchungsmethode kontrollieren und die Plausibilität des Ergebnisses (Befunderhebung und Befundauswertung) nachprüfen, so dass es wesentlich von der Anzahl der Untersuchungsaufträge im Einzelfall abhängt, ob dies noch gegeben ist; auf die persönliche Mitarbeit am einzelnen Untersuchungsauftrag kann auch im Hinblick auf die fortschreitende Technisierung nicht verzichtet werden. Zumindest muss eine **Mitarbeit an jedem einzelnen Auftrag durch dessen geistige Erfassung (Kenntnisnahme) und die abschließende Auswertung des Befundes** erfolgen (BFH, Beschluss v. 12.6.2018 - VIII B 154/17, NWB IAAAG-90272, BFH/NV 2018 S. 945, Rz. 11). Entsprechend ist nach Auffassung des BFH ein Arzt für Laboratoriumsmedizin, in dessen Praxis – 325 Arbeitstage jährlich unterstellt – täglich im Durchschnitt zwischen 277 und 345 Aufträge (mit jeweils durchschnittlich 2,5 Untersuchungen je Auftrag = 692 bis 862 Untersuchungen) erledigt werden, nicht mehr in der Lage, der einzelnen Untersuchung das Gepräge seiner persönlichen Arbeit zu geben, so dass nicht mehr von einer Eigenverantwortlichkeit ausgegangen werden kann (BFH, Urteil v. 1.2.1990 - IV R 140/88, BStBl 1990 II S. 507). Damit liegt die kritische Grenze, nach der jedenfalls bei Laborärzten nicht mehr von einer eigenverantwortlichen und damit nicht mehr von einer freiberuflichen Tätigkeit ausgegangen werden kann, bei durchschnittlich etwa 30 Sekunden je Untersuchung (vgl. FG Münster, Urteil v. 31.5.2006 - 1 K 2819/04 G, NWB XAAAC-14268, EFG 2006 S. 1913, zur Beurteilung eines pathologischen Institutes; nach dem Urteil liegen die durchschnittlichen Untersuchungszeiten der Gesellschafter-Pathologen von 74 bzw. 117 Sekunden deutlich über der kritischen Grenze von 30 Sekunden bei Laborärzten und stehen der Freiberuflichkeit somit nicht entgegen). Entscheidend bleiben aber die Verhältnisse des Einzelfalls.

e) Ergänzende Hinweise zur Zweigpraxis/Praxisfiliale

Wird ein gesonderter Standort einer Praxis weitgehend durch einen angestellten Arzt geführt, ist die notwendige Eigenverantwortlichkeit des Arztes häufig nicht mehr gegeben. Die Gesellschafter können je nach Fachrichtung allein aufgrund der räumlichen Distanz die angestellten Ärzte im Einzelfall faktisch nicht mehr im ausreichenden Maße an der praktischen Arbeit teilnehmen. In dem von dem angestellten Arzt geführten Standort werden folglich gewerbliche Einkünfte erzielt. Handelt es sich um eine Einzelpraxis, erzielt der Arzt nach der Trennungstheorie mit dem vom angestellten Arzt geführten Standort gewerbliche Einkünfte, kann aber an dem von ihm als Praxisinhaber betriebenen Praxissitz freiberufliche Einkünfte erzielen (BFH, Urteil v. 8.10.2008 - VIII R 53/07, BStBl 2009 II S. 143; FG Hamburg, Urteil v. 10.9.2013 - 3 K 80/13, NWB QAAAE-50999, n.v.). Bei einer BAG führen die gewerblichen Einkünfte nach § 15 Abs. 3 Nr. 1 EStG zur gewerblichen Abfärbung (vgl. S. 100 ff.).

PRAXISHINWEISE:

Durch die zunehmende Technisierung und Digitalisierung verändert sich das Berufsbild der Ärzte stetig. Praxisinhabern ist es mittlerweile vielfach technisch möglich, von überall online auf digital geführte Patientenakten mit Untersuchungsergebnissen, Messwerten, Aufnahmen, Befundberichte und Therapieansätzen zuzugreifen. Dieser Zugriff ermöglicht es, Diagnosen und Therapien angestellter Ärzte zeitnah (täglich) zu überwachen und falls nötig umgehend aktiv in eine Patientenbehandlung einzugreifen, ausgenommen nur die Notfallmedizin, die sofortiger Entscheidungen und Maßnahmen bedarf. Bisher nicht geklärt ist, inwieweit eine eigenverantwortliche Tätigkeit i. S. des § 18 Abs. 1 Nr. 1 Satz 3 EStG durch Überwachung und Teilnahme an der ärztlichen Behandlung im Hinblick auf diese technischen Fortschritte telemedizinisch, d. h. „aus der Ferne“, möglich ist. Eine umfassende Überwachung der Untersuchungsergebnisse in dieser Weise könnte in einfachen Fällen im Grundsatz ausreichen, um eine leitend und eigenverantwortliche Tätigkeit zu bejahen. Dies müsste selbst dann gelten, wenn die umfassende Überwachung in einfachen Fällen regelmäßig ohne persönlichen Patientenkontakt und im Nachgang der Diagnose bzw. Therapieempfehlung erfolgt, solange noch ein aktives Eingreifen des Praxisinhabers in die Behandlung medizinisch sinnvoll möglich wäre. Dies, zumal der BFH bereits 1975 entschieden hat, dass in einfachen Fällen eine fachliche Überprüfung der Arbeitsleistung der Mitarbeiter genügt, mit der sich der Steuerpflichtige das Ergebnis dieser Tätigkeit zu eigen macht. Voraussetzung ist natürlich, dass dem Freiberufler in jedem Einzelfall die erforderlichen Tatsachen bekannt sind, um die fachliche Verantwortung aufgrund eigener Entscheidung tragen zu können (BFH, Urteil v. 25.11.1975 - VIII R 116/74, BStBl 1976 II S. 155). Die Behandlung schwieriger Fälle sollte aber den Praxisinhabern persönlich vorbehalten bleiben.

Es bleibt aber insbesondere bei Mitunternehmerschaften erhebliche Vorsicht geboten, da zumindest das Finanzamt davon ausgehen dürfte, dass die Einrichtung eines gesonderten Standorts, der ganz oder teilweise durch einen angestellten Arzt geführt wird, zu gewerblichen Einkünften führt.

f) Ergänzende umsatzsteuerliche Hinweise

Die Umsatzsteuerbefreiung ärztlicher Heilbehandlungsleistungen nach § 4 Nr. 14 Buchst. a UStG setzt nicht voraus, dass der Unternehmer selbst persönlich die Leistungen gegenüber einem Patienten als Leistungsempfänger erbringt. Entscheidend ist, dass die Leistung einem **therapeutischen Ziel** dient und der Leistungserbringer die notwendige **berufliche Qualifikation** hat (vgl. ausführlich S. 171). Die Leistung kann somit auch vom Arbeitnehmer oder Subunternehmer des Unternehmers erbracht werden (BFH, Urteil v. 18.1.2005 - V R 99/01, NWB FAAAB-55296, BFH/NV 2005 S. 1392; BFH, Urteil v. 22.4.2004 - V R 1/98, BStBl 2004 II S. 849; Abschnitt 4.14.1 Abs. 4 Satz 3 UStAE). Eine Differenzierung zwischen einem niedergelassenen Arzt und einem angestellten Arzt ist für die Frage der Befreiung der Umsätze von der Umsatzsteuer ohne Bedeutung.

G. Grundzüge des Nachbesetzungsverfahrens

Literatur: *Meschke* in Bäune/Meschke/Rothfuß, Kommentar zur Zulassungsverordnung für Vertragsärzte, 2008, § 27 Rz. 28 ff.; *Greve*, Die Auswahlkriterien im Nachbesetzungsverfahren nach den Änderungen durch das Versorgungsstrukturgesetz, ZMGR 2012 S. 95 ff.; *Schmitz/Binz/Oerter*, Der Praxiskaufvertrag für die Arzt- und Zahnarztpraxis, 2. Aufl. 2013; *Paßmann*, Die Bildung von Berufsausübungsgemeinschaften zum Zweck der Einflussnahme im Nachbesetzungsverfahren, ZMGR 2013 S. 155 f.; *Cramer/Goldbach/Schlegelmichel*, Einziehung von Vertragsarztsitzen (§ 103 Abs. 3a SGB V) – rechtliche Grundlagen, wirtschaftliche Auswirkungen, ZMGR 2014 S. 241 f.; *Shirvani*, Vertragsärztliches Nachbesetzungsverfahren und Eigentumsschutz, NZS 2014 S. 641 ff.; *Ertl*, Die Kriterien der Auswahlentscheidung im Praxisnachfolgeverfahren, NZS 2016 S. 12 ff.; *Reiter*, Die Einziehung von Vertragsarztsitzen nach § 103 Abs. 3a SGB V und die Aufwertung der Praxisnachfolge durch die BSG-Rechtsprechung, ZMGR 2016 S. 340 ff.; *Ladurner*, Ärzte-ZV, Zahnärzte-ZV, 2017, § 103 SGB V Rz. 10 ff.; äußerst detailliert zur Bedarfsplanung und Nachbesetzung *Frehse* in Rieger/Dahm/Katzenmeier/Stellpflug/Ziegler (Hrsg.), Heidelberger Kommentar Arztrecht Krankenhausrecht Medizinrecht, August 2020, 720 – Bedarfsplanung; *Ladurner*, Die Weiterentwicklung der Bedarfsplanungs-Richtlinie im Jahre 2019, in Jacobs u. a., Festschrift Hermann Plagemann zum 70. Geburtstag, 2020, S. 467 ff.; *Möller*, Von der Fremdbeteiligung bis zum Wettbewerbsverbot, GesR 2020 S. 286 f.; *Kremer/Wittmann*, Vertragsärztliche Zulassungsverfahren, 4. Aufl. 2021, Rz. 515 ff.; eine aktuelle Aufbereitung insbesondere der Rechtsprechung bei *Pawlita* in Schlegel/Voelzke (Hrsg.), jurisPK-SGB V, 4. Aufl. – Stand: 17.7.2024, § 103 SGB V Rz. 92 ff.; *Simic*, Die Auswahlentscheidung der Zulassungsgremien bei der Praxisnachfolge, 2021; *Schmidt*, Zur Zulässigkeit des „Huckepackverfahrens" zur Übertragung von Arztstellen für angestellte Ärzte auf einen neuen Praxisinhaber bei Verzicht des anstellenden Arztes gemäß §§ 103 Abs 4a und 4b SGB V, ZMGR 2021 S. 10 ff.

I. Rechtliche Aspekte

1. Keine Zulassungsbeschränkungen für Vertragszahnärzte

Das GKV-Wettbewerbsstärkungsgesetz (BGBl 2007 I S. 378) hat die Zulassungsbeschränkungen für **Vertragszahnärzte** mit Wirkung ab dem 1.4.2007 aufgehoben. Im zahnärztlichen Bereich gibt es also kein Nachbesetzungsverfahren.

2. Allgemeines zur Nachbesetzung

§ 103 Abs. 3a bis 6 SGB V regelt für den **vertragsärztlichen Bereich** das Nachbesetzungsverfahren bei angeordneten Zulassungsbeschränkungen. Die Vorgaben betreffen „halbe" und „ganze" und Dreiviertel-Zulassungen und sind auch auf Vertragsärzte anzuwenden, die bei ihrer Einbindung in MVZ **nicht** auf ihre Vertragsarztzulassung zugunsten der Anstellung verzichtet haben. Eine Viertel-Zulassung ist gleichfalls nachbesetzungsfähig, wobei die Nachbesetzung lediglich mit dem Ziel durchgeführt werden kann, eine Aufstockung einer halben oder einer Dreiviertel-Zulassung herbeizuführen oder eine Viertel-Arztstelle zu schaffen. **Die Teilnahme an der vertragsärztlichen Versorgung mit einer Viertel-Zulassung ist nach wie vor unmöglich.**

PRAXISHINWEIS:

Die Nachbesetzung von Angestellten-Arztstellen richtet sich bei MVZ nach § 103 Abs. 4a Satz 5 SGB V und bei Vertragsärzten nach § 103 Abs. 4b Satz 5 SGB V. Eingefügt durch das MDK-Reformgesetz vom 14.12.2019 (BGBl 2019 I S. 2789) besteht die Möglichkeit zur Nachbesetzung einer Arztstelle nicht, soweit der Nachbesetzung Festlegungen nach § 101 Abs. 1 Satz 8 SGB V entgegenstehen. Mit Beschluss vom 16.3.2023 hat der G-BA in § 13 Abs. 6 BedarfsplRL Höchstquoten für Fachinternisten festgelegt. Diese gelten nun ausdrücklich auch für die Nachbesetzung von Arztstellen. Die Nachbesetzung einer Vertragsarztzulassung bleibt gleichwohl grds. möglich. Diese Regelungen gelten nun auch für Arztstellen.

Für die Einziehung von Arztstellen wegen fehlender Versorgungsrelevanz gibt es keine rechtliche Grundlage. Gesetzgeberische Überlegungen zur Einziehung im Zusammenhang mit dem TSVG wurden nicht umgesetzt.

Nach der Konzeption des Gesetzgebers sollte die Bedarfsplanung zu einer Abschmelzung von Vertragsarztsitzen führen. Die Nachbesetzungsmöglichkeit in überversorgten Planungsbereichen widerspricht diesem Ziel und ist – aus der Sicht des Gesetzgebers – grds. unerwünscht. Der Gesetzgeber hat diese Durchbrechung der Bedarfsplanungsrestriktionen seinerzeit nur hingenommen, weil Arztpraxen als vermögenswerte Unternehmen in den Schutzbereich des Art. 14 Abs. 1 GG fallen und andernfalls erhebliche Entschädigungsverpflichtungen befürchtet wurden (vgl. BSG, Urteil v. 23.3.2016 - B 6 KA 9/15 R, NWB YAAAF-79949, MedR 2017 S. 405). Mittlerweile „bestimmen" die SGB V-Regelungen über das Nachbesetzungsverfahren Inhalt und Schranken des Praxiseigentums i. S. von Art. 14 Abs. 1 GG.

Nicht nachbesetzungsfähig sind befristete Zulassungen. Sonderbedarfszulassungen sind hingegen nachbesetzungsfähig, allerdings nur nach Maßgabe von § 36 Abs. 7 BedarfsplRL (einer in der Praxis häufig übersehenen Norm):

„Nachfolgebesetzung nach § 103 Absatz 4 SGB V bedarf der erneuten Zulassung und kann nur bei Fortbestand der Sonderbedarfsfeststellungen mit Festsetzung einer erneuten Beschränkung erteilt werden. Die Regelungen in § 103 Absatz 3a Satz 3 zweiter Halbsatz (Nachbesetzung durch privilegierte Personenkreise) und Satz 8 (Entschädigung) SGB V finden keine Anwendung."

Hintergrund ist, hiermit auch sonderbedarfszugelassenen Ärzten eine geordnete Praxisveräußerung an den „besten" Bewerber im Nachbesetzungsverfahren zu ermöglichen. Die Praxisveräußerung macht am meisten Sinn, wenn der Praxisübernehmer eine Vertragsarztzulassung erhält. Die Alternative wäre, dass der Verkäufer auf seine Zulassung verzichtet und der Nachfolger diese neu beantragt – eine Abstimmung ist schwerlich möglich, da der Zulassungsverzicht grds. bedingungsfeindlich ist und vor allem Dritte ebenfalls eine neue Sonderbedarfszulassung beantragen könnten, ohne die Praxis des bisher sonderbedarfszugelassenen Arztes zu übernehmen, sofern nur der Sonderbedarf „frei" wird. Der Vorgang wird kaum beherrschbar. Das Nachbesetzungsverfahren bei Sonderbedarfszulassungen entwickelt seine größte Bedeutung bei Tod oder Berufsunfähigkeit des bisherigen Praxisinhabers.

Akzessorisch an den Vertragsarztsitz gebundene Arztstellen/Anstellungsgenehmigungen gehen nicht automatisch auf den Nachfolger über, sondern werden auf Antrag durch den Zulassungsausschuss an den Nachfolger „übertragen" – das sog. Huckepackverfahren (ausführlich Schmidt, ZMGR 2021 S. 10) ist jedoch nicht in der Spruchpraxis aller Zulassungsausschüsse etabliert, so dass Voraufklärung notwendig ist, solange die Rechtsprechung keine Klärung herbeiführt. Regelmäßig verlangen die Zulassungsgremien die Zustimmung der betroffenen angestellten Ärzte.

Das Nachbesetzungsverfahren ist in **drei Abschnitte** gegliedert. Trotz der mehrstufigen Ausgestaltung handelt es sich um ein **einheitliches Verfahren** (vgl. BSG, Urteil v. 12.2.2020 - B 6 KA 19/18 R, NWB VAAAH-49695, juris, Rz. 17 ff.).

Zunächst entscheidet der Zulassungsausschuss, ob überhaupt eine Ausschreibung erfolgt oder aber der Vertragsarztsitz wegen fehlender Versorgungsrelevanz eingezogen wird.

Für den Fall, dass die Ausschreibung beschlossen wird, *„hat die Kassenärztliche Vereinigung den Vertragsarztsitz in den für ihre amtlichen Bekanntmachungen vorgesehenen Blättern unverzüglich auszuschreiben und eine Liste der eingehenden Bewerbungen zu erstellen"* (§ 103 Abs. 4 Satz 1 SGB V). Die Bewerberliste ist sowohl dem Zulassungsausschuss als auch dem Vertragsarzt zuzuleiten.

In der dritten Phase erfolgen die Bewerberauswahl und die Zulassung des Nachfolgers als Vertragsarzt.

PRAXISHINWEIS:

Von der Antragstellung bis zum Eintritt der Bestandskraft sind sechs bis neun Monate einzuplanen. Bei Widersprüchen und Klagen kann sich die Verfahrensdauer erheblich verlängern.

Inzwischen hat sich das BSG in unterschiedlichen Konstellationen mit Fragen der Nachbesetzung befasst. Die Entscheidungen sind teilweise von grundlegender Bedeutung für die Gesetzesinterpretation sowie die Ausgestaltung des Verfahrens. Insbesondere sei hingewiesen auf die Urteile des BSG vom 20.3.2013 (B 6 KA 19/12 R, NWB RAAAE-42705, GesR 2013 S. 594), vom 23.3.2016 (B 6 KA 9/15 R, NWB YAAAF-79949, MedR 2017 S. 405) sowie vom 12.2.2020 (B 6 KA 19/18 R, NWB VAAAH-49695, juris, Rz. 17 ff., ZMGR 2020 S. 220 ff.).

3. Beendigung der Zulassung nach § 103 Abs. 3a Satz 1 SGB V

§ 103 Abs. 3a Satz 1 SGB V zählt die eine Nachbesetzung ermöglichenden Beendigungstatbestände für die Zulassung abschließend auf:

- Tod,
- Verzicht,
- Entziehung der Zulassung.

Tod

Mit dem Tod fällt der an die Person gebundene Zulassungsstatus weg (§ 95 Abs. 7 Satz 1 SGB V). Die Einräumung eines sog. Gnadenquartals ist hiervon unabhängig. Gemäß § 20 Abs. 2 MBO-Ä kann die Praxis eines verstorbenen Arztes zugunsten seiner Witwe oder eines unterhaltsberechtigten Angehörigen i. d. R. bis zur Dauer von drei Monaten nach dem Ende des maßgeblichen Kalendervierteljahres durch einen anderen Arzt fortgesetzt werden. Für den vertragsärztlichen Bereich bestimmt § 4 Abs. 3 BMV-Ä, dass die Kassenärztliche Vereinigung die Weiterführung der Praxis eines verstorbenen Vertragsarztes bis zur Dauer von zwei Quartalen genehmigen kann (hierzu näher Möller, GesR 2020 S. 286 f.).

Verzicht

Der Verzicht auf die Zulassung richtet sich nach § 28 Abs. 1 Satz 1 Ärzte-ZV. Der Zulassungsverzicht ist eine einseitige, an den Zulassungsausschuss gerichtete Willenserklärung, die auf die Beendigung der Mitgliedschaft in der Kassenärztlichen Vereinigung abzielt. Der Vertragsarzt kann den Verzicht persönlich schriftlich oder zu Protokoll bei der Geschäftsstelle des Zulassungsausschusses erklären.

PRAXISHINWEIS:

Eine Verzichtserklärung per Telefax ist nach Auffassung des LSG Hamburg unzulässig (Urteil v. 20.5.2015 - L 5 KA 50/13).

Die Vertretung durch einen Dritten ist möglich. Die Verzichtserklärung wird wirksam mit ihrem Zugang beim Zulassungsausschuss (§ 130 BGB), ohne dass es zur Wirksamkeit des Verzichts einer gesonderten Annahme durch den Zulassungsausschuss bedarf. Der Arzt kann sich von der Verzichtserklärung nicht lösen. Die Anfechtung der Verzichtserklärung ist nach den allgemeinen Grundsätzen möglich.

PRAXISHINWEIS:

Im Nachbesetzungsverfahren hat es sich bewährt, die Verzichtserklärung mit der Bedingung zu versehen, dass ein Nachfolger bestandskräftig für den Vertragsarztsitz zugelassen wird. Diese Bedingung ist zulässig (BSG, Urteil v. 14.12.2011 - B 6 KA 13/11 R, NWB XAAAE-03194, GesR 2012 S. 223 f., Rz. 14). Demgegenüber wäre eine Bedingung unwirksam, wonach eine bestimmte Person bestandskräftig zugelassen wird, da der Antragsteller ansonsten das dem Zulassungsausschuss zustehende Auswahlrecht unterlaufen könnte.

Gemäß § 28 Abs. 1 Satz 1 Ärzte-ZV wird der Verzicht auf die Zulassung mit dem Ende des auf den Zugang der Verzichtserklärung folgenden Kalendervierteljahres wirksam. Motiv des Gesetzgebers für diese Regelung war die Befürchtung, dass eine größere Anzahl von Ärzten kurzfristig aus dem GKV-System ausscheidet und die Sicherstellung der Versorgung innerhalb der Kürze der Zeit nicht gewährleistet werden kann. Bei Fortführung der vertragsärztlichen Tätigkeit im geänderten Status des angestellten Arztes sind – zumal in überversorgten Planungsbereichen – Sicherstellungsaspekte nicht einschlägig, so dass die Zulassungsgremien die gem. § 28 Abs. 1 Satz 2 Ärzte-ZV mögliche Verkürzung der Frist großzügig handhaben sollten.

Zulassungsentziehung

Der Zulassungsausschuss muss dem Vertragsarzt von Amts wegen die Zulassung entziehen, wenn ihre Voraussetzungen nicht oder nicht mehr vorliegen, der Vertragsarzt die vertragsärztliche Tätigkeit nicht aufnimmt oder nicht mehr ausübt oder seine vertragsärztlichen Pflichten gröblich verletzt (§ 95 Abs. 6 Satz 1 SGB V i. V. m. § 27 Ärzte-ZV).

Der zuletzt genannte Tatbestand der gröblichen Pflichtverletzung bildet in der Rechtspraxis die Grundlage für die zahlenmäßig häufigsten Zulassungsentziehungen; er steht einer Verwertung der Praxis oder eines Gesellschaftsanteils im Rahmen einer Nachbesetzung nicht entgegen. Auch eine nicht wirksam gewordene Zulassung kann aus Gründen der Rechtssicherheit entzogen werden. Die Anordnung des Ruhens der Zulassung (§ 26 Ärzte-ZV) kann grds. nicht zur Ausschreibung führen; insofern bedarf es zusätzlich der Abgabe der Verzichtserklärung. Zudem wird häufig keine fortführungsfähige Praxis vorhanden sein.

4. Antrag auf Ausschreibung

Die Nachbesetzung des Vertragsarztsitzes erfolgt nur auf Antrag.

PRAXISHINWEIS:

Seit dem 1.1.2013 ist der Antrag nicht mehr an die Kassenärztliche Vereinigung, sondern an den Zulassungsausschuss zu richten. Viele Zulassungsausschüsse halten auf ihrer Homepage Formulare vor, die für den Antrag genutzt werden können bzw. nach der Verwaltungspraxis der meisten Ausschüsse sogar verwendet werden müssen.

Der Vertragsarzt kann sich eines rechtsgeschäftlichen Vertreters bedienen (§ 13 SGB X). Bei einer BAG steht das Antragsrecht auf Ausschreibung nach dem Ausscheiden eines seine Zulassung nicht mitnehmenden Gesellschafters auch den verbleibenden Gesellschaftern zu (BSG, Urteil v. 25.11.1998 - B 6 KA 70/97 R, MedR 1999 S. 382) – die Untätigkeit des bisherigen Zulassungsinhabers ist ganz entscheidend! Gegen den Willen des Vertragsarztes kann der Insolvenzverwalter das Ausschreibungsverfahren nicht durchführen (grundlegend BSG, Urteil v. 10.5.2000 - B 6 KA 67/98 R, BSGE 86 S. 121). Verstirbt der Vertragsarzt, sind dessen Erben, bei Anordnung von Testamentsvollstreckung ist der Testamentsvollstrecker antragsbefugt. Wird kein Ausschreibungsantrag gestellt, verfällt der Vertragsarztsitz.

Der Berechtigte kann den Antrag auf Ausschreibung zurücknehmen. Hierdurch wird das Verwaltungsverfahren durch Erledigung beendet. Bis zu welchem Zeitpunkt die Rücknahme erfolgen kann, war höchst strittig. Das BSG hat mit Urteil vom 12.2.2020 (B 6 KA 19/18 R, NWB VAAAH-49695, juris, Rz. 17 ff., ZMGR 2020 S. 220 ff.) entschieden, dass die Rücknahme noch **bis zum Eintritt der Bestandskraft der Zulassungsentscheidung** erklärt werden kann.

Von erheblicher Praxisrelevanz im Zusammenhang mit der Antragsrücknahme sind die Urteile des BSG vom 23.3.2016 (B 6 KA 9/15 R, NWB YAAAF-79949, MedR 2017 S. 405, 409) sowie vom 12.2.2020 (B 6 KA 19/18 R, NWB VAAAH-49695, juris, Rz. 31, ZMGR 2020 S. 220 ff.), mit welchen das Gericht feststellt, dass der Praxisabgeber für einen erneuten oder sogar dritten Antrag ein **berechtigtes Interesse** haben und dieses gegenüber den Zulassungsgremien nachvollziehbar darlegen müsse. Keinesfalls dürfe durch die Rücknahme des Antrags und eine erneute Antragstellung Einfluss auf die Auswahlentscheidung des Zulassungsausschusses genommen werden. Wolle der Antragsteller mit dem vom Zulassungsausschuss rechtsfehlerfrei ausgesuchten Praxisbewerber keinen Kaufvertrag schließen, führe dies zum **Verlust des Nachbesetzungsrechts**. Gleiches könne sogar für den Fall gelten, dass der Praxisabgeber Bewerbern Informationen zur Bestimmung des Praxiswerts vorenthalte, um auf diese Weise Einfluss auf die Auswahlentscheidung zu nehmen. Manche Zulassungsausschüsse handhaben diese Vorgaben „benutzerfreundlicher": sie nehmen ein partiell ausgesetztes Nachbesetzungsrecht an.

PRAXISHINWEIS:

Überzeugen die vorgetragenen Gründe nicht, geht dies nach der höchstrichterlichen Rechtsprechung zulasten des Praxisabgebers und führt u.U. zum entschädigungslosen Verlust des Nachbesetzungsrechts.

Aber: Das BSG hat es ausdrücklich als zulässig angesehen, wenn die Antragsrücknahme bei Auswahl eines nicht genehmen Nachfolgers erfolgt, um gem. § 103 Abs. 4a, 4b SGB V auf die Zulassung zugunsten der Anstellung zu verzichten (Urteil v. 12.2.2020 - B 6 KA 19/18 R, NWB VAAAH-49695, juris, Rz. 32).

5. Fortführungsfähigkeit der Praxis

Die Ausschreibung setzt eine funktionsfähige und fortführungsfähige Praxis voraus, da andernfalls ein von der Rechtsordnung nicht gebilligter Konzessionshandel vorliegt (BSG, Urteil v. 23.3.2016 - B 6 KA 9/15 R, NWB YAAAF-79949, MedR 2017 S. 405, 408).

Keine fortführungsfähige Praxis ist anzunehmen, wenn der Vertragsarzt **zum Zeitpunkt der Beendigung seiner Zulassung** nicht mehr in nennenswertem Umfang vertragsärztlich tätig war. Das BSG führt aus: „*Ein Vertragsarzt, der eine vertragsärztliche Tätigkeit tatsächlich nicht mehr wahrnimmt, keine Praxisräume mehr besitzt, keine Patienten mehr behandelt und über keinen Patientenstamm verfügt, betreibt keine Praxis mehr, die i. S. d. § 103 Abs. 4 Satz 1 SGB V a. F. von einem Nachfolger fortgeführt werden könnte* [Nachweise zu Lit. u. Rspr.]".

PRAXISHINWEIS:

Wird einem Vertragsarzt ein halber Versorgungsauftrag wegen unzureichender vertragsärztlicher Tätigkeit entzogen, kommt im Hinblick auf die entzogene Hälfte der Zulassung wegen fehlenden Praxissubstrats ebenfalls keine Nachbesetzung in Betracht (BSG, Urteil v. 30.10.2019 - B 6 KA 14/18 R, NWB KAAAH-43906, GesR 2020 S. 332 ff., Rz. 25 f.).

Maßgeblich für die Beurteilung der Fortführungsfähigkeit ist nach ständiger Rechtsprechung i. d. R. der **Zeitpunkt der Antragstellung** (zu Ausnahmen BSG, Urteil v. 23.3.2016 - B 6 KA 9/15 R, NWB YAAAF-79949, MedR 2017 S. 405 ff., Rz. 18). Das Risiko der Verfahrensdauer und eine damit möglicherweise einhergehende Minderung der Fallzahl gehen mithin im Grundsatz nicht zulasten des Antragstellers.

Problematisch sind die Fälle, in denen der Praxisumfang vor der Stellung des Antrags auf Durchführung des Nachbesetzungsverfahrens aus in der Risikosphäre des Vertragsarztes liegenden Gründen (z. B. Erkrankung) auf ein Niveau sinkt, dass nicht mehr von einem Praxissubstrat ausgegangen werden kann. Im Ergebnis wird man die Existenz einer fortführungsfähigen Praxis verneinen und den Antrag auf Durchführung des Nachbesetzungsverfahrens ablehnen müssen – die Zulassungsausschüsse sehen das aber regional durchaus unterschiedlich. Das BSG vermeidet es in ständiger Rechtsprechung, für die fehlende Fortführungsfähigkeit eine feste Zeitspanne ab Beendigung der vertragsärztlichen Tätigkeit vorzugeben, sondern stellt auf die Umstände des Einzelfalls ab.

PRAXISHINWEIS:

Da die jüngste Rechtsprechung die Fortführungsfähigkeit auf den Zeitpunkt der Antragstellung und nicht den Zeitpunkt der Tätigkeitsaufnahme durch den Nachfolger bezieht, sollte im Einzelfall daran gedacht werden, den Antrag auf Durchführung des Nachbesetzungsverfahrens möglichst früh zustellen.

PRAXISHINWEIS:

Nach Auswertung der Rechtsprechung kommt Pawlita (a. a. O., § 103 SGB V Rz. 132) zu dem Ergebnis, dass innerhalb eines Zeitraums von einem Jahr nach dem Ende der Zulassung von einer generellen Fortführungsfähigkeit ausgegangen werden könne. Nach Ablauf von zwei Jahren nach dem Ende der Zulassung sei im Hinblick auf § 81 Abs. 5 SGB V eine Fortführungsfähigkeit zu verneinen. Für die dazwischen liegende Zeitspanne sei eine substantiierte Darlegung der Fortführungsfähigkeit zu verlangen.

Die Ausschreibung einer – insbesondere über einen längeren Zeitraum – ruhenden Vertragsarztzulassung wird einer besonderen Begründung bedürfen. Häufig wird keine fortführungsfähige Praxis mehr vorhanden sein. Manche Zulassungsausschüsse und/oder KVen sind der Auffassung, dass ruhende Zulassungen generell nicht ausschreibungsfähig sind.

6. Einziehung der Vertragsarztzulassung

§ 103 Abs. 3a Satz 3 bis 14 SGB V enthalten detaillierte Regelungen zur Abschmelzung von Vertragsarztsitzen wegen fehlender Versorgungsrelevanz sowie zur Entschädigung. Die Bestimmungen gelten für volle und hälftige und Dreiviertel-Versorgungsaufträge.

Gemäß § 103a Abs. 3a Satz 3 SGB V *kann* der Zulassungsausschuss den Antrag auf Durchführung des Nachbesetzungsverfahrens ablehnen, *„wenn eine Nachbesetzung des Vertragsarztsitzes aus Versorgungsgründen nicht erforderlich ist"*. Zu prüfen ist, ob ohne die konkrete Vertragsarztzulassung eine ausreichende bedarfsgerechte flächendeckende Versorgung gewährleistet ist.

Der Zulassungsausschuss muss die **fehlende Versorgungsrelevanz** positiv feststellen (BSG, Urteil v. 27.6.2018 - B 6 KA 46/17 R, NWB KAAAG-98614, GesR 2019 S. 92 ff., Rz. 35; ausführlich Ladurner, § 103 SGB V Rz. 28 f., m. w. N.). Der Zulassungsausschuss hat bei dieser Prüfung einen gerichtlich nur eingeschränkt überprüfbaren Beurteilungsspielraum.

PRAXISHINWEIS:

Die auf den Fachgruppendurchschnitt bezogene Fallzahl des Antragstellers ist ein wesentliches Prüfkriterium. Wird der Fachgruppendurchschnitt (zumindest annähernd) erreicht, spricht dies gegen eine fehlende Versorgungsrelevanz. Gleiches gilt, wenn der Wegfall der Vertragsarztzulassung die Voraussetzungen für eine Sonderbedarfszulassung schaffen würde. Zudem können besondere Versorgungsangebote – wie z. B. die ärztliche Betreuung von Altenheimen oder die Tätigkeit als sog. Durchgangsarzt nach § 34 Abs. 2 SGB VII – relevant sein.

Bei einer BAG sind deren **Gesamt-Fallzahlen** und nicht diejenigen des einzelnen Gesellschafters maßgeblich. Das BSG stellt darauf ab, ob der Gesamt-Versorgungsauftrag, wie er sich aus der Addition der Versorgungaufträge der einzelnen Gesellschafter ergibt, insgesamt wahrgenommen wird. Deutlich unterdurchschnittliche Fallzahlen einer BAG können aber zu dem Schluss führen, dass (mindestens) eine Vertragsarztzulassung oder jedenfalls ein Teil davon (voller oder Teilversorgungsauftrag) in der BAG als nicht mehr versorgungsrelevant angesehen wird (BSG, Urteil v. 27.6.2018 - B 6 KA 46/17 R, NWB KAAAG-98614, GesR 2019 S. 92 ff., Rz. 39).

Bei der Ermessensausübung sind die wirtschaftlichen Belange des Vertragsarztes nicht berücksichtigungsfähig, wohl aber bei elementaren Auswirkungen auf die Praxisstruktur seiner Mitgesellschafter oder der MVZ-Trägergesellschaft.

Hat der Landesausschuss festgestellt, dass der allgemeine bedarfsgerechte Versorgungsgrad mehr als 140 % beträgt, *„soll der Zulassungsausschuss den Antrag auf Durchführung des Nachbesetzungsverfahrens ablehnen, wenn eine Nachbesetzung des Vertragsarztsitzes aus Versorgungsgründen nicht erforderlich ist"* (§ 103 Abs. 3a Satz 7 i. V. m. § 103 Abs. 1 Satz 3 SGB V). **Das Soll ist faktisch als Muss zu lesen.** Der Zulassungsausschuss ist bei Vorliegen der gesetzlichen Voraussetzungen im Regelfall verpflichtet, die Durchführung des Nachbesetzungsverfahrens abzulehnen.

PRAXISHINWEIS:

Die Ablehnung der Ausschreibung, faktisch mithin die Einziehung der Vertragsarztzulassung, erfolgt nach mündlicher Verhandlung des Zulassungsausschusses. Dem antragstellenden Vertragsarzt ist dringend zu empfehlen, an der Sitzung teilzunehmen. Regelmäßig teilen die Zulassungsausschüsse ihre Einschätzung der Rechtslage vorab mit. Der Vertragsarzt kann dann entscheiden, ob er seinen Antrag zurücknimmt.

Der Zulassungsausschuss beschließt mit einfacher Stimmenmehrheit; bei Stimmengleichheit ist dem Antrag auf Durchführung des Nachbesetzungsverfahrens zu entsprechen. Gegen die ablehnende Entscheidung des Zulassungsausschusses kann sofort Klage erhoben werden. Klagen – durch die KV und/oder die Krankenkassen – gegen einen Beschluss des Zulassungsausschusses, mit welchem einem Antrag auf Durchführung des Nachbesetzungsverfahrens entsprochen wurde, haben keine aufschiebende Wirkung (§ 103 Abs. 3a Satz 9 bis 12 SGB V).

Eine **Verpflichtung zur Ausschreibung** besteht selbst bei fehlender Versorgungsrelevanz immer dann, wenn die Nachbesetzung durch einen **privilegierten Bewerber** erfolgen soll, der dem in § 103 Abs. 3a Satz 3 Halbsatz 2 SGB V aufgeführten Personenkreis angehört. Privilegierte Nachfolger sind zunächst wegen der Berücksichtigung familiärer Interessen der Ehegatte, der Lebenspartner sowie ein Kind des Antragstellers. Weiterhin bevorzugt sind aus Gründen der Praxis- und Versorgungskontinuität angestellte Ärzte sowie Mitgesellschafter des Antragstellers, sofern *„das Anstellungsverhältnis oder der gemeinsame Betrieb der Praxis mindestens drei Jahre lang angedauert haben"*. Zudem kann unter näher geregelten Umständen die Bereitschaft zur Übernahme bestimmter Versorgungsaufgaben eine Privilegierung begründen. Kommt der Zulassungsausschuss im Rahmen seiner Auswahlentscheidung zu dem Ergebnis, dass ein Bewerber auszuwählen ist, der nicht dem privilegierten Personenkreis angehört, so kann er mit der Mehrheit seiner Stimmen die Nachbesetzung ablehnen, sofern diese nicht aus Versorgungsgründen erforderlich ist (§ 103 Abs. 4 Satz 10 SGB V).

Lehnt der Zulassungsausschuss den Antrag auf Durchführung des Nachbesetzungsverfahrens oder die Nachbesetzung bei privilegierter Ausschreibung ab, hat die Kassenärztliche Vereinigung dem Vertragsarzt oder seinen zur Verfügung über die Praxis berechtigten Erben eine **Entschädigung in der Höhe des Verkehrswertes** der Arztpraxis zu zahlen (§ 103 Abs. 3a Satz 13 und 14 SGB V). Bei der Feststellung der Entschädigung handelt es sich um ein gesondertes Verwaltungsverfahren. Dieses ist von der Kassenärztlichen Vereinigung ohne Antrag des Vertragsarztes **von Amts wegen** durchzuführen. Die Kassenärztliche Vereinigung ist verpflichtet, den Verkehrswert zu ermitteln und die Höhe der Entschädigung durch einen Bescheid festzusetzen. Die Festlegung der Entschädigung unterliegt der vollen sozialgerichtlichen Kontrolle.

Bei der Verkehrswertbestimmung sind grds. der vertragsärztliche und der privatärztliche Bereich (str.) zu berücksichtigen. Etwas anderes kann gelten, wenn der Antragsteller die privatärztliche Tätigkeit im bisherigen Einzugsbereich fortsetzt. Bereits mit Urteil vom 14.12.2011 (B 6 KA 39/10 R, NWB YAAAE-08671, ZMGR 2012 S. 189 f.) hat das BSG unter Hinweise auf die Rechtsprechung des BGH in Zivilsachen die modifizierte Ertragswertmethode als für die Bewertung maßgeblich vorgegeben. Eine Orientierungshilfe für die Bewertung bieten die „Hinweise zur Bewertung von Arztpraxen“ vom 9.9.2008 (DÄBl. 2008 S. A 2778). Gemäß § 103 Abs. 3a Satz 14 SGB V umfasst die Entschädigung auch Folgeschäden, worunter insbesondere fortlaufende Miet- und Leasingkosten fallen. Der Antragsteller ist zur Schadensminderung verpflichtet und muss sich eventuelle Vorteile aus der Verwertung der Praxis anrechnen lassen.

Grundsätzlich wird die Entschädigung aus der Gesamtvergütung gezahlt. Allerdings hat das TSVG mit einer Änderung des § 105 Abs. 1a Nr. 6 SGB V die Möglichkeit geschaffen, dass die Entschädigungsleistung aus dem paritätisch von den Krankenkassen und der KV getragenen Strukturfonds gezahlt werden kann.

Zur einkommensteuerlichen Qualifizierung der Entschädigungsleistung vgl. S. 449 ff.

7. Ausschreibung

Gibt der Zulassungsausschuss dem Antrag auf Durchführung des Nachbesetzungsverfahrens statt, hat die Kassenärztliche Vereinigung die Ausschreibung unverzüglich – regelmäßig anonym mit einer Chiffre-Nummer – unter Angabe der Praxisform in ihren amtlichen Bekanntmachungen vorzunehmen und eine Liste der eingehenden Bewerbungen zu erstellen. Die KV kann eine Bewerbungsfrist vorgeben. Wegen fehlender Rechtsgrundlage ist diese indes nicht verbindlich (LSG NRW, Beschluss v. 19.5.2014 – L 11 KA 99/13 B ER, NWB VAAAE-66302, MedR 2015 S. 371 ff., Rz. 51).

8. Bewerbung

Allgemeines

Es sind keine besonderen formalen Anforderungen an die Bewerbung zu stellen. Es müssen nicht bereits in diesem Zeitpunkt sämtliche zur Zulassung erforderlichen Unterlagen eingereicht werden.

Die Kassenärztliche Vereinigung stellt die Bewerberliste dem abgebenden Vertragsarzt sowie dem Zulassungsausschuss zur Verfügung. Auch verspätet eingehende Bewerbungen sind an den Abgeber sowie den Zulassungsausschuss weiterzuleiten. Die weitere Verfahrenszuständigkeit liegt nun beim Zulassungsausschuss.

PRAXISHINWEIS:

Um am Auswahlverfahren teilhaben zu können, muss der Bewerber die allgemeinen Zulassungsvoraussetzungen erfüllen und die für seine Zulassung erforderlichen Unterlagen eingereicht haben.

Bewerbung durch einen Vertragsarzt mit anzustellendem Arzt

§ 103 Abs. 4b Satz 4 SGB V sieht die Möglichkeit vor, dass sich ein Vertragsarzt, worunter auch eine BAG oder ÜBAG zu verstehen ist, mit einem anzustellenden Arzt auf die Ausschreibung bewirbt, damit der anzustellende Arzt nach Erteilung der Anstellungsgenehmigung in der Übernehmer-Praxis tätig wird. Diesem Vorhaben dürfen keine Gründe der vertragsärztlichen Versorgung entgegenstehen. Insofern ist auf die Vorgaben des § 24 Abs. 7 Ärzte-ZV abzustellen. Entsteht eine Versorgungsbeeinträchtigung am bisherigen Praxissitz, darf die Anstellungsgenehmigung zu Gunsten des neuen antragsgemäßen Standortes nicht erteilt werden.

PRAXISHINWEIS:

In diesen Fällen ist zu überlegen, ob die bisherige Praxis zumindest mit einem beschränkten Versorgungsangebot als Zweigpraxis fortgeführt werden kann.

Bei der Auswahlentscheidung ist im Interesse einer bestmöglichen Patientenversorgung auf die **Person des anzustellenden Arztes** abzustellen (BSG, Urteil v. 13.5.2020 - B 6 KA 11/19 R, NWB AAAAH-51924, ZMGR 2020 S. 279 ff., Rz. 32).

Bewerbung durch ein MVZ mit anzustellendem Arzt

§ 103 Abs. 4c SGB V ermöglicht es auch MVZ, sich auf eine Ausschreibung zu bewerben. Es gelten die Ausführungen zur Bewerbung eines Vertragsarztes oder einer BAG entsprechend. Allerdings ist ein MVZ, bei dem die Mehrheit der Geschäftsanteile und der Stimmrechte nicht bei Ärzten liegt, die in dem medizinischen Versorgungszentrum als Vertragsärzte tätig sind, gegenüber den übrigen Bewerbern bei der Auswahl **nachrangig** zu berücksichtigen. Für ein solches MVZ gilt der Nachrang nicht, wenn es am 31.12.2011 bereits zugelassen war und die Mehrheit der Geschäftsanteile und der

Stimmrechte bereits zu diesem Zeitpunkt nicht bei den dort tätigen Vertragsärzten lag. Der Nachrang gilt für solche MVZ auch dann nicht, wenn es sich um keine Ausschreibung auf eine nachzubesetzende Zulassung handelt, sondern eine oder mehrere Zulassungen nach der (Teil-)Entsperrung eines Planungsbereichs zur Neuvergabe ausgeschrieben werden (BSG, Urteil v. 25.10.2023 - B 6 KA 26/22 R, NWB FAAAJ-58065, ZMGR 2024 S. 14).

Begrenzungen für MVZ bestehen des Weiteren z. B. bei Internisten, wenn die Bewerbung mit einem bereits hälftig angestellten Arzt erfolgt, der jetzt mit seiner restlichen Tätigkeitskapazität in einem anderen Versorgungsbereich, für den nun eine Zulassung zur Nachbesetzung ansteht, aktiv werden soll. Das BSG hat mit Urteil vom 13.2.2019 (B 6 KA 62/17 R, NWB CAAAH-16094, ZMGR 2019 S. 162) entschieden, dass **keine gleichzeitige Anstellung in einem MVZ sowohl im hausärztlichen als auch fachärztlichen Versorgungsbereich** erfolgen darf.

PRAXISHINWEIS:

Im Falle der Nachbesetzung mit einem anzustellenden Arzt ist kein gesonderter Verlegungsantrag erforderlich. In der Anstellungsgenehmigung ist die Genehmigung zur Verlegung immanent enthalten (SG Marburg, Urteil v. 11.1.2017 - 12 KA 584/16, juris, Rz. 34).

9. Fortführungswille

Aus § 103 Abs. 4 Satz 4 SGB V folgt, dass der Bewerber den Willen haben muss, die ausgeschriebene Zulassung als freiberuflich tätiger Nachfolger des bisherigen Vertragsarztes fortzuführen (sog. **Fortführungswille**). Ein Bewerber, der nur an dem Vertragsarztsitz interessiert ist, ist nicht auswahlfähig.

Aus Gründen der **Versorgungskontinuität** muss der Erwerber die Praxis grds. **tatsächlich am bisherigen Ort fortführen** wollen. Eine Tätigkeit als angestellter Arzt in der Zweigpraxis einer BAG oder eines MVZ genügt dem prinzipiell nicht (grundlegend BSG, Urteil v. 20.3.2013 - B 6 KA 19/12 R, NWB RAAAE-42705, MedR 2012 S. 698). Die zeitgleich mit der Zulassung beantragte Verlegung des Vertragsarztsitzes kann gegen die Fortführung sprechen. Im Einzelfall kommt es auf die eine Verlegung ggf. sogar erzwingenden Gründe sowie die Entfernung zum „neuen" Vertragsarztsitz an. Maßgeblich ist, ob der Patientenstamm an die neue Anschrift überführt werden kann.

PRAXISHINWEIS:

Das LSG NRW hat mit Beschluss vom 19.5.2014 (L 11 KA 99/13 B ER, NWB VAAAE-66302, MedR 2015 S. 371 ff., Rz. 64) eine Verlegung von nur etwa 1,5 km als mit dem geforderten Fortführungswillen unvereinbar angesehen.

Ebenfalls aus Gründen der Versorgungskontinuität darf der Zulassungsausschuss bei seiner Entscheidung grds. berücksichtigen, welcher Bewerber voraussichtlich für eine kontinuierlichere Patientenversorgung zur Verfügung stehen wird (BSG, Urteil v. 20.03.2013 - B 6 KA 19/12 R, NWB RAAAE-42705, GesR 2013 S. 594 ff., Rz. 54). Die Praxis muss allerdings nicht auf Dauer fortgeführt werden. Im Urteil vom 11.12.2013 (B 6 KA 49/12 R, NWB QAAAE-60252, GesR 2014 S. 290) hat das BSG eine auf **fünf Jahre abzielende Fortführungs*absicht*** als jedenfalls ausreichend eingestuft.

Zu einer **Durchbrechung der Versorgungskontinuität** kann **es bei der Überschreitung bestehender Höchstquoten** kommen. Auf der Grundlage des § 101 Abs. 1 Satz 8 SGB V hat der G-BA zuerst 2019 und zuletzt im März 2023 sog. Höchstquoten insbesondere für Fachinternisten mit Schwerpunkten beschlossen (vgl. § 13 Abs. 6 BedarfsplRL). Gemäß § 16 Satz 2 BedarfsplRL soll bei der Nachbesetzung zur Sicherstellung der bedarfsgerechten Versorgung eine ausgewogene Verteilung z. B. der unterschiedlichen Fachinternisten mit Schwerpunkten (Angiologen, Endokrinologen und Diabetologen, Gastroenterologen, Hämato-Onkologen, Infektiologen, Kardiologen, Nephrologen, Pneumologen, Rheumatologen) gesichert sein. Theoretisch hätte durch die Nachbesetzung mit einem weniger frequentierten Schwerpunkt eine Abschmelzung der Überversorgung erfolgen können. Der G-BA hat indes ausdrücklich die Nachbesetzung der bestehenden Vertragsarztsitze – auch der größeren Gruppen wie z. B. der Internisten mit dem Schwerpunkt Kardiologie – zugelassen mit der Folge, dass die Quotenregelung bislang ohne Wirkung blieb.

10. Ermessensentscheidung des Zulassungsausschusses

Im Rahmen seiner Ermessensentscheidung hat der Zulassungsausschuss bei der Bewerberauswahl die in § 103 Abs. 3a, 4, 5, 6 SGB V aufgeführten Kriterien „zu berücksichtigen“. Dies bedeutet, dass er die – nicht abschließend aufgezählten – gesetzlichen Kriterien zwar in seine Entscheidung einzubeziehen hat, die Auswahl aber aus sachlichen Erwägungen auch auf andere, nicht im Gesetz genannte Gründe stützen kann (hierzu grundlegend: BSG, Urteil v. 20.3.2013 - B 6 KA 19/12 R, NWB RAAAE-42705, GesR 2013 S. 594). Der Gesetzgeber hat die Auswahlkriterien nicht gewichtet, so dass von deren grds. Gleichrangigkeit auszugehen ist.

§ 103 Abs. 4 Satz 5 SGB V nennt folgende Auswahlkriterien:

- berufliche Eignung,
- Approbationsalter,
- Dauer der ärztlichen Tätigkeit (ggf. durch Erziehungs- oder Pflegezeiten verlängert),
- eine mindestens fünfjährige vertragsärztliche Tätigkeit in einem gem. § 100 Abs. 1 SGB V unterversorgten Gebiet,
- Ehegatte, Lebenspartner oder Kind des Abgebers,

- eine mindestens dreijährige Tätigkeit als angestellter Arzt oder Mitgesellschafter des Abgebers,
- Bereitschaft zur Übernahme besonderer Versorgungsaufträge,
- Belange von Menschen mit Behinderung beim Zugang zur Versorgung,
- bei medizinischen Versorgungszentren die Ergänzung des besonderen Versorgungsangebots; dies gilt entsprechend für Vertragsärzte und BAGs mit einem besonderen Versorgungsangebot.

Berufliche Eignung

Das Kriterium der beruflichen Eignung zielt darauf ab, aus dem Kreis der Bewerber die beruflich qualifizierteste Person auszuwählen (BSG, Urteil v. 13.5.2020 - B 6 KA 11/19 R, NWB AAAAH-51924, ZMGR 2020 S. 279 ff., Rz. 32). Zu prüfen ist dabei, welcher Bewerber das Leistungsspektrum des bisherigen Inhabers am besten fortführen kann. Dabei ist es zwingend, dass der Nachfolger derselben (bedarfsplanerischen) Arztgruppe wie der Abgeber angehört (die einzelnen Arztgruppen [teilweise jeweils durchaus bestehend aus mehreren Facharztbezeichnungen] sind in den §§ 11 bis 14 BedarfsplRL definiert). Und es ist besonders hilfreich, wenn der Bewerber die gleichen Schwerpunkt- und Zusatzbezeichnungen wie der Abgeber führt und auch die in der bisherigen Praxis vorhandenen Abrechnungsgenehmigungen erhalten kann. Auf die wissenschaftliche Qualifikation kommt es demgegenüber nicht an.

Approbationsalter, Dauer der ärztlichen Tätigkeit

Die Praxis vieler Zulassungsausschüsse ging dahin, dem Approbationsalter sowie der bisherigen Dauer der (fach-)ärztlichen Tätigkeit besonderes Gewicht beizumessen. Nach Aufhebung der Zugangsaltersgrenze kamen nicht selten „fremdgesteuerte Strohmänner“ mit hohem Approbationsalter (z. B. pensionierte Krankenhausärzte) als Bewerber zum Einsatz mit dem Ziel, die Vertragsarztzulassung alsbald in eine Arztstelle umzuwandeln. In seinem Grundsatzurteil vom 20.3.2013 (B 6 KA 19/12 R, NWB RAAAE-42705, GesR 2013 S. 594) hat das BSG als Antipode dazu den Aspekt der **Versorgungskontinuität** als berücksichtigungsfähig hervorgehoben. Insofern ist vorrangig zu prüfen, für welche Dauer der Bewerber zukünftig voraussichtlich für die Versorgung der GKV-Patienten zur Verfügung stehen wird.

Mit Urteil vom 8.12.2010 (B 6 KA 36/09 R, NWB GAAAD-80955, MedR 2012 S. 216, Rz. 39; hierzu Greve, ZMGR 2012 S. 95, 98) hat das BSG ausgeführt, dass *„die Kriterien Approbationsalter und Dauer der ärztlichen Tätigkeit darauf abzielen, einen gewissen Erfahrungsstand und den dadurch erworbenen Standard zu berücksichtigen; dieser dürfte in den meisten ärztlichen Bereichen nach ca.* ***fünf Jahren*** *in vollem Ausmaß erreicht sein, so dass das darüber hinausgehende höhere Alter eines Bewerbers und eine noch längere ärztliche Tätigkeit keinen zusätzlichen Vorzug mehr begründen.“* Das BSG hat inzwischen klargestellt, dass maßgeblich die Zeit nach Absolvierung der Facharztprüfung ist, also die Facharzttätigkeit im formalen Sinne.

Das Tatbestandsmerkmal der (fach)ärztlichen Tätigkeit ist **behandlungsbezogen** auszulegen. Zeiten in der Industrie oder der Gesundheitsverwaltung sind im Regelfall nicht anrechnungsfähig. Anders ist dies aufgrund der Vorgabe in § 103 Abs. 4 Satz 8 SGB V für die Zeiten, in denen die (fach)ärztliche Tätigkeit wegen der Erziehung von Kindern oder der Pflege pflegebedürftiger naher Angehöriger in häuslicher Umgebung unterbrochen worden ist. Dies kann theoretisch dazu führen, dass ein Bewerber eine aussichtsreiche Position erlangt, ohne faktisch über die bessere berufliche Erfahrung zu verfügen.

Familienangehörigkeit

Der Verwandteneigenschaft ist „*lediglich*" zu berücksichtigen. Ob das Verwandtschaftsverhältnis dabei vorrangig, gleichrangig oder sogar nachrangig zu beachten ist, ist umstritten. Letztlich dürften die überzeugenderen Argumente sogar für einen **Nachrang** sprechen. Durch das Nachbesetzungsverfahren sind primär die wirtschaftlichen Interessen des Abgebers geschützt, der den Kaufpreis auch von anderen Bewerbern erhielte. In der anwaltlichen Beratung ist es darüber hinaus häufig festzustellen, dass Abkömmlinge die Praxis zu Bedingungen deutlich unterhalb des Verkehrswerts erhalten. Hierdurch wird der Zugang anderer, möglicherweise besser geeigneter Bewerber zum vertragsärztlichen System unterlaufen.

Angestellter Arzt oder Partner des Abgebers

Die Bevorzugung des bislang angestellten Arztes oder des bisherigen Mitgesellschafters beruht auf dem Aspekt der **Behandlungskontinuität**. Der schon bisher in der Praxis tätige Arzt kennt die Patienten und die Abläufe. Es werden nur solche Ärzte privilegiert, die mindestens drei Jahre in der Praxis als angestellter Arzt oder als Mitgesellschafter in der Praxis tätig waren. Relevant ist die Bevorzugung vor allem für Job-Sharer.

Konzeptbewerbung

Gemäß § 103 Abs. 4 Satz 5 Nr. 9 SGB V (BT-Drucks. 18/4095 S. 109, 19/6337 S. 122) ist es MVZ und Vertragsärzten möglich, sich mit einem **Versorgungskonzept, ohne Benennung eines konkreten Arztes**, auf eine Ausschreibung zu bewerben, um dann im Falle der positiven Entscheidung des Zulassungsausschusses den für das Konzept passenden Arzt suchen zu können.

Allerdings läuft die gesetzliche Regelung derzeit noch **ins Leere**. Das BSG hat mit Urteil vom 15.5.2019 (B 6 KA 5/18 R, NWB YAAAH-32492, MedR 2020 S. 957 ff., Rz. 44 ff.) entschieden, dass dem Vertragsarztrecht „arztlose Anstellungsgenehmigungen" fremd sind und eine Konzeptbewerbung zwingend auch den Namen des anzustellenden Arztes enthalten muss. Das BSG hat die zur Normsetzung berufenen Staatsorgane aufgefordert – bislang ohne Ergebnis –, die gesetzliche Lücke zu schließen.

Weitere Ermessengesichtspunkte

Als im Gesetz nicht aufgeführter, jedoch zu berücksichtigender Umstand ist z. B. die **Schwerbehinderung** eines Bewerbers anzuführen.

Von den Instanzgerichten wird es teilweise als ermessensfehlerfrei angesehen, wenn dem Umstand, dass die Praxisübergabe in der Person des Bewerbers reibungslos verlaufen wird, Gewicht beigemessen wird. Auch die Bevorzugung eines Bewerbers, der sich verpflichtet, die Praxis unverändert unter Weiterbeschäftigung des bisherigen Personals fortzuführen, wurde nicht beanstandet (Nachweise bei Pawlita, a. a. O., § 103 Abs. 5 SGB V Rz. 32).

11. Wirtschaftliche Interessen des Abgebers

Aus § 103 Abs. 3a Satz 9 SGB V folgt, dass der Zulassungsausschuss die wirtschaftlichen Interessen des Abgebers nur insoweit berücksichtigen darf, als der Kaufpreis die Höhe des Verkehrswerts der Praxis nicht übersteigt.

Nicht auswahlfähig sind Bewerber, die nicht willens sind, einen Kaufpreis in Höhe des Verkehrswerts zu zahlen. Lehnt jedoch der Verkäufer einen Bewerber ab, der bereit ist, einen Kaufpreis in dieser Höhe zu zahlen, führt dies mindestens zur Verkomplizierung des Nachbesetzungsverfahrens, schlimmstenfalls zum Verlust des Antragsrechts. Denn die Ablehnung des ansonsten „besten" Bewerbers muss der Zulassungsausschuss nicht entscheidend beachten. Er kann dann entweder den aus seiner Sicht besten anderen Bewerber zulassen – davon hat der Verkäufer aber mangels Kaufvertrages nichts. Oder der Zulassungsausschuss setzt das Verfahren für Nachverhandlungen des Kaufvertrages aus bzw. entscheidet am Ende, keine Nachfolgezulassung zu erteilen – auch das dient dem Verkäufer nicht. Dieser müsste zur Wahrung seiner eigenen Interessen entweder mit dem Wunschnachfolger des Zulassungsausschusses einen Kaufvertrag abschließen oder das Verfahren durch Antragsrücknahme beenden. Letzteres kann dann zum **Verlust des Antragsrechts** führen. Wie schon unter I.4. erläutert, hat das BSG in zwei Urteilen vom 23.3.2016 (B 6 KA 9/15 R, NWB YAAAF-79949, MedR 2017 S. 405, 409) sowie vom 12.2.2020 (B 6 KA 19/18 R, NWB VAAAH-49695, ZMGR 2020 S. 220 ff., Rz. 31) festgestellt, dass der Praxisabgeber für einen erneuten späteren Antrag ein **berechtigtes Interesse** haben und dieses gegenüber den Zulassungsgremien nachvollziehbar darlegen müsse. Keinesfalls dürfe mit dem Vorgang Einfluss auf die Auswahlentscheidung des Zulassungsausschusses genommen werden.

Ebenfalls zum Verlust des Antragsrechts kann es – den Verfahrensablauf in einem solchen Fall zu Ende gedacht – führen, wenn sich der Abgeber weigert, einem Bewerber die zur Bestimmung des Verkehrswerts benötigten Unterlagen auszuhändigen (BSG, Urteil v. 23.3.2016 - B 6 KA 9/15 R, NWB YAAAF-79949, GesR 2016 S. 628 ff., Rz. 30).

Ergeben sich Zweifel an der Bonität des Bewerbers, müssen die Zulassungsgremien zum Schutz des Abgebers von Amts wegen Sicherheit verlangen, z. B. die Stellung einer Bankbürgschaft (LSG München v. 19.9.2012 - L 12 KA 4/12, MedR 2013 S. 266, 267).

In der Verwaltungspraxis findet regelmäßig keine Überprüfung der Höhe des vereinbarten Kaufpreises statt. Zum Teil zahlen die Erwerber strategisch hohe Kaufpreise faktisch ausschließlich für die Vertragsarztzulassung. Das BSG hat mit Urteil vom 14.12.2011 (B 6 KA 39/10 R, NWB YAAAE-08671, MedR 2012 S. 698) entschieden, dass der Kaufpreis frei zwischen den Parteien ausgehandelt werden kann und keine Überprüfung durch den Zulassungsausschuss erfolgt, wenn eine Einigung mit sämtlichen Bewerbern erzielt wurde.

Der Kaufpreis ist nicht nur auf der Grundlage des vertragsärztlichen Teils der Praxis zu bestimmen, sondern ergibt sich aus der **Bewertung der gesamten Praxis** als organisatorisch-wirtschaftliche Einheit. Regelmäßig können die Ressourcen der Praxis nämlich nicht eindeutig dem privatärztlichen oder vertragsärztlichen Bereich der Praxis zugeordnet werden, zumal wenn die Praxis nach außen als Einheit und nicht als selbständige Privatpraxis und davon getrennte Vertragsarztpraxis auftritt.

Der Abgeber kann sich selbstverständlich vorbehalten, weiterhin noch privatärztlich tätig zu bleiben. In diesem Fall beschränkt sich die Verkehrswertbestimmung auf den vertragsärztlichen Bereich.

PRAXISHINWEIS:

Gerade bei einer Bewerbervielzahl empfiehlt es sich für den Abgeber, unter Berücksichtigung der gesetzlichen Kriterien eine interne Rangliste zu erstellen und zumindest mit dem Führenden einen mit Bedingungen versehenen Praxiskaufvertrag zu schließen. Spätestens, wenn der Zulassungsausschuss zu erkennen gibt, einen anderen Bewerber als Nachfolger auswählen zu wollen, sollte auch mit diesem eine vertragliche Einigung herbeigeführt werden.

Der Zulassungsausschuss kann die Nachbesetzungsentscheidung treffen, ohne dass zuvor zwingend ein Praxiskaufvertrag geschlossen wurde. Scheitern die Vertragsverhandlungen aus Gründen, die der Abgeber nicht zu vertreten hat, sollte ihm ein erneutes Antragsrecht auf Ausschreibung zugestanden werden.

12. Eintragung in die Warteliste

Gemäß § 103 Abs. 5 SGB V sind die Kassenärztlichen Vereinigungen (Registerstellen) verpflichtet, für jeden Planungsbereich eine Warteliste zu führen. In diese Warteliste werden auf Antrag die Ärzte aufgenommen, die sich um einen Vertragsarztsitz bewerben und in das Arztregister eingetragen sind (§ 103 Abs. 5 Satz 2 SGB V). Die Antragsteller müssen zulassungsfähig sein. Die Eintragung in Wartelisten mehrerer Kassenärztlicher Vereinigungen ist zulässig.

Im Rahmen ihrer Auswahlentscheidung haben die Zulassungsgremien die Dauer der Eintragung in der – für ihren Planungsbereich geführten – Warteliste zu berücksichtigen (§ 103 Abs. 5 Satz 3 SGB V). Die Dauer der Eintragung wird regelmäßig nur dann relevant werden, wenn hinsichtlich der übrigen Auswahlkriterien, insbesondere derjenigen zum persönlichen Eignungsprofil, eine Pattsituation vorliegt. Das kommt mittlerweile in der Praxis häufiger vor als man vermuten könnte. Denn durch die Rechtsprechung, dass bei der Dauer der ärztlichen Tätigkeit ab einer fünfjährigen Tätigkeitszeit „Gleichstand" besteht, sind anders als früher, auch geringe Zeitunterschiede hierbei komplett irrrelevant, und dann bleibt in einer ansonsten „normalen" Bewerberkonstellation um eine Einzelpraxis nichts anderes mehr übrig, um sachangemessen zu differenzieren.

PRAXISHINWEIS:

Die Eintragung in die Warteliste empfiehlt sich jedem, der auch nur im Entferntesten an eine Niederlassung denkt oder sich – insbesondere auch als schon zugelassener Gesellschafter einer bestehenden BAG – alle Gestaltungsmöglichkeiten offenhalten möchte, um seine Praxis um zusätzliche Zulassungen zu erweitern.

13. Einfluss der Gesellschafter einer BAG

Von besonderer praktischer Bedeutung ist § 103 Abs. 6 Satz 2 SGB V. Hiernach sind die Interessen der Mitgesellschafter einer BAG angemessen zu berücksichtigen. Es darf kein Arzt zugelassen werden, der nicht in der BAG tätig sein will.

Das BSG hat bereits mit Urteil vom 5.11.2003 (B 6 KA 11/03 R, NWB UAAAC-13929, MedR 2004 S. 697) die Rechtsposition der Mitgesellschafter im Nachbesetzungsverfahren deutlich gestärkt, indem es deren wirtschaftliche Interessen am Fortbestand der Gesellschaft als im Auswahlverfahren zu berücksichtigen betont hat. Man muss zwingend von einem **Quasi-Vetorecht** der verbleibenden Gesellschafter gegen jeden unliebsamen Bewerber auf die Zulassung eines ausscheidenden BAG-Arztes sprechen.

Aus taktischen Motiven gründet mancher Abgeber eine sog. Übergangs-BAG, um dann die Ausschreibung „geschützt" aus dieser Gesellschaft vorzunehmen. Mit Urteil vom 14.12.2011 (B 6 KA 13/11 R, NWB XAAAE-03194, MedR 2012 S. 617) hat das BSG hervorgehoben, dass in Verfahren auf Nachfolgezulassung auf einen Vertragsarztsitz in einer BAG nicht geprüft wird, ob die Genehmigung zur Bildung einer BAG zu Recht erteilt worden ist. Bei nur kurzer Dauer des Bestehens und kaum ausgeprägter wirtschaftlicher Verflechtung einer überörtlichen BAG sind die Interessen der Mitgesellschafter entsprechend gering zu gewichten (BSG, Urteil v. 11.12.2013 - B 6 KA 49/12 R, NWB QAAAE-60252, GesR 2014 S. 290). Zudem darf die BAG nicht missbräuchlich errichtet worden sein. Aber: derartige Fälle kommen faktisch nicht vor, da die Zulassungsausschüsse in der Praxis keine inquisitorischen Ermittlungsmethoden anwenden (dürfen), warum und mit welcher Verhandlungsentwicklung BAGen zustande kommen.

PRAXISHINWEIS:

Das Privileg des § 103 Abs. 6 Satz 2 SGB V gilt auch für den verbleibenden Vertragsarzt nach Ausscheiden des vorletzten BAG-Gesellschafters (BSG, Urteil v. 11.12.2013 - B 6 KA 49/12 R, NWB QAAAE-60252, GesR 2014 S. 290 ff., Rz. 45).

14. Rechtsschutzprobleme

Jeder abgelehnte Bewerber, ferner der Praxisabgeber sowie die Kassenärztliche Vereinigung und die Verbände der Krankenkassen können gegen die Zulassung eines Kandidaten Widerspruch zum Berufungsausschuss einlegen.

PRAXISHINWEIS:

Der zugelassene Bewerber kann seine vertragsärztliche Tätigkeit nach mündlicher Bekanntgabe des Zulassungsbeschlusses aufnehmen. Allerdings geht er ein nicht unerhebliches Risiko ein. Der gegen seine Zulassung gerichtete Widerspruch hat aufschiebende Wirkung (§ 96 Abs. 4 Satz 2 SGB V; § 86a Abs. 1 Satz 1 SGG). Die vor Einlegung des Widerspruchs erbrachten vertragsärztlichen Leistungen sind zu vergüten. Ein Vergütungsanspruch besteht – unabhängig vom Ausgang des Widerspruchsverfahrens – allerdings nicht für Leistungen, die ab Kenntnis von der Einlegung des Widerspruchs erbracht werden.

Die Erhebung des Widerspruchs kann dazu führen, dass sich die Aufnahme der Tätigkeit des ausgewählten Bewerbers nicht nur verzögert, sondern durch die lange Verfahrensdauer insgesamt vereitelt wird, weil der zugelassene Bewerber den Ausgang des Verfahrens nicht abwarten will. Allerdings muss nach dem Urteil des BSG vom 23.3.2016 (B 6 KA 9/15 R, NWB YAAAF-79949, MedR 2017 S. 405, 408) nicht befürchtet werden, dass die Nachbesetzung an der fehlenden Fortführungsfähigkeit der Praxis scheitert. Maßgeblich ist insofern die Sachlage im Zeitpunkt der Antragstellung.

Umstritten war, ob bereits der Zulassungsausschuss die sofortige Vollziehung seiner Entscheidung anordnen kann. Das BSG hat in der Entscheidung vom 5.6.2013 (B 6 KA 4/13 B, NWB DAAAH-25893, MedR 2013 S. 826) klargestellt, dass auch der Zulassungsausschuss als Behörde i. S. des § 86a Abs. 2 Nr. 5 SGG befugt ist, die sofortige Vollziehbarkeit seiner Entscheidung anzuordnen. (**Aber**: Der Feststellung des BSG hat das LSG NRW unter anderem mit Beschluss vom 4.9.2013 (L 11 KA 48/13 B ER) – mit sorgfältiger Begründung – widersprochen mit der Folge, dass die Rechtsprechung des BSG in Nordrhein-Westfalen nicht gilt! In besonders gelagerten Ausnahmefällen kommt vorläufiger Rechtsschutz unter dem Aspekt des Art. 19 Abs. 4 GG in Betracht. Ein rechtsstaatlich zumindest unerwünschter Zustand!)

Der Berufungsausschuss kann die sofortige Vollziehung seiner Auswahlentscheidung im öffentlichen Interesse anordnen (§ 97 Abs. 4 SGB V). Umstritten, aber im Ergebnis zu bejahen, ist, dass das öffentliche Interesse nicht nur aus planungsrechtlichem Blickwinkel zu beurteilen ist mit der Konsequenz, dass in überversorgten Gebieten regelmäßig kein Sofortvollzug in Betracht käme, sondern auch auf die individuelle Situation des Praxisabgebers, des Bewerbers sowie der in der konkreten Praxis betreuten Patienten (Behandlungskontinuität) abzustellen ist.

Ordnen der Zulassungsausschuss oder der Berufungsausschuss die Vollziehung nicht an, können die Beteiligten grds. die Anordnung der sofortigen Vollziehung beim Sozialgericht beantragen (§ 86b Abs. 1 Satz 1 Nr. 1 SGG). Mit Urteil vom 5.11.2003 (B 6 KA 11/03 R, NWB UAAAC-13929, BSGE 91 S. 253, 262) hat das BSG hervorgehoben, dass die Anordnung der sofortigen Vollziehbarkeit durch das Sozialgericht auch im überwiegenden Interesse eines Beteiligten erfolgen könne. Im Nachbesetzungsverfahren sieht das BSG sowohl die Position des zugelassenen Nachfolgers als auch diejenige des Abgebers als besonders schutzwürdig an.

Wird die einstweilige Anordnung später aufgehoben, kann die Kassenärztliche Vereinigung die an den Vertragsarzt gezahlte Vergütung nicht zurückfordern.

15. Kostenrisiko

Von praktischer Relevanz ist die Frage, inwieweit die Durchführung des Widerspruchsverfahrens mit einem besonderen Kostenrisiko verbunden ist.

Legt z. B. die Kassenärztliche Vereinigung, gegen eine den Antragsteller begünstigende Entscheidung des Zulassungsausschusses Widerspruch ein, den der Berufungsausschuss zurückweist, hat der Antragsteller einen Kostenerstattungsanspruch.

Anders verhält es sich bei dem **Drittwiderspruch eines Konkurrenten**. Das BSG hat mit Beschluss vom 31.5.2006 (B 6 KA 62/04 R, NWB UAAAC-17584, MedR 2007 S. 133) festgestellt, dass im Rahmen des Widerspruchsverfahrens (im evtl. späteren Gerichtsverfahren dann natürlich anders) kein Kostenerstattungsanspruch bestehe; eine analoge Anwendung von § 63 SGB X scheide mangels Vergleichbarkeit aus. Dafür weist das BSG auf die Möglichkeit hin, einen materiellen Kostenerstattungsanspruch gegen den Zulassungsausschuss gem. § 839 BGB i. V. m. Art. 34 GG oder gegen den Widerspruchsführer gem. § 826 BGB geltend zu machen, was jedoch regelmäßig mit erheblichen Problemen verbunden sein dürfte.

II. Steuerliche Aspekte

1. Hinweise zur Nachbesetzung einer Zulassung zur vertragsärztlichen Versorgung

a) Ertragsteuerliche Hinweise zur Nachbesetzung einer Zulassung zur vertragsärztlichen Versorgung

Mit Urteil vom 9.8.2011 (VIII R 13/08, BStBl 2011 II S. 875) hat der BFH entschieden, dass die Zulassung zur vertragsärztlichen Versorgung im Regelfall als wertbildender Faktor des Praxiswertes anzusehen ist. Entscheidend ist, dass die Nachbesetzung sich als Teil des Erwerbs einer Praxis als Chancenpaket (Patientenstamm, Geräte, Personal, Umsatz, Standort etc. und Vertragsarztzulassung) versteht. Wird der Kaufpreis in Sonderfällen bei wirtschaftlicher Betrachtung allein nur für den Übergang des wirtschaftlichen Vorteils aus der Vertragsarztzulassung bezahlt, ohne dass ein wirtschaftliches Interesse an der bisherigen Praxis als Chancenpaket besteht, entsteht ein eigenständiges immaterielles Wirtschaftsgut, das nicht abnutzbar und damit auch nicht abschreibungsfähig ist (vgl. ausführlich S. 156 ff.).

PRAXISHINWEIS:

Wird der erfolgreiche Übergang der Vertragsarztzulassung auf den Praxiserwerber im Nachbesetzungsverfahren gem. § 103 Abs. 4 SGB V von den Parteien zur Bedingung oder Geschäftsgrundlage für das Zustandekommen des Praxisübernahmevertrags gemacht, hat diese vertragliche Gestaltung keine Indizwirkung dafür, dass es dem Erwerber um den Erwerb nur des wirtschaftlichen Vorteils aus der Zulassung geht. Eine vertragliche Verzahnung zwischen der Bindungswirkung des zivilrechtlichen Kaufvertrags und dem Ausgang des Nachbesetzungsverfahrens ist Ausfluss der Regelung des § 103 Abs. 4 SGB V und des Umstands, dass das öffentlich-rechtliche Nachbesetzungsverfahren und die zivilrechtliche Praxisübernahme voneinander unabhängige Rechtsakte sind (BFH, Urteil v. 21.2.2017 - VIII R 7/14, BStBl 2017 II S. 689, Rz. 38).

b) Umsatzsteuerliche Hinweise zur Nachbesetzung einer Zulassung zur vertragsärztlichen Versorgung

Auch aus umsatzsteuerlicher Sicht ist abzugrenzen, ob der Kaufpreis für den Erwerb einer lebens- und fortführungsfähigen Praxis oder allein nur für die Erlangung des wirtschaftlichen Vorteils aus der Vertragsarztzulassung bezahlt wird.

Die Erlangung des wirtschaftlichen Vorteils aus der Vertragsarztzulassung stellt sich isoliert betrachtet häufig nicht als Geschäftsveräußerung im Ganzen dar. Eine Geschäftsveräußerung im Ganzen erfordert die Übertragung aller wesentlichen Betriebsgrundlagen und die Möglichkeit zur Unternehmensfortführung ohne großen finanziellen Aufwand. Im Rahmen der Gesamtwürdigung ist dabei zu berücksichtigen, ob das übertragene Unternehmensvermögen als hinreichendes Ganzes die Ausübung einer wirtschaftlichen Tätigkeit ermöglicht (Abschnitt 1.5 Abs. 3 Satz 2 und Abs. 4 UStAE). Allein die Zulassung zur vertragsärztlichen Versorgung bildet kein hinreichendes Ganzes, das isoliert betrachtet dem Erwerber die Fortsetzung einer bisher durch den Veräußerer ausgeübten unternehmerischen (ärztlichen) Tätigkeit ermöglicht. Hierzu bedarf es i. d. R. auch Geräte, Räume, Personal etc. (vgl. ausführlich S. 181 ff.; Nieskens in Rau/Dürrwächter, UStG, 210. Lieferung 6.2024, § 1 Rz. 1243).

Während der Verkauf bzw. Erwerb und die Fortführung einer lebensfähigen Praxis daher in aller Regel als nicht umsatzsteuerbare Geschäftsveräußerung im Ganzen gem. § 1 Abs. 1a UStG zu beurteilen sind, führt die Erlangung des wirtschaftlichen Vorteils aus der Vertragsarztzulassung als immaterielles Wirtschaftsgut gegen Entgelt zu einer umsatzsteuerbaren sonstigen Leistung (Abschnitt 3.1 Abs. 4 UStAE). Mangels einschlägiger Befreiungsvorschrift ist diese sonstige Leistung auch umsatzsteuerpflichtig. Insbesondere § 4 Nr. 14 UStG (Heilbehandlungsleistung) und § 4 Nr. 28 UStG (Lieferung von Gegenständen ohne Vorsteuerabzug) sind nicht einschlägig. Im Einzelfall kann allerdings bei Anwendung der Kleinunternehmerregelung nach § 19 UStG die Umsatzsteuer nicht erhoben werden (vgl. ausführlich S. 181 ff.). Ist die Kleinunternehmerregelung anzuwenden, kommt es auf die Höhe des Entgelts daher nicht mehr an.

PRAXISHINWEIS:

Die Frage der Fortführung der wirtschaftlichen (ärztlichen) Tätigkeit als Voraussetzung für eine nicht umsatzsteuerbare Geschäftsveräußerung im Ganzen liegt in aller Regel in der Verantwortungssphäre des Erwerbers. Schuldner der Umsatzsteuer ist allerdings nach § 13a UStG der Veräußerer. Vor diesem Hintergrund sind im Einzelfall im Kaufvertrag Regelungen aufzunehmen, nach denen der Erwerber die Umsatzsteuer zusätzlich zum vereinbarten Kaufpreis schuldet, wenn die Ursache für die Entstehung der Umsatzsteuer darin begründet ist, dass der Erwerber die wirtschaftlichen (ärztlichen) Tätigkeiten des Veräußerers nicht im erforderlichen Umfang fortsetzt.

2. Steuerliche Grundsätze bei Einziehung einer Zulassung zur vertragsärztlichen Versorgung

a) Ertragsteuerliche Grundsätze bei Einziehung einer Zulassung zur vertragsärztlichen Versorgung

Zieht der Zulassungsausschuss die Zulassung eines Arztes in überversorgten Gebieten ein, anstatt diese neu zu besetzen, hat die Kassenärztliche Vereinigung dem Arzt hierfür eine „Entschädigung in der Höhe des Verkehrswerts der Arztpraxis“ zu zahlen (§ 103 Abs. 3a Satz 13 SGB V; vgl. S. 437 f.).

Für den Arzt (oder seine Erben) stellt diese Entschädigung eine Betriebseinnahme aus seiner ärztlichen Tätigkeit dar. Dabei ist unerheblich, von welcher Stelle die Entschädigung gezahlt wird. Entscheidend ist ausschließlich, dass die Entschädigung in einem

Veranlassungszusammenhang zu der ärztlichen Tätigkeit steht (Reddig in Herrmann/Heuer/Raupach, EStG/KStG, 326. Lieferung 6.2024, § 4 EStG Rz. 562). Damit ist die Entschädigung einkommensteuerpflichtig.

Allerdings kommt hinsichtlich der Entschädigung eine begünstigte Besteuerung in Betracht, wenn diese im Rahmen einer begünstigten Betriebsaufgabe i. S. des § 16 EStG anfällt (vgl. Michels, MedR 2017 S. 35). Es besteht die Möglichkeit der Inanspruchnahme des Freibetrags von 45.000 € nach § 16 Abs. 4 EStG sowie der Tarifbegünstigung des „halben" Steuersatzes nach § 34 Abs. 3 EStG (zu weiteren Einzelheiten vgl. S. 158 ff.).

Keine Voraussetzung für die steuerbegünstigte Betriebsaufgabe ist, dass der Arzt sämtliche (materielle und immaterielle) Praxisgegenstände an lediglich einen Erwerber veräußert. Der Inanspruchnahme der Steuerbegünstigungen steht generell nicht entgegen, dass der Zulassungsausschuss die Zulassung gegen eine Entschädigung einzieht und der Arzt das restliche Praxisvermögen an einen Dritten veräußert, verschrottet oder in sein Privatvermögen überführt.

BEISPIEL Der 67-jährige Arzt Dr. A möchte seine Einzelpraxis verkaufen und seine freiberufliche Tätigkeit aus Altersgründen einstellen. In dem Rahmen macht der Zulassungsausschuss von seinem Recht Gebrauch, die Zulassung stillzulegen und zahlt Dr. A hierfür eine Entschädigung von 200.000 €. Seine „Restpraxis" (Patientenstamm, insbesondere aus seiner umfangreichen privatärztlichen Tätigkeit, sowie das materielle Praxisvermögen [Geräte]) veräußert Dr. A im Anschluss hieran für 70.000 € an Dr. B.

Dr. A kann für den sich aus der Entschädigung des Zulassungsausschusses sowie dem Veräußerungspreis von Dr. B insgesamt ergebenden Gewinn den Freibetrag sowie die Tarifbegünstigung in Anspruch nehmen.

Die Inanspruchnahme der Begünstigungen wäre auch dann möglich, wenn Dr. A seine privatärztliche Tätigkeit nicht verkauft, sondern lediglich aufgegeben/eingestellt hätte. Dagegen kommt die Anwendung der Steuerbegünstigung der §§ 16 Abs. 4, 34 EStG nicht in Betracht, wenn Dr. A seine privatärztliche Tätigkeit nicht einstellt, es sei denn, es handelt sich um eine Fortsetzung in nur sehr geringfügigem Umfang (vgl. zur notwendigen Einstellung der freiberuflichen ärztlichen Tätigkeit für eine gewisse Zeit im örtlichen Wirkungskreis S. 158 ff.; zur 10 %-Geringfügigkeitsgrenze S. 161 f.).

Eine steuerlich begünstigte Betriebsaufgabe kann sich auch über einen längeren Zeitraum hinweg erstrecken. Entscheidend ist, dass die Aufgabehandlungen wirtschaftlich noch als ein einheitlicher Vorgang gewertet werden können (vgl. H 16 (2) EStH „Zeitraum für die Betriebsaufgabe"). Der BFH hat in seinem Urteil vom 26.1.1995 (IV R 54/93, BStBl 1995 II S. 473) ausgeführt, dass sich eine steuerbegünstigte Betriebsaufgabe unter Umständen auch auf einen Zeitraum zwischen einem und zwei Jahren erstrecken kann. Für einen Zeitraum von 36 Monaten hat er hingegen das Vorliegen eines wirtschaftlich einheitlichen Vorgangs und damit einer begünstigten Betriebsaufgabe verneint (BFH, Urteil v. 26.4.2001 - IV R 14/00, BStBl 2001 II S. 798).

Für die Annahme einer einkommensteuerlich begünstigten Praxisaufgabe ist daher nicht erforderlich, dass der privatärztliche Praxisteil unmittelbar nach der Einziehung der Zulassung veräußert oder aufgelöst wird. Insbesondere dann, wenn hinsichtlich der Miet- und Arbeitsverträge längere Kündigungsfristen zu beachten sind, wird dadurch eine vernünftige und durchdachte Vornahme der Abwicklung des privatärztlichen Praxisteils ermöglicht. Voraussetzung für die Steuerbegünstigung ist dann allerdings, dass einerseits die Praxisaufgabe auf einem einheitlichen Beschluss beruht (wovon häufig wegen des eingeleiteten Nachbesetzungsverfahrens auszugehen ist) und andererseits die Abwicklungsabsicht durchgängig erkennbar im Vordergrund steht und die einzelnen Abwicklungsmaßnahmen als zusammenhängender, wirtschaftlich einheitlicher Vorgang erkennbar sind.

Liegen die Voraussetzungen einer begünstigten Praxisaufgabe nicht vor, kann ersatzweise eine Entschädigung i. S. des § 24 Nr. 1 Buchst. b EStG gegeben sein. Hierfür kann u. U. (ersatzweise) eine Steuerermäßigung nach § 34 Abs. 1 EStG geltend gemacht werden (sog. „Fünftel-Regelung").

b) Umsatzsteuerliche Grundzüge bei Einziehung einer Zulassung zur vertragsärztlichen Versorgung

aa) Abgrenzung echter Schadenersatz zu umsatzsteuerbaren Leistungsaustausch

Voraussetzung für die Umsatzsteuerbarkeit einer Leistung ist, dass diese gegen Entgelt im Rahmen eines Leistungsaustauschs ausgeführt wird. Nicht der Umsatzsteuer unterliegt hingegen „echter" Schadenersatz, da es im Falle einer reinen Schadenersatzleistung an einem Leistungsaustausch fehlt. Der Schadenersatz wird nicht geleistet, weil der Leistende eine Lieferung oder sonstige Leistung erhalten hat, sondern weil er nach dem Gesetz oder Vertrag für den Schaden und seine Folgen einzustehen hat. Ein Schadenersatz ist dagegen dann nicht anzunehmen, wenn die Ersatzleistung tatsächlich die – wenn auch nur teilweise – Gegenleistung für eine Lieferung oder sonstige Leistung darstellt (vgl. Abschnitt 1.3 Abs. 1 UStAE).

Die Entschädigungsleistung im Gegenzug für die Einziehung der Zulassung stellt keine Gegenleistung für einen (freiwilligen) Verkauf der Arztpraxis dar. In der Regel erfolgt sie im Zusammenhang mit einem geplanten Verkauf der Arztpraxis als Ganzes an einen Dritten. Dieser Verkauf wird durch die Stilllegung der Zulassung für den Arzt in der ursprünglich geplanten Weise unmöglich. Die vom Zulassungsausschuss gezahlte Entschädigung dient dem Ausgleich des dadurch bei dem Arzt entstehenden Vermögensnachteils. Damit ist die Entschädigung unseres Erachtens als echter Schadenersatz einzuordnen mit der Folge, dass die Zahlung nicht umsatzsteuerbar ist. Auf die Entschädigung fällt damit keine Umsatzsteuer an.

PRAXISHINWEIS:

Noch ist die umsatzsteuerliche Einordnung einer Entschädigungszahlung im Rahmen der Stilllegung einer kassenärztlichen Zulassung nicht höchstrichterlich entschieden. Es besteht daher aktuell noch ein gewisses Restrisiko, dass die Finanzverwaltung diese Zahlungen nicht ohne weiteres als nicht steuerbaren Schadenersatz anerkennt.

bb) Umsatzsteuerliche Folgen bei „Restveräußerungen"

Besonderer Beachtung bedürfen die Fälle, in denen der Zulassungsausschuss die Zulassung einzieht und der Arzt in dem Zusammenhang den privatärztlichen Teil der Praxis oder nur einzelne Geräte oder anderes Vermögen an einen anderen Arzt veräußert. Der Kaufpreis, den der Arzt für die Veräußerung des privatärztlichen Teils erhält, stellt keine Entschädigung im Sinne von nicht steuerbarem echten Schadenersatz dar.

Der Verkauf des privatärztlichen Praxisteils wäre dennoch nicht steuerbar, wenn er eine Geschäftsveräußerung im Ganzen i. S. des § 1 Abs. 1a UStG darstellt. Für die Annahme einer nicht umsatzsteuerbaren Geschäftsveräußerung im Ganzen ist jedoch Voraussetzung, dass ein Unternehmen oder ein in der Gliederung eines Unternehmens gesondert geführter Betrieb auf einen Erwerber übergeht, welcher das Unternehmen im Wesentlichen unverändert fortführt.

Entscheidend ist also zunächst, ob der privatärztliche Praxisteil einen „in der Gliederung eines Unternehmens gesondert geführten Betrieb" (Teilvermögen) im Sinne einer Geschäftsveräußerung im Ganzen darstellt. Ein Teilvermögen liegt vor, wenn der veräußerte Teil des Unternehmens vom Erwerber als selbständiges wirtschaftliches Unternehmen fortgeführt werden kann (vgl. BFH, Urteil v. 19.12.2012 - XI R 38/10, BStBl 2013 II S. 1053). Nicht entscheidend ist, dass bereits im Unternehmen, das eine Übertragung vornimmt, ein (organisatorisch) selbständiger Unternehmensteil bestand (Abschnitt 1.5 Abs. 6 UStAE). Entscheidend ist im Einzelfall somit, ob das übertragene (restliche) Praxisvermögen als hinreichendes Ganzes die Ausübung einer (wirtschaftlichen) ärztlichen Tätigkeit ermöglicht. Die Übertragung nur einzelner Gegenstände reicht i. d. R. nicht für eine Geschäftsveräußerung „im Ganzen" aus (Nieskens in Rau/Dürrwächter, UStG, 210. Lieferung 6.2024, § 1 Rz. 1243). Allein die Veräußerung des Patientenstamms oder allein die Veräußerung der Geräte ist somit mutmaßlich keine nicht umsatzsteuerbare Veräußerung eines Teilvermögens.

§ 4 Nr. 28 UStG befreit die Lieferungen von Gegenständen, die der Unternehmer ausschließlich für eine nach § 4 Nr. 8 bis 27 UStG steuerfreie Tätigkeit verwendet hat, von der Umsatzsteuer. Die Veräußerung des Praxisvermögens durch einen Arzt, der unter Inanspruchnahme dieses Vermögens ausschließlich umsatzsteuerfreie Heilbehandlungsleistungen erbringt, ist damit grds. steuerfrei.

Allerdings stellt die Übertragung immaterieller Wirtschaftsgüter wie z. B. Firmenwert oder Kundenstamm nach Rechtsprechung des EuGH (Urteil v. 22.10.2009 - Rs. C-242/08, BStBl 2011 II S. 559; BMF, Schreiben v. 8.6.2011, BStBl 2011 I S. 582; Abschnitt 3.1 Abs. 4 UStAE) eine sonstige Leistung und keine Lieferung im umsatzsteuerlichen Sinne dar. In der Folge kann die Befreiungsvorschrift § 4 Nr. 28 UStG für die Übertragung des Goodwills keine Anwendung finden. Diese ist umsatzsteuerpflichtig zum Regelsteuersatz von 19 %.

Eine Ausnahme von der Umsatzsteuerpflicht der Veräußerung des Goodwills besteht in den Fällen, in denen der Arzt als umsatzsteuerlicher Kleinunternehmer anzusehen ist und nach § 19 UStG die Umsatzsteuer nicht erhoben wird. Dafür dürfen die Umsatzgrenzen von 22.000 € für das vorangegangene und 50.000 € für das laufende Kalenderjahr durch steuerpflichtige Umsätze des Arztes nicht überschritten werden. Die Veräußerung des Goodwills ist nach § 19 Abs. 1 Satz 2 UStG als Veräußerung von Anlagevermögen nicht in die Prüfung der Umsatzgrenzen einzubeziehen (vgl. S. 182).

STICHWORTVERZEICHNIS

Die Zahlen verweisen auf die Seiten.

A

D

E

F

G

H

I

J

K

L

M

N

O

P

R

S

T

U

V

W

Z